신정역주 이충무공전서 1

이순신의 시문과 장계 외

석오역사연구자료 시리즈 3

신정역주 이충무공전서 1

이순신의 시문과 장계 외

기획 (재)석오문화재단
(사)서울여해재단

태학사

충무공 이순신 영정.

일러두기

- 이 책 『신정역주 이충무공전서』(이하 본서)는 서울대학교 규장각한국학연구원에 소장되어 있는 정조 19년(1795)에 간행된 『이충무공전서李忠武公全書』(奎 457-v.1-8)를 저본으로 삼아 완역한 것으로, 직역直譯을 원칙으로 하되 불가피한 부분에서는 의역意譯하기도 했다. 원본은 서울대학교 규장각한국학연구원 홈페이지(https://kyu.snu.ac.kr)에서 열람 가능하다.

- 원본 『이충무공전서』가 간행될 때, 권2~권4의 '장계狀啓'와 권5~권8의 '난중일기亂中日記'에서 부분적으로 편집·생략된 대목들이 있는데, 본서에서는 이 내용들도 번역하여 ( ) 안에 고딕체로 구분하여 수록했으며, 해당 원문은 각주를 통해 '(*) 내용 생략, 원문은 " "이다.'와 같이 밝혀 놓았다.

- 『정유일기』의 친필 일기는 『정유일기 I』과 『정유일기 II』 두 종류가 있는데, 원본 『이충무공전서』는 이를 하나로 합쳐서 편집하였다. 본서에서는 『정유일기 II』의 생략된 내용들도 번역하여 ( ) 안에 고딕체로 구분하여 수록했으며, 해당 원문은 각주를 통해 '(**) 내용 생략, 원문은 " "이다.'와 같이 밝혀 놓았다.

- 본문에 있는 [ ]는 모두 역주자들이 단 간략한 주석 또는 설명이다.

|『신정역주 이충무공전서』 보급판 서문 |

충무공 탄생 480년을 맞아 출간하는 『신정역주 이충무공전서』 보급판에 부쳐

(재)석오문화재단이 (사)서울여해재단과 오랜 준비 끝에 양장본 『신정역주본新訂譯註本 이충무공전서李忠武公全書』(전4권)를 출간한 것은 2023년의 6월의 일이었다. 그동안 2쇄를 찍은 이 책을 이번에 다시 보급판으로 선보이게 되었다. 이번에 보급판으로 출간하는 『신정역주 이충무공전서』는 석오문화재단이 지향해 온 인문학 확산 운동과 궤를 같이하는 것으로, 보다 많은 독자들이 이 책을 접할 수 있기를 바라는 마음에서 기획된 것이다.

　민간의 힘으로 이 같은 역작을 만들어 낼 수 있었다는 것 자체에 큰 의미를 부여할 수 있고, 두 재단이 이순신 정신 보급 확산에 다시 한번 기여할 수 있을 것으로 기대된다.

　지금까지 『이충무공전서』 역주본은 노산鷺山 이은상李殷相 선생이 낸 것 하나뿐이었다. 노산 선생은 광복 후에 독서 대중을 위해 『이충무공전서』 우리말 번역을 시도하여 1960년 5월에 처음으로 국역본을 냈다. 그 후에 성문각成文閣에서 고인故人의 뜻을 받들어 그가 남긴 원고를 정리, 양장본 상·하권과 원본 영인판을 함께 묶어 1989년에 『완역完譯 이충무공전서』를 출판하였으나, 여전히 보완해야 할 것이 많은 책이었다. 이에 2023년 석오문화재단은 서울여해재단과 함께 '석오石梧역사연구자료 시리즈 3'으로 『신정역주 이충무공전서』(전4권)를 출간했다. '석오'는 바위 사이에 뿌리를 내리고 자란 오동나무가 질이 최상이라는 의미로, 석오문화재단 윤동한 尹東漢 이사장의 아호이다.

정조가 『이충무공전서』를 간행한 배경

『이충무공전서』(이하 『전서』)는 충무공忠武公 이순신李舜臣(1545~1598)의 업적을 전하는 가장 중요한 문헌이다. 이 책은 지금으로부터 230년 전인 1795년, 충무공 이순신 탄신 250주년 되는 해에 정조대왕正祖大王(재위 1776~1800)의 어명으로 규장각에서 간행되었다. 충무공의 공훈이 이 책의 편찬으로 비로소 제대로 역사에 길이 전하게 된 것이다.

『전서』는 충무공의 공훈을 체계적으로 한자리에 모은 문헌적 가치뿐만 아니라, 누구와도 견줄 수 없는 정조대왕의 열렬한 충무공 숭모 정신의 산물이란 점을 유의할 필요가 있다. 정조는 규장각奎章閣 각신閣臣들에게 '전서' 편찬을 명하고 손수 충무공 이순신의 비문을 지어 이 책의 머리에 실었다. 조선왕조 일대에 왕명으로 신하의 문집이 편찬된 예도 없거니와 왕이 신하의 비문을 지어 내린 예도 없다. 실로 특별한 예우가 아닐 수 없다.

『정조실록』 권43, 1795년 9월 14일(壬戌) 기사와 『전서』의 윤음綸音 3편을 쓴 판중추부사 이병모李秉模의 작성 날짜를 보면 9월 중순에 인쇄를 시작해서 이해 연말 이전에 간행된 것으로 보인다.

『전서』 권14의 말미에는 출간 비용과 반사처頒賜處에 대한 기록이 있다. 창덕궁 규장각 왼편의 서고西庫에 들이는 것 외에 5대 사고史庫에 한 건씩, 그 외에 홍문관, 성균관, 순천 충민사, 해남 충무사, 남해 충렬사, 통제영 충렬사, 아산 현충사, 강진 유사遺祠, 거제 유묘遺廟, 함평 월산사, 정읍 유애사, 온양 충효당, 착량 초묘草廟 등 13개 처에 내려졌으므로, 대략 25권 내외가 간행되었을 것으로 추정된다.

정조는 역대 왕들과는 달리 군주로서 손수 신도비문을 짓고, 비문 머리에 제목 "상충정무비尙忠旌武碑"라고 전자篆字로 직접 써서 내렸다. 자신이 지은 비문의 인본印本

을 만들어 신하들에게 나누어 줄 정도로 이 비문에 대한 애정이 특별하였다(재위 19년, 1795년 5월 11일).

정조대왕의 「어제 충무공 신도비」 비문은 충무공의 공훈에 대한 깊은 사모와 절절한 충정을 담은 문장으로 이어진다. 비문은 첫머리에 나라에 공로가 있는 자에 대해 왕이 베푸는 역대의 여러 조치를 예시한다. 살아 있을 때는 수레와 옷을 내리고 잔치를 베풀어 주며, 죽은 뒤에는 융숭한 제물로 제사를 올리고 녹을 내리고 공로를 기폭旗幅에 새기는 것들이 있다고 하였다. 비를 세우는 것은 기폭에 공로를 써서 전하던 옛 뜻이 남은 것으로, 임금이 비문을 지은 특별한 예는 중국에서도 천 년간에 몇 되지 않지만 "아! 우리나라의 충무공 이순신 같은 이는 그 공훈이 비문 짓는 법에 비추어 내가 비문을 짓는다 해도 모자랄 것이 없으리라."라고 하였다.

정조는 충무공이 8년 동안 전장에 있으면서 "싸우면 반드시 이기고 수비하면 반드시 보전하여 나라의 운명이 공의 동작을 따라 강해졌다 약해졌다."라고 총평하였다. 이어서 "우리 선조대왕께서 나라를 다시 일으킨 공로는 오직 충무 한 분의 힘으로 기초가 만들어졌던 것이니 이제 내가 충무공에게 특별히 비명을 짓지 아니하고 누구 비명을 쓴다고 하겠는가."라고 하였다. 끝으로 명銘에서는 유교 정치 제도의 표본을 만들었던 주周나라 공로 표창의 기준으로 훈勳·공功·다多·용庸·노勞·역力 여섯 가지 항목이 있었던 것을 지적하고, 충무공의 활약은 그 여섯 가지를 다 채우고도 남는다고 하였다. 그리고 "강물에 씻은 듯 깨끗한 영靈이로다. 해와 달이 그 빛을 같이할지어다."라고 끝을 맺었다.

『이충무공전서』 각 권별 주요 내용과 특징

우선 이 책이 국왕의 명으로 간행되었기 때문에, 권수 앞에 서문序文 격인 '윤음綸音' 3편과 '어제御製 비명碑銘'(1794년 10월에 세운 충무공 이순신 신도비인 상충정무지비尙忠旌武之碑 비문碑文)이 있는 것이 『전서』만의 특징이다. 그런데 이 비문에 포함된 이순신의 생애와 공적에 대한 정조의 서술 내용이 유려하면서도 비교적 과장 없이 정확한 편이라는 것도 특기할 만하다.

권수는 「정헌대부의 품계를 주는 교서授正憲大夫教書」 등 교서 6편과 「물길을 따라 적선을 맞아 습격하라고 명령하는 유서命從水路邀襲賊船諭書」 등 유서 11편, 그리고 「영조 임금이 지어 내려준 제문英廟御製賜祭文二」 2편을 포함한 각 왕대별 '사제문賜祭文' 13편으로 구성된다. 사제문은 영조와 정조의 어제御製 4편을 앞에 두었고, 나머지 사제문은 선조부터 영조 때까지 시기별로 나열하였다.

그 외에 팔사물八賜物에 대한 '도설圖說'과 충무공 이순신의 '세보世譜'와 '연표年表'가 포함되어 있다. 그런데 『전서』가 이미 이순신 사후 200년에 가까운 시점에 편찬되다 보니 연표의 내용과 권9의 「행록行錄」 내용이 서로 일치하지 않는 부분도 발견된다.

권1은 충무공 이순신의 '시詩' 5수와 서신書信 등 '잡저雜著' 12편이 실려 있다. 시 중에는 「한산도에서 밤에 읊다閑山島夜吟」와 이 시에 대한 27명의 차운次韻 31편이 있다. 이는 18세기 초에 발간된 『전서』의 저본底本인 『충무공가승忠武公家乘』보다 인원도 많고, 참여 인사의 직위도 상향된 것임을 확인할 수 있다.

잡저에는 「장검에 새긴 글劍銘」을 비롯해서 「체찰사 완평부원군 이원익에게 올리는 편지上體察使完平李公元翼書」와 '답서答書' 등 11편의 글이 실려 있다. 이들 잡저 중 일부는 '난중일기』 일기 외 기사'에 포함된 것들도 더러 있다.

권2~권4는 충무공 이순신이 국왕과 조정에 보고한 문서를 모은 '장계狀啓 1~3'이다. 국보 76호로 『난중일기』와 함께 지정된 『임진장초』를 비롯해서 몇 종류의 등초謄草 장계狀啓를 토대로 임진년(1592, 선조 25), 계사년(1593), 갑오년(1594) 등 연도별로 각 권을 나누었다. 『전서』에는 모두 71편의 보고서가 실려 있는데, 변방의 장수가 국왕에게 직접 보고한 계본啓本이 51편으로 가장 많고, 승정원을 통해 보고한 장계狀啓가 18편, 그리고 왕세자에게 보고한 달본達本이 2편이다. 이는 『전서』에 등재된 보고서 양식에 따른 구분이고, 실제 원본은 약간 차이가 나기도 한다.

권2는 임진왜란 첫해인 임진년(1592)의 장계를 모은 것으로, 「옥포에서 왜적을 격파하였음을 아뢰는 계본玉浦破倭兵狀」을 비롯해서 네 차례에 걸친 출전 보고서가 모두 포함되었다. 이순신이 첫해 해전에서 활약한 주요 내용을 포함해서, 임진왜란 초기의 조선 수군과 관련된 여러 상황을 알려 주는 14편의 계본과 3편의 장계로 구성되어 있다.

권3은 계사년(1593)에 올린 26편의 계본과 장계로 구성되었다. 첫해 해전 결과 일본 수군이 조선 수군과의 직접 대결을 회피했기 때문에, 전투 관련 보고서는 2월부터 3월까지 진행된 웅천熊川 지역 공략 작전에 대한 「적을 무찌른 일을 아뢰는 계본討賊狀」 외에는 없다. 주로 수군 전력 유지에 필요한 보고나 요청 사항을 아뢰는 '청請'으로 시작하는 보고서가 절반이 넘는 14건에 이른다. 그 외에 일본 수군의 정황을 보고하는 보고서가 3건, 수군 전력 유지가 어려운 상황에서 병력과 군기 등을 육군에 배정하지 말고 수군에 전속全屬시켜 주도록 요청하는 보고서가 5건 등 전쟁 2년째의 어려움을 전해 주는 보고서가 많은 것이 특징이다.

권4는 갑오년(1594)에 올린 27건의 계본, 장계, 달본 등으로 구성되었다. 해전과 관련된 보고는 제2차 당항포 해전의 승전 보고서인 「당항포 승첩을 아뢰는 계본唐項浦破倭兵狀」 외에는 없다. 계사년과 마찬가지로 수군 전력 유지를 위해 조정에 요청하는 보고서가 15건으로 절반 이상을 차지한다. 왜군의 정황을 보고한 것이 3건 있고, 소속 장수나 관원의 임명이나 시상, 처벌을 요청한 보고서도 11건으로 많다. 권4에만 있는 보고서로는 「무과 특별시험을 보인 일을 아뢰는 계본設武科別試狀」과 「의원을 보내 유행병 환자를 구호해 주시기를 청하는 장계請送醫救癘狀」 등이 특기할 만한 것들이다.

권2~권4의 '장계狀啓 1~3'은 실제 계본이나 장계에서 사용되었던 이두吏讀를 생략하고 한문으로만 되어 있다. 그리고 계본이나 장계의 시작과 끝에 있는 해당 문서의 작성 양식을 생략하고 있다. 새 번역서에서는 생략된 대부분을 별도로 표기하여 포함시키고, 중복된 내용 등 『전서』에서 생략한 것도 포함시켰다. 또한 현존하는 등초謄草 장계狀啓를 비교하여 생략된 양식도 함께 표기했다. 또한 『임진장초』와 『충민공계초』 등 등초 장계의 비교 검토를 통해 내용이나 양식의 차이가 있을 때는 이를 각주에 포함시켜 독자에게 편의를 제공하였다. 또한 임진왜란에 대한 그간의 축적된 연구 업적을 반영하여 용어, 지명, 인명 등 가능한 한 많은 정보를 각주로 제공한 것도 본서의 특기할 만한 것이다.

　권5~권8은 『난중일기』 부분이다. 권5는 임진년(1592)부터 계사년(1593)까지, 권6은 갑오년(1594) 초부터 을미년(1595) 5월까지, 권7은 을미년(1595) 6월부터 병신년(1596)까지, 권8은 정유년(1597)부터 무술년(1598)까지의 일기를 담고 있다. 알려진 바와 같이 중간에 부분 부분 일기가 없는 기간도 더러 있다.

　새 번역서의 『난중일기』 부분의 특징을 간추려 보면 다음과 같다. 우선, 기존 노산 선생의 『완역 이충무공전서』(성문각, 1989)는 『전서』의 난중일기 부분과 원문 『난중일기』를 모두 합해서 한꺼번에 번역했다. 이 때문에 어디까지가 『전서』에만 나오고, 어느 부분이 원문에 나오는 것인지를 알 수 없었다. 이번 새 번역서에서는 일단 『전서』의 내용을 기본으로 하였고, 원문에 나오는 부분은 (*) 부호를 활용해서 구분하여 실었다. 대략 『난중일기』 원문 대비 30~40%를 줄여서 편집한 것이 『전서』에 나오는 『난중일기』 부분이다. 『전서』에서 주로 생략되거나 특기할 만한 내용은 다음과 같다.

　첫째, 음주飮酒 장면을 들 수 있다. 임진왜란 시기에 식량이나 군량 사정이 좋지 않았음에도 불구하고, 음주 장면이 자주 등장한다. 『전서』에서는 공식적인 호궤犒饋(군사를 먹이는 것)와 만찬 등의 경우를 제외하고 잦은 음주 기록을 생략하고 있다. 18세기 말의 기준으로 봐도 전쟁 중에 지나친 음주 경향이 있다고 보았던 것은 아닐까 생각해 본다.

　둘째, 이순신 개인의 일상 중에서 중요하지 않은 것들을 생략하였다. 예를 들어 주변 장수들과의 일상적인 만남과 식사, 친지와의 사적인 왕래, 꿈 이야기 등 일상적인 내용 중에 생략된 부분이 적지 않다.

　셋째, 이순신은 날씨에 대해 상세하게 기록했는데, 『전서』에서는 날짜 뒤에 밝힌 것 외에는 삭제되는 경우가 많았다. 『전서』 편찬자들이 수군의 날씨에 대한 중요도를 이해하지 못했기 때문이라고 추정된다. 이순신은 하루 날씨를 시간대별로 매우 세밀하게 기록하고 있었다.

　넷째, 전쟁 시기 일기임에도 불구하고 의외로 중요하지 않다고 판단한 군사적인 상황 보고나 조처 사항 등이 빠진 경우도 더러 있다. 이 역시 『전서』 편찬자들이 별로 중요하지 않다고 보았기 때문일 듯하다.

다섯째, 이순신의 가정사家庭事 중에 모친의 안부를 묻는 것을 제외하고는 많은 부분이 생략되고 있다. 모친에 대한 문안은 당시 중시한 '효孝'의 실천이기에 그대로 실린 것 같고, 그 외에 많은 잡다한 가정사는 생략되었다.

여섯째, 『난중일기』에는 기강을 바로잡기 위해 엄격한 군율을 적용한 예가 많다. 『전서』 편찬자들은 이들 중 많은 부분을 생략하고 있다. 생략한 부분은 잘못을 저질러 매杖(사실은 태笞로 보임)를 때리는 경우가 많고, 심한 경우 처형을 하는 예도 있었다.

일곱째, 『전서』 편찬자는 진중에서 종정도從政圖, 바둑, 장기 등 놀이를 하거나 야간에 피리를 부는 등 오락과 관련된 기사를 생략하고 있다. 아마 이런 것들을 전쟁과 관련 없는 이야기로 본 것 같다.

여덟째, 을미년(1595) 일기는 원본이 없다. 따로 이순신 집안에 내려온 『재조번방지』 안에 「일기초日記抄」가 있는데, 그중 을미년 기사는 그다지 많지 않지만, 앞에서 언급한 내용과 비슷한 생략이 가해지고 있음을 확인할 수 있었다.

아홉째, 병신년(1596) 이후 일기 중에는 군량軍糧 마련을 위해 여러 가지 노력을 기울이고 있는데, 구체적으로 고기를 잡아 곡물과 바꾸거나, 둔전屯田 경영과 관련된 내용이 삭제된 경우가 적지 않다. 이 역시 『전서』 편찬자가 이 부분의 중요성을 잘 몰랐기 때문일 것이다.

열째, 일기 원문에는 부하 장수들과의 불편한 관계를 기록한 내용이 더러 보인다. 『전서』 편집자는 대표적으로 '전라 우수사 이억기와의 불편한 관계' 등 이순신과 부하 간의 갈등과 관련된 내용을 생략하고 있다.

열한째, 『난중일기』 곳곳에는 이순신이 몸이 불편해서 약을 먹거나, 땀을 많이 흘려 목욕을 하는 등 건강 관리에 관한 내용이 있는데, 특별한 경우를 제외하고 생략된 것이 많았다.

마지막으로 『난중일기』 원본 사이사이에는 '일기 외 기사'가 상당 부분 존재한다. 대체로 계본이나 장계의 초안, 여러 곳에 보내는 서신의 초안들, 들려오는 풍문과 관련된 내용, 그리고 한시漢詩나 독후감 같은 것들도 포함되어 있다. 이들 '일기 외 기사'는 모두 『전서』에 수록되지 않고 생략되었으나, 그중 일부는 전술한 바와 같이 권 1의 시詩와 잡저雜著 편에 채록되기도 하였다.

권9~권14는 '부록附錄 1~6'이다. '부록'은 이순신에 대한 후대의 기록을 망라한 자료집 성격을 띠는데, 각 권의 주요 내용과 특징을 정리하면 다음과 같다.

권9는 이순신의 조카 이분李芬이 기록한 「행록行錄」과 뒤에 판관判官 홍익현洪翼賢이 지은 짧은 「행록」으로 구성되었다. 이분의 「행록」은 충무공 이순신의 탄생부터 전사戰死까지의 일대기와 사후의 치제致祭, 공신 책봉功臣冊封, 시호諡號, 가족 관계 등 기본적인 내용을 모두 담고 있어서, 후대의 전기傳記나 소설 등의 토대가 되고 있다. 최근 이분의 「행록」의 저본底本, 즉 『전서』보다 이전 시기의 「행장」 등 초기본이 소개되었고, 이에 관한 연구가 진척되고 있어 주목된다.

권10은 승지承旨 최유해崔有海의 「행장行狀」, 대제학大提學 이식李植의 「시장諡狀」, 영의정 이항복李恒福의 「전라좌수영대첩비全羅左水營大捷碑」, 대제학 이민서李敏敍의 「명량대첩비鳴梁大捷碑」, 문정공文正公 송시열宋時烈의 「노량묘비露梁廟碑」, 영의정 김육金堉의 「신도비神道碑」, 영부사領府事 남구만南九萬의 「고화도유허비高和島遺墟碑」, 도사都事 정기안鄭基安의 「제승당유허비制勝堂遺墟碑」, 그리고 홍문제학弘文提學 조명정趙明鼎의 「전승대비戰勝臺碑」로 구성되었다. 다소 장황하게 소개했는데, 그 이유는 글쓴이들의 면모가 화려하기 때문이다. 대제학이 2명, 영의정이 3명, 송시열 등이 쓴 글들이다. 요약하면 「행장」과 「시장」, 그리고 「전라좌수영대첩비」 등 비문 6편이다. 이항복은 임진왜란 시기에 활동한 경험을 바탕으로 「전라좌수영대첩비」 외에 몇 편의 글을 더 썼다. 그리고 시기가 내려올수록 나타나는 사실의 왜곡이나 오류 등이 일부 보이는 것도 특징이다.

권11은 이항복의 「충민사기忠愍祠記」를 비롯해서 통제영 충렬사, 제승당, 노량 충렬사, 고금도 유사遺祠 등에 관련된 기록記이 11건이고, 『충무공가승』의 서문序과 발문跋, 『장계초본』의 발문跋, 그리고 이순신을 모신 전국의 사원을 소개한 윤행임尹行恁의 사원록祠院錄 등으로 꾸며져 있다. 주로 이순신에 대한 추모에 관한 내용이라 하겠다.

권12는 우의정 정탁鄭琢의 「죄 없는 이순신을 변명하여 구원하는 차자伸救箚」를 비롯해서 이순신에 대한 서신, 제문, 「거북선을 노래하다龜船頌」, 각 지역을 돌며 그를 기념한 글과 한시漢詩 등 32편의 글로 구성되었다. 주로 이순신에 대한 제문祭文,

시문詩文 등으로 역사적 가치와 함께 문학적 가치가 돋보이는 내용이라 하겠다.

권13과 권14는 부록 5~6인데, 기실紀實 상·하로 되어 있다. 이 부분은 이순신 사후 당대까지 작성된 그와 관련된 자료를 망라해서 편집한 것이다. 우선 권13은 『명사明史』와 『명사고明史考』 등 중국 자료에 나오는 이순신 관련 내용을 소개하였다. 그다음으로 『국조보감國朝寶鑑』과 『선묘중흥지宣廟中興志』가 이어지는데 그 분량이 절반에 이를 만큼 많다. 이순신의 임진왜란 시기 활약상에 대한 후대의 대표적 기록들이기 때문이다. 그 뒤를 이어 『문헌비고文獻備考』, 『징비록懲毖錄』, 『지봉유설芝峯類說』 등 후대의 전적에 보이는 이순신 관련 자료를 편집하여 소개하고 있다. 인용서는 대부분 현존하지만, 『소대연고昭代年考』는 인용된 내용이 많은데도 원전原典이 실전失傳되어 아쉬움이 남는다.

권14는 앞부분에 『서애집西厓集』, 『상촌집象村集』, 『난중잡록亂中雜錄』 등 임진왜란 시기에 활약한 인물의 문집文集에 나오는 기사를 소개하였다. 그 뒤로는 후대인의 문집이나 저서에 있는 이순신 관련 기록을 모아서 나열하였다. 그중 한 자료를 통해서 그동안 궁금했던 "원균이 이순신을 모함한 내용이 무엇이었을까." 하는 질문에 대한 답을 찾을 수 있었다.

다음으로는 이순신 당대에 그와 교류했던 분들의 기록이나 가장家狀, 사망 이후의 문집, 저서, 행록, 묘지명 등에서 기사를 뽑거나, 후대 인물의 저서나 문집 등에 언급되고 있는 간략한 기록도 수록하고 있다. 그 뒤로 『승평지昇平志』를 비롯한 21곳의 읍지邑誌 속에 있는 관련 기록을 소개하고 있다. 대개 읍지의 기록은 충무공 이순신과 해당 지역의 인물 간의 관계에 대한 기록이 많고, 때로는 역사적 사실이 아닌 설화說話를 소개하기도 한다. 이 때문에 역사적 근거로 활용하기 위해서는 엄밀한 사료 비판이 필요하다.

『신정역주 이충무공전서』의 출간 과정과 새 번역서의 주요 특징

이 책의 완성을 위해 여러 번의 사전 협의와 논의 후 2020년 8~9월에 역주 참여자와 계획, 예산 등 준비를 거쳐, 10월부터 1차 번역 사업을 시작했다. 대표 역자이자 임진왜란 해전사를 연구한 이민웅 교수가 한문漢文에 조예가 깊은 서울대 양진석 선생과 김경숙 선생을 비롯해 임진왜란 해전사를 연구한 정진술 선생, 그리고 조선시대 연구자인 노영구, 이현진 선생 등 여섯 명으로 팀을 꾸려 번역을 시작했고, 18개월 만인 2022년 3월 말경에 1차 초고 번역을 마무리하였다.

이후 수정과 보완을 위해 2022년 4월부터 연말까지 2차년도 사업계획을 다시 수립해서 이민웅, 양진석, 정진술 등 세 분이 전체 분량을 교차 확인하고 수정 보완하는 작업을 진행하였다. 한시漢詩와 각종 제문祭文 등 운문韻文은 안동대학교 김남기 선생께 의뢰해서 전면적인 보완 작업을 진행하였다.

새로운 번역으로 다시 선보이는 『신정역주 이충무공전서』의 주요 특징은 다음과 같다.

첫째, 새 번역서는 권수卷首부터 권14까지 총 15권 3책으로 구성되었다. 그런데 1989년에 간행된 노산 선생의 『완역 이충무공전서』(성문각)에는 1934년에 보유補遺로 추가된 권15와 권16이 포함되었으나, 이번 새 번역서에는 이 권15와 권16을 제외한 것이 큰 변화 중 하나이다. 원래 『전서』에 포함된 것이 아닐뿐더러, 그 내용의 오류 등 문제가 심각하고 사료로서의 역사적 가치도 떨어지므로, 『전서』 새 번역에서 제외하는 편이 바람직하다는 결론을 내렸다.

둘째, 새 번역서에서는 그동안 축적된 임진왜란 분야의 연구 업적을 반영하여, 기존 오류를 가능한 범위에서 수정, 보완하였다. 특히 지명地名이나 인물, 용어 등 다양한 오류를 바로잡고 그 근거를 각주로 제시하였다.

셋째, 권2부터 권4까지의 '장계' 1~3과 권5부터 권8까지의 『난중일기』 부분은 『전서』 편집 과정에서 생략된 부분이 적지 않은데, 이를 『전서』의 본문과 원문에서 생략된 부분을 구별하고 함께 살펴볼 수 있도록 본문과 각주에 포함하였다.

넷째, 기존 완역본이 갖는 영웅주의나 성웅聖雄 사관을 탈피하여, 역사적 사실과 다를 경우 명확한 사실을 밝혔고, 관련된 서술에 대한 설명을 덧붙였다. 단, 노산 선생이 부록 형식으로 첨가했던 부분에 대해서는 간략히 내용을 소개하고, 현대적 해

설을 추가하였음을 밝혀 둔다.

　다섯째, 『전서』가 이순신 사후 200년이 되어 가는 시점에 편찬, 간행되었기 때문에 이 과정에서 발생한 오류들을 포함하고 있다. 편집 과정의 단순한 오탈자는 물론이고, 잘못 옮겨진 내용이라든가 원본과는 다른 내용이 들어간 것 등이 그것인데, 이를 대부분 바로잡거나 각주로 원본의 내용을 제시해 두었다.

　『이충무공전서』는 알려진 바와 같이 이순신 사후 200년이 되는 시점에 편찬된 자료이다. 국왕의 명령으로 당대까지 나온 충무공 이순신과 관련된 모든 자료를 '문집'의 형태로 편찬하고 간행한 것이다. 이런 과정에서 편집자의 기준으로 삭제되거나 생략된 부분도 다소 있다. 그럼에도 불구하고 『이충무공전서』는 임진왜란과 이순신 연구에 바탕이 되는 중요한 자료임이 분명하다. 일단 국왕의 명으로 편찬되었기 때문에 당시 최고의 석학들이 편집에 참여했을 것이다. 18세기 말의 편집 기준이 적용되었지만, 역사적 왜곡이나 오류가 비교적 많지 않은 것도 이런 최고 수준의 학자들이 참여했기 때문일 것이다.

　이번 보급판에서는 영인본을 제작하지 않았다. 영인본은 전문 연구자들에게 필요한 내용일뿐더러, 서울대학교 규장각한국학연구원에서 영인본을 제공하고 있기 때문이다. 끝으로, 이 '보급판 서문'은 『신정역주 이충무공전서』 초판에 수록되었던 「역주자 서문」 내용을 중심으로 「간행사」, 「축사」의 일부 내용을 포함시켜 새로이 정리한 것임을 밝혀 둔다.

2025년 10월
석오문화재단 정리

차례

『신정역주 이충무공전서』 보급판 서문 ·· 7

윤음綸音 ·· 28
어제신도비명御製神道碑銘 ·· 36

이충무공전서 권수卷首

교서敎書와 유서諭書

　정헌대부의 품계를 주는 교서授正憲大夫 敎書 ·· 46
　선전관을 보내 군사들을 위로하는 교서遣宣傳官勞軍 敎書 ·························· 50
　삼도통제사에 임명하는 교서授三道統制使 敎書 ·· 53
　병조좌랑을 보내 군사들을 위로하고 음식을 베풀어 주는 교서
　　　遣兵曹佐郎勞軍犒饋 敎書 ·· 55
　상중喪中에 일으켜 다시 삼도통제사에 임명하는 교서起復授三道統制使 敎書 ······ 57
　선무 1등 공신에 책봉하는 교서策宣武元勳 敎書 ·· 59
　물길을 따라 적선을 맞아 습격하라고 명령하는 유서命從水路邀襲賊船 諭書 ······ 67
　원균과 합세하여 적을 치라고 명령하는 유서命與元均合勢攻賊 諭書 ············ 67
　자헌대부로 승품하는 유서陞資憲大夫 諭書 ·· 68

수군을 거느리고 적의 돌아갈 길을 차단하라고 명령하는 유서 (1)
    命率舟師截賊歸路 諭書 一 ·········· 68

수군을 거느리고 적의 돌아갈 길을 차단하라고 명령하는 유서 (2)
    命率舟師截賊歸路 諭書 二 ·········· 69

수군을 거느리고 적의 돌아갈 길을 차단하라고 명령하는 유서 (3)
    命率舟師截賊歸路 諭書 三 ·········· 69

수군을 거느리고 적의 돌아갈 길을 차단하라고 명령하는 유서 (4)
    命率舟師截賊歸路 諭書 四 ·········· 70

경략의 지시를 기다리라고 명령하는 유서命聽候經略 諭書 ·········· 70

배를 정비하여 적을 무찌르라고 명령하는 유서命整船勦賊 諭書 ·········· 70

경략의 말대로 먼저 부산을 불 지르라고 명령하는 유서
    命依經略言先焚釜山 諭書 ·········· 71

부총병의 지휘를 받으라고 명령하는 유서命授副摠節制 諭書 ·········· 71

수군에게 번갈아 휴가를 주라고 명령하는 유서命迭休水兵 諭書 ·········· 72

조총을 올려 보내라고 명령하는 유서 (1)命進鳥銃 諭書 一 ·········· 72

조총을 올려 보내라고 명령하는 유서 (2)命進鳥銃 諭書 二 ·········· 72

조총을 올려 보내라고 명령하는 유서 (3)命進鳥銃 諭書 三 ·········· 73

상례대로만 하지 말고 방편을 좇으라고 명령하는 유서命從權 諭書 ·········· 73

임금이 내려 준 제문賜祭文

영조 임금이 지어 내려 준 제문 (1)英廟御製 賜祭文 一 ·········· 74

영조 임금이 지어 내려 준 제문 (2)英廟御製 賜祭文 二 ·········· 75

금상[정조]이 지어 고금도 유사에 내려 준 제문當宁御製古今島遺祠 賜祭文 ·········· 77

금상[정조]이 지어 영의정을 추증한 후 내려 준 제문當宁御製贈領議政後 賜祭文 ·········· 80

선조 때, 돌아가신 후 내려 준 제문卒逝後 賜祭文 宣廟朝 ·········· 82

선조 때, 공신록에 올린 후 내려 준 제문錄勳後 賜祭文 宣廟朝 ·········· 86

선조 때, 충민사에 내려 준 제문忠愍祠 賜祭文 宣廟朝 ·········· 88

현종 때, 노량 충렬사에 편액을 내려 준 제문露梁忠烈祠 賜額祭文 顯廟朝 ·············· 89

현종이 온천에 거둥할 때 내려 준 묘제문溫泉 行幸時 賜墓祭文 顯廟朝 ·············· 93

숙종 때, 현충사에 편액을 내려 준 제문顯忠祠 賜額祭文 肅廟朝 ·············· 95

숙종이 온천에 거둥할 때 내려 준 묘제문溫泉 行幸時 賜墓祭文 肅廟朝 ·············· 100

영조 때, 충민사에 내려 준 제문忠愍祠 賜祭文 英廟朝 ·············· 103

영조가 온천에 거둥할 때 내려 준 묘제문溫泉 行幸時 賜墓祭文 英廟朝 ·············· 107

도설圖說

명나라 황제의 팔사물八賜物 ·············· 110

거북선龜船 ·············· 118

장병겸長柄鎌 ·············· 122

사조구四爪鉤 ·············· 123

세보世譜 ·············· 124

연표年表 ·············· 128

이충무공전서 권1

시詩

수군절도사 선거이宣居怡와 헤어지며 주다贈別宣水使居怡 ·············· 142

무제 육운無題六韻 ·············· 143

한산도에서 밤에 읊다閑山島夜吟 ·············· 144

    붙임附 — 후일에 화답한 작품들追和諸作 ·············· 145

무제 한 연無題一聯 ·············· 167

    붙임附 — 책 끝에 적는다題跋 ·············· 167

한산도가閑山島歌 ··· 170

잡저雜著

　장검에 새긴 글劍銘 ··· 173
　　　붙임附 ― '장검에 새긴 글'에 차운하다次劍銘 ··············· 174
　체찰사 완평부원군 이원익李元翼에게 올리는 편지上體察使完平李公元翼書 ··· 177
　　　붙임附 ― 대답 편지答書 ································· 181
　도독 진린陳璘에게 답하는 편지答陳都督璘書 ···················· 181
　　　붙임附 ― [진 도독의] 원 편지原書 ······················· 182
　어느 숙부에게 올리는 편지上某叔書 ····························· 182
　어떤 사람에게 올리는 편지上某人書 ····························· 183
　어떤 조카에게 보내는 편지與某姪書 ····························· 185
　도사都司 담종인譚宗仁의 토벌 금지 패문牌文에 답함答譚都司宗仁禁討牌文 ··· 185
　참판에 추증된 정운에게 제사하는 글祭贈參判鄭運文 ············· 187
　송나라 역사를 읽고讀宋史 ······································ 191
　각 진영의 장수들에게 약속하는 글約束各營將士文 ··············· 192

이충무공전서 권2

장계狀啓 1

　왜적의 경보로 인한 사변에 대비하는 계본(1)因倭警待變狀 一 ··· 203
　왜적의 경보로 인한 사변에 대비하는 계본(2)因倭警待變狀 二 ··· 206
　왜적의 경보로 인한 사변에 대비하는 계본(3)因倭警待變狀 三 ··· 207
　경상도로 구원하러 출전하는 일을 아뢰는 계본(1)赴援慶尙道狀 一 ··· 210
　경상도로 구원하러 출전하는 일을 아뢰는 계본(2)赴援慶尙道狀 二 ··· 214
　경상도로 구원하러 출전하는 일을 아뢰는 계본(3)赴援慶尙道狀 三 ··· 219

옥포에서 왜적을 격파하였음을 아뢰는 계본玉浦破倭兵狀 ······ 220

당포에서 왜적을 격파하였음을 아뢰는 계본唐浦破倭兵狀 ······ 232

견내량에서 왜적을 격파하였음을 아뢰는 계본見乃梁破倭兵狀 ······ 253

군량을 옮겨 조처하는 일을 아뢰는 계본移劃軍糧狀 ······ 267

부산포에서 왜적을 격파하였음을 아뢰는 계본釜山破倭兵狀 ······ 268

포위되었던 왜병이 도망친 일을 아뢰는 계본被圍倭兵逃還狀 ······ 276

정운을 이대원 사당에 추가로 배향해 주시기를 청하는 장계

  請鄭運追配李大源祠狀 ······ 277

종이를 올려 보내는 일을 아뢰는 장계封進紙地狀 ······ 280

전쟁 곡식을 실어 보내는 일을 아뢰는 장계裝送戰穀狀 ······ 281

일족을 침해하지 말라는 명령을 취소해 주시기를 청하는 계본

  請反汗一族勿侵之命狀 ······ 282

전쟁 곡식과 진상물을 실어 보내는 일을 아뢰는 장계裝送戰穀及方物狀 ······ 286

이충무공전서 권3

장계狀啓 2

유황을 내려 주시기를 청하는 계본請賜硫黃狀 ······ 290

의승병을 나누어 보내 요충지를 지키는 일을 아뢰는 계본

  分送義僧把守要害狀 ······ 291

피란민에게 돌산도에 들어가 살면서 농사짓도록 명령해 주시기를 청하는

  계본請令流民入接突山島耕種狀 ······ 293

수륙의 여러 장수에게 웅천을 바로 공격하라 명령하신 것에 대한 장계

  令水陸諸將直擣熊川狀 ······ 295

적을 무찌른 일을 아뢰는 계본討賊狀 ······ 298

통선 1척이 전복된 뒤에 죄를 기다림을 아뢰는 장계統船一艘傾覆後待罪狀 ······ 303

수군에 소속된 고을의 수령들은 해전에만 전속시켜 주시도록 청하는 계본
　　請舟師屬邑守令專屬水戰狀 304
광양현감 어영담의 유임을 청하는 계본請光陽縣監魚泳潭仍任狀 305
일족을 침해하지 말라는 명령을 취소해 주시기를 거듭 청하는 계본
　　申請反汗一族勿侵之命狀 308
충청도 수군이 계속 후원하도록 해 주실 것을 청하는 장계 (1)
　　請湖西舟師繼援狀 一 310
충청도 수군이 계속 후원하도록 해 주실 것을 청하는 장계 (2)
　　請湖西舟師繼援狀 二 312
왜선을 쫓아낸 일을 아뢰는 장계逐倭船狀 313
왜군의 정세를 아뢰는 계본陳倭情狀 315
화포를 올려 보내는 일을 아뢰는 계본封進火砲狀 321
해전과 육전에 관한 일을 자세히 아뢰는 계본條陳水陸戰事狀 322
사로잡혔던 이가 보고한 왜군의 정세를 아뢰는 계본
　　登聞被擄人所告倭情狀 326
조총을 올려 보내는 일을 아뢰는 장계封進倭銃狀 332
본영으로 돌아가는 일을 아뢰는 계본還營狀 333
왜인 포로가 고한 왜군의 정세를 보고하는 계본登聞擒倭所告倭情狀 336
어영담을 조방장으로 임명해 주시기를 청하는 장계請以魚泳潭爲助防將狀 339
쇠를 거두기 위한 공문과 유황을 내려 주시기를 청하는 장계
　　請下納鐵公文兼賜硫黃狀 340
문신으로 종사관을 임명해 주시기를 청하는 장계請以文臣差從事官狀 341
연해의 군병·군량·병기를 수군에 전속시켜 주시기를 요청하는 계본
　　請沿海軍兵糧器全屬舟師狀 342
둔전을 설치하는 것을 허락해 주시기를 청하는 계본請設屯田狀 346
수군에 소속된 고을은 육군에 배정하지 마시도록 청하는 계본
　　請舟師所屬邑勿定陸軍狀 347

진중에서 과거 보는 일을 청하는 계본請於陣中試才狀 ⋯⋯⋯⋯⋯⋯⋯⋯ 349
연해의 군병·군량·무기 등을 옮겨 가지 말도록 명령해 주시기를 청하는
    계본請沿海軍兵糧器勿令遞移狀 ⋯⋯⋯⋯⋯⋯⋯⋯⋯⋯⋯⋯⋯⋯⋯⋯⋯ 351

이충무공전서 권4

장계狀啓 3

승장의 위조문서를 봉하여 올려 보내는 계본封進僧將僞帖狀 ⋯⋯⋯⋯⋯⋯ 354
배경남을 수군에 소속시켜 주시기를 청하는 장계請以裵慶男屬舟師狀 ⋯ 356
수륙군을 바꾸어 방비시키는 일을 헤아려 조처하시기를 청하는 계본
    請量處水陸換防事狀 ⋯⋯⋯⋯⋯⋯⋯⋯⋯⋯⋯⋯⋯⋯⋯⋯⋯⋯⋯⋯⋯ 357
방비군의 결원을 낸 수령을 군법에 따라 처벌할 것을 청하는 계본
    闕防守令依軍法決罪狀 ⋯⋯⋯⋯⋯⋯⋯⋯⋯⋯⋯⋯⋯⋯⋯⋯⋯⋯⋯⋯ 360
왜적의 정세를 아뢰는 달본陳倭情狀 ⋯⋯⋯⋯⋯⋯⋯⋯⋯⋯⋯⋯⋯⋯⋯⋯ 362
일족을 침해하지 말라는 명령을 취소해 주시기를 다시 청하는 달본
    更請反汗一族勿侵之命狀 ⋯⋯⋯⋯⋯⋯⋯⋯⋯⋯⋯⋯⋯⋯⋯⋯⋯⋯⋯ 364
진으로 돌아가는 일을 아뢰는 달본 (1) 還陣狀 一 ⋯⋯⋯⋯⋯⋯⋯⋯⋯⋯ 366
진으로 돌아가는 일을 아뢰는 달본 (2) 還陣狀 二 ⋯⋯⋯⋯⋯⋯⋯⋯⋯⋯ 367
흥양 목관을 교체해 주시기를 청하는 계본請改差興陽牧官狀 ⋯⋯⋯⋯⋯ 368
해안 고을이 수륙군에 교대로 침해당하는 폐단을 금지시켜 주시기를
    청하는 계본請禁沿邑水陸交侵之弊事狀 ⋯⋯⋯⋯⋯⋯⋯⋯⋯⋯⋯⋯⋯ 371
충청 수군절도사에게 빨리 도착하도록 재촉해 주시기를 청하는 계본
    請忠淸水軍節度使催促到陣狀 ⋯⋯⋯⋯⋯⋯⋯⋯⋯⋯⋯⋯⋯⋯⋯⋯⋯ 372
지체하는 여러 장수들의 처벌을 청하는 계본請罪遲留諸將狀 ⋯⋯⋯⋯⋯ 374
여러 의병장에게 상 주시기를 청하는 계본請賞義兵諸將狀 ⋯⋯⋯⋯⋯⋯ 376
여도만호 김인영에게 상 주시기를 청하는 계본請賞呂島萬戶金仁英狀 ⋯ 377

군량을 조처해 주시기를 청하는 계본請措劃軍糧狀 ······ 377
왜군의 정세를 아뢰는 계본陳倭情狀 ······ 378
당항포 승첩을 아뢰는 계본唐項浦破倭兵狀 ······ 382
기한을 어긴 여러 장수의 처벌을 청하는 계본請罪過期諸將狀 ······ 389
무과 특별 시험을 베푼 것을 아뢰는 계본設武科別試狀 ······ 391
왜병을 정탐한 내용을 아뢰는 계본哨探倭兵狀 ······ 393
왜군의 정세를 아뢰는 계본陳倭情狀 ······ 394
수군 소속의 여러 장수에게 교대로 휴가를 실시한 일을 아뢰는 달본
　　　舟師所屬諸將休番狀 ······ 398
방비군을 결석시킨 여러 장수의 처벌을 청하는 계본請罪闕防諸將狀 ······ 399
조총을 올려 보내는 장계封進鳥銃狀 ······ 401
방답첨사를 선정하여 임명해 주시기를 청하는 장계請防踏僉使擇差狀 ······ 401
충청도 전선이 기한에 맞춰 도착하기를 청하는 장계請忠淸戰船刻期回泊狀 ······ 401
의원을 보내 전염병을 구호하시기를 청하는 장계請送醫救癘狀 ······ 402

『이충무공전서』이외의 장계

적의 귀로를 차단하라는 유서를 받았음을 아뢰는 장계 (1) ······ 404
적의 귀로를 차단하라는 유서를 받았음을 아뢰는 장계 (2) ······ 405
적의 귀로를 차단하라는 유서를 받았음을 아뢰는 장계 (3) ······ 406
배를 정비하여 적을 무찌르라고 명령하는 유서를 받았음을 아뢰는 장계 ······ 406
일족을 침해하지 말라는 명령을 받았음을 아뢰는 장달 ······ 408
진중에서 과거 보이는 일을 청하는 장달 ······ 409
적을 무찌르도록 하라는 명령을 받았음을 아뢰는 장달 ······ 410

찾아보기 ······ 412

이충무공전서

윤음綸音[1]

(1)

나흘 전에 황단皇壇[2]에 공경히 절을 하였는데, 이는 명明나라 신종황제神宗皇帝가 돌아가신 날[3]이었기 때문이다. 그날 충신의 후손들을 불러 보고 문사文士에게는 글을 짓도록 하고, 무사에게는 활을 쏘도록 하였다.[4] 그리고 우리나라를 구원하여 다시 일으켜 준 황제의 은혜[5]가 우리나라의 충신들에게도 영원히 미치는 것을 생각하였다. 비석 첫머리에 전자篆字를 써서 충무공忠武公 이순신李舜臣의 공적을 표창하려 한다. 이로 인하여 생각하였더니, 문정공文正公 송시열宋時烈이 대의大義를 주창하여 대의大義를 주창하여[6] 밝혔기에 그 자손들이 망배望拜[7]의 반열에 참여하여 절을 할 수 있

---

[1] 윤음綸音 : 임금의 말씀. 윤언綸言과 같은 말이다.(『禮記』緇衣, "王言如絲 其出如綸".)
[2] 황단皇壇 : 명나라 신종황제神宗皇帝를 제사 지내기 위해 1704년(숙종 30)에 대궐 창덕궁 서쪽에 쌓은 제단. 일명 대보단大報壇이라 한다.『肅宗實錄』권40, 숙종 30년(1704) 12월 21일(정해).]
[3] 신종황제神宗皇帝가 돌아가신 날 : 원문은 "신황기신神皇忌辰"으로, 신황은 명나라 신종황제 주익균朱翊鈞(1563~1620)이며, 재위 48년(1572~1620)으로 7월 21일이 그의 기일忌日이다.
[4] 『정조실록』권35, 정조 16년(1792) 7월 25일(임술)과 『승정원일기』1707책, 정조 16년 7월 25일(임술)에 그 기사가 보인다. 이날 기사에 의하면, 충무공忠武公 이순신李舜臣의 자손 외에 충민공忠愍公 임경업林慶業의 자손을 황단皇壇 망배례望拜禮에 참여하게 하였다.
[5] 다시 …… 황제의 은혜 : 원문은 "재조지황은再造之皇恩"으로, 여기에서는 임진왜란 시기에 명나라가 군사를 파견하여 조선을 도와 일본의 침입을 막게 한 것을 지칭하고 있다. '재조再造'는 다시 일으킴을 뜻하며 재생再生과 같은 말이다.(『宋書』권75, 王僧達列傳, "再造之恩 不可妄屬".)
[6] 대의大義를 주창하여 : 원문은 "창명대의倡明大義"로, 송시열宋時烈이 명나라 신종황제神宗皇帝와 의종황제毅宗皇帝를 위하여 충청북도 청주 화양동華陽洞에 사당을 세운 일을 가리킨다. 뒤에 그 사당을 제자 권상하權尙夏 등이 만동묘萬東廟라 일컬었다.

도록 허락하였고, 그것은 이미 정식이 되었다. 하물며 충무공은 명나라 황제로부터 도독都督[8]의 고명誥命과 인신印信[9]까지 받은 사람이 아닌가. 충무공의 자손들을 저 문정공 집안의 예에 의하여 반열에 참여하게 하라.

임자[정조 16, 1792년] 7월 26일[10]

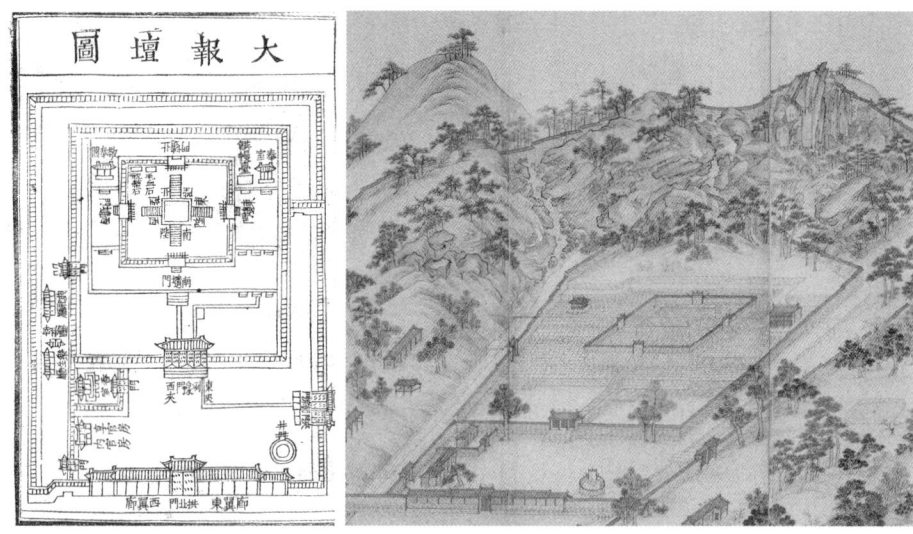

왼쪽: <대보단도大報壇圖>, 『소화외사小華外史』(1868) 중에서. 국립중앙박물관.
오른쪽: <동궐도東闕圖> 중 '대보단' 부분. 1828~1830년경. 고려대학교 박물관.

---

7 망배望拜 : 멀리서 연고緣故가 있는 쪽을 바라보고 하는 절. 여기서는 신종황제의 기일인 7월 21일에 국왕이 대궐 안 황단皇壇(대보단)에서 거행하는 망배례를 가리킴. 조선에 와서 살고 있는 명나라 사람의 자손과 충신의 자손들이 직접 참례하였다. [『正祖實錄』 권35, 정조 16년(1792) 7월 21일(무오).]

8 도독都督 : 명나라 오군도독부五軍都督府 소속 관직의 하나. 매부마다 좌·우도독(정1품), 도독동지都督同知(종1품), 도독첨사都督僉事(정2품)를 두는데, 이들을 도독이라 호칭하며 정원은 없다. 이들 도독만이 부총병관 이상에 임명될 수 있었다. (『明史』 권76, 志 52, 職官 5, 五軍都督府.)

9 고명誥命과 인신印信 : 원문은 "고인誥印"으로, 고명誥命은 임명장이며, 인신印信은 도독으로서 사용하는 인장을 말한다. 충무공 이순신이 명나라 신종황제로부터 받은 여덟 가지의 물건 이른바 '명조팔사품明朝八賜品'은 현재 경상남도 통영시 충렬사에 보관되어 있다. '통영 충렬사 팔사품 일괄統營 忠烈祠 八賜品 一括'이라는 명칭으로 보물 제440호로 지정되어 있다.

10 『이충무공전서』에서는 정조 16년 7월 26일의 기사로 되어 있으나, 『정조실록』 및 『승정원일기』의 기사는 정조 16년(1792) 7월 25일에 기록되어 있다.

(2)

요즘 이충무유사李忠武遺事[11]를 읽다가 노량 해전을 돌이켜 생각하면서 나도 모르게 넓적다리를 어루만지며[12] 길이 탄식하였다. 명나라 부총병副總兵 등자룡鄧子龍[13]은 70세의 늙은 장군으로서 200명의 용사를 거느리고 넓은 바다 위에서 마음대로 다니면서 손바닥에 침을 뱉고서[14] 교활한 왜적을 무찌를 것을 맹세[15]했으니, 그의 기운과 담력이 호탕하고 커서 대장부라 일컬을 만하다. 게다가 최고의 공을 차지하려고 충무공의 배에 뛰어 올라 곧장 앞으로 돌격하여 사로잡은 자가 셀 수 없을 정도였고, 뜻하지 않게 화기를 잘못 건드려서 중류中流에서 불이 붙자 적들이 이에 그에게 달라붙었지

---

11 이충무유사李忠武遺事 : 정조正祖가 열람하기 위하여 편찬한 『충무공유사忠武公遺事』. 이 책은 현재 서울대학교 규장각(奎1489)에 소장되어 있다. 『충무공유사』에는 「충무공유사忠武公遺事」 1편과 「충무공계본忠武公啓本」 16편이 실려 있으며, 편찬자와 편찬 시기는 알 수 없다. 「충무공유사」는 1716년(숙종 42)에 전라좌수사 이여옥李汝玉이 발간한 「충무공가승忠武公家乘」에 수록되어 있는 이분李芬의 「행록行錄」을 머리 부분만 빼고 그대로 옮겨놓은 것이다. 따라서 「충무공유사」는 1795년에 발간된 「이충무공전서李忠武公全書」의 「행록」과는 내용이 약간 다르다. (정진술, 『충민공계초』의 서지학적 조명」, 『해양 유산Ocean Heritage』, 국립해양박물관, 2019.)

12 넓적다리를 어루만지며 : 원문은 "무비撫髀"로, '髀'는 무릎 위 넓적다리이니 넓적다리를 어루만진다는 것은 탄식한다는 말이다. 중국 고대 조趙나라에 염파廉頗니 이목李牧이니 하는 유명한 장수들이 있었는데, 뒤에 한漢나라 때 문제文帝가 언제나 그들의 역사를 생각하며 넓적다리를 어루만지면서 지금은 그런 인물이 없다 하고 탄식한 데서 나온 말이다. 여기서는 충무공 이순신 같은 영웅이 없다는 것을 탄식함이다. (『五代史平話』, 唐史平話 卷下, "唐主聽得此言 撫髀而嘆曰 朕之計決矣".)

13 등자룡鄧子龍 : 임진왜란 때 참전한 명나라 장수(1531~1598). 1531년 11월 18일에 지금의 중국 강서성江西省 풍성시豐城市 두시진杜市鎭 등가촌鄧家村에서 태어났다. 자字는 무교武橋, 호號는 대천大千, 별호別號는 호관도인虎冠道人이다. 27~28세 무렵에 무과에 급제하여 강서江西의 반란을 평정하고, 누차 왜구 토벌에 공을 세워 48세에 참장參將에 올랐다. 50세에 누명을 쓰고 탄핵을 당해 파직되었으나, 53세에 복직된 후 54세에 부총병에 임명되었다. 59세에 다시 탄핵을 받아 파직되었다. 61세에 부총병으로 복직되었으나, 63세에 억울하게 세 번째 파직을 당했다. 68세(1598년)에 다시 부총병에 복직되어 절강수군浙江水軍 3,000명과 함선을 거느리고 조선 원군援軍으로 고금도에 도착하였다. 1598년 11월 19일에 노량 해전에서 장사壯士 200명과 함께 조선 전선에 타고 분전하였으나, 아군의 화기가 실수로 등자룡의 배에 떨어져 불이 나는 바람에 적의 공격을 받고 전사하였다. 전사 후 도독첨사都督僉事(정2품)에 추증되었다. 묘소는 현재 강서성 풍성시 두시진 무계촌茂溪村 경내에 있다. (『明史』 권247, 鄧子龍 列傳; 김홍대·이병윤, 『명조 등자룡 장군 문헌 연구』, 남해군, 2015; 朴現圭, 「明將 鄧子龍의 활약과 죽음」, 『한중인문학연구』 제22집, 중한인문과학연구회, 2007.)

14 손바닥에 침을 뱉고서 : 원문은 "타수唾手"로, 무슨 힘 드는 일을 할 때 손바닥에 침을 뱉어 기운을 내어 일을 시작하는 것을 뜻한다. [『後漢書』 권73, 公孫瓚列傳 註, "瓚曰 始天下兵起 我謂唾掌(手)而決".]

만, 그는 오히려 힘써 싸웠다. 충무공이 달려가 구원하다가 더불어 같이 죽었다. 그 자세한 이야기는 서희진徐希震의 『동정기東征記』에 실려 있다.

내가 일찍이 그것을 가엾게 여겨 『명사明史』에 실린 그의 전기를 살펴보니, "조선에서 사당을 세워 제사를 지낸다."라는 말이 있지만, 처음부터 사당을 세워 제사를 지낸 일은 없었다. 강진康津에 있는 도독都督 진린陳璘[16]의 사당에도 또한 그를 배향하지 못했다. 전례典禮에 흠이 되고 잘못한 것으로 이보다 큰 것이 무엇이 있겠는가. 평양平壤의 무열사武烈祠[17]에 참장參將 낙상지駱尙志[18]를 추가로 배향하자고 평안도 관찰사가 청하여서 조정에서 이미 허락해 주었다. 같은 시기에 같은 일을 한 사람에 대해 그 공덕에 보답하는 전례가 어찌 하나는 시행하고 하나는 시행하지 않아서, 명나라 장군[등자룡]의 영령이 의지하여 머물 곳이 없게 할 수가 있겠는가.

명나라 부총병 등자룡은 도독 진린의 사당에 배향해야 하는데, 처음에는 그 사당이 남해南海에 있다고 들었고, 이번 평양에서 낙공駱公을 추가로 배향할 때 같이 거행

---

15 무찌를 것을 맹세 : 원문은 "시멸矢滅"로, '시矢'는 '서誓' 자와 같다. [胡廣(明) 等 撰, 『詩傳大全』 권3, 衛一之五, 考槃三章章四句, "永矢弗諼".]

16 진린 陳璘 : 임진왜란 때 참전한 명나라 장수(1543~1607). 명나라 광동廣東 옹원翁源 사람으로 자字는 조작朝爵이요 호號는 용애龍厓다. 명나라 세종世宗 가정嘉靖(1522~1566) 말엽에 지휘첨사指揮僉事가 되었고, 신종神宗 만력萬曆 20년(1592)에 도독첨사都督僉事(정2품)로 승진하였다. 많은 무공을 세워 마침내 무술년(1598)에 어왜총병관禦倭總兵官으로 발탁되었고, 광동병廣東兵 5,000명과 함선을 거느리고 조선 지원에 나서 고금도에 왔다. 노량 해전에서 이순신 함대와 함께 일본 수군을 크게 무찌르고 본국으로 돌아갔다. 죽은 뒤에 태자태보太子太保에 추증되었다. (『明史』 권247, 陳璘 列傳.)

17 무열사武烈祠 : 임진년(1592)에 평양성 탈환을 도와주었던 명나라 장수를 위해 1593년(선조 26) 평양平壤 서문西門 안에 세운 사당. 명나라의 병부상서兵部尙書 석성石星, 제독提督 이여송李如松, 좌협장左協將 양원楊元, 중협장中協將 이여백李如栢, 우협장右協將 장세작張世爵을 제향하였다. 정묘호란(1627) 때 피해를 입어, 다섯 장수의 화상畵像 중에 석성과 이여백의 화상만 남게 되어, 그 밖의 세 장수는 위판位版으로 대체하였다. 1791년(정조 15)에 총병摠兵 낙상지駱尙志도 함께 배향하였다. [『仁祖實錄』 권29, 인조 12년(1634) 2월 19일(병자); 『增補文獻備考』 권64, 禮考 11, 諸廟, 武烈祠.]

18 낙상지駱尙志 : 임진왜란 때 참장參將으로 평양성 탈환에 참전한 명나라 장수. 호는 운곡雲谷으로 절강浙江 소흥부紹興府 여요현餘姚縣 사람이다. 임진년(1592) 12월에 흠차통령 절직조병 신기영 좌참장欽差統領浙直調兵神機營左參將으로 보병 3,000명을 이끌고 나왔다. 역력膂力이 월등하여 1천 근斤의 무게를 들었으므로 낙천근駱千斤으로 불렸다. 평양 전투에서 낙상지가 앞장서서 성벽을 올랐는데, 일본군이 성가퀴 위에서 세게 떨어뜨린 큰 돌이 그의 배에 맞았으나 끄떡도 하지 않고 몸을 솟구쳐 곧바로 올라가자 적이 위세에 눌려 한쪽으로 쓸렸다. 이에 제군諸軍이 뒤따라 마침내 평양성을 수복하였다. (『象村先生集』 권57, 「天朝 詔使 將臣 先後去來 姓名記」, '駱尙志'.)

하고자 했다. 다시 들으니 도독[진린]과 충무공은 함께 강진 땅에 있는 탄보묘誕報廟[19] 곁에 모시었다고 한다. 그래서 등공鄧公의 별사別祠도 마땅히 이 사당에 모셔야 했다. 배향하는 날에 관원을 보내어 제사를 지내고, 충무공이 이미 같이 배향되어 있으니 제사를 같이 지내도록 하라. 총병이 충무공과 같은 때 노량에서 죽었는데, 충무공만 남해충렬사南海忠烈祠에 오로지 모셨다고 한다. 근래에 충무공의 끼친 사적을 내각에 명령하여 전서全書를 편찬하게 하였다. 활자로 인쇄 마치기를 기다려서, 인쇄된 것 한 벌을 이 사당에 잘 보관하고, 이어서 제사 지내도록 하라.[20]

임자[정조 16, 1792년] 8월 19일

(3)

이날이 어떤 날인가.[21] 아! 명나라 신종황제가 우리나라를 구원하여 다시 일으켜 준 은혜는 저 하늘과 더불어 끝이 없으니, 옛날 주周나라 때 나라를 걱정하여 읊은 「비풍匪風」의 슬퍼하는 내용[22]과 「하천下泉」의 한탄하는 마음[23]을 그 만분의 일이라도 어디에다 붙여서 이야기할 수 있겠는가.

이미 가까운 신하를 보내어 봉실奉室[24]을 대신 살피고, 거듭하여 무신武臣 이원李源[25]에게 선무사宣武祠[26]에 가서 두루 살펴보도록 한 것은 모두 이날을 기념하고자 한

---

[19] 탄보묘誕報廟 : 전라남도 완도군 고금면 덕동리에 있는 사적 제114호 '완도 묘당도 이충무공 유적莞島 廟堂島 李忠武公 遺蹟'. 일명 '고금도 충무사忠武祠'. 원래 이 유적은 명나라 도독 진린陳璘이 1598년(선조 31)에 건조한 관왕묘關王廟에서 유래하였다. 뒤에 관왕묘 곁에 암자를 짓고, 1666년(현종 7)에 진린을, 1683년(숙종 9)에 이순신李舜臣을 배향하였다. 1791년(정조 15)에 정조가 '誕報廟'라는 글자를 써서 내려줌으로써 관왕묘는 사액묘우賜額廟宇가 되었고, 이듬해 1792년(정조 16)에 등자룡鄧子龍을 여기에 추배하였다. (『增補文獻備考』 권64, 禮考 11, 關帝廟; 李濟現, 『忠武公 李舜臣과 古今島 忠武祠』, 사단법인 이충무공유적 고금도 충무사 보존위원회, 1989.)

[20] 『정조실록』 권35, 정조 16년 8월 19일(을유) 기사와 비교할 때, 『이충무공전서』에는 "제문은 모두 직접 지으셨다. 제사를 지내라는 명이 있었지만, 이때 경유하는 역참에서 폐해가 발생하기 때문에 헌관은 부근의 문관 수령 중에서 임명하여 보내도록 하라祭文皆當親撰矣 致祭雖有命 此時廚傳有弊 獻官以附近文倅中差送."라는 내용이 생략되었다.

[21] 이날이 어떤 날인가 : 원문은 "시일하일야是日何日也"로, 명나라 신종황제의 기일忌日인 7월 21일을 가리킨다.

것인데, 이것으로 어찌 그것을 기념하기에 충분하다고 하겠는가.

　덕을 본받고 공로를 보답하는 것은 국가의 거룩한 전례典禮인데, 더구나 작은 나라 신하가 명나라 황제의 은총을 입었으며 천하의 명장名將이 된 이는 충무공 이순신이다. 옛날 무령왕武寧王 서달徐達27의 비석을 황제가 친히 글씨를 쓰고 담당자가 비석을 세우는 일을 맡았었다. 내가 감히 그것을 본받아 일찍이 그 도道에 명령하여 비석을 깎아 놓고, 비석 머리에 새길 전자篆字로 된 글씨를 내려보내는 것과 비석에 기록할 시詩를 지어 보일 때까지 기다리라고 명하였다. 그런데 작년에는 백성들과 관련된 일로 겨를이 없어서, 오늘에야 충무공의 후손들을 불러 그 일을 감독하게 하였다. 또한 생각해보니 충무공의 충성과 무공으로도 그가 죽은 뒤에 아직도 수상首相인

---

22 「비풍匪風」의 슬퍼하는 내용 : 원문은 "비풍지감匪風之感"으로, 『시전詩傳』 회풍檜風편에 "바람이 부는 것도 아니요 수레가 달리는 것도 아니요 주周나라 가는 길을 돌아보니 가슴이 아프구나匪風發兮 匪車偈兮 顧瞻周道 中心怛兮"란 구절이 있는데, 이것은 주나라 왕실의 쇠미해 가는 것을 보고 어느 애국자가 탄식해 부른 노래다. 바람이 부는 것은 하늘이 성내는 것이라 걱정스럽고, 수레가 세게 달리면 넘어질까 걱정스러운 것인데, 나는 그런 것 때문이 아니요, 다만 주나라 가는 길을 바라보니 전일과 달라 아무도 찾아가는 사람이 없어 쓸쓸하기로, 이것은 분명히 주나라 왕실이 기울어진 것이라, 그래서 마음이 슬프다는 뜻이다. 그러므로 결국은 나라를 생각하는 슬픈 정곡을 의미한다. [胡廣(明) 等 撰, 『詩傳大全』 권7, 檜一之十三, 匪風三章章四句.]

23 「하천下泉」의 한탄하는 마음 : 원문은 "하천지사下泉之思"로, 『시전詩傳』 조풍曹風편에 "차가워라 저 흘러내리는 샘물이여 풀과 곡식을 적시도다. 아! 나의 탄식이여, 저 주나라 서울을 그리도다洌彼下泉 浸彼苞稂 愾我寤歎 念彼周京."라는 구절이 있는데, 이것도 역시 주나라 왕실이 쇠미해 가는 것을 보고 어느 애국자가 탄식해 읊은 시다. 원천을 왕실에 비기고, 들판의 풀과 곡식을 주위의 작은 나라들에 비긴 것인데, 원천에서 차가운 물이 흘러내리면 풀과 곡식이 시드는 것처럼, 왕실이 쇠미해지면 작은 나라들이 모두 그 영향을 받아 곤궁해짐을 뜻한 것이다. 이것 역시 나라를 생각하는 슬픈 정곡을 말함이다. [胡廣(明) 等 撰, 『詩傳大全』 권7, 曹一之十四, 下泉四章章四句.]

24 봉실奉室 : 명나라 황제의 혼령을 모신 사당의 감실을 이른다.

25 이원李源 : 명나라 제독提督 이여송李如松의 후손. 조선에 와서 춘천春川에 살고 있었는데, 정조의 지시로 무관직을 제수받았다. 행부호군行副護軍, 지중추부사, 함경북도 병마절도사를 역임하고, 품계는 자헌대부資憲大夫(정2품 하)에 이르렀다. [『正祖實錄』 권28, 정조 13년(1789) 12월 11일(임술); 권38, 17년(1793) 7월 21일(임자); 권43, 19년(1795) 12월 19일(병신); 권49, 22년(1798) 7월 21일(계미).]

26 선무사宣武祠 : 서울 남문 안 태평관太平館 서쪽에 있는 사당. 1598년(선조 31)에 세우고 선조가 '재조번방再造藩邦' 4자를 써서 붙였다. 명나라 병부상서兵部尙書 형개邢玠와 경리經理 양호楊鎬를 배향配享하고 제사 지냈다. 1610년에 중국에서 구해온 양호의 화상畫像을 걸었다가 나중에는 위패만 두었다. 1760년(영조 36)에 선무사 동쪽에 새로 한 칸을 더 짓고 봉상시奉常寺에 모셔둔 명나라 전몰 군사들의 위패를 이곳으로 옮겨와서 같이 제사 지냈다. 원래 명나라 전몰 군사 위패들은 평소에 봉상시에 모셔두었는데, 서울 서문 밖 홍제원弘濟院 옆에 민충단愍忠壇을 쌓고, 제사 지낼 때는 이곳으로 옮겨다 놓고 지냈었다. (『增補文獻備考』 권64, 禮考 11, 諸廟, 宣武祠.)

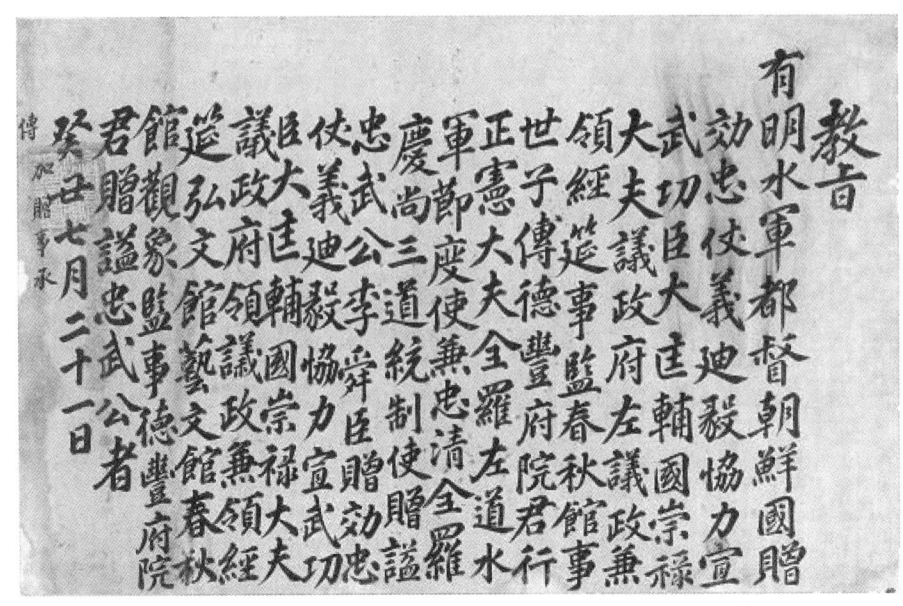

정조의 영의정 증직贈職 교지敎旨. 1604. 아산 현충사. (사진 문화재청)

영의정으로 품계를 높여 주지 않은 것은 실로 잘못된 일이다.

유명 수군도독 조선국 증효충장의 적의협력 선무공신 대광보국 숭록대부 의정부 좌의정 덕풍부원군 행정헌대부 전라좌도 수군절도사 겸 삼도통제사 시호는 충무공인 이순신有明 水軍都督 朝鮮國 贈効忠仗義 迪毅協力 宣武功臣 大匡輔國 崇祿大夫 議政府左議政 德豊府院君 行正憲大夫 全羅左道 水軍節度使 兼三道統制使 諡忠武公 李舜臣에게 품계를 높여 주어 이른바 의정부 영의정이라 하라. 증직은 오늘 비답批答을 내렸고, 비를 세우는 날에 제사를 지내는 것은 전에 이미 지시하였으니, 증직과 선고宣誥[28]는 모두 그날에 거행하도록 하라.

『춘추春秋』를 읽을 만한 곳이 없으니 삼전三傳[좌씨전左氏傳·공양전公羊傳·곡량전穀梁

---

27 서달徐達 : 명나라 태조 주원장朱元璋을 도운 개국공신으로, 위국공魏國公에 봉해졌으며, 1385년(홍무 18)에 54세로 사망하였다. 중산왕中山王에 추봉追封되었고, 태조가 어제신도비문御製神道碑文을 지어서 내렸다.(『明史』권125, 徐達 列傳.)

28 선고宣誥 : 임금의 명령을 선포함. '고誥'는 원래 황제의 명령을 뜻하는데, 여기서는 임금의 명령이라는 뜻으로 사용되었다.

傳]을 묶어 높은 다락에 내놓아 두라²⁹고 말하지 마라. 이것이 지닌 의義와 이理는 길이 우주 사이에 남아 있으면서 해와 별과 함께 그 빛을 보전할 것이다. 어찌 그 의리를 강구하여 밝힐 방법을 생각지 않을 수 있겠는가. 이날이 어떤 날인가.

계축[정조 17, 1793년] 7월 21일³⁰

금상[정조] 20년³¹ 을묘[1795년] 9월 19일,

원임³² 규장각 직제학 대광보국숭록대부 행판중추부사 신이병모

原任 奎章閣 直提學 大匡輔國崇祿大夫 行判中樞府事 臣李秉模는

명령을 받들어 삼가 씀

---

29 『춘추春秋』를 읽을 …… 내놓아 두라 : 원문은 "춘추무지가독 삼전속지고각春秋無地可讀 三傳束之高閣"으로, 춘추春秋를 읽을 곳이 없어 삼전三傳을 묶어 높은 다락에 올려 둠의 뜻이다. 춘추는 본래 노魯나라 사관史官이 편년체로 기록한 노나라 사적史蹟인데, 공자孔子가 그것을 윤리적 입장에서 비판 수정하여 편찬하였다. 노 은공魯隱公 원년(서기전 722)으로부터 노 애공魯哀公 14년(서기전 481)에 이르기까지 무릇 12대 242년 동안의 역사다. 삼전은 춘추에 삼전이 있음을 말함인데 공양전公羊傳, 곡량전穀梁傳, 좌전左傳이다. 그것을 높은 다락에 올려 쌓아 둔다는 것은 대의大義를 내버려 두는 것, 먼지 속에 묵혀 두는 것을 의미한다. (『韓愈 詩』, '春秋三傳束高閣'.)

30 『정조실록』권38, 정조 17년 7월 21일(임자)의 기사에 따르면, 명나라 신종神宗의 기일忌日을 맞아 승지를 보내 황단皇壇의 위패를 봉안한 방을 받들어 살피게 하였다. 그리고 행부호군 이원李源을 선무사宣武祠로 보냈으며, 충무공 이순신李舜臣에게는 의정부 영의정을 더 추증하였다.

31 금상[정조] 20년 : 금상 20년은 즉위년 칭원법에 따른 것으로 볼 수 있고, 유년 칭원법에 따르면 을묘년은 금상 19년이 맞다. 따라서 금상 20년이라 한 것은 금상 19년의 착오이다.

32 원임原任 : 전임前任과 같은 말. 현직 관리 즉 시임時任에 상대되는 말로, 조선시대 정3품 당상관堂上官 이상으로 퇴직한 자는 특별한 경우에 봉조하奉朝賀에 임명되어 종신토록 녹봉祿俸을 받았다. 명나라 초기부터 쓰인 말인데, 처음에는 원임元任이라 썼던 것을 본시란 뜻의 원元과 원나라라는 원元이 혼동되므로 원原자로 바꾸었다. [이홍직, 『國史大事典』, 민중서관, 1997; 顧炎武(淸) 撰, 『日知錄』, 권32, 元.]

어제신도비명御製神道碑銘

어제御製 유명[33] 수군 도독 조선국 증 효충장의 적의협력 선무공신 대광보국숭록대부 의정부 영의정 겸 영경연 홍문관 예문관 춘추관 관상감사 덕풍부원군 행 정헌대부 전라좌도 수군절도사 겸 삼도통제사 시호 충무공 이순신 신도[34] 비명 및 서문[35]

살았을 때는 수레와 옷[36]을 주어 영화롭게 하고, 잔치를 베풀어[37] 위로하며, 음악[38]을 베풀었으며, 죽은 뒤에는 다섯 솥[39]에 제물을 담아 제사를 올리며, 대대로 녹[40]을

---

[33] 유명有明: '명나라'라는 말. 유有 자는 뜻이 없는 조사로서 한자 이름 가진 나라 위에 붙여 쓰는 글자다. 예컨대, 유우有虞, 유하有夏, 유주有周, 유당有唐 등이다.

[34] 신도神道: 무덤 가는 길. 귀신이 다니는 길이기 때문에 쓰는 문자다. 거기에 세우는 비석을 신도비神道碑라 하는데, 특히 종2품 이상의 높은 벼슬을 지낸 이의 무덤 앞에 그의 일생 행적을 적어 새긴 비석이다. 옛날 한漢나라 때부터 있었다.

[35] 『이충무공전서』의 것과 『홍재전서』의 내용을 비교하면, 『홍재전서』의 내용은 이순신의 관직명 중에 "겸 영경연 홍문관 예문관 춘추관 관상감사"가 누락되어 있다. 그리고 계축년(1793)에 작성된 것으로 기록되어 있다. 이로써 『이충무공전서』에 실린 것은 비를 건립하면서 이루어졌기 때문에 갑인년(1794)으로 연기年紀를 고쳐서 비에 새긴 내용이라 하겠다.

[36] 수레와 옷: 원문은 "거복車服"이다. 『서경書經』 정현鄭玄 주註에 "천자는 제후에게 옷과 수레를 내려준다天子之於諸侯 皆以車服賜之"라고 하였다.

[37] 잔치를 베풀어: 원문은 "연향讌饗"으로, 본래는 고기를 잘게 썰어서 놓은 잔치를 연讌이라 하고, 옹근 한 마리의 반쪽을 올려놓은 경우에는 향饗이라 하여 글자를 달리 썼다.(『左傳』, 宣公 16년, "王饗有體薦 讌有折俎".)

[38] 음악: 원문은 "관현管絃"으로, 악기의 통칭이다. 관管은 대로 만든 악기의 종류, 현絃은 줄을 매어 타는 악기의 종류를 말하는데, 여기서는 음악이란 뜻으로 쓰였다.

[39] 다섯 솥: 원문은 "오정五鼎"이다. 정鼎은 제사 지내는 그릇이니, 다섯 그릇에 제물을 담는 훌륭한 제사를 말한다. 『맹자孟子』 주註에 "삼정은 선비의 제사요 오정은 벼슬 높은 사람의 제사이다三鼎 士之祭禮 五鼎 大夫之祭禮."라고 하였다.

주어 봉양하게 하고, 천자의 깃발인 기상旂常⁴¹에 공로를 기록하여 그 밝은 빛과 아름다운 절개가 위아래에 빛나게 하였으며, 산천에 배향하여 호국하는 직책⁴²을 맡게 하여 백성들에게 많은 복을 가져다주도록 하였다. 이는 옛날 임금들이 공신을 예우하던 것들이다.

주周나라 이후 그 법이 점점 없어지고 말았다. 그러나 비를 세워 비명으로 기록하는 것은 오히려 천자의 깃발에 써서 전하였던 옛 뜻과 같은 것이다. 그중에서도 특별한 것은 임금이 비문을 짓는 것이다. 왕조王朝⁴³의 비석 첫머리에 새긴 전자篆字는 "지극한 덕이 있는 원로"라 썼고, 서달徐達의 비석 첫머리에 새긴 전자는 "충성스런 뜻이 흠이 하나도 없음"이라 썼으니, 천년 동안에 이런 대우를 받은 사람은 몇이나 되겠는가.

아! 우리나라의 충무공忠武公 이순신李舜臣 같은 이야말로 공훈이 비문을 짓는 법에 들어맞는다. 내가 비문을 짓더라도 오히려 또한 부끄러울 것이 없을 것이다.⁴⁴

충무공 이순신의 자字는 여해汝諧요 대대로 덕수德水 사람이다. 그가 태어날 때, 어머니 변卞씨의 꿈에 시아버지가 말하기를 "아기가 나면 반드시 귀하게 될 것이니 순신舜臣이라 이름하라."고 하였다. 아버지 정貞이 그 말을 듣고 이상히 여겨 점을 쳐 보니 "길하다. 나이 50이 되면 응당 큰 칼을 잡고 명장이 되리라." 하는 것이었다. 충무공은 이런 이상한 징조를 짊어지고 태어나더니 어려서부터 기개가 뛰어났으며, 또

---

40 대대로 녹 : 원문은 "세록世祿"으로, 죽은 자의 자손들에게 식록食祿을 주는 것이다. 『맹자孟子』에 "죽은 자에게는 세록을 준다死者世祿"라고 하였다.

41 기상旂常 : 왕후王侯를 상징하는 기旗. 기旂는 교룡交龍을, 상常은 해와 달을 그린 기다. (『周禮』, 司常, "日月爲常 交龍爲旂".)

42 호국하는 직책 : 원문은 "음직陰職"으로, 귀신으로 호국하는 직책의 뜻이다. 음陰은 명冥과 같은 뜻이다.

43 왕조王朝 : 송宋나라 때 사람 왕단王旦. 단旦 자가 태조 이성계李成桂의 즉위 후의 어휘이므로 피하여 조朝 자로 대신 쓴 것이다. 왕단은 송나라 진종眞宗(재위 998~1021) 때 군국의 모든 중요한 정사를 결정하던 중신重臣이다. 왕단의 빗머리 전자篆字를 인종仁宗(1022~1063)이 "전덕원로지비全德元老之碑"라 썼다. (『宋史』 권282, 王旦 列傳.)

44 부끄러울 것이 없을 것이다 : 원문은 "무괴無媿"로, '부끄럽지 않음'의 뜻이다. 괴媿는 괴愧와 같다. 한漢나라 때 곽태郭泰(자는 임종林宗, 호는 유도선생有道先生)가 죽은 뒤에 채옹蔡邕이 그의 비문을 지었는데, "내가 비문 지은 것이 많지마는 다만 곽유도 비명만은 부끄럽지 않다吾爲碑銘多矣 惟郭有道銘 無愧色"라고 한 데서 나온 문자이다. (『後漢書』 권68, 郭符許列傳第五十八, 郭太.)

한 큰 뜻을 품고 있었다. 자라서는 활 쏘는 재주가 남보다 뛰어났다. 만력萬曆 병자丙子 무과 시험에 급제하여 처음에는 변방에서 벼슬살이를 하여 여러 차례 뛰어난 공을 세웠으므로 모든 사람이 대장이 될 재목이라고 칭송하였다.

문충공文忠公 유성룡柳成龍이 조정에 힘써 천거하여 드디어 전라좌도 수군절도사에 발탁되었으며, 이때 왜인들이 우리나라를 치겠다고 공개적으로 큰소리치고 있었고, 적이 도발할 낌새가 이미 만들어져 있었다. 충무공은 그것을 깊이 걱정하였고, 밤낮으로 군사를 훈련하고 병기를 다듬으면서 전쟁을 치르고 적을 막을 준비를 하였다. 따로 새롭게 배의 형태를 창안하였으니 그 모양이 엎드린 거북 모양이었다. 배의 이름을 거북선龜船이라 하였다. 해전에 익숙한 자들은 그 배를 몽충蒙衝[45]에 비유하였다.

1592년[선조 25, 임진]에 왜적들이 크게 쳐들어와 부산釜山 동래東萊를 함락하고 또 여러 길로 나누어 서쪽으로 올라오고 있었다. 충무공은 즉시 군사를 이끌고 옥포玉浦로 나아가서 적선 20여 척을 공격하여 불태우고, 경상 수군절도사水軍節度使 원균元均과 노량露梁에서 만나 적을 협공하였으며, 이어서 사천泗川에 이르러 10여 척을 불태우고, 당포唐浦로 진군하여 적선 20여 척을 만나 그 수괴를 죽이고 적군의 무리를 섬멸하였다. 당항포唐項浦에서는 전라우도 수군절도사 이억기李億祺와 함께 군사를 합하여 적의 수괴가 탄 3층으로 된 누선樓船을 깨뜨렸다. 한산도閑山島까지 꾀어내어 또한 크고 작은 전함 70여 척을 부쉈으며, 적을 뒤쫓아 북쪽으로 안골포安骨浦에 이르러 또다시 40여 척을 불태워 쳐부쉈다. 그의 군대는 사기가 크게 떨쳤고, 적들은 무서워 떨었다. 그 승첩이 보고될 때마다 번번이 품계가 더해져 정헌正憲[46]에 이르렀다.

1593년[선조 26, 계사]에 조정에서 처음으로 삼도수군통제사三道水軍統制使를 설치하면서 본직을 가진 채 겸임하게 하고, 진鎭을 한산도로 옮겼다. 이때 원균은 절제받

---

45 몽충蒙衝 : 소가죽을 위에 덮어 적의 시석矢石을 막고, 적이 접근하면 전후좌우에서 쇠뇌와 창으로 공격하는 작은 배.(『武經摠要』 권11, 水戰, 蒙衝.)

46 정헌正憲 : 정헌대부正憲大夫. 동·서반의 '정2품 상' 품계이다. 『선조수정실록』 권26, 선조 25년 7월 1일 무오의 기사에 이순신에게 정헌대부의 자계資階를 내리는 과정이 자세하게 서술되어 있다. 1592년(선조 25)에 그에게 정헌대부를 내리는 교서教書의 내용은 이 책『이충무공전서』 권수卷首에 소개되어 있다.

는 것을 부끄럽게 여겨 자주 헛소문[47]을 퍼뜨리고 언관言官을 꾀어, 마침내 충무공이 적을 치지 않고 머뭇거렸다는 죄목으로 탄핵을 받아 옥에 갇히고, 원균이 그를 대신하더니 두어 달 만에 우리 군대는 계속 졌으며, 원균은 달아나다 죽었다. 조정에서는 다시 충무공을 통제사로 삼았다. 충무공은 수십 명의 말을 탄 부하들을 데리고 순천부順天府로 달려가 병선 10여 척을 얻고, 여러 군데서 흩어진 군사들을 모아서 난도蘭島[48]에서 적을 쳐부쉈으며, 또 벽파정碧波亭 아래서 적을 맞아들여 30여 척을 격파하고 적장 마다시馬多時의 목을 베니, 적들은 버티지 못하고 전군이 도망가고 말았다.

1598년[선조 31, 무술]에는 명나라 장수 진린陳璘이 광동廣東 군사를, 유정劉綎이 사천四川 군사를, 또 등자룡鄧子龍이 절강과 직예浙江直隸 군사를 각각 이끌고 차례로 왔다. 충무공은 고금도古今島로 가서 그곳을 점거하여 진린과 함께 진陣을 합쳤는데, 진린은 진심으로 충무공의 재주와 책략과 기량과 도량에 굴복하여 모든 군중 기밀을 물어서 처결하지 않은 것이 없었다. 또 우리 선조宣祖대왕께 아뢰되, "이순신은 천지를 주무르는 재주[49]와 나라의 위기를 바로잡은 공[50]이 있습니다."라고 하였다. 또 명나라 현황제顯皇帝[51]가 충무공에게 도독都督의 인수印綬를 내려주도록 자세히 아뢰었다.

---

47 헛소문 : 원문은 "비어蜚語"로, 아무 근거 없이 떠도는 말이다. 비蜚는 비飛 자와 같다.

48 난도蘭島 : 전라남도 해남군 송지면 어란리 어란포於蘭浦를 가리킨다. 삼도수군통제사에 다시 임명된 이순신이 장흥 땅 회령포會寧浦에서 10여 척의 전선을 수습한 후 어란포에서 일본 수군과 첫 해전을 벌였다.(『李忠武公全書』권9, 附錄 1, 「行錄」.)

49 천지를 주무르는 재주 : 원문은 "경천위지지재經天緯地之才"로, 하늘을 날經로 하고 땅을 씨緯로 하여 종횡하는, 즉 일을 계획적으로 잘 준비하고 다루는 재주를 말한다.(『周書』권2, 靜帝紀, "憑宰輔之力 經天緯地 四海晏如"; 「庚黔婁文」, "經天緯地之德 左日右月之明".)

50 위기를 바로잡은 공 : 원문은 "보천욕일지공補天浴日之功"으로, 위기를 만회할 수 있는 큰 공훈을 말한다. 『회남자淮南子』에 여와씨女媧氏가 오색돌을 갈아서 하늘을 때웠다는 말이 있어, 국운을 만회한 경우에 보천補天이란 문자를 쓰게 되었다. 또 『산해경山海經』에 희화羲和라는 여자가 해를 10개 낳아 감천甘泉에 목욕시켰다는 이야기가 적혀 있는데, 뒤에는 큰 공로를 세운 것에 욕일浴日이란 문자를 쓰게 되었다.(『淮南子』권6, 覽冥訓, "女媧鍊五色石 以補蒼天 鼇足以立四極"; 『山海經』, 大荒南經, "羲和方日浴於甘淵 羲和者 帝俊之妻 生十日"; 『宋史』권360, 趙鼎 列傳, "浚有補天浴日之功"; 『舊唐書』, "高祖縮地補天 重張區宇".)

51 현황제顯皇帝 : 명나라 신종의 묘호廟號. 신종황제의 묘호는 "신종 범천합도 철숙돈간 광문장무 안인지효 현황제神宗範天合道哲肅敦簡光文章武仁止孝顯皇帝"이다.(『明史』권20, 神宗 本紀.)

얼마 후 풍신수길豊臣秀吉 관백關白[52]이 죽자, 소서행장小西行長이 철병하려 하면서 곤양昆陽과 사천泗川 등에 진을 치고 있던 군사들과 약속하고 날을 정하여 모두 노량으로 진출하려 하였다. 충무공과 명나라 장수는 함께 수군을 정돈하고 서로 협력하여 섬멸할 것을 의논하고, 곧바로 배 위에서 빌기를, "오늘이야말로 참으로 사생을 결단하는 날입니다. 하늘이시여, 나에게 이 적들을 무찌를 수 있도록 허락하여 주십시오."라고 하였다. 빌기를 마치자 장수별[53]이 떨어지므로 모든 군중이 불길하게 여겼다.

밤 사경[오전 1~3시]에 적을 맞아 큰 싸움이 벌어져서 적선 200여 척을 무찔렀다. 쉬지 않고 뒤를 추격하여 남해南海에 이르렀을 때, 적이 명나라 군사를 여러 겹으로 에워싸자, 충무공은 친히 화살과 포탄이 떨어지는 것을 무릅쓰고 앞으로 나아가 포위를 뚫고 들어갔다. 싸움이 바야흐로 한창일 때 충무공이 유탄에 맞아 돌아가니, 그가 을사[인종 1, 명종 즉위, 1545년]생이라 나이 54세였다. 다음 해에 아들 이회李薈 등이 아산牙山으로 모셔 장사를 지냈다.

갑진[선조 37, 1604년]에 훈공을 정하여 호를 내리고 의정부 좌의정 덕풍부원군議政府左議政德豊府院君에 증직하였다. 시호는 충무忠武[54]이고, 싸움하던 터에 사당을 세워 지금껏 끊이지 않고 제사를 받들고 있다. 어찌 이것으로 그 공훈을 예우하는 것이 족하다 하겠는가.

슬프다! 무릇 우리나라에 인재가 배출된 것은 목릉穆陵[55] 때를 가장 왕성한 시기라고 하며, 또 명나라 황제의 명령을 받아 날랜 군사를 거느리고 구원하러 왔던 장수들도 역시 모두 다 한때 뛰어난 인물들이었지만, 적이 쳐들어와 물고기가 뛰고 새우가 튀어 올라 바닷물이 뒤집히는 때를 당하자, 그저 90리[56]를 물러나서 나갈까 말까

---

52 관백關白 : 일본 천황의 전권대리로서 어전의 정무를 총괄하는 섭정의 관위.
53 장수별 : 원문은 "하괴河魁"로, 주장主將이 설치하는 군막軍幕의 방위이다. 괴魁는 북두칠성의 첫 번째 별로, 하괴성은 음양가陰陽家에서 장수별將星을 일컫는다. 그러므로 여기서는 주장의 죽음을 하괴성河魁星이 떨어지는 것으로 말한 것이다.[『史記』 권27, 天官書, 正義註, "魁 斗第一星也"; 張澂(宋), 『雲谷雜記』, "戌爲河魁 謂主將之帳宜在戌方".]
54 이순신에게 '忠武'의 시호는 선조宣祖 때 내려진 것이 아니고, 인조仁祖 21년(1643, 癸未)에 내려졌다.
55 목릉穆陵 : 선조 임금. 선조의 능호陵號가 목릉穆陵이다.

하는 두 가지 생각[57]을 품지 않는 이가 없었다.

그러나 8년 동안 싸우면 반드시 이기고 지키는 곳은 반드시 보전하였기에, 나라 형세가 강해지고 약해지는 것을 보여줬으며, 적의 칼끝이 그 때문에 꺾여서 우리나라 곳곳에 소굴을 만들어 날뛰던 간교한 놈들이 뒤를 돌아보느라고 덤벼들지 못하게 만들었다.[58] 그래서 우리 장하신 선조[59]께서 나라를 다시 일으킨 공로에 기초가 된 것은 오직 충무공 한 사람의 힘이었고, 이에 의지하였다. 이제 충무공에게 특별히 비명을 짓지 아니하고 누구의 비명을 쓰겠는가.

또한 듣건대 옛날 『시경詩經』의 증민편烝民篇[60]은 번후樊侯의 업적을 쓴 것인데 선왕宣王의 덕이 거기에 담겨 있다. 과연 신하 된 자가 성공을 거둘 수 있었음에는 그 임금이 현명함이 있기 때문이다. 무릇 임금의 명령을 받들어 맡은 일에 공을 세워 끝을 잘 맺으며, 그 공으로 임금의 덕을 실어서 영원토록 길이 전해지도록 하는 것이 옛날의 법도였다.

지금의 비명에 옛날 시詩의 뜻이 있으니, 내 어찌 비명을 짓지 않을 수 있겠는가. 이에 의정부 영의정을 더하여 증직하고 그 시호를 따라 비의 머리에 전자를 쓰되, "충성을 높이고 무용을 표창하는 비尙忠旌武之碑"라 하고, 다시 서序를 쓰고 비명을 새겨 사관史氏들에게 알린다.

---

56 90리 : 원문은 "3사三舍"로, 90리의 뜻이다. 1사는 30리이다. 『좌전左傳』, 희공僖公 23년조에 "그대를 피하여 90리를 물러가겠다其辟君三舍"라고 하였다.(『康熙字典』권24, 舍, "左傳僖二十三年 晉楚治兵遇於中原 其辟君三舍 註一舍三十里".)

57 나갈까 말까 …… 생각 : 원문은 "양단兩端"으로, 『사기史記』권42, 정세가鄭世家에 "진晉이 군사를 내어 정鄭나라를 구할 때, 그들의 오는 걸음이 할까 말까 하여 더디었다晉發兵救鄭 其來持兩端 故遲."라 하였다.

58 뒤를 돌아보느라고 …… 만들었다. : 원문은 "낭고부득령狼顧不得逞"으로, 이리의 성질은 본시 겁이 많아 매양 달아나면서도 해뜩 뒤를 돌아보는 것인데, 사람이 무서운 상대자를 만나 뒤를 돌아다보는 것을 비유로 쓰는 문자다. 그러므로 부득령은 그것도 마음대로 못한다는 뜻이다.

59 장하신 선조 : 원문은 "열조烈祖"로, 공렬功烈(큰 공적)이 있는 조상의 뜻이다. 『서경書經』에 "우리 공렬 있는 조상을 돕는다佑我烈祖."라고 하였다.

60 증민편烝民篇 : 『시경詩經』대아大雅의 편명으로, 주周나라 선왕宣王이 번후樊侯 중산보仲山甫에게 명령하여 제齊나라에 성을 쌓게 하였을 때, 윤길보尹吉甫가 이 시를 지어 중산보의 공적을 칭찬하였는데, 그 속에 저절로 선왕의 아름다운 덕도 칭송되었다.

살펴보건대 옛날에 사훈씨가 책훈에 새길 때	稽古司勳氏之銘于策也
훈·공·다·용·노·역이라고 하였네[61]	曰勳曰功曰多曰庸曰勞曰力
충무공 같은 분에 대해서	若忠武者
누가 사업[62]·전쟁·임금·나라에 공이 있다고 말하지 않으랴	孰不曰功于戰于王于國
한 번 싸워 한산도 왜적을 소탕하고	一戰而閑山盪
두 번 싸워 벽파진을 편안하게 하고	再戰而碧波晏
세 번 싸워 노량에서 왜적을 없앴으니	三戰而露梁無倭
이것이 또한 '다'가 아니겠는가	斯不亦多乎
모사가 혀를 내두르고	謀士掉其舌
무신이 목을 움츠릴 때	虎臣蹙其頸
천자의 명을 받는 자는 오직 너희 속국의 외로운 군대라	而用天子命惟汝屬國之孤軍
이것이 또한 '훈'이 아니겠는가	斯不亦勳乎
임금의 수레가 서울로 돌아오고[63]	翠華反於土中
백성들이 사는 자리에서 편안하여	赤子奠於席上
우리나라 억만년 대계를 다시 회복했으니	重恢我萬億秊大東
이것이 또한 '공'이 아니겠는가	斯不亦功乎
오호라, 아아!	於虖噫嚱
홍살문[64]이 마을에 있고	烏頭在閭

---

61 사훈씨가 …… 하였네 : 사훈씨는 주周나라 때 공로에 따라 등급을 정하여 토지 등을 상으로 주는 일을 담당하는 관리이다. 주공周公이 관직 제도를 만들 때 특별히 이 관직을 두었다. 공로의 분류는, 주공周公처럼 왕업의 성취를 도와 왕공王功을 세운 이를 '훈勳', 이윤伊尹처럼 국가를 보전하여 국공國功을 세운 이를 '공功', 후직后稷처럼 백성들에게 법을 제대로 시행하여 민공民功을 세운 이를 '용庸', 우禹임금처럼 국가를 안정시켜 사공事功을 세운 이를 '노勞', 고요皐陶처럼 법을 제대로 운용하고 치세治世를 이루는 데 공헌하여 치공治功을 세운 이를 '역力', 한신韓信과 진평陳平처럼 전쟁을 승리로 이끌어 전공戰功을 세운 이를 '다多'라고 한다. (『周禮注疏』 권30 「夏官之屬 司勳」)

62 사업 : 『홍재전서弘齋全書』에는 '공功'이 '우사于事'로 되어 있어 번역에 추가하였다.

비석[65]이 무덤에 있는데	牲石在隧
끝내 비석에 전자를 쓰는 임금의 은총까지 받았으니[66]	以卒受寵于篆首之章
공의 영령은 장강·한수처럼 깨끗하고[67]	江漢濯其靈
공의 영광은 일월과 같으리라	而日月齊其光

명나라 숭정崇禎[68] 기원紀元 후에 세 번째 되는
갑인[정조 18, 1794년] 10월 초4일에 세우다

---

63 임금의 …… 돌아오고 : 원문의 "취화翠華"는 임금의 의장 가운데 푸른 깃털로 장식한 깃발과 수레의 덮개를 말하는데, 왕이 타는 수레를 가리킨다. 원문의 "토중土中"은 본래 낙양洛陽을 가리키던 단어이다. 주周나라의 도읍인 호경鎬京이 장안長安 근처에 있어서 중국 전체로 보면 서쪽으로 조금 치우쳐 있으므로 중국의 중앙에 위치하는 낙양을 제2의 도성으로 선택하였다. 그래서 후대에 '토중' 또는 '지중地中'으로 한 국가의 도읍을 지칭하는 말로 사용하였다. 여기에서는 선조가 임진왜란 때 의주로 피란을 갔다가 다시 서울로 돌아온 일을 말한다.

64 홍살문 : 원문의 "오두烏頭"는 오두적각烏頭赤脚의 줄임말로, 윗부분이 검고 기둥이 붉은색으로 된 홍살문, 곧 정려문旌閭門을 말한다.

65 비석 : 원문의 "생석牲石"은 계생석繫牲石으로, 제를 올릴 때 제물로 바치는 소·양·돼지 같은 산짐승을 매어 놓는 돌을 말한다. 대개 옛날 사람들은 묘지 내의 비석을 계생석으로 하였으므로 후대에 생석은 비석을 가리키게 되었다.

66 비석에 …… 받았으니 : 정조가 친히 이순신의 신도비명神道碑銘과 '어제유명수군도독御製有明水軍都督 …… 이순신신도비명병서李舜臣神道碑銘幷序'라는 비문 제목을 짓고, 빗머리 전자篆字도 직접 쓰는 은총을 받았다는 뜻이다.

67 공의 …… 깨끗하고 : 원문의 "강한江漢"은 장강長江과 한수漢水로, 본래 증자曾子가 공자孔子의 도덕을 장강과 한수에 견주어 높이 칭송한 말인데, 여기에서는 이순신의 맑고 깨끗함을 칭송한 것이다. 공자 사후에 문인인 자하子夏·자장子張·자유子游 등이 유약有若이 공자와 비슷하다고 여겨 공자를 섬기던 예로 그를 섬기려고 하자, 증자曾子가 말하기를 "옳지 않다. 선생님의 도덕은 마치 강한의 물로 씻고 가을볕으로 쬔 듯 매우 희고 깨끗하여 더할 수 없다不可. 江漢以濯之, 秋陽以暴之, 皜皜乎不可尚已."라고 하였다.(『孟子』, 「滕文公上」.)

68 숭정崇禎 : 명나라의 실질적 최후의 황제인 장렬민황제壯烈愍皇帝 의종毅宗의 연호. 1628년(숭정 1)부터 시작하여 1644년(숭정 17)까지 이어졌다.

왼쪽: 정조 어제 신도비. 충남 아산 이충무공묘. (사진 문화재청, 2015년)
오른쪽: 정조 어제 신도비 탁본. 국립민속박물관.

이충무공전서 권수卷首

교서教書와 유서諭書

정헌대부의 품계를 주는 교서授正憲大夫 教書[69]

왕께서 다음과 같이 말씀하셨다.

"세상에 보기 드문 인재에게는 세상에서 드문 대우가 있는 법이니 그에 대해 특별히 융숭하게 마음을 써야 하며, 특별한 보답은 특별한 공로를 이루기를 기다리는 것이니 상을 주어 격려하는 것에 무엇을 아까워하겠는가. 이에 칭찬하고 기리는 은전을 베풀어 뛰어난 공로를 갚으려 한다.

돌아보니 나는 자질이 부족하지만 어려운 국가의 대업을 외람되게 지켜 왔다. 25년을 이른 아침부터 저녁 늦게까지 정사에 힘써 왔다. 계획을 세울 때 비록 근본을 확실한 것에 두었어도, 200년 동안 문무관들이 안일에 빠져 자기의 일들을 제대로 하지 못하였고, 백성들은 싸움에 익숙하지 못하였다.

어찌 섬나라 오랑캐가 분수를 모르고 탐욕을 부릴 것임을 생각이라도 할 수 있었겠는가. 우리의 국경이 방비되지 않은 것을 갑자기 틈타서 활로 하늘의 해를 겨냥하듯이 중국에 대한 옛 원한을 다스리겠다고 말하면서, 개가 요 임금을 보고 짖어 대듯이[70] 먼저 우리나라의 국경을 무너뜨려 단숨에 3도三都[한성·개성·평양]를 깨뜨리고, 8도를 함부로 짓밟아 기울어지게 하였다. 굳건하던 성곽과 산과 강들을 잃었으니, 난공불락의 성들은 어디에 있으며, 전쟁에 사용되던 온갖 무기들과 군량에 사용되던 곡물들은 도리어 도둑들에게 맡긴 게 되었다.

---

[69] 1592년(선조 25) 8월 24일에 내린 교서이다. (문화재청 현충사관리소, 『〈교서〉 국역·영인 합본』, 2015, '教全羅左道水軍節度使李 書'.)

생각해 보니 지금 적의 손이 닿지 않은 한 조각의 땅은 단지 남은 호남 해안의 한 구석 정도이다. 그러한데 관군들은 흙이 무너지듯 자주 도망하였어도, 의병들이 그에 응하여 행동을 하였지만 위세를 떨치기에는 힘든 일이었다. 6만의 기병들이 경기지역에서 무너졌으며, 이광李洸은 적을 가벼이 여겨서 패하였으니 매우 안타깝고 한스러우며, 2천 명의 군병들이 금산에서 무너졌다. 슬프게도 고경명高敬命은 위태로운 때를 닥쳤어도 목숨을 바쳤다.

우리가 굳게 지키지 못하였으니, 저들이 멀리서 몰아쳐서 들어오는 것을 도운 것이 되었다. 바다에서는 돛을 펼쳐 바람을 받아 여기저기에서 나갔다 들어갔다 하기도 하고, 크고 작은 섬들 사이에서 날카롭고 뾰족한 칼날을 드러내어 흩어졌다가 모이기도 하고 있었기에, 만일 용기를 북돋워 남보다 먼저 오르지 않는다면, 누가 능히 왕이 분개하는 자들을 대적하겠는가. 회서淮西의 군사들은 배도裵度를 얻어서 장성長城과 같은 방벽으로 삼아 막아 냈고, 양자강 동쪽의 백성들은 관중管仲이 아니었다면 오랑캐의 풍속을 따라야 했을 것이다.

생각해 보니 경경卿[71][즉 이순신李舜臣]은 장량張良이 이하坯下에서 황석공黃石公에게 병서를 전해 받은 것과 같으며,[72] 산서 지역의 출중한 명장들과 같은 재주를 지녔다. 마음속에 용병하는 지략을 가지고 몸에 기백을 갖추어서 충의를 뼛속에 채웠고, 나라를 걱정하는 것을 내 집과 같이하여 태수인 위상魏尙이 흉노의 침입을 저지하여 운중雲中을 지켰듯이 이 땅을 지켰고, 드디어 한신韓信이 변방에서 적을 무찌르듯이 적들을 눌러 이겼다.

군사들에게 서로 약속한 것을 엄하게 지키도록 하되 명령을 내려서 고치도록 하

---

70 개가 …… 짖어 대듯이 : 왜적이 우리의 국경을 침범하고 명나라를 넘보는 것을 비유한 것이다. 『전국책戰國策』 제책齊策 2에 "도척盜跖의 개가 요 임금을 보고서 짖어 대는 것은, 도척을 귀하게 여기고 요 임금을 천하게 여겨서가 아니라, 개는 원래 자기 주인이 아니면 짖어 대기 때문이다跖之狗吠堯 非貴跖而賤堯也 狗固吠非其主也."라는 것과 "桀犬吠堯" 즉 『한서漢書』 권51 추양전鄒陽傳에 "걸왕의 개로 하여금 성군인 요 임금을 향해 짖게 할 수도 있고, 도척의 식객으로 하여금 허유를 칼로 찌르게 할 수도 있다桀之犬可使吠堯 跖之客可使刺由."라는 것에서 찾을 수 있다.

71 경경卿 : '그대'의 뜻으로 임금이 2품 이상의 관원에 대하여 일컫는 말이다. 3품 이하에게는 '이爾(너)'라고 일컫는다.

72 장량이 받은 병서는 『태공병법太公兵法』(『황석공삼략黃石公三略』)이다.

는 것이[73] 어찌 몇 차례에 그쳤겠으며, 영문의 부하 장수偏裨들의 기율을 정비하되 군사훈련을 반복하여[74] 어긋나지 않도록 하였을 것이다. 사아士雅[75]는 배를 타고 양자강 가운데에서 노를 치면서 결심하였고, 태진太眞[76]이 눈물을 뿌리면서 배에 오른 고사故事가 있듯이, 그대의 군대는 거센 바람이 모래를 말아 갈 것 같은 기세였고, 군령을 내리면 적을 거침없이 물리치고 쳐들어가서. 적의 함대들을 맹렬한 불꽃에 던져 버렸으니 당항포唐項浦에 시체가 쌓여 강물이 흐려졌으며, 거친 파도 속에서 흉악무도한 왜적들을 처단하여 한산도閑山島 앞바다에는 피비린내가 넘쳐났다.

화살 하나도 헛되이 버려지지 않았으며, 싸움마다 모두 이겨서 공훈을 세워 임금의 위엄을 저 멀리 변방까지 떨쳤으니, 어찌 단지 한구석 모퉁이만을 지켰다고 하겠는가. 저 흉악한 무리의 넋을 먼 곳과 가까운 곳 모두에서 꺾었으며 또한 각 도에 기세를 북돋워 주는 것이 되기에 충분하였으니, 더욱 다행스러운 일이다.

어리석은 백성들은 천지의 큰 도리를 모르고, 야박한 풍속은 충성과 의리의 큰 절개를 잃어버렸으며, 수많은 장수들은 직접 나서지 않고 다투어 갑옷을 버리고 무기를 끌면서 도망하니, 여러 고을은 소문을 듣고서 단지 문을 열고 적을 받아들일 줄만 알고 있다. 생각건대, 그대의 용맹과 굳셈이 아니라면 누가 나라와 함께 삶과 죽음을 같이하겠는가. 예악을 숭상하던 그때에는 주려숙柱厲叔의 고사[77]를 알지 못하였음을 매우 후회하며, 전쟁이 벌어지고 있는 지금에야 비로소 안진경顔眞卿이 어떠

---

73 명령을……것이 : 원문은 "삼령오신三令五申"으로, 세 번 명령하고 다섯 번을 거듭 지시한다는 뜻이다. 곧 군대에서 되풀이하여 자세히 명령을 내려 고치도록 한다는 의미이다. 중국 춘추시대에 손무孫武가 오나라 임금 합려闔廬 앞에서 궁녀들에게 군사훈련을 시킬 때 세 번 명령하고 다섯 번이나 타일렀던 고사에서 생긴 문자다. (『史記』卷六十五, 孫子吳起列傳第五, 孫子, "乃設鈇鉞 即三令五申之".)

74 군사훈련을 반복하여 : 원문은 "육보칠벌六步七伐"로, 여섯 보 전진하여 일곱 보에 찌른다는 뜻이다. 군대에서 군사훈련을 반복하여 시행하는 것과 같은 의미이다. (『尙書』周書, 牧誓, "不愆于六步 七步乃止齊焉 夫子勖哉 不愆于四伐 五伐六伐 七伐 乃止齊焉".)

75 사아士雅 : 조적祖逖의 자字이다. 진晋 원제元帝 때 군사를 통솔하여 북벌하기를 자청하여 분위장군奮威將軍에 임명되었다. 그가 석륵石勒의 난을 평정하기 위하여 북벌군을 거느리고 양자강을 건너면서 노를 치며 맹세한 것을 일컫는다. 그는 "중원을 평정하지 못하고 다시 강을 건널 때는 이 강에 몸을 던지리라." 하였다. (『晋書』卷62 祖逖列傳.)

76 태진太眞 : 온교溫嶠의 자字이다. 소준蘇峻이 조약祖約과 함께 진晋나라에서 반란을 일으키자, 온교는 도간陶侃을 맹주盟主로 추대하고 눈물을 뿌리며 배에 올라 사방에 격문檄文을 전하였다. (『晋書』권67, 溫嶠列傳.)

한 모습이었는지를 알겠다.[78]

　그대는 비록 주어진 직분이기에 당연히 했지만, 나는 그것을 높이고 장려해야 하는 것이다. 이에 그대에게 정헌대부正憲大夫의 품계를 주고 전직前職을 그대로 지니게 한다. 그대가 나에게 보답한 것이 이미 더욱 성대한데, 나는 그대에게 바라는 것이 더욱 깊다. 나의 이러한 생각을 잘 알아 그대는 공적을 이루는 데 끝까지 다하여 힘쓰도록 하라.

　바람이 불고 서리가 내리는 멀리 떨어져 있는 변방에서 임금의 수레는 외로운 성으로 피란하였고, 옛 도성에는 말발굽 소리가 요란하며, 선왕들의 무덤인 능원은 천 리 밖에 떨어져 있으니, 돌아가겠다는 하나의 생각은 마치 물이 동쪽으로 흐르는 것과 같이 당연한 것이다.

　다행스럽게도 적의 세력이 약해지고 있으니 하늘도 화를 내린 것을 뉘우치는 마음임을 알 수 있다. 철갑을 두른 기병들이 요동에 뻗쳐 있고 중국 명나라의 군사들이 나날이 다가오고 있으며, 황해도에서는 의병들이 깃발을 곧바로 세우니 나라를 위해 절의를 내세운 열사들이 구름같이 모이고 있다. 우리의 손바닥에서 승리를 주무를 수 있게 되었고, 궁지에 몰린 적들이 이미 눈에 선하다.

　게다가 호남은 큰 규모의 도道로, 참으로 우리나라의 중요한 지역이다. 인재들이 많고 윗사람을 가까이 모시고 어른을 위해 죽을 자가 반드시 많을 것이다. 무사 중에 무예가 뛰어나고 강하고 활을 잘 쏘고 말을 잘 타는 자가 어찌 적겠는가. 마땅히 같이 소리를 지르고 서로 응답하여 북소리 한 번에 눈앞에 있는 적들을 쓸어 버리기에 충분할 것이니, 여러 진영들은 서로 밀접하게 연계하여 근처에 있는 도道와 서로 응하여 적을 견제하라. 혹시라도 빈 군함을 격파하여 적들이 돌아갈 길을 끊지 말고, 반드시 적을 큰 바다로 끌어내어 편하게 뒤쫓아라. 나머지 상황은 멀리서 통제하기가 어려우니 그대가 스스로 헤아려 처리할 수 있을 것이다.

---

77 주려숙柱厲叔의 고사 : 춘추전국시대에 주려숙이 거莒나라 오공敖公을 섬겼으나 오공이 알아주지 않았다. 그러나 오공에게 난이 생기자 그는 가서 목숨을 바치려 하였다.(『呂氏春秋』권20, 恃君覽.)

78 안녹산의 난에 하북 17군郡이 모두가 안녹산에게 항복하였지만, 평원태수平原太守 안진경만 성을 지키자, 당 현종은 "짐은 안진경이 어떻게 생겼는지作何狀 모르나 참 장한 사람이다."라고 하였다.(『舊唐書』권128, 顏眞卿列傳.)

목성인 세성歲星이 하늘의 동쪽인 기성箕星의 자리를 지키고 있으니, 하늘이 복덕을 밝힐 조짐이 엿보인다. 금성인 태백성太白星이 달 속으로 들어갔으니,[79] 가을이 깊어 스산하고 쌀쌀한 위엄을 북돋우고 있다. 이에 우리가 다시 일어날 희망이 생겼고, 적들을 깨끗하게 쓸어 버릴 기회가 머지않았다.

아아! 100리를 가는 자는 90리를 반이라 생각하니, 그대는 끝까지 그러한 생각을 바꾸지 않도록 하라. 한 사람에게 상을 주어 수많은 사람을 권장하려는 것이니, 내 어찌 상을 내리기를 아끼겠는가.[80] 때를 얻기는 힘든 것이니 더욱 힘써서 이를 어기지 말도록 하라. 그러므로 이렇게 교시하는 바이니, 이런 뜻을 잘 알아야 할 것이다."

선전관을 보내 군사들을 위로하는 교서遣宣傳官勞軍 敎書[81]

왕께서 다음과 같이 말씀하셨다.

"내가 임금의 역할을 제대로 못 하여 이와 같은 큰 난리를 만나니, 마치 건너편으로 개천을 넘어야 하는데 건널 수가 없는 것처럼 삼가 두렵고 걱정스러웠다. 오직 국운을 다시 잇지 못할 것이 두려웠는데, 다행스럽게도 명나라 황제의 성덕과 신위가 멀리 미치지 않은 곳이 없는 것에 힘입게 되었고, 또한 우리의 충성스런 용사들이 다리와 팔과 심장과 허리 등과 같은 자신의 온몸을 모두 바쳐 능히 어려움 속에서도 적을 막아 내었다. 이에 오랜 왕업이 다시 회복되는 지경에 이르기를 바라게 되었다.

그러나 근래에 저 독한 왜적들이 널리 퍼져 그들의 소굴은 더욱 굳건해졌고, 말을 잘하여 망령되게 속인 것이 한둘로는 세기가 힘들 정도이다. 군사들이 연이어서 노

---

79 이백李白의 시「호무인胡無人」에 "운룡진과 풍호진이 서로 섞여 돌아가고, 태백성이 달 속에 들어가니 적을 꺾을 수 있으리雲龍風虎盡交回 太白入月敵可摧."라고 하였으며, 『후한서後漢書』〈천문지天文志〉에는 "태백성이 달 속으로 들어가면 대장이 죽음을 당하며 임금이 망하는 일이 3년 안에 생겨난다." 하였다. 이는 적이 패퇴할 것임을 의미한다.
80 상을 내리기를 아끼겠는가 : 원문은 "빈소嚬笑"로, 상을 주는 것을 뜻한다. 이와 관련하여 임금은 아무 이유 없이 함부로 상을 주어서는 안 된다는 의미로는 '빈소지애嚬笑之愛'가 있다.(『韓非子』, 內諸說上.)
81 1593년(선조 26) 9월 초10일에 내린 교서이다. (문화재청 현충사관리소, 『〈교서〉 국역·영인 합본』, 2015, '慰諭全羅左道水軍節度使李及陣中士卒敎書'.)

략질한 것이 7~8개의 성이 넘고, 한 달 내에 싸움에 이겼다는 보고는 없고 긴급함을 알리는 보고가 이어지니, 나의 마음이 아픈 것을 어찌 그칠 수 있겠는가. 인하여 생각건대 그대들卿等은 명을 받아 국가의 병무를 나누어 담당하고 지혜와 힘을 다하여, 이에 국가의 변이 일어날 때부터 처음부터 끝까지 군대가 싸워서 거듭하여 큰 승리를 거두었음을 보고하였다. 나는 이를 가상히 여기는 바이다.

군사들을 주둔시키고 국경을 지킨 지 몇 해가 되었다. 바다에서 멀리까지 순찰하고, 아득하게 멀리 떨어진 변방을 지키면서 온갖 고생을 하고 병을 겪고 있는 것이 이미 극도에 이르렀다. 아파서 신음하는 자를 누군들 위로하지 않겠으며, 억울한 사정을 누군들 살피지 않겠는가.

무릇 너희爾 장사들은 아버지로서 아들을 편안하게 해 주지 못하고, 남편으로서 아내를 보호하지 못하며, 무기를 들고 멀리 정벌하러 가서 나라를 위해 참혹하게 죽임을 당하거나, 피곤하여 지쳐서 쓰러져 죽어 모든 사람이 눈을 부릅뜨고 있는 것은 모두 나의 잘못이다. 매번 이러한 생각을 하게 되면, 칼로 배를 도려내는 것 같다.

하물며 지금은 한 해가 저물어 가는데 서쪽에서 부는 바람이 점차 서늘해졌다. 의지할 곳이 없이 외로운 나그네가 되어 자리를 비운 것이 눈비 내리던 시기에 떠났는데 어느덧 버드나무에 잎이 핀 것처럼 세월이 덧없이 흘러갔다. 사람의 정으로는 반드시 견디기 힘들 것이다.

내가 이전에 두꺼운 옷을 입게 되었을 때, 너희는 입을 옷이 없으니 어떻게 하면 너희를 따뜻하게 해 줄 것인가 생각하였다. 그릇에 가득 찬 음식을 대하면 너희가 먹을 것이 없으니 어떻게 하면 배부르게 할 것인가를 생각하였다. 깊은 밤이 되면 너희가 야경용 딱따기를 밤새도록 치고 있는 것을 생각하였고, 깊은 침실 방에서 자게 되면 너희가 지붕이 없는 곳에서 쉬지도 못하는 것을 생각하였다. 생각이 오직 여기에 있으니 어찌 조금이라도 해이할 수 있겠는가.

비록 국가의 재정이 이미 다하였고 백성들의 힘은 이미 피폐하여 지쳐 있기 때문에, 너희가 따뜻한 옷을 입고, 좋은 집에서 잠을 자고 배부르게 먹는 즐거움을 누리지 못하게 하였다. 그래서 매우 심하게 병들어 지치게 되었으니, 대개 이는 자신의 몸에만 있는 것만으로 그치는 것이 아니다. 생각건대 처음부터 혜택을 충분히 받게 하여서 너희를 편한 자리에 살 수 있게 하지 못하였고, 끝내 도탄에서 구제하여 너희를 적의 칼날에서 벗어나지 못하게 하였다. 내가 실로 책임져야 할 것이지, 너희가 무슨 허물이 있겠는가.

지금부터 너희를 해치거나, 너희의 마음을 아프게 한다든지, 너희에게 해충과 같은 행위를 하는 자가 있거나, 너희에게 쭉정이 같이 나쁜 짓을 하는 무리가 있었어도 너희가 하소연할 곳이 없는 것에 대해서 너희는 임금이나 신하들이 있는 곳이 멀고 위엄을 부려 두렵다고 생각하지 마라. 너희의 꾸밈없는 진실을 빠진 것 없이 호소하여 모두 알리도록 하라. 나는 마땅히 숨겨진 병폐들을 다 살펴서 너희를 위해 그것들을 없애도록 하겠다.

또한 저 흉악한 무리들이 성질이 급하고 눈을 흘기면서 동태를 살피는 것을 예측할 수 없다. 계획하여 방략을 세우는 것은 이제 두루 다 준비하였을 것이다. 이에 선전관을 보내 특별히 나 한 사람의 측은하게 여기는 마음을 보이려 한다. 그에 겸하여 군사들의 형세를 살피고, 비단 3단端[82]을 그대들에게 나누어 보내며, 또한 그대들의 아들·사위·동생·조카 중 1명을 관직에 임명하게 하여 경들의 수고에 보답하려고 한다.

또한 관찰사에게 무명을 거두어 모아서 너희 장사將士들에게 나누어 주도록 하였다. 이는 비록 당나라 때 이기李沂가 산동성 지역에 있는 치청淄青의 절도사로 만 꿰미縉를 보내 장수들에게 나누어 준 것과 같지 않지만, 또한 조정의 덕의德意가 남아 있음을 알 수 있을 것이다.

아! 세 도성이 비록 이미 회복되었어도, 적의 세력이 오히려 심하게 퍼져 있다. 마음속에 담겨져 있는 화가 제거되지 않았고, 근본적인 근심이 아직도 남아 있다. 이러한 때에 출정하여 적을 빨리 소탕하여 종사가 영원토록 평안하게 하지 못한다면 장래의 근심은 말할 수 없는 것이 있을 것이다.

그대들은 원래 곧고 명석하여서 반드시 깊고 멀리 내다보는 계책과 지식으로 이에 대해 미리 정해 놓은 것이 있을 것이다. 그러니 국가의 긴급한 위기를 해결하려는

---

82 단端 : 고대 중국에서 베의 길이를 재는 단위. 1단은 2장丈 곧 20자尺. (吳承洛,『中國度量衡史』, 上海書店, 1987, 90쪽.)

뜻을 더 가다듬어 힘쓰고, 나라를 위해 죽음을 무릅쓰는 충성을 다해서, 길이 그대의 마음에 내가 떠 맡은 짐을 의지하게 하여 나의 뜻을 이루도록 해 주지 않겠는가?

아아! 적은 양의 술이라도 강물에 던져 많은 군사들이 마실 수 있게 한 고사처럼 군사들을 위로하였지만, 이는 옛사람이 많은 사람들에게 나누어 준 혜택과 비교하면 부끄럽다. 태산이 숫돌만큼 작아질 정도로 오랜 시일이라도 전에 없는 큰 공을 세우기를 서서 기다리겠다. 그러므로 이에 교시하는 바이니, 그 뜻을 잘 알아야 할 것이다."

삼도통제사에 임명하는 교서授三道統制使 敎書[83]

왕께서 다음과 같이 말씀하셨다.

"삼군을 지휘하는 임무를 맡는 것에 대해, 『사기史記』에서는 국방 책임의 중대함과 군사상 가장 소중한 것은 요령要領을 얻는 것이라 말하였으며, 『주역周易』에서는 싸움에 패하여 시체를 수레에 싣고 돌아오는 흉함을 경계하였다. 이치로는 반드시 그러하지만, 일로 보면 일상적인 사례는 아니다.

생각건대 그대卿는 한평생 괴로운 절개를 지켜 국가의 만리장성과 같은 방벽이 되었다. 싸움에 패한 나머지 병사들을 모아서 전라도와 경상도의 요해지에 있으면서 강한 왜적을 맞아 격퇴하였다. 한산도와 당항포에서 기이한 공을 세운 것을 보고하여 여러 영營들보다 힘껏 노력한 공로가 드러났고, 세 차례의 큰 승리를 거두어 상으로 내린 품계가 거듭 빛이 났다.

병가兵家에서 매우 싫어하는 것을 살펴보면, 통어할 사람이 없다는 것이라고 말한다. 각각이 처한 형편이 어찌 팔이 손가락을 마음대로 시키는 것과 같다고 말할 수 있겠는가. 서로 관할하고 통섭하지 않으면 뒤늦게 도착했다가 먼저 도망가는 자들이 생기는 것을 면하지 못할 것이다.

---

[83] 1593년(선조 26) 9월 12일에 내린 교서이다. (문화재청 현충사관리소, 『〈교서〉 국역·영인 합본』, 2015, '敎全羅左道水軍節度使兼三道水軍統制使李 書'.)

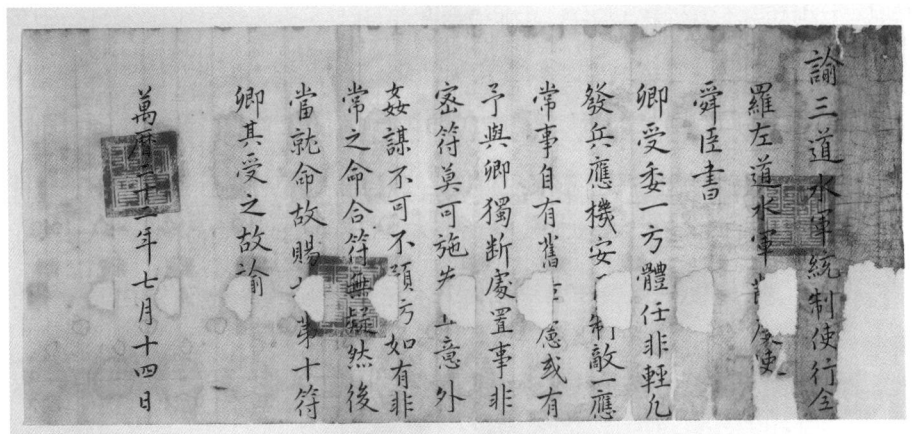

삼도수군통제사三道水軍統制使 사부유서賜符諭書. 1594. 아산 현충사. (사진 문화재청)

때마침 위급한 시기를 당하여 적절하게 조치할 방법이 없다. 하물며 지금 적의 세력을 다스리지 못하여, 그들의 간사하고 허황된 것이 더욱 심해지니 어찌하겠는가. 부산에서 창과 칼끝을 거두어서 군사를 되돌릴 뜻을 겉으로 드러내 보이면서도, 바다에서 군량을 운반하여 몰래 다시 군대를 일으키려는 계획을 세우고 있다. 그에 대한 대응책을 마련하기가 지난날보다 매우 어렵다. 이에 그대를 기용하여 본직에다 전라·충청·경상 3도의 수군통제사를 그대로 겸하도록 한다.

아! 위엄은 은애恩愛를 극복해야 바로 설 수 있고, 공로는 뜻하는 바가 있어야 이루어질 수 있다. 곤수閫帥인 절도사 이하로서 명령을 받들지 않는 자에 대해서 그대는 군법을 시행할 수 있으며, 군대의 대오 중에 완고하고 어리석은 자는 그대가 충성과 효심을 내세워 격려하도록 하라.

바다 밖을 잘 다스리고 정비하여 사방에서 업신여기는 것을 없게 하는 것은 오직 그대의 능력에 달려 있다. 침상 옆에서 코 고는 소리를 용납하여[84] 삼도三道가 편히 쉬지 못하게 하는 것은 그대의 수치가 될 것이다. 그대는 힘쓰도록 하라.

---

84 침상 옆에서 …… 용납하여 : 원문은 "탑측용한榻側容鼾"으로, 침상 옆에서 코를 고는 것을 용납한다는 의미이다. 즉, 외적의 침입으로 백성들이 편안하지 못하다는 뜻이다. [『선조실록』 권51, 선조 27년 5월 23일(경자), "況榻側容鼾睡之聲 而可得晏然無事 以過時日耶".]

아! 옛 도성에 들어가 바라보니 신정新亭에서 강산이 달라졌음을 슬퍼한 옛 고사를 생각하며 탄식한다. 오랑캐를 무찌르지 못하였는데 어찌 집을 지을 수 있겠는가. 그대는 적을 크게 무찌르는 것에 뜻을 두기를 바란다. 자그마한 땅이라도 회복하지 못하면 나라의 모양을 이룰 수 없다.

내가 어찌 작은 것을 이룬 것에 스스로 안주하겠는가. 처음으로 정사를 보면서 교화를 베풀 때 좋은 방책을 따르기를 원하였으며, 나라를 다시 일으켜서 성대한 업적을 이루기 위해 끝까지 힘쓸 것이다. 그러므로 이에 교시하는 바이니, 그 뜻을 잘 알아야 할 것이다."

병조좌랑을 보내 군사들을 위로하고 음식을 베풀어 주는 교서
遣兵曹佐郞勞軍犒饋 敎書[85]

왕께서 다음과 같이 말씀하셨다.

"국가가 많은 어려움에 견디기 힘든 때를 당하였으니, 이제 밖에서 온 적을 막는 계획을 세우기에 급하다. 우리 군사들이 집에서 편안히 머물 겨를이 없는 것을 생각하니, 멀리 전쟁의 고통을 겪고 있음을 위로하려 한다. 이에 한마디 말을 전하여 삼군三軍에게 널리 알린다.

돌아보건대 한산閑山은 요충지로 실로 영남嶺南의 바다가 서로 만나는 곳으로, 세 개 방향을 제압하여 기운 센 호랑이나 표범이 산에서 위엄을 보이는 듯하고, 먼바다를 가로막아 흉악한 무리들이 바다를 넘어오는 길을 끊고 있다. 돛대를 단 1,000척에 이르는 큰 군함들을 띄워서 바다를 완전하게 지키고, 용맹한 군대들이 온 섬을 둘러싸서 군대의 사기가 멀리까지 떨치니, 우리의 변방은 굳건하게 되고, 우리나라가 편안하게 되었다.

생각건대 이 적들과 같은 하늘 아래에 있으니, 내 몸을 둘 만한 곳이 없는 것이 민

---

[85] 1596년(선조 29) 9월 15일에 내린 교서이다. (문화재청 현충사관리소, 『〈교서〉 국역·영인 합본』, 2015, '敎慶尙道閑山島兼三道統制使全羅左道水軍節度使李 以下諸陣 宣諭犒賞書'.)

망하다. 오직 네爾가 대의를 떨치고 일찍이 달마다 크게 공功을 거두었음을 보고하였으니, 너汝를 장성長城과 같은 방벽으로 삼아 영남 바깥쪽 군대의 위세를 의지할 수 있겠다.

저 악독한 자들이 5년 동안 잘못을 뉘우쳐서 고치지 않고 있음을 통탄스럽게 생각한다. 살모사처럼 독한 놈들이 아직도 한쪽에서 거리낌없이 마음대로 하고 있으니, 나라가 쓸쓸하게 되었다. 참혹한 재앙이 이보다 심한 것이 없었다. 군사는 흉기이지만 성인聖人도 할 수 없이 이를 이용하였다. 이로 말미암아 진晉나라 왕실이 평안하지 못하여, 제齊나라의 국경을 지키는 병사들은 더욱 괴로웠다.

갑옷을 입은 지 오래되면 몸에 이蟣蝨가 생긴다고 하듯이 전쟁이 지루하게 오랫동안 계속되니, 전투에 대비해야 하는 수고로움을 어찌 감당하겠는가. 바람이 불고 서리가 내리는 가릴 것이 없는 곳에서 먹고 자고 하다가 군역을 져야 하는 기한이 지났지만 대신할 자가 없고, 외롭고 의지할 곳이 없어서 객지에서 나그네가 겪는 괴로움들을 생각하게 되고, 눅눅하고 독기가 담긴 안개와 연기 속에서 질병에 걸려 죽는 근심이 많다.

너희汝가 비록 "너와 함께 일어나리라."라는 시편의 말을 하더라도, 나는 실로 "오직 너만 홀로 수고한다."[86]라고 한 말을 민망하게 여긴다. 어머니가 음식을 직접 만드시기에, 멀리 하늘에 떠 있는 구름을 보면 아버이 계신 곳이 생각나 눈물을 흘릴 것이며, 아버지를 봉양해야 하기에 사정을 알려야 하는데 언덕에 올라 생각하기를 얼마나 많이 했을 것인가. 이런 것들을 염려하게 되니, 생각하면서 그냥 둬둘 수가 없다.

하물며 지금 가을바람이 점차 거세져서 저 바다가 있는 곳은 매우 추울 것이라 생각한다. 너희汝가 마땅히 입을 어떤 옷도 없을 것이라 생각하니, 두꺼운 좋은 옷重裘을 겹쳐 입은 것이 부끄럽다. 아! 너희爾는 배고프고 목이 마른데 나는 진귀하고 맛이 좋은 음식을 대하더라도 어찌 편안하겠는가. 이에 특별히 훈련도감 낭청인 병조좌랑

---

86 오직 너만 홀로 수고한다 : 독현지탄獨賢之歎의 의미를 담고 있으며, 나랏일에 홀로 수고하는 것에 대해 탄식하는 것을 말한다. 『시경』 소아小雅 곡풍지십谷風之什 북산北山에 "溥天之下 莫非王土 率土之濱 莫非王臣 大夫不均 我從事獨賢"이라는 말이 나온다. 이 시는 본디 주周나라의 대부大夫가 자신만 부역에 종사하느라 부모를 봉양할 수 없게 되자, 나라의 불공평한 정사政事를 풍자한 것이다.

최동립崔東立을 보내어 음식을 내려 위로하는 큰 은혜를 베풀어서 위로하고 달래는 특전이 멀어도 닿지 않는 곳이 없음을 보여 주려 한다. 어찌 얼굴을 맞대고 귀를 잡아당겨 간곡하게 타이르는 것과 무엇이 다르겠는가. 정성이 있으면 반드시 믿게 되는 것이니, 피부에 스며들고 뼛속에 두루 미치도록 하라. 나는 이미 그러한 마음을 몸속 깊이 간직해 두었으니, 너희는 국가를 위하여 몸을 바치는 것이 마땅하다.

아아! 너희에게 내리는 것이 많지 않고 술도 얼마 되지 않아, 비록 옛사람이 부하들에게 혜택을 나누어 준 것에 비하면 부끄럽지만, 은혜는 두꺼운 솜옷을 입은 것과 같을 것이다. 우리 군사들의 충성을 다하기를 바라고, 끝내 남은 적들을 베기를 기약하며, 한 척의 배도 돌아가지 못하는 것을 보게 되기를 기다리겠다. 백성들이 베개를 높이 베고 살게 되어, 마침내 왕실이 태평해지며, 변방에서는 투구를 벗을 수 있게 될 것이다. 산하가 마르고 닳도록 영원히 맹세한다. 그러므로 이에 교시하는 바이니, 그 뜻을 잘 알아야 할 것이다."

상중喪中에 일으켜 다시 삼도통제사에 임명하는 교서
起復授三道統制使 敎書[87]

왕께서 다음과 같이 말씀하셨다.

"아! 국가가 의지하여 보장으로 삼는 것이 오직 수군에 달려 있다. 그런데 하늘이 화를 내린 것을 뉘우치지 않았고, 적의 모진 칼날은 다시 치열해져 마침내 삼도의 대군이 한 번 싸움에 모두 다 없어지고 말았다. 이후 바다 가까이에 있는 여러 고을을 누가 다시 막아 주겠는가. 한산閑山을 이미 빼앗겼으니, 적들이 무엇을 거리끼랴. 당장 위급한 상황이 바로 매우 가까이 다가오고 있다.

이때 당장 필요한 대책은 오직 흩어져 도망간 군사들을 불러 모으고 전함들을 거두어 모아서 급히 요충지를 점거하여 엄연히 하나의 큰 진영을 만드는 것이다. 그런

---

[87] 1597년(선조 30) 7월 23일에 내린 교서이다. (문화재청 현충사관리소, 『〈교서〉 국역·영인 합본』, 2015, '敎兼忠淸全羅慶尙等三道水軍統制使書'.)

즉 도망한 무리들이 돌아갈 곳을 알게 되고, 날로 세력이 커져가는 적들의 발호를 막는 것도 바랄 수 있다. 이러한 책임을 맡을 자는 위엄과 은혜 및 지혜와 일을 주관하여 처리할 능력을 갖추어 안팎에서 모두 복종할 수 있는 사람이 아니면 어찌 능히 이 임무를 맡아 감당할 수 있겠는가.

오직 그대야말로 등급을 뛰어넘어 수사水使에 제수되던 날에 이미 명성이 크게 알려져 있었고, 임진년에 대첩을 거둔 이후에도 공을 거둔 업적이 다시 떨쳐졌고 변방의 군사들은 마음으로 장성과 같이 굳게 믿었다. 지난날 그대를 관직에서 물러나게 하고 죄를 둘러쓴 채로 군사에 종사하게 하는 법률을 따르게 한 것은 사람의 계책이 어질지 못한 것에서 나온 것이다. 그래서 오늘날 패배하는 모욕을 당하기에 이르렀다. 더 이상 무슨 말을 하겠는가. 더 이상 무슨 말을 하겠는가.

지금 그대를 상중喪中임에도 특별히 기용하였고, 그대를 백의白衣[벼슬이 없음]의 상태에서 발탁하여 겸충청·전라·경상 등 삼도수군통제사兼忠清全羅慶尙等三道水軍統制使로 임명하니, 그대는 도임하는 날에 먼저 부하들을 불러서 어루만져 주고 흩어진 자들을 찾아서 만나 그들을 모아 해영海營을 만들고, 나아가 형세를 장악하여 군대의 성세를 크게 떨치게 하라. 그러면 이미 흩어진 민심은 다시 안정을 찾을 수 있을 것이며, 적들 또한 우리의 진영이 갖춰진 것을 듣고 다시는 감히 마음대로 창궐하지 못할 것이다. 그대는 힘쓰도록 하라.

수사 이하를 모두 지휘하고 통제하라. 그들 중에 일이 발생하였을 때 법을 어기는 자는 한결같이 군법으로 처단하라. 그대가 나라를 위해 몸을 돌보지 않고 기회를 보아 나아가고 물러가는 것과 같은 것은 이미 시행하여 잘하고 있다. 내가 어찌 구태여 많은 말을 하겠는가.

아! 육항陸抗[88]이 강가에 다시 진을 쳐서 군사들을 통제하여 두는 방법을 다하였다. 왕손王遜[89]이 죄를 지어 명단罪籍에 올라 있는 상태에서도 출정하여 적을 소탕하는 공을 이루었다. 충성과 의리를 생각하는 마음을 더욱 굳건하게 가져 나라 구제하길 바라는 여망에 부응하도록 하라. 그러므로 이에 교시하는 바이니, 그 뜻을 잘 알아

---

88 육항陸抗 : 중국 삼국시대 오吳나라 사람. 오나라의 승상 육손陸遜의 아들이다. 형주荊州를 맡아서 지키며 진晉나라의 양호羊祜와 대치하였으나 잘 막아 내었다.(『少微通鑑節要』 권25, 漢紀, 後帝禪下.)

야 할 것이다."

선무 1등 공신에 책봉하는 교서策宣武元勳 教書[90]

왕께서 다음과 같이 말씀하셨다.

"충신은 국가를 안정시켜야 하는데, 오직 적을 무찌르는 것이어야 임금에게 보답할 수 있다. 어진 임금은 공로를 세우는 것을 권장해야 하는데, 오직 덕을 밝힘으로써 그의 공훈에 보답할 수 있다. 이에 슬퍼하고 영광스럽게 하는 것을 극진히 하고 의리가 강렬한 것을 높이고 장려하며, 성대한 은전을 추가로 조치하여 국가에 가장 큰 공을 세운 것에 대해 표창한다.

내가 옛날의 일들을 더듬어 살펴보고 지나간 역사책을 자세히 보았더니, 장차 나라가 어지러울 만한 큰 난리가 일어나 백성들이 살육을 당하게 되면, 이때 반드시 뛰어난 인물이 나타나 어려운 상황에서 백성들을 위무하고 구제하였다.

그의 재주는 문무를 온전하게 갖추었고 식견은 세상의 기미와 변화를 꿰뚫었기에, 지혜는 모든 사람의 능력을 충분히 갖추었고 용기는 3군의 기운을 빼앗을 만큼 충분하였다. 그리고 그는 능력과 재주가 있는 자들을 기용하여 사직을 보호하고, 거의 망하고 있던 위기에 빠진 국가의 운명을 편안하게 하였으며, 흉악한 무리를 소탕하여 무찔러서 한창 치성해 가는 적의 세력을 꺾은 것이다.

이는 주나라가 재건할 때 방숙方叔과 소호召虎가 정성을 다한 것에 의지한 것과

---

89 왕손王遜 : 중국 서진西晉(265~316) 말기에 위흥태수魏興太守로 있었는데, 서남이西南夷의 반란으로 변방이 위태롭게 되자 영주자사寧州刺史로 부임하여 14년 동안 영주를 안정적으로 다스렸다. 다만 『진서』나 『자치통감』에는 왕손이 죄적罪籍에 올라 있었다는 내용은 보이지 않는다. (『晉書』 권81, 王遜列傳; 『資治通鑑』 권86, 晉紀 8, 孝惠皇帝下, 永嘉 원년 12월, "以魏興太守王遜 爲寧州刺史"; 『資治通鑑』, 권87, 晉紀 9, 孝惠皇帝中, 永嘉 4년, "是歲寧州刺史王遜到官".)

90 선조宣祖가 이순신李舜臣(1545~1598) 사후 6년이 지난 1604년(선조 37) 10월에 선무공신宣武功臣 1등에 봉하면서 내린 교서이다. 始面은 "敎正憲大夫行全羅左道水軍節度使贈效忠仗義迪毅協力宣武功臣大匡輔國崇祿大夫議政府左議政兼領經筵事德豊府院君李舜臣書"이다. 공신호를 내린 시기는 1604년(선조 37) 6월 25일이다. 이때 호성공신扈聖功臣과 청난공신淸難功臣호가 함께 내려졌다.

유사하며, 당나라가 중흥할 때 이광필李光弼과 곽자의郭子儀의 협책協策에 기댄 것과 같다. 어찌 다른 시대의 이런 사람들만 오로지 아름답다고 하겠는가.

하늘이 우리나라에 재앙을 내렸는데, 나는 많은 어려움들을 감당하지 못하였다. 종묘가 피비린내로 더러워진 것이 통탄스러웠고 얼굴을 들 수 없었다. 팔도가 온통 살육을 당한 것을 애통해하며 매양 근심하고 걱정하였다. 누구도 감히 군대를 정비하고 급한 것을 구하러 달려가서, 충절을 지키기 위하여 죽고 의를 위해서 몸을 버리려고 하지 않았다.

의기에 복받쳐서 돛대를 두들기며 조적祖逖은 충성을 바쳤는데, 누가 그의 의로움을 떨쳐 행하겠는가. 감격하여 배에 오르면서 눈물을 뿌려 온교溫嶠가 군사들에게 맹세한 것은 의지할 만하다. 적의 함대가 곧바로 호남으로 향할 때 홀로 수군들이 나서서 바닷길을 가로막았다. 그때 여러 차례 거둔 승리가 아니었다면 남쪽에 큰 해독이 미쳤을 것이다. 만일 흉악한 자들의 계획이 그대로 이루어지게 되었다면, 반드시 화가 서쪽으로 퍼졌을 것이다.

국경을 보전하여 국가의 운을 거듭 회복하는 업적을 이루어 바쳤고, 흩어진 자들을 모아서 다시 일어난 적의 기세를 꺾었으니, 이는 어찌 단지 군대에만 이름을 떨치는 것이겠는가. 또한 국운을 회복 하는 데 최고의 훈공을 세웠다고 말할 만하다. 그의 뛰어난 기개를 생각하여 말하며, 특별히 남다른 은전을 베푼다.

그대는 산서山西의 출중한 장군들처럼 불꽃처럼 타오르는 용맹함을 받았으며, 제북濟北에서 장량이 받은 것과 같이 기이한 병서를 전해 받았다. 가슴속에는 변화하는 재주를 삼켜서 꾀가 귀신에게서 나와 입신의 경지가 되었고, 손으로 구름과 바람을 만져서 기운이 하늘에 뻗치고 땅을 흔들었다.

일찍이 정원후定遠侯에 봉해진 반초班超처럼 붓을 던져 버리고 무인을 자원하였으며, 나머지 일들은 춘추시대 제일의 신궁이었던 초나라 장군 양숙養叔처럼 활을 쏘아 버들잎을 맞히는 것이었다. 마침내 무과에서 인재로 선발되어 변방에서 능력을 펼쳤으며, 오랑캐 땅에서는 위엄을 떨쳐서 그 괴수를 잡아서 변방을 안정시켰다. 군영의 둔전에 곡식을 경작하게 하여 녹둔도鹿屯島를 막아 오랑캐를 물리쳤고, 백의종군하라는 잘못된 법이 시행되었지만 조정에서 그의 능력에 대해 상을 주는 특전을 입었다.

정읍현감을 지내면서 행정에서 실질적인 것을 자못 베풀었으며, 진도군수로 자리가 바뀌었으나 임명된 직책을 시행해 보지 못하였다. 드디어 남쪽 섬의 첨사僉使에서 갑자기 좌도 수군절도사의 자리를 맡게 되자 빨리 항해할 수 있는 신기한 거룻배인 차보舸艕의 제도를 참조하여 거북선龜船을 새로이 만들어 냈다. 물길에 익숙하고 노를 잘 젓는 장정들을 모으고 용맹한 무사들을 엄격히 가려서, 항시 큰 적을 대하는 것과 같이 늠름하고 장성과 같이 방벽처럼 우뚝하게 서서 믿음직하였다.

흉악한 도적이 마치 큰 곰처럼 무엇인가를 삼키려 할 때에, 큰 바다에서 앞뒤를 가리지 않고 불쑥 쳐들어오는 적의 기세를 막아 냈다. 전라우수사에게 땀을 흘리게 하고, 경상수사를 빨리 달리게 하여 쇠로 된 타鐵軸와 상아로 된 돛대牙檣를 이용하여 물귀신인 양후陽侯를 두드리면서 무용을 빛내고, 곰 모양과 새를 넣은 깃발을 이용하여 해신인 천오天吳에게 격문을 보내고서는 쳐들어오는 적들을 무찔렀다. 적들과 더불어 같이 사는 것보다 차라리 신하가 된 자로서 죽기를 원하였다.

옥포玉浦에서 분발하여 적을 치니 하늘도 맑게 갰고, 노량露梁에서 모조리 죽이자 푸른 바다가 핏빛으로 바뀌었다. 탄환이 목덜미로 날아와도 얼굴색이 변하지 않았고, 포화가 몸을 그을리게 해도 눈을 돌리지 않았다. 드디어 수많은 배에 타고 있는 왜적들을 섬멸하여 그들이 점점 잠식해 오던 것을 그치게 하고 우리나라의 백성들을 다시 살렸으니, 어느 누가 그가 이룬 뛰어난 공로와 비교할 수 있겠는가. 비록 명나라 군대가 왜군들을 소탕하였으나, 많은 적이 쫓겨 도망한 것은 진실로 장군의 병선에 두려워 떨었기 때문이다. 이에 통제사의 권한을 주었으며, 이어 풍한風寒에도 대비하도록 신칙하자, 군대의 위엄이 멀리까지 크게 떨쳐 다른 이웃에서도 두려워 떨었다.

그러나 조정이 명을 내린 것이 사람을 제대로 알지 못하는知難 상황에 빠졌고, 곧바로 억울함을 풀지 못하고 충신의 뜻을 풍옥豊獄[91]에 묻어야 했다. 배가 물을 떠난 것과 같이 되었으니 이는 참으로 조정의 계책이 잘못된 것이었다. 나는 곧고 어진 신하를 저버린 것을 부끄러워하여, 서둘러 장수의 권한을 돌려주었다. 이에 그대는 충의와 의분의 마음을 가지고 더욱 힘써서 곧바로 장흥 회령포寧津로 가서 불타고 남

---

91 풍옥酆獄 : 중국 풍성현酆城縣에 있던 옥사獄舍 터이다. 충신의 뜻이 이루어지지 않음을 말한다. '풍성酆城'은 풍성豐城으로도 쓴다.

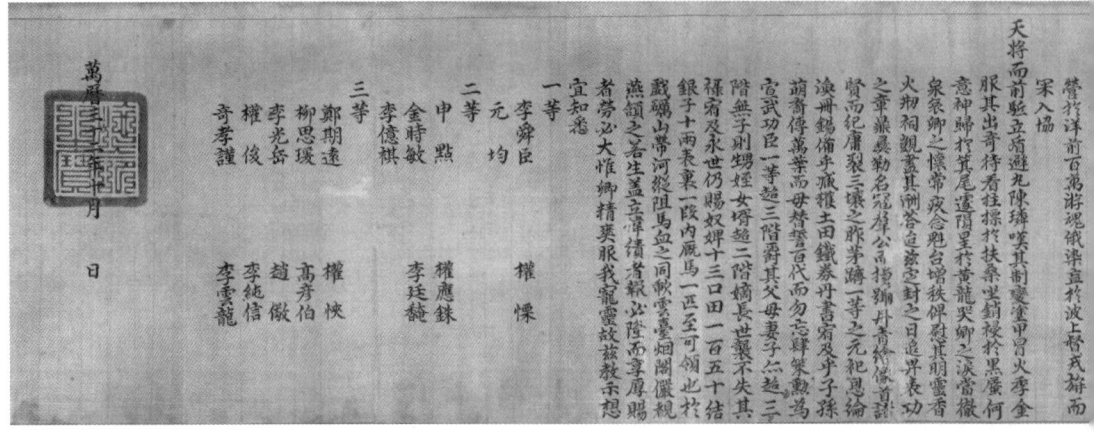

은 것들을 거두어 주워 모았다. 남아 있는 부상당한 군졸들을 거두어서 13척의 배로 바다 앞에 겨우 진을 치니, 백만의 떠다니는 영혼들이 문득 파도 위를 피로 물들이게 하였다. 군사들을 독려하여 깊이 들어가 명나라 장수들을 도와 배들이 앞장서서 나아갔다. 방패를 세워서 탄환을 피하자 명나라 장수 진린陳璘은 그의 변화를 제어하는 재주에 탄복하였고, 갑옷에 진흙을 발라서 불火을 무릅쓰고 나아가자 명나라 장수 계금季金이 그의 기발한 지혜에 탄복하였다.

마원馬援이 적을 평정하고 나서 해 돋는 쪽 변방에 세웠던 구리기둥을 보고,[92] 검은 이무기의 요망한 기운이 저절로 사라지기를 기다렸다. 그런데 어찌 뜻하였으랴. 귀신神이 기미성箕尾星[93]으로 돌아가서 갑자기 대장 배黃龍에 별을 떨어뜨릴 줄을! 그대에게 곡哭하며 흘리는 눈물은 마땅히 저승까지 이를 것이며, 그대를 애도하는 생각으로 항시 마음 아파하고 그리워할 것이다.

정승의 자리로 품계를 더하여서 그 영혼을 위로하도록 하고, 사당을 세워 향불을

---

92 마원馬援이 …… 구리기둥을 보고 : 원문은 "주표어부상柱標於扶桑"으로, 후한 광무제 때 복파장군伏波將軍 마원馬援이 2천 척의 누선樓船에 2만 명의 군사를 거느리고 교지交趾(지금의 베트남)를 평정한 후, 그곳에 동주銅柱를 세워 변방의 경계로 삼았던 고사를 말한다.[『後漢書』 권24, 馬援列傳, 建武 13년 기사, 李賢(唐) 注, "廣州記曰 援到交阯 立銅柱 爲漢之極界也".]

93 기미성箕尾星 : 기성箕星과 미성尾星의 사이로, 부열傅說의 별자리가 있는 곳이다. 부열은 은殷나라 고종高宗 때의 재상인데, 전설에 의하면 부열이 죽은 뒤 하늘로 올라가 별이 되었다 한다.(『莊子』, 大宗師.)

선무 1등 공신에 책봉하는 교서策宣武元勳敎書. 1604. 아산 현충사. (사진 문화재청)

피우니 극진하게 보답이 되었기를 바란다. 공신에 봉하는 날에 이르러 공로를 표창하는 글을 더하여 내리고, 종묘의 제기에 이름을 새겨 여러 공공들 중에서 으뜸으로 삼아 이름을 드날리게 하고, 채색으로 모습을 그려丹靑繪像 여러 현인賢人들 중에서 첫째로 삼아 공로를 기록한다. 세 등급의 땅으로 나누어 모토茅土를 가져와 일등급으로 제사를 올리고, 은혜스러운 윤음과 빛나는 표창장으로 노비와 전토를 갖추어 내려 주며, 신표인 철권鐵券과 공신문서인 단서丹書[94]로 자손과 먼 후예에게까지 사면赦免이 미치도록 하고, 만세萬世에 영원히 전하여 바뀌지 않도록 하고, 백대百代까지도 잊지 않겠다고 맹세한다.

이에 공훈을 책정하여 선무공신宣武功臣 1등으로 삼고, 품계를 3자급資級[95] 올려 주고, 그의 부모와 처자에게도 품계를 3자급 올려 벼슬을 주고, 직계 자식이 없으면 생질甥姪과 사위에게 품계를 2자급 올려 주고, 적장자는 대대로 물려받아 그 봉록俸祿을 잃지 않게 하되, 영원히 후세에까지 사면하도록 한다.

---

94 신표인 …… 단서丹書 : 원문은 "철권단서鐵券丹書"로, 옛날에 공신功臣에게 내려 주어 대대로 전해 가면서 죄를 사면받게 한 공신녹권功臣錄券을 뜻한다. 단사丹沙로 쓰고 철제鐵製로 권券을 맺기 때문에 생긴 말이다.

95 품계를 3자급資級 : 원문은 "3계작三階爵"으로, '階'는 품계, '爵'은 벼슬을 뜻한다. 조선시대 벼슬아치의 위계位階를 자급이라 하였는데, 정1품에서 종9품까지 정正·종從의 각 품마다 상上·하下 두 자급이 있었다. 자급이나 품계를 올려 주던 것을 가자加資라 한다. (『한국고전용어사전』, 세종대왕기념사업회, 2001.)

이에 노비 13구, 밭 150결, 은 10냥, 옷 겉감과 안감 1단, 왕실용으로 키우는 말內廏馬 1필을 내려 주니 받도록 하라. 아아! 태산이 닳고 황하가 마르도록 영원히 비록 함께 맹세하여 입가에 말의 피를 적시지 못하지만, 후한 명제明帝 때의 공신각인 운대雲臺나 당 태종 때의 능연각凌煙閣의 예처럼 엄연히 장군이 마치 살아 있는 듯한 모습을 볼 것이다. 대개 큰 공적을 세운 자에게 반드시 융성하게 보답해야 하는 것이고, 두터운 은사恩賜를 누리는 자는 그 노고가 반드시 큰 것이다.

오직 그대의 혼백은 나의 총애를 받도록 하라. 그러므로 이에 교시하는 바이니, 그 뜻을 잘 알아야 할 것이다."

〈참고 1〉

① 이순신 선무공신宣武功臣 교서
선무공신 교서는 내용이 공신마다 개별적 공훈을 기록하였기 때문에 각자의 공신 교서마다 내용이 모두 다르다. 위의 이순신 선무공신 교서의 내용은 앞부분과 뒷부분이 누락 되어 있으므로, 공신 교서의 내용을 완결하기 위해 추가로 기입한다.

누락된 앞부분
교정헌대부 행전라좌도 수군절도사 증효충장의 적의협력 선무공신 대광보국 숭록대부 의정부 좌의정 겸 영경연사 덕풍부원군 이순신 서
教正憲大夫 行全羅左道水軍節度使 贈効忠仗義 迪毅協力 宣武功臣 大匡輔國 崇祿大夫 議政府 左議政 兼 領經筵事 德豐府院君 李舜臣 書

누락된 뒷부분
1등 : 이순신李舜臣·권율·원균
2등 : 신점·권응수·김시민·이정암·이억기
3등 : 정기원·권협·유사원·고언백·이광악·조경·권준·이순신李純信·기효근·이운룡

一等 李舜臣 權慄 元均
二等 申點 權應銖 金時敏 李廷馣 李億祺
三等 鄭期遠 權悏 柳思瑗 高彦伯 李光岳 趙儆 權俊 李純信 奇孝謹 李雲龍

② 선무공신宣武功臣의 등급

선무공신은 왜적을 정벌한 장수들과 중국으로 군사와 양곡을 청하러 갔던 사신들이다. 1등에게는 효충장의 적의협력 선무공신效忠仗義迪毅協力宣武功臣이란 호를, 2등에게는 효충장의협력 선무공신效忠仗義協力宣武功臣이란 호를, 3등에게는 효충장의 선무공신效忠仗義宣武功臣이란 호를 내렸다.

③ 선무공신 별교서別敎書

위의 선무공신宣武功臣 교서 외에도 『선조실록』 기사에서는 아래와 같은 별교서를 내린 것을 볼 수 있다.[96] 선무공신의 교서를 반급할 적에 선독宣讀한 별교서別敎書의 내용은 다음과 같다.

신하로서 귀중한 것은 국가가 위급할 때 적을 방어하는 충성을 바치는 것인데 선왕先王께서도 국가를 안정시킨 공을 포장하였으니 어떻게 상을 주어 면려시키는 법전을 거행하지 않을 수 있겠는가. 이에 이장彝章에 따라 빛나는 은전을 내리는 바이다.

지난번 운뢰雲雷의 비색한 운수 때문에 국가에 어려움이 많았었다. 사나운 고래가 갑자기 달려오니 그 형세가 그물로 제어하기는 어려웠고, 무서운 짐승이 갑자기 날뛰니 누가 소굴로 밀어 넣어 막을 수 있었겠는가. 애타게도 1백 년의 종사宗社가 하루아침에 폐허가 되는 참혹함을 당하였다. 다행히도 하늘에 계신 영령英靈의 도움을 받고 또 제신諸臣의 힘을 의지하여 칼을 울리고 손바닥을 치면서 다투어 원수 갚기에 분발하였고 비바람을 무릅쓰고 다 함께 국가의 일에 정성을 끝까지 바쳤다.

이에 생기生氣가 조금 살아났고 꺼진 재가 다시 타오르게 되었다. 형세를 합쳐 밀고 나아가니 배 타고 몰려온 왜적을 쓸어낼 수 있었고 성을 등지고 생사의

---

[96] 『선조실록』 권180, 선조 37년(1604) 10월 29일(을해).

일전을 벌이니 백만의 적군을 물리칠 수 있었다. 사방을 전제專制하면서 7년간 열심히 근로勤勞하였다. 기타 급할 적에 달려가 구하고 적을 처부순 과감하고도 굳센 공로가 어찌 한때에 도움이 적었다고 할 수 있겠는가. 역시 전날에 비추어 훌륭하기 그지없다. 만약 경卿들이 흥기하여 마음을 다하지 않았다면 어떻게 어려웠던 일들이 풀려 오늘을 보존할 수가 있었겠는가. 죽기도 하고 살기도 하여 사생死生이 같지는 않지만, 이들을 높이 받드는 포숭褒崇의 법전이야 어찌 다름이 있겠는가.

이에 이순신李舜臣·권율權慄·원균元均을 책훈策勳하여 1등一等에 봉하고 모습을 그려 후세에 전하며 관작과 품계를 세 자급資級 초천超遷한다. 그의 부모와 처자도 세 자급을 초천하되, 아들이 없으면 생질甥姪과 여서女壻를 두 자급 초천하고, 적장嫡長은 세습世襲케 하여 그 녹봉을 잃지 않게 할 것이며, 영원히 사유赦宥의 은전을 받게 하라. 반당伴倘 10인, 노비奴婢 13구, 구사丘史 7명, 전지 1백 50결, 은자銀子 10냥, 내구마內廐馬 1필을 하사한다.

신점申點·권응수權應銖·김시민金時敏·이정암李廷·이억기李億祺를 2등에 봉하고 모습을 그려 후세에 전하며 관작과 품계를 두 자급 초천한다. 그의 부모와 처자도 두 자급을 초천하되, 아들이 없으면 생질과 여서를 한 자급 초천하라. 적장은 세습케 하여 그 녹봉을 잃지 말게 할 것이며, 영원히 사유의 은전을 받게 하라. 반당 6인, 노비 9구, 구사 4명, 전지 80결, 은자 7냥, 내구마 1필을 하사한다.

정기원鄭期遠·권협權悏·유사원柳思瑗·고언백高彦伯·이광악李光岳·조경趙儆·권준權俊·이순신李純信·기효근奇孝謹·이운룡李雲龍을 3등三等에 봉하고 모습을 그려 후세에 전하며 관작과 품계를 한 자급 초천한다. 그의 부모와 처자도 한 자급을 초천하되, 아들이 없으면 생질과 여서를 가계加階하라. 적장자는 세습게 하여 그 녹봉을 잃지 말게 할 것이며, 영원히 사유의 은전을 받게 하라. 반당 4인, 노비 7구, 구사 2명, 전지 60결, 은자 5냥, 내구마 1필을 하사한다.

아, 이 삼물三物[97]을 내어 이미 다 같이 산하대려山河帶礪의 맹세를 이루었으니 백대百代에 전하여 가서 영원토록 자손과 후손들이 복록을 누리게 되길 바란다. 때문에 교시敎示하노니 잘 알 것으로 여긴다.

---

97 삼물三物 : 맹약할 때 쓰이는 돼지·개·닭의 세 가지 동물을 이른다.

물길을 따라 적선을 맞아 습격하라고 명령하는 유서命從水路邀襲賊船 諭書

물길을 따라 적선이 오는 것을 맞아 습격하여 적들이 항상 뒤를 돌아다보며 염려하게 만드는 것이 가장 좋은 방책이다. 그래서 경상도 순변사巡邊使 이일李鎰이 내려갈 때, 이미 말해서 보냈다. 다만 군사상 나가고 물러날 때는 반드시 기회를 따라서 해야만 그르침이 없을 수 있다.

오직 마땅히 먼저 적선의 많고 적음과 또 지나가는 길목 섬 사이에 적들의 복병이 있나 없나를 살펴본 연후에 행해야 할 것이다. 그렇게 하면 이는 매우 좋은 방책이다. 만일 사정과 형편이 해야 할 것인데 행하지 않는다면 기회를 크게 놓치는 것이다. 조정이 멀리서 지휘할 수는 없으니, 그 도내道內의 우두머리 장수의 호령에 맡길 뿐이다. 본도本道에서는 이미 서로 의논을 함께 하였다고 하니, 경상도에 통문을 보내어 서로 의논하여 기회를 보아 처치하도록 하라.[98]

원균과 합세하여 적을 치라고 명령하는 유서命與元均合勢攻賊 諭書

왜적이 이미 부산釜山과 동래東萊를 함몰하고 또 밀양密陽으로 들어왔다. 이제 경상우수사慶尙右水使 원균元均의 계본啓本을 보니, 여러 포구의 수군들을 거느리고 바다로 나가 군대의 위력을 드러내며 적을 덮칠 계획이라고 말하였다. 이는 매우 큰 기회이니 그 뒤를 따라 나가지 않아서는 안 된다.

네爾[99]가 원균元均과 합세하여 적의 배를 쳐부순다면, 적을 평정하는 데 문제가 될 것이 없다.[100] 그러므로 선전관宣傳官을 보내어 달려가 깨우치도록 하였다. 너는 각 포구의 병선들을 독촉하여 급히 나아가 기회를 잃지 말도록 하라. 그러나 천 리千里

---

98 이 유서는 1592년(임진) 4월 26일에 받은 것인데, 좌부승지左副承旨 민준閔濬의 서장書狀에 의한 것이다. [『壬辰狀草』, 1592년(萬曆 20) 4월 27일 장계; 『李忠武公全書』 권2, 장계 1, 赴援慶尙道狀 (1).]

99 네爾 : 이때는 전라좌수사 이순신이 정3품 절충장군이었으므로 '경卿'이 아닌 '너爾'라고 부른 것이다. '경'은 2품 이상에게 임금이 부르는 칭호이다.

밖에서 만일 생각지 못한 일이 생긴다면 이에 반드시 구애되지 마라.[101]

자헌대부로 승품하는 유서 陞資憲大夫 諭書

전쟁이 시작된 뒤로 모든 장수들이 모조리 패전하여 물러났는데, 이번 당항포唐項浦 싸움에서 비로소 크게 이겼다. 그대卿를 특별히 자헌資憲으로 자급을 올리니 끝까지 힘쓰도록 하라.

　그대의 장계를 보았더니 각 목장에 있는 말들을 몰아다가 길들이고 먹여서 육지 싸움에 쓰도록 해 주기를 바라고 있었다. 그대는 그 수를 헤아려서 몰아서 잡아다가 장수와 병졸들에게 나누어 주고 그들이 공로를 이루기를 기다려서 그대로 영구히 주도록 하라.[102]

수군을 거느리고 적의 돌아갈 길을 차단하라고 명령하는 유서
命率舟師截賊歸路 諭書

(1)
명明나라 대장 이 제독李提督[103]이 수십만數十萬 날랜 군사들을 거느리고 이제 적을 소탕하여 평정하려고 계획하니, 평양平壤과 황해도黃海道, 서울이 차례로 수복될 것

---

100 적을 …… 없다 : 원문은 "적부족평의賊不足平矣"로, 그 해석은 "鴈門李僕射驍勇有强兵 彼亦有徇國之志 誠以朝旨召之必來 來則賊不足平矣"(『通鑑節要』 卷48, 唐紀, 僖宗 [辛丑] 中和元年)를 참고할 수 있다.

101 이것은 선전관宣傳官 조명趙銘이 가지고 온 좌부승지左副承旨 민준閔濬의 서장書狀에 의한 것으로 1592년(임진) 4월 27일에 받은 것이다.[『壬辰狀草』, 1592년(萬曆 20) 4월 27일 장계;『李忠武公全書』 권2, 장계1, 赴援慶尙道狀 (1).]

102 이 유서는 당항포승첩장계唐項浦勝捷狀啓를 가지고 올라갔던 전생서 주부典牲署主簿 이봉수李鳳壽가 우부승지右副承旨 이괵李礧의 서장書狀을 가지고 내려온 것 안에 있었으며, 그것을 받은 것은 1592년(임진) 9월 12일이었다.[『壬辰狀草』 1592년(萬曆 20) 9월 18일 장계.] 이 유서와 관련하여『선조실록』 권29, 선조 25년 8월 16일(계묘) 기사에도 비변사에서 조치한 동일한 내용이 있다.

이다. 대규모의 군사들이 마구 무찌르면서 진군하면 남은 왜적들은 모두 도망해 돌아갈 것이니, 적의 돌아가는 길을 차단하고 모조리 죽이지 않을 수 없다. 그대는 수군을 거느리고 일이 발생하였을 때 길목을 잡아 누르고 협력하여 적을 무찔러 죽이도록 하라.[104]

(2)

明명나라 장수 제독부提督府의 제독提督 이여송李如松이 50명의 장관將官과 수십만數十萬 정예精銳 군사들을 거느리고 평양平壤으로 곧바로 달려가 마구 두들겨, 이달 8일에 적의 소굴을 소탕해 뒤엎고 왜장을 사로잡아 목을 베었다. 우레 같은 격렬한 소리를 내며 바람같이 빨리 달려가서 마치 대를 쪼개는 것처럼 맹렬한 기세로 장차 차례차례로 진군하여 토벌하여 수레바퀴 하나도 돌아가지 못하도록 하기를 기약하는 바이다.

그대는 수군을 정비하여 기운을 가다듬고 기회를 기다려서 그들의 돌아가는 길에서 그들을 맞아 해전에서 모조리 무찔러 죽여서 나라의 치욕을 크게 씻도록 하라.[105]

(3)

明명나라 군사들이 이미 평양平壤 싸움에서 이겼다. 승전한 기세를 몰아가니 숨이 아직 붙어 있는 흉한 적들은 서로 뒤이어 도망가고 있다. 서울에 있는 적들도 또한 반드시 도망해 돌아갈 것이다. 그대는 수군들을 모두 이끌고 나가 합세하여 모조리 무찌름으로써 기필코 한 척의 배도 돌아가지 못하도록 하라.[106]

---

103 이 제독李提督 : 이여송李如松을 말함. 이여송은 임진왜란 때 명나라 원군의 제독으로 조선에 와서 평양을 수복한 큰 공로를 세우고, 본국으로 돌아간 뒤에 요동제독遼東提督이 되었다가 토비土匪를 토벌하다가 전사하니 시호는 충렬忠烈이었다.(『明史』권238, 李如松 列傳.)

104 이 유서는 1592년(임진) 12월 28일에 봉함하여 선전관宣傳官 채진蔡津이 가지고 내려온 것으로서 우부승지右副承旨 유몽정柳夢鼎의 서장書狀 안에 있었다. 이순신은 그 이듬해 1593년(계사) 정월 22일에 이 유서를 받았다. [『壬辰狀草』, 1593년(萬曆 21) 정월 22일 장계.]

105 이 유서는 선전관宣傳官 안세걸安世傑이 가지고 내려온 것인데 좌부승지左副承旨 이곽李𥫗의 서장書狀 안에 있었다. 이순신은 이것을 앞의 유서보다 사흘 뒤인 1593년(선조 26, 계사) 정월 25일에 받았다. [『壬辰狀草』, 1593년(萬曆 21) 정월 25일 장계.]

(4)

이제 접반사接伴使 이덕형李德馨 등이 올린 장계를 보니, 경상좌감사慶尙左監司 한효순韓孝純의 보고에 '부산釜山, 동래東萊 사이에 수많은 왜선들이 정박해 있으며, 현재 군사들이 늘어나고 있습니다.'라고 하였으니, 매우 염려스럽다. 그대는 수군들을 정비하여 적군의 배가 오면 쳐부수어 저들이 제멋대로 상륙하지 못하도록 하라.[107]

경략의 지시를 기다리라고 명령하는 유서命聽候經略 諭書

접반사接伴使 윤근수尹根壽의 서장書狀에 의하면 "전선과 수군들을 모두 다 모아 부산釜山 바다 어귀에 정비하였다."라고 한다. 경솔히 움직이지 말고 경략經略[108]의 분부를 듣고서 협력하여 적을 무찔러 나라의 치욕을 씻도록 하라.[109]

배를 정비하여 적을 무찌르라고 명령하는 유서命整船勦賊 諭書

이제 송 경략宋經略에게서 온 공문을 보니 "왜적이 비록 대부분의 무리가 도성에서

---

[106] 이 유서는 1593년(선조 26, 계사) 정월 29일에 봉함한 것을 선전관宣傳官 이춘영李春榮이 가지고 내려온 것으로서 우부승지右副承旨 정희번鄭姬藩의 서장書狀 안에 있었다. 이순신은 그것을 2월 17일에 받았다.[『壬辰狀草』, 1593년(萬曆 21) 2월 17일 장계.]

[107] 이 유서는 1593년(선조 26, 계사) 4월 17일에 봉함하여 역시 선전관宣傳官 이춘영李春榮이 가지고 내려온 것인데 좌부승지左副承旨 홍진洪進의 서장書狀 안에 있었다. 이순신 받기는 5월 2일이었다.[『壬辰狀草』, 1593년(萬曆 21) 5월 초2일 장계.] 이 유서와 관련하여 비변사에서 처리하는 내용은 『선조실록』권37, 선조 26년(1593) 4월 17일(신축) 기사에서 찾아볼 수 있다.

[108] 경략經略 : 옛날 전쟁 때 설치된 중국의 벼슬 이름인데 당唐나라 때부터 생긴 제도다. 임진왜란 때 명나라에서 우리나라로 구원병을 보냈을 때도 이 경략이 가장 중요한 위치에 있었다. 당시 경략은 송응창宋應昌이었고 그의 공식 직함은 계요보정산동등처경략방해어왜군무薊遼保定山東等處經略防海禦倭軍務라는 긴 이름이며 줄여서 경략이라 하였다.

[109] 이 유서는 선전관宣傳官 고세충高世忠이 가지고 내려온 것으로서 우승지右承旨 유몽정柳夢鼎의 서장書狀 안에 있었다. 충무공 이순신은 그것을 1593년(선조 26, 계사) 5월 초10일에 받았다.[『壬辰狀草』 1593년(萬曆 21) 5월 초10일 장계.]

나왔지만 왕자와 신하¹¹⁰는 아직 돌아오지 못하였는바, 적들이 이같이 우리 호령을 어기므로 이미 제독提督 이여송李如松과 장세작張世爵으로 하여금 대군을 이끌고 앞으로 진군하도록 하며, 또 급히 경상도와 전라도에도 호령을 내려 수군과 육군을 정돈하게 하고, 배들은 각각 부산釜山, 동래東萊 등 각 진鎭을 둘러 나와 각각 차례로 정박하되, 그 배의 척수는 많을수록 좋다."고 하였다. 경卿은 그 자문咨文에 적힌 내용에 의하여 병선을 정비하여 기회를 보아 무찔러 죽이도록 하라.¹¹¹

경략의 말대로 먼저 부산을 불 지르라고 명령하는 유서
命依經略言先焚釜山 諭書

송 경략宋經略의 분부에 의거하여 호남湖南과 영남嶺南의 수군 전함이 한꺼번에 같이 모여 먼저 부산釜山 등지에 정박해 있는 적선들을 불 지르고, 또 소속 해군과 전함과 병기가 얼마나 되는지 여부를 먼저 명明나라 장수에게 보고하며, 적으로 하여금 배 한 척도 돌아가지 못하게 하라. 혹시 사정과 형편이 맞지 않아서 불태워 없애지는 못하더라도 또한 속여 보고하지는 말아야 한다.¹¹²

부총병의 지휘를 받으라고 명령하는 유서 命授副摠節制 諭書

이제 송 경략宋經略의 분부를 듣건대 부총병副摠兵 유정劉綎에게 계속하여 날랜 군사

---

110 신하 : 원문은 "배신陪臣"으로, 황정욱黃廷彧과 김귀영金貴榮 등을 말한다. 임진왜란이 일어나자 왕은 의주로 파천하고 임해군臨海君과 순화군順和君의 두 왕자는 함경도와 강원도로 가서 의병을 모집하게 하였는데, 뜻대로 되지 않아 가토 기요마사加藤淸正에게 붙잡혀 인질이 되었다.
111 이 유서는 우승지右承旨의 서장書狀으로 1593년(선조 26, 계사) 5월 14일 견내량見乃梁 앞바다 진 친 곳에서 받았는데[『壬辰狀草』 1593년(萬曆 21) 5월 14일 장계], 영산군寧山君 복윤福胤(일기에는 寧山令 禮胤으로 나옴)이 가지고 내려온 것이다. [『난중일기』, 1593년(계사) 5월 14일.]
112 이 유서는 부승지副承旨 구성具宬의 서장書狀으로, 계사년(선조 26, 1593) 5월 14일 견내량見乃梁 앞바다에서 받았는데, 선전관宣傳官 박진종朴振宗이 가져온 것이다. (『임진장초』 만력 21년 5월 14일 장계)

들을 거느리고 급히 왜적을 무찌르도록 했다고 한다. 그대는 병선을 정비하여 일체 부총병의 지휘를 받아 급급히 무찌르되 행여 지체하거나 어긋남이 없도록 하라.¹¹³

수군에게 번갈아 휴가를 주라고 명령하는 유서命迭休水兵 諭書

경卿은 통제사統制使의 책임을 맡았으니 거느린 3도三道의 장교와 수병들을 두 패로 나누어 번갈아 집으로 돌아가 쉬게 하고 겸하여 옷과 양식을 준비하도록 하라.¹¹⁴

조총을 올려 보내라고 명령하는 유서命進鳥銃 諭書

(1)
서울에 남아 있는 왜적의 총은 수량이 적을 뿐만 아니라, 명明나라 장수들이 구하고 있다. 그대가 얻은 조총鳥銃 중에서 정교하고 좋은 것을 골라 올려 보내도록 하라.¹¹⁵

(2)
박진朴晉의 말을 들으니, 경상도 사람들은 비록 조총鳥銃을 얻어도 쏘는 법을 알지 못한다고 한다. 서울에서는 지금 그것을 가르치고 훈련시키고 있다. 그대는 그 조총들을 올려 보내도록 하라.¹¹⁶

---

113 이 유서는 선전관宣傳官 유형柳珩이 가져온 부승지副承旨 구성具宬의 서장書狀에 의한 것인데, 1593년 7월 초1일 한산도 앞바다에서 받은 것이다.(『壬辰狀草』, 만력 21년 7월 초1일 장계.)
114 이 유서는 1593년(선조 26, 계사) 10월 초9일에 받은 것이다.[『壬辰狀草』, 계사년 윤11월 17일 계본(장39);『본서』권3,'還營狀'.]
115 이 유서는 1593년 10월 초3일에 내려보낸 우부승지右副承旨 이광정李光庭의 서장書狀 안에 적혀 있었다.[『壬辰狀草』, 만력 21년 윤11월 14일 장계(장 42);『본서』권3, '奉進倭銃狀'.]
116 이것은 1593년 11월 초7일에 내려보낸 좌부승지左副承旨 이유중李有中의 서장書狀 안에 적혀 있었다.(앞의 주와 출전은 같다.)

(3)

조총鳥銃은 군기시軍器寺[117]와 도감都監[118]에 있는 것이 모두 합해서 260여 자루인데, 깨진 것들을 수리하여 차례차례로 훈련하는 군사들에게 나누어 주어도 모집에 응해 오는 군사들이 나날이 늘어나 골고루 나눠 주기가 어려운 상황이다. 대개 기계가 모자라면 아무리 훈련을 시키고 싶어도 반드시 뜻대로 되지 않는다. 듣건대 그 도道에서 지난해 해전 때에 적의 총을 빼앗아 그 수가 매우 많고, 더러는 개머리가 깨어져서 그냥 내버리고 거두지 않는다고 들었다. 극히 아까운 일이다. 그대는 그것을 거두어 모아 올려 보내도록 하라.[119]

상례대로만 하지 말고 방편을 좇으라고 명령하는 유서命從權[120] 諭書

듣건대 그대는 아직도 상례喪禮만 지키고 방편을 좇지 않는다고 들었다. 사사로운 간곡한 정이 비록 간절하다 할지라도 나랏일이 바야흐로 바쁜데 옛사람의 말에 "싸움에 나가 용맹이 없으면 효도가 아니다."라고 하였다. 싸움에 나가 용맹하다는 것은 소찬이나 먹어 기운과 힘이 곤하고 약한 자로는 능히 할 수 있는 것이 아니며, 예법禮法에도 원칙과 방편이 있어 꼭 정해진 법제대로만 지키지 못할 수 있다. 내 뜻을 따라 속히 방편을 좇도록 하라. 아울러 술과 육물肉物을 보낸다.[121]

---

117 군기시軍器寺 : 병기와 깃발 등을 만들고 보관하는 관청. 본래는 태조 때 군기감軍器監이라 일컬었다가 뒤에 1414년(태종 14년, 갑오)에 이 이름으로 고쳤다.
118 도감都監 : 여기서는 훈련도감을 뜻함. 훈련도감은 1593년에 설치된 기관이다.
119 『전서』에만 보이는 유서이다. 시기는 대체로 두 번째 유서와 비슷할 것으로 추정된다.
120 종권從權 : 시의를 따라 일시적으로 변통함. 방편을 좇으라는 말이다. 원칙적인 상제의 예법대로 행하는 것은 경經이요, 형편에 따라 경우에 순응해서 방편적으로 하는 것을 권權이라 한다.
121 『난중일기』 1597년(정유) 12월 5일. 통제사 이순신이 고하도高下島에서 이 유서를 받았다.

임금이 내려 준 제문賜祭文

영조 임금이 지어 내려 준 제문[122]英廟御製 賜祭文

(1)

아아! 경에 대해	嗚呼惟卿
나는 일찍이 흠모했는데	予嘗欽服
옛날 임진년[1592]에	在壬辰
큰 충절을 세웠네	乃樹大節
거북선을 새로 만들어	新製龜船
여전히 오늘에도 남아 있고	尙留今日
우뚝이 배에 앉아	巍然坐船
오열하던 모습을 상상하네	想像嗚咽
만고의 절개를 세워서	萬古樹風
백 세대 뒤에도 우뚝하고	百代其卓
올해 임진년[1772]이 거듭 돌아오니	重回此年
내 마음을 어찌 억제할 수 있으랴	予懷何抑
재상이 이 일을 아뢰어[123]	相臣提奏

---

[122] 영조 임금이 ······ 제문 : 영조가 1772년 2월 5일에 예관禮官을 보내 통제사 이순신에게 제사를 지낼 때 친히 지어 내린 제문이다. [『영조실록』 118권, 영조 48년 임진(1772) 2월 5일(경오);『열성어제列聖御製』에 실려 있지 않다.]

예관이 술잔을 올리니	禮官致酌
멀리서 공의 사당을 바라보고	遙瞻公祠
경의 후손을 뽑아서 등용했네	卿孫甄錄
아아! 무신년[1728]에 이봉상이	嗚呼戊申
경의 충의를 이었으니[124]	卿忠庶繢
어둡지 않은 영령께서 계신다면	不昧者存
내 정성에 감격하여 와서 흠향하소서.	感予歆格

(2)[125]

나는 노년에 경회루에서	予於暮年慶會
옛날 22개 공신의 녹권[126]을 추억하며	憶昔二十二人
기린각[127]에 공신의 성명을 적었네	題名麟閣
조용히 누웠다가 흥이 일어	靜臥興惟
옛 궁궐을 찾아보고	尋見舊
곁에서 함께 술을 따르니	同酌其傍

---

123 재상이 …… 아뢰어 : 이조판서 김치인金致仁이 임진년이 다시 돌아왔으니, 조헌·이순신·송상현·고경명의 충절을 기려 후손들을 등용하라고 주청한 일을 말한다.[『영조실록』118권, 영조 48년 임진(1772) 1월 5일(신축).]

124 무신년[1728]에 …… 이었으니 : 이봉상李鳳祥(1676~1728)은 이순신의 5세손으로, 시호가 충민忠愍이다. 1728년에 이인좌李麟佐가 청주성淸州城을 함락시켰을 때 이봉상은 충청도 병마절도사로 참전하였다가 기습을 받아 붙잡혀 죽었다. 영조는 그의 충성을 가상하게 여겨 좌찬성左贊成에 추증하고, 청주淸州에 표충사表忠祠를 건립하여 제사를 올리게 하였다.[『영조실록』16권 영조 4년 무신(1728) 3월 15일(을축).]

125 (2) : 영조 임금이 1775년 8월 29일에 예관禮官을 보내 통제사 이순신에게 제사할 때 친히 지어 내린 제문이다. 영조는 이날 경복궁 경회루慶會樓의 연못가에 가서 개국공신開國功臣부터 무신년(1728)의 공신까지 지손支孫·적손嫡孫을 막론하고 모두 들어와 참석하게 하고 그들에게 음식을 내렸다. 그리고 예관에게 명하여 22개 공신의 원훈元勳에게 제사를 지내고, 그들의 적장자嫡長子에게 특별히 자급을 올리라고 하였다. 『영조실록』에는 '이십삼원훈二十三元勳'으로 되어 있다. [『승정원일기』660책과 『영조실록』125권, 영조 51년 을미(1775) 8월 29일(갑진); 『열성어제列聖御製』에는 실려 있지 않다.]

옛날 일이 어제와 같았네	惟古若昨
특명으로 제사를 내리니	特命賜祭
내 마음을 어찌 억제할 수 있으랴	予懷何抑
충의의 혼백이	忠魂毅魄
혹은 천 명이고 혹은 억 명이었네	或千或億
팔순 무렵128에 이런 행사를 하니	八旬此擧
어찌 옛날에 이런 일을 들었으랴	豈聞于昔
경 등의 공적을 떨치는 일을	揚卿等功
진실로 오늘에야 보네	寔見今日
기린각에 화상을 그려 대신하고	代畫麟閣
제문 지어 술을 대신 올리게 하니	製文替酌
영령께서 어둡지 않다면	靈其不昧
내 정성에 감격하여 술을 흠향하소서.	感予歆爵

---

126 22개 공신의 녹권錄券 : 1392년의 개국공신開國功臣, 1398년의 정사공신定社功臣, 1401년의 좌명공신佐命功臣, 1453년의 정난공신靖難功臣, 1455년의 좌익공신佐翼功臣, 1467년의 적개공신敵愾功臣, 1469년의 익대공신翊戴功臣, 1471년의 좌리공신佐理功臣, 1506년의 정국공신靖國功臣, 1507년의 정난공신定難功臣, 1590년의 광국공신光國功臣, 1591년의 평난공신平難功臣, 1604년의 선무공신宣武功臣과 청난공신淸難功臣, 1609년의 호성공신扈聖功臣, 1623년의 정사공신靖社功臣, 1624년의 진무공신振武功臣, 1627년의 소무공신昭武功臣, 1628년의 영사공신寧社功臣, 1644년과 1646년의 영국공신寧國功臣, 1680년의 보사공신保社功臣, 1728년의 분무공신奮武功臣을 말한다. 영조는 1764년 3월 20일에 대보단大報壇에서 제사를 지낸 뒤 '분무공신奮武功臣'의 '분무奮武'가 명나라 의종毅宗의 시호와 같다는 점을 들어 '양무揚武'로 고쳐 '양무공신揚武公臣'으로 하고, 기왕에 발급되었던 공신의 녹권錄券을 다시 발급하였다.

127 기린각麒麟閣 : 한漢나라 선제宣帝가 곽광霍光·장안세張安世·소무蘇武 등 공신 11명의 초상을 그려서 걸게 했던 전각殿閣 이름이다. 여기에서는 충훈부忠勳府를 가리킨다.

128 팔순 무렵 : 영조(1694~1776)가 팔순이 된 해는 1773년이다. 1775년은 82세가 되던 해이기 때문에 '팔순 무렵'으로 번역하였다.

금상[정조]이 지어 고금도 유사에 내려 준 제문[129] 當宁御製古今島遺祠 賜祭文

큰 난리가 일어나면	大亂之肇
인걸이 때에 맞추어 나오니	人爲時出
이성은 당나라 사직을 안정시켰고[130]	晟奠唐社
제갈량은 한나라 왕실을 회복했네	葛復漢室
천백 년이 지난 뒤에	後千百載
두 사람의 공을 하나로 합한 분이	合爲一人
섬 오랑캐의 침략을 진정시켰으니	以靖島氛
때는 바로 임진년[1592]이었네	時在壬辰
명성이 명나라 조정에 알려지자	名聞天朝
신종 황제가 '그대를 가상하게 여긴다.'[131]라고 말하고	帝曰嘉乃
옥절과 금장을 하사하여[132]	玉節金章

---

129 금상[정조]이 …… 제문 : 정조가 1792년 8월 19일에서 10월 초순 사이에 진린陳璘·등자룡鄧子龍·이순신을 배향한 고금도古今島의 탄보묘誕報廟에 내린 제문이다. 원문의 "당저當宁"는 당시의 임금으로, 정조를 가리킨다. 원문의 "유사遺祠"는 전라도 강진현康津縣 남쪽 고금도에 있는 탄보묘인데, 관왕묘關王廟에서 유래하였다. 명明나라 도독 진린이 1598년에 부총병副摠兵 등자룡과 함께 이 섬에 주둔할 때 촉한蜀漢의 명장 관우關羽의 신력을 빌려서 전쟁을 승리로 이끌고자 관왕묘를 지어 관우의 위패를 모시고 제사를 지냈다. 1666년에 전라우수사 유비연柳斐然이 중수한 뒤 옥천사玉泉寺의 승려를 시켜 수호하게 하였고, 조정에 주청하여 묘정廟庭에 동무東廡와 서무西廡를 짓고 진린과 이순신을 추가로 배향하였다. 사액을 받지 못하다가 정조가 1781년에 어필御筆로 '탄보묘誕報廟'라는 편액을 내려 주었다. 그리고 정조는 1792년 8월 19일에 등자룡을 탄보묘에 추가 배향하고 관원을 보내 제사하게 한 뒤 배향하는 날에 세 사람의 제문을 모두 친히 짓겠다고 하였다.[『정조실록』 35권, 정조 16년 임자(1792) 8월 19일(을유); 『홍재전서弘齋全書』 권22와 『열성어제』 권51에 제목이 「총병 등자룡을 강진현 도독 진린의 사당에 추배할 때 내린 치제문摠兵鄧子龍 追配康津縣陳都督祠 致祭文」으로 되어 있고, 진린·등자룡·이순신의 순서로 치제문致祭文이 실려 있다.]

130 이성李晟은 …… 안정시켰고 : 이성은 당唐나라 임담臨潭 출신으로 자가 양기良器이다. 덕종德宗 때에 주자朱泚의 난을 평정하여 장안長安을 수복하고, 천자가 봉천奉天에 포위된 것을 구한 공적으로 서평왕西平王에 책봉되었다.(『新唐書』 권154, 「李晟列傳」.)

131 그대를 가상하게 여긴다 : 원문의 "가내嘉乃"에서 '내乃'는 '그대'라는 2인칭 대명사이다. 『서경』 「우서虞書 대우모大禹謨」에 "내가 그대의 덕을 성대하게 여기고, 그대의 큰 공적을 가상하게 여긴다予懋乃德, 嘉乃丕績."라고 하였다.

이충무공전서 권수券首 77

성벽과 보루가 광채를 더하였네[133]	壁壘增彩
내려가 절하고 명을 받을 적에	下拜受命
드높은 바다 물결[134] 천 겹이나 일었는데	鯨海千疊
거북이가 움직이는 듯한 거북선을 만드니	舟創龜轉
대포 소리는 범이 울부짖는 듯했네	礮吼虎裂
벽파진과 한산도에서	碧波閑山
눈 한 번 깜빡이는 사이에 왜구를 무찌르니	一瞥則蹴
진린 도독이 편지를 보내 이르기를	都督有書
'내가 하늘의 현상을 살피다가	我覘乾象
저 하괴성[135]을 바라봄에	視彼河魁
흉조가 통제사에게 있는데도	應在統制
북두칠성의 대두에	北有大斗
어찌 제사하여 재앙을 물리치지 않느냐'[136]라고 하였네	盍禳而祭
경이 또한 목숨을 걸고서	卿且拚命

---

132 옥절玉節과 금장金章을 하사하여 : 신종이 이순신에게 하사한 도독인都督印·영패令牌·귀도鬼刀·참도斬刀·독전기督戰旗·홍소령기紅小令旗·남소령기藍小令旗·곡나발曲喇叭 등 여덟 가지 물건을 말한다. 현재 경상남도 통영시 충렬사에 소장되어 있다.

133 성벽과 …… 더하였네 : 당唐나라 명장 이광필李光弼이 곽자의郭子儀의 뒤를 이어 삭방朔方을 다스릴 때 벽루壁壘·사졸士卒·기치旗幟 등을 조금도 바꾸지 않았으나 한번 호령을 내리자 군기가 삼엄해지면서 사기가 크게 변했다는 고사가 있다.(『新唐書』 권136, 「李光弼傳」.)

134 드높은 바다 물결 : 원문의 "경해鯨海"는 '고래가 물을 뿜듯 세찬 물결을 일으키는 바다'라는 뜻으로, 왜적의 침략을 비유하는 말이다.

135 하괴성河魁星 : 장군별로, 이순신을 가리킨다. 원문의 "하괴河魁"는 북두칠성의 두 번째 별로, 음양가陰陽家에서 '살벌殺伐'을 맡는다고 여겼다. 그리고 고대에 주장主將이 막사를 설치하는 방위인데, 송宋나라 장호張淏의 『운곡잡기雲谷雜記』 「옥장玉帳」에 "술방戌方이 하괴인데, 주장의 막사는 마땅히 술방에 있어야 한다."라고 하였다.

136 '내가 …… 않느냐' : 이순신이 1598년 11월 18일에 도독 진린에게 글을 보내자, 진린이 답장하기를 "나는 밤에 천문을 보고 낮에 인사를 살피는데, 동방의 장군별이 희미해지고 있으니 공에게 재앙이 머지않아 일어날 것이다. 공은 어찌 모르는가? 어찌 제갈량이 재앙을 물리치던 방법을 쓰지 않는가?吾夜觀乾象, 晝察人事, 東方將星將病矣, 公之禍不遠矣. 公豈不知耶? 何不用武侯之禳法乎?"라고 하였다. 이순신은 진린과 편지를 주고받은 다음 날인 1598년 11월 19일 새벽에 노량 해전에서 전사하였다.(『李忠武公全書』 권1, 附 原書.)

깃발을 흔들며 운집한 왜선을 들이칠 때	旌旆入雲
불길이 중류에서 일어나	火起中流
등자룡 장군이 죽음에 이르렀네[137]	及鄧將軍
노를 나란히 저어 내달려	並櫓而馳
적진에 가서 돌아오지 못했으나	有去無歸
바다의 물고기와 용이	海國魚龍
아직도 남은 위엄을 두려워하네	尙讋餘威
남겨진 사당을 바라봄에	睠言遺祠
바다 한쪽에 있어서	在水一方
노래하는 이를 내려보내 공을 부르니	謳吟下招
바로 이 무당 양이 있었네[138]	有此巫陽
술이 민수처럼 많고 안주가 언덕처럼 쌓였으니[139]	酒湎肴陵
취하도록 마시고 배부르게 먹고서	悉醉悉飽
큰강에 영험함을 떨쳐	大江揚靈
저 섬나라 오랑캐를 말끔히 씻으소서.	滌彼蠻獠

---

137 등자룡鄧子龍 …… 이르렀네 : 등자룡(1531~1598)은 명나라 무장으로 자가 무교武橋이다. 묘족苗族의 소란을 평정하여 부총병副總兵이 되었고, 정유재란 때 일흔이 넘은 나이에 진린陳璘의 부장副將으로 참전하여 노량 해전에서 혼전 중에 전사하였다.

138 노래하는 …… 있었네 : 하늘이 뛰어난 이순신 장군을 저승으로 데려갔다는 뜻이다. 원문의 "무양巫陽"은 전설 속의 여자 무당으로, '양陽'은 무당의 이름이다. 굴원屈原의 「초혼招魂」에 "상제가 무당 양에게 고하기를 '한 사람이 하계에 있는데 나는 그를 돕고자 한다. 혼백이 흩어졌으니 너는 점을 쳐서 혼을 돌려주어라.'帝告巫陽曰, 有人在下, 我欲輔之. 魂魄離散, 汝筮予之."라고 하였다. 송나라 소식蘇軾의 「조주한문공묘비潮州韓文公廟碑」에 "하늘에 인재가 없어 상제가 슬퍼하니, 노래하는 무당 양을 내려보내 공을 불렀네鈞天無人帝悲傷, 謳吟下招遣巫陽."라고 하였다.

139 술이 …… 쌓였으니 : 술이 많고 안주가 넉넉함을 말한다. 민수湎水는 제齊나라에 있는 강물 이름이다. 춘추 시대에 진후晉侯와 제후齊侯가 투호投壺를 할 때, 진晉나라 대부 중행목자中行穆子가 말하기를 "술이 민수처럼 많고, 고기가 언덕처럼 쌓였네有酒如湎, 有肉如陵."라고 하였다.(『春秋左氏傳』, 昭公 12년.)

금상[정조]이 지어 영의정을 추증한 후 내려 준 제문[140]
當宁御製贈領議政後 賜祭文

남쪽 바다를 헤아리건대	請量南溟
황제의 은혜가 가득하여	帝恩盈盈
작은 티끌도 움직이지 않고	纖塵不動
전함이 절로 종횡하였네	戰艦自橫
누가 천자의 위엄에 의지하여	孰仗天威
영원히 동방 땅을 안정시켰던가	永奠東土
시대에 부응하여 나온 분 중에	膺期而出
충무공이 있었다고 말하리라	曰有忠武
옛날에 왜적이 돌연히 침범하여	昔者豕突
여러 고을이 무너지자	列郡解瓦
눈물을 뿌리며 노로 뱃전을 쳤으니	灑涕擊楫
경은 당시의 사아였네[141]	卿時士雅
한 번 북을 울려 적장을 베고서	一鼓殲酋
축하의 술을 장차 마시려고 했으나	賀酒將釃
수레 한 대가 와서 경을 대신하니	單車來代
경은 당시의 망저군이었네[142]	卿時望諸
불탄 곳을 수습하고 상처를 싸맨 채	拾燼裹創

---

140 금상[정조]이 …… 제문 : 정조가 1793년 7월 21일에 이순신을 영의정에 추증한 뒤에 친히 지어 내린 제문이다. 정조는 이날 충무공 이순신을 의정부 영의정에 추증하고 이와 관련한 전교를 내렸다.[『정조실록』 38권, 정조 17년 계축(1793) 7월 21일(임자);『홍재전서』 권23과『열성어제』 권51에 제목이 "충무공이순신치제문忠武公李舜臣致祭文"으로 되어 있다.]

141 노로 …… 사아였네 : 원문의 "격즙擊楫"은 '노를 들어 뱃전을 치다'의 뜻으로, 중원中原의 회복을 다짐하며 충성을 맹세하는 것을 비유하는 말이다. 여기에서는 이순신이 조선을 침범한 왜적을 격퇴하겠다는 굳은 다짐을 뜻한다. 원문의 "사아士雅"는 동진東晉의 장군 조적祖逖의 자字이다. 조적이 군대를 거느리고 석륵石勒의 침범을 격퇴하기 위하여 강을 건너다가 강 복판에서 노를 들어 뱃전을 두드리며 말하기를 "조적이 중원을 맑게 하지 못하고 다시 강을 건넌다면 이 강에 몸을 던지리라祖逖不能淸中原而復濟者, 有如大江."고 하였다.(『晉書』 권62,「祖逖列傳」.)

다시 남방[143]을 어루만져	再按淮浙
성벽에 광채가 더해지니	壁壘增彩
경은 당시의 이광필이었네	卿時光弼
종묘가 바뀌지 않아서[144]	鍾簴不改
백성들이 서로 경하하며	士女相慶
하늘이 사직을 위해 공을 낳았다고 하니	天生爲社
경은 당시의 이성이었네	卿時李晟
우리 명나라 원병과 함께	偕我王師
왜적의 소굴을 치려고 했는데	夬擣巢穴
오장원[145]의 일을 차마 말할 수 있으랴	忍說五丈
아아, 제갈량이여	嗚呼諸葛
아산의 무덤에	維牙之阡
가래나무와 잣나무가 푸르고	楸栢靑靑
비석에 전서를 쓰고 공적을 적으니	篆首紀常
아아, 무령[146]과 공이 같네	吁嗟武寧
경이 하사받은 물건이 있는데	卿有所受

---

142 수레 …… 망저군이었네 : 원균元均이 수레를 타고 와서 이순신을 대신하게 된 일을 말한 것이다. 원문의 "망저군諸"는 망저군望諸君으로, 전국시대 상장군 악의樂毅의 봉호封號이다. 연나라 소왕昭王을 섬겨 제齊나라의 70여 성을 함락하는 큰 공을 세웠다. 그런데 소왕이 죽고 평소에 악의를 언짢게 여기던 혜왕惠王이 즉위하자, 제나라 장수 전단田單이 악의를 모함하는 반간계反間計를 썼다. 혜왕이 이 말을 믿고 악의를 의심하여 기겁騎劫을 장군으로 삼아 악의를 대신하게 하자 연나라는 70여 성을 도로 빼앗겼다. 그러자 혜왕은 악의를 불러들였으나 악의는 죽임을 당할 염려하여 조趙나라로 갔다. (『史記』 권80, 「樂毅列傳」.)

143 남방 : 원문의 "회절淮浙"은 중국의 회남淮南과 절강浙江 지역인데, 여기에서는 우리나라의 남쪽 지역을 가리킨다.

144 종묘宗廟가 바뀌지 않아서 : 원문의 "종거鍾簴"는 종묘에 설치한 종 틀로, 종묘사직을 가리키기도 한다. '종거가 바뀌지 않았다'라는 것은 종묘가 보존되었다는 뜻이다. 당나라 덕종德宗 때 주자朱泚의 난을 평정한 뒤에 우공이于公異가 글을 올려 아뢰기를 "신이 이미 궁궐을 깨끗이 정비하고 공경히 능원陵園을 봉심하였는데, 종 틀이 다른 곳으로 옮겨가지 않고 종묘도 예전과 같습니다臣已肅淸宮禁, 祗奉寢園, 鍾簴不移, 廟貌如故."라고 하였다. (『新唐書』 권203, 「文藝列傳下 于公異」.)

145 오장원五丈原 : 삼국시대 촉한蜀漢의 승상이었던 제갈량諸葛亮이 죽은 곳이다. 제갈량이 군사를 이끌고 위魏나라를 정벌하러 갔다가 이곳에서 병들어 죽었다. (『三國志』 권35, 「蜀書 5 諸葛亮」.)

만력 신종황제께서	萬曆天子
깃발·도장 등을 하사했으니¹⁴⁷	旗章璽票
남쪽 변방을 진압했기 때문이네	鎭伏南紀
진린 도독에게 옛날에 은혜를 내렸고	都督舊渥
경을 영의정에 추증함은 새 영광이니	上相新榮
습령¹⁴⁸을 생각하며	隰苓之思
또 경에게 술을 올리네.	亦酹於卿

선조 때, 돌아가신 후 내려 준 제문¹⁴⁹ 卒逝後 賜祭文 宣廟朝

옛날 임진년[1592]에	粵自壬辰
섬 오랑캐가 창궐하여	島夷猖獗
고을들이 무너질 때	列郡瓦解
흉악한 왜적의 창칼을 누가 막았나	兇鋒孰遏
경이 이 당시에	卿於是時

---

146 무령武寧 : 명나라의 공신 서달徐達(1332~1385)의 시호이다. 정로대장군征虜大將軍으로 명나라 군대를 이끌고 천하를 평정하여 명나라 건국의 일등 공신이 되었다. 벼슬이 중서우승상中書右丞相에 이르고 위국공魏國公에 책봉되고, 죽은 뒤에 중산왕中山王에 추봉되었다. (『明史』卷125, 「徐達列傳」.)

147 만력萬曆 …… 하사했으니 : '만력'은 신종神宗의 연호이다. 신종이 이순신에게 하사한 물품은 도독인都督印·영패令牌·귀도鬼刀·참도斬刀·독전기督戰旗·홍소령기紅小令旗·남소령기藍小令旗·곡나발曲喇叭 등 여덟 가지인데, 현재 경상남도 통영시 충렬사에서 소장하고 있다.

148 습령隰苓 : 습지의 감초로, 『시경詩經』「패풍邶風 간혜簡兮」에 "산에 개암나무가 있고, 습지에 감초가 있네. 누구를 생각하는가? 서방의 미인이네. 저 미인은 서방의 사람이네山有榛, 隰有苓. 云誰之思? 西方美人. 彼美人兮, 西方之人兮."라고 하였다. 주자朱子는 "서방의 미인은 서주西周의 훌륭한 왕을 가리켜 말한 것이니, 현자賢者가 나쁜 세상의 하국下國에서 태어나 주나라가 성할 때의 훌륭한 왕을 그리워하여 지은 것이다."라고 하였다. 여기에서는 명나라 신종 황제의 은혜를 생각한다는 뜻으로 썼다.

149 돌아가신 …… 제문 : 1598년 12월 26일에 내린 제문으로 저자는 미상이다. 이날 예조에서 이순신의 상구喪柩가 아산의 장지에 도착할 예정이니 제사를 지낼 관리를 내려보내자고 청하자, 선조는 등자룡鄧子龍을 제사한 뒤에 이순신에게 제사를 지내는 것이 옳다고 하였다. [『선조실록』권107, 선조 31년 무술(1598) 12월 11일(임술).] 그리고 12월 26일에 예조좌랑 최광필崔光弼을 보내 이순신의 영령에 제사를 지냈다. (『忠武公家乘』권4, 卒逝後 賜祭文.)

먼저 수군을 거느리고	首提海師
일거에 왜장을 죽여	一擧殪將
우리 위엄을 크게 펼쳤네	大張我威
한산도에 진을 치자	雄據閑山
왜적이 감히 엿보지 못했고	賊莫敢窺
바다를 막아 방어할 때	蔽遮江淮
오직 경을 의지했네	惟卿是倚
지난해의 패전[150]을	上年之敗
말하려니 비통한데	言之痛矣
경을 그대로 두었다면	使卿而在
어찌 이 지경에 이르렀으랴	豈至於此
장수를 바꿔 마땅함을 잃은 것이	易置失宜
바로 나의 죄이니	是予之罪
경에게 도움을 요청해도	將伯求助
어찌 기울어진 상황에 보탬이 되랴[151]	何補輸載
경이 다시 임무를 받아	卿再受任
이처럼 무너진 상황을 이어	承此潰裂
어지러운 형국[152]을 수습하고	收拾板蕩
흩어진 군졸을 모집하였네	招募散卒
적은 군사로 많은 적과 맞서서	以寡敵衆
바다의 왜적을 무찌르니	克摧海賊

---

150 지난해의 패전 : 1597년 7월에 삼도수군통제사 원균元均이 거제 칠천량漆川梁 전투에서 전멸에 가까운 패배를 당한 일을 말한다.

151 경에게 …… 되랴 : 수군이 궤멸된 상황에서 이순신에게 수군을 맡겨도 크게 전황을 뒤바꾸는 것을 기대할 수 없다는 뜻이다. 원문의 "장백將伯"은 다른 사람에게 도움을 요청한다는 말이다. 『시경』「소아小雅 정월正月」에 "수레에 짐을 싣고 마침내 보輔를 버리니, 너의 짐을 떨어뜨린 뒤 백에게 나를 도우라 청하리라其車旣載, 乃棄爾輔, 載輸爾載, 將伯助予."고 하였다. 보輔는 바큇살에 보조로 대는 나무이고, 장將은 청함이고, 백伯은 어떤 사람의 이름이고, 수輸는 짐이 기우는 것이고, 재載는 수레에 실을 짐이다.

중흥의 공업은	中興功業
이처럼 경이 제일이었네	此其第一
군함을 만들고 군량을 마련함에	造艦營粮
귀신처럼 지혜를 썼으니	用智如神
일찍이 한 해도 되지 않아	曾未周歲
옛 공적을 다시 새롭게 했네	舊績重新
명나라 군사와 협력하여	協力天兵
왜적의 성루를 공격했고	進攻賊壘
거북선¹⁵³의 북소리에	蒙衝一鼓
병사들이 죽음을 잊었네	士忘其死
명나라 장수가 감탄하고	天將興歎
오랑캐 넋이 저절로 나가서	虜魄自褫
물러간다 애걸하니	哀辭乞退
바로 왜적의 평소 모습이네	卽夷常態
왜적을 살려 보내는 일을	縱賊生還
오히려 차마 할 수 있으랴	尙可爲耶
계책 중에 좋지 않은 것¹⁵⁴을	謀之不臧
경이 유독 어찌 행했으랴	卿獨奈何
복병으로 적을 맞아 공격함이	伏甲邀擊
또 한 가지 기발한 계책인데	亦一奇計
이 왜적을 섬멸한 뒤 아침밥을 먹겠다는	滅此朝食

---

152 어지러운 형국 : 원문의 "판탕板蕩"은 『시경』 대아大雅의 편명篇名인 「판板」과 「탕蕩」으로, 정치를 잘못하여 나라의 상황이 어지러워진 것을 말한다.

153 거북선 : 원문의 "몽충蒙衝"은 충돌하여 적함을 파괴하는 고대 병선兵船의 일종으로, 몽충艨衝·몽동艨艟이라고도 한다. 선체의 겉을 쇠가죽으로 싸서 화살을 방비하게 하였다. 여기에서는 거북선으로 번역하였다.

154 계책 …… 않은 것 : 『시경』 「소아小雅 소민小旻」 1장에 "계책 중에 좋은 것을 따르지 않고 좋지 못한 것을 쓴다謀臧不從, 不臧覆用."라고 하였고, 2장에 "계책 중에 좋은 것은 모두 어기고, 계책 중에 좋지 못한 것은 모두 따른다謀之其臧, 則具是違. 謀之不臧, 則具是依."고 하였다.

이 뜻을 더 굳게 하였네	此志愈厲
한밤중에 군사를 몰래 보내	半夜潛師
죽음을 무릅쓰고 앞으로 직진할 때	冒死直前
손에 침 뱉고 화살을 쏘며	唾手鳴鏑
용맹을 뽐냄[155]이 몸보다 앞섰네	賈勇身先
장군의 엄한 명령에	將軍令嚴
사기가 저절로 배가 되어	士氣自倍
적벽[156]에 포연이 사라지고	煙消赤壁
푸른 바다에 나쁜 기운이 걷혔네	氛豁青海
칠 년의 전쟁 중에	兵興七載
이런 대첩이 없었으니	未有此捷
아아, 누구의 공인가	繄誰之功
경이 아니면 미치지 못했으리	非卿莫及
하늘 뜻을 어찌 알 수 있으랴	那知天意
끝내 이를 알기 어렵지만	竟難諶斯
큰일을 이루자마자	大事垂成
문득 장군이 죽었네	身遽死綏
아낄 만한 경은	可愛者卿
공훈이 종묘사직에 있고	功在宗祊
충절이 밝게 빛나서	忠節炳炳
죽어도 남은 영광이 있네	沒有餘榮
사람이 세상에 태어나서	人生於世

---

155 용맹을 뽐냄: 원문의 "고용賈勇"은 '용기를 산다'라는 뜻이지만 남의 남은 용기를 사서 자신의 용기를 채우는 것이니, '용기를 낸다'라는 의미도 된다. 춘추시대 제齊나라 고고高固가 진晉나라 군진軍陣으로 돌진하여 혼자서 휘젓고 자기 진영으로 돌아온 뒤에 "용기를 내려고 하는 사람은 나의 남은 용기를 사라欲勇者, 賈余餘勇."고 하였다. (『春秋左氏傳』, 成公 2년.)

156 적벽赤壁: 오나라와 촉나라가 연합하여 위나라 조조의 대군을 물리친 곳이 적벽인데, 여기에서는 노량을 가리킨다.

한 번 죽음을 면키 어려운데	一死難免
죽을 곳을 얻은 사람 중에	死得其所
경과 같은 이가 없었네	如卿者鮮
장성이 한 번 무너지면	長城一壞
요충지를 누가 맡을 수 있으랴	保障誰托
나라에 복이 없어	邦之無祿
하늘을 보니 아득하기만 하네	視天冥邈
나는 진실로 경을 저버렸으나	予實負卿
경은 나를 저버리지 않았으니	卿不負予
원통함이 저승과 이승에 맺혀서	痛結幽明
탄식해도 어찌할 수 있으랴	云何其吁
관직을 추증하고 제사를 지내도	贈爵吊祭
어찌 내 마음을 다할 수 있으랴	豈盡予懷
제관에게 제문을 보내서	遣官致辭
이것으로 슬픔을 고하네.[157]	惟以告哀

선조 때, 공신록에 올린 후 내려 준 제문[158] 錄勳後 賜祭文 宣廟朝

| 왜적을 무찌르고 나라를 바로잡을 때 | 滅賊匡國 |
| 공로가 경과 같은 이가 없었고 | 功莫如卿 |

---

157 『충무공가승』(1716)에는 이 제문의 서두 "월자粵自" 앞에 "維萬曆二十六年歲次 戊戌十二月壬子朔二十六日丁丑 國王遣臣 禮曹佐郎 崔光弼 諭祭于卒贈議政府右議政李舜臣之靈 惟靈"이라는 문장이 더 있다. 그러므로 이 제문은 1598년(무술) 12월 26일(정축)에 국왕이 예조좌랑 최광필을 보내 의정부 우의정으로 추증된 이순신의 영령에게 제사 지낼 때의 것이다.

158 공신록에 올린 …… 제문 : 1604년(선조 37) 10월 28일에 신무문神武門 밖에 있는 회맹단會盟壇에서 회맹제를 거행한 뒤에 내린 제문이다. 이에 앞서 1604년 6월 25일에 이순신李舜臣을 효충장의협력선무공신效忠仗義迪毅協力宣武功臣 1등에 녹훈하였다. 저자는 미상이다. [『선조실록』 권175, 선조 37년 갑진(1604) 6월 25일(갑진); 같은 책 권180, 같은 해 10월 28일(갑술).]

목숨을 버려 임금께 보답할 때	捐軀報主
충성이 경과 같은 이가 없었네	忠莫如卿
공적을 적고 상을 내릴 때	紀功行賞
그 누가 경과 공을 다툴 수 있으랴	孰與卿爭
원훈으로 뽑았어도	擢置元勳
표창이 흡족하지 않았네	未足褒旌
지금 회맹한 자리¹⁵⁹에서	今當會盟
내 마음이 감격하고	激予衷情
아아, 저 신하들이	嗟彼諸臣
모두 와서 궁중 뜰에 있네	咸造在庭
산하에 맹세하며	誓指山河
은혜와 영광을 모두 보존했으나	共保恩榮
유독 경의 의로운 혼백은	獨此毅魂
황천에서 억울함을 안고 있네	抱寃泉壤
소반의 피¹⁶⁰를 뉘와 함께 마시고	盤血誰歃
부귀를 뉘와 함께 향유하랴	富貴誰享
흐느껴 울어도 미칠 수 없어	啜泣靡及
슬픔이 배나 깊어지네	倍深惻愴
제관에게 변변찮은 제물을 올려	遣官奠菲
나의 슬픔을 깃들이니	聊寓予悲
생사가 한 가지 이치임을	存亡一理
경이 거의 알리라.¹⁶¹	其庶知之

---

159 지금 회맹會盟한 자리 : 선조가 1604년 10월 28일에 신무문神武門 밖의 회맹단會盟壇에서 공신들과 회맹제會盟祭를 거행한 자리를 말한다. [『선조실록』권180, 선조 37년 갑진(1604) 10월 28일(갑술).]
160 소반의 피 : 원문의 "반혈盤血"은 회맹제에서 마시는 희생의 피를 담은 소반이다.

선조 때, 충민사에 내려 준 제문[162]忠愍祠 賜祭文 宣廟朝

씩씩한[163] 장군	桓桓將軍
지혜와 용기가 남들보다 뛰어나고	智勇超羣
바다에서 군사를 통솔하여	提師海上
두 번이나 왜적을 소탕했네	再掃妖氛
큰 공훈을 막 이루자	大勳纔成
장군별이 문득 떨어지니	將星遽隕
충성과 기개를 생각함에[164]	言念忠槩
이 때문에 눈물이 흐르네	爲之涕零
이에 사당을 세워서	爰創祠宇
영령을 편히 모시니	妥安英靈
영령께서 아신다면	靈兮有知
이 제물을 흠향하소서.[165]	享此惟馨

---

161 『충무공가승』(1716)에는 이 제문의 서두 "멸적滅賊" 앞에 "維萬曆三十二年歲次 甲辰十二月 丙午朔 初三日戊申 國王遣臣 禮曹佐郞 尹光啓 諭祭于卒贈議政府左議政李舜臣之靈 惟靈"이라는 문장이 더 있다. 그러므로 이 제문은 1604년(갑진) 12월 3일(무신)에 국왕이 예조좌랑 윤광계를 보내 의정부 좌의정으로 추증된 이순신의 영령에게 제사 지낼 때의 것이다.

162 선조 때, …… 제문 : 선조 연간에 순천[여수] 충민사에 내린 제문이다. 제문의 저자와 제작 시기는 미상이다. 그러나 충민사의 건립 시기와 제문의 내용으로 보아 1600년(선조 33, 경자) 즈음에 이 제문을 지은 것으로 보인다. 충민사는 1600년에 이항복李恒福의 발의로 통제사 이시언李時彦이 건립하여 이순신을 주향으로 하고 이억기李億祺와 안홍국安弘國을 배향하였다. 오늘날의 전라남도 여수시 덕충동에 있다. 본서 권11 「사원록祠院錄」 참조.

163 씩씩한 : 원문은 "환환桓桓"으로, '무사의 씩씩하고 슬기찬 모습'의 뜻이다.(『詩經』, 魯頌, 駉之什, 泮水, "桓桓于征".)

164 생각함에 : 원문은 "언념言念"으로, '다만 생각이란 말뿐'이라는 뜻이다. 言은 어조사이다.(『詩經』, 國風, 秦, 小戎, "言念君子 溫其如玉".)

165 『충무공가승』(1716)에는 서두의 "환환桓桓" 앞에 "國王遣臣 諭祭于卒統制使李舜臣之靈 惟靈"이라는 문구가 더 있다.

현종 때, 노량 충렬사에 편액을 내려 준 제문[166] 露梁忠烈祠 賜額祭文 顯廟朝

옛날 만력 연간에	粤在萬曆
섬 오랑캐가 포학하여	島夷肆虐
'명나라를 친다.'[167]고 말하면서	謂天可射
우리나라에 해를 끼쳤네	嫁禍屬國
왜적이 팔도를 짓밟아	蹂躪八路
종묘사직이 흔들릴[168] 때	宗社旒綴
누가 장한 계책을 내어	孰壯其猷
중간에 막힌 운수[169]를 되돌렸나	手挽中否
오직 영령께서 뛰어나서	惟靈挺出
의열을 불꽃처럼 드날렸고	義烈焱厲
젊어서도 우뚝 서서	少也特立
곧은 절개를 확고히 지켰네	確守貞介
처음에 변방 성에 올라서	初乘一障
위엄으로 오랑캐를 평정했고[170]	威慴區脫
남방에서 장수에 발탁되어	擢帥南服
방비를 엄중히 했네	鎖鑰有截

---

166 현종 때, …… 제문 : 1663년(현종 4, 계묘)에 남해南海 노량에 이순신의 충절을 기리기 위해 건립한 충렬사忠烈祠에 편액을 하사할 때 김만기金萬基가 지은 제문이다. 『서석집瑞石集』 권6에 제목이 「이순신남해현사우사액제문李舜臣南海縣祠宇賜額祭文」으로 되어 있다. 남해 충렬사忠烈祠는 1628년(인조 6, 무진)에 지방 유림이 초가로 사당을 세워 이순신에게 제사를 올렸고, 1658년(효종 9, 무술)에 중건하였다. 그리고 현종이 1663년에 '충렬사'라는 편액을 하사하였다. 본서 권11 「사원록祠院錄」 참조.

167 '명나라를 친다' : 원문의 "천가사天可射"는 '하늘의 해를 쏜다.'라는 말인데, 하늘은 명나라를 가리킨다. 임진왜란 당시에 일본이 명나라를 치겠다며 조선에 정벌하러 가는 길을 터 달라고 요청한 정명가도征明假道를 의미한다.

168 흔들릴 : 원문의 "유철旒綴"은 철류綴旒라고도 하는데, '유旒'는 깃발의 술이고 '철綴'은 매단다는 뜻이다. 곧 깃발의 술이 바람 따라 흔들리며 왔다 갔다 하는 것처럼 임금이 권위를 잃고 신하에게 끌려다니는 것을 말하는데, 주로 국가의 위태로운 상황을 비유할 때 사용한다.

169 막힌 운수 : 원문의 "비否"는 비괘否卦이다. 비괘는 건상곤하乾上坤下로 이루어진 괘로, 천지가 가로막혀서 서로 통하지 못한다는 뜻이다.

왜적들이 돌격하여	寇賊豕突
여러 진보가 무너질 때	列鎭風靡
오직 눈물을 흘리며	惟時雪涕
소매를 떨치고 분연히 일어났네	投袂而起
처음에 옥포에서 왜적을 만나	始遻玉浦
썩은 나무 꺾듯 쉽게 물리쳤고	如朽斯拉
전후에 적의 칼날을 무찔러[171]	前後嚼鋒
거의 한 달에 세 번 승리를 거두었네[172]	幾騰月捷
사량에서 왜적을 크게 죽여서[173]	大膊蛇梁
적장의 목을 바쳤고	貴將獻馘
거북선을 만드니	船刱伏龜
신비한 기계를 예측할 수 없었네	機秘莫測
날아가던 탄환이 어깨를 꿰뚫어도	飛丸迸胆
얼굴빛이 바뀌지 않았고	顏色弗改
왜적[174]이 기세가 꺾여	斑衣氣熸
피비린내가 바다에 넘쳤네	腥血漲海
제방으로 물을 막듯	若防制水
요충지를 압박하자	咽喉是搤

---

170 처음에 …… 평정했고 : 이순신이 1576(선조 9, 병자)년 무과에 급제하여 함경도의 동구비보董仇非堡 권관權管 등을 역임하며 북방 오랑캐를 놀라게 했던 일을 말한다. 원문의 "일장一障"은 외적을 방어하는 변방의 작은 성이다. 한유韓愈의 「답최입지서答崔立之書」에 "위로 경대부의 자리를 바랄 수 있고, 아래로 오히려 변방의 요새를 지키는 관직을 얻을 수 있습니다上希卿大夫之位 下猶取一障而乘之"라고 하였다. 원문의 "구탈區脫"은 북쪽 오랑캐들이 그들의 국경에 만들어 놓은 척후용斥候用 토실土室이다.

171 적의 칼날을 무찔러 : 원문의 "찰봉嚼鋒"은 적의 칼날을 한입에 삼킨다는 뜻이니, 곧 적을 일거에 섬멸함을 말한다.

172 한 달에 …… 거두었네 : 원문의 "월첩月捷"은 한 달에 세 번 승리를 거둔다는 뜻이다. 『시경』「소아 채미采薇」에 "어찌 감히 편안히 거처하랴? 한 달에 세 번 승리를 거두었네豈敢定居? 一月三捷."라고 하였다.

173 죽여서 : 원문은 "박膊"으로, '사지를 찢어 죽임'의 뜻이다.(『左傳』, 成公 2년, "殺而膊諸城上".)

174 왜적 : 원문의 "반의斑衣"는 본래 노래자老萊子가 부모 앞에서 입었던 알록달록한 색동옷을 말하는데, 여기에서는 알록달록한 왜군의 군복, 곧 왜군을 말한다.

왜적이 남방에서 날뛰지 못하고	南土不聳
교활한 왜장이 소리치며 죽었네	狡酋死咋
이미 큰 공을 올려서[175]	既奏膚功
임금께서 통제사를 내렸으나	督統肆畀
문득 모함을 받아서	遽中搆嫉
원균이 대신하다가 피를 흘렸네[176]	代斲血指
불탄 곳을 다시 수습하여	再拾灰燼
강한 왜적을 섬멸하니	鏖糟劇賊
명성이 황제의 조정에 들려	名徹帝庭
도독인을 은혜롭게 하사했네	符印寵錫
명나라 장수와 기쁘게 교류하며	交歡天將
왜적의 잔당을 협공했고	掎角殘孼
왜적이 곤궁하여 달아나자	賊窘而逃
노량에서 왜적을 막았네	露梁斯遏
앞장서서 먼저 왜적을 공격하자[177]	挺身跳盪
왜적들이 개미처럼 무너졌고	賊乃蟻潰
북소리가 잦아들지 않았을 때	鼓音未衰
장군별이 문득 떨어졌네	將星忽墜
부하에게 유언하기를	遺戒褊裨
'분전하여 왜적을 섬멸하라'라고 하니	奮旅殲敵

---

175 큰 공을 올려서 : 원문의 "부공膚功"은 '큰 공'의 뜻이다. 『시경』「소아 유월六月」에 "잠깐 오랑캐를 정벌하여 큰 공을 올렸네薄伐玁狁, 以奏膚公."라고 하였다. 주奏는 천薦, 부膚는 대大, 공공은 공功의 뜻이다.

176 원균이 …… 흘렸네 : 이순신이 모함으로 투옥되어 원균이 임무를 대신하다가 병사들이 피를 흘리게 되었다는 뜻이다. 원문의 "대착代斲"은 남을 대신해서 감당하기 어려운 일을 행하는 것을 말한다. 『노자老子』 74장에 "용렬한 목수가 훌륭한 목수를 대신해 나무를 깎으면 손을 다치지 않는 때가 거의 없다夫代大匠斲者, 希有不傷其手矣."라고 하였다. 한유韓愈의「유자후제문祭柳子厚文」에 "서툰 목수가 나무를 깎으면 손가락에 피가 나고 얼굴에 땀을 흘리는데, 솜씨 좋은 장인은 곁에서 구경하며 손을 옷소매 속에 넣고 있다不善爲斲, 血指汗顔, 巧匠傍觀, 縮手袖間."라고 하였다.

177 먼저 왜적을 공격하자 : 원문의 "도탕跳盪"은 적군이 싸울 준비를 하기도 전에 공격하여 격퇴하는 것을 말한다.

남은 위엄이 진동하여	餘威震蕩
요망한 왜구를 깨끗이 청소했네	氛祲淸廓
나는 경을 그리워하여	予懷若人
자나 깨나 생각하고	寤寐想像
경의 빛이 열렬하여	烈烈其光
천지에 밝게 빛나네	炳烺穹壤
동남쪽 왜적을 막아서	蔽遮東南
위태로운 나라를 회복했고	以基匡復
힘써 화의를 배척하여	力排和議
대의가 밝게 빛났네	大義昭晳
당나라의 장순이고	惟巡在唐
송나라의 악비이니	曁岳于宋
옛사람과 짝하는 것은	作配古人
충성과 용맹이네	曰忠曰勇
남해 충렬사를 바라보니	載瞻南海
유적이 없어지지 않았고	遺蹟未沫
파도가 노하여 일렁이니	波濤鬱怒
영령께서 계신 듯하네	精爽如在
영령을 모신 곳에	妥靈有所
건물을 다시 세우니	棟宇重建
명성이 미치는 곳이라면	風聲攸曁
누구인들 분발하지 않으랴	孰不思奮
우리 선왕[효종]께서	惟我先王
무릎을 치며[178] 감탄하고	拊髀興感
비석[179]에 새긴 글을	麗牲有文
특별히 직접 읽으셨네	特經宸覽
이 편액을 걸게 하고	玆揭顯額

제사 지내 제물을 권하니	侑以肴醴
우리 변방 마을을 보호하고	保我邊鄙
영령께서 밝게 살피소서.	靈其不昧

현종이 온천에 거둥할 때 내려 준 묘제문[180] 溫泉 行幸時 賜墓祭文 顯廟朝

산하의 좋은 기운이 모여서[181]	山河鍾秀
우주에 명성을 드리우고	宇宙垂名
당당한 충의는	堂堂忠義
진실로 구국의 장수이네[182]	展也干城
옛날에 남쪽 왜구를 막을 때	昔遏南寇
바다 방어를 굳게 하였고	克壯海防
큰 공을 거듭 올려서	累奏膚功
우리 무위를 떨쳤네[183]	我武維揚

---

178 무릎을 치며 : 원문의 "부비拊髀"는 '손으로 넓적다리를 어루만지다'의 뜻으로, 기쁨·격동·비분강개의 심정을 나타낼 때 쓴다. 그러나 '넓적다리를 어루만지다'라는 표현보다 '무릎을 치다'라는 표현이 알맞으므로 이하 모두 '무릎을 치다'로 번역하였다.

179 비석 : 원문의 "여생麗牲"은 여생석麗牲石의 줄임말로, 옛날에 제사를 지낼 때 희생으로 쓸 짐승을 사당이나 묘소 앞에 세워 놓은 돌에 붙잡아 매는 것인데, 전하여 비석碑石을 뜻하는 말로 쓰였다. 계생석繫牲石이라고도 한다. 『예기禮記』「제의祭義」에 "종묘에 제사하는 날에 임금이 희생인 소를 끌고 가면 세자가 임금을 돕고 경대부가 차례대로 따른다. 종묘의 문에 들어가서 비석에 희생을 잡아맨다祭之日 君牽牲 穆答君 卿大夫序從 旣入廟門 麗於碑"라고 하였다. '여麗'는 '계繫'와 뜻이 같다.

180 현종이 …… 묘제문 : 1665년(현종 6, 을사) 5월 초1일에 현종이 온양 온천에 거둥할 때, 예조좌랑 유송제柳松齊를 보내 이순신의 묘소에 내려 준 제문이다. (『충무공가승』권4, 溫泉行幸時賜祭文.)

181 좋은 기운이 모여서 : 원문은 "종수種秀"로, 산천의 빼어난 기운을 모았다는 뜻이다. 種은 취聚 자와 같이 모은다는 말이다. (『春秋左傳』, 昭公 28년, "天鍾美於是".)

182 진실로 구국의 장수이네 : 원문의 "전展"은 '진실로'라는 뜻이고, '간성干城'은 '방패와 성곽'으로, 나라를 지킬 때 방패와 성곽의 역할을 하는 장수나 군인을 비유하는 말이다. 『시경』「주남周南 토저兎罝」에 "굳센 무부는 나라의 간성이네赳赳武夫, 國之干城."라고 하였다.

183 우리 무위를 떨쳤네 : 『서경』「태서 중泰誓中」에 "우리의 무위를 떨쳐 저들의 국경을 침입하였네我武惟揚, 侵于之疆."라고 하였다.

병장기를 정돈하여	整頓戎機
적들의 요충지를 끊고	截彼咽嗌
호남과 호서를 지켜서	保障兩湖
천 리가 편안해졌네[184]	千里妥帖
삼도 절도사를 맡겨서	爰畀三方
수군을 통솔하였는데	悉統水軍
누가 교묘하게 모함하여	孰爲譎言
우리 중군의 장군을 흔들었나	撓我中權
용렬한 원균이 군율을 잃어	妄庸失律
전체 군사가 패전하자	全師挫衂
다시 중임을 장군에게 맡기니	再煩重寄
마침내 상중[185]에 일어났네	遂起欒棘
다친 병사를 일으키고	振礪創殘
지친 군졸을 거두어서[186]	卒伍遺勌
강한 왜적을 막 섬멸하자	纔殱劇賊
문득 장군별이 떨어졌다고 보고하네	遽報星隕
왜적을 꺾고 몸이 죽으니	敵摧身喪
의리가 빛나고 공이 크며	義彰功弘
명성이 크게 빛나서	聲名燀爀
장강과 한수처럼 끝이 없네	江漢無窮
내가 마침 남쪽에 행차하다가	適予南行

---

184 편안해졌네 : 원문은 "타첩妥帖"으로, '편안하다, 안정하다'는 뜻이다. 妥貼이라고도 쓴다. 妥·帖·貼이 모두 安 자와 같은 뜻이다. (「陸機賦」, "或妥帖而易施".)

185 상중喪中 : 원문의 "난극欒棘"은 수척한 상주喪主를 가리킨다. 『시경』「회풍檜風 소관素冠」에 "거의 흰 관을 쓴 상주의 수척함을 볼 수 있을까?庶見素冠兮, 棘人欒欒兮?"라고 하였다. 여기에서는 이순신이 1597년(선조 30, 정유)에 모친상을 당한 상주의 신분으로 백의종군한 일을 말한다.

186 지친 군졸을 거두어서 : 원문은 "유권遺勌"으로, '지쳐 쓰러진 패잔병'이란 뜻이다. 勌은 권倦 자와 같아, 피로하다는 뜻이다. (『莊子』, "學道不".)

어진 장수를 그리워하고	有懷良將
무릎을 치며 생각하니	拊髀興思
슬픔이 배가 되네	倍覺惻愴
저 바닷가 아산을 바라봄에	睠彼海曲
한 줌의 외로운 무덤은	一抔孤墳
장군의 몸과 넋이 깃든 곳이니	體魄攸藏
어찌 영령께 술을 올리지 않으랴	盍酹英魂
이에 예관을 보내	玆遣禮官
맑은 술을 올리니	式陳泂酌
영령께서 어둡지 않으면	明靈不昧
제물을 와서 흠향하소서.[187]	庶幾歆格

숙종 때, 현충사에 편액을 내려 준 제문[188] 顯忠祠 賜額祭文 肅廟朝

하늘이 어려움을 내릴 때	天之降難
반드시 영웅을 낳고	必生英特
망국의 위험을 구제할 때	扶亡濟危
큰 책임[189]을 온전히 맡기네	全付丕責
한나라 제갈량처럼	若漢之亮
몸소 나라의 부흥을 맡았고	身任興復

---

[187] 『충무공가승』(1716)에는 이 제문의 서두 山河 앞에 "維歲次 乙巳五月 丙戌朔 初一日丙戌 國王遣臣 禮曹佐郞 柳松齊 諭祭于卒忠武公李舜臣之靈 惟靈"이라는 문장이 더 있다. 그러므로 이 제문은 1665년(현종 6, 을사) 5월 1일에 현종대왕이 예조좌랑 유송제를 보내 충무공 묘소에 제사 지낼 때의 것이다.

[188] 숙종 때, …… 제문 : 1707년(숙종 33, 정해) 아산 이순신의 사당에 현충사 편액을 하사할 때 내린 제문이다.[『숙종실록』권45, 숙종 33년 정해(1707) 2월 6일(기축).] 이 제문은 조태억趙泰億이 지었고, 『겸재집謙齋集』권39에 제목이 「아산현충무공이순신사우사액치제문牙山縣忠武公李舜臣祠宇賜額致祭文」으로 되어 있다.

[189] 큰 책임 : 원문은 "비책조責"으로, '비조'는 '대大' 자와 같다.(『書經』, 虞書 大禹謨, "嘉乃丕績".)

당나라 이성처럼	曁唐有晟
태어나서 사직을 위했네[190]	生爲社稷
열렬한 경은	烈烈惟卿
앞의 두 분과 거의 같아	其殆庶幾
큰 절개와 순수한 충심이 있고	大節精忠
뛰어난 계략과 깊은 계책이 있었네	偉略沈機
섬 오랑캐가 전쟁의 빌미를 열 때	島夷啓釁
단서가 매우 작아서	其端甚微
사람들이 안심했으나	衆所晏晏
경은 유독 깊이 근심하여	卿獨深憂
전라좌도 수군절도사를 맡아	屬制湖閫
비가 오기 전에 대비했네[191]	未雨綢繆
짐승 같은 왜적이 과연 왕성하게	獸心果逞
침공하니 누가 막을 수 있으랴	豕突誰遏
부산포가 짓밟히고 동래성이 함락되자	躪釜刳萊
여러 고을이 기세가 꺾였네	列郡氣奪
경이 오직 우뚝하여	卿惟屹若
바다 방어를 잘했는데	有截海防
쇠사슬을 항구에 좌우로 설치하고	鐵鎖橫港
거북선이 바다를 내달렸네	龜艦駕洋
뼈를 긁어 탄환을 빼고[192] 북을 쳤으며[193]	刮骨援枹

---

190 당나라 …… 위했네 : 이성李晟은 당나라의 무장이자 대신으로 덕종德宗 때 주자朱泚의 난을 평정하고 장안을 수복하였다. 덕종이 말하기를 "하늘이 이성을 낸 것은 사직을 위해서이지 나를 위해서가 아니다 天生李晟, 以爲社稷, 非爲朕也."라고 하였다.

191 비가 …… 대비했네 : 원문의 "미우주무未雨綢繆"는 비가 오기 전에 미리 빈틈없이 꼼꼼하게 준비하여 위험스러운 사태를 방비한다는 뜻이다. 『시경』「빈풍豳風 치효鴟鴞」에 "하늘이 비를 내리지 않을 때, 저 뽕나무 뿌리를 주워, 틈과 구멍을 꼼꼼히 얽어매라迨天之未陰雨, 徹彼桑土, 綢繆牖戶."고 하였다.

눈물을 흘리며 군중에 맹세한 뒤	灑泣誓衆
적선을 불태우고 왜장을 죽이자	焚艘殲酋
왜적[194]들이 놀라 겁먹었네	涅齒震悚
연달아 크게 이겨 글을 올리니	月捷交馳
임금이 교서 내려 거듭 장려하고	天書屢奬
삼도수군통제사를	三路水軍
경에게 겸직하게 하였네	俾卿兼掌
한산도로 진영을 옮겨	閑山移鎭
요충지를 장악하였고	控扼咽喉
군사의 함성이 크게 떨쳐	軍聲大振
왜적이 장차 사라질 뻔하였네	海氛將收
누가 흉계를 꾸며서	云誰媒蘗
기겁으로 악의를 대신하게 하였나[195]	以刦代毅
원균이 전투에서 패하자	迨其敗衂
다시 경에게 중임을 맡겼네	復畀重寄
단기필마로 용감히 달려가서	單騎勇赴
불타고 남은 곳을 수습했고	收拾餘燼
키와 노와 방패를	柁櫓干盾
수리하고 손을 보니	廼葺廼繕
깃발이 새 빛을 발하고	旌旗變色
사기가 나날이 떨쳤네	士氣日奮

---

192 뼈를 …… 빼고 : 이순신이 사천泗川 해전에서 왜적의 총탄을 맞고서 싸움이 끝난 뒤에 칼끝으로 총탄을 빼냈던 일을 말한다. 관우關羽가 번성樊城을 공격하다 왼쪽 팔에 독화살을 맞고 후유증으로 고생하자, 화타華陀가 관우의 왼쪽 팔을 째고 뼈에 묻어 있는 독을 긁어냈다. (『三國志』 권36, 「蜀書」, 關羽傳.)

193 북을 쳤으며 : 원문의 "원포援枹"는 북채를 들어 북을 친다는 뜻이다. 춘추시대 진晉나라 장후張侯가 자신의 부상을 아랑곳하지 않고서 "왼손으로 말고삐를 잡고, 오른손으로 북채를 들고 북을 쳐서左幷轡, 右援枹而鼓." 군대의 사기를 북돋운 결과 제齊나라 군대를 크게 이겼다. (『春秋左氏傳』, 成公 2년.)

194 왜적 : 원문의 "열치涅齒"는 이빨을 검게 물들인 족속으로, 왜구倭寇를 가리킨다. 흑치黑齒라고도 한다.

귀신처럼 지휘하여	指揮如神
군대의 대오가 엄숙했고	部伍整肅
노량에서 크게 이길 때	露梁大捷
몸소 화살을 무릅쓰고 싸우니	躬冒矢石
달아나던 왜적들이 숨을 죽이고	遁寇屛息
시신을 쌓아 무덤을 만들었네[196]	京觀可築
어찌 하늘이 경을 사랑하지 않아	胡天不惠
장군별이 빛을 잃게 하였나	將星閟耀
공적은 권율·이정암[197]보다 뛰어나고	功超慄醃
의리는 고경명·조헌[198]과 나란하네	義並高趙
자신을 죽여 순절함에	殺身殉節
예로부터 이런 말이 있었으나	古有此言
몸이 죽어 나라를 살린 일은	身亡國活
이 사람에게서 처음 보았네	始見斯人
백성들이 거리에서 통곡하여	士女巷哭
천 리에 울음이 끊이지 않고	千里不絶
임금께서 표창하여	九重褒贈

---

195 기겁으로 …… 하였나 : 원균으로 이순신을 대신하게 한 일을 말한다. 전국시대 연燕나라의 명장 악의樂毅가 소왕昭王 때 상장군上將軍이 되어 연·조趙·초楚·한韓·위魏 다섯 나라의 군사를 이끌고 제齊나라 70여 성의 항복을 받았다. 마침 소왕이 죽고 평소에 악의를 언짢게 여기던 혜왕惠王이 즉위하자, 제나라 장수 전단田單이 "악의가 제나라의 왕이 되려 한다."라고 반간계反間計를 썼다. 혜왕이 이 말을 믿고 악의를 의심하여 기겁騎劫을 장군으로 삼아 악의를 대신하게 하였다가 결국 제나라에 패해 70여 성을 도로 빼앗겼다.(『史記』권80, 「樂毅列傳」)

196 시신을 …… 만들었네 : 원문의 "경관京觀"은 고대에 전쟁에서 승리한 편이 무공을 과시하려고 적군의 시신을 쌓고 흙을 덮어 높게 만든 무덤이다. 『춘추좌씨전』 선공宣公 12년에 "그대는 어찌 무군武軍을 쌓아 놓고 진晉나라 군대의 시체를 모아 경관을 만들지 않는가君盍築武軍 而收晉尸 以爲京觀."라고 하였는데, 주석에 "시체를 쌓아 놓고 그 위에 흙을 덮은 것을 경관이라고 한다."라고 하였다.

197 권율·이정암 : 원문은 "율암慄醃"으로, 임진왜란 때 행주대첩을 이룬 권율權慄과 연안대첩을 이룬 이정암李廷醃을 이른다.

198 고경명·조헌 : 원문은 "고조高趙"로, 임진왜란 때의 의병장 고경명高敬命과 조헌趙憲을 이른다.

삼정승¹⁹⁹의 품계를 내렸네	三事之秩
철권²⁰⁰을 추가로 내리고	鐵券追頒
깃발²⁰¹에 공렬을 적었으며	旂常載烈
호남과 영남의 사람들이	湖嶺之人
사당을 짓거나 비석을 세웠네	或祠或碣
슬픔과 근심을 품어서	以寓悲憫
지금까지 경을 잊지 못했는데	至今不忘
이곳 아산을 바라보니	睠茲牙城
진실로 경의 고향이네	寔卿舊鄕
기련산의 모습을 본뜬 무덤²⁰²이	祈連象塚
하물며 이 땅에 있음에랴	矧在茲土
명성에 느낌이 일어	風聲所感
선비들이 경모하네	多士景慕
여기에 사당을 지어	於焉創宇
영원히 정성을 바치고	永圖揭虔
이에 편액을 청한 글로 인하여²⁰³	肆因籲章
편액을 써서 내리네	恩額載宣
제관²⁰⁴ 보내 제사를 지내니	伻官命祭

---

199 삼정승 : 원문의 "삼사三事"는 삼정승인 영의정·좌의정·우의정을 말한다. 이순신은 1604년(선조 37, 갑진)에 좌의정, 1793년(정조 17, 계축)에 영의정에 추증되었다.

200 철권鐵券 : 임금이 공신에게 내리는 철로 만든 패패로, 공신의 지위를 세습하여 향유하고 죄를 지어도 면죄해 준다는 특권을 부여한 증명서이다.

201 깃발 : 원문의 "기상旂常"은 주周나라에서 사용하던 깃발을 말한다. '기旂'는 교룡蛟龍을 그린 푸른색 깃발이고, '상常'은 천자의 상징으로 해·달·별을 그린 태상기太常旗를 말한다. 여기에 공신功臣들의 이름을 기록하였다.

202 기련산의 …… 무덤 : 원문의 "기련祈連"은 감숙성甘肅省 청해靑海에 있는 기련산祈連山으로, 천산天山이라고도 한다. 한漢나라 무제武帝 때 곽거병霍去病이 기련산 주위에 있는 흉노족을 정벌하기 위하여 여섯 차례나 출정하여 큰 공을 세웠는데, 그가 죽은 뒤에 그의 무덤 위 봉분을 기련산 모양으로 만들어 공적을 기렸다.(『史記』권111,「衛將軍驃騎列傳」.)

내 마음이 더 슬프고	予懷增愴
어둡지 않은 영령께서	不昧者靈
여기에 와서 흠향하소서.²⁰⁵	尙此來饗

숙종이 온천에 거둥할 때 내려 준 묘제문²⁰⁶ 溫泉 行幸時 賜墓祭文 肅廟朝

옛날 임진년과 계사년에	粵在龍蛇
섬 오랑캐²⁰⁷가 창궐하여	卉服猖獗
여러 성이 무너지고	列城瓦解
흉악한 창칼이 들이닥쳤네²⁰⁸	兇鋒豕突
종묘사직이 위험하여	宗社之危

---

203 이에……인하여 : 원문은 "유장籲章"으로, 임금에게 사당에 걸 액자를 내려 달라고 청원하는 글을 올리는 것을 뜻한다. 籲는 부르다, 구하다는 뜻이다.

204 제관 : 원문은 "평관伻官"으로, '평伻'은 '사신으로 보내는 관리'의 뜻이다.(『書經』, 周書, 洛誥, "伻來以圖及獻卜.")

205 『충무공가승』(1716)에 이 제문의 제목이 「顯忠祠 賜額祭文 知製教趙泰億製 進」으로 되어 있어 이 제문은 지제교知製教 조태억趙泰億(1675~1728)이 지어 바친 것임을 알 수 있다. 또 『충무공가승』의 이 제문 서두에는 "維歲次 丁亥四月 癸未朔 二十五日丁未 國王遣臣 禮曹正郎 韓世億 諭祭于故忠武公李舜臣 之靈 惟靈"이 더 있다. 그러므로 1707년(숙종 33, 정해) 4월 25일(정미)에 예조정랑 한세억이 현충사에 내려가 액자를 걸어 주고 이순신에게 제사를 지냈음을 알 수 있다. 『승정원일기』에 따르면 한세억은 일을 마치고 4월 27일에 조정에 돌아왔다.

206 숙종이 …… 묘제문 : 숙종이 온양온천溫陽溫泉에 행차하여 1717년 3월 12일에 이순신의 무덤에 제사를 지내게 할 때 조관빈趙觀彬이 지은 제문이다. 숙종은 3월 12일에 예조禮曹의 낭관郎官을 보내 이순신·송인수宋麟壽·김정金淨·송상현宋象賢·이귀李貴의 무덤에 제사하게 하였다. 참고로 숙종은 1717년 3월 3일에 도성을 떠나 과천果川·수원水原·진위振威·직산稷山·천안天安을 거쳐 3월 8일에 온양에 도착한 뒤 여러 행사를 하고 3월 27일에 온양을 떠나 4월 3일에 창덕궁으로 환궁하였다.[『숙종실록』 59권, 숙종 43년 정유(1717) 3월 3일(무오)~4월 3일(정해).] 『회헌집悔軒集』 권16에는 제목이 「충무공이순신묘사제문忠武公李舜臣墓賜祭文」으로 되어 있다. 원문의 "황혈簧血"이 "황설簧舌"로 되어 있다. '혈血'은 '설舌'의 잘못이므로 원문을 바로잡아 번역하였다.

207 섬 오랑캐 : 원문의 "훼복卉服"은 풀로 만든 옷으로, 일본을 말한다. 『서경』「우공禹貢 양주揚州」에 "섬 오랑캐는 훼복을 입는다島夷卉服."라고 하였는데, 채침蔡沈의 주註에 "섬 오랑캐는 중국 동남쪽 섬에 사는 오랑캐이고, 이들이 입는 옷감이 갈포葛布와 부들로 짠 베와 목면 등이다."라고 하였다.

위태로운 상황²⁰⁹에 떨고 있을 때	懍乎一髮
경이 그때 충의를 떨쳐	卿時奮忠
우뚝하게 병권을 잡았네²¹⁰	桓桓杖鉞
바다를 가로지르며 수군을 통솔하니	跨海統師
만리장성처럼 우뚝하였고	長城其屹
북을 울려 왜장을 죽이니	一鼓殲將
왜적들은 기운이 빠졌네	賊乃氣奪
병법²¹¹을 귀신처럼 운용하여	虎韜神運
거북선이 화살처럼 달려갔고	龜船箭疾
요충지인 한산도를 차지하여	扼險閑山
정예병을 기르고 기회를 엿보았네	蓄銳伺發
큰 공을 임금께 막 아뢰었으나	膚功方奏
소인배가 교묘하게 죄를 얽어²¹²	簧舌巧捏
기겁으로 장군을 대신하였다가	將代騎刦
조괄²¹³의 군대처럼 패하였네²¹⁴	兵敗趙括
경이 이에 다시 일어나	卿乃再起
흩어진 군졸을 모으니	收募散卒

---

208 들이닥쳤네 : 원문은 "시돌豕突"로, 돼지처럼 들이받음 즉 적이 마구 처들어옴을 뜻한다.(『後漢書』권57, 杜欒劉李劉謝列傳第四十七, "恐遂轉更豕突上京".)

209 위태로운 상황 : 원문의 "일발一髮"은 '일발지위一髮之危'의 줄임말로, 매우 위태로운 상황을 묘사하는 말이다. 한유韓愈의「여맹간상서서與孟簡尙書書」에 "위태로움이 한 가닥의 머리털로 천 균鈞의 무게를 끌어당기는 것과 같다其危如一髮引千鈞."라고 하였다.

210 병권을 잡았네 : 원문의 "장월杖鉞"은 도끼를 잡는다는 말로, 본래 옛날에 장수가 출정할 때 임금이 장수에게 부월斧鉞을 내려 병권兵權의 위임을 표시하였다.

211 병법兵法 : 원문의 "호도虎韜"는 본래 태공망太公望 여상呂尙이 지었다고 전하는 병서兵書인『육도六韜』의 편명으로, 전하여 병법이나 전략을 뜻한다.『육도』는 문도文韜·무도武韜·용도龍韜·호도虎韜·표도豹韜·견도犬韜로 구성되어 있다.

212 소인배가 …… 얽어 : 원문의 "황설簧舌"은『이충무공전서』에 '황혈簧血'로 되어 있으나 잘못이므로 '황설'로 바로잡아 번역하였다. '황설'은 관악기의 소리를 내게 하는 떨림판인데, 소인들이 교묘하게 꾸며내는 참언讒言을 비유한다.『시경』「소아小雅 교언巧言」에 "피리처럼 교묘한 말은 얼굴이 두껍기 때문이다巧言如簧, 顏之厚矣."라고 하였다.

깃발이 새 빛을 내고	旌旗變色
군대가 군율을 잃지 않았네	師不失律
적벽215에 화염이 치솟는 듯하고	赤壁焰熾
청해에 나쁜 기운이 사라질 때	靑海氛豁
몸에 왜적의 총알이 박히자	身犯矢石
관우처럼 뼈를 긁어216 총알을 파냈네	勇侔刮骨
장군별이 얼마 뒤에 어두워지자	將星俄晦
파도도 오래 오열하였고	海波長咽
몸을 바쳐 임금께 보답하여	捐軀報主
지금까지 나라를 살렸네	于今國活
성군[선조]께서 경을 아름답게 여겨	聖祖用懋
높은 관직을 추증하고	贈以崇秩
철권에 공훈을 적었으며	遺勳鐵券
큰 글씨를 비석에 새겨서	大書珉碣
명성이 우주에 드리우고	名垂宇宙
의리가 일월처럼 걸렸네	義揭星日

213 조괄趙括 : 전국시대 조趙나라의 장수로, 명장名將 마복군馬服君 조사趙奢의 아들이다. 어려서부터 병법을 배워 천하에 자신을 당할 자가 없다고 호언장담하였는데, 하루는 부친 조사가 아들 조괄과 병법을 논하고 나서 "전쟁은 사지인데 조괄이 너무 쉽게 말한다. 가령 조나라에서 조괄을 장수로 삼지 않는다면 그만이겠으나 반드시 장수로 삼는다면 조나라 군대를 격파할 자는 필시 조괄일 것이다."라고 하였다. 그 뒤 과연 조괄이 장수로 출정하여 진秦나라 장수 백기白起의 군대와 전쟁을 벌였는데, 병법을 변통할 줄 모르고 적을 무시하여 제멋대로 싸우다가 결국 대패하여 자신도 죽고 조나라의 40만 대군을 전멸시켰다.(『史記』 권81, 「趙奢列傳」.)

214 기겁으로 …… 패하였네 : 이순신을 대신하여 원균元均에게 병권을 맡겼다가 칠천량 해전에서 대패한 일을 말한다. 제나라 장수 전단田單이 악의樂毅를 모함하는 반간계反間計를 쓰자, 연나라 혜왕惠王이 이 말을 믿고 악의를 의심하여 기겁騎劫을 장군으로 삼아 제나라를 치게 하였으나 기겁이 제나라 군사에게 대패하였다.(『史記』 권80, 「樂毅列傳」.)

215 적벽赤壁 : 중국 호북성湖北省 양자강 연안에 있는 지명. 삼국시대 촉蜀과 오吳가 연합하여 화공火攻으로 위魏를 무찌른 전쟁터이다.

216 관우처럼 뼈를 긁어 : 원문은 "괄골刮骨"로, 중국 삼국시대 촉한蜀漢의 관우關羽가 뼈를 긁어 화살촉을 파내었던 것에서 생긴 문자이다. 이순신도 역시 사천 해전에서 적의 총탄을 맞았는데 싸움이 끝난 뒤에 칼끝으로 그것을 파내었던 사실이 있었음을 말한다.

마침 내가 온천에 목욕하러 왔다가	適予溫沐
호서에서 말을 멈추고서	湖外駐蹕
곽거병처럼 기련산을 본뜬 경의 무덤 보며[217]	祈連象塚
굳센 공렬을 추억하네	緬想壯烈
무릎을 치며 생각함에	拊髀興思
구름 깃발 거느린 신령 행차[218]와 비슷하고	雲旗髣髴
옛날에 우리 선왕[현종]께서	昔我先王
이곳에 행차하여 제물을 올렸네	輦過薦苾
옛 법도를 따라서	爰遵舊章
희생과 술을 매우 정갈하게 하고	牲酌孔潔
제관에게 술을 올리게 하니	伻官致酹
영령께서 흠향하소서.[219]	庶幾歆歠

영조 때, 충민사에 내려 준 제문[220] 忠愍祠 賜祭文 英廟朝

옛날 선조 중엽에	昔在中葉
섬 오랑캐를 길들이지 못하여	未擾蠻奴
왜적이 영남과 호남을 짓밟고	蹈躪嶺湖

---

217 곽거병처럼 …… 보며 : 원문의 "기련祈連"은 감숙성甘肅省 청해靑海에 있는 기련산祈連山으로, 천산天山이라고도 한다. 한漢나라 무제武帝 때 곽거병霍去病이 기련산 주위에 있는 흉노족을 정벌하기 위하여 여섯 차례나 출정하여 큰 공을 세웠는데, 그가 죽은 뒤에 그의 무덤 위 봉분을 기련산 모양으로 만들어 공적을 기렸다.(『史記』 권111, 「衛將軍驃騎列傳」.)

218 구름 …… 행차 : 원문의 "운기雲旗"는 구름으로 만든 깃발로, 신령의 행차를 말한다. 『초사楚辭』「동군東君」에 "용 수레를 몰고 우레를 타고서, 구름 깃발을 뱀처럼 길게 드날리네駕龍輈兮乘雷, 載雲旗兮委蛇."라고 하였다.

219 영령께서 흠향하소서 : 원문은 "흠철歆歠"로, '제사를 받아먹고 마심'의 뜻이다.

220 영조 때, …… 제문 : 1746년 8월 30일에 선무사宣武祠와 충민사忠愍祠에 제사를 지낼 때 내린 제문이다. 저자는 미상이다.[『영조실록』 권64, 영조 22년 병인(1746) 8월 30일(계사).]

마침내 세 도읍[221]을 무너뜨렸네	遂刳三都
흉악한 왜적의 창칼이 들이치는 곳에	兇鋒所薄
장졸이 넘어지고 죽을 때	將蹶師碎
누가 미친 왜적을 꺾어서	孰齴其猖
우리 사기를 떨쳤던가	以張我氣
하늘이 경을 세상에 낸 이유는	天之生卿
진실로 중흥의 일이니	實擬中興
바다를 오가며 군졸과 맹세할 때	跨海誓衆
달과 별도 어둑했네	月星晦冥
요충지 세 곳[222]을 막아	遏玆三隘
왜적의 배 천 척을 불태우니	燒賊千艘
남은 왜구가 신음하며 죽고	餘寇死咋
대장 깃발만 보아도 달아났네	望麾遁走
잠시 처벌[223]을 따랐다가	暫從吏議
운중태수[224]처럼 다시 출사하니	復起雲中
명나라 군사가 육지에서 소탕하고	皇師陸勦
경이 바다의 요충지를 장악했네	卿扼海衝
두 번 미친 왜적을 물리치고	用蹙再狌
끝내 공적을 쌓아서	終集厥績

---

221 세 도읍 : 원문의 "삼도三都"는 한성·평양·개성을 가리킨다.

222 요충지 세 곳 : 원문의 "삼험三險"은 한산도閑山島·벽파진碧波津(명량)·노량露梁을 가리킨다.

223 처벌 : 원문의 "이의吏議"는 관리의 죄명을 의논하여 처벌함을 말한다. 이순신을 서울로 압송하여 심문한 뒤, 조정을 기만하고 임금을 무시한 죄, 적을 토벌하지 않고 나라를 저버린 죄, 다른 사람의 공을 빼앗고 모함한 죄, 방자하여 거리낌이 없는 죄 등의 많은 죄명을 뒤집어씌워 이순신을 죽이려고 하였던 일을 말한다.

224 운중태수雲中太守 : 원문의 "운중雲中"은 중국 산서성山西省에 있는 군명郡名으로, 운중태수 위상魏尙을 가리킨다. 위상은 한漢나라 괴리槐里 사람으로 문제文帝 때 운중태수로 있으면서 개인 재산을 털어 군사들을 보살피고 흉노匈奴의 침입을 막는 등 정사를 잘하였다. 그러나 조정에 전적을 보고하는 문서에 적군의 수급을 벤 숫자가 여섯 명 틀렸다는 이유로 벼슬을 삭탈하고 1년간의 도형徒刑을 받았다. 뒤에 풍당馮唐의 간청으로 풀려나 다시 운중태수가 되었다. (『史記』 권102, 「馮唐傳」.)

종묘사직이 무너지지 않았으니	宗社不隕
과연 누구의 힘이었나	果誰之力
전쟁의 북소리가 한창일 때	戰鼓方酣
깃발 아래 목숨을 바쳤으니	辦命旗下
기운이 산하에 장하고	氣壯山河
의리가 천하에 빛났네	義炳夷夏
호부와 도장 끈은	虎符綵綬
신종황제께서 표창한 물건이고[225]	天子所褒
제갈량의 충무 시호를 내림은	諸葛美諡
성조께서 공로를 대접한 것이네[226]	聖祖餉勞
나는 왕위에 올라	暨予登阼
충절을 권장하였고	忠節是奬
조정[227]에서 칭찬하며	中朝永歎
옛날 일을 생각했네	感念疇曩
오늘날 세상을 돌아봄에	顧今時世
거듭하여 변고를 겪었는데	屢經塵刦
「하천」[228] 노래에 담긴 생각을	下泉之思
어디에도 쏟을 수 없었네	無地可洩
제관에게 급히 명하여	亟命祀官

---

225 호부와 …… 물건이고 : 호부虎符는 고대에 제왕이 신하에게 병권兵權을 수여하거나 군대를 징발할 때에 사용하는 신물信物인데, 호랑이 모양으로 제작하였다. 처음에는 옥玉으로 제작하다가 뒤에 동銅으로 제작하였다. 호두패虎頭牌라고도 한다. 여기에서는 신종이 이순신에게 하사한 도독인都督印·영패令牌·귀도鬼刀·참도斬刀·독전기督戰旗·홍소령기紅小令旗·남소령기藍小令旗·곡나발曲喇叭 등 여덟 가지 물건을 말한다. 현재 경상남도 통영시 충렬사에 소장되어 있다.

226 제갈량의 …… 것이네 : 선조가 이순신의 충정을 기려 1604년에 선무공신宣武功臣에 책록하고, 인조가 1643년에 '충무忠武'의 시호를 하사한 일을 말한다. 원문의 "제갈미시諸葛美諡"는 제갈량諸葛亮의 아름다운 시호, 곧 충무를 말한다.

227 조정 : 원문의 "중조中朝"는 '조정'을 뜻한다. 제왕은 정사를 처리하는 치조治朝, 휴식을 취하거나 신하를 접견하는 연조燕朝, 조정의 신료들이 근무하는 외조外朝 등 삼조三朝를 두었다.

228 「하천下泉」: 『시경』 「조풍曹風」의 편명으로, 「회풍檜風 비풍匪風」과 함께 망국亡國의 한을 읊은 시이다.

차례대로 모두 제사를 지낼 때	咸秩愍典
강화도와 남한산성의 두 사당부터	沁漢兩祠
화양동서원까지 제사했네[229]	以及華院
충신과 의사에게	貞臣義士
두루 제삿술을 올렸는데	遍加酹享
경처럼 장렬한 분을	若卿壯烈
어찌 더욱 잊을 수 있으랴	尤豈可忘
노량의 바닷물이 크게 출렁여도	露梁殷殷
물속이 조용하고 깊은데	維水淵淪
충민사가 남쪽에 있어	遺祠在南
명성과 공렬이 남아 있네	風烈如存
게다가 저 수양성에	況彼睢陽
뇌만춘과 남제운을 모셨듯이[230]	有配雷南
이에 아울러 술을 권하니[231]	玆命並侑
와서 함께 흠향하소서.	尙來同歆

---

[229] 강화도와 …… 제사했네 : 강화도의 사당은 병자호란 때 순국한 김상용金尙容의 충렬사忠烈祠, 남한산성의 사당은 병자호란 때 척화를 주장하다가 청淸나라 심양瀋陽에 잡혀가서 굴복하지 않고 죽은 홍익한洪翼漢·윤집尹集·오달제吳達濟 등 삼학사三學士의 현절사顯節祠, 화양동서원華陽洞書院은 송시열宋時烈이 명나라 신종神宗과 의종毅宗의 위패를 모신 만동묘萬東廟를 말한다.

[230] 수양성에 …… 모셨듯이 : 원문의 "뇌남雷南"은 당나라의 충신 뇌만춘雷萬春과 남제운南霽雲을 가리킨다. 뇌만춘과 남제운은 현종玄宗 때에 안녹산安祿山의 난이 일어나자 상관인 장순張巡·허원許遠과 함께 수양성睢陽城을 끝까지 지키다가 장렬하게 전사하였다. 그래서 뒤에 장순·허원의 사당에 부하인 뇌만춘과 남제운을 함께 배향하였다.

[231] 아울러 술을 권하니 : 여수 충민사에 이억기李億祺와 안홍국安弘國을 배향하였으므로 이순신과 함께 술을 올린다고 말한 것이다. 이억기는 1597년(선조 30, 정유)에 원균 휘하의 좌익군左翼軍을 지휘하여 용감하게 싸우다가 칠천량漆川梁 해전에서 원균과 함께 전사하였고, 안홍국은 1597년 보성군수寶城郡守로 안골포安骨浦·가덕도加德島의 왜적 주둔지를 공격하다가 안골포 해전에서 전사하였다.

영조가 온천에 거둥할 때 내려 준 묘제문[232] 溫泉 行幸時 賜墓祭文 英廟朝

하늘이 충무공을 낳음은	天生忠武
우리 사직을 위함이니	爲我社稷
슬프게도 임진년과 계사년에	盡哉龍蛇
경이 아니었다면 나라가 어찌 되었을까	匪卿曷國
당시를 추억함에	追念當日
늠연히 마음이 떨리고	凜然心寒
분하게도 저 섬 오랑캐가	憯彼島醜
수륙으로 진격했네	水陸幷前
변방에서 왜적의 침범을 고하여	邊塵告警
어가가 이미 도성을 떠났는데	乘輿已巡
바다 방어가 무너졌다면	海防若壞
나라가 망했을 것이네	邦國其顚
경이 홀로 우뚝하여	卿獨屹然
하나의 장성이 되었고	作一長城
바다를 막아서	蔽遮江淮
왜적[233]을 소탕했네	蕩掃鯢鯨
행재소[234]에 아뢰어	控于行朝
명령이 막히지 않았고	命令不閼
우리 호서와 호남을 살려서	活我兩湖

---

232 영조가 …… 묘제문 : 1750년(영조 26, 경오) 9월에 이순신의 묘소에 제사를 지낼 때 내린 제문이다. 저자는 미상이다. 영조는 1750년 9월 12일에 창덕궁昌德宮을 나와 과천·수원·진위振威·직산稷山·천안을 거쳐 온양에 도착한 뒤 온양에 머물다가 24일에 온양을 떠나 직산·진위·수원·과천을 지나 9월 28일에 환궁하였다.『승정원일기』1060책과『영조실록』권72, 영조 26년 경오(1750) 9월 15일(갑인).]
233 왜적 : 원문의 "예경鯢鯨"은 암수의 고래로, 작은 물고기를 잡아먹기 때문에 악당을 비유하는 말로 쓰였다.
234 행재소行在所 : 원문의 "행조行朝"는 국가의 변란 등으로 인해 도성을 떠나 다른 곳으로 옮겨 가는 조정을 말한다.

명성과 위세를 떨쳤네	聲勢相倚
마침내 나라를 회복함은	畢竟興恢
진실로 여기에서 기초했으니	實基於斯
충성이 해와 달을 꿰뚫고	忠貫日月
명성이 천하에 떨쳤네	名震華夷
공이 이미 저처럼 큰데도	功旣如彼
운명이 어찌 많이 어긋났나	命胡多舛
중간에 참소를 받았다가	中罹于譖
끝내 전장에서 운명했네	卒殞於戰
경이 편안히 살면서	使卿安坐
시종일관 뜻을 펼쳤다면	終始布展
나라의 수치를 씻고	國恥夬湔
왜구의 배가 한 척인들 돌아갔으랴	隻輪寧返
경의 위대한 공적에	然厥偉績
지금도 힘입는 바가 있으니	秪今有頼
악당²³⁵이 죄를 뉘우치고	鴞音克悛
왜적이 영원히 사라졌네	海氛永霽
경의 유풍이 사라지지 않아	遺風未泯
어진 후손이 이어 나오고	賢孫繼出
청주에서 순절하여	西原立懂
선조의 충렬을 본받았네²³⁶	可繩祖烈
한 집안에 충신이 둘이나 되니²³⁷	一門雙節

---

235 악당 : 원문의 "효음鴞音"은 듣기 싫은 올빼미 소리로, 여기서는 왜적을 가리킨다. 『설원說苑』에 "올빼미가 비둘기에게 말하기를 '서쪽에서 모두 나의 울음소리를 싫어하기 때문에 장차 동쪽으로 옮기려고 한다.'라고 하자, 비둘기가 말하기를 '네가 울음소리를 고치면 괜찮겠지만 울음소리를 고치지 않으면 동쪽으로 옮기더라도 여전히 너를 미워할 것이다.'라고 하였다."고 하였다.

236 청주에서 …… 본받았네 : 원문의 "서원西原"은 청주의 옛 이름이다. 이순신의 5세손 이봉상李鳳祥이 1728년 이인좌李麟佐의 난 때 청주에서 순절한 일을 말한다.

경에게 영광이네	于卿有光
마침 내가 온양에 행차하다가	適予幸溫
경의 저 무덤을 바라보네	睠彼遺塋
경의 깊은 계책과 뛰어난 계략	沈機雄略
순수한 충심과 열렬한 기상이	精忠烈氣
죽은 뒤에도 가득하여	死應磅礴
우리나라 형편을 굳세게 하리	壯我國勢
이에 옛날 법도를 따라	爰依舊典
제관에게 술을 올리게 하니	侊官薦卮
영령께서 성대히 계시니238	想惟洋洋
와서 흠향하소서.	庶幾格思

---

237 한 집안에 …… 되니 : 원문의 "쌍절雙節"은 1728년(영조 4, 무신) 이인좌의 난 때 순절한 이순신의 4세손 이홍무李弘茂와 5세손 이봉상을 가리킨다. 이홍무는 이봉상의 숙부이다.

238 영령께서 성대히 계시니 : 『중용장구中庸章句』 16장에 "제사를 지낼 때면 귀신이 성대하게 위에 있는 듯하고 좌우에 있는 듯하다承祭祀, 洋洋乎如在其上, 如在其左右."라고 하였다.

도설圖說

명나라 황제의 팔사물八賜物[239]

도독인都督印

도독인은 구리로 부어 만들었다.

　높이 6푼分[240] 길이 5치寸[241] 너비 2치 6푼. 꼭지 높이 2치 3푼. 너비 2치 2푼. 두께 5푼이다.[242]

　명明나라 수군도독水軍都督 진린陳璘이 공의 전공을 명나라 현황제顯皇帝[243]에게 자세히 아뢰었던바, 황제가 이를 가상히 여겨 이 도독인都督印 및 영패令旗, 귀도鬼刀, 참도斬刀, 독전기督戰旗, 홍소령기紅小令旗, 남소령기藍小令旗, 곡나발曲喇叭을 공에게 내려보내 지금껏 통제영統制營에 있는데, 부르기를 팔사물八賜物이라 한다.

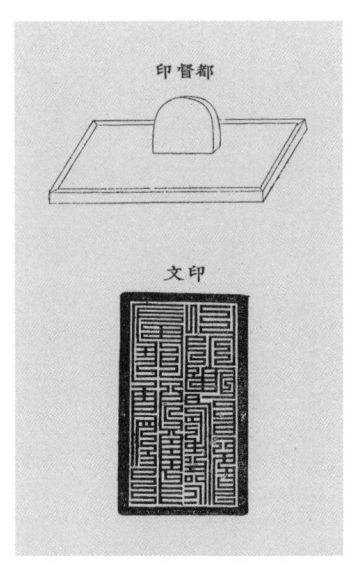

도독인都督印과 인문印文.

---

239 팔사물八賜物 : 도독인 1, 영패 2, 귀도 2, 참도 2, 독전기 2, 홍소령기 2, 남소령기 2, 곡나발 2 등 8종 15점을 말한다. 1966년 3월 4일에 '통영충렬사팔사품일괄統營忠烈祠八賜品一括'이란 명칭으로 보물 제440호로 지정되어 현재 통영시립박물관(경상남도 통영시 중앙로 61, 도천동)에 보관되어 있다.

240 푼分 : 길이의 단위로 한 치寸의 10분의 1.

241 치寸 : 길이의 단위로 한 자尺의 10분의 1.

242 도독인의 실측치는 10.01×5.62cm, 무게 698g이다.(장경희, 「보물 제440호 통영 충렬사 팔사품八賜品 연구」, 『역사민속학』제46호, 민속원, 2014.)

243 현황제顯皇帝 : 명나라 신종황제神宗皇帝의 묘호廟號.

통제사統制使가 장막 위에 올라갈 때 측근 비장裨將 2인이 우립羽笠[244]을 쓰고 홍첩리紅帖裏[245]를 입고 어깨에 영패令牌를 메고 나서며, 통제영統制營 장교 4인이 귀도鬼刀와 참도斬刀를 어깨에 메고, 아울러 독전기督戰旗와 홍·남소령기紅·藍小令旗는 따로 갈라서 앞에 세운다.

상고하건대, 도독인都督印은 『명사明史』 여복지輿服志에 "문무 대신으로서 황제의 칙령을 받아 권세가 높은 자에게 아홉 번 꺾어 쓴 전자篆字로 새긴 구리로 만든 관방關防[246]을 내려 준다." 한 것이 이것이다.

영패令牌

영패는 두 개다. 나무로 만들었다.

길이 1자尺 5푼, 너비 1자,[247] 여덟 모가 났으며 한쪽 바닥에는 검은 칠을 하고 '令' 자를 새긴 데다 홍색으로 메웠고 다른 한쪽 바닥에는 분칠을 하고 '大將' 두 자를 썼다. 그리고 녹피鹿皮로 만든 갑匣에는 표범을 그렸고, 또 녹피를 사용하여 두 가닥 끈을 만들었다.

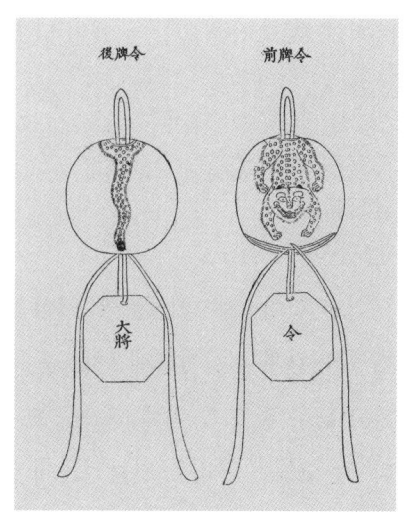

영패의 앞(오른쪽)과 뒤(왼쪽).

귀도鬼刀

귀도는 두 개다.

칼날 길이 2자 7치 5푼, 너비 2치 3푼, 칼등 두께 3푼, 칼자루는 박달나무로 만들었는데 용의 머리를 새겼고, 그 아가리에는 귀모鬼母를 물렸으며, 귀모의 턱 아래에는 귀자鬼子가 있어 발로는 용의 이빨을 밟고 손으로는 귀모의 귀고리를 잡은 형상

---

244 우립羽笠 : 붉은 갓에 흰 깃을 꽂은 것을 이른다.
245 홍첩리紅帖裏 : 붉은 천으로 만든 철릭. 천익天翼이라고도 쓴다.
246 관방關防 : 관방인關防印의 준말. 명나라 초기부터 사용한 관인의 한 가지로, 관청 공문서의 위조를 막기 위하여 쓰던 인장이다. (『明太祖實錄』.)
247 영패의 실측치는 길이 21.5cm, 너비 20.5cm이다. [장경희, 앞의 논문(주242).]

을 새겼다. 귀신의 몸뚱이와 용의 머리는 모두 붉은 칠을 하고, 용의 머리는 아롱진 채색으로 용의 비늘을 그렸는데, 전체 길이는 4자 4치 5푼이다.[248] 칼 고리는 은물을 입힌 쇠로 오동잎 모양을 만들었고, 칼집은 오동나무를 썼는데 종이로 싸고 붉은 칠을 한 위에 아롱진 채색으로 용의 비늘을 그렸으며, 역시 은물 입힌 쇠로써 장식을 물렸다. 그리고 용의 턱에는 황동黃銅[주석]으로 고리를 만들어 꿰어 달고 붉은 술을 달았다.

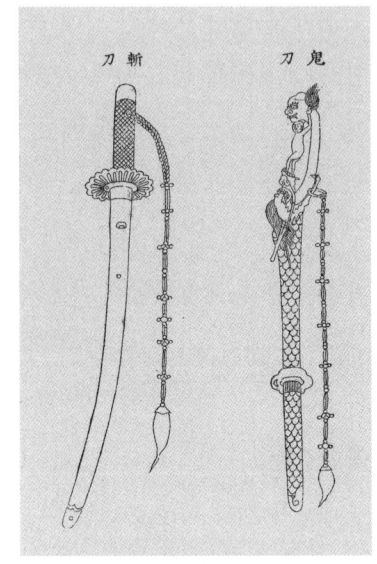

참도斬刀(왼쪽)와 귀도鬼刀(오른쪽).

참도斬刀

참도는 두 개다.

칼날 길이 5자 9치 5푼,[249] 너비 2치, 칼등 두께 3푼, 칼자루 길이 2자 2치 5푼, 상어 껍질로 싸고 붉은 칠을 한 위에 쇠가죽 오라기로 감았다. 칼 고리는 구리로 만들었는데 영롱한 국화 모양을 새겼고, 칼집은 나무로 만들었는데 쇠가죽으로 싸고 붉은 칠을 하고 은물 입힌 쇠로써 장식을 물렸으며, 자루에는 붉은 술을 꿰었다.

독전기督戰旗

독전기는 한 개다. 남색 비단으로 만들었는데 사방이 같이 3자 4치이며, 홍색의 비단으로 '督戰'

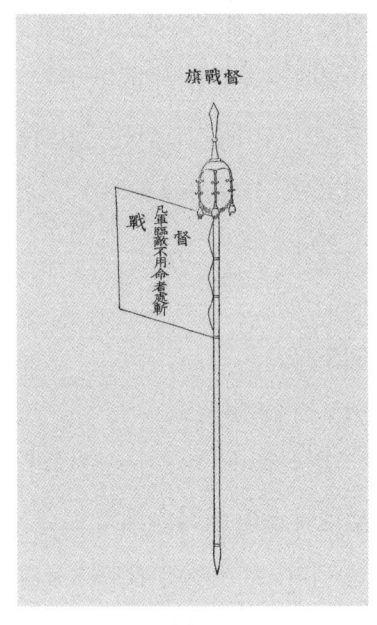

독전기督戰旗.

---

248 귀도의 실측치는 칼날 길이 54cm, 손잡이 길이 90cm이다. (장경희, 앞의 논문.)
249 참도의 실측치는 칼날 길이 120cm, 자루 길이 64.4cm이다. (장경희, 앞의 논문.)

두 자를 오려 붙였고,²⁵⁰ 그 한가운데 '凡軍臨敵不用命者處斬(무릇 군사로서 적을 만나 명령을 복종하지 않는 자는 목을 벤다)'이라는 열 자를 썼다. 깃대 길이는 10자인데 붉은 칠을 했고 그 끝에 꽂은 창날 길이는 1자 5치, 너비는 1치 5푼, 쇠붙이로 된 창고달鐏의 길이 8치 5푼, 깃대에는 홍색 상모를 달았고, 또 홍색 실로 만든 술 세 가닥을 달았다.²⁵¹

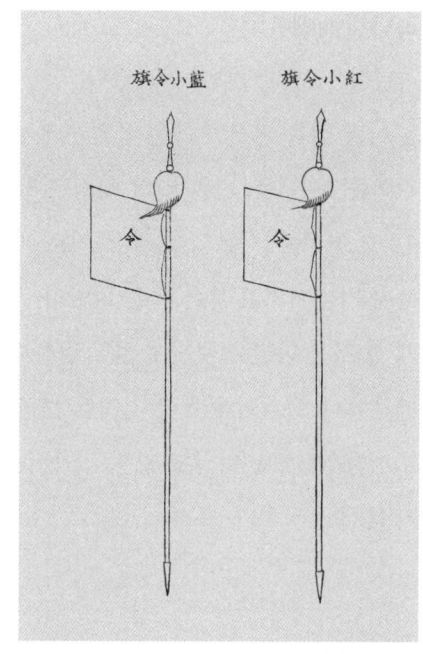

홍소령기紅小令旗(오른쪽)와 남소령기藍小令旗(왼쪽).

홍소령기紅小令旗²⁵²

홍소령기는 두 개다. 홍색 비단으로 만들었는데 사방이 같이 2자 8치, 남색 비단으로 '令' 자를 오려 붙였다. 깃대 길이는 10자로 붉은 칠을 하였고, 끝에 꽂은 창날 길이는 8치, 너비는 1치 3푼, 쇠붙이로 된 창고달鐏의 길이는 6치, 깃대에는 홍색 상모를 달았다.²⁵³

남소령기藍小令旗²⁵⁴

남소령기는 두 개다. 남색 비단으로 만들고, 홍색 비단으로 '令' 자를 오려 붙였고, 만든 모양은 홍소령기紅小令旗와 같다.

---

250 이 기사는 수량과 색상이 지금 통영 충렬사에 있는 실물과는 다르다. 실물 독전기는 지금 두 개가 있으며, 홍색 바탕에 남색 글자를 오려 붙였다.
251 독전기의 실측치는 기폭 68×61cm, 전체 자루 길이 212.9cm, 창날 길이 21cm, 너비 4.5cm, 창고달 길이 17.2cm이다. (장경희, 앞의 논문.)
252 홍소령기紅小令旗 : 국왕의 대가大駕 앞에서 명령을 거행할 때 사용하는 기로 홍령기紅令旗라고도 부른다. 홍색 바탕에 청색 글씨로 令 자를 써서 붙였다.(『萬機要覽』, 軍政編, 形名制度, "紅令旗 質紅靑書令字 凡十三對 駕前行令".)
253 홍소령기·남소령기의 실측치는 기폭 67.5×60.5cm, 전체 자루 길이 204.5cm이다. (장경희, 앞의 논문.)

곡나발曲喇叭[255]

곡나발은 구리로 부어 만들었다.

나발 입은 퍼지고 목은 굽었는데 네 마디로 되었다. 길이는 7자 5푼, 나발 입의 직경은 8치 5푼, 목둘레는 6치요,[256] 목에서부터 나발 꼭지로 가면서 차츰 줄어들며 가늘어지고 붉은 술을 달았다. 그 목을 구부러지게 한 것은 나발을 뱃전에 걸고 입을 위로 쳐들고 불기 때문이니, 그래야 물에 잠기지 않는 것이다.

통제영統制營 나발도 모두 그 본을 뜬 것인데 소리가 특히 웅장하다.

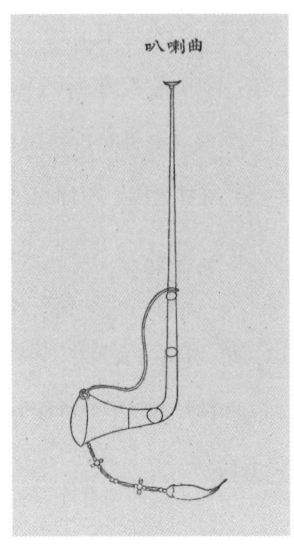

곡나발曲喇叭.

〈참고 2〉[257]

지금 경남 통영시 충렬사忠烈祠에 명明나라 신종황제神宗皇帝가 충무공에게 내려준 여덟 가지 물품이 진열되어 있다. 그것을 일러 흔히 '팔사물八賜物'이라고 부른다.

그런데 이것에 대한 기사가 『이충무공전서李忠武公全書』 가운데에서도 행록行錄이나 행장行狀이나 시장諡狀 등에는 전연 보이지 않고, 다만 그 뒤에 몇 군데 중요한 기록 중에서 '팔사물八賜物'에 대한 기사가 보인다. 그것은 김육金

---

254 남소령기藍小令旗 : 군대에서 명령을 전달하는 기로, 흔히 영기令旗라 부른다. 청색 바탕에 붉은 글씨로 令 자를 써서 붙였다.(『萬機要覽』, 앞과 같음.)

255 곡나발曲喇叭 : 『표준국어대사전』에 따르면, '나발'은 옛 관악기의 하나로 놋쇠로 긴 대롱같이 만드는데, 위는 가늘고 끝은 퍼진 모양이다. 이에 반해 '나팔喇叭'은 금속으로 만든 관악기의 하나이다. 둘 모두 용도는 군대에서 호령하고 신호할 때 쓴다. 『진법陣法』(문종대왕과 수양대군 편찬) 형명도形名圖에 나오는 대각大角과 소각小角, 그리고 『난중일기』 1597년(정유) 8월 28일에 나오는 각角은 나발의 일종이다.

256 곡나발의 실측치는 길이 160cm, 입지름 19cm이다.(장경희, 앞의 논문.)

257 이은상, 『완역 이충무공전서(상)』, 서울 : 성문각, 1989, 87쪽 이하 '해설'을 현대문으로 바꾼 것임을 밝혀 둔다.

塋의 신도비문神道碑文, 현종顯宗의 노량충렬사사제문露梁忠烈祠賜祭文, 정조正祖의 어제신도비문御製神道碑文, 증영의정사제문贈領議政賜祭文, 『선묘중흥지宣廟中興志』, 그리고 『이충무공전서李忠武公全書』에 실린 팔사물도설八賜物圖說 기사 등이다.

그중에서도 가장 오랜 것은 김육의 신도비문인데, 거기에도 팔사물 전부에 대한 문구는 없고 그중의 하나인 도독인都督印에 대해서만 그 유래를 다음과 같이 밝히고 있다.

"진린陳璘이 …… 드디어 명나라 황제에게 아뢰니 황제도 이를 가상히 여겨 공에게 도독인都督印을 내려주었던바, 그것이 지금 통제영에 간직되어 있다陳璘 …… 遂奏聞于帝 帝甚嘉之 賜公都督印 至今藏于營."

그리고 다른 기록에서도 모두 이와 같은 문구로써 도독인의 내력을 설명하였거니와, 이로 보면 전쟁 마지막 해이던 무술년戊戌年에 명나라 구원병으로 왔던 수군도독水軍都督 진린陳璘이 충무공의 인격과 전공에 감격한 나머지 본국의 신종황제神宗皇帝에게 아뢰어 황제로부터 충무공에게 명나라 도독인을 내려주었던 것이다.

그러므로 이것이 비록 팔사물 전부에 대한 문구는 아닐지언정 도독인이 그 팔사물 중에 대표적인 것이기 때문에, 이것으로써 팔사물 전부의 내력으로 본다 해도 틀림은 없을 것이다.

그러나 문제는 거기에 있는 것이 아니라 이 팔사물이 대체 언제 왔으며 또 충무공이 생전에 그것을 직접 받았는지 안 받았는지를 규명하는 것이 더욱 중요한 일일 것이다.

그런데 충무공의 공적과 인격을 명나라 본국 황제에게 아뢴 이가 진린陳璘이었음은 분명하고, 그가 명나라 수군을 거느리고 와서 첫 번째 주둔한 곳이 전라남도 고금도古今島로서 그때가 마지막 해인 1598년(선조 31, 무술) 7월 16일이고, 또 거기서 처음으로 충무공과 만났던 것인 만큼 그로부터 만 4개월 뒤인 11월 19일에 충무공이 최후로 전사하였으니 그와 충무공의 사귐은 실로 백여 일밖에 되지 못함을 알 수 있다. 물론 그동안이나마 진 도독陳都督이 충무공의 모든 전공과 처사하는 지혜와 그 인격에 감격했던 것만은 여러 기록으로 보아 사실이었지만, 그가 충무공에 대해서 저희 본국 황제에게 책임 있는 보고를 할 만큼 충무공에 대한 충분한 지식을 가지기까지는 그래도 얼마간의 시일이 걸렸을 것이요, 또 그러기 때문에 그가 충무공에 대한 공적을 본국 황제에게 보고해서 황제로부터 도독인 등이 오게 되기까지에는 더더구나 시일이 필요했을 것이란 점에서 이 팔사물이 과연 충무공 생전에 도착되었던가는 의심스러울 수밖에 없다. 다시 말하면, 그만한 시일의 여유가 없었다는 점에서 의심할 여지가 있을뿐더러 또 기록으로 보아 행록行錄·행장行狀·시장諡狀 등을 비롯하여 충무공 전몰 직후의 기록인 이항복李恒福 등의 비문에 전연 이 소식이 적혀 있지 않은 점에서 더욱 의심스럽다고 생각된다.

도독인(곧 팔사물)에 대한 기사가 겨우 김육의 신도비에 처음 나오거니와 그 신도비문神道碑文은 실로 충무공 전몰 후 적어도 50년 이후에 쓴 것이요, 또 무릇 95년 후에 세워진 것임을 주의할 것이다.

그러므로 나는(이은상) 이런 여러 가지 점에서 이 도독인 및 팔사물을 충무공이 직접 받지는 못했던 것이 아닌가 하고 생각한다.

『선묘중흥지宣廟中興志』에는 명나라 황제로부터 이 도독인이 오므로 "온 군대 안이 모두 우러러보고 또 모든 국민이 그것을 영광스럽게 여기었다軍中聳觀 國人榮之."라 하였지만, 그 기록이 반드시 충무공 당시를 의미하는 것도 아니고 또 추정된 서술이 아니었던가 하고 생각되기도 한다.

그리고 또 여기에 이어 충무공에게 명나라 수군도독水軍都督의 직함을 하사했다는 것에도 한마디 해 두려 한다. 충무공에게 명나라 수군도독의 직함을 추증했다는 기록은 전연 아무 데서도 발견할 수 없고 다만 정조대왕正祖大王의 어제신도비御製神道碑 첫머리에 직함으로 적혀 나오며, 그다음으로 한산도閑山島에 세운 공의 10세손 이규석李圭奭의 제승당유허비制勝堂遺墟碑 첫머리에 역시 그같이 직함을 적었을 따름이다. 그런데 『명사明史』에 의하면,

"문무 대신으로 황제의 칙명을 받들어 권세가 높은 자에게는 혹시 구리로 만든 '관방關防' 도장을 주는데 너비가 1치 9푼 5리厘요 길이가 2치 9푼이요 두께가 3푼이며 아홉 번 꼬부린 전자篆字로 썼다文武大臣 有領勅 而權重者 或給以銅 關防 直紐廣一寸九分五釐 長二寸九分 厚三分 九疊篆文(『明史』卷68, 「輿服志」 4)"라고 한 것이 있는바, 충무공에게 하사한 도독인이란 바로 그 종류의 것임은 물론이다.

그리고 또 실제에 있어서 수군도독의 직함은 별문제로 하고 도독인 및 팔사물 전부가 만일 충무공 생전에 충무공 자신이 받았던 것이라면, 충무공의 『난중일기亂中日記』나 그 밖에 측근자의 기록에 한마디 없을 리 없을뿐더러 그 물품이 응당 아산牙山으로 실려 와서 그대로 거기에 보관되었을 것임에도 불구하고 그것이 통제영의 공유물처럼 통제영에 보관되었었다는 것은 그 사실 자체가 벌써 충무공이 돌아가신 뒤에 팔사물이 도착하였기 때문에 조정으로부터 통제영으로 보내어 보관하게 했던 것이 분명한 것 같다.

뒷날 정조正祖 때에 통제사 이득제李得濟가 글씨를 쓴 정조어제正祖御製의 통영충렬사기판統營忠烈祠記板에 1795년(정조 19, 을묘)에 간행된 『이충무공전서李忠武公全書』 한 벌을 충렬사에 보관함과 동시에 통제사 이득제에게 명령하여 명나라 현황제顯皇帝로부터 하사된 팔사물을 역시 거기에 진열하도록 하였다. 또 정기旌旗와 둑纛대와 총통銃筒과 피리와 북 등을 사당 안팎에 진열하되 모두 각각 적당한 자리에 놓게 하며, 그리고 술과 고기로써 충무공의 위패 앞에 제사 지내게 하였던 것이 적혀 있다. 결론으로 말하면, 이 팔사물은 명나라에서 충무공 때문에 보내온 것은 사실이나 처음부터 통제영에 보관되어 있어 통제사의 공유물처럼 보관되어 온 것이다.(이상은 이은상의 견해다)

근래 연구자들은 위와 같은 전통적인 이은상의 견해에 대해 몇 가지 의문을 제기하고 있다.

문지성文智成은 팔사품(팔사물)은 명나라 신종황제가 이순신을 회유해 자신을 찾아오게 할 목적으로 하사한 물품이며, 전달된 시기는 명량대첩이 있은 지 약 3개월 후인 1598년(선조 31, 무술) 1월에서 진린이 조선에 와 이순신을 만난 동년 7월 사이일 것이라 주장하였다.[258]

장경희는 현존하는 유물을 중심으로 문헌 기록과 회화 및 한중 관련 자료를 비교 분석하여 양식적 특징, 유물의 제작 연대, 제작지 등을 추정하였다. 그 결과 도독인·영패·귀도·참도·곡나발은 1598년(선조 31, 무술) 이전 명나라에서 제작되어 진린 장군에 의해 전래된 것이라 하며, 양식을 분석한 결과 명 황실의 품격이나 공식적인 성격보다는 개인적이며 광동 지방의 토착적인 특색이 강하게 반영되어 있다고 한다. 이를 통해 팔사품은 중국 명나라 신종황제가 이순신

---

[258] 文智成, 「통영충렬사 '八賜品'에 대한 고찰(下)」, 『中國語文學論集』 제73호, 중국어문학연구회, 2012, 552쪽.

에게 하사한 것이라기보다는 진린 장군이 이순신을 기리기 위해 통제영에 남긴 것이라 주장하였다. 독전기·홍소령기·남소령기 등은 19세기 조선에서 제작한 것이라 하였다.

장경희는 현존하는 팔사품 유물은 시기별로 명칭이나 품종과 수량 및 부속품에서 변화가 있었다고 한다. 17세기에는 조선의 지식인들이 도독인만 주목하였는데, 도독인은 명대에 제작된 것은 확실하나 사인私印이기 때문에 진린 도독의 것으로 여겨진다고 했다.

18세기에는 『이충무공전서』「도설」에서 확인되는 것처럼 '팔사물'로 불렸고 8종 14점이었다 한다. 이들 중 도독인을 비롯한 5종의 유물은 크기에서 기록과 유사하나, 형태나 문양은 조선에서 발견할 수 없는 이국적인 것으로 중국 광동 지방의 향토성이 반영된 것이라 한다.

19세기에는 1861년(철종 12, 신유) 신관호申觀浩[259]가 그린 〈팔사품도〉 16폭 병풍에서 확인되는 것처럼 '팔사물'로 불렸고 8종 15점으로 증가했다고 한다. 도장함과 영패 주머니 및 3종의 깃발은 가죽이나 천처럼 쉽게 훼손되는 재료에 조선식 글자와 문양을 넣어 새로 제작한 것으로, 이와 같이 보존에 취약한 유물들은 19세기 말 이후에도 계속 개비되었다 한다.[260]

거북선龜船

거북선龜船[261]의 제도. 속명俗名을 본판本版이라 하는 저판底版은 10쪽을 이어 붙였는데, 길이는 64자 8치[262]이며, 머리 쪽 너비는 12자이고, 허리 쪽 너비는 14자 5치이

---

259 신관호申觀浩 : 1810~1888. 제187대 통제사, 후에 신헌申櫶으로 개명하였다.

260 장경희, 「보물 제440호 통영 충렬사 팔사품八賜品 연구」, 『역사민속학』 제46호, 민속원, 2014.

261 거북선龜船 : '귀선'의 우리말은 일반적으로 '거북선'으로 통용되고 있다. 그러나 엄격하게 풀이하여 '거북선'이 아닌 '거북배'라야 한다는 주장도 있다. (이원식, 『한국의 배』, 대원사, 1990, 45~50쪽.)

262 64자 8치六十四尺 八寸 : 조선시대 선박 건조는 영조척營造尺을 사용하였다. 박흥수의 연구에 따르면 세종 때 영조척 1자는 31.22cm였다. 그러므로 64자 8치는 20.23m가 된다. (朴興秀, 「李朝 尺度標準에 관한 考察」, 『道와 人間科學 : 素巖李東植先生華甲紀念論文集』, 三一堂, 1981.)

며, 꼬리 쪽 너비는 10자 6치이다. 속명을 삼판杉版이라 하는 좌우 현판舷版은 각각 7쪽을 이어 붙였는데, 높이는 7자 5치이며, 맨 아래 있는 첫째 판자의 길이는 68자이고, 차차 더 길어져서 맨 위 일곱째 판자에 이르러선 길이가 113자이며, 두께는 다 같이 4치씩이다.

속명이 하판荷版인 노판艣版[이물]은 4쪽을 이어 붙였는데, 높이는 4자이고, 둘째 판자 좌우에 현자포玄字砲 구멍이 하나씩 뚫려 있다.[263]

속명이 역시 하판인 축판舳版[고물]은 7쪽을 이어 붙였는데, 높이는 7자 5치이고, 윗너비는 14자 5치이며, 아래 너비는 10자 6치인데, 여섯째 판자 한가운데 직경 1자 2치 되는 구멍을 뚫어 속명이 치鴟인 키舵를 꽂게 되어 있다.

좌우 뱃전에는 속명을 신방信防이라 하는 난간欄을 설치하고, 난간머리에 속명을 가룡駕龍이라 하는 횡량橫梁을 걸쳤는데[264] 바로 뱃머리艫 앞에 닿게 되어 마치 소나 말의 가슴에 멍에를 메인 것과 같다.

난간을 따라 판자를 깔고 그 둘레에 방패牌를 둘러 꽂았으며, 방패 위에 또 속명을 언방偃防이라 하는 난간欄을 설치하였는데, 뱃전 난간舷欄에서부터 방패 위 난간牌欄에 이르기까지의 높이는 4자 3치이고,[265] 방패 위 난간 좌우에 각각 속명이 개판蓋版 또는 귀배판龜背版이라 하는 11개의 판자를 비늘처럼 서로 마주 덮고, 그 등에 1자 5치 되는 틈을 내어 돛대를 세웠다 뉘었다 하기에 편리하게 하였다.

뱃머리에는 거북 머리를 설치하였는데, 길이는 4자 3치, 너비는 3자이고, 그 속에서 유황 염초를 태워 벌어진 입으로 연기를 안개같이 토하여 적을 혼미하게 한다.

좌우의 노櫓는 각각 10개씩이고, 좌우 방패에는 각각 22개씩의 포구멍礮穴을 뚫었

---

263 4쪽을 이어 붙인 노판(이물) 좌우에 현자포 구멍을 뚫었다는 이 문장은 같이 게재된 '귀선도' 그림과 맞지 않은 내용이어서 아직까지 그 구조가 자세히 규명되지 못하고 있다.

264 이 문장은 좌우 뱃전 밖으로 가룡駕龍(駕木=멍에) 곧 횡량橫梁을 빼고, 횡량 위에 신방信防 곧 종량縱梁을 걸쳤다는 의미로 이해된다.

265 현란舷欄에서 패란牌欄까지의 높이 곧 방패의 높이가 4자 3치(134.2cm)에 불과하므로, 갑판(2층)에 서서 노를 젓는 노군(격군)들이 활동할 수 없는 높이이다. 그러므로 노군들이 활동하기 위해서는 노군 머리 윗부분의 상가목上駕木에는 판자가 깔리지 않아야 한다.[『崇禎 6년(1633) 京畿水軍節度使 崔震立 解由書』(한국학중앙연구원 소장); 정진술, 「임진왜란 시기 거북선의 복원을 위한 구조 탐색」『충무공 이순신과 한국 해양』 제6호, 해군사관학교 해양연구소, 2019, 98쪽.]

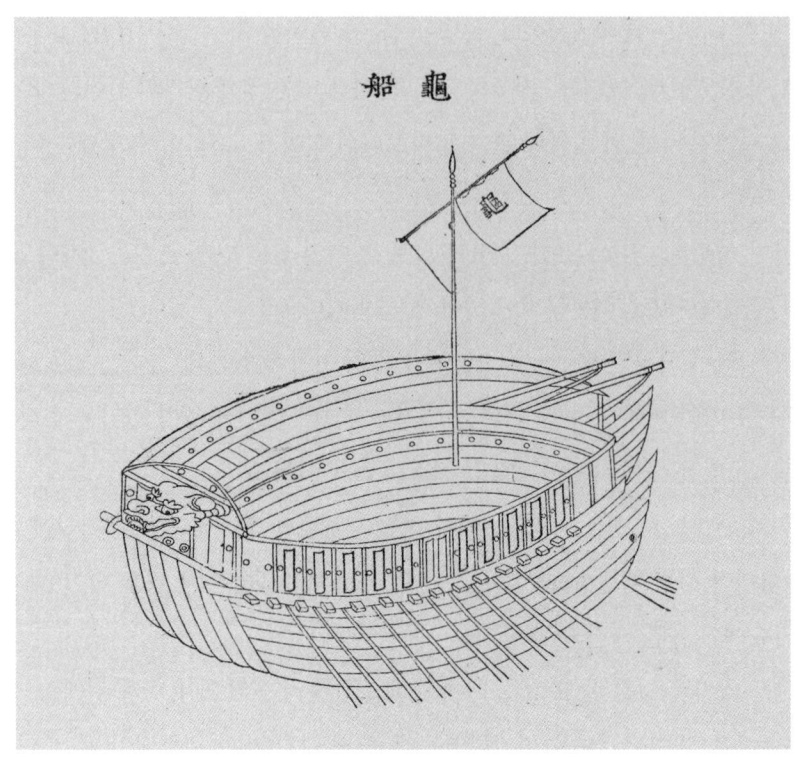

통제영 거북선.

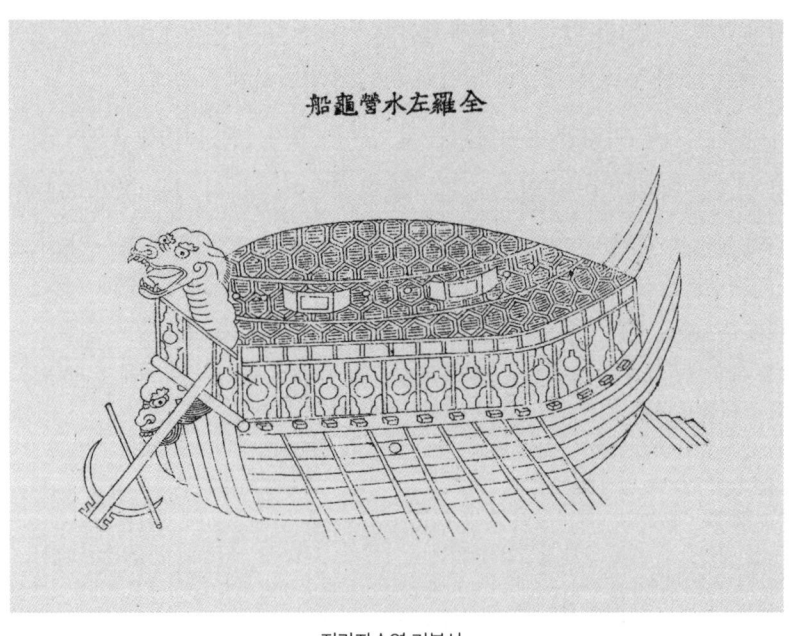

전라좌수영 거북선.

으며,²⁶⁶ 12개의 문을 설치하였다. 거북 머리 위에도 2개의 포 구멍을 뚫었고, 그 아래에 2개의 문을 설치했으며, 문 곁에도 각각 포 구멍 1개씩이 있다. 좌우 복판覆版에도 또한 각각 12개의 포 구멍을 뚫었으며, '귀龜' 자 기를 꽂았다.

좌우 포판鋪版²⁶⁷ 아랫방이 각각 12칸인데, 2칸은 철물들을 쟁였고, 3칸은 화포火礮·궁시弓矢·창검槍劍을 갈라 두며, 19칸은 군사들이 쉬는 곳으로 되어 있다. 왼쪽 포판 위의 방 한 칸은 선장船將이 쓰고, 오른쪽 포판 위의 방 한 칸은 장교將校들이 쓰는데, 군사들이 쉴 때는 포판 아래 있고, 싸울 때는 포판 위로 올라와 모든 포 구멍에 포를 걸어 놓고 쉴새 없이 쟁여 쏜다.

상고하건대 「충무공행장忠武公行狀」에 이르되,

"공이 전라좌수사全羅左水使가 되어서 왜倭가 장차 쳐들어올 것을 알고 지혜를 써서 큰 배를 만들었는데, 배 위에는 판자로 덮고, 판자 위에는 십자로 좁은 길을 내어 사람이 겨우 다닐 만하게 하고, 그 밖에는 모두 다 칼송곳錐刀²⁶⁸을 깔았으며, 앞은 용머리, 뒤는 거북꼬리이고, 총구멍銃穴은 전후좌우에²⁶⁹ 각각 6개씩으로 큰 탄환을 쏘며, 적을 만나면 거적으로 위를 덮어 칼송곳을 가리고 선봉이 되고, 적이 배에 오르려 하면 이 칼송곳에 부딪치며,²⁷⁰ 와서 덮치려 하면 한꺼번에 총을 쏘아 가는 곳마다 휩쓸지 못하는 일이 없어, 크고 작은 싸움에 이것으로 공적을 거둔 것이 심히 많으며, 형상이 엎디어 있는 거북과 같으므로 이름을 거북선龜船이라 하였다."

라고 하였다.

명明나라 화옥華鈺의 『해방의海防議』²⁷¹에 이르되,

---

266 본서 권9, 「行錄」에 나오는 임진왜란 거북선에는 포 구멍이 좌우 각각 6개씩이었으나, 임진왜란 이후 조총鳥銃의 도입으로 총구멍이 22개로 나타난다.
267 포판鋪板 : 판자가 깔린 갑판을 이른다.
268 칼송곳錐刀 : 권9 「行錄」에는 '刀錐(도추)'로, 권10 「行狀」과 「諡狀」에는 '錐刀(추도)'로 되어 있다.
269 전후좌우에 : 권9 「行錄」에는 '左右'로, 권10 「行狀」에는 '前後左右'로 되어 있다. 편찬 시기가 앞선 「行錄」의 '左右'가 올바르다.
270 부딪치며 : 원문은 "이離"로, '붙다, 부딪치다'의 뜻이다(『詩經』, 小雅, "不離于裏".)

"조선의 거북선은 돛대를 세우고 눕히기를 임의로 하고 역풍이 불건 퇴조 때이건 마음대로 간다."

라고 하였는데, 그것은 바로 공이 창제한 배를 가리키는 것이다.

그런데 모두 그 치수에 대해서는 자세히 말한 것이 없다. 지금 통제영 거북선統制營龜船[272]이 대개 충무공의 옛 제도에서 나온 것이지만, 역시 치수의 가감이 없지 않다. 충무공이 이 배를 창조한 곳은 실로 전라좌수영에 있을 때였는데, 지금의 좌수영 거북선左水營龜船은 통제영 거북선의 제도와 약간 서로 다른 것이 있기로 아래에 그 제식을 붙여 써 둔다.

전라좌수영 거북선全羅左水營龜船[273]의 치수와 길이, 너비 등은 통제영 거북선과 거의 같으나, 다만 거북 머리 아래에 또 귀신 머리를 새겼으며, 복판覆板 위에 거북 무늬를 그렸고, 좌우에 각각 2개의 문이 있으며, 거북 머리 아래에 포 구멍礟穴이 2개, 현판舷板 좌우에 포 구멍이 각각 1개씩[274] 뱃전 난간舷欄 좌우에 포 구멍이 각각 10개씩, 복판覆板 좌우에 포 구멍이 각각 6개씩이며, 좌우 노櫓는 각각 8개씩이다.

장병겸長柄鎌

장병겸長柄鎌은, 날의 길이는 1자 6치, 너비는 3치, 자루는 가시나무哥舒木를 썼는데, 길이는 14자 2치, 못 두 개를 가로 꿰어 흔들리지 않게 하였고, 이것으로 배 밑바닥을 비스듬하게 긁어 헤엄쳐 오는 적을 방어하였다.

---

271 화옥華鈺의 『해방의海防議』: 화옥은 명나라 신종神宗 때의 학자. 『해방의』는 그의 저서이다. (『明史』권 237, 列傳第一百二十五, 華鈺.)
272 『이충무공전서』가 편찬된 1795년 당시의 통제영 곧 지금의 통영에 있던 거북선(귀선)을 이른다.
273 『이충무공전서』가 편찬된 1795년 당시의 전라좌수영 곧 지금의 여수에 있던 거북선(귀선)을 이른다.
274 전라좌수영 귀선의 현판(제5판) 좌우에 있는 1개의 포 구멍은 바닷물의 침수 위험이 있어 보인다. 그런데 『헌성유고軒聖遺稿』의 통신사선 '조선식조선식造船式'에 좌우 제6삼판杉板(현판) 위치에 물을 퍼내기 위한 수혈水穴이 그려져 있는 것을 보면, 전라좌수영 거북선도 현판의 수혈을 포 구멍과 겸용했을 수도 있다. (金在瑾, 『朝鮮王朝軍船硏究』, 서울 : 一潮閣, 1991, 247쪽.)

사조구四爪鉤

사조구四爪鉤는 쇠로 만들었다.

한 자루에 네 갈고리가 달렸고, 갈고리의 길이는 각각 9치이요, 자루 길이는 1자 5치이며, 둘레는 5치이요, 자루 끝에 쇠로 만든 사슬을 꿰었는데 사슬 길이는 28자이다. 이것을 던져서 적선을 잡아끄는데, 거리가 멀면 삼바를 이어 쓴다. 장병겸長柄鎌과 함께 모두 충무공忠武公의 옛 제도이다.

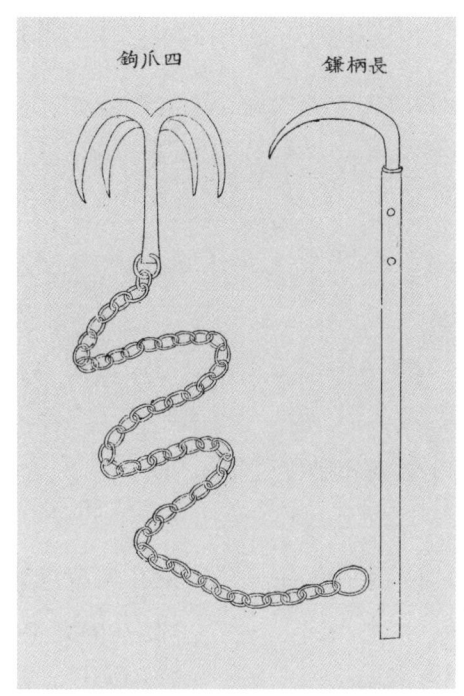

장병겸長柄鎌(오른쪽)과 사조구四爪鉤(왼쪽).

세보世譜

이씨李氏요 본은 덕수德水다.

1대 이돈수李敦守	고려 때 중랑장中郎將이다. 부인은 황려黃驪[275] 이씨李氏인데 교위校尉 순진順珍의 딸이다.
2대 양준陽俊	보승장군保勝將軍인데 뒤에 이부상서吏部尙書를 추증하였다. 부인은 안동安東 권씨權氏인데 중랑장中郎將 극평克平의 딸이다.
3대 소劭	지삼사사知三司事인데 뒤에 상장군上將軍을 추증하였다. 부인은 무안務安 박씨朴氏인데 역서승驛署丞 유영有榮의 딸이다.
4대 윤번允蕃	문과文科 급제, 도사都事로 뒤에 좌참찬左參贊을 추증하였는데 조선朝鮮 시대로 들어왔다.
5대 현玄	좌찬성左贊成을 추증하였다.
6대 공진公晉	수사재시사守司宰寺事인데 뒤에 영의정領議政을 추증하였다. 부인은 초계草溪 정씨鄭氏인데 별장別將 광조光祖의 딸이다.
7대 변邊	문과文科 급제, 영중추부사領中樞府事 대제학大提學이었고

---

275 황려黃驪 : 경기도 여주驪州의 옛 이름이다.

	시호는 정정공貞靖公이었다. 부인은 양성陽城 이씨李氏인데 순찰사巡察使 현신賢臣의 딸이다.
8대 효조孝祖	통례원봉례通禮院奉禮이요, 부인은 행주幸州 기씨奇氏인데 부사副使 분賁의 딸이다.
9대 거琚	문과文科 급제, 홍문박사弘文博士, 이조정랑吏曹正郞, 병조참의兵曹參議를 거쳤다. 부인은 임피臨陂 진씨陳氏인데 현령縣令 세번世蕃의 딸이다.
10대 백록百祿	생원生員이요 참봉參奉 또는 봉사奉事로 임명되었으나 모두 취임하지 않았고, 기묘사화己卯士禍 명록에 들었다. 뒤에 참판參判을 추증하였다. 부인은 초계草溪 변씨卞氏인데 생원生員 함誠의 딸이다.
11대 정貞	보조공신補祚功臣 좌의정左議政 덕연부원군德淵府院君을 추증하였다. 부인은 초계草溪 변씨卞氏인데 수림守琳의 딸이다.
12대 희신羲臣	참판參判을 추증하였다. 부인은 진주晉州 강씨姜氏인데 사평司評 세온世溫의 딸이다.
12대 요신堯臣	생원生員. 부인은 청풍淸風 김씨金氏인데 대이大頤의 딸이다.
12대 순신舜臣	자字는 여해汝諧요 가정嘉靖 을사년乙巳[인종 원년, 1545]에 났다. 만력萬曆 병자년丙子[1576]에 무과武科에 급제하고, 임진년壬辰에 전라좌수사全羅左水使로서 왜적을 쳐서 공로가 있으므로 정헌正憲에 승진하고 겸삼도통제사兼三道統制使가 되었다. 무술년戊戌[1598] 11월 19일 바야흐로 왜적을 치며 남해南海 노량露梁에서 독전하다가 탄환에 맞아 배 안에서 돌아가니 향년은 54세였다. 갑진년甲辰[1604]에 선무宣武 제일第一 훈공으로 책정하고 좌의정左議政 덕풍부원군德豐府院君을 추증하였다. 시호는

충무공忠武公이니, 제 몸을 위태롭게 하면서 임금을 받듦을 가로되 충忠이라 하고, 적의 창끝을 꺾고 모욕을 막아냄을 가로되 무武라 하는 것이다. 명령하여 정려旌閭를 짓고 사당을 세우게 했다. 지금 임금 계축년癸丑[1793]에 영의정領議政을 추증하였다.

부인은 상주尙州 방씨方氏인데 군수郡守 진진震의 딸이다. 무덤은 어라산於羅山 밑 임좌壬坐 언덕이요 표석表石과 신도비神道碑가 있다.

지금 임금 갑인년甲寅[1794]에 임금이 글을 지어 상충정무비尙忠旌武碑를 세웠다.

12대 우신禹臣	참봉參奉.
13대 뇌蕾[희신의 아들]	찰방察訪.
13대 분芬[희신의 아들]	문과文科 급제, 정랑正郞. 학문과 덕행이 있었다.
13대 번蕃[희신의 아들]	참봉參奉.
13대 완莞[희신의 아들]	나이 19세에 충무공忠武公을 따라가 왜적을 토벌하여 공로를 세웠다. 만력萬曆 기해년己亥[1599]에 무과武科에 급제하고, 천계天啓 갑자년甲子[1624]에 충청병사忠淸兵使에서 의주부윤義州府尹으로 옮겨갔다가, 정묘호란丁卯胡亂[1627] 때 힘써 싸우다가 죽었다. 병조판서兵曹判書를 추증하였고 시호는 강민공剛愍公이다. 정려를 내려 주었다.
13대 봉奉[요신의 아들]	무과武科 급제, 첨절제사僉節制使이었다.
13대 해荄[요신의 아들]	무과武科 급제, 주부主簿.
13대 회薈[순신의 아들]	첨정僉正 좌승지左承旨를 추증하였다. 아들 지백之白은 참봉參奉이더니 좌승지左承旨를 추증하였고, 지백의 아들 광윤光胤은 참봉參奉이더니 대사헌大司憲을 추증하였고, 광윤의 아들 홍저弘著는 영장營將이더니 참판參判을 추증하고, 홍무弘茂는 무신년戊申[영조 4, 1728] 역적의 변[이인좌의

	난]에 굴하지 않고 죽었다. 참판參判을 추증하고 정려를 내렸으며, 홍저의 아들 봉상鳳祥은 무과武科에 급제하여 훈련대장訓鍊大將이 되었더니 무신년戊申[영조 4, 1728]에 충청병사忠淸兵使로서 순절하여 뒤에 좌찬성左贊成을 추증하였다. 시호는 충민공忠愍公이요 정려를 내렸다.
13대 열葆[순신의 아들]	선조宣祖 때 처음 벼슬하였고 광해光海 때에는 벼슬하지 않았다. 계해년癸亥[인조 원년, 1623] 인조仁祖가 등극하자 형조정랑刑曹正郎으로 임명되더니, 뒤에 좌승지左承旨를 추증하였다.
13대 면葂[순신의 아들]	담략이 있었으며 말을 잘 타고 활을 잘 쏘았다. 정유년丁酉[선조 30, 1597]에 아산牙山에서 왜적을 만나 연이어 세 놈을 죽이고 매복한 자의 칼날에 맞아 죽었다. 장가들지 않아 후손이 없었다.²⁷⁶
13대 훈薰[순신의 서자]	무과武科에 급제하고 갑자년甲子[인조 2, 1624] 이괄李适의 난리에 안현鞍峴[서울]에서 전사하였다.²⁷⁷
13대 신藎[순신의 서자]	무과武科에 급제하고 정묘호란丁卯胡亂[1627] 때 의주義州에서 전사하였다.²⁷⁸

---

276 정조 20년(1796)에 이조참의吏曹參議를 추증하였다.(『정조실록』 권45, 정조 20년 8월 21일 계사.)
277 정조 20년(1796)에 병조참의兵曹參議를 추증하였다.(『정조실록』, 앞의 주와 같음.)
278 정조 20년(1796)에 병조참의兵曹參議를 추증하였다.(『정조실록』, 앞의 주와 같음.)

연표 年表

1세(1545년, 인종 1, 乙巳)　　3월 초8일, 자시子時[자정 전후]에 공이 나다.
22세(1566년, 명종 21년, 丙寅)　10월, 처음으로 무예를 배우다. 팔심에나 말타기, 활쏘기에 아무도 따라오는 이가 없었다.

23세(1567년, 명종 22, 丁卯)　　2월, 아들 회薈가 나다.[279]
27세(1571년, 선조 4, 辛未)　　2월, 아들 열葆이 나다.
28세(1572년, 선조 5, 壬申)　　8월, 훈련원訓鍊院 별과別科 시험에 나가 말을 달리다가 떨어져서 왼편 다리뼈가 부러졌을 때 한쪽 다리로 일어서서 버들가지를 꺾어 그 껍질을 벗겨 동여매다.

정창섭·문학진, 〈충무공 이순신 십경도〉 중 제2경 '첫 무과 시험에서 낙마'. 충남 아산 현충사.

32세(1576년, 선조 9, 丙子)　　2월, 식년무과式年武科에 급제하다.
　　　　　　　　　　　　　　12월, 함경도咸鏡道 동구비보董仇非堡의 권관權管이 되다.
33세(1577년, 선조 10, 丁丑)　　2월, 아들 면葂이 나다.

35세(1579년, 선조 12, 己卯)	2월, 임기가 차서 들어와 훈련원訓鍊院 봉사奉事가 되다.
	10월, 충청절도사忠淸節度使[충청병사를 뜻함]의 군관이 되다.
36세(1580년, 선조 13, 庚辰)	7월, 발포鉢浦 수군만호水軍萬戶에 임명되다.
37세(1581년, 선조 14, 辛巳)	1월, 사건에 걸려 파직되다.[280]
	5월, 다시 풀려 훈련원봉사訓鍊院奉事가 되다.
39세(1583년, 선조 16, 癸未)	7월, 함경남도절도사咸鏡南道節度使[함경남도 병사를 뜻함] 이용李戬이 위에 아뢰어 공公을 자기 부하에 두다.
	10월, 건원보권관乾原堡權管으로 임명되매, 때에 오랑캐 울지내鬱只乃가 크게 변방의 걱정거리가 되어 조정이 걱정하면서도 잡아서 토벌하지 못하더니 공公이 꾀를 내어 유인하여 잡아 죽이다.
	11월, 훈련원참군訓鍊院參軍으로 오르다. 15일에 아버지 덕연부원군德淵府院君이 돌아가시므로 공公이 천 리를 새벽 별 뜰 때부터 저녁별 뜰 때까지[281] 달리는데 그의 애통함이 행인들을 감동케 했다.
42세(1586년, 선조 19, 丙戌)	1월, 상복을 벗자 사복시주부司僕寺主簿에 임명되었으나 때에 북쪽 오랑캐들이 난리를 일으키므로 조정이 공을 천거하여 조산보造山堡 병마만호兵馬

---

279 이순신은 1565년(명종 20, 을축) 8월에 상주방씨尙州方氏와 결혼한 것으로 전해 온다(김기환 저, 전우람이·윤효정 옮김,『李舜臣世家』, 현충사관리소, 2011). 이 내용은 1998년에 세워진 방진方震의 묘비(현충사 경내)에도 새겨졌는데, 그 비문은 이순신의 후손 이종국李種國이 지었다.

280 여기서 말하는 사건은 군기경차관軍器敬差官의 검열에 걸린 일로서 1582년(壬午) 봄에 있었던 일이다.『전서』편집자의 착오로 보인다. (권9,「행록」)

281 새벽 …… 때까지 : 원문의 "대성戴星"은 '별을 이다'의 뜻으로, 새벽 별이 뜨면 길을 나서 저녁 별이 돋은 뒤에야 들어가 쉬었기 때문에 '별을 인다'고 한 것이다.

	萬戶²⁸²가 되다.
43세(1587년, 선조20, 丁亥)	8월, 녹둔도鹿屯島 둔전관屯田官을 겸하다. 이 섬이 외롭고 멀리 있기 때문에 군사를 더 파견해 주기를 청했으나 절도사節度使 이일李鎰이 들어주지 않더니, 적이 과연 군사들을 몰고 와서 섬을 에워싸는지라 공公이 적의 괴수를 쏘아 죽였던바 이일이 자기 죄를 면하려고 공公이 패군한 것으로 무고를 올려, 조정에서 파직시키고 백의종군하라는 명령을 내리다.
44세(1588년, 선조21, 戊子)	윤6월, 집으로 돌아오다. 조정에서 무신武臣 중에 차례를 밟지 않고 뽑아 쓸 만한 이들을 천거하는데 공公은 그 둘째에 들어 있었다.
45세(1589년, 선조22, 己丑)	2월, 전라순찰사全羅巡察使 이광李洸이 공公을 불러 자기 부하로 삼다.
	11월, 무신武臣으로서 선전관宣傳官을 겸하다.
	12월, 정읍현감井邑縣監에 임명되다.
46세(1590년, 선조23, 庚寅)	7월, 고사리진高沙里鎭 병마첨절제사兵馬僉節制使로 임명되었다가 대간臺諫들의 말로 말미암아 그대로 눌러 있게 되다.
	8월, 절충장군折衝將軍으로 올려 만포진滿浦鎭 수군첨절제사水軍僉節制使로 임명하였으나, 또다시 대간臺諫들의 말로 말미암아 그대로 눌러 있게 되다.
47세(1591년, 선조24, 辛卯)	2월, 진도군수珍島郡守에 임명되었다가 부임하기 전에 또 가리포진加里浦鎭 수군첨절제사水軍僉節制使에 임명되었으나 또 부임하기 전에 올려서 전라

---

282 조산보造山堡 병마만호兵馬萬戶 : '조산보'는 두만강 하구에 위치한 수군만호였다. '병마만호'는 '수군만호'의 오류이다. (『經國大典』, 『兵典』, '外官職'.)

좌도 수군절도사全羅左道水軍節度使에 임명되다. 3월, 왜구들이 반드시 올 것을 알고 본영 및 부속한 진鎭의 전쟁 기구들을 수리하고 정비하지 않음이 없고, 쇠사슬을 만들어 앞바다에 가로 늘여 놓으며, 또 새로 전선을 만드니 크기는 판옥선板屋船만 한데 모양이 엎드린 거북과 같으므로 거북선이라 이름하다.

정창섭·문학진, 〈충무공 이순신 십경도〉 중 제4경 '거북선 건조'. 충남 아산 현충사.

48세(1592년, 선조 25, 壬辰)

1월, 본영과 각 진鎭에서 활쏘기 시험을 행하다.

2월, 북쪽 산봉우리 연대烟臺 위로 올라가 새로 쌓은 것을 살펴보다. 녹도鹿島로 가서 전선들을 점검하고 그대로 떠나 발포鉢浦·사도蛇渡·여도呂島·방답진防踏鎭 등을 순시하다.

3월, 배 위로 나가 경강선京江船을 점검하다.

4월 16일, 왜적이 부산釜山을 함락했단 말을 듣고, 모든 장수들을 본영으로 불러 모으고 나가서 토벌할 일을 의논하다.

5월 초1일, 모든 장수들을 본영 앞바다로 불러 모으니 전선이 24척이었다. 초4일에 모든 장수들을 거느리고 떠나가 당포唐浦에 이르니, 때에 원균元均은 전선 73척이 적에게 패하여 모두 없어졌으므로 전선 1척을 주다. 초7일에 왜선 30여 척을 옥포玉浦에서 크게 깨뜨리고 승첩한 보고가 위에 들리어 가선대부嘉善大夫로 오르다. 초8일에 본영으로 돌아왔다가 29일에 사천泗川에서 왜선 13척을 깨뜨리다.

이충무공전서 권수卷首 **131**

정창섭·문학진, 〈충무공 이순신 십경도〉 중 제5경 '부산포 해전'. 충남 아산 현충사.

6월 초2일, 왜선 20여 척을 당포唐浦에서 크게 깨뜨리고 왜장을 쏘아 죽이다. 초5일에 또 왜선 100여 척을 당항포唐項浦에서 깨뜨리고 왜장을 쏘고 또 베어 죽여 승첩한 보고가 위에 들려 자헌대부資憲大夫로 오르다. 초7일에 또 왜선을 깨뜨리고 36명을 베어 죽이다.

7월 초8일, 여러 장수들과 함께 고성固城 견내량見乃梁에 이르러, 왜선을 한산도閑山島로 꾀어내어 70여 척을 크게 깨뜨려 한 척도 돌아가지 못하게 하여, 승첩한 보고가 위에 들리어 정헌대부正憲大夫로 오르다. 초9일[283]에 또 왜선 42척을 안골포安骨浦에서 깨뜨리다.

8월, 웅천현감熊川縣監 이종인李宗仁으로 하여금 왜적을 쳐서 35명의 목을 베게 하다.[284]

9월 초1일, 여러 장수와 함께 왜적을 쫓아가 부산釜山에 이르러 100여 척을 깨뜨리다.

12월, 일족一族을 대신 징발하지 말라는 명령을 도로 취소하여 변방을 충실케 하자고 장계를 올려 청하다.

49세(1593년, 선조 26, 癸巳)

1월 18일, 사도첨사蛇渡僉使를 시켜 송도松島에서 복병하게 하여 포로를 많이 잡다.[285]

2월 초8일, 모든 장수와 함께 부산으로 적을 쫓아가 왜장을 죽이고 왜선을 모조리 불태우다.[286] 22일

---

283 초10일이 맞다.
284 이 내용은 사실과 다르며 또 웅천현감은 경상우수사 예하로서 전라좌수사 예하가 아니다.
285 이 내용은 사실과 다르며, 문헌 기록에도 없는 내용이다.
286 이 내용은 사실과 다르다. 1593년 2월 8일에 이순신은 웅포에서 해전을 치렀다.

에 또 크게 깨뜨리니 왜병들이 발을 구르며 통곡하다.

3월 초6일, 웅천熊川에 이르니 적도들이 산허리에 진을 쳤으므로, 군관에게 명령하여 탄환과 화살을 쏘게 하니 죽고 상한 자들이 헤아릴 수 없었고, 또 우리 포로들을 뺏아오다.

4월 초3일, 본영으로 돌아오다. 독운어사督運御史가 광양현감光陽縣監 어영담魚泳潭을 파직하도록 청한 것에 대하여 공公은 그대로 유임케 해 달라는 장계를 올리다.

5월, 충청도忠淸道 수군이 계속 후원하도록 해 주기를 청하는 장계를 올리다.

6월 21일, 진을 한산도閑山島로 옮기다.

7월 15일, 본영이 호남湖南에 궁벽하게 있어 적을 막아 치기에 어려우므로, 드디어 진을 한산도閑山島로 옮기도록 청하였던바 조정이 들어 주다.

8월, 조정에서 3도의 수사水使들이 서로 통제되지 아니하므로 반드시 주장主將을 두는 것이 옳다 하여 공公으로 삼도수군통제사三道水軍統制使를 겸하게 하고 본직은 그대로 가지게 하다.[287]

9월, 진陣에 있으면서 매양 군량 때문에 걱정이어서 백성들을 모아 둔전케 하고, 사람을 보내어 고기를 잡게 하며, 소금 굽고 질그릇 굽는 데 이르기까지 아니 하는 것이 없었다. 그리고 배에다 싣고

정창섭·문학진, 〈충무공 이순신 십경도〉 중 제6경 '한산도 생활'. 충남 아산 현충사.

---

287 이순신이 삼도수군통제사에 임명된 일자는 8월이 아니라 9월 12일이다. (문화재청 현충사관리소, 『(교서)국역·영인 합본』, 2015, "教全羅左道水軍節度使兼三道水軍統制使李書 …… 萬曆二十一年 九月 十二日".)

가서 매매하여 여러 만 석의 곡식을 쌓다.

12월, 진중에서 재주 시험하는 과거를 열도록 해 달라는 장계를 올리다.

50세(1594년, 선조 27, 甲午)

1월 11일, 어머님을 가 뵈옵고 이튿날 돌아오다.

2월, 여러 장수들에게 명령하여 경상좌우도慶尙左右道의 전선과 무기들을 분담, 점검케 하다.

3월, 담도사譚都司 금토패문禁討牌文에 답장을 써 보내다.

4월 초6일, 과거를 보이다.

5월 초10일, 타루柁樓 위에 올라가 3도三道 수군의 형세를 시찰하다.

6월, 지중추부사知中樞府事 윤우신尹又新이 죽었다는 소식을 듣고 매우 슬퍼하다.

7월, 명장明將의 배가 영營 앞에 도착하였단 말을 듣고 3도三道 수군에게 진을 죽도竹島로 옮기도록 전령하다. 17일에 명장明將 장홍유張鴻儒와 함께 군사에 관한 이야기를 하다.

8월, 도체찰사都體察使 이원익李元翼이 공公의 배에 같이 타고 한산도閑山島를 두루 시찰한 뒤에 감탄하며 말하되, 이 통제李統制는 과연 큰 경륜을 가진 인재라 하다.

9월, 의병장義兵將 곽재우郭再祐·김덕령金德齡 등을 나눠 보내 서로 기회를 보아 적을 토벌하도록 하다. 29일에 출발하여 장문포長門浦[일기에는 場門浦]로 들어가 왜선 2척을 불태우다.

10월 초1일, 충청도 수군절도사水軍節度使와 여러 선봉장들을 거느리고 영등포永登浦로 들어가다.

초3일에 장문포長門浦로 가니 왜병들이 무서워 감히 나오지 못하다.

11월, 항복해 온 왜놈들을 좌·우도左右道로 갈라 보내어 대포 쏘는 것을 연습시키다.

51세(1595년, 선조 28, 乙未)

1월, 순변사巡邊使 이일李鎰이 공公을 몹시 해친다는 소문을 듣다.

2월 17일, 우수영右水營[경상우수영을 뜻함] 앞바다에서 군사들을 시찰하다.

3월, 충청도 수군절도사水軍節度使 이계훈李繼勛[288] 이 잘못하여 불을 내고 물에 빠져 죽다.

4월, 3도三道 중위장中衛將들에게 명령하여 각각 배 5척씩을 거느리고 견내량見乃梁으로 가서 형세를 보아 적을 무찌르도록 하다.

5월, 소금을 굽다.

6월, 경상도 수군절도사水軍節度使 배설裵楔이 잡혀간다는 소식을 듣다.

7월 18일, 견내량見乃梁에 머물러 3도三道 수군이 모두 모여 진을 치다. 어사御史 신식申湜이 진에 도착하다.

8월, 소비포所非浦로부터 진주晉州 남강南江 변에 이르러 체찰사體察使를 만나 보고 도로 소비포로 돌아오다.

9월 14일, 절도사節度使[충청수사를 뜻함] 선거이宣居怡와 작별하며 시를 읊어 주다.

10월, 문루門樓[한산도의 대청 문을 뜻함]를 세우다.

---

288 이계정李繼鄭의 오류이다.

| | 11월 초1일, 항복해 온 왜놈들에게 술을 먹이다.
12월 18일, 삼천진三千鎭에서 체찰사體察使와 만나다. |
|---|---|
| 52세(1596, 선조 29, 丙申) | 1월, 본영으로 돌아오다.
2월 초7일, 군사들에게 잔치를 베풀어 주다.
3월 초5일, 견내량見乃梁으로 갔다가 진으로 돌아오다.
4월 11일, 군사들에게 잔치를 베풀어 주다.
5월, 총을 만들다.
6월, 4도四道[충청도·전라좌우도·경상우도] 여러 장수들을 모아 활을 쏘다.
7월, 순찰사巡察使[경상우도 순찰사 서성을 뜻함]와 함께 이야기하다.
8월, 활 쏘는 마당으로 가서 말을 달리다.
윤8월 15일, 순천順天에 도착하여 체찰사體察使와 순찰사巡察使[전라순찰사를 뜻함]와 더불어 군사를 의논하다.
9월, 본영으로 돌아오다. |
| 53세(1597년, 선조 30, 丁酉) | 1월, 도원수都元帥 권율權慄이 한산진閑山陣에 도착하다. 때에 원균元均이 통제사統制使가 되려고 없는 말을 만들었던바, 조정이 이를 믿고 체포하라는 명령을 내리다.
2월 26일, 길에 오르다.
3월 초4일, 옥에 들어가 12일에 공초를 받다.
4월 초1일, 특사령이 내려 벼슬 없이 종군하여 공로를 세우도록 하다白衣立功. 11일에 어머님의 초상을 당하고 19일에 길을 떠나다. |

5월 23일, 체찰사體察使와 함께 이야기하다.

6월 19일, 도원수진都元帥陣에 도착하여 보성군수寶城郡守 안홍국安弘國이 순절한 소식을 듣다.

7월 18일, 원균元均이 패하여 죽고 절도사節度使 이억기李億祺가 순절했다는 소식을 듣고 도원수都元帥가 공公을 보내어 진주晉州로 가서 흩어진 군사들을 거두어 모으게 하다.

8월 초3일, 원균元均이 이미 패하고 조정과 민중이 모두 놀라므로 공公을 다시 삼도통제사三道統制使로 임명하다. 18일에 공公이 회령포會寧浦에 이르니 전선이 다만 10여 척이었다. 28일에 왜선 8척이 습격해 오려는 것을 쳐서 물리치다. 29일에 벽파진碧波津에 진을 치다.

9월 초7일, 왜선 13척이 쳐들어오는 것을 격파해 물리치다. 16일에 왜선 330여 척[289]이 우리 배를 둘러싸므로, 공公이 여러 장수들을 거느리고 죽기를 맹세하고 싸워 왜장 마다시馬多時의 목을 베고 30여 척을 깨뜨리다.

10월 14일, 막내아들 면葂이 왜적과 싸우다가 전사했다는 소식을 듣다.

11월, 조정에서 백금 20냥을 내려주고, 경리經理 양호楊鎬는 붉은 비단을 보내며 말하되, "가서 배에다 괘홍掛紅하는 예식을 거행하고 싶으나 멀어서 못 하노라." 하였다.

12월 초5일, 보화도寶花島에 있었는데, 조정에서

정창섭·문학진, 〈충무공 이순신 십경도〉 중 제9경 '명량대첩'. 충남 아산 현충사.

---

[289] 원래 『충무공가승』(1716)의 「행록」에는 133척으로 되어 있으나, 『이충무공전서』(1795) 편찬자가 333척으로 잘못 전사하여 발생한 착오이다.

54세(1598년, 선조 31, 戊戌)

공公이 굳이 상제의 예법을 지켜 소찬만 먹는다는 소식을 듣고 분부를 내려 육식하기를 권하다.

2월 17일, 진을 고금도古今島로 옮기고 백성들을 모아 경작케 하니 군대의 위엄 있는 소문이 크게 떨쳤다.

7월 16일, 명明나라 수군도독水軍都督 진린陳璘이 수군 5천 명을 거느리고 오다. 공公이 진린의 군사가 온다는 소식을 듣고 술과 고기를 성대히 준비하고, 또 군대의 위의를 갖추어 멀리 나가 마중하여 큰 잔치를 베풀었더니, 모든 장수 이하로 흠뻑 취하지 않은 이가 없었다. 24일에 여러 장수에게 명령하여 왜선을 절이도折爾島에서 깨뜨리게 하다.

9월, 도독都督과 함께 순천順天의 예교曳橋 가로 나아가 진 치고 해남현감海南縣監 유형柳珩이 나가 적진을 공격하다.

11월 18일, 남해南海와 부산釜山에 있는 여러 적들이 구원하러 오려 하므로, 공公이 도독都督에게 말하되, "우리 군사들이 앞뒤로 적을 받게 되는 것이니, 저 묘도猫島로 물러나 진을 치고서 모든 장수들과 새로 약속하여 최후 결전하는 것만 못하다." 하자, 도독都督이 그대로 따랐다. 이날 밤 자정이 되어 공公은 배 위에서 무릎 꿇고 하늘에 빌되, '오늘로써 죽기를 결단하옵나니 원컨대 하느님께서는 꼭 이 적을 무찔러 주옵소서.' 하고 빌기를 마치고서, 스스로 날랜 군사들을 거느리고 앞서 노량露梁으로 나아가다.

19일 새벽 두 시쯤 되어 적이 도독都督을 에워싸

정창섭·문학진, 〈충무공 이순신 십경도〉 중 제10경 '노량해전'. 충남 아산 현충사.

서 심히 위급하게 되므로, 공公이 곧 앞으로 나아가 구원하고, 손수 북을 치다가 갑자기 탄환에 맞아 엎어지다. 절명함에 이르게 되자 부하들에게 말하되, "내가 죽었단 말을 내지 마라. 군대를 놀라게 하면 안 된다."라고 하다. 도독都督이 공公의 죽음을 듣고 배 위에서 세 번이나 넘어지며 "인제는 같이 일할 만한 이가 없구나." 하였으며, 남쪽 백성들은 공公의 죽음을 듣고 거리를 오고 가며 통곡하다.

이충무공전서 권1

시詩

수군절도사 선거이宣居怡¹와 헤어지며 주다² 贈別宣水使居怡

북쪽에 가서 고생을 함께하고	北去同勤苦
남쪽에 와서 생사를 함께했네³	南來共死生
오늘 밤 달빛 아래 술을 마시지만	一杯今夜月
내일이면 헤어지는 마음이 슬프리.	明日別離情

---

1 선거이宣居怡 : 자字는 사신思愼 또는 이중怡仲, 호는 친친재親親齋, 본관은 보성寶城으로, 전라남도 보성에서 살았다. 1545년(인종 1)에 났으니 충무공 이순신과는 동갑이다. 젊어서부터 지혜와 방략이 있어 사복시 내승司僕寺內乘에 천거되었다. 1579년(선조 12)에 무과에 급제하였다. 1586년 함경북도 병마절도사 이일李鎰의 계청군관啓請軍官이 되었다. 진도군수珍島郡守를 역임하고 1592년 11월에 전라병사全羅兵使로 승진하였다. 1593년 2월에 권율權慄과 함께 행주 전투幸州戰鬪에 참여하여 공을 세웠다. 1594년 9월에 통제사 이순신과 함께 장문포長門浦 해전에 참가한 후 충청병사忠淸兵使로 전근되었다. 1595년 5월에 충청수사忠淸水使가 되어 함대를 거느리고 한산도에서 통제사 이순신을 도왔다. 1596년 7월에 황해병사黃海兵使로 임명되었으나 병으로 부임하지 못하고 얼마 후 죽었다. 1605년(선조 38) 선무원종공신일등宣武原從功臣一等에 추봉되고, 그 후 보성의 오충사五忠祠에 제향되다. (『己卯文武科榜目』; 『湖南節義錄』; 『宣祖實錄』; 『亂中日記』; 『竹溪日記』; 『한국민족문화대백과사전』.)

2 수군절도사 …… 주다 : 이순신이 1595년 9월 14일에 수군절도사 선거이에게 준 시이다. 『난중일기亂中日記』1595년(을미) 9월 14일(계미) 기사에 시가 실려 있다. 이순신은 이날 저녁에 전라우수사와 경상우수사가 와서 함께 이별의 술을 마시다가 밤이 깊어서 술자리를 파했는데, 헤어질 때 선거이에게 절구를 주었다. (『李忠武公全書』권7, 「亂中日記」三.)

3 북쪽에 …… 함께했네 : 1구는 선거이가 1587년에 함경도 병마절도사 이일李鎰의 계청군관啓請軍官으로 있을 때 조산보만호 이순신李舜臣이 녹둔도鹿屯島 전투에서 공을 세웠으나 이일의 지시로 하옥되자 이순신을 위로했던 일을 말한 것이고, 2구는 1595년에 충청도 수군절도사로 함대를 거느리고 한산도에서 통제사 이순신을 도왔던 일을 말한 것이다.

무제 육운無題六韻[4]

비바람이 쓸쓸히 부는 밤에	蕭蕭風雨夜
그리움에 잠들지 못하네	耿耿不寐時
쓸개가 찢기듯 가슴이 아프고	懷痛如摧膽
살갗을 도려내듯 마음이 아프네	傷心似割肌
산하가 여전히 슬픔을 머금고	山河猶帶慘
물고기와 새들도 슬프게 우네	魚鳥亦吟悲
나라가 위태로운 상황에 있어도	國有蒼黃勢
위기를 전환할 사람이 전혀 없네	人無任轉危
한나라를 회복한 제갈량[5]을 생각하고	恢復思諸葛

---

[4] 무제 육운無題六韻 : 정확한 창작 시기를 알 수 없다. 이순신의 친필본親筆本 『난중일기초고亂中日記草稿』에 1594년(갑오) 일기 외 기사 속에 '쓸쓸히 바라보며蕭望'라는 제목으로 그 연습한 내용이 나온다. 일기 외 기사 연습문 내용은 본서의 권6 「갑오일기」 끝에서 볼 수 있다. 이은상李殷相은 갑오년 9월 3일의 기사가 이 시와 분위기가 유사한 부분이 있으므로 이때 지은 것으로 보았다. [李殷相 譯, 『完譯 李忠武公全書』(上), 성문각, 1989, 100쪽 해설 참조.]

[5] 제갈량諸葛亮: 181~234. 삼국시대 촉한蜀漢의 정치가이자 군사가이다. 서주徐州 낭야琅琊 양도陽都 사람으로, 동한(후한) 영제 광화光和 4년인 181년 낭야군의 지방관이었던 제갈규諸葛珪의 둘째 아들로 태어났다. 자는 공명孔明이고, 호는 와룡臥龍, 복룡伏龍이다. 그의 나이 15세가 되기 전에 양친을 여의어 숙부 제갈현諸葛玄을 따라 형주荊州로 와서 유표劉表(142~208)에게 의탁하였다. 후베이성 샹양襄陽 지역의 유명한 문인이며 대부호였던 황승언黃承彦(151~?)의 사위였기 때문에 형주로 전란을 피해 온 명망 높은 문인들과 활발히 교류하여 20대 중반의 나이에 재야의 현인으로 명성을 얻었다. 동한 헌제 건안建安 12년인 207년 조조曹操(155~220)에게 쫓겨 형주에 와 있던 유비劉備(161~223)의 삼고초려三顧草廬로 인해 그의 책사로 기용되었다. 이후 조조가 동진하자 제갈량은 사신의 자격으로 몸소 동오로 가서 손권孫權(182~252)을 설득하여 반조조 동맹을 성사시켰으며, 건안 13년인 208년 11월 손권과 유비의 반조조 연합군이 적벽赤壁에서 조조군을 격파했다. 221년 유비가 스스로 황제를 칭하며 나라 이름을 한漢(촉한)이라고 하자 제갈량은 승상丞相, 녹상서사錄尙書事에 임명되었다. 장무章武 3년인 223년, 유비가 죽고 후주 유선劉禪(207~271)이 즉위하자 이후 14년 동안 촉한의 재상으로서 실권을 행사하였다.
건흥 5년인 227년 제갈량은 선주 유비의 유언을 명분으로 위나라에 대한 북벌군을 일으켰다. 출정하기에 앞서 올린 상주문이 바로 유명한 〈출사표〉이다. 북벌은 227년부터 234년까지 8년간 다섯 번에 걸쳐 이루어졌다. 건흥 12년인 234년 5차 북벌을 하던 도중 이해 8월 과로로 쓰러져 54세의 나이로 병사하였다. 사후에 시호가 충무후忠武侯이며, 동진 정권에서 무흥왕武興王으로 추봉되었다.

승승장구한 곽자의[6]를 사모하네	長驅慕子儀
여러 해 방어책을 준비했으나	經年防備策
지금 보니 성군을 속였네	今作聖君欺

한산도에서 밤에 읊다[7] 閑山島夜吟

바다에 가을이 저물어	水國秋光暮
추위에 놀란 기러기가 줄지어 높이 나네[8]	驚寒鴈陣高
나라 걱정에 뒤척이며 잠 못 들 때[9]	憂心輾轉夜
새벽달이 활과 칼을 비추네	殘月照弓刀

---

6 곽자의郭子儀 : 697~781. 당나라 왕조를 다시 일으킨 최고의 공신이다. 당나라 화주華州 정현鄭縣 사람으로 자는 자의子儀, 별명은 곽령공郭令公이다. 훗날 분양왕汾陽王에 봉해져서 곽분양郭汾陽이라고도 한다. 어려서부터 무예가 출중하여 전쟁터에서 공을 쌓아 천덕군사天德軍使 겸 구원태수九原太守가 되었다. 하지만 중앙에서 중용받지 못하고 있다가 현종 때 안녹산의 난이 발생한 후 삭방절도사朔方節度使가 되어 군대를 이끌고 난을 토벌하여 하북河北의 10여 군을 회복했고 사사명史明명을 격파했다. 숙종이 즉위하자 관내關內 하동부원수河東副元帥가 되어 광평왕廣平王 이숙李俶(숙종의 아들)과 함께 회흘回紇(위구르족) 군과 연합하여 수도 장안長安과 낙양洛陽을 수복했다. 그 공으로 중서령中書令에 발탁되고, 나중에 분양군왕汾陽郡王에 봉해졌다. 대종代宗 때 복고회은僕固懷恩이 반란을 일으켜 회흘回紇·토번吐蕃과 연합하여 당나라를 공격했다. 이에 기병騎兵 수십 기를 몰아 회흘로 가서 그들을 설득하여 당과 연합해 토번에 항거하도록 했다. 하북과 하동을 수복하여 병부상서兵部尙書, 동중문하평장사同中書門下平章事가 되었다. 덕종이 즉위하자 상보尙父로 존칭되었고 병권兵權은 회수되었다. 시호는 충무忠武이다.(『舊唐書』 권120, 「郭子儀列傳」.)

7 박세채와 송시열의 문인인 김간金榦(1646~1732)이 1716년(숙종 42)에 이 시에 대해 차운한 시가 그의 문집인 『후재집厚齋集』에 전한다.[『厚齋集』 卷1, 詩 「次李忠武公閑山島夜吟韻」(丙申), "名與角干埒 功將漅水高 平生景仰志 揮淚撫龍刀".]

8 추위에 …… 나네 : 원문의 "안진鴈陣"은 줄지어 날아가는 기러기 행렬을 말한다.

9 뒤척이며 …… 들 때 : 원문의 "전전輾轉"은 전전반측輾轉反側의 줄임말로, 잠을 이루지 못하여 몸을 뒤척임을 말한다. 『시경』 「주남周南 관저關雎」에 "요조숙녀를 자나 깨나 구하네. 구해도 얻지 못해 자나 깨나 그리워하네. 길이 잊지 못하여 몸을 뒤척이네窈窕淑女, 寤寐求之. 求之不得, 寤寐思服. 悠哉悠哉, 輾轉反側."라고 하였다.

제승당. 경남 통영 한산도.

붙임附 — 후일에 화답한 작품들追和諸作

(1) 판서 홍처량洪處亮[10]

천하[11]가 충렬에 복종하고　　　　　　　　　　　　　忠烈華夷伏

---

10 홍처량洪處亮 : 1607~1683. 조선 후기의 문신으로, 본관은 남양南陽, 자는 자회子晦, 호는 북정北汀이다. 유학 홍천민洪天民의 증손으로, 할아버지는 홍서용洪瑞龍이고, 아버지는 사재감첨정 홍명현洪命顯이며, 어머니는 참판 정용鄭鎔의 딸이다. 고故 정승 홍서봉瑞鳳의 조카의 아들이기도 했다. 1630년(인조 8) 진사시에 합격하고 1637년(인조 14) 정시문과에서 병과로 급제하였다. 예문관봉교, 사간원정언 등을 지낸 후 1642년(인조 19) 진하사進賀使의 서장관書狀官이 되어 청나라에 다녀왔다. 1646년(인조 23) 문과 중시에서 병과로 급제하여 홍문관수찬, 사간원헌납, 이조정랑, 사간원사간, 승지, 대사간, 대사성, 개성유수, 대사헌 등을 거쳐 이조판서와 예조판서 등을 두루 역임하였다. 1674년(숙종 즉위) 현종 국장에서 이조판서로서 혼전도감 제조를 겸하였다. 『숙종실록』에 기록된 그의 졸기에 따르면, "젊어서 문학으로 이름이 있었는데, 중년에 벼슬을 그만두고 전원으로 돌아와 여러 번 불러도 나가지 않아 당시의 평판이 그의 평온하고 조용함을 중하게 여겼다. 그러나 아경亞卿(참판)에서 전조銓曹의 장관으로 발탁 임명하자, 그가 다시 사양하지 아니하여 사람들은 그의 거취去就를 자못 비난하였다. 그 뒤에 시사時事가 크게 변하게 되었는데 또한 한마디 말도 하지 않고서 다만 세상과 함께 부침浮沈하였을 뿐이었다."라고 그를 논평하고 있다.[『肅宗實錄』卷14, 肅宗 9年 3月 癸丑(11).] 1683년(숙종 9) 그의 나이 77세에 사망하였다. 시호는 정정貞靖이다.

명성이 일월처럼 높았네	聲名日月高
자손들¹²이 원수를 잊지 못해¹³	遺孫不忘郢
밤마다 큰 칼을 어루만지네	夜夜撫長刀

(2) 또¹⁴ 又 판서 남용익南龍翼¹⁵

| 수양에서 피리 소리 들으며 시를 읊어 | 聞笛睢陽詠 |
| 천년 뒤에도 충절이 함께 높네¹⁶ | 千秋節並高 |

---

11 천하 : 원문은 "화이華夷"로, 중화中華와 이적夷狄이란 뜻이다. 중국 민족과 그 주변의 오랑캐로, 즉 천하를 이른다.

12 자손들 : 원문은 "유손遺孫"으로, 세상을 떠난 사람의 후손을 말한다.

13 원수를 잊지 못해 : 원문의 "영郢"은 춘추시대 초楚나라의 도읍이다. 오자서伍子胥(오원五員)는 초나라의 간신 비무기費無忌가 아버지 오사伍奢와 형 오상伍尙을 죽이자, 오吳나라로 망명하여 복수하려고 하였다. 9년 뒤에 오나라 왕 합려闔廬를 도와 초나라의 도읍 영郢으로 쳐들어가 평왕平王의 무덤을 파헤치고 시신을 꺼내어 300대나 매질하고 나서야 원한을 풀었다.(『史記』 권66, 「伍子胥列傳」.) 사마천司馬遷은 오자서에 대해 "바야흐로 오자서가 강가에서 군색하여 길에서 밥을 빌어 먹었으나 뜻이 어찌 일찍이 잠시라도 영郢을 잊은 적이 있었겠는가?方子胥窘於江上, 道乞食, 豈嘗須臾忘郢邪?"라고 하였다. 여기에서는 이순신의 후손들이 왜적에 대한 원한을 잊지 않는다는 뜻이다.

14 또 : 판서 남용익이 지은 시로 『호곡집壺谷集』 권8에 실려 있으며, 제목이 「삼가 충무공 이순신의 한산도 시에 차운하여 본가의 시첩에 짓다敬次李忠武公舜臣閑山島韻 題本家帖」로 되어 있다.

15 남용익南龍翼 : 1628~1692. 본관은 의령宜寧, 자는 운경雲卿, 호는 호곡壺谷이다. 남복시南復始의 증손으로, 할아버지는 남진南鎭이고, 아버지는 부사 남득명南得明이며, 어머니는 신복일申復一의 딸이다. 『숙종실록』에 그의 졸기를 다음과 같이 기록하고 있다. 전 판서 남용익이 명천明川의 귀양 간 곳에서 졸卒했는데, 나이는 65세였다. 어려서부터 또래들보다 뛰어나게 총명했고 글솜씨가 민활敏活하여 비록 급작스러운 때에 있어서도 종이와 붓만 들면 어느새 써 내어 말이 바로 글이 되었었다. 일찍이 등제登第하고 이어 중시重試에 장원하여 재주와 명망이 매우 높았고, 청현淸顯한 벼슬을 차례차례 지냈으며, 동전東銓(이조의 장관)이 되어서는 문병文柄을 도맡아 보다가 품계가 보국輔國으로 올라갔다. 사람됨이 온화하고 후덕하여 치우치게 하는 적이 없었고 논의論議하기를 좋아하지 않았으며, 오직 시詩와 술을 가지고 자위自慰하며 지내 마치 세상일을 생각하지 않는 것 같았다. 그러나 마음속에는 진실로 지키는 바가 있었고 몸가짐이 자못 소박하여 여러 차례의 세상 변란을 겪었지만 평소의 행동에 흠이 없었다. 원자元子의 호칭을 정할 때 입대入對하여 '대사大事에 관한 의논을 너무 급하게 할 필요가 없습니다.' 하였다가 임금의 뜻을 거스르게 되었고, 이어 간사한 무리들의 모함을 받아 오래도록 외방外方에서 귀양살이하므로, 사람들이 또한 그의 만년의 지조가 볼만하다고 칭찬했다. 뒤에 관작官爵이 복구되었고, 시호諡號는 문헌文憲이다.[『肅宗實錄』卷24, 肅宗 18年 2月 壬午(2).]

| 시절이 위태로워[17] 명장을 추억하며 | 時危憶良將 |
| 한밤중에 용도를 어루만지네 | 中夜撫龍刀 |

(3) 또[18] 又 판서 유혁연柳赫然[19]

호령에 산하가 진동하고	號令山河動
공명이 일월처럼 높았네	功名日月高
지금도 무너진 성벽에서	如今破壁上
밤마다 옛 용도가 우네	夜吼舊龍刀

(4) 또又 참판 이유李秞[20]

태묘랑[21] 이홍의李弘毅[22]가 소매 속에 충무공이 남긴 시구詩句 두 폭을 넣어 가지고

---

16 수양에서 …… 높네 : 당나라의 충신 장순張巡이 수양에서 피리 소리를 듣고 충심을 담은 시를 지어 후대에도 허원許遠과 함께 명성을 떨치고 있음을 말한 것이다. 장순은 안녹산의 난 때 수양태수睢陽太守 허원과 함께 수양성睢陽城을 지키면서 항전하였으나 중과부적으로 성이 함락되자 장렬하게 순국하였다. 장순이 안녹산의 반군과 싸울 때 성루에 올라 멀리서 부는 피리 소리를 듣고 「군중문적시軍中聞笛诗」를 지었는데, 시에서 "풀떼기를 먹으며 한번 성에 오르니, 적의 기병이 성곽 북쪽에 붙어 있네. 전쟁의 상황도 알 수 없는데, 어찌 천지의 마음을 알겠는가? 성문 열면 변방 달이 가깝고, 전쟁 괴로워 군영 구름이 자욱하네. 아침저녁으로 누각에 오르니, 멀리서 피리 소리가 들려오네茹薐試一臨, 敵騎附城陰. 不辨風塵色, 安知天地心? 門開邊月近, 戰苦陣雲深. 旦夕更樓上, 遙聞橫笛音."라고 하였다.(『舊唐書』 권187, 「張巡列傳」.)
17 시절이 위태로워 : 원문은 "시위時危"로, 병자호란을 가리킨다.
18 또 : 판서 유혁연이 지은 시로 『야당유고野堂遺稿』 권1에 실려 있으며, 제목이 「삼가 충무공 이순신의 한산도 시에 차운하다謹次李忠武舜臣閑山島韻」로 되어 있다. 한국문집총간 122권에 수록되어 있다.
19 유혁연柳赫然 : 1616~1680. 본관은 진주晉州이며, 자는 회이晦爾, 호는 야당野堂이다. 경원부사 유용柳溶의 증손으로, 할아버지는 삼도수군통제사 유형柳珩이다. 아버지는 유효걸柳孝傑이다. 대대로 무신 집안에서 자랐으며, 1644년(인조 22) 무과에 급제한 이후 수원부사, 충청병사, 삼도수군통제사, 어영대장, 공조판서, 형조판서, 훈련대장 등을 두루 역임하였다. 1680년(숙종 6) 경신환국으로 남인이 숙청될 때 이에 연루되어 유배, 사사賜死되었다. 1689년(숙종 15) 기사환국으로 남인이 집권하자 신원되어 영의정에 추증되었으며, 시호는 무민武愍이다.

와서 나에게 보이며 한마디 말을 받아 거기에 붙이려 한다고 했다. 이는 대개 추모하는 뜻에서 하는 일이다. 충무공은 나에게 같은 종중의 선배이다. 그의 평생의 충절은 뒷사람들이 우러러보는 바이고, 심지어 '지知' 글자를 운자韻字로 한 1연聯[23]은 대체로 볼만하다. 이 1연聯이 세상에 유전되어 다행이지만 전편을 볼 수 없는 것이 한스럽다. 또 한산도閑山島 절구는 변방을 진무鎭撫하고 나라를 걱정하던 정성을 상상할 수 있다. 아아! 시대의 거리가 80여 년이 지난 뒤인데도 매우 다행하게 두 편의 시를 멀리 변방에 있는 나에게 보내 보여 주니, 또한 기이한 일이다. 지금 내가 북쪽 변방의 수루戍樓[24]에 와서 지키느라 고생하는 나머지라, 충무공이 나라를 위했던 일편단심을 더 상상할 수 있다. 마침내 감탄하여 무릎을 치고서 나의 고루함을 잊어버리고 후지後識를 짓고 시에 화답하여 때때로 스스로 보고자 한다.

북쪽에 오니 북두칠성이 가깝고	北來星斗近
남쪽을 바라보니 고개가 드높네	南望嶺天高
서생으로 늙음이 저절로 웃기지만	自笑書生老

---

20 이유李秞 : 1618~1687. 자字는 군실君實, 본관은 덕수德水. 거주지는 한성漢城이다. 1646년(인조 24)에 생원시에 1등 5위로 합격하고, 1662년(현종 3)에 증광시 문과에 합격하였다. 현종대에 정언, 재령군수, 장령, 양주목사, 집의, 사간, 경원부사 등을 역임하였다. 숙종대에 우부승지, 병조참의, 연안부사, 우승지, 좌승지, 사은 겸 진주부사謝恩兼陳奏副使, 형조참판, 공조참판, 병조참판을 역임하고, 1687년(숙종 13)에 한성부 좌윤을 마지막으로 관직을 마감하였다.(『현종실록』; 『숙종실록』; 『승정원일기』; 『국조문과방목國朝文科榜目』卷之十二; 「한국역대인물종합정보시스템」.)

21 태묘랑太廟郞 : 조선 태조비 신의왕후神懿王后의 능이 제릉齊陵인데, 이홍의가 제릉참봉을 역임했기 때문에 태묘랑이라 호칭한 것이다.

22 이홍의李弘毅 : 1648~1735. 자字는 치원致遠이며, 이순신의 현손玄孫(손자의 손자)이자 종손이다. 가계는 '이순신李舜臣 → 이회李薈 → 이지백李之白 → 이광윤 李光胤 → 이홍의李弘毅'로 이어진다. 음사蔭仕로 제릉 참봉齊陵參奉, 사옹원직장司饔院直長, 와서별제瓦署別提, 금부도사禁府都事, 장원별제掌苑別提, 광흥주부廣興主簿, 신령현감新寧縣監을 역임하였다. 나이 80세 때 가선대부 동지중추부사에 오르고 덕원군德原君에 봉해졌다. 1716년에 『충무공가승忠武公家乘』을 주도하여 편찬하였다. 둘째 아들 이언상李彦祥은 111대 통제사(1745~1747)에 올랐다.(『三世家狀』, '嘉義大夫德原君墓碣', 해군사관학교 박물관 소장.)

23 '지知' …… 1연聯 : 『이충무공전서』 권1에 실린 「무제일련無題一聯」을 말하는데, "바다에 서약하니 어룡이 움직이고, 산에 맹세하니 초목이 아네誓海魚龍動, 盟山草木知."라고 하였다.

24 북쪽 …… 수루戍樓 : 수루는 변방을 지키는 병영을 말하는 것으로, 적군의 동태를 살피기 위해 지은 망루이다. 위루衛樓라고도 한다. 이유李秞는 1673년(현종 14) 5월에 함경도 경원부사慶源府使로 부임하여 1676년(숙종 2)까지 근무하였다.[『승정원일기』 234책, 현종 14년(1673) 5월 14일 계미.]

웅장한 마음으로 보도에 기대네						雄心倚寶刀

(5) 또[25] 又 우의정 신익상申翼相[26]

바다에 장군별이 떨어지고						雲海將星落
기린각麒麟閣[27]에 공훈이 높았네					麟臺勳業高
영웅이 소매 가득 눈물을 흘리며[28]				英雄滿襟淚
남은 한 때문에 칼을 보며 우네					遺恨泣龍刀

(6) 또又 참판 이인환李寅煥[29]

혼령이 천추에 남아서						千秋精爽在

---

[25] 또 : 우의정 신익상이 지은 시로 『성재유고醒齋遺稿』 책1에 실려 있으며, 제목이 「충무공의 한산도 시에 차운하다次忠武公閑山島韻」로 되어 있고, 제목 아래에 '(충무공은) 이순신 공이다李公舜臣.'라는 주가 있다.

[26] 신익상申翼相 : 1634~1697. 본관은 고령高靈이며, 자는 숙필叔弼, 호는 성재醒齋이다. 동지중추부사同知中樞府事 신벌申橃의 증손으로, 할아버지는 승지 신응구申應榘이고, 아버지는 정언 신양申湸이다. 어머니는 지중추부사 이경李坰의 딸이다. 『숙종실록』에 전하는 그의 졸기를 정리하면 다음과 같다. 행판중추부사行判中樞府事 신익상申翼相이 1697년에 졸卒하였는데, 나이 64세였다. 신익상은 중종조의 상신相臣 신용개申用漑의 후손後孫이다. 젊어서는 자못 몸가짐이 단정하고 정중한 것으로 친구들에게 칭송을 받았으며, 과거에 합격하고 옥당玉堂에 들어가서는 국구國舅가 정사에 참여하는 것과 세력이 강한 종친宗親의 방자함을 논하여 배척하였는데, 말이 매우 절실하고 솔직하였다. 경신환국(1680, 숙종 6)으로 아경亞卿에 발탁되고 삼사三司의 장관長官이 되었다. 그의 조부 신응구申應榘가 송시열宋時烈에게 배척당하여 소론이 되었다. 갑술환국(1694, 숙종 20)으로 특별히 팔좌八座(육조)에 승진하였다가 곧바로 높은 직질職秩에 올랐으며, 얼마 지나지 않아 태부台府(의정부)에 들어갔다. 그가 죽자 숙종이 슬퍼하고 철조輟朝와 치조致弔와 치제致祭를 하게 하였으며, 3년을 마치도록 녹祿을 지급하게 했다. 뒤에 정간貞簡이라는 시호諡號를 내렸다.[『肅宗實錄』卷31, 肅宗 23年 11月 己卯(3).]

[27] 기린각麒麟閣 : 중국 한나라 무제가 장안의 궁중에 세운 전각으로, 원문의 '인대麟臺'는 기린각의 별칭이다. 선제宣帝 때 곽광霍光 등 공신 11명의 화상을 그려서 미앙궁未央宮 안에 기린각을 짓고 봉안하여 그들의 공적을 기렸다.

[28] 영웅이 …… 흘리며 : 두보杜甫의 「촉상蜀相」에 "출병하여 못 이긴 채 몸이 먼저 죽으니, 길이 영웅들이 소매 가득 눈물을 흘리네出師未捷身先死, 長使英雄淚滿襟."라고 한 구절을 차용하여 표현한 것이다.

바다 구름이 만 리에 드높네	萬里海雲高
충의가 절구에 보이지만	一絶看忠義
여전히 칼집 속에 칼이 있네	猶存匣裏刀

(7) 또又 참판 임규任奎[30]

정충이 해와 달을 꿰뚫고	日月精忠貫
장한 기운이 산하에 높았네	山河壯氣高
왜적[31]이 아직도 날뛰니	鯨鯢猶跋浪
서글퍼서 칼을 어루만지네	怊悵撫龍刀

(8) 또又 부제학 조지겸趙持謙[32]

큰 바다에 깃발이 빛나고	大海旌旗耀
장군께서 의기가 높았네	將軍意氣高
천추에 절구 한 수 남아서	千秋留一絶

---

29 이인환李寅煥 : 1633~1699. 본관은 경주慶州이며, 자는 문백文伯, 호는 생곡生谷이다. 이대건李大建의 증손으로, 할아버지는 판서 이시발李時發이다. 아버지는 이경휘李慶徽이며, 어머니는 심대복沈大復의 딸이다. 1660년(현종 1) 진사시에 합격하고, 1665년 별시문과에 병과로 급제한 뒤 현종대에는 대교, 정언, 수찬, 지평, 교리, 등을 역임하고, 숙종대에는 암행어사, 헌납, 사간, 응교, 승지, 참찬관, 대사간, 대사성, 경상도 관찰사, 개성유수, 도승지, 사직, 이조참판 등의 관직을 지냈다.

30 임규任奎 : 1620~1687. 본관은 풍천豊川, 자는 문중文仲, 호는 석문石門이다. 임영로任瑛老의 증손으로, 할아버지는 임연任兗이고, 아버지는 임준백任俊伯이며, 어머니는 이발李浡의 딸이다. 1648년(인조 26) 사마시에 합격한 뒤, 1670년(현종 11) 별시문과에 병과로 급제하였다. 그 뒤 현종대에는 회양부사, 정언, 장령, 사간, 집의 등을 역임하고, 숙종대에는 전라도 관찰사, 동부승지, 승지, 황해도 관찰사 등의 관직을 지냈다.

31 왜적 : 원문의 "경예鯨鯢"는 고래의 수컷과 암컷을 가리키는 말로, 소국小國을 병탄幷呑하려는 흉악무도한 자를 뜻하는데, 여기서는 임진왜란을 일으킨 왜적을 가리킨다. (『春秋左氏傳』宣公 12.)

| 시를 읊고 큰 칼을 어루만지네 | 詠罷撫長刀 |

(9) 또又 감사 이희룡李喜龍[33]

남쪽에서 왜적을 친 글[34]을 다 읽으니	閱盡南征錄
공의 공훈이 최고로 높았네	公勳第一高
영령께서 아직도 사라지지 않아	英靈猶未泯
칼집 속에서 용도가 울고 있네	匣裏吼龍刀

(10) 또又 수찬 이인빈李寅賓[35]

| 장군께서 돌아가신 뒤에도[36] | 大樹飄零後 |
| 명성이 백 년 동안 드높네 | 芳名百歲高 |

---

32 조지겸趙持謙 : 1639~1685. 본관은 풍양豊壤이며, 자는 광보光甫, 호는 오재汚齋이고, 광주廣州 출신이다. 조영중趙瑩中의 증손으로, 할아버지는 좌의정 조익趙翼이고, 아버지는 이조판서 조복양趙復陽이다. 어머니는 이경용李景容의 딸이다. 1663년(현종 4) 진사가 되고, 1670년 별시문과에 을과로 급제하였다. 이후 검열, 한림, 지평, 이조 좌랑, 홍문관교리, 이조정랑, 사간, 동부승지, 대사간, 승지, 대사성, 좌부승지, 부제학, 강양도 관찰사, 형조참의, 경상도 관찰사 등을 두루 역임하였다. 『숙종실록』의 졸기에 따르면, "조지겸은 문재文才가 풍부하였고 몸가짐이 청렴 검소하고 강직하게 혼자 즐기며 부지런히 힘쓰는 것으로 이름이 났으니 인망人望이 매우 무거워서 한 시대의 제일이라고 추존하였다. 또 조지겸의 아비 조복양趙復陽이 윤선거尹宣擧와 더불어 친한 벗이어서 조지겸도 윤선거의 아들 윤증尹拯과 사이가 두터웠다."라고 되어 있다.[『肅宗實錄』卷16, 肅宗 11年 7月 丁丑(19).] 광주廣州의 명고서원明皐書院에 제향되었다.[『燃藜室記述』(別集) 卷4, 祀典典故,「書院」]

33 이희룡李喜龍 : 1639~1697. 자는 군서君瑞, 본관은 덕수德水. 거주지는 경기도 광주廣州이다. 아버지는 이류李楢이다. 1672년(현종 13) 별시別試 문과에서 병과 12등으로 합격하여 숙종 대에 대부분의 관직을 지냈다. 지평, 나주목사, 장령, 사간, 집의, 승지, 강양도江襄道 관찰사, 동래부사 등을 두루 역임하였다. (『승정원일기』; 「한국역대인물종합정보시스템」.)

34 남쪽에서 …… 글 : 원문의 '남정록南征錄'은 『난중일기』를 포함하여 임진왜란 당시에 왜적을 물리친 일을 적은 모든 기록을 말한다.

어떤 이가 공의 좋은 시를 전했나[37]   何人傳寶唾
붉은 충정이 칼날처럼 늠름하네   忠赤凜霜刀

(11) 또[38] 又 판부사 윤증尹拯[39]

장 중승張中丞[장순張巡[40]]이 수양성睢陽城 안에서 "성문 열면 변방 달이 가깝고, 전쟁 괴로워 군영 구름이 자욱하네門開邊月近, 戰苦陣雲深"라는 구절을 지은 적이 있었는데,[41] 이순신 장군의 이 시와 의미가 똑같다. 제갈 승상丞相[제갈량諸葛亮]은 시호가 충

---

35 이인빈李寅賓 : 1625~1695. 본관은 한산韓山이며, 자는 은경殷卿, 호는 설루雪樓이다. 영의정 이산해李山海의 증손으로, 할아버지는 이경전李慶全이다. 아버지는 판서 이무李袤이며, 어머니는 유희발柳希發의 딸이다. 1677년(숙종 3) 감시제柑試製에서 수석, 전시殿試에 직부直赴할 수 있는 자격을 얻어 1678년(숙종 4) 증광문과에 을과로 급제했다. 이후 정언, 수찬, 지평, 부수찬, 장령, 필선, 헌납, 사간 등을 역임하였다.

36 장군께서 …… 뒤에도 : 1구는 큰 나무가 부러지듯 이순신이 세상을 떠난 것을 말한다. 원문의 '대수大樹'는 후한後漢 광무제光武帝 때의 장군인 풍이馮異를 말한다. 풍이는 사람됨이 겸손하여 길을 가다가 다른 장군을 만나면 항상 한쪽 옆으로 피하였으며, 휴식을 취할 때 다른 장수들이 모여 전공에 대해 떠들었으나 풍이는 항상 큰 나무 아래로 가서 쉬었다. 그래서 군중의 사람들이 대수장군大樹將軍이라 부르면서 좋아하였다.(『後漢書』 권17, 「馮異列傳」.)

37 어떤 …… 전했나 : 이순신의 4세손 이홍의李弘毅가 이순신의 「한산도야음閑山島夜吟」을 전한 일을 말한다. 원문의 "보타寶唾"는 다른 사람의 뛰어난 시문을 일컫는 말이다. 『장자莊子』 「추수秋水」에 "그대는 저 침을 보지 못했는가? 침을 뿜으면 큰 것은 마치 구슬과 같고 작은 것은 안개와 같네子不見夫唾者乎 噴則大者如珠 小者如霧."라고 하였다.

38 또 : 판중추부사 윤증이 지은 시로『명재유고明齋遺稿』권3에 실려 있으며, 제목이「충무공 이순신의 시에 차운하다次李忠武舜臣韻」로 되어 있고, 시 뒤에 후지後識가 있다. 한국문집총간 135권에 수록되어 있다.

39 윤증尹拯 : 1629~1714. 본관은 파평坡平이며, 자는 자인子仁, 호는 명재明齋·유봉酉峰이다. 성혼成渾의 외증손이고, 아버지는 윤선거尹宣擧이며, 어머니는 공주이씨公州李氏로 이장백李長白의 딸이다. 1642년(인조 20) 아버지 윤선거와 유계兪棨가 금산錦山에 우거하면서 도의道義를 강론할 때 함께 공부하며 성리학에 전심하기로 마음먹었다. 1647년 권시權諰의 딸과 혼인하고, 그의 문하에서 수학하였다. 이후 김집金集의 문하에서 주자朱子에 관해 배웠고, 1657년(효종 8) 김집의 권유로 당시 회천懷川에 살고 있던 송시열宋時烈에게서『주자대전』을 배웠다. 효종 말년 학업과 행실이 뛰어난 것으로 조정에 천거되었고, 1663년(현종 4) 공경公卿과 삼사三司가 함께 그를 천거하여 이듬해 내시교관內侍敎官에 제수되고 이어서 현종대에는 지평, 장령, 집의 등에 제수되었고, 숙종대에는 집의, 호조참의, 이조참의, 대사헌, 이조판서, 좌찬성, 우의정, 판중추부사 등에 제수되었다. 서인이 노론과 소론으로 분리될 때 소론의 영수로 추대되어 송시열과 대립하였다. 홍주의 용계서원龍溪書院, 노성魯城의 노강서원魯岡書院, 영광의 용암서원龍巖書院 등에 제향되었다. 시호는 문성文成이다.

무忠武인데, 이순신 장군의 훈업勳業은 마땅히 제갈량과 같은 대명大名[시호]을 받아야 한다. 국가가 남쪽과 북쪽에서 외적의 침입을 받았는데도[42] 원수와 치욕을 아직 씻지 못하였으니, 사람들이 장군을 그리워함은 마땅히 세월이 오래 지나도 그치지 않을 것이다. 우리처럼 세상에 쓸모없는 선비는 바로 무딘 칼일 뿐이니, 만약 나라에 위급한 일이 있다면 어찌 적군 한 명이라도 베어 죽이는 일에 쓸모가 있겠는가?[43] 감격이 지극하여 심정을 글에 적어 보였다.

장순의 수양성 시가 멀리 전해지고	睢陽遺響遠
제갈량의 충무 시호가 드높네	諸葛大名高
「팔애」의 왕사례처럼 굳센 단련을 생각하지만[44]	八哀思勁翮
한 번 베려 해도 무딘 칼이 부끄럽네	一割愧鉛刀

---

40 장순張巡 : 708~757. 포주蒲州 하동河東 사람으로 당 중종 경룡景龍 2년(708)에 태어났다. 현종 개원開元 말년(741) 진사에 급제하고 청하淸河·진원眞源 현령을 역임했다. 현종 천보天寶 14년(755) 안녹산安祿山이 반란을 일으키자 병사를 일으켜 옹구雍丘를 지켰다. 반란군을 토벌하기 위해 허원許遠과 함께 군대를 조직해 각지에서 반란군을 격파했다. 숙종肅宗 지덕至德 2년(757) 어사중승御史中丞에 임명되었다. 적군 10여만 명에게 포위되어 수양성睢陽城을 사수한 지 수개월 만에 식량이 떨어지자 종복從僕들을 죽여 군사들에게 먹이면서까지 싸움을 독려했지만 결국은 패해 처형되었다. 사후에 양주대도독揚州大都督으로 추증되었고, 통진삼태자通真三太子로 봉해졌다. 포전(莆田, 지금의 복건성 중부 포전시) 사람들은 그를 사마성왕司馬聖王으로 받들었다.

41 장 중승 …… 있었는데 : '장 중승張中丞'은 앞의 주의 당나라 충신 장순張巡이고, 인용한 시 2구는 그가 성루에 올라 멀리서 부는 피리 소리를 듣고 지은 「군중문적시軍中聞笛詩」의 3구와 4구이다.(『舊唐書』 권187, 「張巡列傳」.)

42 국가가 …… 받았는데도 : 남쪽으로 왜적이 침입한 임진왜란과 북쪽으로 후금後金이 침범한 병자호란을 말한다.

43 무딘 …… 있겠는가 : 원문의 "연도鉛刀"는 납으로 만든 무딘 칼로, 우둔하고 무능함을 비유하는 겸사로 쓰인다. 후한後漢의 반초班超가 아뢰기를 "옛날에 위강은 열국의 대부였는데도 여러 융족을 안정시킬 수 있었습니다. 하물며 신은 위대한 한나라의 위엄을 받들고 가는 길이니, 무딘 칼로나마 한번 베어 볼 수 없겠습니까?昔魏絳列國大夫, 尙能和輯諸戎. 況臣奉大漢之威, 而無鉛刀一割之用乎?"라고 하였다.(『後漢書』 권47, 「班超列傳」.)

44 「팔애」의 …… 생각하지만 : 원문의 "팔애八哀"는 두보杜甫의 「팔애시八哀詩」로, 두보가 왕사례王思禮·이광필李光弼·엄무嚴武·이진李璡·이옹李邕·소원명蘇源明·정건鄭虔·장구령張九齡 등 여덟 사람을 애도하며 지은 오언고시五言古詩이다. 왕사례를 읊은 「증사공왕공사례贈司空王公思禮」에 "사공은 동이족 고구려 출신으로, 어릴 때부터 굳게 단련하였네司空出東夷, 童稚刷勁翮."라고 하였다. '쇄경핵刷勁翮'은 매가 어려서부터 부리로 털을 쪼아 윤기 나게 만드는 것처럼 영웅이 어릴 때부터 자신을 굳게 단련함을 말한다.

(12) 또又 영의정[45] 이여李畬[46]

중흥의 장군 중에 제일이라	第一中興將
몸이 죽어 공훈이 높았네	身殲勳更高
한산도 가을밤의 뜻이 남아	閑山秋夜意
옛 칼집 속에 아직도 쌍칼이 있네	舊匣尙雙刀

(13) 또又 영의정 이유李濡[47]

의리가 추상과 매서움을 다투고	義與秋爭烈
장군의 명성이 해처럼 드높네	名將日並高
평생토록 나라에 보답한 뜻을	平生報國意
칼집 속의 칼에서 볼 수 있네	看取匣中刀

---

45 영의정領議政:『가승』에는 "판부사判府事"로 되어 있다.

46 이여李畬: 1645~1718. 자는 자삼子三·치보治甫, 호는 수곡睡谷·포음浦陰, 본관은 덕수德水. 거주지는 한성漢城이다. 예조판서를 역임한 택당 이식李植의 손자이다. 송시열(宋時烈)의 문하생으로 노론의 학통을 이었다. 1680년(숙종 6) 춘당대 문과에 병과로 급제한 뒤 검열, 수찬, 정언, 이조정랑, 사간, 승지, 이조참의, 부제학, 대사성, 대사간, 홍문관제학, 도승지, 이조참판, 판윤, 예조판서, 대사헌, 경기관찰사, 이조판서, 대제학, 판의금부사, 좌의정, 영의정 등을 두루 역임했다. 시호는 문경文敬이다.(『승정원일기』;「한국역대인물종합정보시스템」)

47 이유李濡: 1645~1721. 본관은 전주全州이며, 자는 자우子雨, 호는 녹천鹿川이다. 세종의 다섯째 아들인 광평대군廣平大君 이여李璵의 후손이며, 이후재李厚載의 증손으로, 할아버지는 이형李迥이다. 아버지는 군수 이중휘李重輝이며, 어머니는 김광찬金光燦의 딸이다. 1668년(현종 9) 별시문과에 병과로 급제한 뒤 현종대에는 헌납, 정언, 지평, 교리, 수찬 등의 관직을 지냈다. 숙종대에는 이조정랑, 사간, 승지, 목사, 경상도·강양도·전라도·평안도 관찰사, 대사간, 도승지, 대사헌, 한성부판윤, 호조판서, 병조판서, 판돈녕, 이조판서, 수어사, 선혜 당상, 우의정, 좌의정, 영의정, 유도대신, 영중추부사 등을 두루 역임했다. 송시열宋時烈의 문인이며, 1726년(영조 2) 민진후閔鎭厚와 함께 경종의 묘정廟庭에 배향되었다. 시호는 혜정惠定이다.

(14) 또又 판부사 조상우趙相愚[48]

용양장군의 큰 전함이 내달리고[49]	萬斛龍驤駛
천 층의 군대 장막이 높았네[50]	千層虎帳高
영웅의 마음이 아직도 죽지 않아	雄心猶不死
추상 같은 칼날에 푸른 피[51]가 묻어 있네	碧血染霜刀

(15) 또又 판서 이돈李墪[52]

충무공의 '바다에 가을이 저물다水國秋光暮'라는 절구 한 수에 대해, 내가 젊을 때 세상 사람들이 전송傳誦하던 것을 다행히 얻어서 평소에 읊조리며 주먹을 쥐고 눈물을

---

48 조상우趙相愚 : 1640~1718. 본관은 풍양豊壤이며, 자는 자직子直, 호는 동강東岡이다. 조기趙磯의 증손으로, 할아버지는 조희보趙希輔이고, 아버지는 예조판서 조형趙珩이다. 어머니는 목장흠睦長欽의 딸이다. 이경석李景奭의 문하에서 수학했으며, 1657년(효종 8) 사마시에 합격한 뒤 송준길宋浚吉의 문인이 되었다. 1682년(숙종 8) 증광 문과에 을과로 급제한 뒤 지평, 이조 좌랑, 수찬, 전라도 관찰사, 대사성, 대사간, 개성 유수, 도승지, 경기 관찰사, 이조참판, 대사헌, 형조, 예조, 병조판서, 약방 제조, 이조판서, 우의정, 판중추부사 등의 관직을 두루 역임하였다. 남평의 용강사龍岡祠에 제향되었으며, 시호는 효헌孝憲이다.

49 용양장군의 …… 내달리고 : 이순신이 임진왜란 때 전함을 이끌고 종횡으로 오가며 왜적을 물리친 일을 말한다. 원문의 '만곡萬斛'은 만곡선萬斛船, 곧 곡식 1만 섬을 실을 정도로 규모가 큰 전함을 말하고, '용양龍驤'은 서진西晉의 용양장군龍驤將軍 왕준王濬을 말한다. 서진의 용양장군 왕준이 촉蜀에서 2천여 명이 탈 수 있는 거대한 전함을 만들어 금릉金陵을 공격하여 오吳나라를 멸망시켰다. (『晉書』 권42, 「王濬列傳」.)

50 천 층의 …… 높았네 : 원문의 "호장虎帳"은 호랑이 가죽을 엮어서 만든 큰 장막이다. 남당南唐의 서지악徐知諤이 "하루는 산산蒜山에서 놀며 땅을 쓸어서 마당을 만들고 그곳에 호피虎皮를 연이어 큰 장막을 만들고서 '호장'이라고 하였다. 一日遊蒜山, 除地爲場, 連虎皮爲大幄, 號虎帳."라고 하였다. (『南唐書』 권8, 「徐知諤傳」.)

51 푸른 피 : 원문의 "벽혈碧血"은 충신·열사가 흘린 피를 뜻한다. 주周나라 경왕敬王의 대부였던 장홍萇弘이 충간忠諫을 하다가 받아들여지지 않자 이를 한탄하여 자결하였는데, 3년 뒤에 그의 피가 벽옥碧玉으로 변하였다고 한다. (『莊子』, 「外物」.)

52 이돈李墪 : 1642~1713. 자字는 진오進吾, 호號는 문천文泉, 본관은 전주. 거주지는 한성漢城이다. 1662년(현종 3)에 증광시 진사, 1672년(현종 13)에 별시 문과에 합격하였다. 숙종대에 지평, 수찬, 교리, 정언, 헌납, 이조 좌랑과 이조정랑, 집의, 사간, 서장관, 승지, 공홍도, 충청도 관찰사, 대사성, 이조참의, 대사간, 개성유수, 도승지, 예조참판, 형조당상, 주청부사, 승문원제조, 대사헌, 부제학, 이조참판, 형조·이조·예조 판서, 우참찬, 동지사, 판윤 등을 두루 역임하였다. (『승정원일기』; 「한국역대인물종합정보시스템」.)

흘린 지 오래되었다. 지금 공의 현손으로 도사都事[금부도사]를 지내고 자字가 치원致遠[이홍의]인 사람은 나의 친구이다. 대학사大學士 덕수德水 이 공李公[이여李畬]에게 공의 시의 뜻을 미루어 사실에 대하여 간략하게 서술하도록 청하였고, 또 여러 이름난 선비에게 공의 시에 차운하여 화답하도록 두루 청하였다. [이홍의의] 뜻은 이것을 빌어 공의 이름을 영원히 사라지지 않게 하려는 것이 아니라 자손들에게 전하여 잊지 않게 하려는 것일 뿐이다. 나에게 화답을 부탁한 지 여러 해가 지났으나 진실로 감당할 수 없는 일인지라 번번이 사양하였다. 지금 벼슬이 갈려 돌아가게 되자[53] 이홍의의 요청이 더욱 간절하므로 의리상 끝내 거절할 수 없어서 보잘것없는 글재주를 헤아리지 않고 글을 적어서 작별 선물로 주니, 치원致遠은 용서하기 바란다.

배도裴度가 당나라 보루인 회채를 지켰는데[54]	江淮唐保障
공렬을 비교하면 누가 더 높은가	功烈較誰高
옛 물건에 아직도 한이 남아	舊物猶遺恨
큰 칼과 작은 칼이 용울음을 우네[55]	龍吟大小刀

(16) 또又 판서 참판 임홍망任弘望[56]

나의 고향 일을 알고 싶으면	欲識吾鄕事
마땅히 눈을 뜨고 높이 보라	唯當着眼高

---

53 지금 …… 되자 : 이돈은 1688년(숙종 14) 7월과 1695년(숙종 21) 6월 두 차례에 충청도 관찰사에 임명되었는데, 이 글을 지은 때는 후자로 보인다. 이돈은 1695년 6월 20일에 충청도 관찰사에 임명되어 부임하였고, 1696년 12월 6일에 대사성에 임명되어 서울로 돌아왔다.

54 배도裴度가 …… 지켰는데 : 원문의 "강회江淮"는 장강長江과 회수淮水인데, 배도의 사적과 관련할 때 '회채淮蔡' 곧 회주淮州와 채주蔡州로 보아야 한다. 배도는 당나라 헌종憲宗 때 회채절도사淮蔡節度使 오소성吳少誠의 아들 오원제吳元濟가 난을 일으키자 회서절도사淮西節度使가 되어 난을 평정하였다. (『新唐書』 권173, 「裴度列傳」.) 한유韓愈가 헌종의 명을 받고 「평회서비平淮西碑」를 지어 배도의 공적을 제일로 삼았다.

55 큰 칼과 …… 우네 : 원문의 "용음龍吟"은 상자에 든 보검이 용의 울음소리를 낸다는 뜻으로, 갑리용음匣裏龍吟이란 성어가 있다. 본래 검의 신통함을 뜻하나 후에 큰 재주를 가진 사람이 쓰이길 희망하는 뜻으로 쓰기도 하였다.

| 지금도 견우성과 북두성 위로 | 至今牛斗上 |
| 용도의 남은 기운이 뻗치네[57] | 餘氣射龍刀 |

(17) 또又 판서 참판 유집일兪集一[58]

왜적의 기세가 바람처럼 빨라도	賊勢風雷疾
장군의 기개가 높았네	將軍氣槩高
수영 문에 가을 달 밝은 밤에	營門秋月夜
한가롭게 앉아 칼을 어루만졌네	閑坐撫龍刀

(18) 또又 우의정 민진원閔鎭遠[59]

| 공적이 삼한을 덮어 가장 크고 | 功盖三韓大 |

---

56 임홍망任弘望 : 1635~1715. 본관은 풍천豐川, 자는 덕장德章, 호는 죽실거사竹室居士이다. 임기任琦의 증손으로, 할아버지는 임희지任羲之이고, 아버지는 증좌참찬 임환任喚이며, 어머니는 평산신씨平山申氏로 감역 신방헌申邦憲의 딸이다. 1657년(효종 8) 생원시에 합격하고, 1666년(현종 7) 별시문과에 을과로 급제한 뒤 찰방을 거쳐, 숙종대에는 지평, 정언, 경성판관, 승지, 광주목사, 황해도·충청도 관찰사, 도승지, 형조참판, 좌윤, 지중추부사 등을 두루 역임하였다. 시호는 효정孝貞이다.

57 견우성牽牛星과 …… 뻗치네 : 원문의 "우두牛斗"는 견우성과 북두성北斗星을 가리킨다. 진晉나라 장화張華가 일찍이 북두성과 견우성 사이에 '자줏빛 서기紫氣'가 쏘아 비추는 것을 보고서 서기의 출처인 예장豫章의 풍성현豐城縣에 친구 뇌환雷煥을 부임하게 하여 살펴보게 하였다. 뇌환이 풍성의 옛 옥사獄舍 터를 발굴하여 마침내 춘추시대 간장干將과 막야莫邪 부부가 제작했다는 용천검龍泉劍과 태아검太阿劍 두 보검을 찾아냈다.『진서晉書』권36,「장화열전張華列傳」왕발王勃의「등왕각서滕王閣序」에 "물건의 정화는 천연의 보배이니, 용천검의 광채가 견우성과 북두성의 자리를 쏘아 비추었네物華天寶, 龍光射牛斗之墟."라고 하였다.

58 유집일兪集一 : 1653~1724. 본관은 창원昌原이며, 자는 대숙大叔이다. 유정兪淨의 증손으로, 할아버지는 유여해兪汝諧이다. 아버지는 현감 유근兪瑾이다. 1680년(숙종 6) 진사로 정시문과에 병과로 급제하였다. 이후 숙종대에는 정언, 지평, 장령, 헌납, 도승지, 경상도·황해도 관찰사, 대사간, 함경감사, 예조, 형조참판, 강화유수, 평안도·경기 관찰사, 형조·공조 판서, 동지정사 등을 두루 역임하고, 경종대에는 형조판서와 부사직, 행사직 등의 관직을 지냈다. 기당耆堂에 들어갔다.

명성이 만대에 드리워 드높네[60]	名垂萬代高
공이 죽고 근심이 더 심해져	人亡憂轉劇
강개하며 허리의 칼을 어루만지네	慷慨撫腰刀

(19) 또又[61] 참의 송징은宋徵殷[62]

정축년[1697] 봄에 나는 아주牙州[아산]의 수령으로 나와서 고을에 도착하자마자 곧바로 옛날 유적지를 방문하였는데, 노인들이 말하기를 "충무공의 무덤이 아무 동네에 있다."라고 하였다. 아아! 공은 임진년[1592]에 왜적이 우리 땅을 침범하여 잠식하는[63] 상황을 맞이하여 말단의 장수로 기용되었다가 곤얼閫臬[수군절도사]의 임명을 받아서 호남과 바다 사이를 막았고, 마침내 흉악한 왜적을 물리치고 난리를 평정하여 나라의 운명을 다시 안전하게 하였으니, 공의 순수한 충정과 위대한 충렬이 사람들의 눈과 귀에 밝게 빛났다. 나는 평소에 일찍이 우러러 흠모하지 않은 적이 없었다.

---

59 민진원閔鎭遠 : 1664~1736. 본관은 여흥驪興이며, 자는 성유聖猷, 호는 단암丹巖·세심洗心이다. 민기閔機의 증손으로, 할아버지는 참의 민광훈閔光勳이고, 아버지는 여양부원군驪陽府院君 민유중閔維重이며, 어머니는 좌찬성 송준길宋浚吉의 딸이다. 숙종비 인현왕후仁顯王后의 오라비이자 우참찬 민진후閔鎭厚의 동생이며, 아들이 대사간 민형수閔亨洙다. 송시열宋時烈의 문인이다. 1686년(숙종 12) 감시제柑製에서 수석한 뒤 1691년(숙종 17) 증광 문과에 을과로 급제하였다. 이후 숙종대에는 검열, 정언, 수찬, 지평, 병조정랑, 수원부사, 전라도관찰사, 우부승지, 대사성, 강화유수, 예조참판, 평안도관찰사, 좌윤, 형조·공조·예조판서, 지돈령 등을 두루 역임하였다. 경종대에는 공조·이조·호조 판서 등의 관직을 지냈다, 영조대에는 예조·이조·공조 판서, 우의정, 좌의정, 영중추부사 등을 두루 역임하였다. 영조의 묘정廟庭에 배향되었으며, 시호는 문충文忠이다.

60 공적이 …… 드높네 : 두보杜甫의 「팔진도八陣圖」에 나오는 "공적이 삼분의 나라를 뒤덮고, 이름이 팔진도에서 이루어졌네功蓋三分國, 名成八陣圖."라고 한 구법을 응용하였다.

61 또又 : 참의 송징은이 지은 시로『약헌집約軒集』권1에 실려 있으며, 제목이「삼가 충무공의 한산도 시에 차운하다. 시서를 병기하다敬次忠武公閑山島詩幷序」로 되어 있고, 제목 아래에 '이공순신이다李公舜臣'라는 주가 있다. 『약헌집』은 '한국문집총간' 163권에 있다.

62 송징은宋徵殷 : 1652~1720. 본관은 여산礪山이며 자는 질부質夫, 호는 약헌約軒이다. 아버지는 현감 송광순宋光洵이며, 어머니는 부평이씨富平李氏로 찰방 이상재李尙載의 딸이다. 박세채朴世采의 문하에서 수학하였다. 1689년(숙종 15) 증광문과에 갑과로 급제한 뒤 정언, 지평, 사서, 아산현감, 수찬, 교리, 사간, 승지, 대사성, 대사간, 예조, 이조참의, 개성유수, 형조참판 등을 두루 역임하였다.

게다가 공의 의관衣冠을 모신 무덤이 내가 부임한 고을에 있으니, 감격하고 경모함이 더욱더 어떠하겠는가?

어느 날 공의 후손 신녕공新寧公[이홍의]이 소매 속에 공이 한산도에서 읊은 절구 한 수를 넣어 가지고 와서 나에게 보여 주었다. 나는 곧바로 손을 씻고 종이를 펴서 짧은 시간에 시를 읊조렸는데, 기운이 호탕하고 뜻이 열렬하며 말이 고상하고 격조가 맑아 비록 남은 시를 가지고도[64] 공의 충의가 글에 넘쳐서 가릴 수 없었다.

대개 옛날에 활집과 화살통을 차고서[65] 병서兵書[66]를 익히는 사람들은 마땅히 시문詩文[67]에 서툴러 문장文章을 여사餘事로 여겼으나 간혹 문원文苑[문단]에서 명성을 차지하고[68] 시문이 빛을 발하여 후세에 전할 만한 사람도 있었으니, 어찌 하늘이 두루 통달하는 재주를 주어서 익히지 않고서도 능숙한 사람이 아니겠는가? 옛날에 한문공韓文公[한유]이 칭찬하기를, "장순張巡은 배우기를 좋아하여 읽지 않은 글이 없었고, 『한서漢書』를 외울 때 한 글자도 틀리지 않았다."라고 하였으니,[69] 공이 또한 활을 쏘고 말을 달리던 여가에 경서와 사서를 익숙하게 읽어[70] 가슴에 생각을 쌓고 글로

---

63 왜적이 …… 잠식하는 : 원문의 "사시천식蛇豕荐食"에서 '사시蛇豕는 뱀과 돼지처럼 포학하고 탐욕스러운 왜적을 가리키고, '천식荐食은 끊임없이 먹어 치운다는 뜻으로 잠식蠶食과 같다. 『춘추좌씨전』 정공定公 4년 기사에 "오나라가 탐욕스러운 돼지와 뱀이 되어 상국을 잠식하고 있다吳爲封豕長蛇 以荐食上國."라고 하였다.

64 남은 시를 가지고도 : 원문의 "잔고잉복殘膏賸馥"은 남은 기름과 향기라는 뜻으로, 문장이 넉넉함을 비유한다. 원미지元微之가 두보의 시를 칭찬하여 말하기를, "다른 사람이 부족한 것을 두보는 넉넉하게 가져서 그의 유풍遺風과 여향餘香이 후인들에게 많은 영향을 끼쳤다它人不足 甫乃厭餘 殘膏賸馥 沾丐後人多矣."라고 하였다.(『新唐書』권201,「文藝列傳 杜甫」.)

65 활집과 …… 차고서 : 원문의 "고건櫜鞬"은 활집과 화살통이다. 춘추시대에 진晉나라 문공文公이 초자楚子에게 말하기를 "만약 명을 받지 않는다면 왼쪽에는 채찍과 활을 잡고, 오른쪽에는 활집과 화살통을 차고서 그대와 한판 겨루어 보겠습니다若不獲命 其左執鞭弭 右屬櫜鞬 以與君周旋."라고 하였다.(『秋左氏傳』, 僖公 23년.)

66 병서兵書 : 원문의 "도략韜略"은 육도삼략六韜三略의 준말로, 고대의 병법서인 주周나라 여상呂尙(태공망)의 『육도六韜』와 황석공黃石公의 『삼략三略』을 아울러 일컫는 단어이다.

67 시문詩文 : 원문의 "고묵觚墨"은 '붓과 먹'으로, 붓을 잡고 먹물을 적어 시문을 짓는 것을 말한다. 진晉나라 육기陸機의 「문부文賦」에 "혹은 고를 잡고 빨리 짓는가 하면, 혹은 호를 입에 물고 더디게 짓기도 한다或操觚以率爾 或含毫而邈然."라고 하였는데, 주석에 "고는 나무인데, 옛날 사람들이 그것을 붓으로 삼았다."라고 하였다.

68 명성을 차지하고 : 원문의 "양유攘羭"는 살진 양을 빼앗는다는 뜻으로, 명성을 빼앗아 차지한다는 뜻이다. 『춘추좌씨전』 노魯나라 희공僖公 4년 기사에 "공의 양을 빼앗다攘公之羭"라고 하였다.

표현한 것이 이와 같았다.

　공의 이름은 세상에서 영원히 사라지지 않을 것이다. 돌아보건대 이 공적에만 의지하지 않을 것이고, 주옥珠玉처럼 빛나는 시문도 없어지지 않을 것이다. 근래에 여러 공이 대부분 공의 시에 차운한 것이 거의 10여 편이나 된다. 신녕공이 나에게 서문과 화답을 부탁하였는데, 글이 졸렬하다고 사양할 수 없으므로 삼가 운자를 따라 대강 시서詩序를 지어 높은 산을 우러러보고 큰길을 따라가듯 공의 덕을 존경[71]하는 뜻을 부친다.

빛나는 공훈이 성대하고	赫赫勳名壯
삼한에서 절의가 높았네	三韓義節高
평소에 손에 잡던 물건은	平生手裏物
오직 두 자루 칼이었네	惟有兩龍刀

---

69 한문공韓文公이 …… 하였으니 : 한유韓愈의 「장중승전후서張中丞傳後敍」에 다음의 기록이 있다. 장 중승中丞은 장순張巡. 장적張籍이 대종代宗 연간에 화주和州 오강현烏江縣에서 우숭于嵩과 만나 장순의 사적에 대해 문답할 때 우숭이 말하기를 "장순은 키가 일곱 자 남짓이고 수염이 신선처럼 길었다. 일찍이 내가 『한서漢書』를 읽는 것을 보고 장순이 나에게 '무엇 때문에 이 글을 그리 오래 읽느냐?'라고 묻기에 나는 '아직 익숙하지 않기 때문이다.'라고 하였다. 장순이 말하기를 '나는 글을 읽을 적에 불과 세 번이면 종신토록 잊지 않았다.'라고 하고서 내가 읽던 글을 암송하였는데, 한 권卷이 다할 때까지 한 글자도 틀리지 않았다. 내가 놀라서 장 순이 우연히 이 책에만 익숙한 것이라고 여겨 마음대로 다른 책을 뽑아 시험해 보았으나 모두 다 그러하지 않음이 없었다巡長七尺餘 鬚髥若神 嘗見嵩讀漢書 謂嵩曰 何爲久讀此 嵩曰 未熟也. 巡曰 吾於書 讀不過三徧 終身不忘也. 因誦嵩所讀書 盡卷不錯一字 嵩驚 以爲巡偶熟此卷 因亂抽他帙以試 無不盡然"라고 하였다. (『唐大家韓文公文抄』 권10, 「張中丞傳後敍」.)

70 익숙하게 읽어 : 원문의 "염지染指"는 '염지수연染指垂涎'의 준말로, 고깃국 속에 손가락을 넣어 맛보면서 침을 흘린다는 뜻이다. 분수 밖의 것을 함부로 넘보는 일을 의미하는 말로 쓰인다. 춘추시대 정鄭나라 영공靈公이 자라국을 끓이면서 송宋나라 자공子公에게 주지 않자, 자공이 노하여 국솥에 손가락을 넣어 맛을 보고 나가 버렸는데, 나중에 그가 영공을 시해하였다.(『春秋左傳』, 宣公 4년.) 그러나 여기에서는 책을 읽어 익숙하게 되었다는 의미로 쓰였다.

71 높은 …… 존경 : 원문의 "고산경행高山景行"은 높은 산과 큰길처럼 훌륭한 분을 우러러 흠모하는 마음을 말한다. 『시경』 「소아小雅 거할車舝」에 "높은 산을 우러러보고 큰길을 따라 가네高山仰止 景行行止."라고 하였다.

(20) 또又 참의 조식趙湜[72]

기개가 산하 되어 웅장하고[73]	氣作山河壯
명성이 북두성처럼 높았네	名將星斗高
노량에 천년 내내 달이 밝아	露梁千載月
일찍이 칼집 속의 칼을 비췄네	曾照匣中刀

(21) 또又 참의 이삼석李三碩[74]

출병하여 몸이 먼저 죽으니[75]	師出身先死
공이 높고 절개가 더 높았네	功尊節益高
평소에 눈물이 옷깃에 가득하여	平生滿襟淚
옛 칼에 눈물을 뿌리네	霑灑舊龍刀

---

72 조식趙湜 : 1648~1714. 본관은 횡성橫城, 자는 지정持正이다. 조공립趙恭立의 증손으로, 할아버지는 조흠趙嶔이고, 아버지는 조이건趙以乾이며, 어머니는 남두화南斗華의 딸이다. 1686년(숙종 12) 춘당대 문과에 장원한 후 지평, 정언, 교리, 북평사, 공조참의, 승지, 황해도 관찰사, 종성부사 등을 두루 역임하였다.

73 기개가 …… 웅장하고 : 남송南宋의 명상名相 조정趙鼎이 간신奸臣 진회秦檜의 배척으로 주애朱崖에 유배되었을 때, 병이 위중해지자 스스로 자신의 명정銘旌에 쓰기를 "이 몸이 기미를 타고 천상으로 돌아가고, 기상은 산하가 되어 본조에 웅장하리身騎箕尾歸天上 氣作山河雄本朝"라고 하였다. '기미箕尾'는 기성箕星과 미성尾星인데, 옛날에 은殷나라 고종高宗 때의 재상 부열傅說이 죽은 뒤에 이 별들 사이로 올라가서 별이 되었다는 전설이 있다.(《宋史》권360, 「趙鼎列傳」.)

74 이삼석李三碩 : 1656~1710. 본관은 전주全州, 자는 달보達父이다. 종실 영천군靈川君 이정李侹의 증손으로, 할아버지는 여원정礪元正 이세헌李世憲, 아버지는 이창李昌이다. 어머니는 이빈李斌의 딸이다. 1680년(숙종 6) 별시문과에 병과로 급제한 뒤 장령, 정언, 지평, 헌납, 암행어사, 보덕, 사간, 전라도관찰사, 승지 등을 두루 역임하였다.

75 출병하여 …… 죽으니 : 두보杜甫가 성도成都에 있는 제갈량諸葛亮의 사당을 참배하고 지은 「촉상蜀相」에 "출병하여 못 이긴 채 몸이 먼저 죽으니, 영웅들이 옷소매에 길이 눈물을 적시네出師未捷身先死 長使英雄淚滿襟."라고 하였다.

(22) 또又 참의 여필용呂必容[76]

산과 바다처럼 공훈이 무겁고	海嶽勳名重
천추에 절의가 드높네	秋天節義高
애영[77]이 성군의 은혜에 넘치니	哀榮紆聖渥
옛날의 칼을 팔지 않으리라	不賣舊時刀

(23) 또又 감사 오명준吳命峻[78]

제갈량의 기산 충렬[79]과	諸葛祁山烈
비교하면 천추에 누가 더 높은가	千秋較孰高
한산도 새벽달이 한스러워	閑山殘月恨

---

76 여필용呂必容 : 1655~1729 : 자字는 휴경休卿, 본관은 함양. 거주지는 한성漢城이다. 1683년(숙종 9)에 증광시 문과에 합격하여, 숙종대에는 지평, 정언, 장령, 암행어사, 헌납, 보덕, 사간, 병조참지, 호조, 공조참판, 도우승지 등을 두루 역임하였다. 경종대에는 강원감사, 승지, 영조대에는 호조참판, 공조참판, 도승지, 특진관 등의 관직을 지냈다.(『승정원일기』,『숙종실록』,『경종실록』,『영조실록』,「한국역대인물종합정보시스템」,『국조문과방목國朝文科榜目』卷之十三.)

77 애영哀榮 : 생전과 사후에 모두 임금의 큰 은총을 받는다는 뜻이다. 자공子貢이 공자에 대해 말하기를 "살아서는 세상이 존경하고 죽어서는 세상이 슬퍼하니, 어떻게 공자께 미칠 수 있겠는가其生也榮 其死也哀 如之何其可及也."라고 하였다.(『論語』「자장子張」) 당나라 곽자의郭子儀에 대해 "부귀와 장수를 누리고, 살아서 존경받고 죽어서 슬퍼하니, 신하의 도리에 조금도 결점이 없었다富貴壽考 哀榮終始 人臣之道無缺焉."라고 하였다.(『新唐書』권137,「郭子儀列傳」)

78 오명준吳命峻 : 1662~1727. 자字는 보경保卿, 본관은 해주海州. 거주지는 한성漢城이다. 오달천吳達天의 증손으로, 할아버지는 오도융吳道隆이고 아버지는 오수량吳遂良, 우의정 오명항吳命恒의 형이다. 어머니는 영의정 여성제呂聖濟의 딸이다. 1694년(숙종 20) 알성문과에 장원으로 급제한 뒤 숙종대에 정언, 지평, 문학, 교리, 형조참의, 경상도 관찰사, 승지, 대사간, 황해도 관찰사, 도승지, 예조참판 등을 두루 역임하였다. 경종대에는 도승지, 형조판서, 판윤, 참찬, 대사헌 등을, 영조대에는 행장 찬집청당상, 우참찬, 대사헌 등의 관직을 지냈다. (『승정원일기』,『숙종실록』,『경종실록』,『영조실록』,「한국역대인물종합정보시스템」,『국조문과방목國朝文科榜目』卷之十三.)

79 제갈량의 기산 충렬 : 원문의 "기산祁山"은 중국 감숙성甘肅省 서화현西和縣의 서북쪽에 있는 산 이름이다. 제갈량은 유비가 죽은 뒤에 위魏나라를 정벌하기 위하여 성도成都에서 기산祁山으로 여섯 번 출정하였다.「출사표出師表」2편은 이때 지은 글이다.(『三國志』권35,「諸葛亮傳」.)

| 밤마다 용도가 울음 우네 | 夜夜吼龍刀 |

(24) 또[80]又 참의 임홍량任弘亮[81]

덕수의 인물 중에 뛰어나고	德水人豪挺
한산도 시편이 다시 드높네	閑山韻更高
삼한을 다시 살린 충렬을	三韓再造烈
옛날 칼에서 취해 보네	看取舊龍刀

(25) 목사 임홍량 (2)

가을빛이 시편[82]에 들어가고	秋光入咳唾
충의는 하늘과 높이를 다툴 만하네	忠義可爭高
선조의 공적에 욕됨이 없었으니	先烈知無忝
이성의 칼이 바로 이소의 칼이었네[83]	晟刀卽愬刀

---

[80] 또 : 목사 임홍량이 지은 시로 『폐추유고敝帚遺稿』 권1에 실려 있으며, 제목이 「삼가 충무공 이순신의 한산도 시에 차운하다 3수次李忠武公舜臣閑山島韻 三首」로 되어 있다. 제2수는 『이충무공전서』에 실려 있지 않다. 제2수에서 "기개가 산하 되어 웅장하고, 명성이 우주에 걸려 드높네. 천추 동안 푸르른 바다 위에, 남은 분노가 용도에 있네氣作山河壯 名懸宇宙高 千秋滄海上 餘怒在龍刀"라고 하였다. 『폐추유고』는 한국문집총간 40권에 있다.

[81] 임홍량任弘亮 : 1634~1707. 자字는 사인士寅, 호는 폐추敝帚, 본관은 풍천豊川. 거주지는 충청남도 아산牙山이다. 아버지는 부호군副護軍 임준任晙, 어머니는 능주구씨陵州具氏로 구강具剛의 딸이다. 이황李滉을 사숙私淑하였다. 1662년(현종 3)에 증광문과增廣文科에 병과丙科로 합격하여 병조정랑, 문천군수, 풍기군수, 평산부사, 통천군수, 순천부사, 진주목사, 여주목사 등을 지냈다. (『승정원일기』; 「한국역대인물종합정보시스템」; 『국조문과방목國朝文科榜目』卷之十二.)

[82] 시편 : 원문은 "해타咳唾"로, 기침과 침을 뜻한다. 남의 언어나 시문時文의 미칭美稱이다. 이백李白의 첩박명妾薄命에 "咳唾落九天 隨風生珠玉"(해타가 하늘 높은 곳에서 떨어져, 바람 따라 주옥이 생겨나네)이라 했다.

위 '추광秋光' 시구는 충무공 원래 운韻의 뜻을 사용하여, 선전관 이봉상李鳳祥에게 보내어 나의 기대하고 격려하는 뜻을 부친 것이다. 옛말에 "충의의 기운은 저 가을빛과 더불어 높기를 서로 다툰다."라고 하였고, 옛날 당나라 때 이성李晟은 나라를 다시 일으킨 명장으로 보배로운 칼을 가지고 능히 나라를 중흥시키는 공로를 세웠고, 그 칼을 자손들에게 전하여 뒤에 이소李愬도 또한 그 칼을 가지고 저 회채淮蔡를 평정하였다. 그 때문에 그들의 일을 시구에 써넣어 나의 구구한 바람을 보이는 바이다.

(26) 목사 임홍량 (3)

풍성 감옥 속의 검기가	酆城菀狴氣
드높이 두우성에 빛을 쏘았네[84]	光射斗牛高
장군이 손수 칼을 한번 쓰니	一試將軍手
천고의 보검이 되었네	千秋作寶刀

(27) 목사 임홍량 (4)

이순신[85]이 전함의 장수가 되어	仙李樓船將

---

83 선조의 …… 칼이었네 : 이성李晟과 이소李愬 부자가 당나라에 큰 공훈을 세운 것처럼 이순신의 5세손인 이봉상이 청주에서 순절하여 충무공의 충절을 잘 계승한 일을 말한 것이다. 이성은 당나라 덕종德宗 때 주차朱泚의 난을 평정하여 사직을 보존하였고, 이소는 헌종憲宗 때 회채절도사淮蔡節度使 오원제吳元濟가 난을 일으키자 오원제를 습격하여 사로잡고 회서淮西를 수복하였다. 이성이 평소에 쓰던 보검을 후손에게 전하였는데, 아들 이소가 이 칼을 가지고 큰 공을 세웠다.(『新唐書』권154, 「李晟列傳」.)

84 풍성 …… 쏘았네 : 풍성酆城은 중국 강서성江西省 남창현南昌縣 남쪽에 있는 지명인데, 풍성豐城이라고도 쓴다. 원문의 '완폐菀狴'는 허물어져 풀이 우거진 감옥을 말한다. 진晉나라 때 뇌환雷煥이 북두성北斗星과 견우성牽牛星 사이에 자줏빛 기운이 서려 있는 것을 보고서 예장豫章의 풍성豐城에 보검寶劍이 있는 것을 알았다. 이 사실을 상서尙書 장화張華에게 알리니, 장화가 뇌환을 풍성영豐城令으로 삼아 옥사獄舍의 옛 터를 발굴하도록 하여 마침내 고대의 보검인 용천검龍泉劍과 태아검太阿劍을 얻었다.(『晉書』권36, 「張華列傳」.)

칼을 뽑으니[86] 하늘이 높았네	拔鞘天爲高
시험 삼아 묻노니, 장군의 칼을	試問將軍劍
대식국의 칼[87]과 비교하면 어떠한가	何如大食刀

(28) 또又 도사 이준李晙[88]

명성이 구름과 물처럼 길이 희고[89]	聲名雲水白
충의가 천추에 드높네	忠義秋天高
여가에 한 일이 글짓기이고	餘事乃文墨
기발한 공훈이 큰 칼에 있었네	奇勳在大刀

---

85 이순신 : 원문의 "선리仙李"는 보통 조선 국왕의 성씨인 전주이씨全州李氏를 말하나 여기에서는 이순신의 본관인 덕수이씨德水李氏를 가리킨다. 노자老子가 이수李樹 아래에서 태어나 성을 이李로 했다는 전설이 있는데, 당나라 왕실은 노자의 후손이라 자처하여 선리라고 지칭하였다. (『杜少陵詩集』卷2, 冬日洛城北謁玄元皇帝廟.)

86 칼을 뽑으니 : 원문의 "발초拔鞘"는 칼집 속에서 칼을 뽑는다는 뜻이다. 두보杜甫의 「형남병마사태상경조공대식도가荊南兵馬使太常卿趙公大食刀歌」에 "짧은 옷을 입은 장사는 머리칼이 범털 같은데, 난간에 기대 칼을 뽑자 하늘이 높네壯士短衣頭虎毛 憑軒拔鞘天爲高"라고 하였다.

87 대식국의 칼 : 대식국大食國은 칼의 명산지로, 당나라 때 사라센제국을 가리켰다. 두보의 「형남병마사태상경조공대식도가荊南兵馬使太常卿趙公大食刀歌」에 "아아! 광록대부에게 영웅이 복종하니, 대식국의 보검과 견줄 만하네吁嗟光祿英雄弭, 大食寶刀聊可比."라고 하였다.

88 이준李晙 : 1637~1701. 자字는 자치子治, 본관은 덕수德水. 거주지는 충청남도 한산韓山이다. 증조부는 이안직李安直, 조부는 이휘李椲, 아버지는 이진하李震夏이다. 권흔權俒의 딸과 혼인하였다. 1683년(숙종 9) 증광시 진사, 1691년(숙종 17)에 알성시 문과에 합격하여, 전적, 경상 도사, 만경현령, 병조좌랑, 예조정랑, 병조정랑 등을 지냈다. (『한국역대인물종합정보시스템』; 『승정원일기』.)

89 명성이 …… 희고 : 이순신의 명성과 공훈이 흰 구름과 물처럼 영원히 사라지지 않고 전해질 것이라는 뜻이다. 두보杜甫의 「팔애八哀」 중에서 제1수인 「증사공왕공사례贈司空王公思禮」에 "천추에 분진 사이에서 공을 세우니, 사적이 운수와 함께 희리라千秋汾晉間 事與雲水白."고 하였다. 분진汾晉은 분수汾水 유역으로, 지금의 산서성山西省 태원太原 지역이다. 춘추시대에 분수가 진晉나라에 속했기 때문에 이렇게 말한다.

(29) 또[90] 又 도사 김유金楺[91]

짙은 구름 속에 외딴 섬이 서 있고	雲愁孤島立
바닷물이 울어 하늘이 드높네	水咽海天高
만고에 영령이 계셔서	萬古英靈在
때때로 밤마다 칼을 두드리네	時時夜擊刀

(30) 또 又 장령 이성조李聖肇[92]

충렬이 가을 서리와 늠름함을 다투고	忠烈爭秋凜
위명이 세상을 뒤덮어 드높네	威名盖世高
왜구를 베었던 옛 칼이 남아서	誅鯨餘舊物
칼날 빛이 칼집에서 나오네	光出匣中刀

---

90 또 : 대제학 김유가 지은 시로『검재집儉齋集』권4에 실려 있으며, 제목이「이충무공의 시에 차운하다次李忠武公韻」로 되어 있다. '운수雲愁'가 '연수烟愁'로 되어 있다. 한국문집총간 50권에 수록되어 있다.

91 김유金楺 : 1653~1719. 자는 사직士直, 호는 검재儉齋, 본관은 청풍淸風. 거주지는 충청남도 청양靑陽이다. 할아버지는 김극형金克亨이고, 아버지는 관찰사 김징金澄이며, 김구金構의 아우이다. 어머니는 이의길李義吉의 딸이다. 박세채朴世采·송시열宋時烈의 문인이다. 1683년(숙종 9) 사마시에, 1699년(숙종 25) 증광시 문과에 합격한 뒤, 호조정랑, 장령, 교리, 사간, 수찬, 황해감사, 평안도 관찰사, 부제학, 대사헌, 이조참판, 대제학 등을 두루 역임하였다. 좌찬성에 추증되고, 서흥의 화곡서원花谷書院에 제향되었다. 시호는 문경文敬이다.(『한국민족문화대백과사전』;「한국역대인물종합정보시스템」.)

92 이성조李聖肇 : 1663~1740. 자는 시중時中, 호는 정묵재鄭默齋, 본관은 전의全義. 거주지는 한성漢城이다. 이진경李眞卿의 증손으로, 할아버지는 이지형李枝馨이다. 아버지는 이세연李世延이며, 어머니는 홍수관洪受寬의 딸이다. 이세운李世運에게 입양되었다. 1692년(숙종 18)에 성균관 유생들에게 보이는 제술 시험에서 장원으로 합격하고, 이듬해 식년문과에 문과로 급제하였다. 그 뒤 숙종대에는 정언, 장령, 배천군수, 강계부사, 승지, 의주부윤 등을 역임하였고, 영조대에는 사직, 승지, 참찬관, 광주廣州 부윤 등의 관직을 지냈다.(『승정원일기』;『숙종실록』;『영조실록』;「한국역대인물종합정보시스템」.)

(31) 또又 종손 이지강李之綱

공훈이 우리나라[93] 지역을 뒤덮고	功蓋靑丘域
명성이 태양처럼 높게 걸려 있네	名懸白日高
지금까지 장한 기운이 남아서	至今餘壯氣
칼집 속의 칼이 빛을 토하네	光吐匣中刀

무제 한 연[94]無題一聯

바다에 서약하니 어룡이 움직이고	誓海魚龍動
산에 맹세하니 초목이 아네[95]	盟山草木知

붙임附 — 책 끝에 적는다題跋

(1) 우의정[96] 이단하李端夏[97]

앞의 절구 1수와 1연聯은 충무 이공李公이 지은 작품으로 공의 일기 속에서 나왔으나 일기가 세월이 오래되어 일부가 없어져서 완전한 시가 되지 않으니, 애석하다. 아아! 공의 공훈과 충렬이 나라를 덮고 충성과 절개가 해와 달을 꿰뚫었다. 사적이 역사서

---

[93] 우리나라 : 원문은 "청구靑丘"로, 중국에서 우리나라를 이르던 말이다. 삼국시대 이래 사용된 우리나라의 별칭이다.
[94] 무제한연:「무제일연無題一聯」은「진중음陣中吟」3수 중에서 제1수의 5구와 6구이다.「진중음」전편은『이충무공전서』보유 1補遺 一에 실려 있다.
[95] 같은 내용이『난중잡록亂中雜錄』에 실려 있다. 이순신이 한산도에 있으면서 지은 20운韻의 시 가운데, "바다를 두고 맹세하니 물고기와 용이 움직이고, 산을 두고 맹세하니 초목이 아는구나."라는 구절이 그것이다.(『大東野乘』卷27, 亂中雜錄3 "舜臣在閑山 吟咏二十韵中 有誓海魚龍動 盟山草木知 等句".)
[96] 우의정右議政 :『충무공가승忠武公家乘』에는 "판부사判府事"로 되어 있다.

에 실리고 비석에 새겨졌으며, 나라 사람들이 사모하고 읊은 작품이 전파되어 우주에 드리워져 장차 사라지지 않을 것이다.

오직 이 2편의 시는 바로 공의 정신이 담긴 작품이다. 시에 이르기를 "바다에 서약하니 어룡이 움직이고, 산에 맹세하니 초목이 아네誓海魚龍動 盟山草木知."라고 한 구절에서 공의 장한 뜻과 순수한 충심을 볼 수 있고, 큰 공을 성취한 기상을 볼만하다. 또 [「한산도야음閑山島夜吟」에서] 이르기를, "바다에 가을이 저물어, 추위에 놀란 기러기가 줄지어 높이 나네. 나라 걱정에 뒤척이며 잠 못 들 때, 새벽달이 활과 칼을 비추네水國秋光暮 驚寒鴈陣高 憂心輾轉夜 殘月照弓刀."라고 한 절구에서 또한 공의 충의가 가을빛과 높이를 다툼을 볼 수 있다. 시를 지은 상황을 말하면 거의 장군별이 떨어지던 무렵에 지은 작품인 듯하다.

생각건대, 나의 선친[이식李植]이 일찍이 공의 시장諡狀을 찬술하였다. 그 글에 "매일 밤에 군사들을 쉬게 하고 반드시 스스로 화살의 깃을 수리하였다."[98]라는 구절이 있으니, 또한 "나라 걱정에 뒤척이며 잠 못 들 때, 새벽달이 활과 칼을 비추네."라고 한 말뜻과 서로 부합한다. 소리 높여 읊조리며 감탄하노라니 나도 모르게 눈물이 나온다.

공의 현손玄孫인 직장直長 이홍의李弘毅가 공의 시로 시첩詩帖을 만든 뒤에 나에게 끝부분에 발문跋文을 적어 달라고 청하였다. 나는 비록 글을 잘하지 못하나 의리상 감히 사양할 수 없으므로 글을 적는다.

(2) 또又[99] 문정공文正公[100] 송시열宋時烈

나는 매번 악무목岳武穆[악비]이 장자암張紫巖[101][장준]에게 보낸 시[102]를 읽을 때마다 일찍이 무릎을 치며 세 번 되풀이하여 읽지 않은 적이 없었으니, 장준의 굳센 충성과

---

[97] 이단하李端夏 : 1625~1689. 본관은 덕수, 자는 계주季周, 호는 외재畏齋, 시호는 문충文忠. 택당 이식李植의 아들로 송시열의 문하이다. 1662년(현종 3) 증광문과에 급제하여 관직이 좌의정에 이르렀다. 북평사 시절에 임진왜란 때의 의병장 정문부鄭文孚의 추증에 공헌하였고, 현종대 2차 예송禮訟으로 삭직되었다가 1680년(숙종 6) 경신대출척庚申大黜陟으로 복권되었다. 『현종개수실록』 편찬에 참여하고, 사창절목社倉節目을 지어 사창의 설치를 건의하였다.

장한 용기가 진실로 그렇다고 생각하였기 때문이다. 심지어 문사文詞 역시 어찌 그리 기발하면서도 참신한가? 지금 충무공 이순신의 「한산도야음閑山島夜吟」을 보니, 천년 뒤에 서로 부합한다고 말할 만하다. 나는 일찍이 「노량비露梁碑」[103]를 지어 공의 위대한 사적을 대략 기록한 적이 있었다. 효종대왕께서 이를 듣고서 급히 초본草本을 올리게 하여 읽었으니, 한漢나라 문제文帝가 거록鉅鹿을 항상 생각하던 뜻이 있었다.[104]

지금 공의 현손玄孫 이홍의李弘毅가 이 시들을 가지고 와서 나에게 보이기에 내가 한 번 읊고 세 번 감탄하며 손에서 뗄 수 없었다. 혀를 차며 탄식하여 말하기를, "가령 효종께서 이 시를 직접 읽었다면 반드시 더욱 칭찬하여 총애가 지붕 위의 까마귀[105]에 미쳤을 것이다. 지금 이홍의는 권귀權貴에게 아부하지 않다가 벼슬을 잃고 실의失

---

98 매일 …… 수리하였다 : 이식李植의 시장諡狀은 『택당별집澤堂別集』 권10에 실려 있으며, 제목이 「통제사증좌의정이공시장統制使贈左議政李公諡狀」으로 되어 있다.

99 또又 : 이 발문은 송시열이 1680년(숙종 6, 경신) 12월에 지은 글로 『송자대전宋子大全』 권148에 실려 있으며, 제목이 「이충무한산절구발李忠武閑山絶句跋」로 되어 있고, 발문 앞에 「한산도야음閑山島夜吟」과 「무제일연無題一聯」이 실려 있다. 발문 가운데 '장자미張紫微'가 '장자암張紫巖'으로 되어 있는데, '장자암張紫巖'이 옳다. 끝부분에 '숭정崇禎 기원후 53년 경신년(1680, 숙종6) 12월 모일에 은진 송시열이 쓰다崇禎紀元之五十三年庚申臘月日 恩津宋時烈書.'가 추가되어 있다.

100 문정공文正公 : 『충무공가승』에는 "영부사領府事"로 되어 있다.

101 장자암張紫巖 : 원문에는 '장자미張紫微'로 되어 있으나 잘못이므로 '장자암張紫巖'으로 바로잡아 번역하였다.

102 악무목岳武穆이 …… 보낸 시 : 송시열의 「서악무목시후書岳武穆詩後」에 시 전문이 실려 있고, 제목이 「송자암장선생북벌送紫巖張先生北伐」로 되어 있다. 악비는 1135년 가을에 이 시를 지었다. 악비는 이 시에서 "호령이 바람과 우레처럼 빨라서, 천자의 위엄이 북쪽 변방에 진동하네. 멀리 말을 내달려 낙수를 건너고, 곧바로 공격하여 유주를 향하네. 군마는 흉노의 피를 밟고, 깃대에 몽골 왕의 머리를 매다네. 돌아가서 임금께 보고할 때, 옛 중원을 회복했다고 하리라號令風霆迅 天聲動北陬 長驅渡河洛 直擣向燕幽 馬蹀閼氏血 旗梟可汗頭 歸來報明主 恢復舊神州"고 하였다. 『宋子大全 권146 書岳武穆詩後』와 이수광李睟光의 『지봉유설芝峯類說』 권12 「문장부文章部 5 송시宋詩」에도 시가 실려 있고, 제목이 「송장자암북벌送張紫岩北伐」로 되어 있다.

103 「노량비露梁碑」 : 송시열이 1661년(현종 2, 신축) 10월에 지은 비문인데, 『송자대전』 권171에 제목이 「남해노량충무이공묘비南海露梁忠武李公廟碑」로 되어 있다.

104 한漢나라 …… 있었다 : 원문의 "거록鉅鹿"은 중국 직례성直隷省 평향현平鄕縣에 속한 지명이다. 한나라 문제가 전국 시대 때 조趙나라 명장 이목李牧이 거록에서 승전한 이야기를 풍당馮唐에게 들은 뒤로 항상 생각하여 밥 먹을 때에도 생각하지 않은 적이 없었다. 풍당의 이야기를 듣고 매우 기뻐하며 말하기를 "아아! 나는 염파·이목 당시에 태어나지 않아서 그들을 장수로 삼지 못했을 뿐이다. 그런 사람을 장수로 삼는다면 어찌 흉노를 걱정하겠는가嗟乎 吾獨不得廉頗李牧時爲吾將 吾豈憂匈奴哉."라고 하였다. (『史記』 권102, 「馮唐列傳」.)

意에 빠져 있는데, 사람들은 그가 충의忠義의 집안 자손임을 알지 못한다. 아아! 어찌하면 집정자執政者에게 고할 수 있을까?"라고 하였다.

한산도가閑山島歌[106]

한산섬 달 밝은 밤에 수루에 올라서	閑山島月明夜上戍樓
큰 칼을 만지며 깊이 근심하는 때에	撫大刀深愁時
어느 곳의 일성호가가 다시 시름을 더하는가	何處一聲羌笛更添愁

살펴보건대 조경남趙慶男[107]의 『난중잡록亂中雜錄』에 "한산도에서 읊은 20운韻이 있다."[108]라고 하였으나 여러 번 전쟁을 거치며 없어져서 전하지 않고, 다만 1연聯과 「한

---

[105] 지붕 위의 까마귀 : 원문의 "옥상오屋上烏"는 어떤 사람을 좋아하면 주변 사람이나 사물에까지 좋아하는 마음이 미친다는 뜻이다. 중국 주나라 무왕武王이 태공太公을 불러 "이 대중들을 어찌하면 좋겠는가?"라고 하니, 태공이 말하기를 "신이 듣건대 사람을 사랑하면 그의 지붕 위에 앉은 까마귀까지도 사랑하고, 사람을 미워하면 그의 집 종들까지도 미워한다愛其人者 兼屋上之烏 憎其人者 惡其餘胥"라고 하였다.(『說苑』.)

[106] 이 시조는 원래 우리말로 전해 오는 것인데『이충무공전서』편찬자가 한문으로 옮겨 놓았다.

[107] 조경남趙慶男 : 1570~1641. 본관은 한양漢陽, 자는 선술善述, 호는 산서山西·산서병옹山西病翁이다. 전라북도 남원에서 살았다. 아버지는 사직 조벽趙璧이며, 어머니는 남원양씨南原梁氏이다. 일찍 부모를 여의고 외조모의 손에 양육됐으며, 1579년(선조 12) 10세에 글을 써 남을 놀라게 했다. 13세에는 난리를 예견하여 일기를 쓰기 시작했다. 18세에는 조헌趙憲의 문하로 들어가 의리와 도덕을 터득했다. 1592년 임진왜란이 일어나자 향리에서 의병을 일으켜 10여 차례의 전투에서 많은 왜군을 사살하였다. 1598년(선조 31) 29세에 전라도 병마절도사 이광악李光岳 막하에 별장別將이 되어 명나라 유정劉綎 제독의 순천 왜교성 공격에 선봉군으로 참전하였다. 그는 문무를 겸전한 장수의 재목이었으나 언제나 공로를 사양하여 조정에 알려지지 않았다. 인조반정 후 세상과 인연을 끊고 방장산方丈山 용추동龍湫洞에 별장을 짓고 산서병옹이라 자처하며 은둔하였다. 사후 주포서원周浦書院에 향사됐다. 13세 때인 1582년(선조 15)에서 1610년(광해군 2)까지 사적을 일기체로 기술한『난중잡록亂中雜錄』4권 2책이 있다.『속잡록續雜錄』4권 2책과 더불어 의병 활동의 생생한 기술과 명·청과의 외교활동의 객관적 기술로 그 사료적 가치가 매우 높다. '산서야사山西野史' 또는 '대방일기帶方日記' 등의 명칭으로 불리고 있다. 인조 때『선조수정실록』을 편찬하면서 사료史料로 참고되었다.(『한국민족문화대백과사전』;『국역 대동야승』권26, 亂中雜錄序.)

[108] 한산도에서 …… 있다 :『난중잡록亂中雜錄 3』에 "이순신이 한산도에 있으면서 읊은 20운韻 가운데에 '바다에 서약하니 어룡이 움직이고, 산에 맹세하니 초목이 아네.' 등의 구절이 있다舜臣在閑山吟咏二十韵中 有誓海魚龍動 盟山草木知等句."라고 하였다.

산도가閑山島歌」1편이 세상에 전할 뿐이니, 어찌 애석함을 이길 수 있겠는가?

〈참고 1〉

이 시조는 『청구영언青丘永言』・『해동가요海東歌謠』・『고금가곡古今歌曲』・『가곡원류歌曲源流』 등 여러 시조 문헌에 모두 각각 약간씩의 차이를 보이며 우리말로 실려 있다.

현존한 시조 문헌 중에 가장 오랜 것은 1728년(영조 4)에 김천택金天澤이 편찬한 『청구영언』이며, 거기에 실린 충무공 이순신의 한산섬 시조는 그 문구에 일부 착오가 있다. 1763년(영조 39)에 노가재老歌齋 김수장金壽長이 편찬한 『해동가요』에 실린 것은 잘 정돈되어 있고, 『이충무공전서』에 한문으로 번역해 놓은 것과 대조해도 부합한다. 그리고 『연려실기술燃藜室記述』에 적혀 있는 것은 그 문학적 가치를 인정할 수 있다.

閑山셤 둘 붉은 밤의 戌樓에 혼자 안자
큰 칼 녑희 추고 깁흔 실름 ᄒ는 적의
어듸셔 一聲胡笳는 나의 애를 긋는이
　　—『해동가요』(충남대학교 도서관 소장)

한산셤 달 발근 밤의 위루의 혼자 안자
일장검 겻히 노코 긴 한숨 ᄒ는 밤의
어듸셔 일셩호가는 남의 이를 긋ᄂ니
　　—『연려실기술』 권18, 宣祖朝名臣 李舜臣

閑山셤 달 밝은 밤에 戌樓에 혼쟈 안져
큰 칼 녑헤 추고 깁푼 시름 ᄒ는 次에
어듸셔 一聲胡笳는 斷我腸을 ᄒᄂ니
　　—『가곡원류』(국립국악원 소장)

수루. 경남 통영 한산도.

閑山섬 달 밝은 밤에 戍樓에 혼자 앉아
큰 칼 옆에 차고 깊은 시름 하는 차에
어디서 一聲胡笳는 남의 애를 끊나니
— 이은상,『완역 이충무공전서』권1

 한편 이 작품이 언제 지은 것인가는 알 수 없다. 다만 이순신의『난중일기』를 통해서 추정해 보면, 〈갑오년 6월 11일 일기〉에 "늦게 충청수사가 와서 활을 쏘고 그대로 저녁밥을 함께 먹었다. 달 아래 함께 이야기할 때 옥피리玉笛 소리가 처량했다. 오래도록 앉았다가 헤어졌다."「을미년 8월 15일 일기」에 "이 날 밤, 으스름 달빛이 수루를 비추는데, 잠을 이루지 못하고 시를 읊어 긴 밤을 새웠다."가 보인다.
 이순신이 한산도에 있는 동안의 일기 중에 이 노래를 지었을 것으로 볼 수 있는 기사를 찾아보면, 위의 두 군데 기록을 들 수 있다.(이은상 역,『완역 이충무공전서 상』, 성문각, 1989, 114쪽.)

잡저襍著

장검에 새긴 글劒銘[109]

장검 한 쌍에 나누어 새겼는데 바로 공의 글씨이다. 지금 공의 후손 집에 있다.

석 자 칼로 하늘에 맹세하니	三尺誓天
산과 물이 놀라 반색하네	山河動色

이二

한번 휘둘러 소탕하니	一揮掃蕩
피가 산하를 물들이네	血染山河

---

109 장검에 새긴 글 : 이순신이 친히 지녔던 칼 두 자루에 새겨진 명문銘文이다. 이 칼의 슴베에는 '갑오년 4월 태귀련太貴連 이무생李茂生이 만들었다甲午四月日造太貴連李茂生作'는 글귀가 새겨 있어, 1594년 (선조 27) 이순신이 한산도에 있을 때 휘하의 칼 만드는 장인이 제작했음을 확인할 수 있다. 이 두 칼은 1962년에 보물 326호로 지정되었으며, 현재 아산 현충사에 보관 중이다.

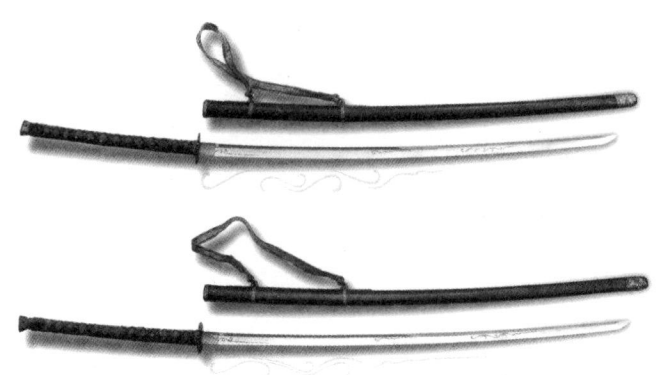

충무공 장검 두 자루. 아산 현충사. (사진: 문화재청 현충사관리소, 『겨레를 살린 두 자루 칼 충무공 장검』)

붙임附 — '장검에 새긴 글'에 차운하다次劍銘

판부사判府事[110] 조상우趙相愚[111]

한번 쌍룡검을 만드니	一鑄雙龍
귀신이 놀라 정색하네	鬼神動色

이二

손수 왜장의 목을 베니	手劘鯨鯢
기운이 산과 강을 두르네	氣帶山河

---

110 판부사判府事 : 판중추부사判中樞府事. 중추부의 종1품 관직이다. 중추부는 고유 업무가 없는 기관으로 문무 당상관들을 우대하는 차원에서 임명하였다.

111 조상우趙相愚 : 1640~1718. 본관은 풍양이고, 자는 자직子直, 호는 동강東岡이다. 송준길의 문인으로, 1682년(숙종 8) 증광문과에 급제하여 관직이 대사헌, 이조판서, 판중추부사에 이르고 기로소에 들어갔다. 붕당 간의 대립이 격화된 숙종대 정국에서 남구만南九萬·최석정崔錫鼎 등과 함께 소론으로 활동하였고, 부세, 사법, 예론 등 국정 전반에 걸쳐 건의를 하였다.

〈참고 2〉

『충무공가승忠武公家乘』 권1, 유고遺藁, 검명劒銘 다음에는 '칼에 새긴 글에 차운하다附次劍銘(判府事 趙相愚)'라는 내용이 없고, 판서判書 최석항崔錫恒[112]의 다음과 같은 '제발題跋'이 실려 있다.

> 옛날 임진왜란 때 섬 오랑캐가 거리낌없이 잔학한 짓을 하여, 안으로는 임금의 수레가 도성을 떠나 이리저리 떠돌아다니고, 밖으로는 8도의 백성들이 다치고 상하게 되었다. 나라는 망하지 않았으나 겨우 터럭 한 개에 매달려 있는 형국이었다. 아! 그때 충무 이공이 통제사의 임무를 받고 수군을 규합하여 여러 번 흉악한 무리들을 쳐부쉈다. 마침내는 곧 한산도 바다에서 큰 승리를 거두고, 친히 화살과 돌을 몸으로 무릅쓰며 나라를 위해 목숨을 바쳤다. 그리하여 한 척의 배도 감히 서쪽으로 향하지 못하게 해서 양호(호남·호서)가 온전함을 얻었다. 나라를 다시 일으키는 공업功業에 토대가 되어 그 성대함이 중흥의 일등 공신이 되었다. 그분은 당나라 때 수양睢陽을 지킨 장순張巡과 송나라 때 무목武穆 악비岳飛와 견주어 보아도 부끄러움이 없는 모습이다. 공이 일찍이 장검 한 쌍을 만들어 '석 자 칼로 하늘에 맹세하니 산과 강이 떨고, 한번 휘둘러 쓸어 버리니 피가 강산을 물들이도다.'라는 양 시구를 명문銘文으로 지어 그것을 나누어 새김으로써 분개하는 마음을 거기에 담았다. 아! 위대하도다. 공의 후손 이홍의 李弘毅가 와서 책의 뒷글을 청하면서, 그 시말을 기록한 것과 함께 공이 지은 한 절구를 주며, 나에게 화답하는 몇 마디 말을 부탁하므로 그 뜻이 간절하여 그만둘 수 없었다.

---

[112] 최석항崔錫恒 : 1654~1724. 본관은 전주, 자는 여구汝久, 호는 손와損窩, 시호는 충간忠簡이다. 할아버지는 최명길崔鳴吉이고, 아버지는 최후량崔後亮이며, 영의정 최석정崔錫鼎의 아우이다. 1680년(숙종 6) 별시 문과에 급제하였다. 몸집이 작고 차림이 초라하였으나, 사리 판단이 정확하여 경상도 관찰사로 있을 때는 전국의 관찰사 중 제일이라는 평판을 들었다. 1721년(경종 1)부터 2년에 걸친 이른바 신임사화에서 소론이 승리하는 데에 큰 역할을 하였다. 1721년 10월 왕세제王世弟 대리청정의 지시가 내렸을 당시 좌참찬으로서 왕을 만나 그 부당성을 지적하여 그것을 철회시키기도 하였다. 이조판서를 거쳐 좌의정에 이르렀고, 나이 70이 되어 기로소耆老所에 들어갔다. 당시 소론 4대신 가운데 한 사람으로 꼽혔는데, 이러한 당색 때문에 영조가 즉위한 뒤 관작이 추탈되었다가 복관되기도 하였다. 저서로는 『손와유고』 13권이 있다. (『한국민족문화대백과사전』.)

아! 주周나라 소백召伯[소공召公]이 쉬었던 곳의 팥배나무를 시인詩人이 베지 말라고 읊은 시가 있고, 제갈공명 사당 앞의 측백나무는 뒷사람들이 사랑하고 아끼는 마음이 있다. 어찌 그 물건을 보고 그 사람을 생각하거나, 그 사람을 생각하고도 그의 덕을 사모하지 않을 수 있겠는가? 그것들은 감정이 없는 하나의 나무이다. 그럼에도 불구하고 노래로 읊어 널리 퍼져 전해지고 더욱 오래도록 쇠락하지 않는다. 하물며 이 명문이 있는 칼은 충신의 손 안에 있던 물건이 되어, 그분이 나라에 몸을 바쳐 정성을 다하여 하늘에 맹세하며 흉적을 없애고 복수하려는 뜻이 시의 자구 사이에 늠름凜凜하다. 뒤에 열람하는 사람은 사랑하고 보호하며, 마음으로 감동하고 칭찬해야 할 것이다. 어찌 팥배나무와 측백나무에 멈출 뿐이겠는가. 생각건대, 나는 그것[장검과 명문]에 깊이 감동함이 있다. 임진년부터 지금에 이르기까지 꼭 2갑자[120년]가 되었다. 인심은 편안함에 익숙해지고, 사대부의 기풍은 점점 쇠락하고, 춘추春秋의 대의大義는 거의 어둠 속에 있어 뜻있는 선비의 고통을 갉아먹으니 바야흐로 어떻게 복수하겠는가.

무릇 공의 자손된 사람으로는, 가령 우리 공이 반드시 복수하려는 뜻을 체득할 수 있고, 우리 공이 눈을 감지 못한 뜻을 이어서, 이 칼로 하여금 오래된 상자 속에 버려지고 던져져서 파묻히지 않도록 한다면, 참으로 조상을 욕보이지 않는다고 이를만하다. 어찌 이에 힘쓰지 아니하겠는가. 이것으로써 이군[이홍의]에게 보답하였기를 바라며, 이에 앞서의 운문韻文에 차운하여 평소 우러러 사모하는 정성을 대략 기술한다.

在昔龍蛇之歲 島夷肆虐 內而乘輿播越 外而八路創殘 國之不亡 僅一髮耳 于時 忠武李公 受任統制 料合舟師 屢敗兇徒 卒乃大捷于閑山之洋 親冒矢石 以身殉國 使片舸隻帆 不敢西向 得全兩湖 以基再造之業 蔚爲中興第一功 其視張睢陽岳武穆 無愧色矣 公嘗得一雙長劍 以三尺誓天山河動色 一揮掃蕩血染山河 兩句 作銘而分刻之 以寓其憤慨之懷 嗚呼偉哉 公之孫弘毅 來請跋語 記其始末 並與公所作一絶 屬余和之 累言不已 其意動勤矣 噫 召伯所憩之棠 詩人有勿剪之詠 孔明廟前之栢 後人有愛惜之心 豈不以覩其物而思其人 思其人而慕其德也歟 彼無情

> 一樹木 尙且謳詠而流傳 愈久而不衰 矧此銘釰 爲忠臣手中之物 而其許
> 國誓天之誠 除兇復讐之意 凜凜於字句之間 後之覽者 愛護嗟賞 豈止甘
> 棠老栢而已哉 抑吾有深感焉 自壬辰至今年 恰更二甲子矣 人心狃安 士
> 氣寢衰 麟經大義 幾於晦蝕 志士之痛 當復如何 凡爲公子孫者 若能體
> 我公必復之義 繼我公不瞑之志 毋使此劍棄擲埋沒於塵匣之中 則可謂
> 不忝乃祖矣 盍於是勉之哉 聊以此復李君 仍次前韵韻 略申平昔景仰之
> 忱(次韻在附錄)

『충무공가승』 권6, 부록, 차도자운次刀字韻에 있는 판서 최석항의 차운시 번역문과 원문은 다음과 같다.

훈공과 업적은 하늘을 떠받칠 만큼 무겁고	勳業擎天重
순수한 충성심은 해를 관통할 만큼 높네	精忠貫日高
평생토록 우러러 사모한 뜻으로	生平景慕意
눈물을 흘리며 한 쌍의 칼을 어루만지네.	流涕撫雙刀

체찰사 완평부원군 이원익李元翼[113]에게 올리는 편지
上體察使完平李公元翼書

엎드려 생각건대, 일에는 부득이한 형세가 있고 마음情에는 더없이 절박한 형편이 있습니다. 더없이 급박한 마음으로써 부득이한 일을 만나면, 차라리 나라에 대한 의리에 죄를 지을지언정 형세상 어버이를 위한 사사로움에 굽히는 경우가 간혹 있습니다. 저에게는 연로하신 어머니가 있는데 금년 연세가 81세입니다. 1592년[선조 25, 임진] 초에 모두 불타 없어질까 두려워해서 요행히 구차하게나마 보전하기를 바라서 드디어 일가가 모두 바닷길을 통해 남쪽으로 내려와 순천 땅[114]에 머물러 살고 있습니다. 그때는 어미와 자식이 서로 만난 것을 영화로 여기고 다른 것은 생각할 겨를이 없었습니다. 이듬해 1593년[선조 26, 계사]에 명나라 군대의 소탕으로 적들이 숨고 도망가니, 이는 바로 떠돌던 백성들이 고향을 생각할 때가 된 것이었습니다. 다만 교활한 오랑캐라 속임수가 많고 온갖 꾀를 다 부리는데, 그들이 한구석에서 진을 치고 모여 있으니 어찌 공연히 그러하겠습니까? 만약 다시 불쑥 쳐들어오면 굶주린 호랑이 입속에 어버이를 버려 두는 것입니다. 이로 말미암아 돌아갈 것을 결정하지 못하고 그럭저럭 오늘에 이르렀습니다.

비록 그러하지만 저는 용렬한 재주로 외람되게 막중한 임무를 맡아 일을 허술히 할 수 없는[115] 책임이 있고, 몸은 자유로울 길이 없습니다. 부질없이 어머니 계신 곳을 바라보며[116] 그리움만 커질 뿐 자식 걱정하는 마음을[117] 위로해 드리지 못하였습니

---

113 이원익李元翼 : 1547~1634. 자字는 공려公勵, 호號는 오리梧里, 본관은 전주全州로 한성漢城에서 살았다. 태종太宗의 아들 익령군益寧君 이치李袳多의 4세손으로 1547년(명종宗 2)에 나니 이순신보다 2년 아래다. 1569년(선조 2)에 문과에 급제하여 승문원承文院에 들어갔다. 천성이 침착하고 번잡하게 어울리기를 좋아하지 않았고, 공적인 일이 아니면 외출도 잘 하지 않는 성품이었으므로 아무도 그를 알아주는 이가 없었으나 류성룡柳成龍만은 그를 어진 이로 알아주었고 또 이이李珥도 그의 능력을 알고 조정에 추천하였다. 임진왜란이 일어났을 때에는 이조판서吏曹判書로서 평안도 도순찰사都巡察使를 겸하였다. 1593년(계사)에 명장明將 이여송李如松과 합세해 평양을 탈환한 공로로 숭정대부崇政大夫에 가자되었다. 1595년(을미)에 우의정이 되고 그대로 4도 도체찰사道都體察使를 겸하여 본부를 영남에다 차렸다. 그는 통제사 이순신에 대해 특별한 이해를 하였고, 그 인격을 서로 존경하였으며, 이순신이 옥에 갇혔을 때는 장계를 올려 그의 무죄함을 역설했다. 1598년(무술)에 좌의정에 오르고, 1604년(갑진)에 호성공신扈聖功臣으로서 완평부원군完平府院君에 봉해졌다. 광해光海 때에 영의정이 되어 광해의 그릇된 정사를 바로잡기를 애썼으나 이루지 못하고 도리어 귀양 갔다가 인조반정仁祖反正 뒤에 다시 영의정이 되었다. 1634년(인조 12)에 88세로 별세하였다. 시호는 문충文忠이요 인조仁祖의 묘정廟庭에 배향되었다. 다섯 차례나 영의정을 지냈으나 집은 두어 칸 오막살이 초가였으며, 퇴관 후에는 조석거리조차 없을 정도로 청빈했다고 한다. (『國朝文科榜目』, 『한국민족문화대백과사전』.)

114 순천 땅 : 모친의 피난처는 순천 고음천古音川(지금의 전라남도 여수시 웅천동 송현마을)이다. 모친 초계변씨와 처 방씨는 이순신이 전라좌수사로 재임 중이던 1593년 6월에 고음천(고음내)으로 옮겼는데, 불과 한 달 후 7월 15일 한산도로 진영을 옮기고 그 후 전라좌도 수군절도사 겸 삼도수군통제사로 임명되어 한산도에서 지내야 했기 때문에 모친과 떨어져 있어야 했다.

115 허술히 할 수 없는 : 원문은 "미고靡盬"로, 허술히 해서는 안 됨의 뜻이다. '미靡'는 아니다, 안 된다는 뜻이고, '고盬'는 조잡하다, 단단하지 않다는 뜻이다. (『詩經』, 國風, 唐, 鴇羽, "王事靡盬".)

116 어머니 …… 바라보며 : 원문은 "척호지첨陟岵之瞻"으로, '어버이 계신 곳을 바라봄'의 뜻이다. 『시경詩經』, 국풍國風, 위魏, 척호陟岵에 "저 민둥산에 올라 아버지 계시는 곳을 바라본다陟彼岵兮 瞻望父兮."라고 한 데서 유래한 말로, 자식이 병역에 나가 고향 집에 계시는 부모를 그리워한다는 뜻이다.

117 자식 …… 마음을 : 원문은 "차계지심嗟季之心"으로, 어머니가 자식을 걱정하는 마음의 뜻이다. 『詩經』, 國風, 魏, 陟岵에 "어머니는 '병역에 나간 막내아들을 슬퍼하며 밤에도 잠 못 든다.'라고 말했다母曰 嗟予季行役 夙夜無寐"라고 한 데서 유래한 말로, 어머니가 병역에 나간 자식을 걱정한다는 뜻이다.

다. 아침에 나가 돌아오지 않아도 문밖에 서서 기다리시는데[118], 하물며 못 뵌 지 이미 3년이 다 되어 가니 어떠하겠습니까? 얼마 전 집안 노비[119] 편에 다른 사람이 대신 쓴 편지를 보내왔는데, "늙은 몸의 병이 날로 심해져 앞날이 얼마 남지 않았으니, 죽기 전에 네 얼굴을 다시 한번 보고 싶다."라고 하였습니다. 아! 남이 들어도 눈물이 날 지경인데 하물며 자식 된 사람이 어떠하겠습니까? 이 편지의 말씀을 보고부터는 마음이 더욱 산란하고 다른 일에는 관심이 가지 않습니다.

저는 지난 1583년[선조 16, 계미]에 함경도 건원보乾原堡의 권관權管[120]으로 있었는데, 제 부친이 돌아가셔서 천리 길을 분상奔喪하였습니다. 살아 계실 때는 약 한 첩 달여드리지 못하고 돌아가실 때는 영결永訣조차 하지 못해 언제나 평생의 통한이 되었습니다. 이제 어머니 연세가 이미 여든[121]이 넘어 남으신 날이 서산에 임박했습니다. 만약 또 하루아침에 홀연히 돌아가시는[122] 슬픔을 당하게 되면, 이것은 제가 또다시 불효자식이 되고 어머니도 지하에서 눈을 감지 못하실 것입니다.

제가 가만히 스스로 생각건대, 왜적들이 화친을 청하는 것은[123] 말하는 바가 아무

---

118 문밖에 …… 기다리시는데 : 원문은 "의려지망倚閭之望"으로, 동리 문에 기대어 자식을 기다림의 뜻이다. '여閭'는 마을 입구의 문이다. 『전국책戰國策』 권13, 제齊 6, 왕손가王孫賈 기사에 그 어머니가 "네가 저녁에 나가서 돌아오지 않으면 나는 동리 문에 기대어 너를 기다린다女暮出而不還 則吾倚閭而望女"라고 했던 말에서 나온 말이다.

119 집안 노비 : 사내종을 '동僮(僮)'이라 하니, 곧 가노家奴를 말한다.(『경국대전주해』 경국대전 주해 후집, 형전, 추관秋官 사구司寇, 사천, 가동, "奴曰童 卽家奴".)

120 건원보乾原堡의 권관權管 : 건원보는 함경도 북도에 속하는 진보鎭堡이고, 권관은 국경 지역 최전방의 종9품 수장守將이다. 조선 초기에는 품외관을 파견하기도 하였으나, 변방 방어의 중요성이 높아짐에 따라 중종대부터 무과 급제자의 파견이 본격적으로 논의되어 종9품으로 고정하고 『속대전』에 법제화하였다. 함경도는 남도에 소농보小農堡 등 8원, 북도에 건원보乾原堡 등 8원으로 총 16원을 배치하고, 평안도는 건천乾川 등 14원, 경상도에 삼천포와 율포 등 2원을 배치하여 함경도와 평안도에 집중되었다.(『속대전續大典』, 병전, 외관직.)

121 여든 : 원문의 "시제時制"는 70세이다. 제제는 부모의 상을 대비하여 관·수의 등의 상구를 미리 마련하는 것을 말한다. 60세가 되면 세제歲制 즉 1년이 걸리는 상구를 준비하고, 70세가 되면 시제時制 즉 한 계절이 걸리는 상구를 준비하고, 80세가 되면 월제月制 즉 한 달이 걸리는 상구를 준비하고, 90세가 되면 이미 마련한 상구를 매일 손질한다고 했다.(『예기』, 왕제王制.) 이에 따르면, 시제는 '일흔'이 되어야 하는데, 편지 앞부분에서 모친의 연세가 81세라고 명시하였으므로 '여든'으로 번역하였다.

122 돌아가시는 : 원문은 "풍수風樹"로, 부모가 돌아가 봉양할 수 없음의 비유이다. 『한시외전韓詩外傳』의 "나무가 가만히 있으려 하나 바람이 그치지 않고, 어버이를 섬기려 하나 어버이는 기다려 주지 않는다樹欲靜而風不止 子欲養而親不待也"에서 나온 말이다.

런 까닭이 없는 화친입니다. 명나라 사절이 이미 내려왔는데 아직까지 적들이 바다를 건너가는 형적이 없으니, 앞으로 닥쳐 올 재앙이 지난날보다 더 심할 것입니다. 그러니 이번 겨울 어머니께 돌아가 뵙지 못하고 봄이 되어 방비에 또 바쁘게 되면 결코 진을 떠날 수 없을 것입니다. 합하께서 한 치 풀[124] 같은 자식의 심정을 살피시어 며칠 휴가를 주시면, 배를 타고 한번 찾아뵘으로써 노모의 마음에 조금이나마 위로가 될 것입니다. 설령 그사이 위급한 일이라도 생긴다면 어찌 합하의 휴가 명령을 받았다 해서 감히 중대한 일을 그르치겠습니까?

> **〈참고 3〉**
>
> 이 편지는 날짜가 적혀 있지 않으나 이순신의 일기를 통해 다음과 같이 추정해 볼 수 있다.
>
> 　1595년(선조 28, 을미) 8월 20일, 한산도에 있던 이순신은 체찰사의 부름으로 진주로 가서, 23일에 처음 체찰사 우의정 이원익과 만났다. 그리고 체찰사의 한산도 순시를 보좌하였다. 또 12월 8일과 15일, 체찰사의 전령을 받고 삼천진(지금의 사천시 삼천포)에 가서 체찰사와 군사 일을 의논하고 19일에 헤어졌다. 그 뒤에 여수 본영에 가서 고음천에 계신 모친을 뵙고, 다음 해 1596년(선조 29, 병신) 1월 3일에 한산도로 돌아왔다.
>
> 　이순신은 1594년(갑오)과 1595년(을미)의 2년 동안 한산도에서 본영에 귀환하지 못했으며, 1595년 8월 이후 체찰사 이원익과 처음으로 상면하고 서로 간에 익힌 친숙함을 바탕으로, 그해 12월에 본 휴가 요청 편지를 보낸 것으로 보인다. 편지를 받은 체찰사는 군사 일에 대한 상의를 명분으로 18일에 이순신을 삼천진으로 불러내 군사 일을 의논하고, 휴가를 허락했던 것으로 추정된다.
>
> 　한편, 이은상은(『완역 이충무공전서 상』, 성문각, 1989, 117~118쪽) 1596년(병신)

---

123 화친을 청하는 것은 : 원문은 "청성請成"으로, 화친을 청함의 뜻이다. 『춘추좌전春秋左傳』, 은공隱公 6년 5월, "鄭伯請成于陳 陳侯不許"에서 나온 문자이다.

124 한 치 풀 : 원문은 "촌초寸草"로, 한 치 되는 풀잎. 부모에 대한 자식의 마음을 말한다. 부모의 은혜는 봄철 따뜻한 햇빛인데 비해 자식의 마음은 한 치밖에 안 되는 풀과 같음을 비유하는 말이다.(『古文眞寶』전집 권1, 孟郊, 遊子吟, "誰言寸草心 報得三春暉".)

> 윤8월 5일에 편지를 보낸 것을 계기로 판단하였다. 이후 체찰사의 답장 편지를 받고 여수에 잠깐 들러서 어머님을 뵌 것으로 보았다. 이 추정도 가능성이 있어 보인다. 다만, 편지 내용으로 봤을 때, 병신년(1596) 연초에 뵙기 전에 휴가를 신청하는 편지를 보냈을 가능성이 더 커 보인다.

붙임附 – 대답 편지答書

지극한 정이 발동함은 피차가 마찬가지입니다만 이 편지가 와서 사람의 마음을 감동하게 합니다. 다만 공의公義에 관계되기 때문에 가볍게 재결裁決하기[125] 어렵습니다.

도독 진린陳璘[126]에게 답하는 편지答陳都督璘書
– 청산도靑山島[127] 진 도독 비문[128]에 보인다

나는 충성이 무후武侯[제갈량]에 미치지 못하고, 덕망이 무후에 미치지 못하고, 재주

---

[125] 재결裁決하기 : 원문의 "정탈定奪"은 '재결하다'의 뜻이다. 어떤 일에 가부를 결정한다는 뜻으로, 주로 허락한다는 의미로 사용한다.

[126] 진린陳璘 : 1543~1607. 명나라 광동廣東 옹원翁源 사람으로『상촌집』에는 광동 나정주羅定州 동안현東安縣 사람), 자字는 조작朝爵이요 호號는 용애龍厓다. 명나라 세종世宗 가정嘉靖(1522~1566) 말년에 지휘첨사指揮僉事(정4품)가 되었으며, 신종神宗 만력萬曆 20년(1592)에 도독첨사都督僉事(정2품) 부총병관副摠兵官에 올랐다. 만력 25년(1597)에 광동병廣東兵 5천을 거느리고 조선 지원에 나섰으며, 다음 해(1598)에는 마침내 어왜총병관禦倭摠兵官에 올라 수로군水路軍 1만 3천 명을 지휘하여, 조선통제사 이순신과 연합함대를 형성하여 노량 해전에서 일본군을 크게 무찔렀다. 전후 명나라 논공論功에서 제1의 공로자로 인정받아 도독동지都督同知(종1품)로 승진하고, 뒤에 좌도독左都督(정1품)에 올랐으며, 죽은 뒤에 태자太子 태보太保를 추증하였다.(『明史』권247, 陳璘列傳; 같은 책, 권76, 職官志;『象村集』권57.)

[127] 청산도靑山島 : 이은상은 중국에 있는 섬으로 파악하였으나, 그 진위 여부는 불분명하다.(『완역 이충무공전서 상』, 성문각, 1989, 119쪽.) 제장명·이수경은 전라남도 완도군 청산도를 지칭하며, 정유재란 때 청산도에는 명나라 수군이 주둔했던 것으로 추정하였다.(『완도군 청산도 진린 도독비 건립과 역사적 의미』, 완도문화원, 2020.)

가 무후에 미치지 못합니다. 이 세 가지가 모두 무후에 미치지 못하는데 비록 무후의 방법을 쓴다 한들 하늘이 어찌 응할 리가 있겠습니까? 이튿날 과연 큰 별이 바다로 떨어지는 이변이 있었다.

붙임附 − [진 도독의] 원 편지原書

내가 밤에는 천문을 보고 낮에는 인간 사회의 일을 살피는데, 동방의 장군 별이 거의 희미해 가니 공에게 닥칠 재앙이 머지않았습니다. 공이 어찌 이를 모르겠습니까? 어찌하여 무후가 기도로 재앙을 예방한 방법을 쓰지 않습니까?

어느 숙부에게 올리는 편지上某叔書[129]

지난번에 몸이 편치 못하시다는 소식을 듣고 걱정이 그치지 않았습니다. 지금은 이미 쾌차하시는 기쁨을 보셨는지요? 저는 숙부님께서 염려해 주신 덕분에 별고 없이 맡은 업무에 바삐 지냅니다. 어머님 병환은 더하다 덜하다 하며 오랫동안 차도를 보지 못하고 있어 답답하고 괴롭습니다. 전에 말씀드린 약재를 있는 대로 보내 주시기 바랍니다. 서울에는[130] 오랑캐의 사신이 성에 들어왔고, 오랑캐 장수 능거리能巨里는 병사 1만 명을 거느리고 사냥하는 일이라 일컬으며 의주義州 건너편 구련성九連城[131]에 와 있습니

---

128 진 도독 비문 : 청산도에 진陳 도독 비문이 있다는 이 기사는『충무공가승忠武公家乘』(1716) 권1에 같은 내용("答陳都督璘書 見青山島陳都督碑文")이 나와 있다. 그러나 아직까지 청산도에서 진 도독 비문은 발견되지 않았다.

129 이 편지에 등장하는 오랑캐 사절과 오랑캐 장수 능거리能巨里에 대한 내용은 이순신의 활약 시기와 일치하지 않는다.『승정원일기』에 따르면, 능거리 및 후금 사신은 1629년(인조 7) 9월 24일, 1631년(인조 9) 6월 8일; 12일 등 정묘호란(1627)과 병자호란(1636) 사이의 기록에서 확인된다. 따라서 이 기사는『이충무공전서』를 편찬하는 과정에서 이순신 장군의 기록으로 오해해서 잘못 들어갔을 가능성이 크다.

130 서울에는 : 원문 "낙중洛中"은 '서울의 안'이라는 뜻이다. '낙洛'은 중국 고대 주周나라의 도읍지 낙양洛陽의 준말로, 흔히 '서울'을 가리킨다.

다. 적의 계략을 헤아리기 어려워 극히 우려됩니다. 마침 인편이 있다고 들어서 안부 편지를 드립니다.

어떤 사람에게 올리는 편지 上某人書[132]

(1)

삼가 살피지 못했으나 체후體候는 어떠하신지요? 우러러 사모하는 마음뿐입니다. 저번에 두 번이나 편지를 보내 주셔서 엎드려 나아가 뵙고 겸하여 적을 토벌할 방략을 아뢰려고 하였습니다. 그런데 접전할 때 스스로 조심하지 못해 적의 탄환에 맞았습니다.[133] 비록 죽을 지경에는 이르지 않았지만 어깨뼈 깊숙이 다친 데다 연일 계속해서 갑옷을 입으니 탄환 맞은 상처가 헐고 문드러져서 진물이 계속 흐릅니다. 밤낮없이 뽕나무 잿물이나 바닷물로 씻어 내지만 아직 회복하지 못하여 답답합니다.

　군사를 거느리고 출발할 날짜는 언제로 정하셨습니까? 임금을 위하여 충성을 다하는 일勤王이 지금 무척 급박한데, 몸의 병이 이러해서 북쪽만 바라보며 길게 한탄할 뿐입니다. 다만 이 도내 인심이 징병한다는 소문을 한번 들으면 모두 달아날 꾀만 생각합니다. 연해 지역의 사람들도 또한 말하기를, "물길을 따라 서관西關[황해도·평안도]으로 가면 도로 돌아오기를 기약하기 어려우니, 연해 지역은 지킬 사람이 없어 장차 적의 소굴이 될 것이고 부모 처자식을 다시는 만나지 못할 것이다."라고 합니다. 인심이 흩어짐이 이렇게 극도에 이르렀으니, 어떻게 수습해서 모아야 하오리까? 이하 결락

---

131 구련성九連城 : 중국 압록강 연안의 의주 맞은 편에 위치한 성으로, 단동丹東에서 북동쪽으로 15km 떨어진 곳에 있다. 원래는 작은 촌락이었는데 금나라 때 알로斡魯가 고려를 방어하기 위해 9성을 쌓은 데서 유래했다. 조선에서 국경을 건널 때 꼭 거쳐야 하는 요충지이다.

132 이은상은 유성룡柳成龍에게 보낸 편지로 판단하였다.(『완역 이충무공전서 상』, 성문각, 1989, 120쪽.) 그러나 근왕병의 출병 시기에 대한 문의와 도내 인심에 대한 언급 등을 고려해 볼 때, 전자는 관찰사 이광에게 보낸 편지일 가능성도 있다. (2)는 편지의 내용상 류성룡으로 보는 것이 타당해 보인다. 이 편지 [(1), (2)]의 초고들은 이순신의 친필 일기 『임진일기』의 끝부분 일기 외 기사 중에 실려 있다. 그 일기 외 기사 번역문과 원문은 본서 권5에도 수록되어 있다.

133 접전할 …… 맞았습니다 : 1592년 5월 29일 사천泗川 해전에서 이순신이 적탄에 맞아 부상당한 것을 말한다.(『이충무공전서』 권2, 狀啓1, 唐浦破倭兵狀.)

(2)

삼가 살피지 못했으나 체후는 어떠하신지요? 우러러 그리워함이 간절하여 제 마음을 감당하지 못하겠습니다. 대감께서 편치 않으심을 이제 막 들었으나 먼바다를 지키고 있어 안부를 여쭙기가 쉽지 않습니다. 다만 지극히 우러러 걱정할 뿐입니다. 이곳 적의 형세는 지금 별다른 움직임은 없어 매일 정탐하여 알아보니 굶주린 기색이 많았습니다. 그들은 필시 곡식이 익기를 기다리는 의도인 듯합니다. 그런데 우리나라의 방비는 곳곳마다 틀어지고 어긋나서 방어할 수 있는 형세가 전혀 없습니다.

왜놈들이 무서워하는 것은 수군이지만, 수군 군사들은 전쟁에 나가려는 자가 한 사람도 없습니다. 관찰사께 공문을 보냈지만 점검하고 독려할 뜻이 조금도 없습니다. 군량은 더욱 기댈 데가 없어 온갖 생각을 해 봐도 조처할 바를 모르겠습니다. 수군에 관한 한 가지 일은 형세가 장차 폐지되어 없어질 것입니다. 순신舜臣 같은 한 몸이야 만 번 죽어도 아깝지 않지만 나랏일은 어찌해야 합니까? 전라도 신임 관찰사와 원수元帥는 연해안의 수군 양식을 군관을 보내 창고마다 다니면서 실어 갔습니다. 순신은 다른 도에 있어 바다 멀리서 아무런 조처를 못 해 상황이 이렇게 극단에 이르렀습니다. 어쩌면 좋습니까? 만약 수군을 전담하는 어사를 특별히 파견하여 수군 일을 총체적으로 점검하면 일을 구제할 수도 있을 듯해서 장계를 올렸으나, 이 또한 아직까지 조정의 처분을 알지 못합니다.

종사관從事官[134] 정경달丁景達[135]은 둔전屯田 감독에 마음을 다 쏟았으나, 전임 관찰사가 공문을 보내기를 "관찰사 외에는 둔전을 계속 경작하지 못하니, 일절 점검하지 말라."고 하였습니다. 그 의도를 모르겠습니다. 정 공은 지금 함양군수가 되었다고 하니, 그가 점검한 일이 장차 허사로 돌아갈 것입니다. 답답하고 답답합니다. 수확할 때까지만 그대로 유임할 수는 없는지요?

---

134 종사관從事官 : ① 조선시대 외국에 파견되는 사신 일행의 한 벼슬아치. ② 조선시대 각 군영軍營과 포도청捕盜廳에 딸린 종6품 벼슬. 대개 각 군영에 1명씩 있었다. (세종대왕기념사업회, 『한국고전용어사전』, 2001.)

어떤 조카에게 보내는 편지 與某姪書

서쪽과 남쪽으로[136] 멀리 떨어져 있어 언제나 사무치는 슬픔만 커져 가던 중에, 이제 온蘊 조카를 보고 또 네 편지도 보니 비통함이 더욱 심하다. 네 형들은 고향에 돌아오고 싶어 하지 않느냐? 나는 비록 기침이 좀 있는 것 같으나, 명나라 장수들이 연달아 도착하여 요구하는 것들이 번다한데 하나하나 응답할 수 없으니 어찌하겠느냐? 너는 고향에서 어떻게 지내느냐? 모름지기 속히 내려오는 것이 좋겠다. 탈 말이 없으면 회薈[이순신의 큰아들]에게 있는 말을 상의해서 타고 오는 것이 좋겠다. 이 편지를 회에게 보여 주어도 좋다.

도사都司 담종인譚宗仁의 토벌 금지 패문牌文[137]에 답함[138]
答譚都司宗仁禁討牌文

조선 신하 삼도수군통제사三道水軍統制使 이순신은 삼가 명나라 선유도사宣諭都司 대인 앞에 답서를 올립니다. 왜인이 스스로 흔단釁端[틈이 생기는 실마리]을 일으켜 연이

---

135 정경달丁景達 : 1542~1602. 본관은 영성靈城(靈光), 자字는 이회而晦, 호는 반곡盤谷이며 전라남도 장흥長興에서 살았다. 참봉參奉 정몽응丁夢鷹의 아들로 1542년(중종 37)에 났으니 이순신보다는 3년 위이다. 1570년(선조 3)에 문과文科에 급제하였다. 임진왜란이 일어나자 선산부사善山府使로서 의병을 모으고, 경상감사慶尙監司 김성일金誠一과 병마절도사 조대곤曹大坤 등과 함께 기략奇略을 써서 선산善山 금오산金烏山 아래서 왜적을 무찔렀다. 이어 김성일의 계청으로 의병義兵 도대장都大將이 되고, 강덕룡姜德龍·정기룡鄭起龍·이해李垓 등 여러 의병들과 함께 죽령竹嶺 아래 진을 치고 왜적과 싸웠다. 선산부사에서 파직된 후 장흥 본가에서 지내다가, 1594년에 이순신의 특청에 의하여 통제사종사관겸삼남독발사統制使從事官兼三南督發使가 되어 도원수都元帥 등에게 연락하는 일, 관하 여러 고을을 순행하며 군병 독려 및 군량 조달하는 일, 둔전屯田과 목장牧場을 보살피는 일 등에 진력했었다. 이 공로로 1595년에 통정대부通政大夫(정3품)로 승진하였다. 정유년에 이순신이 옥에 갇히자 그의 석방을 위하여 노력했었다. (『盤谷集』; 『文獻備考』; 『國朝文科榜目』; 『宣祖實錄』; 『竹溪日記』; 『한국민족문화대백과사전』.)

136 서쪽과 남쪽으로 : 서쪽은 조카가 있는 아산, 남쪽은 이순신이 있는 전라도를 말하는 것으로 보인다.

137 패문牌文 : 중국에서 조선에 칙사勅使를 파견할 때 사전에 보내던 통지문이다. 보통 나무패에 기록하였으며, 파견 목적, 칙사의 관직과 품계 및 성명, 일정, 수행 인력 등을 기록하였다. (세종대왕기념사업회, 『한국고전용어사전』, 2001.)

어 군사가 바다를 건너와 우리 무고한 백성들을 죽이고 또 서울을 쳐들어와 흉악한 짓을 행한 것이 끝이 없습니다. 온 나라 신하와 백성들이 분통함이 뼛속에 맺혀 이들 왜적과는 같은 하늘 아래 살지 않겠다고 맹세하였습니다. 각 도의 무수한 배들을 가지런히 정돈하고 곳곳마다 주둔하여 동과 서에서 서로 호응하고, 육지의 장수들과 도모하여 바다와 육지에서 합공해 남아 있는 왜적들이 한 척의 배도 돌아가지 못하게 해서 국가의 원수를 갚고자 하였습니다.

이달 초 3일에 선봉선先鋒船 200여 척을 거느리고 곧장 거제도로 들어가 적의 소굴을 소탕하고 차례차례 적을 섬멸하여 남는 종자가 없게 하고자 하였습니다. 그런데 왜선 30여 척이 고성과 진해 경내에 함부로 들어와서 여염집들을 불태워 없애고 백성들을 죽이고 또 많이 사로잡아 가고, 기와를 나르고 대나무를 찍어 그들의 배에 가득 실었습니다. 그 정상을 생각하면 더욱 통분하기 그지없어서 그 배들을 깨뜨리고 불태우며 흉악한 무리를 뒤쫓았습니다. 그리고 수군 도원수께 보고하여 대군을 거느리고 합세해 곧바로 무찌를 때에 도사都司 대인께서 선유宣諭하시는 패문牌文이 뜻하지 않게 진중에 도착했습니다. 받들어 두 번 세 번 읽어 보니 간곡하게 타이르시는 말씀이 극진했습니다. 다만 패문에서 "일본의 여러 장수들이 귀화하기로 마음이 기울지 않은 자가 없고, 모두 무기를 거두고 전투를 멈추고 본국으로 다 돌아가려고 한다. 너희 각 병선들은 속히 제 고장으로 돌아가고 일본 진영 가까이 주둔해서 분란을 일으키지 말라"고 하였습니다. 왜인들은 거제巨濟·웅천熊川·김해金海·동래東萊 등지에 주둔하고 있는데, 이는 모두 우리 땅입니다. 그런데 우리에게 일본 진영 가까이 있다고 하는 것이 무슨 말씀이며, 우리에게 속히 제 고장으로 돌아가라고 하는데 자기 고장이 또 어느 곳에 있는지 모르겠습니다. 분란을 일으킨 자는 우리가 아니라 왜인들입니다.

---

138 이 답서는 이순신의 친필 일기와 장계에 의하면, 1594년(선조 27, 갑오) 3월 초 6일에 패문을 받고, 다음 날인 초 7일에 써서 보냈다. 제2차 당항포해전(1594. 3. 4.~3. 5.)을 마치고 한산도로 돌아오던 중, 역풍을 만나 흉도䳺島(거제시 사등면 창호리 가조도)에 머물 때 있었던 일이다. 당시 명나라 도사 담종인은 웅천熊川에 와서 일본군과 강화를 논의하고 있었는데, 조선 수군의 공격을 받은 일본군의 요청으로 이 패문을 보냈다. 이순신은 패문을 받고 본 답신과 함께 왕에게 장계를 올렸는데, 장계 내용이 『이충무공전서』에 수록되어 있다. (이순신, 『亂中日記 甲午年』; 『이충무공전서』 권4, 장계3, 陳倭情狀; 같은 책, 권4, 唐項浦破倭兵狀.)

일본인들은 간사함이 변화무쌍해서 예로부터 신의를 지켰다는 의리를 들어 보지 못했습니다. 흉악하고 교활한 무리들이 아직도 악행을 거두지 않고 연해 지역으로 후퇴하여 웅거하고 해가 지나도록 물러가지 않습니다. 갑자기 여러 곳을 쳐들어와 사람과 물자를 강제로 약탈하는 것이 전보다 배나 되니, 무기를 거두고 바다를 건너 간다는 뜻이 과연 어디에 있겠습니까? 이제 강화한다는 것은 실로 거짓 속임수에 빠지는 것입니다. 그러나 대인의 명을 감히 어길 수 없어 잠시 기한을 정해 두고 보면서 국왕께 아뢰고자 합니다. 엎드려 생각하건대, 대인께서 이 뜻을 두루 타이르시어 순리와 역리의 도리를 알게 해 주시면 천만다행이겠습니다. 삼가 죽음을 무릅쓰고 회답을 드립니다.

참판에 추증된 정운[139]에게 제사하는 글 祭贈參判鄭運文

아아, 사람은 태어나면 반드시 죽음이 있고	嗚呼人生必有死
생사는 반드시 운명이 있으니	死生必有命

---

[139] 정운鄭運 : 1543~1592. 본관은 하동河東, 자字는 창진昌辰이다. 훈련참군訓鍊參軍 응정應禎의 아들로 1543년(중종 38년 계묘)에 나니 이순신보다 두 살 위다. 어려서부터 성격이 의협義俠하여 언제나 절개 아래서 정의로 죽는 것을 스스로 기약했다. 일찍 무과武科에 올라 거산찰방居山察訪이 되었을 때 감사監司 수행인이 불의한 장난을 하고 돌아다니므로 잡아다가 매를 때렸던 일로 감사에게 미움을 받게 되고, 또 그로 인하여 벼슬을 버리고 고향으로 돌아왔다가 다시 나아가 경상남도 웅천현감熊川縣監이 되었더니 거기서도 곧 물러났었고, 얼마 뒤에 제주판관濟州判官이 되었을 때도 역시 목사牧使의 미움을 받아 파직되었다. 몇 해 동안 벼슬하지 않고 있다가 임진년에 녹도만호鹿島萬戶가 되었다. 마침 전쟁이 벌어지자 그는 좌수사左水使 이순신에게로 달려가 회의하는 석상에서 나가 싸울 것을 힘써 주장하였다. 그리하여 제1차, 제2차, 제3차 출전 등에 매번 선봉을 서서 큰 공을 세우고 마침내 제4차 출전의 부산 해전에서 적탄에 맞아 순국하였다.
순국 후에 조정에서는 그에게 병마절도사兵馬節度使를 추증하고 뒤에 다시 병조참판兵曹參判을 가증하였으며 정각을 세우게 하는 한편 충장忠壯이라 시호하였다.(『隱峯全書』권8 湖南義錄) 그는 평소에 '貞忠報國'(정충보국)' 4자를 칼에 새겨 자기의 검명劍銘을 삼고 충의의 일생을 보냈으며 그가 전사하자 적들이 "정 장군이 죽었으니 인제는 쉽다."라고 하였음을 보면(『靈巖邑誌』및『宣廟中興誌』) 적들이 그를 얼마나 두려워했던가를 알 수 있다. 이순신의 건의로 그를 녹도鹿島(현재의 고흥군 녹동)에 있는 이대원李大源 사당에 같이 모시게 되었고, 또 그의 고향인 영암에도 1652년(효종 3년, 임진)에 충절사忠節祠를 세우고 그를 제사하였는데, 사액은 그로부터 30년 뒤인 1681년(숙종 7년 신유)에 되었다.[『文獻備考』10권, 212 學校考; 李殷相 譯,『完譯李忠武公全書(上)』, 成文閣, 1989, 263~264쪽.]

사람이 되어 한 번 죽는 것은	爲人一死
진실로 애석하지 않습니다	固不足惜
그대가 유독 상심한 것은	君獨可傷者
나라의 운수가 불행하여	國運不幸
섬 오랑캐가 침략하고	島夷作孼
영남의 여러 성이	嶺南諸城
소문만 듣고서 달아나 무너진 일입니다	望風奔潰
왜적이 자리를 말 듯 승승장구하여	長驅席卷
향하는 곳마다 앞에서 막는 이가 없자	所向無前
도성이 하룻저녁에	都城一夕
왜적의 소굴이 되었습니다	兇醜成巢
천 리 먼 길 관서 땅으로	千里關西
임금 수레가 피란을 가서	鑾輿播越
북쪽 보며 길이 통곡하니	北望長痛
성난 마음이 찢어질 듯했습니다	怒膽如裂
아아, 나는 지혜가 부족하여	嗟我短拙
왜적을 섬멸할 계책이 없기에	討殲無策
그대와 어려움을 논하고서[140]	與君論難
구름을 헤치고 해를 보는 듯했습니다[141]	披雲見曜
계획을 정해 검을 휘두르고	計定揮劍
전함을 서로 연결하여	戰艦相連

---

140 그대와 어려움을 논하고서 : 전라좌수사로 있던 이순신이 경상도 출전 여부를 부하 장수들과 의논할 때, 녹도 만호 정운鄭運이 출전을 주장했던 일을 말한다.

141 구름을 …… 듯했습니다 : 진晉나라 위관衛瓘이 조정의 명사들과 담론하는 악광樂廣의 모습을 보고서, 이미 없어진 청담淸談의 기풍이 다시 살아난 것 같다고 탄식한 뒤에 자제들에게 그를 찾아가 인사하게 하며 말하기를 "이 사람은 사람 중의 수경이다. 그를 보면 마치 운무를 헤치고 청천을 바라보는 것과 같다此人人之水鏡也, 見之若披雲霧覩靑天."라고 하였다. 수경水鏡은 삼국시대에 양양襄陽에 은거하던 사마휘司馬徽를 가리킨다.(『世說新語』, 「賞譽」.)

죽음을 각오한 채 돛을 달고	決死掛席
칼날을 무릅쓰며 먼저 왜선에 올랐습니다	冒刃先登
왜적 수백 명이	倭奴數百
일시에 피를 흘리고	一時流血
검은 연기가 하늘을 뒤덮어	黑煙漲天
동쪽에 근심의 구름이 짙었습니다	日東愁雲
네 차례 승전을 보고하니142	四度報捷
이것은 누구의 공입니까	是誰之功
종묘사직의 회복은	恢復宗社
머지않아 이룰 수 있습니다	指日可期
어찌 생각했습니까, 신과 하늘이 돕지 않아	豈意神天不佑
적의 총탄에 문득 맞아 죽을 줄을143	毒丸遽及
저 푸른 하늘은	彼蒼者天
이치를 알기 어렵습니다	理宜難究
내가 배를 돌려 다시 돌격하여	回船更突
맹세코 원수를 갚으려 하였으나	誓欲報怨
해가 장차 저물고	日且奄暮
바람 역시 순조롭지 않아	風亦不順
소원을 이루지 못했습니다	未遂所願
평생의 원통함이	平生之痛
어찌 이보다 더하겠습니까	豈過於此也
생각이 여기에 미치자	言念及此
살을 도려내듯 아픕니다	痛若割肌

---

142 네 차례 …… 보고하니 : 정운이 부산포 해전에서 전사할 때까지 올린 네 차례의 출전과 승전으로, 1차 옥포玉浦 해전, 2차 당포唐浦 및 당항포唐項浦 해전, 3차 한산閑山 대첩, 4차 부산포釜山浦 해전 등을 말한다.

143 적의 …… 줄을 : 정운이 1592년(선조 25, 임진) 9월의 부산포 해전에서 우부장右部將으로 선봉에서 싸우다가 왜군의 총탄에 맞아 전사한 일을 말한다.

믿는 이가 그대였는데	所恃者君
장차 어찌해야 합니까	更將何爲
진중의 장수들이	一陣諸將
비통함을 그칠 수 없습니다	痛惜無已
백발의 부모가 집에 계시지만	鶴髮在堂
그대 이미 죽었으니 누가 장차 모시겠습니까	已矣誰將
한을 품고 황천으로 가시니	抱恨窮泉
어느 때에야 눈을 감겠습니까	曷時瞑目
아아, 비통합니다	嗚呼痛哉
아아, 비통합니다	嗚呼痛哉
재주를 당시에 다 펴지 못하고	才不展時
지위가 덕에 미치지 못했으니	位不滿德
나라가 불행하고	邦家不幸
군사와 백성이 복이 없습니다	軍民無福
그대 같은 충의는	如君忠義
고금에 드물게 들었는데	古今罕聞
나라 위해 몸을 잊었으니	爲國忘身
죽었어도 산 것과 같습니다	有死猶生
길이 한탄하지만 세상에서	長恨世間
누가 내 마음을 알겠습니까	誰識我心
슬픔을 머금고 정성을 다해	含哀致誠
멀리서 한 잔 술을 올립니다	遙奠一酌
아아! 비통합니다	嗚呼痛哉

송나라 역사를 읽고[144] 讀宋史

아! 이때가 어느 때인데 이강李綱[145]은 떠나가려고 하는가? 가면 또 어디로 가려는가? 무릇 신하 된 자가 임금을 섬김에는 죽음이 있을 뿐 다른 길은 없다. 바야흐로 이때야말로 종묘사직의 위태로움이 겨우 터럭 한 가닥으로 천근을 당기고 있는 것과 같다. 이는 바로 신하 된 자가 자신의 한 몸을 버려 나라에 보답할 때이며, 떠나간다는 그 말은 참으로 마음속에 싹터서도 안 되는데 하물며 감히 입 밖에 내는가?

그렇다면 이강을 위한 계책은 어떠해야 하는가? 몸을 훼손하듯 피눈물을 흘리며 간담을 열어젖히듯 충성을 다하여, 일의 형세가 이에 이르렀으니 화친할 수 없는 이치를 분명히 말해야 한다. 이미 말하였는데도 따라 주지 않으면 죽어야 하는 것이다. 또 그렇게 할 수 없다면 잠시 그들의 계책[화친]을 따르되, 자신이 그들 사이에 간섭하여 그것[화친]을 위해 자신을 굽히고 미봉책彌縫策을 써서 죽음 속에서 살길을 구하면, 만에 하나라도 혹시 나라를 구할 수 있는 도리가 있을 수도 있다. 이강의 계책은 이러한 데서 내지 않고 떠나려고만 했으니, 이것이 어찌 신하 된 자가 몸을 던져 임금을 섬기는 의리이겠는가?

---

144 이 글은 이순신의 친필 일기 『정유일기 (I)』 맨 뒤 일기 외 기사 중에 그 전문이 친필로 적혀 있다. 1597년(선조 30, 정유)은 이순신이 옥에 갇힌 시기로, 당시 자신의 심정을 송나라의 재상 이강李綱의 고사에 빗대어 밝힌 글로 보인다. '독송사讀宋史'란 제목은 이순신의 친필일기에는 없으며, 『이충무공전서』 편찬자가 붙인 것으로 보인다.

145 이강李綱 : 1083~1140. 중국 송나라 때 인물로, 강소성江蘇省 소무邵武 사람이다. 1112년(政和 2)에 진사進士에 올라 여러 관직을 역임하였다. 당시 송나라가 매우 허약하여 금金나라의 침입을 자주 받아서 수도 동경東京(지금의 開封)이 위태롭게 되자, 신료들은 주화파主和派와 주전파主戰派로 나뉘어 대립하였다. 마침내 1127년에 휘종徽宗과 그의 아들 흠종欽宗이 금군金軍에게 붙잡혀 가고 북송北宋이 멸망하였다. 그해 휘종의 아들 조구趙構가 건강建康(지금의 南京)에서 고종高宗으로 즉위하여, 이때부터 남송南宋이 시작되었다. 고종은 즉위하자마자 주전파이자 충신인 이강李綱을 상서우복야 겸 중서시랑尙書右僕射兼中書侍郎에 임명하여 국정을 맡겼다. 이강은 10개 조항의 상소문을 올려 국가의 기틀을 바로잡고 금나라에 강력히 항전하는 정책을 펴고자 했다. 그러나 주화파인 황잠선黃潛善·왕백언汪伯彦 등의 반대로 그의 정책은 실현되지 못했다. 결국 불과 70일 만에 재상직에서 파직되었고, 그는 조정에서 떠날 것을 고종에게 요청하여, 그 후 지방 관리로 전전하다 58세로 죽었다. (『宋史』 권358, 列傳117, 李綱.)

각 진영의 장수들에게 약속하는 글約束各營將士文[146]

천고에 들어보지 못한 흉변이 갑자기 우리 동방예의지국에 닥쳤다. 영남 해안 여러 고을이 풍문만 듣고도 무너져 달아나서 적들에게 거침없이 점령당하는 형세를 만들어 주었다. 임금의 수레는 서쪽으로 옮겨가고, 백성들은 도륙당하여 연이어 세 도성[한성·평양·개성]이 함락되고 종묘사직은 폐허가 되었다. 오직 우리 삼도三道의 수군만이 의리를 떨쳐 목숨을 바치고자 하지 않음이 없었는데, 기회가 맞지 않아 뜻하는 바람을 펴지 못하였다. 이제 다행히 명나라에서 대장군 이여송李如松 제독을 보내, 10만 병마를 거느리고 평양의 왜적을 소탕하고 이미 세 도성을 회복하였다. 신하 된 자로 뛸 듯이 기뻐서 손뼉을 치며 무슨 말을 해야 할지 모르겠고, 또한 죽을 만한 곳이 어디인지 모르겠다. 임금께서 선전관宣傳官을 보내 "도망가는 적의 길을 막아 대대적으로 죽여서 한 척의 배도 돌아가지 못하게 하라."고 간곡하신 하교를 5일 동안 두 번이나 내리셨다. 바로 마땅히 충의를 떨치고 자신의 한 몸을 잊을 때인데, 어제 적과 마주쳐 지휘할 때 교묘히 피하고 머뭇거리는 모습들이 많았으니 극히 통분할 일이다. 즉시 군률에 따라 처벌하는 것이 마땅하지만 앞으로 해야 할 일이 아직도 많으며, 또한 세 번 반복하여 명령하는 법도 있으니 거듭 타일러서 있는 힘을 다하도록 하는 것도 병가의 좋은 방책이다. 그래서 잠시 그 죄를 용서하고 적발하지 않겠다. 약속하는 사연대로 하나하나 받들어 실행하라.

---

146 이 글은 이순신의 친필 일기 『임진일기壬辰日記』 맨 뒤 일기 외 기사에 그 초고草稿가 적혀 있다. 초고의 서두에는 제목이 '약속할 일為約束事'로 되어 있다.

〈참고 4〉

이 글은 언제 지은 것인지 날짜가 적혀 있지 않다. 다만 글 내용 중에 있는, ① 이여송 제독이 평양을 회복하였고(1593. 1.), ② 선전관이 5일 동안에 두 번이나 내려와서 달아나는 적을 치라는 명령이 있었으며, ③ 어제 적과 접전하였다는 것이 단서가 된다.

이순신은 여수좌수영에서 1593년(선조 26, 계사) 1월 22일에 선전관 채진蔡津, 1월 25일에 선전관 안세걸安世傑로부터 임금의 유서를 받았으며[『임진장초』, 만력 21년 1월 22일(狀20); 같은 책, 만력 21년 1월 25일(狀21)], 2월 6일에 좌수영을 출항하여 1개월 동안 웅포 해전을 치렀다(『이충무공전서』 권3, 討賊狀). 그러므로 이 글은 1593년(계사) 2월에 쓴 것으로 판단된다. 임금의 유서 내용은 『이충무공전서』 권수, '명솔주사절적귀로 유서命率舟師截賊歸路諭書'에 나와 있다.

이충무공전서 권2

장계狀啓 1

> **〈참고 1〉**
>
> 이순신의 장계로서 현재까지 전해오는 것은 모두 78편이며, 국왕에게 올린 장계狀啓[1] 22편과 계본啓本[2] 49편, 장달狀達[3] 3편과 달본達本[4] 4편이다. 이순신은 이들 장계들을 따로 등초謄抄(편의상 '등초장계'로 호칭)하여 보관하였다. 이 '등초장계'는 이순신 본가에 오랫동안 소장되어 오다가 대략 19세기 무렵에 이르러 유실되었다. 다행히 여러 차례 필사 작업이 이루어져 그 초본抄本이 전해

---

1 장계狀啓 : 관찰사觀察使·병사兵使·수사水使 등 왕명을 받들고 외방外方에 있는 신하가 그 지역의 중요한 일을 국왕에게 보고하거나 청하는 문서. 장계의 서식[狀啓式]은 『전율통보典律通補』 별편別編에 다음과 같이 나와 있다. "具銜 臣 姓 署名 某事云云爲白臥乎事是良尒(또는 爲白只爲) 詮次善啓向敎是事 年號 幾年 某月 某日". 다만 『이충무공전서』 장계는 편찬자가 이두를 모두 생략하였다.
장계는 뒤에서부터 접어 합금合襟된 오른편에 '승정원 개탁承政院開拆'이라 쓰고 아래쪽에 '臣(押)謹封'이라 쓴다. 승정원의 담당 승지가 먼저 열어 보고 이를 왕에게 올려서 왕의 재가를 받은 후 계하인啓下印을 찍고 그 장계의 내용과 관계 있는 관서官署에 내려 준다. (崔承熙, 『改正增補版 韓國古文書硏究』, 지식산업사, 2011, 164~165쪽.)

2 계본啓本 : 2품 이상의 관아官衙 또는 중·외中外 제장諸將 등이 중대한 일을 국왕에게 올리던 문서 양식. 장계狀啓가 승정원의 담당 승지를 통하여 국왕에게 보고되는 문서인 반면에, 계본은 승정원을 거치지 않고 국왕에게 바로 보고되는 문서이다. 『전율통보典律通補』 별편別編, 本朝文字式, 外方啓本式에 그 서식이 다음과 같이 나와 있다. "單銜 臣 姓名 謹 啓爲某事 云云 爲白只爲(또는 爲白遺) 謹具啓 聞 年號幾年某月某日 單銜 臣 姓 署名". 다만 『이충무공전서』 계본은 편찬자가 이두를 생략하였다. (崔承熙, 같은 책, 2011, 152~164쪽; 『典律通補』, 別編.)

3 장달狀達 : 승정원 또는 세자시강원世子侍講院을 통해서 세자에게 올리는 장계를 이른다. 서식은 장계에서 '善啓'라 한 것을 '善達'로 대치한 형식이다. (崔承熙, 『改正增補版 韓國古文書硏究』, 지식산업사, 2011, 178쪽.)

4 달본達本 : 세자에게 바로 올리는 문서 양식. 계본의 서식에서 '啓'를 '達'로 대치한 형식이다.

오는데, 『충민공계초忠愍公啓草』·『임진장초壬辰狀草』·『충무공유사忠武公遺事』·『요람要覽』·『이충무공전서李忠武公全書』·『충무공계초忠武公啓草』·『충무이공순신임진왜변장계忠武李公舜臣壬辰倭變狀啓』등이 현존하고 있다.

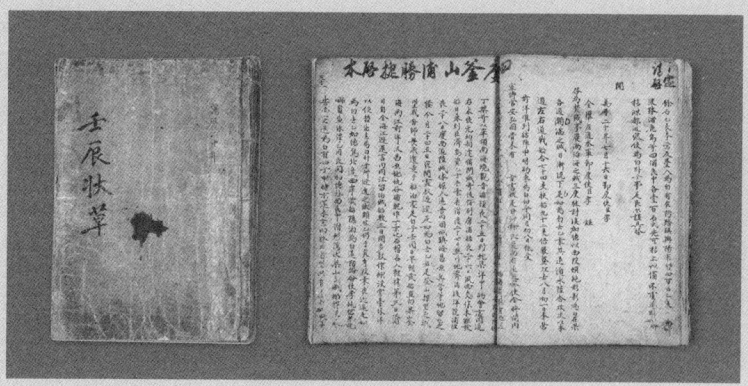

『임진장초』 표지 및 내지. 1592~1594. 아산 현충사. (사진 문화재청)

『충민공계초忠愍公啓草』[5]는 1책 73장의 필사본으로서 68편의 장계가 수록되어 있다. 이순신의 후손에 의해서 1662년(현종 3)에 작성되었으며, 현존하는 등초장계 중 그 시기가 가장 앞선 것으로 현재 국립해양박물관에 소장되어 있다. 『임진장초』[6]는 61편의 장계가 수록되어 있으며, 국보 제76호로 지정돼 현충사에 보관되어 있다. 작성 시기는 『충민공계초』보다 늦고 『이충무공전서』보다는 앞선 것으로 추정된다. 『충무공유사』는 정조가 1792년(정조 16)에 읽었던 책자이며, 서울대학교 규장각에 소장되어 있다. 『요람』은 1724년(영조 4) 이후에 작성된 초본으로 국립해양박물관에 소장되어 있다. 『이충무공전서』[7]는 1795년에 규장각에서 편찬한 책으로, 장계 71편이 수록되어 있다. 『충무공계초』는 『임진장초』를 보고 20세기 이후에 필사한 책으로, 해군사관학교 박물관에 소장되어 있다. 『충무이공순신임진왜변장계』는 성균관대학교 존경각에 소장되어 있다. 이 외에도 아직 발견되지는 않았지만 이러한 초본류가 더 있을 것으로 추정된다.

---

5 국립해양박물관 엮음, 『충민공계초忠愍公啓草』, 서울: 민속원, 2017.
6 번역본으로는 趙成都 譯註, 『임진장초壬辰狀草』, 서울: 同元社, 1973. 이 있다.
7 번역본으로는 李殷相 譯, 『完譯 李忠武公全書(上)』, 서울: 成文閣, 1989, 권2~권4가 있다.

『이충무공전서』에는 가장 많은 이순신의 장계 71편이 수록되어 있다. 그리고 『임진장초』와 『충민공계초』에는 『이충무공전서』에 없는 장계 7편이 실려 있다. 그러므로 현재 남아 있는 이순신의 장계는 모두 78편이다.

이 장계는 원래 옛날의 제도 법식대로 우리 이두吏讀를 섞어 썼는데,[8] 『이충무공전서』의 장계는 이두로 된 토를 다 생략하고 한문만 남겨 놓았으며, 첫머리와 끝부분도 생략되어 장계의 일자뿐만 아니라 장계의 원형도 알아볼 수 없게 되어 있다. 다행히 『임진장초』를 통하여 '등초장계'의 원형을 알아볼 수 있다.

본래 '등초장계'에는 제목이 없었으나 『이충무공전서』 장계는 편찬자가 전사傳寫하면서 모두 제목을 임의로 달아 놓아 독자들이 쉽게 알아볼 수 있게 되어 있다. 본 역주 작업에서는 『이충무공전서』의 내용에 따라 충실히 번역하되, 편찬자가 전사傳寫하면서 생략하여 버린 중요한 문장들은 『임진장초』에서 가져와 (*)로 보충하여 번역하였고, 또 『이충무공전서』의 문장 가운데 문맥이 잘 안 통하는 것은 『임진장초』·『충민공계초』·『충무공유사』·『요람』을 대조하여 번역하였다.

그리고 『이충무공전서』 장계 끝에는 가장 중요한 연월일이 생략되어 있으므로, 『임진장초』·『충민공계초』·『충무공유사』 등을 참고하여 장계 각 편의 말미에 각주로 그 연월일을 밝힘으로써 연구자에게 편의를 제공하고자 하였다. 또 『이충무공전서』에 없는 장계 7편(아래 장계 총목록의 순번 72~78)도 『임진장초』와 『충민공계초』를 참고하여 장계 맨 끝에 이어서 함께 번역하여 실어 두었다.

〈초본별 이순신 장계 편 수와 공통 수록 편 수〉와 〈현존하는 이순신 장계 총목록〉은 다음 표와 같다.[9] 참고로 표에서 사용된 약자의 의미는 충(『충민공계초』), 임(『임진장초』), 유(『충무공유사』), 요(『요람』), 전(『이충무공전서』), 계(『충무공계초』)이다.

---

[8] 이두吏讀의 번역은 장계나 계본에 포함된 전체를 별도로 밝히는 것이 바람직하지만, 본고에서는 본문의 흐름에 필요한 부분에 한정해서 일부만 이두임을 밝히고 번역하였음을 밝혀 둔다.
[9] 정진술, 「『충민공계초』의 서지학적 조명」, 『해양유산Ocean Heritage』, 국립해양박물관, 2019; 박선이, 『임진왜란 시기 장계에 나타난 조선식 한문 연구』, 고려대학교 국어국문학과 석사학위 논문, 2014.

〈참고 2〉 현재 남아 있는 이순신 장계 총목록

순번	문서 양식	작성 일자 (『임진장초』 기준)	제목 (이은상 역주 『이충무공전서』에 의함)	수록된 초본
1	啓本	萬曆 20. 4. 15. 戌時	왜적의 경보로 인한 사변에 대비하는 계본 (1) 因倭警待變狀(一)	임·충·유·요·계·전
2	〃	萬曆 20. 4. 16. 辰時	왜적의 경보로 인한 사변에 대비하는 계본 (2) 因倭警待變狀(二)	임·충·유·요·계·전
3	〃	萬曆 20. 4. 16. 亥時	왜적의 경보로 인한 사변에 대비하는 계본 (3) 因倭警待變狀(三)	임·충·유·요·계·전
4	〃	萬曆 20. 4. 27.	경상도로 구원하러 출전하는 일을 아뢰는 계본 (1) 赴援慶尙道狀(一)	임·충·유·요·계·전
5	〃	萬曆 20. 4. 30. 未時	경상도로 구원하러 출전하는 일을 아뢰는 계본 (2) 赴援慶尙道狀(二)	임·충·요·계·전
6	〃	萬曆 20. 5. 4.	경상도로 구원하러 출전하는 일을 아뢰는 계본 (3) 赴援慶尙道狀(三)	임·충·요·계·전
7	〃	萬曆 20. 5. 10. (유, 20. 5. 15.)	옥포에서 왜적을 격파하였음을 아뢰는 계본 玉浦破倭兵狀	임·충·유·요·계·전
8	〃	萬曆 20. 6. 14.	당포에서 왜적을 격파하였음을 아뢰는 계본 唐浦破倭兵狀	임·충·유·요·계·전
9	〃	萬曆 20. 7. 15. (충·유, 20. 7. 10.)	견내량에서 왜적을 격파하였음을 아뢰는 계본 見乃梁破倭兵狀	임·충·유·요·계·전
10	〃	萬曆 20. 7. 16 (충, 20. 7. 10.)	군량을 옮겨 조처하는 일을 아뢰는 계본 移劃軍糧狀	임·충·계·전
11	〃	萬曆 20. 9. 17 (충·유, 20. 9. 10.)	부산포에서 왜적을 격파하였음을 아뢰는계본 釜山破倭兵狀	임·충·유·요·계·전
12	〃	萬曆 20. 9. 10. (충, 20. 9. 1.)	포위되었던 왜병이 도망친 일을 아뢰는 계본 被圍倭兵逃還狀	임·충·요·계·전
13	狀啓	萬曆 20. 9. 11. (충, 20. 9. 10.)	정운을 이대원 사당에 추가로 배향해 주시기를 청하는 장계 請鄭運追配李大源祠狀	임·충·요·계·전
14	〃	萬曆 20. 9. 18.	종이를 올려 보내는 일을 아뢰는 장계 封進紙地狀	임·계·전
15	〃	萬曆 20. 9. 25.	전쟁 곡식을 실어 보내는 일을 아뢰는 장계 裝送戰穀狀	임·계·전
16	啓本	萬曆 20. 12. 10	일족을 침해하지 말라는 명령을 취소해 주시기를 청하는 계본 請反汗一族勿侵之命狀	임·충·유·전
17	狀啓	萬曆 20. 12. 25.	전쟁 곡식과 진상물을 실어 보내는 일을 아뢰는 장계 裝送戰穀及方物狀	임·계·전
18	啓本	萬曆 21. 1. 26.	유황을 내려 주시기를 청하는 계본 請賜硫黃狀	임·계·전

19	〃	萬曆 21. 1. 26.	의승병을 나누어 보내 요충지를 지키는 일을 아뢰는 계본 分送義僧把守要害狀	임·충·계·전
20	〃	萬曆 21. 1. 26.	피란민에게 돌산도에 들어가 살면서 농사짓도록 명령해 주시기를 청하는 계본 請令流民入接突山島耕種狀	임·충·계·전
21	狀啓	萬曆 21. 2. 17.	수륙의 여러 장수에게 웅천을 바로 공격하라 명령하신 것에 대한 장계 令水陸諸將直擣熊川狀	임·충·계·전
22	啓本	萬曆 21. 4. 6. (충, 일자 없음)	적을 무찌른 일을 아뢰는 계본 討賊狀	임·충·유·요·계·전
23	狀啓	萬曆 21. 4. 6.	통선 1척이 전복된 뒤에 죄를 기다림을 아뢰는 장계 統船一艘傾覆後待罪狀	임·충·요·계·전
24	啓本	萬曆 21. 4. 6.	수군에 소속된 고을의 수령들은 해전에만 전속시켜 주시도록 청하는 계본 請舟師屬邑守令專屬水戰狀	임·충·계·전
25	〃	萬曆 21. 4. 8. (충, 21. 4. 初日)	광양현감 어영담의 유임을 청하는 계본 請光陽縣監魚泳潭仍任狀	임·충·계·전
26	〃	萬曆 21. 4. 10. (충, 21. 4.)	일족을 침해하지 말라는 명령을 취소해 주시기를 거듭 청하는 계본 申請反汗一族勿侵之命狀	임·충·계·전
27	狀啓	萬曆 21. 05. 10. (충, 5. 10.)	충청도 수군이 계속 후원하도록 해 주실 것을 청하는 장계 (1) 請湖西舟師繼援狀(一)	임·충·계·전
28	〃	萬曆 21. 5. 14. (충, 5. 14.)	충청도 수군이 계속 후원하도록 해 주실 것을 청하는 장계 (2) 請湖西舟師繼援狀(二)	임·충·계·전
29	〃	萬曆 21. 7. 1.	왜선을 구축한 일을 아뢰는 장계 逐倭船狀	임·충·계·전
30	啓本	萬曆 21. 8. 10. (유, 21. 5. 14.)	왜군의 정세를 아뢰는 계본 陳倭情狀	임·충·유·계·전
31	〃	萬曆 21. 8. (충, 8.)	화포를 올려 보내는 일을 아뢰는 계본 封進火砲狀	임·충·계·전
32	〃	萬曆 21. 9. 初日	해전과 육전에 관한 일을 자세히 아뢰는 계본 條陳水陸戰事狀	임·충·계·전
33	〃	萬曆 21. 8. (유, 21. 9. 7)	사로잡혔던 이가 보고한 왜군의 정세를 아뢰는 계본 登聞被擄人所告倭情狀	임·충·유·계·전
34	狀啓	萬曆 21.윤11. 14.	조총을 올려보내는 일을 아뢰는 장계 封進倭銃狀	임·계·전
35	啓本	萬曆 21.윤11. 17. (충, 윤11. 17.)	본영으로 돌아가는 일을 아뢰는 계본 還營狀	임·충·계·전
36	〃	萬曆 21.윤11. 17.	왜인 포로가 고한 왜군의 정세를 보고하는 계본 登聞擒倭所告倭情狀	임·충·유·계·전

37	狀啓	萬曆 21. 윤11. 17. (충, 윤11. 17.)	어영담을 조방장으로 임명해 주시기를 청하는 장계 請以魚泳潭爲助防將狀	임·충·계·전
38	〃	萬曆 21. 윤11. 17. (충, 윤11. 17.)	쇠를 거두기 위한 공문과 유황을 내려 주시기를 청하는 장계 請下納鐵公文兼賜硫黃狀	임·충·계·전
39	〃	萬曆 21. 윤11. 17. (충, 윤11. 17.)	문신으로 종사관을 임명해 주시기를 청하는 장계 請以文臣差從事官狀	임·충·계·전
40	啓本	萬曆 21. 윤11. 17. (충, 윤11. 17.)	연해의 군병·군량·병기를 수군에 전속시켜 주시기를 요청하는 계본 請沿海軍兵糧器全屬舟師狀	임·충·계·전
41	〃	萬曆 21. 윤11. 17. (충, 윤11. 17.)	둔전을 설치하도록 청하는 계본 請設屯田狀	임·충·계·전
42	〃	萬曆 21. 윤11. 21.	수군에 소속된 고을은 육군에 배정하지 말도록 청하는 계본 請舟師所屬邑勿定陸軍狀	임·충·계·전
43	〃	萬曆 21. 12. 29. (충, 12. 29.)	진중에서 과거 보는 일을 청하는 계본 請於陣中試才狀	임·충·계·전
44	啓本[10]	萬曆 21. 12. 29.	연해안 군병과 군량과 무기 등을 옮겨 가지 말도록 명령해 주시기를 청하는 계본 請沿海軍兵糧器勿令遞移狀	임·충·계·전
45	〃	萬曆 22. 1. 初日 (충, 22. 1. 1.)	승장의 위조 문서를 봉하여 올려 보내는 계본 封進僧將僞帖狀	임·충·계·전
46	狀啓	萬曆 22. 1. 初日	배경남을 수군에 소속시켜 주시기를 청하는 장계 請以裵慶男屬舟師狀	임·충·계·전
47	啓本	萬曆 22. 1. 初日 (충, 22. 1. 1.)	수륙군을 바꾸어 방비시키는 일을 헤아려 조처하시기를 청하는 계본 請量處水陸換防事狀	임·충·계·전
48	〃	萬曆 22. 1. 初日	방비군의 결원을 낸 수령을 군법에 따라 처벌할 것을 청하는 계본 關防守令依軍法決罪狀	임·충·계·전
49	達本	萬曆 22. 1. 5.	왜적의 정세를 아뢰는 달본 陳倭情狀	임·충·계·전
50	達本[11]	萬曆 22. 1. 5. (충, 일자 없음)	일족을 침해하지 말라는 명령을 취소해 주시기를 다시 청하는 달본 更請反汗一族勿侵之命狀	임·충·계·전
51	達本[12]	萬曆 22. 1. 10	진으로 돌아가는 일을 아뢰는 달본 還陣狀(1)	임·충·계·전

---

10 『임진장초』에는 달본達本으로 되어 있으나, 『충민공계초』의 서식은 계본啓本으로 되어 있다.

11 『임진장초』에는 달본達本으로 되어 있으나, 『충민공계초』의 서식은 계본啓本으로 되어 있다. 내용으로 보아 달본이 올바른 것으로 보인다.

12 이은상 역주 『이충무공전서』에는 계본啓本으로 되어 있으나 달본達本이 올바르다.

52	啓本	萬曆 22. 1. 17.	진으로 돌아가는 일을 아뢰는 계본 還陣狀(2)	임·충·계·전
53	〃	萬曆 22. 1. 10. (충, 22. 1. 19.)	흥양 목관을 교체해 주시기를 청하는 계본 請改差興陽牧官狀	임·충·계·전
54	〃	萬曆 22. 1. 16.	해안 고을이 수륙군에 교대로 침해당하는 폐단을 금지시켜 주시기를 청하는 계본 請禁沿邑水陸交侵之弊事狀	임·충·계·전
55	〃	(충, 22. 2. 25.)	충청 수군절도사에게 빨리 도착하도록 재촉해 주시기를 청하는 계본 請忠淸水軍節度使催促到陣狀	충·계·전
56	〃	(충, 22. 2. 25.)	지체하는 여러 장수들의 처벌을 청하는 계본 請罪遲留諸將狀	충·계·전
57	〃	(충, 22. 3. 10.)	여러 의병장에게 상 주시기를 청하는 계본 請賞義兵諸將狀	충·전
58	啓本[13]		여도 만호 김인영에게 상 주시기를 청하는 계본 請賞呂島萬戶金仁英狀	전
59	〃	(충, 22. 3. 10.)	군량을 조처해 주시기를 청하는 계본 請措劃軍糧狀	충·전
60	〃	(충, 22. 3. 10.)	왜군의 정세를 아뢰는 계본 陳倭情狀	충·유·전
61	〃	(충, 22. 3. 10.)	당항포 승첩을 아뢰는 계본 唐項浦破倭兵狀	충·유·전
62	〃	(충, 22. 4. 2)	기한을 어긴 여러 장수의 처벌을 청하는 계본 請罪過期諸將狀	충·전
63	〃	(충, 22. 4. 11.)	무과 특별 시험 베푼 것을 아뢰는 계본 設武科別試狀	충·전
64	〃	(충, 22. 4. 19.)	왜병을 정탐한 내용을 아뢰는 계본 哨探倭兵狀	충·전
65	〃	(충, 22. 4. 20.) (유, 22. 3. 10.)	왜군의 정세를 아뢰는 계본 陳倭情狀	충·유·전
66	達本	(충, 22. 4. 20.)	수군 소속의 여러 장수에게 교대로 휴가를 실시한 일을 아뢰는 달본 舟師所屬諸將休番狀	충·전
67	啓本	(충, 22. 4. 20.)	방비군을 결석시킨 여러 장수의 처벌을 청하는 계본 請罪闕防諸將狀	충·전
68	狀啓		조총을 올려 보내는 장계 封進鳥銃狀	전

---

13 이은상 역주 『이충무공전서』와 조성도 역주 『임진장초』에는 장계狀啓로 되어 있으나 계본啓本이 올바르다.

69	〃		방답첨사를 선정하여 임명해 주시기를 청하는 장계 請防踏僉使擇差狀	전
70	〃		충청도 전선이 기한에 맞춰 도착하기를 청하는 장계 請忠淸戰船刻期回泊狀	전
71	〃		의원을 보내 전염병을 구호하시기를 청하는 장계 請送醫救癘狀	전
72	〃	萬曆 21. 1. 22.	적의 귀로를 차단하라는 유서를 받았음을 아뢰는 장계 (1)	임·충·계
73	〃	萬曆 21. 1. 25.	적의 귀로를 차단하라는 유서를 받았음을 아뢰는 장계 (2)	임·충·계
74	〃	萬曆 21. 5. 2. (충, 일자 없음)	적의 귀로를 차단하라는 유서를 받았음을 아뢰는 장계 (3)	임·충·계
75	〃	萬曆 21. 5. 14.	배를 정비하여 적을 무찌르라고 명령하는 유서를 받았음을 아뢰는 장계	임·충·계
76	狀達	萬曆 21. 12. 25.	일족을 침해하지 말라는 명령을 받았음을 아뢰는 장달	임·충·계
77	〃	萬曆 21. 12. 29.	진중에서 과거 보이는 일을 청하는 장달	임·충·계
78	〃	萬曆 22. 1. 15.	적을 무찌르도록 하라는 명령을 받았음을 아뢰는 장달	임·충·계

왜적의 경보로 인한 사변에 대비하는 계본因倭警待變狀[14]

(1)

(*전라좌도 수군절도사[15] 신 이순신)[16]

삼가 아뢰는 것은 사변事變에 대비하기 위한 일에 관한 것입니다. 오늘 4월 15일 술시戌時[오후 7~9시]에 도착한 (*동월 14일 발송된)[17] 경상우도 수군절도사[18] 원균元均이 보낸 관문關에,

---

14 인왜경대변장因倭警待變狀 : 『이충무공전서』 편찬자가 붙인 제목이다. 이하 제목도 동일이다. *각주 5)와 6)의 번역본이 있고 가장 대표적인 이본인 『임진장초』와 『충민공계초』의 장계와 비교해서 출전을 연계시키기로 한다. 『임진장초』(장 1~3)·『충민공계초』(1~3) 계본이다.

"당일[4월 14일] 사시巳時[오전 9~11시]에 도착한 가덕진 첨절제사[19] 전응린田應麟과 천성보만호天城堡萬戶[20] 황정黃珽등의 긴급보고에 의하면, '응봉鷹峯[21] 봉수감고烽燧監考[22] 이등李登과 연대감고煙臺監考[23] 서건徐建[24] 등이 고하기를,「오늘 4월 13일 신시申時[오후 3~5시]에 왜선 몇십 척인지를 알 수 없으나, 대강 본즉 90여 척이 (*본토를 출

---

15 전라좌도 수군절도사水軍節度使 : 본영은 순천 내례포內禮浦(지금의 전라남도 여수시 군자동·관문동 등)에 있었으며, 연해 5고을五官(순천·보성·낙안·광양·흥양)과 5진포五鎭浦(방답·사도·녹도·발포·여도)의 수군을 거느렸다.

전라우도 수군절도사는 정3품 무관직으로, 그 본영은 해남우수영(지금의 전라남도 해남군 문내면 선두리 등)에 있었으며, 연해 14고을十四官(장흥·강진·해남·진도·영암·나주·무안·함평·영광·무장·흥덕·고부·부안·옥구)과 13진포十三鎭浦(회령포·마도·가리포·이진·어란포·금갑도·남도포·목포·다경포·임치·법성포·검모포·군산포)의 수군을 거느렸다.『이충무공전서』, 권3,「조진수륙전사장條陣水陸戰事狀」의 전라우도 15관官 12포浦는 14관官 13포浦의 착오이다.『李忠武公全書』권3,「請沿海軍兵糧器全屬舟師狀」; 권4,「請禁沿邑水陸交侵之弊事狀」;『亂中日記』.)

16 계본의 양식에 따라 서두에 '직함 신 성명'을 기록하게 되어 있으나 괄호(*) 내용이 생략되어 있다.

17 (*) 내용이 생략되어 있다. (이하 '내용 생략'으로 약함)『임진장초』의 원문은 "同月十四日施行"이다.

18 경상우도 수군절도사水軍節度使 : 본영은 거제도 오아포(지금의 경상남도 거제시 동부면 가배리)에 있었으며, 연해 11고을十一官(진주·창원·김해·웅천·진해·고성·거제·사천·남해·곤양·하동)과 19진포十九鎭浦(가덕·천성보·안골포·제포·영등포·율포·옥포·지세포·조라포·당포·가배량·소비포·삼천포·사량·적량·미조항·상주포·곡포·평산포)의 수군을 거느렸다.

경상좌도 수군절도사 본영은 동래 남촌(지금의 부산광역시 수영구 수영동)에 있었으며, 연해 2고을二官(기장·울산)과 11진포鎭浦(다대포·서평포·부산포·두모포·서생포·개운포·염포·감포·포이포·칠포·축산포)의 수군을 거느렸다. (『亂中日記』,『忠愍公啓草』등 출전은 위와 같다.)

19 가덕진첨절제사加德鎭僉節制使 : 1544년(중종 39)에 지금의 부산광역시 강서구 성북동에 설치된 수군 진이며, 종3품의 무관직인 첨절제사가 거느렸다. [『中宗實錄』, 권104, 39년(1544) 6월 12일(기묘);『經國大典』, 兵典, 外官職.]

20 천성보만호天城堡萬戶 : 1544년(중종 39, 갑진)에 지금의 부산광역시 강서구 천성동에 설치된 수군 진이며, 종4품의 무관직인 만호가 거느렸다.[『中宗實錄』, 권104, 39년(1544) 8월 16일(임오);『明宗實錄』, 권3, 1년(1546) 4월 6일(임진).]

21 응봉鷹峯 : 부산광역시 강서구 천성동 산 6-98번지에 있는 가덕도 매봉(359m)이다.

22 봉수감고烽燧監考 : '봉수'는 봉화와 같은 말로, 높은 산에 있는 일정한 장소에서 불을 피워 낮에는 연기로 밤에는 불빛으로 급보를 전하던 옛날의 통신 방식이다. 봉수군을 독려 감독하는 임무를 맡는 자를 오장伍長 또는 감고라 하였다.(『大典會通』, 兵典, 烽燧.)

23 연대감고煙臺監考 : 봉수의 종류로 경봉수京烽燧·연변봉수沿邊烽燧·내지봉수內地烽燧가 있는데, 흔히 연변봉수를 일컬어 연대라 하였다. 연대에는 봉화군烽火軍 10명, 감고監考 2명이 배치되어 상하 양번으로 나누어 교대 근무하였다. 여기의 연대는 부산광역시 강서구 천성동 산 6-98번지에 있는 가덕도 연대봉(459m)을 가리킨다. (육군사관학교 한국군사연구실,『韓國軍制史-近世朝鮮前期篇』, 육군본부, 1968, 493~521쪽.)

24 원문은 서건徐巾이다.

발하여)²⁵ 경상좌도의 추이도를 지나 부산포로 향하여 (*멀고 침침하여 척수를 상세하게 헤아려 볼 수는 없으나)²⁶ 연이어 나오고 있다.'라고 하므로, 첨사는 방략方略²⁷에 따라 부산과 다대포의 우요격장右邀擊將으로서 군사와 전선을 정비하여 바다로 내려가 사변에 대비합니다.'라고 하였습니다. 필시 세견선歲遣船²⁸이겠지만 90여 척이란 많은 수가 나온 것은 그 이유를 알 수 없고, 또 연속으로 나오고 있다는 것은 심상치 않은 것이므로 '방비하고 망보는 일들에 마음을 다하여 정돈하고 경계하여 밤낮으로 사변에 대비하라.'고 소속 각 고을 각 포浦에 파발을 띄워 공문으로 신칙申飭하고, 신[원균]도 군사와 전선을 정비하여 바다 어귀에서 사변에 대비하고 있음을 당일로 장계를 올렸습니다."

라고 하였습니다. 그리고 같은 날 (*성첩하여 이와 동시에)²⁹ 도착한 그 수군절도사 원균의 다른 관문에는,

"당일 신시申時에 도착한 좌수사의 관문에 의하면, '가덕진 첨사의 급보에 왜선 150여 척이 해운대와 부산포로 향하고 있다 하였는데, 반드시 세견선은 아닐 것이므로 극히 염려스럽습니다.'라고 하였습니다. 전통傳通 내의 사연을 낱낱이 적으려면 시각이 늦어지겠으므로 우선 간단히 전하며, (*수군 진영으로도)³⁰ 차례로 통첩하여 사변에 대비하여야 합니다."

라고 하였습니다.

---

25 (*) 내용 생략. 원문은 "本土始出"이다.
26 (*) 내용 생략. 원문은 "遠暗乙仍于 隻數詳細看望不得爲在果"이다. '乙仍于'는 이두로 '…으로 말미암아'라는 뜻이며, '爲在果'도 이두로 '…하거니와'라는 뜻이다.
27 방략方略 : 제승방략制勝方略. 제승방략은 원래 조선 전기에 함경도의 6진을 중심으로 여진족의 침략을 방비하는 작전지침으로서, '6진 대분군大分軍'법에 따라 6진의 토착 군사를 총동원하여 병마절도사의 지휘 아래 5위五衛 체제로 군사를 편성한 것이다. 을묘왜변(1555) 이후에는 남방에도 도입되어 진관체제鎭管體制를 대신하였는데, 북방 제승방략과는 달리 서울에서 파견된 장수(도원수·순변사 등)가 각 지방의 집결된 군사를 지휘하였다. 수군 제승방략은 육군과 달리 연해변 고을에 새롭게 수군을 편성하여 유사시에 이를 수군절도사가 지휘하였다.(김구진·이현숙, 「〈제승방략制勝方略〉의 북방北方 방어防禦 체제」, 『국역 제승방략』 세종대왕기념사업회, 1999.)
28 세견선歲遣船 : 조선시대에 쓰시마 도주島主에게 내왕을 허락한 무역선. 계해조약癸亥條約(1443)에 의해 1년에 50척으로, 삼포왜란三浦倭亂(1510) 이후 임신조약壬申條約(1512)을 맺고 1년에 25척으로 줄였다.
29 (*) 내용 생략. 원문은 "一時到付同日成貼"이다.
30 (*) 내용 생략. 원문은 "營以置"이다. '以置'는 이두로 '…으로도'라는 뜻이다.

(*'왜선 150여 척이 번갈아 가면서 향하고 있다' 하니 이것은 보통의 세견선의 종류가 아니므로)[31] 신[이순신]도 군사와 병선을 정비하여 바다 어귀에서 사변에 대비하고 있으며, 겸관찰사[32], 병마절도사, 우도[전라우도] 수군절도사[이억기]에게도 아울러 파발을 내어 급히 공문을 보내고 연해안의 고을과 포구에도 동시에 공문을 돌려서 (*'사변에 대비하도록 하라.'고)[33] 검칙하였습니다.

(*삼가 갖추어 아룁니다.)[34]

(2)

(*전라좌도 수군절도사 신 이순신)[35]

삼가 아뢰는 것은 사변에 대비하기 위한 일에 관한 것입니다.

오늘 4월 16일 진시辰時[오전 7~9시]에 도착한 (*4월 15일 진시辰時에 발송되어)[36] 겸경상도 관찰사 김수金睟가 보낸 관문에,

"이달 13일 왜선 400여 척이 부산포 건너편에 와서 정박하였는데, 적의 세력이 벌써 이렇게까지 되었으니 극히 염려스러우며, 차례로 통지를 하여 변란에 대비하십시오."

라고 하였습니다.

적의 세력이 치성함이 이같이 극도에 이르렀으니 각 방면으로 나누어 침범해 올 이치가 없지 아니하므로 신[이순신]도 군사와 전선을 정비하여 바다 어귀에서 사변에 대비하오며, 겸관찰사, 병마절도사, 우도 수군절도사에게 아울러 파발을 띄워 공문

---

31 (*) 내용 생략. 원문은 "倭船一百五十餘隻至岐等如指向 是如爲臥乎所 此非尋常歲遣之類 是白乎等用良"이다. 이두 '是如爲臥乎所'는 '…이라 하옵는바', '是白乎等用良'은 '…이시옴으로써'라는 뜻이다.

32 겸관찰사 : 조선시대 병마절도사가 모두 16명이었는데, 전라도 병마절도사는 2명이 정원이었고, 그중에 1명은 관찰사가 겸했다. 그래서 겸관찰사라 불렀다. 『增補文獻備考』 권234, 職官考 21, 外武職 1, 兵馬節度使.)

33 (*) 내용 생략. 원문은 "待變爲白臥乎事是良尒"이다. '爲白臥乎事是良尒'는 이두로 '…하옵시는 일이라고' 또는 '…하옵시는 일이므로'의 뜻이다.

34 계본 양식인 '謹具啓聞 연월일 직함 臣 姓'이 생략되어 있다. 원문에는 "謹具啓聞 萬曆 二十年[1592] 四月 十五日 戌時 節度使 臣 李"로 나와 있다.

35 (*) 내용 생략. 『임진장초』에는 "全羅左道水軍節度使 臣 李舜臣"으로 나와 있다.

36 (*) 내용 생략. 원문은 "同月十五日辰時施行"이다.

을 보내고, 소속 각 고을과 포구에도,

"무릇 살피고 망보는 일들을 각별히 단속하고 기타 전쟁의 기구를 모두 준비함과 아울러 갑절이나 더 엄하게 조치하여 사변에 대비하도록 하라."

(*라고 일시에 파발을 띄워 공문을 보냈습니다.)37 (*삼가 갖추어 아룁니다.)38

(3)

(*전라좌도 수군절도사 신 이순신)39

삼가 아뢰는 것은 사변에 대비하는 일에 관한 것입니다.

오늘 4월 16일 해시亥時[오후 9~11시]에 도착한 (*4월 15일 오후 6시에 발송되어)40 경상우도 수군절도사 원균이 보낸 관문에,

"당일[15일] 유시酉時[오후 5~7시]에 도착한 (*이달 4월 14일 오후 8시경에 성첩되어)41 우병사右兵使의 관문 내에 (*이달 4월 14일 성첩되어 당일[15일] 오후 4시경에 도착한)42 좌수사의 긴급 보고에, '이달 4월 14일 묘시卯時[오전 5~7시]에 황령산 봉수군 배돌이裵突伊가 와서 보고하기를「왜적들이 부산포의 우암牛巖에서 3패로 결진結陣해 있다가 해 뜰 무렵에 부산포성을 포위하고 접전接戰하는데, 포를 쏘는 소리가 천지를 흔드는 듯하였습니다.」라고 하였는데, (*부산포가 그러하거니와)43 서평포와 다대포는 벌써 길이 막혀 지금까지 구원병마저 아직 달려가지 못하니 참으로 안타깝고 민망합니다.'라고 하였으므로 신[원균]도 방략에 의거하여 방비를 튼튼히 하여 굳게 지키고 적을 제압할 일들을 각별히 조치하는 일로 급히 보고하였습니다."

---

37 (*) 내용 생략. 원문은 "一時發馬 行移爲白臥乎事是良尒"이다. '爲白臥乎事是良尒'는 이두로 '…하옵시는 일이라'며'라는 뜻이다.

38 계본 양식인 '謹具啓聞 연월일 직함 臣 姓'이 생략되어 있다. 원문에는 "謹具啓聞 萬曆二十年[1592] 四月十六日 辰時 節度使 臣 李"로 나와 있다.

39 (*) 내용 생략. 『임진장초』에는 "全羅左道水軍節度使 臣 李舜臣"으로 나와 있다.

40 (*) 내용 생략. 원문은 "同月十五日酉時施行"이다.

41 (*) 내용 생략. 원문은 "今四月十四日戌時成貼"이다.

42 (*) 내용 생략. 원문은 원문은 "當日申時到付今四月十四日成貼"이다.

43 (*) 내용 생략. 원문은 "同鎭以乎爲白在果"이다. 이두 '以乎'는 '…으로는', '爲白在果'는 '…하옵시거니와'라는 뜻이다.

라는 것이었습니다. (*연이어 도착한 14일 오전 10시경에 성첩된)⁴⁴ 그 도 수사水使[원균]가 보내온 통지에는,

"왜적들이 당일 부산포를 포위하고 접전하던 상황은 급히 보고하였습니다만 부산진釜山鎭에서 적을 제압하지 못하고 벌써 함락당하였으며, 이후 왜적들은 부산포의 북쪽 5리쯤 되는 당천唐川에 결진하고 선봉先鋒 왜인倭人들이 동래로 향하였다 하는바, (*즉시 장계를 올리고)⁴⁵ 우수영으로서도 차례로 급히 기별하였다고 하였습니다. 그러므로 (*도道는)⁴⁶ 김해부金海府에서 사변에 대비하기 위해 당일 그 부(김해)에 이르도록 하는 내용으로 연해안의 각 고을 위장衛將⁴⁷과 내지內地 각 고을에 모두 파발을 띄워 공문을 보내 '군마軍馬를 정비하여 사변에 대비하라' (*영營[경상우수영]으로서도 군사와 병선을 정비하고 날마다 대비하여 즉각 무찔러 사로잡을 것이며, 전라도에도 아울러 차례로 기별하고 영으로도 차차 전달한다.)"⁴⁸

하였습니다.

적의 기세가 크게 번져 이와 같이 극심한데 이르고 부산 같은 거진巨鎭이 이미 함락되었으니 놀라고 분함을 이길 수 없습니다. 신[이순신]도 바야흐로 전선을 정비하여 바다 어귀에서 사변에 대비하오며, 관찰사, 병마절도사, 우도 수군절도사 및 본도 소속 연해안의 각 고을과 포구에도 아울러 파발을 띄워 급히 통지하였습니다. 그런데 신이 소관하는 좌도는 경상도와 한 바다가 서로 접한 지역으로서 적들이 침범하

---

44 (*) 내용 생략. 원문은 "追乎到付十四日巳時成貼"이다. '追乎'는 이두로, '좇아'라는 뜻이다. 따라서 16일 해시에 연이어 도착한 것이 된다.

45 (*) 내용 생략. 원문은 "當刻馳啓爲去乎"이다. '爲去乎'는 이두로, '…하므로'라는 뜻이다.

46 도道는 : 원문 "고이故以"는 '그러므로'인데, 의미가 애매한 문구이다. 『임진장초』, 『충민공계초』, 『충무공유사』에는 모두 "道叚"으로 되어 있으며, '도는'이라는 의미이다. '叚'은 이두로, '…은(는)'이라는 뜻이다.

47 각 고을 위장各官衛將 : 제승방략의 분군법에 따라 오위五衛 체제로 군사가 편성되었는데, 각 고을 수령들이 위장으로 편제되었다는 뜻이다. 오위는 전위·좌위·중위·우위·후위의 5개 위로 구성되며 대장이 이를 지휘한다. 오위의 지휘 체계는 대장大將-위장衛將-부장部將-통장統將-여수旅帥-대정隊正-오장伍長순으로 이루어진다. (문종, 「오위진법五衛陣法」, 『兵將說·陣法』, 국방부전사편찬위원회, 1983.)

48 (*) 내용 생략. 원문은 '營以置 軍兵船整齊 日新待變 登時勦捕爲乎矣 全羅道幷以次次傳通向事關是置有亦 營以置 次次傳通向事關是白有亦'이다. 이두 '以置'는 '…로도', '爲乎矣'는 '…하오되', '幷以'는 '아울러서', '向事'는 '처리할 일' 또는 '…이실 일', '是置有亦'은 '…이라고 하므로', '是白有亦'은 '…이 있어서' 또는 '…이라 하니라'는 뜻이다.

는 길목의 요충지이며, 도내에서 가장 중요한 곳입니다. 적이 변경을 침범한 뒤에는 방비에 필요한 잡색군雜色軍[49]을 징발하지 못하겠으므로 각 고을에 급히 한두 패의 군사 징발을 재촉하여, 우선 방어에 참여하거나, 성을 지키거나 해전을 할 일에 (*교대로)[50] 정비하여 사변에 대비하고 있습니다.

(*삼가 갖추어 아룁니다.)[51]

〈참고 3〉

① 일본군의 침입 일자
일본 종군승從軍僧 텐 케이天荊의 『서정일기西征日記』에 따르면, "4월 12일(조선력은 13일) 맑음, 병선 700여 척이 진각(8시경)에 대포(대마도)를 출발하여 신시 말(17시)에 부산에 도착하였다. 태수太守[고니시 유키나가小西行長]는 곧바로 해변 육지로 올라갔다. 나도 그를 따라갔다. 초경(오후 8시)이 지나 배로 돌아왔다 十二日晴 兵船七百餘艘 辰刻發大浦 申尾到釜山 太守直赴岸上 余隨之 初更之後 上船"라고 하였다.(德富猪一郎, 『近世日本國民史―豊臣氏時代 丁篇, 朝鮮役 上卷』, 東京: 民友社, 1925, 307쪽)

② 일본군의 병력 수
도요토미 히데요시豊臣秀吉가 1592년(천정天正 20년) 3월 13일에 모리 데루모토毛利輝元에게 하달한 문서에 따르면, 1번부터 9번까지 출정원出征員 총수는 15만 8,700명이었다.(德富猪一郎, 『近世日本國民史―豊臣氏時代 丁篇, 朝鮮役 上卷』, 東京: 民友社, 1925, 281~286쪽)

---

49 잡색군雜色軍: 평상시에는 생업에 종사하면서 일정 기간 군사훈련을 받아 유사시에 대비하도록 한 병종兵種·향리鄕吏·관노官奴·무역無役 백성·공사公私 노비 등을 총망라하여 편성한 예비군이다.
50 (*) 내용 생략. 원문 "歧等如"는 이두로, '가로들어'로 읽으며, '번갈아, 교대로'의 뜻이다.
51 '謹具啓聞 연월일 직함 臣 姓'이 생략되어 있다. 원문에는 "謹具啓聞 萬曆二十年四月十六日亥時 節度使臣 李"로 되어 있다.

경상도로 구원하러 출전하는 일을 아뢰는 계본赴援慶尙道狀[52]

(1)

(*전라좌도 수군절도사 신 이순신)[53]

삼가 아뢰는 것은 달려가 구원하는 일에 관한 것입니다.

이달 4월 20일에 도착한 겸경상도 관찰사 김수의 관문에,

"(*이번에) 적의 세력이 크게 성하여 부산·동래·양산梁山을 이미 함락하고 지금 내륙으로 향하고 있으므로 본도 우수사[원균]에게 '수군을 모두 거느리고 적선의 침범을 막기 위하여 바다로 나가라.'고 이미 명령하였기 때문에 경상도의 여러 진鎭에는 배들이 전혀 없으니, 만일 경상우도에 변란이 생기면 즉시로 달려와 구원해야 할 일을 장계를 올리고 조정의 명령을 기다려야 합니다. 장차 이러한 뜻을 감사監司와 병사兵使[병마절도사]와 함께 의논하여 시행해야 할 것입니다."
라고 하였습니다.

적의 세력이 이처럼 극도로 확대되어 '큰 진영을 연이어 함락하고 또 내지를 침범한다.' 하니 몹시 원통하여 쓸개가 찢어지는 듯하여 할 말이 없습니다. 신하 된 자로서 마음과 힘을 다하여 나라의 수치를 씻고자 하지 않을 사람이 없을 것이므로 '같이 출전하라.'라는 조정의 명령을 엎드려 기다리오며, 소속 수군과 각 고을과 포구에 '전선을 정비하여 주장主將의 명령을 기다리라.'고 급히[54] 공문을 돌리고 본도의 감사와 병사와도 아울러 함께 의논하겠습니다.

(*이달 4월 20일 성첩된 것으로 4월 26일 본영에서 접수한 좌부승지의 서장에는,

"물길을 따라 적선을 요격邀擊하여 적들로 하여금 제 뒤를 돌아볼 염려가 있도록 하는 것이 가장 좋은 방책이다. 그러므로 경상도 순변사 이일이 내려갈 때 이미 일러 보냈다. 다만 군사상 진퇴進退하는 것은 반드시 기회를 보아 시행하여야만 그르침이 없는 것이다. 따라서 마땅히 먼저 적선의 많고 적음과 지나가는 섬 사이에 적병이 있나 없나를 살펴본 연후에 나아가야 할 것이다. 그러나 이것

---

52 『임진장초』(장 4~6)·『충민공계초』(4~6) 계본이다.
53 (*) 내용 생략. 『충무공유사』에는 "全羅左道水軍節度使 臣 李舜臣"으로 되어 있다.
54 급히: 원문은 "성화星火"로, 유성流星의 뜻이다. 유성이 떨어지듯이 일이 매우 급박함을 비유하는 말이다.

이 매우 좋은 방책이기는 하지만 만일 사세가 할 수 있는데도 시행하지 않으면 기회를 크게 놓치게 될 것이므로 조정에서 멀리 지휘할 수 없으니 도내에 있는 주장의 호령에 맡길 따름이다. 본도는 이미 이 뜻을 알렸으니 경상도에 통지하여 서로 의논하여 기회를 보아 조치하도록 하라."

하셨습니다.)⁵⁵

　　유지有旨⁵⁶ 중에,

"만일 사세가 시행할 만한데도 시행하지 않으면 기회를 크게 놓치게 될 것이다. 조정이 멀어서 제어하지 못하고 도내 주장의 호령에 맡긴다."

라고 하셨으나, 신은 일개 주장으로서 마음대로 처리하기 어려우므로 겸관찰사 이광李洸, 방어사 곽영郭嶸. 병마절도사 최원崔遠 등에게도 유지의 사연을 낱낱이 알렸사오며, 한편으로는 경상도 순변사巡邊使⁵⁷ 이일, 겸관찰사 김수, 우도 수군절도사 원균 등에게도,

"그 도道의 물길 사정과 두 도의 수군이 모처에 모이기로 약속하는 내용과 더불어 또 적선의 많고 적음과 현재 정박해 있는 곳과 그 밖의 대책에 응策應할 여러 가지 일들의 중요한 내용을 모두 급급히 회답하라."

고 파발을 띄워 공문을 보내고, 각 고을과 포구에도,

"전쟁 기구와 여러 가지 설비를 다시 철저히 정비하여 명령을 기다리라."

는 뜻으로 공문을 돌려 엄히 지시하였습니다.

　　(*4월 23일 성첩된 것으로 오늘 4월 27일 오전 4시에 본영(여수)에서 접수한 선전관宣傳官⁵⁸ 조명趙銘이 가져온 좌부승지의 서장에는,

"왜적들이 이미 부산과 동래를 함락하고, 또 밀양密陽에 들어왔다는데, 이제 경상도 우수사 원균

---

55 (*) 내용 생략. 『임진장초』의 원문은 "今四月二十六日 在鎭祗受同月二十日成貼 左副承旨書狀內 從水路邀襲賊船 使賊有顧後之慮 此甚良策 故慶尙道巡邊使李鎰下去時 已爲言送矣 但兵家進退之際 必因機會 可無誤事 惟當 先察賊船多寡 所經島嶼間 無伏兵與否然後 可以爲之 然此甚善策亦 若事勢可行而不行 則甚失事機 朝廷不可遙制 在道內主將號令而已 本道旣已通諭云 與慶尙道傳通相議 相機制置事 有旨是白乎味 書狀是白置"이다. 『본서』권수, '命從水路邀擊賊船 諭書'에도 나와 있다.

56 유지有旨 : 임금의 명령서.

57 순변사巡邊使 : 을묘왜변(1555) 이후 관찰사가 도순찰사를 겸임함에 따라, 중앙에서 파견하는 도순찰사의 직함을 사용할 수 없으므로, 도순변사로 그 명칭을 바꿨다. 임진왜란 때 중앙에서 파견되는 군사 지휘관의 계통은 도체찰사都體察使-도순변사都巡邊使-순변사-방어사防禦使-조방장助防將-방장防將으로 이어졌다. (육군본부, 『韓國軍制史—近世朝鮮前期篇』, 1968, 383쪽.)

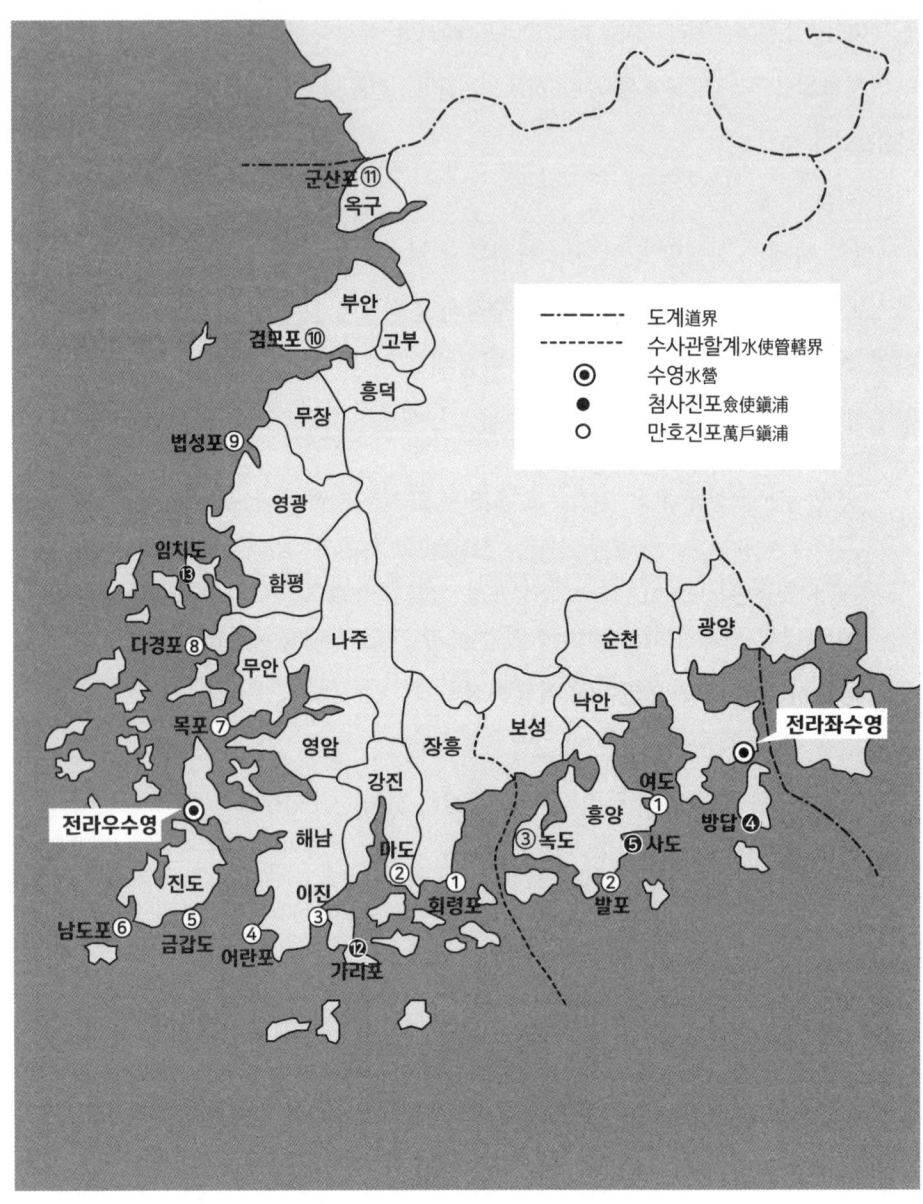

임진왜란 시기 전라좌·우수군 진포鎭浦 및 소속 고을 분포도.

전라좌수군: 5관(광양, 순천, 낙안, 흥양, 보성), 5포(① 여도, ② 발포, ③ 녹도, ❹ 방답, ❺ 사도)
전라우수군: 14관(장흥, 강진, 해남, 진도, 영암, 나주, 무안, 함평, 영광, 무장, 흥덕, 고부, 부안, 옥구)
 13포(① 회령포, ② 마도, ③ 이진, ④ 어란포, ⑤ 금갑도, ⑥ 남도포, ⑦ 목포, ⑧ 다경포, ⑨ 법성포, ⑩ 검모포, ⑪ 군산포, ❶❷ 가리포, ❶❸ 임치도)

의 계본을 본즉, '각 포구의 수군을 거느리고 바다로 나아가 군사의 위세를 뽐내며 적선을 엄습할 계획입니다.'라고 하니, 이는 가장 좋은 기회이므로 그 뒤를 따라 나가 주어야 할 것이다. 그대가 원균과 합세하여 적선을 쳐부순다면 적은 평정할 것조차 없을 것이다. 그러므로 선전관을 급히 보내어 이르노니, 그대는 각 포구의 병선들을 거느리고 급히 출전하여 기회를 놓치지 말도록 하라. 그러나 천리千里 밖이라 혹시 뜻밖의 일이 있거든 그대의 판단대로 하고 이 명령에 구애받지는 말라."
고 하신 유지有旨가 있다는 내용이 있었습니다.)[59]

위의 항목上項에 의하면 왜적들은 침입한 지 오래되어 반드시 지쳐서 사기가 저하되고 소지한 전비품도 거의 없어졌을 것이니, 이러한 상황을 이용하여 바로 이때 제압해야 하고, 전후前後 왜적들의 배의 숫자가 많게는 500여 척에 이른다고 하므로 우리의 위세를 엄하게 갖추지 않을 수 없을 뿐만 아니라 엄습할 모습을 보여서 적으로 하여금 겁내어 떨도록 해야 하겠습니다.

그래서, 수군에 소속된 방답防踏·사도蛇渡·여도呂島·발포鉢浦·녹도鹿島 등 5개 진포鎭浦의 전선만으로는 세력이 심히 외롭고 약하기 때문에, 수군에 편성되어 있는 순천順天·광양光陽·낙안樂安·흥양興陽·보성寶城 등 5개 고을에도 아울러 방략에 의해서[60] 거느리고 가면서 경상도로 구원하러 갈 때 지나게 되는 해로海路인 '본영 전양前洋으로 일제히 도착하라.'고 급히 공문을 보내 지시하였습니다. (*출전할 기일이 급한데)[61] 수군의 여러 장수 중에 보성 녹도 등의 지역은 멀어서 3일이나 걸리는 거리이기 때문에 공문으로 소집할 때 사세가 반드시 기일 내에 도착하지 못할 것 같으므로 그

---

58 선전관宣傳官 : 조선시대에 선전관청에 소속된 무관으로, 형명形名(기와 북 등 신호 업무), 계라啓螺(임금의 거동 때 취타 업무), 시위侍衛(임금의 호위), 전명傳命(왕명의 전달), 부신符信(징표)의 출납 등 임무를 수행하였다. 선전관청에는 정3품에서 종9품에 해당되는 선전관 25명, 문신겸직 2명, 무신겸직 50명의 관리가 있었다.(『大典會通』권4,「兵典」'京官職' 宣傳官廳.)

59 (*) 내용 생략. 원문은 "今四月二十七日寅時 在鎭祗受同月二十三日成貼 宣傳官趙銘賚來 左副承旨書狀內 倭寇旣陷釜山東萊 又入密陽 今見慶尙道右水使元均啓本 則率各浦舟師下海 以爲耀兵掩擊之計 此一大機會 不可不繼後 爾與元均合勢 攻破賊船 則賊不足平矣 故遣宣傳官馳諭 爾其督率各浦兵船 急赴毋失機會 然千里之外 如或有意外之事 則不必拘此事 有旨是白乎味 書狀是白有亦"이다. 이 내용은 본서 권수 '命與元均合勢攻賊 諭書'에도 나와 있다. 이두 '是白乎味'는 '…이시라', '是白有亦'은 '…이었삽기에'라는 뜻이다.

60 방략에 의해서 : 원문은 "依方略"으로, '제승방략에 의해서'라는 뜻이다. 원래 전라좌수사는 예하에 방답防踏·사도蛇渡·여도呂島·발포鉢浦·녹도鹿島의 5포 수군만 거느렸는데, 을묘왜변(1555) 이후 유사시 연해 5개 고을인 순천順天·광양光陽·낙안樂安·흥양興陽·보성寶城의 수군도 거느릴 수 있게 되었다.

61 (*) 내용 생략. 원문은 "馳援之期 事在急急是白矣"이다. '是白矣'는 이두로, '…이옵시되'라는 뜻이다.

밖의 여러 장수들은 이달 29일 본영 전양에 모이게 하여 거듭 약속을 명확하게 한 뒤에 바로 경상도로 달려갈 계획입니다. (*그러나, 풍세風勢의 순역順逆을 미리 헤아리기 어려우므로 형편에 따라서 빨리 전진하려고 하는바,)[62] 경상도 순변사[이일], 겸관찰사[이광], 우도 수군절도사에게 공문을 보내어 약속하였습니다.

    (*삼가 갖추어 아룁니다.)[63]

(2)

                                                      (*전라좌도 수군절도사 신 이순신)[64]

삼가 아뢰는 것은 사변에 대비하는 일에 관한 것입니다.

    (*4월 23일 성첩되어 오늘 4월 27일 본영에서 접수한 선전관 조명이 가져온 좌부승지의 서장에,

    "이번에 경상우수사 원균의 계본을 본즉, '각 포구의 수군을 거느리고 바다로 나아가 군사의 위세를 뽐내며 적선을 엄습할 계획입니다.'라고 하니, 그 뒤를 따라 나가 주어야 할 것이다. 그대는 각 포구의 병선을 거느리고 나가서 기회를 잃지 마라. 그러나 천리 밖이라 혹시 뜻밖의 일이 있거든 이 명령에 반드시 구애될 것 없다는 유지有旨가 있기에 서장을 이렇게 낸다."

하였으므로 신에게 소속된 수군 각 고을과 포구의 여러 장수들에게 '구원하러 갈 때 지나게 되는 해로가 본영 앞바다에 있으니 일제히 도착하라.'고 급히 통고하고, 경상도의 우수사 원균에게도 '물길의 형편과 두 도의 수군이 모이기로 약속한 곳과 적선의 많고 적음과 현재 정박해 있는 곳과 그 밖의 대책에 응할 여러 가지 기밀을 아울러 급급히 회답하라.'고 통고한 사유는 이미 장계하였습니다.)[65]

이달 4월 29일 오시午時[오전 11시~오후 1시]에 도착한 경상수사[원균]의 회답 공문에,

    "적선 500여 척이 부산·김해·양산강梁山江[66]·명지도鳴旨島 등지에 정박하고, 육지에 함부로 상륙하여 연해변沿海邊의 각 고을과 포구와 병영兵營 및 수영水營이 거의 다 함락되고, 멀리서 봉홧불이 끊어졌으니 지극히 마음 아프고 분합니다. 본도의 수

---

62 (*) 내용 생략. 원문은 "風勢順逆乙 逆料爲難 隨勢馳進爲白臥乎所"이다. '爲白臥乎所'는 이두로, '…하옵는 바'라는 뜻이다.

63 원문에는 "謹具啓聞 萬曆二十年四月二十七日 節度使 臣 李"로 되어 있다.

64 (*) 내용 생략. 『임진장초』에는 "全羅左道水軍節度使 臣 李"로 나와 있다.

65 (*) 내용 생략. 앞 주 59의 내용과 그에 따른 조처 사항이다. 원문은 생략한다.

66 양산강梁山江 : 낙동강 하구의 두 줄기 강 가운데 동쪽을 양산강, 서쪽을 김해강이라 부른다.

군을 징발하여 적선을 추격하여 10척을 태워 없앴으나, 나날이 병력을 끌어들인 적세는 더욱 치성해졌습니다. 적은 많은 데다 우리는 적기 때문에 상적相敵할 수 없어서 본영[경상우수영]도 이미 함락되었습니다. 두 도가 합세하여 적선을 공격하면 상륙한 왜적들이 후방을 염려하게 될 것이니, 귀도[전라좌도]의 군사와 전선을 남김없이 징발하여 당포 앞바다로 급히 달려오는 것이 좋겠습니다."
라고 하였습니다. 그래서 소속 수군을,

중위장中衛將에 방답첨사防踏僉使 이순신李純信,
좌부장左部將에 낙안군수樂安郡守 신호申浩,
전부장前部將에 흥양현감興陽縣監 배흥립裵興立,
중부장中部將에 광양현감光陽縣監 어영담魚泳潭,
유군장遊軍將에 발포가장鉢浦假將 영군관營軍官인 훈련봉사訓鍊奉事 나대용羅大用,
우부장右部將에 보성군수寶城郡守 김득광金得光,
후부장後部將에 녹도만호鹿島萬戶 정운鄭運,
좌척후장左斥候將에 여도권관呂島權管 김인영金仁英,
우척후장右斥候將에 사도첨사蛇渡僉使 김완金浣,
한후장捍後將에 본영 군관인 급제 최대성崔大成,
참퇴장斬退將에 본영 군관인 급제 배응록裵應祿,
돌격장突擊將에 본영 군관인 이언량李彦良

등으로 (*모두 부서를 나누어)[67] 거듭 약속을 분명히 하였습니다. 선봉장先鋒將은 우수사 원균과 약속할 때, 그 도의 변장邊將 중에서 선정할 계획입니다. 본영은 신의 우후 이몽구李夢龜를 유진장留鎭將으로 임명하고, 방답·사도·여도·녹도·발포 등의 5개 포구에는 신의 군관 중에서 담략이 있는 사람을 가장假將으로 선정하여 엄중히 타일러서 보냈습니다.

---

67 (*) 내용 생략. 원문은 "爲等如分部"이다. '爲等如'는 이두로, '통틀어, 합하여, 모두'라는 뜻이다.

그리고, 신은 수군 여러 장수를 거느리고 오늘 4월 30일 인시寅時[오전 3~5시]에 출전할 예정이었습니다. 그래서 경상우도 소속으로 본영의 이웃 진인 남해현南海縣과 미조항·상주포·곡포·평산포 등 4개 진영이 이미 첩입疊入[68]되었으므로 그곳의 현령·첨사·만호 등에게 '군사와 병선을 정비하여 중로中路에 나와서 기다리라.'고 이달 4월 29일 새벽에 관문關文을 만들어서 봉하여 지니고 인편으로 급히 달려 보냈습니다.

그런데, 그날 미시未時[오후 1~3시]에 신이 보냈던 본영의 진무인 순천 수군 이언호李彦浩가 급히 돌아와서 보고하는 말이,

"남해현 성안의 관청 건물과 여염집들은 거의 다 비었고, 집안에서 밥 짓는 연기도 나지 않으며, 창고의 문은 이미 열려 곡물穀物은 흩어졌고, 무기고의 병기도 모두 비고 없어졌는데, 마침 무기고의 행랑채에 한 사람이 있기에 그 사유를 물어보니, '적의 세력이 급작스럽게 닥쳐오자 온 성안의 사졸士卒들이 소문만 듣고 도망했으며, 현령과 첨사도 따라 도망하여 간 곳을 알 수 없다.'라고 대답하였습니다. (*돌아오다가)[69] 또 한 사람을 보았는데 쌀섬을 진 채 장전長箭[70]을 가지고 남문 밖으로 달려 나오다가 장전 일부一部[71]를 (*소인에게)[72] 주는 것이었습니다."

라고 하기에 신이 그 장전을 살펴보니, '곡포曲浦'라고 새긴 것이 분명하며, '성을 비우고 도망했다.'라는 말이 그럴 듯하였습니다.

하인下人들이 보고하는 말을 그대로 믿기 어려워서 신의 군관 송한련宋漢連에게,

"사실이 이와 같다면 적에게 군량을 쌓아 주는 격이 되어, 점차 본도[전라좌도]로 침입하여 오래 머물며 물러가지 않을 것이므로 그 창고와 무기고 등을 불살라 없애라."

고 전령하여 급히 달려 보냈습니다.

---

68 첩입疊入 : 변경 지역 방수를 위해 겨울에 거주지를 성안으로 옮겨 들어오게 하는 것을 말한다. 『임진장초』의 원문에 의하면, 남해 지역 4개 진영이 남해현에 첩입되었기 때문에 이들에게 동시에 공문으로 지시한 것으로 볼 수 있다.[『성종실록』 권189, 성종 17년(1486) 3월 20일(을축).]

69 (*) 내용 생략. 원문은 "回還次"이다.

70 장전長箭 : 조선시대 전투용의 긴 화살.

71 일부一部 : 화살대 한 묶음. 일부一浮로도 씀. 선조 때 1부部는 30개였으나(『선조실록』 권219, 선조 40년 12월 12일 경오, "長片箭則以三十箇爲一部".), 조선 후기에는 1부浮가 100개로 나온다.(『만기요람』, 군정편 1, 備邊司, 箭竹, "湖西七百四十八浮 九十七箇".)

72 (*) 내용 생략. 원문은 "矣身"이다. '矣身'은 이두로, '자, 자신, 본인'이라는 뜻이다.

대개 교활한 왜적이 크게 번져서 부대를 나누어 도적질하는데, 한편은 육지로 향해 석권하기를 멀리까지 가고, 한편은 연로沿路를 향해 남김없이 공격하고 함락했습니다만, 육지와 바다의 여러 장수들이 한 사람도 막아 싸우는 자가 없어서 벌써 적의 소굴이 되어 버렸고, 바다의 진영으로 남은 것은 오직 [경상]우수영과 남해와 평산포 등 4개 진鎭뿐인데, 이제 듣자하니 우수영도 함락되었고, 남해의 온 섬은 벌써 무인지경無人之境이 되었다 합니다. 이른바 우수영은 신이 지키는 진영과 한 바다로 서로 이어져 있고, 남해는 북소리와 나팔소리가 서로 들리고 사람들이 앉고 서 있는 모양을 똑똑히 세어 볼 수 있는 곳입니다.

본도로 옮겨서 침범해 올 염려가 조석朝夕으로 박두하였으니 극히 한심할 뿐 아니라 본도 내의 육지와 연해안 각 고을과 변두리의 성을 방어할 신선新選[73]과 조방군助防軍[74] 등 정강精强한 사졸은 모두 육전으로 나가고, 변방에 남은 진보鎭堡에는 병기를 가진 사람조차 드물어 다만 맨손인 수군을 거느렸으므로 그 세력이 매우 약하여 달리 방어할 대책이 없습니다. 뿐만 아니라, 수군 중위장中衛將[75] 순천부사 권준은 바다로 나아가 사변에 대비하다가 관찰사의 전령傳令으로 전주全州로 달려갔습니다. 여기에 더해 오랫동안 임무를 맡아 계속 거주하던 자들도 한번 풍문을 듣고는 가족을 이끌고 짐을 지고 길마다 서로 이어졌으며 혹은 밤을 타서 도망하고 혹은 틈을 엿보아 이사하는데, 본영의 수졸守卒과 토착민 또한 이와 같은 부류가 있습니다. 신은 그 길목에 포망장捕亡將[76]을 정해 보내어 도망자 2명을 적발하여 우선 목을 베어 군중軍中에 효시하여 군정軍情을 진정시켰습니다.

'경상도로 달려가 구원하라.'는 명령이 이같이 간곡하실 뿐 아니라, 신도 소식을 들은 이래 분노가 간담에 서려 있고[77] 아픔이 뼛속에 사무쳐 한번 적의 소굴을 무찔

---

73 신선新選 : 조선 중기의 한 병종兵種으로 '신선정로위新選定虜衛'의 준말이다. 사족士族이나 업무業武로서 정군定軍에 해당되지 않는 자를 선발하여 병영과 수영에 돌아가며 근무하는데, 병사兵使나 수사水使는 이들을 친병親兵으로 삼았다. [『광해군일기』 권103, 광해 8년(1616) 5월 6일(을해).]
74 조방군助防軍 : 조방장助防將이 거느리는 군사. '조방'이라고도 일컫는다.
75 중위장中衛將 : 오위五衛의 한 위장. 오위는 전위·좌위·중위·우위·후위를 뜻한다. 중위장은 임진왜란 때 각 도 수사水使가 지휘하는 함대의 차석 지휘관 역할을 담당하였다.
76 포망장捕亡將 : 도망자를 체포하는 임무를 띤 장교.

러 몸을 잊고 힘을 바치려는 충정이 자나깨나 간절하여 수군을 거느리고 [전라] 우수사와 힘을 합해 공격하여 적도를 섬멸할 것을 기약하였습니다.

그런데, 남해에 첩입疊入된 평산포 등 4개 진장鎭將과 현령 등이 적을 대면하여 보기도 전에 먼저 스스로 도피하였으므로, 신의 외로운 객병客兵으로는 그 도의 물길이 험하고 평탄한 것도 알 수 없고, 이미 물길을 인도할 배도 없으며, 또 호응해 줄 장수도 없는데, 경솔하게 출발했다가는 또한 천리 길에 뜻밖의 염려가 없지 않을 것입니다. 신에게 소속된 전함을 죄다 모은 수효가 30척을 넘지 않아서 세력이 매우 외롭고 약합니다. 겸관찰사 이광李洸도 이미 이 뜻을 알고 명령하기를 '본도 우수사 소속 수군 또한 신의 뒤를 잇는 후원이 되고 힘을 합해 달려가 구원하라.'고 하였습니다. 일이 매우 급하지만 반드시 구원선이 다 도착하는 것을 기다렸다가 약속을 정하고 발선發船하여 곧장 경상도로 달려갈 계획입니다.

흉하고 추한 무리들이 이미 조령鳥嶺을 범하여 장차 한성 주변까지 육박한다 하므로, 본도의 겸관찰사가 홀로 의기를 분발하여 3군을 거느리고 곧 서울로 향하여 왕실을 호위할 계획이라 합니다. 신은 이 말을 듣고 흐르는 눈물을 감당하지 못하고, 칼을 어루만지며 혀를 차면서 탄식하고, 또 여러 장수를 거느리고 서울로 달려가 먼저 육지 안으로 들어간 적을 꺾으려고 하오나, 국경을 지키는 신하의 몸으로서 마음대로 하기 어려워 부질없이 답답한 채 분함을 참고 스스로 녹이며, 엎드려 조정의 지휘를 기다립니다.

신의 어리석은 생각으로는 오늘날 적의 세력이 이같이 기세를 부리게[78] 된 것은 더불어 해전海戰을 하지 않고 적으로 하여금 마음대로 상륙하게 하였기 때문입니다. 경상도 연해안 고을에는 깊은 해자垓字[79]와 높은 성으로 험한 곳이 많은데, 성을 지키

---

77 서려 있고 : 원문은 "윤균輪囷"으로, 큰 나무의 뿌리가 얽히고 서려 있듯이 분통하고 노여운 기운이 가슴과 담에 서려 있다는 뜻이다. 균困은 서렸다는 뜻이다.(『漢書』 권51, 賈鄒枚路傳第二十一, 鄒陽, "蟠木根柢 輪囷離奇 而為萬乘器者".)

78 부리게 : 원문은 "빙릉憑陵"으로, 세력이 성하여 남을 능가함의 뜻이다. 빙은 '성하다'는 뜻이요, 능凌은 '능가하다'는 뜻이다.(『春秋左傳』 襄公 25년, "介恃楚眾 以憑陵我 敝邑".)

79 해자垓字 : 원문은 "심구深溝"로, 깊은 해자垓字의 뜻이다. 해자는 적을 막기 위해 성 밖을 둘러싼 못이다.(『禮記』, 禮運, "城郭溝池以為固".)

는 겁쟁이 군사들이 소문을 듣고 간담이 떨려 두려움을 품고 도망갈 마음을 품었기 때문에 적이 포위하면 반드시 함락되어 온전한 성이라고는 하나도 없는 것입니다.

지난번[80] 부산 및 동래의 연해안 여러 장수들이 배들을 성대하게 정비하여, 바다에 가득 진을 벌여 엄격한 위세를 보이면서, 정세를 보고 힘을 헤아려 병법대로 진퇴하여 적을 육지로 기어오르지 못하게 했더라면, 나라를 욕되게 한 환란이 반드시 이런 극도에 이르지는 않았을 것입니다. 생각이 이에 미치니 깊은 탄식이 격렬하게 끓어오릅니다.

원하옵건대 한번 죽을 것을 기약하고 곧 범의 굴을 바로 두들겨 요망한 기운을 소탕하여 나라의 수치를 만분의 일이라도 씻으려 합니다. 성공하고 실패하고 잘되고 못 되는 것은 신이 미리 생각할 바가[81] 아닙니다.

(*삼가 갖추어 아룁니다.)[82]

(3)

(*전라좌도 수군절도사 신 이순신)[83]

삼가 아뢰는 것은 구원하러 달려가는 일에 관한 것입니다. 전에 공경히 받은 유지有旨에,

"경상우수사 원균과 더불어 합력하여 적선을 공격하여 격파하라."

는 내용으로 인하여 소속 수군 제장 등을 지난 4월 29일 본영 앞바다로 소집하여 30일 출발할 계획이었습니다. 겸관찰사 이광李洸이 함대[군대]의 세력이 외롭고 약함을 걱정하여 본도 우수사에게 수군을 거느리고 신의 뒤를 따르도록 명령하였는데, 우수사 이억기李億祺의 공문에,

"같은 달 30일 출발합니다."

---

80 지난번 : 원문은 "향사向使"로, ① 가령假令, 가사假使. ② '지난번 ……으로 하여금'의 뜻이다. 여기서는 두 가지 모두로 해석할 수 있다.

81 미리 생각할 바가 : 원문은 "역료逆料"로, 역逆은 '거슬러서, 앞서서, 미리'라는 뜻이요, 요料는 '헤아리다'의 뜻이다. (『三國演義』, 第九十七回, 討魏國武侯再上表, 破曹兵姜維詐獻書, "凡事如是 難可逆料".)

82 원문에는 "謹具啓聞 萬曆 二十年 四月 三十日 未時 節度使 臣 李"로 나와 있다.

83 (*) 내용 생략. 『충무공유사』에는 "全羅左道水軍節度使 臣 李舜臣"으로 되어 있다.

라고 하므로 그 도착을 기다려서 군대의 위세를 성대하게 갖추어 일시에 출발하겠다는 사유는 이미 급히 보고하였습니다.

내륙으로 향한 적들이 장차 서울 부근에 육박한다고 하므로 신과 여러 장수들은 분발하지 않는 이가 없어, 칼날을 무릅쓰고 사생결단할 것을 각오하였습니다. 적들의 돌아갈 길목을 막아 끊어서 배들을 쳐부순다면 적이 후방을 염려하여 바로 후퇴할 생각을 가질 수도 있을 듯하여 오늘 5월 4일 첫닭이 울 때[84] 출발하여 바로 경상도로 향하오며, 한편으로는 우수사 이억기에게 "빨리 서둘러 도착하시오."라고 급히 공문을 보냈습니다.

(*삼가 갖추어 아룁니다.)[85]

옥포에서 왜적을 격파하였음을 아뢰는 계본[86] 玉浦破倭兵狀

(*전라좌도 수군절도사 신 이순신)[87]

삼가 아뢰는 것은 적을 쳐서 무찌른 일에 관한 것입니다.

전일 공경히 받은 유지有旨에 의거하여 경상우수사와 합력하여 적선을 쳐부술 예정으로 지난 5월 4일 축시丑時[오전 1~3시]에 출발하면서, 본도 우수사 이억기에게 "수군을 거느리고 신의 뒤를 따라오라."고 공문을 보낸 사연은 급히 보고하였습니다.

그날 그 시각에 수군 여러 장수들과 판옥선板屋船[88] 24척, 협선挾船[89] 15척, 포작선鮑作船[90] 46척을 거느리고 출발하여 경상우도의 소비포 앞바다에 이르자, 날이 저물

---

84 첫닭이 울 때 : 원문은 '계초명鷄初鳴'이다. 『임진일기』 5월 4일 기사에는 '질명質明'(날이 샐 무렵)으로 나와 있다. (『儀禮』, 士冠禮, "擯者請期 宰告日 質明行事".)

85 원문에는 "謹具啓聞 萬曆二十年五月初四日 節度使 臣 李"로 되어 있다.

86 『임진장초』(장 7)에는 큰 글씨로 후에 쓴 장계의 제목 "初度玉浦勝捷啓本"이다. '옥포파왜병장'은 『전서』 편찬 때 붙여진 제목이다. 『충민공계초』(7) 계본이다.

87 (*) 내용 생략. 원문에는 "全羅左道水軍節度使 臣 李舜臣"으로 되어 있다.

88 판옥선板屋船 : 대형화된 왜구의 선박에 대항하기 위하여 1555년(명종 10)에 혁신적으로 개발된 대형 전투함. 갑판이 1개인 맹선猛船 위에 판옥 곧 상장上粧을 올려 만든 구조로서 2개의 갑판을 갖는 배이다. 방패로 보호된 판옥 안에서 노군(격군)들이 안전하게 노를 저었다.

기로 결진結陣[91]하여 밤을 지냈습니다.

초5일 새벽에 출발하여 두 도의 수군들이 지난번에 모이기로 약속한 곳인 당포 앞바다로 급히 달려갔으나, 그 도의 우수사 원균이 약속한 곳에 있지 않으므로 신이 거느린 경쾌선輕快船으로 "당포로 빨리 나오라."고 공문을 보냈습니다.

초6일 진시辰時[오전 7~9시]에 원균이 우수영 경내의 한산도에서 단지 1척의 전선을 타고 도착하였으므로, 적선의 많고 적음과 현재 정박하고 있는 곳과 접전하는 절차節次를 상세히 묻고 있을 때, 그 도의 여러 장수인 남해현령 기효근奇孝謹, 미조항첨사 김승룡金勝龍, 평산포권관 김축金軸 등이 판옥선 1척에 같이 타고, 사량만호 이여념李汝恬, 소비포권관 이영남李英男 등이 각각 협선을 타고, 영등포만호 우치적禹致績, 지세포만호 한백록韓百祿, 옥포만호 이운룡李雲龍 등은 판옥선 2척에 같이 타고 초5일과 6일에 속속 뒤따라 도착하였습니다. 두 도의 여러 장수들을 한곳에 불러모아 약속을 재삼 분명히 한 뒤에 거제도 송미포松未浦[92] 앞바다에 이르자, 날이 저물어 밤을 지냈습니다.

초7일 새벽에 일제히 출발하여 적선이 정박하고 있다는 천성·가덕으로 향하여 가다가 오시午時[오전 11시~오후 1시]쯤 옥포 앞바다에 이르자, 척후장斥候將 사도첨사 김완과 여도권관 김인영 등이 신기전神機箭[93]을 쏘아 급변을 보고하므로 적선이 있음을 알고 다시 여러 장수들에게 지시하기를,

---

89 협선挾船 : 격군格軍 3~5명이 운영하는 소형 범선 내지 범노선帆櫓船으로서 군선·민간선으로 모두 쓰여진 배. 임진년 해전에서는 전투함인 판옥선을 보조하는 종선從船으로 운영되었다. (金在瑾, 『朝鮮王朝軍船硏究』, 서울 : 一潮閣, 1991, 160~161쪽.)

90 포작선鮑作船 : 포작인鮑作人들이 타고 다니는 배. 포작인(보자기)은 바닷가에 살면서 해산물을 채취하여 생계를 유지하는 사람이다. (제장명, 「임진왜란 시기 전라좌수군의 전투구성원과 전투 수행」, 『이순신연구논총』 제21호, 순천향대학교 이순신연구소, 2014, 267~269쪽.)

91 결진結陣 : 군대(함대)가 진형을 형성함. 조선 전기의 오위진법五衛陣法에는 방진方陣·원진圓陣·곡진曲陣·직진直陣·예진銳陣의 5개 기본 진형인 오행진이 있고, 이의 6가지 변형 형태인 장사진長蛇陣·학익진鶴翼陣·언월진偃月陣·어린진魚鱗陳·조운진鳥雲陣·각월진却月陣이 있다. 이순신 함대가 출전 중에 정박시 진형으로 사용했던 것은 주로 방진이었다. (국방부 전사편찬위원회, 『兵將說·陣法』, 1983, 204~207쪽; 정진술, 「朝鮮水軍의 戰術信號 體系」, 『학예지』 제15집, 육군사관학교 육군박물관, 2008, 47쪽.)

92 송미포松未浦 : 경상남도 거제시 남부면 저구리 대포大浦. (정진술, 「조선 수군의 임란 초기대응에 관한 연구」, 『해양연구논총』 제25호, 해군사관학교 해군해양연구소, 2000, 132~135쪽.)

93 신기전神機箭 : 화살의 앞부분에 화약통을 매달아 그 분사력에 의해서 날아가는 화살.

"함부로 움직이지 말고 태산같이 침착하라勿令妄動 靜重如山."
고 전령한 뒤에 옥포 바다 가운데로 대열을 지어 일제히 전진한즉, 왜선 50여 척[94]이 옥포 선창에 나뉘어 대어 있는데 대선은 사면四面에 두른 장막에 온갖 무늬를 그렸으며 그 장막 변두리에는 대나무 장대를 열지어 꽂아서, 붉고 흰 작은 기들을 어지러이 달았고, 깃발의 모양은 가지각색으로서[95] 모두 무늬 있는 비단으로 만들었으며, 바람결을 따라 펄럭이어 바라보기에 눈이 어지러울 지경이었습니다.

적도賊徒들은 그 포구에 들어가 약탈하고 있어 연기가 산을 덮었는데, 우리의 군선軍船을 돌아보고는 허둥지둥 어찌할 바를 모르면서 제각기 분주히 배를 타고 아우성치며, 급하게 노를 저어 중앙으로는 나오지 못하고 기슭으로만 배를 몰고 있었습니다. 그중에서 6척이 선봉으로 도망쳐 나오므로 신이 거느린 여러 장수들은 한마음으로 분발奮發하여 모두 죽을힘을 다하니 배 안에 있는 장교와 군사들도 그 뜻을 본받아 분발하고 격려하여, 죽기를 기약하며 동서로 충돌하고 둘러싸서 바람과 우레같이 총통과 활을 급히 쏘았습니다. 적들도 총탄과 활을 쏘다가 기운이 다하자, 배 안에 있는 물건들을 바다에 내던지느라 정신이 없었으며, 화살에 맞은 자는 그 수를 알 수 없고 헤엄치는 자도 얼마인지 그 수를 알 수 없어 일시에 무너지고 흩어져서 바위 언덕으로 기어오르면서 서로 뒤떨어질까 두려워하였습니다.

좌부장 낙안군수 신호는 왜대선倭大船 1척을 쳐부수고 머리 1급級[96]을 베었는데 배 안에 있던 칼·갑옷·의관 등은 모두 왜장[97]의 물건인 듯하였으며, 우부장 보성군수 김득광은 왜대선 1척을 쳐부수고 포로가 되었던 우리나라 사람 1명을 산 채로 빼앗았고, 전부장 흥양현감 배흥립은 왜대선 2척을, 중부장 광양현감 어영담은 왜의 중선中船 2척과 소선小船 2척을, 중위장 방답첨사 이순신李純信은 왜대선 1척을, 우척후장

---

94 50여 척 : 『충민공계초』(국립해양박물관 소장)·『이충무공전서』·『충무공유사』(규장각 소장)·『요람』(국립해양박물관 소장)·『은봉전서』·『고려선전기高麗船戰記』(일본 문헌) 등에는 50여 척으로, 「행록」·『임진장초』·『충무공계초』(해군사관학교 소장)에는 30여 척으로 기록되어 있다.

95 깃발의 모양은 가지각색으로서 : 원문은 "기형여번여당旗形如幡如幢"으로, 깃발의 형태가 번幡 같기도 하고 당幢 같기도 하다는 것이다.

96 급級 : 옛날 중국 진秦나라 때 적의 목을 베어 오면 작위를 높여 주는데, 머리 하나에 1계급씩 올리던 것이라 뒤에 적의 머리 하나를 1급이라고 하게 되었다.

사도첨사 김완은 왜대선 1척을, 우부기전통장右部騎戰統將 사도진군관 보인保人[98] 이춘李春은 왜중선 1척을, 유군장 발포가장인 신의 군관 훈련원봉사 나대용은 왜대선 2척을, 후부장 녹도만호 정운은 왜중선 2척을, 좌척후장 여도권관 김인영은 왜중선 1척을 각각 쳐부수고, 좌부기전통장이며 순천 대장代將인 전 봉사奉事 유섭兪燮은 왜대선 1척을 쳐부수고 포로가 되었던 소녀 1명을 산 채로 빼앗았으며, 한후장捍後將이며 신의 군관인 급제 최대성은 왜대선 1척을, 참퇴장이며 신의 군관인 급제 배응록은 왜대선 1척을, 돌격장이며 신의 군관인 이언량은 왜대선 1척을, 신의 대솔군관帶率軍官인 훈련봉사 변존서卞存緖와 전 봉사 김효성金孝誠 등은 힘을 합하여 왜대선 1척을 각각 쳐부수었으며, 경상우도의 여러 장수들이 왜선 5척을 쳐부수고, 포로되었던 3명[99]을 산 채로 빼앗았습니다. 모두 합해서 왜선 26척을 모두 총통으로 쏘아 맞혀 쳐부수고 불태우니 넓은 바다에는 불꽃과 연기가 하늘을 덮었으며, 산으로 올라간 적도들은 숲속으로 숨어 엎드려 기운이 꺾이지 않는 놈이 없었습니다.

신은 여러 전선에서 용감하고 정예한 사부射夫를 뽑아 산에 오른 적을 추격해 잡으려 하였으나, 거제도巨濟島는 산이 험준하고 수목이 울창하여 사람들이 발붙이기 어려울 뿐 아니라 방금 적의 소굴에 들어와 있는데 병선에 사부가 없으면 혹 뒤로 포위될 염려도 있고, 날도 또한 저물어 가므로 뜻을 이루지 못하고 영등포 앞바다로 물러나와[100] 군졸들에게 나무하고 물을 긷게 하여 밤을 지낼 계획이었습니다.

신시申時[오후 3~5시]쯤 "멀지 않은 바다에 또 왜대선 5척이 지나간다."라고 척후장이 보고하므로 여러 장수를 거느리고 따라 쫓아가서 웅천 땅 합포合浦[101] 앞바다에

---

97 옥포해전의 왜장은 도도 다카도라藤堂高虎와 호리우치 우지요시堀內氏善였다.(參謀本部,『日本戰史朝鮮役』, 東京 : 偕行社, 1924, 214쪽.)

98 보인保人 : 군대에 직접 복무하지 않는 병역 의무자. 정군正軍 1명에 대하여 2~4명씩 배당되어 정군의 군사 비용을 부담하였다.

99 『이충무공전서』・『충무공유사』・『요람』에는 3명으로, 『임진장초』・『충민공계초』에는 1명으로 나온다.

100 물러나와 : 원문은 "퇴주退駐"로, 본래 가덕도 천성과 가덕을 목적지로 하여 함대가 전진하였기 때문에, 그곳으로 향하지 않고 거제도 북단 영등포로 물러난 것을 '퇴주'라고 표현하였다.

101 합포合浦 : 경상남도 창원시 진해구 원포동 합개마을合浦(鶴浦).(정진술, 「조선 수군의 임란 초기대응에 관한 연구」,『해양연구논총』제25호, 해군사관학교 해군해양연구소, 2000, 39쪽; 이민웅,『임진왜란 해전사』, 서울 : 청어람미디어, 2004, 81쪽.)

이르자 왜적들이 배를 버리고 육지로 올라갔습니다. 사도첨사 김완이 왜대선 1척을, 방답첨사 이순신李純信이 왜대선 1척을, 광양현감 어영담이 왜대선 1척을, 부통속部統屬¹⁰²으로 방답진에서 귀양살이하던 전 첨사 이응화李應華가 왜소선 1척을, 신의 군관인 봉사 변존서卞存緖·송희립宋希立·김효성金孝誠·이설李渫 등이 힘을 합하여 활을 쏘아 왜대선 1척을 모두 남김없이 쳐부수고 불태웠으며, 밤중에 노를 재촉하여 창원 땅 남포藍浦¹⁰³ 앞바다에 이르러 진을 치고 밤을 지냈습니다.

초8일 이른 아침에 '진해 땅 고리량古里梁¹⁰⁴에 왜선이 정박하고 있다.'는 기별을 듣고 곧 출발을 명하여 내외의 섬들을 협공하고 수색하면서 저도를 지나 고성 땅 적진포赤珍浦¹⁰⁵에 이르자, 왜의 대선과 중선을 합하여 13척이 바다 어귀에 줄지어 정박해 있는데, 왜인들은 포구의 곶串에 있는 여염집을 노략질한 뒤에 우리 군사들의 위세를 바라보고 겁내어 산으로 올라갔습니다. 낙안군수[신호]는 그 부[좌부] 소속인 순천 대장代將 유섭과 합력하여 왜대선 1척을, 같은 부통장部統將¹⁰⁶으로 같은 군에 사는 급제 박영남朴永男과 보인 김봉수金鳳壽 등이 합력하여 왜대선 1척을, 보성군수 [김득광]가 왜대선 1척을, 방답첨사[이순신]가 왜대선 1척을, 사도첨사[김완]가 왜대선 1척을, 녹도 만호[정운]가 왜대선 1척을, 그 부통장으로 귀양살이하던 전 봉사 주몽룡이 왜중선 1척을, 신의 대솔군관帶率軍官¹⁰⁷ 전 봉사 이설과 송희립 등이 합력하여 왜대선 2척을, 군관 정로위定虜衛¹⁰⁸ 이봉수李鳳壽가 왜대선 1척을, 군관 별시위別侍衛 송한련이 왜중선 1척 등을 모두 총통으로 쏘아 쳐부수고 불태웠습니다.

사졸들에게 명령하여 아침밥을 먹고 쉬려고 하는데, 그 적진포 근처에 사는 향화

---

102 부통속部統屬 : 중부장 광양현감 어영담이 통솔하는 중부中部에 소속되었다는 뜻이다.
103 남포藍浦 : 경상남도 창원시 마산합포구 난포리의 포구이다.
104 고리량古里梁 : 경상남도 창원시 마산합포구 진동면 고현리 포구로 추정된다.
105 적진포赤珍浦 : 적진포의 위치는 여러 가지 설이 있다. 그러나 고성과 거제의 경계라는 것과 해전 후 조식을 먹을 정도로 남포에서 가까운 거리이기 때문에, 경상남도 고성군 동해면 내산리 전도마을 적포赤浦가 가장 설득력이 있다. (정진술, 「조선 수군의 임란 초기대응에 관한 연구」, 『해양연구논총』 제25집, 해군사관학교 해군해양연구소, 2000, 139~140쪽.)
106 부통장部統將 : 좌부장 낙안군수 신호가 통솔하는 좌부左部의 '통장'이라는 뜻이다.
107 대솔군관帶率軍官 : 장수가 거느리는 또는 장수를 모시는 군관. 『경국대전』에 따르면, 군관은 무과 합격자나 별시위別侍衛 또는 갑사甲士 중에서 진장鎭將이 추천하여 임금이 임명하는데, 정원은 절도사가 5명, 첨절제사가 3명, 만호가 2명을 거느릴 수 있었고, 임기는 1년이다.

인向化人[109] 이신동李信同이라고 하는 자가 신 등 수군을 바라보고 산정山頂에서 아기를 업고 울부짖으면서 내려오므로 소선으로 실어 와서 신이 직접 적도들의 행동을 물어보니,

"그 왜적들이 어제 이 포구로 와서 여염집에서 빼앗은 재물을 우마牛馬로 싣고 가서 그들의 배에 나눠 싣고서는 초저녁에 배를 바다 가운데에 띄워 놓고 소를 잡아 술을 마시며 노래하고 피리를 불며 날이 새도록 그치지 않았는데, 숨어서 그 곡조를 들어 보니 모두 우리나라의 음곡이었고, 오늘 이른 아침에 그중에 반은 배를 지키고 나머지 반은 육지로 내려와서 고성으로 향하였습니다. 소인의 노모와 처자는 적을 보고 서로 잃어버려 간 곳을 알지 못합니다.[110]"

라고 하면서 눈물을 흘리며 슬프고 원통함을 흐느끼며 호소하였습니다. 신은 그 정상이 가련하고 적의 포로가 될 것이 염려스러워 데리고 가겠다는 뜻으로 권유하였으나, 그 사람은 노모와 처자를 찾아보고자 하므로 따르려고는 하지 않았습니다.

함께한 장수와 군사들이 이 말을 듣고는 더욱더 분하게 여겨 서로 돌아보면서 기운을 가다듬어 한마음으로 힘을 합해 곧 천성·가덕·부산 등지로 향하여 그 적선을 섬멸하려고 계획하였습니다. 그러나 적선이 정박하고 있는 곳들은 지세가 좁고 얕아서 판옥선과 같은 대선大船으로는 싸우기가 매우 어려울 뿐 아니라, 본도 우수사 이억기가 미처 달려오지 않아서 홀로 적중賊中으로 진격하기에는 세력이 너무나 외롭고 위태로워 원균과 함께 계획을 논의하고 별도로 기묘한 계획을 짜내어 나라의 치욕을 씻기로 하였습니다.

본도의 도사 최철견崔鐵堅의 첩정牒呈[111]이 뜻밖에 도착하여 비로소 임금께서 관서關西로 피란하신 기별을 알게 되어 놀랍고 통분함이 망극하여 종일토록 서로 붙들

---

108 정로위定虜衛 : 1512년(중종 7)에 처음 설치하여 광해군 무렵까지 존속한 병종兵種. 지방의 한량을 선발하여 조직하였다. (세종대왕기념사업회, 『한국고전용어사전』.)

109 향화인向化人 : 귀화인으로, 여기서는 일본에서 귀화한 백성이다.

110 (*) 내용 생략. 원문은 "悶迫亦"이다. '간 곳을 알지 못해 답답하고 절박합니다.'인데, '亦'은 이두로 '…이고' 또는 '…이다'라는 뜻이다.

111 첩정牒呈 : 하위 관부에서 상위 관부로 올리는 공문서. 상관에게 보고하는 공문서.

고 오장¹¹²이 찢어지는 듯하고 울음소리와 눈물이 한꺼번에 터져 나왔습니다. 하는 수 없이 각자 배를 돌리기로 하고 초9일 정오에 모든 전선을 거느리고 무사히 본영으로 돌아와서 여러 장수에게,

"배들을 한층 더 정비하여 바다 어귀에서 사변에 대비하라."

고 타이르고 진을 파하였습니다.

순천 대장代將 유섭이 빼앗아 온 우리나라 소녀는 나이 겨우 4~5세로 그의 내력¹¹³과 거주지를 알 길이 없으며, 보성군수 김득광이 빼앗아 온 소녀 1명은 나이는 좀 들었으나, 머리를 깎아 왜인처럼 되었는데 심문해 본즉, 임진년 5월 초7일 동래 동면 응암리에 사는 백성 윤백련尹百連으로서 나이는 14세이며 "너는 아무 날 아무 곳에서 왜인을 만나 누구누구와 같이 포로가 되었다가, 그날 접전할 때 도로 붙잡혀 나오게 된 연유와 왜적들의 모든 행동을 비롯하여 조상이 누구인지와 신역 등을 아울러 진술하라."라고 하였는데, 진술하기를,

"아비는 다대포 수군 곤절昆節로서 왜란이 일어나자 생사를 알 수 없었고, 어미는 양갓집 딸로서 이름은 모론毛論인데 지금은 죽었으며, 내외 조부모에 대해서는 아무것도 모릅니다. 저는 기장에 사는 신선新選 김진명金晉明이 하인으로 데리고 있었는데, 날짜는 기억할 수 없으나 지난 4월에 왜적들이 부산포에 도착하자, 호수戶首¹¹⁴ 진명은 군령에 의하여 저에게 군 장비를 지우고 부산진으로 데리고 가는데, 마비을이현馬飛乙耳峴¹¹⁵에 이르자 왜적이 이미 부산을 함락하였음을 듣고 되돌아서 저를 데리고 바로 기장현으로 달려갔습니다. 성안에서 진을 쳤던 군졸들이 도망하므로 진명이 자기 집으로 데리고 가서 하룻밤을 지냈는데 뒤에 저의 늙은 아비와 친척들이 이곳으로 피란해 온 것을 우연히 길가에서 만나 그 고을 운봉산雲峰山 속에 숨어서

---

112 오장 : 원문 "오내五內"는 한의학에서 '오장五藏'을 일컫는 말이다.

113 내력 : 원문 "근각根脚"은 죄를 범한 사람의 생년월일과 용모와 그의 조상을 기록한 사항을 의미한다.

114 호수戶首 : 각 호戶의 우두머리로 입역入役을 책임지는 사람. 1호戶는 정호正戶와 봉족奉足으로 되어 있는데, 호수는 정군의 입역과 입역하지 않은 장정의 세금을 책임지고 독려하였다. [『태종실록』권14, 7년(1407) 9월 2일(임자);『단종실록』권12, 2년(1454) 9월 12일(경신).]

115 마비을이현馬飛乙耳峴 : 현재의 부산광역시 동래구 서면 범전동. '미나리고개'라고 한다. (국립해양박물관,『충민공계초』, 민속원, 2017, 61쪽 재인용.)

지냈습니다. 그 후 8~9일 만에 왜적들이 무수히 침입하여 저와 오빠 복룡福龍 등은 먼저 포로로 잡혀 해가 질 무렵에 부산성으로 끌려가서 밤을 지낸 뒤에 오빠 복룡은 간 곳을 알 수 없었고, 저는 배의 갑판 밑에 넣어 두고서는 마음대로 행동하지 못하게 하였습니다.

날짜는 기억하지 못하나, 하루는 적선 30여 척이 김해부로 향하여 떠났는데, 반 남짓은 상륙하여 (*그 부[김해를])[116] 도적질을 하며 5~6일 동안 머무른 후에 이달 초6일 사시巳時[오전 9~11시]에 일제히 출발하여 율포에 와서 밤을 지내고, 초7일 새벽에 그곳으로부터 옥포 앞바다에 이르러 정박했었습니다.

그날 접전할 때에 왜인의 배 안에 우리나라의 철환鐵丸과 장전長箭·편전片箭[117]이 비 오듯 쏟아지니, 맞은 놈은 곧바로 넘어져서 피를 뚝뚝 흘렸고 왜인들은 아우성치며 엎어져 넘어지는 등 어찌할 바를 모르다가 물에 뛰어들거나 산으로 올라갔습니다. (*이 몸은 말이 통해서 사로잡혔습니다만)[118] 어리석은 사람으로서 갑판 밑에 오래 있었기 때문에 다른 일들은 알지 못합니다."
라고 하였습니다.

위에 말씀한 윤백련과 소녀 등은 순천·보성 등 관원에게 '각별히 보호하고 돌봐 줘라.' 하고 돌려주었거니와 흉하고 추한 적들의 해독이 이렇게 극도에 이르러 이미 살육도 많고 또 노략질도 많이 하여 한 지방의 백성 중에 살아남은 사람이[119] 없을 지경입니다. 신이 이번에 연해안을 두루 돌아보니 지나치는 산골짜기마다 피란민 없는 곳이 없으며, 신들의 배를 바라보고 어린아이나 늙은이나[120] 짐을 지고 서로 이끌며 흐느껴 울며 부르짖는 것이 재생할 길을 얻은 것 같아서 혹은 적의 종적을 알려 주는 자도 있었는데, 보기에 비참하고 불쌍하여 곧 신고 가고 싶었습니다. 그러나 그런 사

---

116 (*) 내용 생략. 원문은 "同府"이다.

117 편전片箭 : 애기살. 길이가 짧은 화살이며, 통아桶兒(반쪽의 나무통)에 올려 발사한다.

118 (*) 내용 생략. 원문은 "矣身段語音相知是如生擒爲白有在果"이다. 이두 '矣身段'은 '이 몸은', '是如'는 '…이다', '爲白有在果'는 '…하옵셨거니와'라는 뜻이다.

119 살아남은 사람이 : 원문 "혈유자遺"는 전쟁이나 재난에서 살아남은 사람을 말한다. 유민遺民과 같음.(『詩經』, 大雅, 雲漢, "周餘黎民 靡有孑遺".)

120 어린아이나 늙은이나 : 원문 "수초대백垂髫戴白"은 머리를 늘어뜨린 아이와 백발의 노인, 곧 어린아이와 늙은이를 뜻한다.(『十八史略』, 光武帝, "垂髫戴白滿車下 名震關西".)

람들이 너무나 많을 뿐 아니라 전쟁을 해야 하는 배에 사람들을 가득 실으면 배를 움직이는 데 지장이 있음을 생각하여,

"돌아갈 때 데리고 갈 예정이니 각각 잘 숨어서 적에게 들키지 않게 조심하여 사로잡히는 일이 없도록 하라."

고 타이른 뒤에 적을 쫓아 멀리 떠났다가, 별안간 서쪽으로 몽진蒙塵하신 기별을 듣고 어찌할 바를 알지 못하고 노를 재촉하여 그대로 돌아왔어도 불쌍한 정경은 오히려 잊을 수가 없습니다. 이들 피란민이 집을 나온 날이 오래며 남은 양곡마저 다 되어 굶어 죽을 것이 분명하므로 그 도의 겸관찰사에게,

"끝까지 탐방探訪해서 찾아오고 구호하기 바랍니다."

라고 통보하였습니다.

대체로 보아 신이 거느린 여러 장수와 장교와 군졸들은 모두 분격하여 서로 앞을 다투어 적진에 돌진하면서 함께 대첩大捷을 기약하였었는데, 무릇 전후의 해전에서 40여 척을 불태우며 부수고도 왜적의 머리를 벤 것이 다만 둘뿐입니다. 신이 섬멸하고 싶은 대로 다 못 하여 더한층 통분하오나, 접전할 때를 보면 형세가 그럴 수밖에 없었습니다. 적선은 빠르기가 나는 듯하며, 우리 배를 보고 미처 도망치지 못하게 되면 으레 해안의 기슭을 따라 꿰미에 꿴 물고기처럼 줄지어 배를 몰다가 형세가 불리하면 육상으로 도망하기 때문에 이번 길에 섬멸하지 못하여 성난 기운으로 간담이 찢어질 것 같아 칼을 어루만지며 혀를 차고 탄식하였습니다.

왜선에 실렸던 왜의 물건은 모두 찾아내어 다섯 칸 창고에 가득히 채우고도 남았으며, 그 밖의 사소한 잡물은 다 기록하지 못하고, 그중에서 전쟁에 사용할 만한 물건은 골라서 별도로 그 종류를 모아 놓았습니다. 김해부 관리명부人吏官案와 군대편성장부分軍成冊 및 각종 활·화살 등은 아울러서 차례로 조목조목 기록하였으며, 왜선에 실려 있었던 물건 중에 우리가 먹을 만한 쌀 300여 섬石은 여러 전선의 굶주린 격군格軍[121]과 사부射夫[122]들의 양식으로 적당히 나누어 주고, 의복과 목면木綿 등의 물건도 군사들에 나누어 주어서 적을 무찔러 이익을 얻으려는 마음을 일으키게 할까 하

---

121 격군格軍 : 노를 젓는 군사. 노군櫓軍이라고도 부름.
122 사부射夫 : 활을 쏘는 군사.

옵니다. (*조목으로 먼저 보관해 두고 조정의 조치를 기다립니다.)¹²³

대개 왜적들은 붉고 검은 철갑鐵甲을 입고, 여러 가지 철투구鐵頭를 쓰고 있었으며, 입언저리에는 갈기鬣가 종횡으로 뻗쳐 있어서 마치 철광대鐵廣大 같았고, 금관과 금우金羽·금삽金鍤·우의羽衣·우추羽箒·나각螺角 같은 것들은 기이한 모양으로 매우 사치하여 귀신 같기도 하고 짐승 같기도 하여 보는 사람은 놀라지 않는 이가 없었습니다. 성을 깨뜨리는 여러 기구와 대철정大鐵釘·사삭沙索¹²⁴ 같은 물건도 역시 매우 흉악하고 괴상하므로 군용 물품 중에 가장 긴요한 것 한 가지씩은 뽑아서 봉하여 올립니다.

그중에 철갑·총통 등의 물품과 낙안군수 신호가 벤 머리 1급은 왼쪽 귀를 베어서 궤 안에 넣고 봉합하여, 접전할 때 공로를 세운 신의 군관 송한련과 진무鎭撫 김대수 金大壽 등에게 주어서 올려 보내며, 그 밖에 올려 보낼 물건도 원 수량대로 기록해 놓았습니다.

접전할 때, 순천 대장선代將船의 사부이며 순천부에 사는 정병正兵 이선지李先枝가 왼쪽 팔 한 곳에 화살을 맞아 조금 상한 것 이외에 달리 상처를 입은 군사는 없습니다. (*다만)¹²⁵ 우수사 원균은 단지 3척의 전선을 거느리고서 신의 여러 장수들이 사로잡은 왜선을 활을 쏘아 빼앗으려고 하였기 때문에 사부와 격군 2명이 상처를 입게 되었으니, (*최고의)¹²⁶ 주장으로서 부하들을 단속하지 못한 것이 이보다 심한 것은 없을 것입니다. 뿐만 아니라, 경상도 소속 거제현령 김준민金俊民은 멀지 않은 바다에서 (*그의 관할 지역 내에서)¹²⁷연일 접전하였는데도 주장인 원균이 빨리 오라는 격문檄文을 보냈으나 끝내 나타나지 않았으니, 이는 심히 놀라운¹²⁸ 일로서 조정에서 조처하

---

123 (*) 내용 생략. 원문은 "條以先可留上 待朝廷處置爲白置"이다. 이두 '條以'는 '…조목으로', '爲白置'는 '…하시옵다'라는 뜻이다. '이익을 얻으려는 마음을 일으키는 조목으로' 이어지는 표현이다.

124 사삭沙索: 『임진장초』와 『충민공계초』에는 '사줄沙乼'로 되어 있다.

125 (*) 내용 생략. 원문은 "唯只"이다. '唯只'는 이두로, '오직, 다만'이라는 뜻이다.

126 (*) 내용 생략. 원문은 "最只"이다. '最只'는 이두로, '가장, 매우'라는 뜻인데, 여기서는 '최고의 주장'으로 볼 수 있다.

127 (*) 내용 생략. 원문은 "其矣掌內"이다. '矣'는 이두로 '…의' 뜻이다.

128 심히 놀라운: 원문은 "해악駭愕"으로, '크게 놀람'의 뜻이다.(『新唐書』 권131, 列傳第五十六, 宗室宰相, 李石, "天子駭愕 遣使者慰撫".)

여 주시기를 엎드려 바라옵니다.[129]

　신의 어리석은 생각으로는 적을 막는 방책에 있어서 수군이 선단을 편성하여[130] 나아가거나 물러나지[작전을 하지] 않고 오직 육전에서 성을 지키는 방비에만 전력하였기 때문에 나라의 수백 년 기업基業이 하루아침에 적의 소굴로 변하게 된 것입니다. 생각이 이에 미치매 목이 메어 말이 나오지 않습니다.

　적이 만약 배를 타고 본도를 침범해 온다면 신이 해전으로써 결사적으로 담당하겠으나, 육로로 침범해 오면 본도의 장사들은 전마戰馬가 한 필도 없어서 대응할 도리가 없습니다.[131]

　신의 생각으로는 순천의 돌산도突山島·백야곶白也串[132]과 흥양 도양장道陽場[133]의 목마牧馬 중에 전쟁에 쓸 만한 말들이 많이 있으므로 많이 몰아내어 장수와 군사들에게 나누어 주어서 살지게 먹이고 달리기를 훈련시켜서 전쟁에 사용한다면 승첩할 수 있을 것입니다. 그런데, 이것은 신이 마음대로 아뢸 수 있는 일이 아닙니다. 사태가 급하므로 겸관찰사 이광에게 "감착관監捉官을 정해서 보내고 구마군驅馬軍[말몰이꾼]은 각 진포鎭浦에서 급히 보낸 군사들을 이용하여 1~2일을 기한으로 잡아내어 길들이겠다."는 뜻으로 공문을 보냈습니다.

　(*삼가 갖추어 아룁니다.)[134]

---

129 조정에서 …… 바라옵니다伏乞朝廷之處置 : 이 부분이 『임진장초』 등에는 "朝廷以處置教是白齊"(조정에서 조처하소서)로 되어 있다. '教是白齊'는 이두로, '…하소서'라는 뜻이다.

130 선단을 편성하여 : 원문은 '작종作綜'으로, 여러 척의 배로 선단을 편성함의 뜻이다.(『續大典』권24, 戶典 漕轉, "船隻一齊作綜".)

131 도리가 없습니다 : 원문은 '말유말由'로, 어찌할 방법이 없음의 뜻이다.(『論語』, 子罕, "雖欲從之 末由也已".)

132 돌산도突山島·백야곶白也串 : 순천부에 소속된 돌산도와 백야곶 두 곳의 목장으로, 현재의 전라남도 여수시 돌산읍과 화정면 백야리이다.[『비변사등록』 38책, 숙종 10년(1684) 6월 20일.]

133 도양장道陽場 : 전라남도 고흥군 도양읍·도덕면 일대이다.(『대동여지도』; 『청구요람』.)

134 『임진장초』에는 "謹聞 萬曆二十年五月十日 節度使 臣 李"로 나와 있으나, 『충무공계초』에는 "謹具啓聞 萬曆二十年五月十日 節度使 臣 李"로 되어 있다.

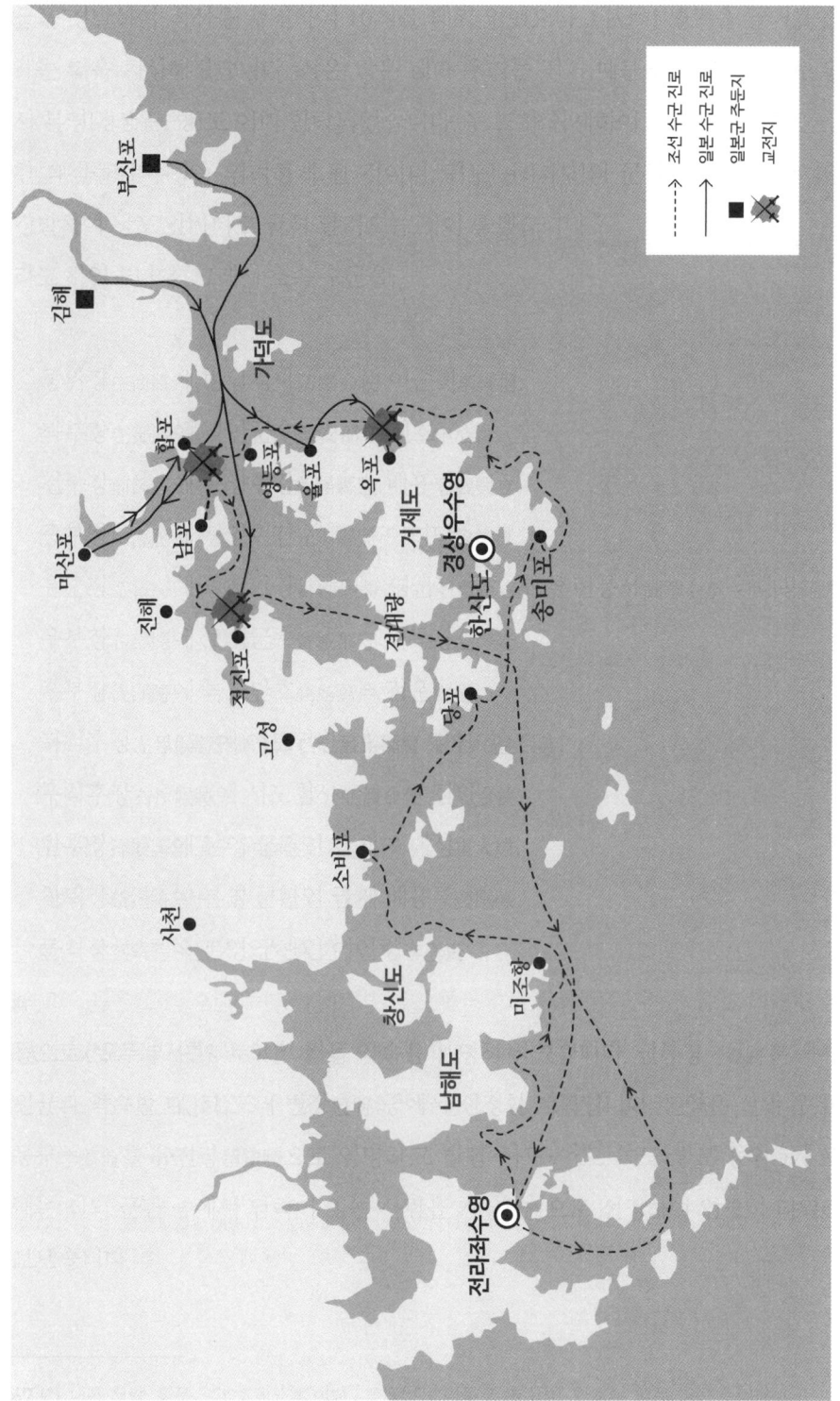

조선 수군의 제1차 출진(1592. 5. 4.~5. 9.) 상황도

이충무공전서 권2　231

> 〈참고 4〉
>
> ① 출전 항로
> 일기초본日記草本에는 "초4일 맑음. 동이 트자 발선하여 바로 미조항彌助項 전양前洋에 이르러 다시 약속했다. 우척후(김완)·우부장(김득광)·후부장(정운) 들은 오른편으로 개이도를 둘러 수토搜討하게 하고, 그 나머지는 대장선과 함께 평산포·곡포·상주포를 지나 미조항에 이르다."라고 상세히 쓰여 있다.(『임진일기』 5월 초4일)
>
> ② 작전 암호
> 일기 초본에는 출전 2일 전에 "이날 밤 군호軍號는 '용호龍虎'이고 복병伏兵은 '산수山水'라 하였다."라고 쓰여 있다.(『임진일기』 5월 초2일)

당포에서 왜적을 격파하였음을 아뢰는 계본[135]唐浦破倭兵狀

(*전라좌도 수군절도사 신 이순신)[136]

삼가 아뢰는 것은 적을 무찌르고 사로잡은 일에 관한 것입니다. 전일 경상도 옥포 등지에서 왜선 40여 척을 불태워 없앤 상황은 이미 급히 아뢰었거니와, 부산의 적들이 서로 잇따라 떼를 지어 점점 거제도의 서쪽으로 침범하여 연해안 여러 고을을 약탈하고 이익이 되는 물건을 가져가는 것이 넘어진 촛불처럼 번지고 있으니,[137] 분하고 답답함을 이길 수 없습니다. 한편으로는 본도에 소속된 수군을 징집하고, 한편으로 본도

---

135 『임진장초』(장 8)에는 큰 글씨로 훗날에 쓴 장계의 제목 "二度唐項浦等四處勝捷啓本"(제2차 당항포 등 네 곳에서의 승첩을 아뢰는 계본)이 있다. '당포파왜병장'은 『전서』 편찬 때 붙여진 제목이다. 『충민공계초』(8) 계본이다.

136 (*) 내용 생략. 원문에는 "全羅左道水軍節度使 臣 李舜臣"이 있다.

137 넘어진 …… 있으니 : 원문은 "전촉轉燭"으로, '바람에 흔들리는 촛불'의 뜻이다. 예측할 수 없게 변화하는 세상일을 비유하는 말이다.(杜甫, 「佳人詩」, "世情惡衰歇 萬事隨轉燭".)

우수사 이억기에게 "합력하여 적을 쳐부수자."라는 뜻으로 공문을 보내면서 "물길이 멀고 풍세의 순역順逆도 예측하기 어려우니 6월 초3일까지 본영 앞바다로 일제히 모여 달려가 구원하자." 하였습니다.

그런데 5월 27일 도착한 경상우수사 원균의 공문에,

"적선 10여 척이 벌써 사천泗川·곤양昆陽 등지에 닥쳤으므로 수사는 배들을 남해 땅 노량으로 이동하였다."

라고 하였습니다. 그러므로 만일 초3일 모이기로 약속한 날까지 기다려서 출발한다면, 그 사이에 적의 무리를 끌어들여 극성으로 덤빌 것이[138] 염려되어 신의 군관 전 만호 윤사공尹思恭을 유진장留鎭將으로 임명하고, 수군 조방장助防將[139] 정걸丁傑은 좌도의 각진 각포에 지휘할 사람이 없으므로 "흥양현에 머물러 지키면서 계책에 따라 서로 도우며 비상사태에 대비하도록 하라."고 지시하였습니다.

5월 29일 신은 홀로 전선 23척을 거느리고 우후虞候[140] 이몽구와 함께 군사를 거느리고 약속한 기일보다 먼저 출발하였으며, 이억기에게는 사유를 갖추어 공문을 보낸 뒤에 곧바로 노량 해상에 도착한즉, 원균이 다만 3척의 전선을 이끌고 하동河東 선창에 옮겨 있다가 신의 함대를 보고 노를 재촉하여 와서 만났습니다. 적의 행방을 상세히 묻고 있을 때, 멀지 않은 해상에서 왜선 한 척이 곤양으로부터 나와 숨어서 사천으로 향하여 기슭을 타고 배를 저어가고 있었습니다. 선봉先鋒 여러 장수들이 노를 빨리 저어 추격하였는데, 전부장 방답첨사 이순신李純信과 남해현령 기효근奇孝謹 등이 그 배를 따라가 잡았는데 왜인들은 상륙해 버렸으므로 배만을 쳐부수고 불태웠습니다.

그 후 사천 선창을 바라보니 산이 구불구불 비스듬히 7~8리나 뻗쳤는데, 지세가

---

138 극성으로 덤빌 것이 : 원문은 "치장鴟張"으로, 부엉이가 날개를 활짝 편 것처럼 형세가 굳세고 거침이 없음의 뜻이다.(『三國志』 권46, 吳書一 孫破虜討逆傳第一 孫堅 "卓不怖罪而鴟張大語".)

139 조방장助防將 : 사변 발생 시 또는 사변에 대비하여 중앙에서 선발하여 보낸 정3품의 임시직 장수. 정원은 없다. 조방장은 관찰사·병사·수사 등의 절제節制를 받아야 하지만, 수령을 절제할 수 있는 권한이 있었다.『중종실록』 권45, 중종 17년 6월 22일(정유);『선조실록』 권42, 선조 26년 9월 6일(정사); 동同 9월 8일(기미).]

140 우후虞候 : 조선시대 때 병사兵使나 수사水使의 참모장 역할을 수행하던 무관직. 병마우후兵馬虞候는 종3품, 수군우후水軍虞候는 정4품이다.(『經國大典』, 兵典, 外官職.)

높고 험한 곳에 무려 400여 명의 왜적들이 장사진을 치고, 붉고 흰 깃발들을 난잡하게 꽂아 사람들의 눈이 놀라고 어지러울 지경이었으며, 진중의 가장 높은 산꼭대기에는 별도로 장막을 쳤는데, 분주하게 왕래하는 것이 아마 작전 지휘를 듣는 것 같았습니다. 왜선들의 상황은 누각과 같은 것 12척이 언덕 아래에 줄지어 정박하였고, 결진한 왜인들은 굽어보며 칼을 휘두르면서 우리를 깔보는 듯한 기세[141]를 보이고 있었습니다.

여러 배들이 그 밑으로 일제히 전진하여 활을 쏘려고 하니 화살이 미치지 못하겠고, 또 그 배들을 불태우려고 하였으나, 벌써 썰물이 되어 판옥선과 같은 대선이 쉽게 돌진할 수 없었습니다. 더구나, 적들은 높고 우리는 낮은 곳이어서 지세가 불리하고 날도 저물어 가므로 신은 여러 장수에게 약속하기를,

"저 적들이 매우 교만한 태도를 갖고 있으므로 우리가 만약 거짓으로 물러나면 적은 반드시 배를 타고 우리와 맞붙어 싸우려고 할 것이니, 이때 우리는 적을 바다 복판으로 끌어내어 합력하여 격멸하는 것이 가장 좋은 방책이다."

라고 거듭하여 약속한 뒤에, 배를 돌려 1리里도 못 가서 왜적 200여 명이 진에서 내려와서 반은 배를 지키고 반 남짓은 언덕 아래에 모여 총을 쏘며 날뛰는데, 만일 싸우지 아니하면 도리어 약세를 보이게 될 뿐 아니라 마침 조수가 밀려들어 점점 배들이 들어갈 수 있게 되었습니다.

신이 일찍이 섬 오랑캐의 변란을 염려하여 별도로 거북선龜船을 만들었는데, 앞에는 용머리를 붙여 그 입으로 대포를 쏘게 하고, 등에는 쇠꼬챙이를 꽂았으며, 안에서는 능히 밖을 내다볼 수 있어도 밖에서는 안을 들여다볼 수 없게 하여 비록 적선 수백 척 속에라도 쉽게 돌입하여 포를 쏠 수 있습니다.

이번 출전에 돌격장으로 하여금 타게 하고, 먼저 거북선으로 하여금 적선 가운데로 돌진하게 하여 먼저 천·지·현·황 등 여러 종류의 총통을 쏘게 하자, 산 위와 언덕 밑과 배를 지키는 세 곳의 왜적들도 철환을 비가 오듯 난사하는데, 간혹 우리나라 사람도 섞여서 쏘고 있는지라, 신은 더욱더 분하여 노를 빨리 저어 앞으로 나아가 바로

---

141 깔보는 듯한 기세 : 원문은 "능력陵轢"으로, '업신여겨 깔봄'의 뜻이다.(『史記』권47, 孔子世家第十七, "楚靈王兵彊 陵轢中國".)

그 배를 공격하였습니다. 그러자 여러 장수들이 일시에 구름같이 모여 철환鐵丸·장전長箭·편전片箭·피령전皮翎箭·화전火箭 및 천자天字·지자地字 총통 등을 비바람같이 발사하면서 저마다 힘을 다하여 그 소리가 천지를 진동하였습니다. 왜적들은 중상을 입고 엎어지는 자와 부축하며 끌고 달아나는 자가 그 수를 알 수 없었으며, 높은 언덕으로 물러가 진을 치고서 감히 나와 싸울 생각을 못 하였습니다.

중위장 순천부사 권준, 중부장 광양현감 어영담, 전부장 방답첨사 이순신, 후부장 흥양현감 배흥립, 좌척후장 녹도만호 정운, 우척후장 사도첨사 김완, 좌별도장 우후 이몽구, 우별도장 여도권관 김인영, 한후장捍後將이며 신의 군관인 전 권관 가안책賈安策, 급제 송성宋晟, 참퇴장 전 첨사 이응화 등이 번갈아 드나들어 왜선 전부[142]를 쳐부수고 불태웠는데, 김완은 우리나라 소녀 한 명을 찾아내었고, 이응화는 왜인 한 명의 목을 베었는데, 왜인들이 멀리 서서 바라보며 부르짖고 발을 구르며 대성통곡하였습니다. 신은 여러 배에서 용사를 뽑아 진격하게 하여 목을 베려고 하였으나, 숲이 울창하고 빽빽하며 날도 저물었기 때문에 도리어 피해가 있을 것이 두려워 적을 수색하여 목 베는 것을 하지 못하게 하고, 일부러 소선 몇 척을 남겨두어 적을 끌어내어 섬멸하고 사로잡을 계획을 세우고 밤을 이용하여 배를 돌려 사천 땅 모자랑포[143]로 옮겨 결진하고 밤을 지냈습니다.

접전할 때, 적의 철환이 신의 왼편 어깨를 맞히고 등을 뚫었으나 중상에 이르지 않았으며, 신의 군관 봉사 나대용羅大用도 철환을 맞았고, 전 봉사 이설李渫은 화살에 맞았는데 모두 죽을 정도는 아니었습니다.

6월 초1일 새벽에는 경상우수사 원균이 신에게 말하기를,

"어제 접전할 때, 일부러 남겨 둔 적선 2척이 도망한 여부與否를 알아보고, 겸하여 화살에 맞아 죽은 왜적을 수색하여 목을 베겠소."

라고 하였습니다. (*애초에)[144] 원균은 패군한 뒤에 군사가 없는 장수로서 작전을 지휘

---

142 왜선 전부 : 원문은 "왜선전수倭船全數"이다. 여기는 12척으로 나오는데, 『난중일기』(5월 29일)에는 13척이라 하였다.

143 모자랑포毛自郎浦 : 경상남도 사천시 실안동 영복마을 포구. 『난중일기』, 임진 8월 24일 기사에는 "모사랑포毛思郎浦"로 되어 있다.

144 (*) 내용 생략. 원문은 "初亦"이다. '初亦'는 이두로, '처음에, 애초에'라는 뜻이다.

할 수 없었으므로 교전하는 곳마다 화살이나 철환에 맞은 왜인을 찾아내어 머리 베는 일을 담당하였습니다. 그날 진시辰時[오전 7~9시]에 곧바로 돌아와서 말하기를,

"왜적들은 육지로 멀리 도망하였기 때문에 남겨 두었던 배를 불태우고, 죽은 왜놈을 수색하여 목을 벤 것이 3급이며, 그 나머지는 숲이 무성하여 끝까지 탐색할 수 없었다."

라고 하였으므로, 오시午時[오전 11시~오후 1시]에 출발하여 고성 땅 사량蛇梁 해상에 이르러 군사를 쉬게 하고 위로하며 진을 치고 밤을 지냈습니다.

초2일 진시辰時[오전 7~9시]에 "적선이 당포 선창에 대어 있다."라는 말을 듣고 사시巳時[오전 9~11시]에 바로 그곳에 도착하니 무려 300여 명의 왜적들이 반은 입성入城하여 노략질하고, 또 많은 수의 왜적이 성 밖의 험한 곳에 의지하여 함께 철환을 쏘았습니다.

왜선은 크기가 판옥선과 같은 것 9척과 중·소선을 합하여 12척이 선창에 나뉘어 대어 있었는데, 그중에 한 대선 위에는 높이가 3~4장[145]이나 될 듯한 층루層樓가 우뚝 솟았고, 밖으로는 붉은 비단 휘장을 두르고 휘장의 사면에는 '황黃' 자를 크게 썼으며, 그 속에 왜장이 있는데, 앞에는 붉은 일산을 세우고 조금도 두려워하지 않았습니다. 그래서 먼저 거북선으로 하여금 층루선層樓船 밑으로 곧바로 돌입하여直衝 용의 입으로 현자玄字 철환을 치쏘게 하고 또 천자·지자 대장군전大將軍箭[146]을 쏘아 그 배를 쳐부수자, 뒤따르고 있던 여러 전선들도 철환과 화살을 번갈아 쏘았는데, 중위장 권준이 돌진하여 왜장이라는 놈을 쏘아 맞히자, 활 당기는 소리와 함께 거꾸로 떨어지므로 사도첨사 김완의 군관, 흥양 보인 진무성陳武晟이 그 왜장의 머리를 베었습니다.[147]

---

145 3~4장三四丈 : 6~8m. 1장丈은 10자尺이며, 주척周尺(1자는 20.795cm)으로 약 2.1m이다. (朴興秀, 「李朝 尺度標準에 관한 考察」, 『道와 人間科學—소암 이동식 선생 화갑기념 논문집』, 三一堂, 1981.)

146 대장군전大將軍箭 : 천자총통에서 발사하는 통나무 화살. 길이 11자 9치(약 2.5m), 쇠로 된 3개의 깃이 달렸고, 무게는 50근(30kg), 사정거리는 900보(약 1,123m)이다. [李曙, 『火砲式諺解』(1635); 朴宗慶, 『戎垣必備』.]

147 사도첨사 김완과 군관 진무성으로 해석해 왔으나 사도첨사 김완의 휘하 군관 진무성으로 해석하는 것이 타당하다.

적도들은 겁내어 도망치는데 철환과 화살을 맞은 놈들이 여기저기에 넘어졌고, 머리 6급을 베고 그 배들을 모조리[21척] 불태운 뒤에, 여러 전선의 용사들이 그대로 상륙하여 끝까지 쫓아서 수색하여 적의 목을 베려고 하였습니다. 그때 또,

"왜의 대선 20여 척이 소선을 많이 거느리고 거제도로부터 와서 대고 있다."

라고 탐망선探望船이 와서 보고하는데, 당포는 지형이 좁아서 교전하기에 합당하지 않으므로 바깥 바다에서 맞아 치려고 노를 재촉하여 바다로 나온즉, 그 적선들이 5리쯤 되는 거리에서 신들의 함대를 바라보고 도망치기에 바쁘므로 여러 전선이 외해까지 뒤쫓아갔으나 이미 날이 어두워져서 접전할 수 없어서 진주 땅 창신도[남해군 창선도]에 정박하여 밤을 지냈습니다.

그날 당포에서 접전할 때, 우후 이몽구가 왜장의 배를 수색하여 얻은 둥근 모양의 금부채 한 자루를 신에게 보냈는데, 그 부채의 일면 중앙에 쓰여 있기를 '6월 8일 수길六月 八日 秀吉구정유구수전'이라 서명하였고, 오른편에 '羽柴筑前守우시축전수'[148]라는 다섯 자를 썼고, 왼편에는 '龜井流求守殿구정유구수전'[149]이라는 여섯 자를 썼으며, 이를 옻칠한 상자 속에 넣어 두었으니 필시 '평수길平秀吉'이가 '축전수筑前守'에게 부신符信[150]으로 보낸 것일 것입니다.[151]

그리고, 소비포권관 이영남이 그 왜장선에서 울산 사삿집 계집종 억대億代와 거제 소녀 모리毛里 등을 사로잡았는데, 신이 직접 문초하자 억대의 답하는 내용에,

"날짜는 기억할 수 없고, 15일쯤 전에 왜적에게 포로가 되어 왜장에게 시집가서 늘 한곳에 있었습니다. 그 왜장倭將[152]은 키가 보통 사람보다 크고 기력이 강장强壯하였으며, 나이는 30세가량 되었는데, 낮에는 누른 비단옷을 입고 금관을 쓰고서는 배

---

148 羽柴筑前守 : 우시축전수는 '하시바 지쿠젠노 가미'로 읽고, 도요토미 히데요시豊臣秀吉를 가리킨다. '하시바'는 히데요시가 오다 노부나가織田信長의 가신으로 있을 때 썼던 이름이고, '축전수'는 당시 직책이다.

149 龜井流求守殿 : 구정유구수전은 '가메이 류큐노 가미 도노'로 읽고, '가메이 고레노리龜井玆矩 류큐 영주님께'라는 의미이다.

150 부신符信 : 나뭇조각이나 두꺼운 종잇조각에 글자를 쓰고 증인證印을 찍은 뒤에 두 조각으로 쪼개어, 각각 보관하다가 뒷날에 서로 맞추어서 증거로 삼는 물건.

151 이 기사는 착오이다. 『寬永諸家譜』에 따르면, 이 부채는 천정天正 10년(1582)에 히데요시秀吉가 가메이 고레노리龜井玆矩에게 선물로 준 것이라 한다. (德富猪一郎, 『近世日本國民史 豊臣氏時代』 丁篇, 朝鮮役 上卷, 東京: 民友社, 1925, 643~650쪽.)

위의 층루에 높이 앉아 있었고, 밤에는 방에 들어가 자는데, 이부자리와 베개가 모두 극히 사치했습니다. 각 배의 모든 왜인들은 아침저녁으로 와서 문안하고 머리를 숙여 명령을 듣는데, 명령을 위반하는 자가 있으면 용서 없이 목을 베었으며, 때로는 혹 술을 가져와 바치기도 하고 혹 웃기도 하고 혹 말하기도 하나, 남쪽 오랑캐의 말이라[153] 알아들을 수 없었고, 다만 울산·동래·전라도 등의 말은 우리나라 말 그대로였습니다. 그날 접전할 때, 왜장이 앉아 있는 층루에 화살과 철환이 퍼부어져서 처음엔 이마를 맞고도 안색이 태연하였는데, 곧 화살이 가슴의 한복판을 관통하자, 소리를 내며[154] 떨어졌습니다."

라고 진술하였는데, 이번에 목을 벤 왜장이 필시 '축전수筑前守'일 것입니다.

초3일 새벽에 출발하여 추도楸島[155]로 향하면서 그 근처의 섬들을 협공하며 수색하였으나, 적의 종적이 없을 뿐 아니라 날이 저물어 가므로 고성 땅 고둔포古屯浦[156]에서 밤을 지냈습니다.

초4일 이른 아침에 당포 앞바다로 나아가 진을 치고, 소선小船으로 하여금 적선을 찾아보도록 하였는데, 사시巳時[오전 9~11시]쯤 당포에 사는 토병土兵인 강탁姜卓이라는 사람이 산으로 피란했다가 멀리서 신들을 바라보고 매우 기뻐하며 와서 고하기를,

"초2일 당포에서 접전이 있은 뒤에 왜인들이 죽은 그들 왜병의 머리를 많이 베어 한곳에 모아서 불사르고, 곧 육지로 향하면서 길에서 우리나라 사람을 만나도 살해할 생각도 못 하고 통곡하며 돌아갔으며, 그날 당포 바깥 바다에서 쫓겨간 왜선은 오

---

152 왜장倭將 : 당포 해전의 왜장은 가메이 고레노리가 아니고 구루시마 미치유키來島通之였다고 한다(有馬成甫). 가메이 고레노리는 1600년에 있었던 세키가하라關ヶ原 전투에 참가했으며, 1612년에 56세로 사망했다고 한다.(有馬成甫, 『朝鮮役水軍史』, 東京: 海と空社, 1942, 86~87쪽; 宇田川武久, 『日本の海賊』, 東京: 誠文堂新光社, 1983, 230쪽.)

153 남쪽 오랑캐의 말이라 : 원문은 "격설鴃舌"이다.(『孟子』, 滕文公上, "南蠻鴃舌之人".)

154 소리를 내며 : 원문 "실성失聲"은 ① 너무 비통하여 목이 메임. ② 자기도 모르게 소리를 냄의 뜻이 있다.(『孟子』, 滕文公上, "相嚮而哭 皆失聲".)

155 추도楸島 : 경상남도 통영시 산양읍 추도리.

156 고둔포古屯浦 : 경상남도 통영시 산양읍 풍화리 명지마을 곧은개.(김일룡, 『통영지명총람』, 통영문화원, 2014, 156쪽.)

늘 거제로 향하였습니다."

라고 하므로, 다시 여러 장수들과 거듭하여 약속을 분명히 하고 장차 적이 있는 곳을 향하여 출발하려고 했습니다.

이때 본도 우수사 이억기가 전선 25척을 거느리고 신이 정박하고 있는 곳으로 와서 모였는데, 여러 배의 장수와 군사들이 항상 외롭고 약한 군세를 염려하였고, 계속된 전투로 피곤하던 차에 응원군을 맞이하게 되자, 좋아서 뛰지 않는 자가 없었습니다.

신은 이억기와 함께 적을 쳐부술 방책을 토의하였고, 곧 날이 저물므로 함께 움직여서 거제와 고성의 두 경계인 착량鑿梁157 바다 가운데에 이르러 진을 치고 밤을 지냈습니다.

초5일은 아침 안개가 끼어서 사방이 막혔다가 늦게야 걷히었는데, 거제로 도망쳐서 정박해 있는 적을 토벌하려고 돛을 올려 바다로 나오자 거제에 사는 향화왜인 김모金毛 등 7~8명이 조그마한 배에 같이 타고 매우 기뻐하며 와서 말하기를,

"당포에서 쫓긴 왜선이 거제를 지나 고성 땅 당항포로 옮겨 정박하였습니다."

라고 하므로 급히 당항포 앞바다에 이르러 남쪽으로158 진해 쪽을 바라보니 성 바깥 몇 리쯤 되는 들판에 갑옷 입고 말을 탄 군사 1,000여 명이 깃발을 세우고 결진하고 있었습니다. 사람을 보내 탐문해 본즉, 함안군수 유숭인柳崇仁이 기병 1,100여 명을 거느리고 적을 추격하여 이곳까지 이르렀다는 것이었습니다.

곧 당항포 바다 어귀의 형세를 물어보니, "거리는 10여 리쯤 되고 넓어서 배를 수용할 만하다." 하므로 먼저 몇 척의 전선을 시켜서, 가서 지리地理159를 살피되 만약 적이 추격해 오거든 물러나는 것처럼 속이고 적을 끌어내라고 엄하게 지시하여 보내고 신臣 등의 함대는 몰래 숨어 있다가 저격할 계획을 세웠습니다. 그러자 포구로 들여보냈던 전선이 바다 어귀를 돌아나가자마자 바로 신기전을 쏘아 변을 알리며 빨리

---

157 착량鑿梁 : 경상남도 통영시 당동과 미륵도 사이에 있는 좁은 수로. (통영항 쪽에 정박한 것으로 추정.)
158 당항포 앞바다에서 남쪽은 통영과 거제이고 진해현은 북쪽이다. 방향을 착각한 듯하다.
159 지리地理 : 『임진장초』·『충무공유사』·『요람』·『충무공계초』에는 모두 '地利'로 되어 있다. 다만 『충민공계초』에는 『이충무공전서』와 같이 '地理'로 나와 있다.

오도록 재촉하므로, 전선 4척을 바다 어귀에 머물러 복병伏兵하도록 지시한 뒤에 노를 재촉하여 들어가니, 양편 산기슭이 강을 끼고 20여 리이며, 그 사이의 지형이 그리 좁지 않아서 싸울 수 있을 만한 곳이었습니다.

여러 전선이 물고기를 꿰미에 꿴 것처럼 줄지어 일제히 들어가면서 선수와 선미가 서로 이어 소소강召所江[160] 서쪽 기슭에 이른즉, 검은 칠을 한 왜선으로 크기가 판옥선과 같은 것 9척과 중선 4척, 소선 13척이 기슭에 정박하고 있었습니다.

그중에 가장 큰 배 1척은 뱃머리에 따로 판자로 된 3층 누각을 설치하였고, 벽에는 단청을 칠한 것이 불전佛殿과 같았으며, 앞에는 푸른 일산을 세우고 누각 아래는 검게 물들인 비단 휘장을 드리웠고, 그 휘장에는 흰 꽃무늬를 크게 그렸는데, 휘장 안에 왜인들이 수없이 벌여 서 있었습니다. 또 왜대선 4척이 포구 안쪽으로부터 나와서 한곳에 모이는데, 모두 검은 깃발을 꽂았고 기마다 흰 글씨로 '나무묘법연화경南無妙法蓮華經'이라는 7자가 씌어 있었습니다.

신 등의 위세를 보고 철환을 어지러이 쏘아 싸락눈霰이나 우박雹과 같았는데, 여러 전선이 포위하고 먼저 거북선을 돌입하게 하여 천자·지자 총통을 쏘아 적의 대선을 꿰뚫게 하고, 여러 전선은 서로 번갈아 드나들며 총통으로 화살[161]과 철환을 바람과 우레처럼 쏘면서 한참 동안 접전하여 우리의 위엄과 무용을 더욱 떨치었습니다. 그런데, 신의 어리석은 생각에 만약 저 적들이 형세가 궁하여 배를 버리고 상륙하면 모조리 섬멸하지 못할 것을 염려하여,

"우리가 거짓으로 군대를 물리면서 포위를 풀고 진에서 물러나는 것처럼 하게 되면 적들이 필시 그 틈을 타서 배를 옮길 것이니 그때 좌우에서 쫓아 공격하면 거의 섬멸할 수 있을 것이다."

라고 명령을 전달한 뒤에 물러나서 한쪽을 열어 주자 층각선層閣船이 과연 열어 준 길을 따라 나오는데, 검은색 돛을 둘씩이나 달았으며, 다른 배들은 날개처럼 벌려 층

---

160 소소강召所江 : 당항포 포구의 가장 안쪽에 있다. 경상남도 고성군 거류면 거산리와 마암면 두호리 사이의 작은 강과 포구 일대이다.[『조선후기 지방지도』(경상도편 상), 「6. 고성부지도」, 1999, 서울대 규장각.]

161 화살箭 : 장군전·차대전·피령전 등 총통에서 발사되는 것을 이른다고 볼 수 있다.

각선을 옹위하며 바다 가운데로 노를 재촉하였습니다. 우리의 여러 전선은 4면으로 포위하면서 재빠르게 협격을 하고, 돌격장이 탄 거북선이 또 층각선 아래로 향하면서 총통을 위로 향해 쏘아 층각을 깨뜨리고, 여러 전선이 또 화전으로 그 비단 장막과 돛을 쏘아 맞히자, 맹렬한 불길이 일어나고 층각 위에 앉았던 왜장이 화살에 맞고 떨어졌습니다. 다른 왜선 4척은 이 창황한 틈을 타서 돛을 달고 북쪽으로 달아나려고 하였지만, 신과 이억기 등이 거느린 여러 장수가 패를 갈라서 접전하였고 또한 모조리 포위하였습니다. 그러자 배 안의 수많은 적도들은 혹은 물에 뛰어들기 바쁘고 혹은 기슭을 타고 올라가며 혹은 산으로 올라 북쪽으로 도망쳤습니다. 우리 군사들은 창과 칼을 들고 활과 화살을 가지고 저마다 죽을힘을 다하여 추격해 잡아서 머리 43급을 베고 왜선 전부를 불태워 없앤 뒤에, 짐짓 배 한 척을 남겨서 적들의 돌아갈 길을 열어 두었습니다. 이미 날이 어두워 육상에 오른 왜적은 다 사로잡지 못하고 이억기와 함께 어둠을 타서 그 바다 어귀로 돌아 나와 진을 치고 밤을 지냈습니다.

초6일 새벽에 방답첨사 이순신李純信이 '당항포에서 산으로 올라간 적들이 필시 남겨 둔 배를 타고 새벽녘에 몰래 나올 것이다.'라고 하여 그의 통선統船을 거느리고 바다 어귀로 옮겨 나아가 적들이 나오는 것을 엿보고 있다가 전부를 포획하고 급히 보고한 내용에,

"오늘 새벽에 당항포 밖의 바다 어귀로 옮겨 왔더니 조금 있다가 과연 왜선 1척이 바다 어귀로부터 나오므로 첨사가 불시에 돌격하였습니다. 1척에 타고 있는 왜적은 거의 100여 명이었는데, 우리 배에서 먼저 지자·현자 총통을 쏘는 한편 장전·편전·철환·질려포蒺藜砲[162]·대발화大發火[163] 등을 연달아 쏘고 던지니 왜적들은 분주하게 허둥대면서 어찌할 줄 모르고 도망하려 하므로 요구금要鉤金[164]을 이용하여 바다 가

---

162 질려포蒺藜砲 : 나무로 둥근 통을 만들고, 통 안에 화약·지화통地火筒·마름쇠菱鐵를 넣고 쑥으로 메운 다음 뚜껑을 아교로 고정시켜 만든다. 지화통에 연결된 도화선에 불을 붙여 적선에 던져 사용한다. 대·중·소 3종류가 있다.(『國朝五禮儀序例』권4, 軍禮, 兵器圖說;『火砲式諺解』.)

163 대발화大發火 : 적에게 던져서 사용하는 종이 폭탄 중 가장 큰 것. 종이를 여러 겹 말아서 원통을 만들고, 그 속에 화약을 넣어 도화선에 불을 붙인 후 던져서 사용한다. 대·중·소 3종류가 있다.(『國朝五禮儀序例』;『火砲式諺解』; 蔡連錫,『韓國初期火器硏究』, 서울: 一志社, 1981, 172~174쪽.)

164 요구금要鉤金 : 일종의 갈고리로, 상대편 배를 끌어당기는 데 사용한 도구이다.

운데로 끌어내자, 반 남짓은 물에 빠져 죽었습니다.

그중에 왜장倭將[165]은 약 24~25세 되는데 용모가 건장하고 뛰어났으며, 화려한 옷을 입고 칼을 잡고 홀로 서서 남은 부하 8명을 지휘하여 항전하면서 끝내 두려워하지 않았는데, 첨사가 그 칼을 집고 있는 자를 힘을 다하여 쏘아 맞히자 화살을 10여 대 맞고서야 소리를 지르며 물에 떨어지므로 곧 목을 베게 하고, 다른 8명은 군관 김성옥金成玉 등이 힘을 합해 쏘고 목을 베었습니다. 이날 진시辰時[오전 7~9시]에 적선을 불사를 때, 경상우수사 원균과 남해현령 기효근 등은 그곳으로 뒤쫓아 와서 물에 빠져 죽은 왜적을 돌아다니며 찾아 건져내어 목을 벤 것이 50여 급이 넘습니다.

왜선의 맨 앞쪽에는 별도로 양방凉房[166]을 만들었는데, 방 안의 장막이 모두 극히 사치하고 화려하였으며, 곁에 있는 작은 궤 안에 문서를 가득 넣어 두었기에 집어 보니 왜인 3,040여 명의 '분군기分軍記'였는데, 각기 이름 아래 서명하고 피를 발랐으니 필시 삽혈歃血[167]하여 서로 맹세한 문서인 듯합니다. 그 분군건기分軍件記 6축을 비롯하여 갑옷·투구·창·칼·활·총통·표범 가죽·말안장 등의 물건을 올려 보냅니다."
라고 하였습니다. 신이 그 분군건기를 살펴보니, 서명하고 피를 바른 흔적이 과연 보고한 바와 같았는데, 그들의 흉악한 것은 형언할 수 없으며, 왜의 머리 9급 중에서 왜장의 머리는 이순신李純信이 별도로 표시하여 올려 보냅니다.

왜인들의 깃발은 물들인 색이 서로 달랐습니다. 전일 옥포는 붉은 깃발이었고, 이번의 사천은 흰 깃발이고, 당포는 누런 깃발이며, 당항포는 검은 깃발인바, 그 까닭을 생각해 보면 필시 그들의 부대를 분간하기 위해서 그렇게 한 것입니다. 피를 발라 맹세한 글이 또 이와 일치된 것으로 보아 일찍부터 깔보고 침범하려는 마음을 품고서 군병軍兵을 준비한 상황을 더욱 짐작할 수 있습니다.

그날[초6일]은 비가 내리고 구름이 끼어 바닷길을 분간하기 어려워서 당항포 앞바

---

165 왜장倭將: 구루시마 미치유키來島通之(德富猪一郎) 또는 가토 기요마사加藤清正의 부하 장수(參謀本部)라는 두 가지 견해가 있다.(德富猪一郎,『近世日本國民史 豊臣氏時代』丁篇, 朝鮮役 上卷, 東京: 民友社, 1925, 646쪽; 參謀本部,『日本戰史朝鮮役』, 東京: 偕行社, 1924, 216쪽.)

166 양방凉房: 햇빛을 가리기 위하여 방 또는 마루의 처마 끝에 차양을 덧달아 지은 집.

167 삽혈歃血: 회맹會盟 때 행하던 의식. 맹약을 선포한 후 참가자들이 함께 말 등 가축의 피를 입가에 발라 맹세하던 일.(『史記』권76, 平原君虞卿列傳第十六, 平原君, "王當歃血而定從".)

다로 옮겨 정박하여 군사들을 쉬게 하고 위로하였으며, 저녁에 고성 땅 말우장亇乙于場[168] 바다 가운데로 옮겨서 밤을 지냈습니다.

초7일 이른 아침에 출발하여 웅천 땅 증도甑島 해상에 이르러 진을 쳤는데, 천성·가덕의 적의 종적을 정탐하던 탐망선장 진무 이전李荃과 토병 오수吳水 등이 왜인의 머리 2급을 베어 사시巳時[오전 9~11시]쯤 급히 돌아와서 말하기를,

"가덕 해상에서 왜인 3명이 배 한 척에 타고 있다가 우리를 보자 북쪽으로 도망하므로 힘을 다해서 추격하여 다 쏘아 죽이고 머리 3급을 베었는데, 그중에 1급은 경상우수사의 군관으로 이름을 알 수 없는 사람이 소선을 타고 와서 위력으로 강탈해 갔습니다."

라고 하므로 각별히 술을 대접하고 곧 천성 등지로 돌려보냈습니다.

오시午時[오전 11시~오후 1시]쯤 영등포 앞바다에 이르니, 왜대선 5척과 중선 2척이 율포로부터 나와 부산으로 향하여 도망치므로 여러 전선이 역풍을 따라 노를 재촉하여 서로 바라보기를 5리쯤 되는 율포 바깥 바다까지 추격하자 왜적들이 배 안의 짐짝을 물속으로 던졌습니다. 우후 이몽구가 왜대선 1척을 바다에서 온전히 잡아서 머리 7급을 베고 또 1척은 육지에 내리려는 것을 불태워 없앴으며, 사도첨사 김완은 왜대선 1척을 바다에서 온전히 잡아서 머리 20급을 베고, 녹도만호 정운은 왜대선 1척을 바다 가운데에서 온전히 잡아서 머리 9급을 베고, 광양현감 어영담과 가리포첨사 구사직具思稷은 힘을 합해 왜대선 1척이 뭍으로 접안할 때 추포하여 불태우고, 구사직은 머리 2급을 베고, 여도권관 김인영은 머리 1급을 베고, 소비포권관 이영남李英男은 소선을 타고 돌입하여 뒤쫓아 쏘아 머리 2급을 베고, 그 나머지 빈 배 1척은 바다 가운데서 불태웠는데, 왜인들은 혹은 목을 잘리고 혹은 익사하여 남김없이 섬멸되었습니다.

여러 전선의 장수와 군사들은 마음이 상쾌하여 가덕·천성으로 향하다가 좌도의 몰운대에 이르러 두 편으로 나누어 협공하며 수색하였으나, 적도들은 배를 끌고 멀

---

[168] 말우장亇乙于場 : 『이충무공전서』·『충민공계초』·『충무공유사』에는 "亇乙于場"(마을우장)으로 되어 있으나, 『임진장초』에는 "亇乙干場"(마을간장)으로 나와 있다. '말우장'은 경상남도 고성군 동해면 내산리 내신마을(막개, 맛개)로 추정된다. (고성문화원, 『固城鄕土地名史』, 1997, 661쪽.)

리 도망하고 그림자도 없었으므로 오후 8시쯤 거제 땅 온천량溫川梁의 송진포松津浦[169]에 이르러 밤을 지냈습니다.

초8일에 창원 땅 마산포·안골포·제포·웅천 등지로 적의 종적을 알기 위한 탐견(망)선을 정해 보내고, 창원 땅 증도甑島[170]와 남포藍浦 바다 가운데로 나아가 진을 쳤습니다. 저녁때, 탐망선이 돌아와서 말하기를,

"어느 곳에도 적의 종적이 없다."

라고 하므로 송진포로 돌아와서 밤을 지냈습니다.

초9일 이른 아침에 출발하여 웅천 앞바다에 이르러 진을 치고 소선小船을 가덕·천성·안골포·제포 등지로 나누어 보내어 다시 적의 종적을 살피게 하였으나, 어느 곳에도 적의 그림자가 없으므로 당포唐浦에 이르러 밤을 지냈습니다.

초10일에 미조항彌助項 앞바다에 이르러 우수사 이억기 및 원균 등과 진을 파하고 각기 돌아왔습니다.

가덕에서 수색하고 토벌하던 날, 그대로 부산 등지로 향하여 왜적의 종자를 섬멸하려고 하였으나, 연일 대적을 만나 해상을 전전하면서 싸우느라고 군량이 이미 다 떨어지고 군사들이 매우 피곤하고 전상자도 또한 많았는데, 우리들의 피로한 군사로써 편안히 숨어 있는 적과 대적함은 실로 병가의 좋은 방책이 아닐 것입니다. 하물며 양산강梁山江은 지세가 매우 좁아서 겨우 한 척의 뱃길밖에 안 되는데, 적선이 연일 머물러서 이미 험고한 곳에 거점을 마련하고 있으므로, 우리가 싸우려고 하면 적이 출전하지 않을 것이고 우리가 물러나자니 도리어 약함을 보이게 될 것입니다. 설령 부산으로 향한다고 하더라도 양산의 적들이 서로 호응하여 뒤를 둘러쌀 것이니, 타도의 객병들이 외로운 군사로 적진으로 깊이 들어가[171] 앞과 뒤로 적을 맞는다는 것은 만전의 계책이 아닐 것입니다. 또한 본도 병사[최원]의 공문 내용에,

"서울을 침범한 흉악한 무리들이 조운선漕運船을 빼앗아 타고 서강西江을 거쳐 내

---

169 송진포松津浦 : 경상남도 거제시 장목면 송진포리 포구.

170 증도甑島 : 경상남도 창원시 마산합포구 구산면 실리도. 앞에 보이는 웅천 땅 증도는 같은 섬인데, 뒤에 창원 땅으로 바로잡은 것으로 추정된다.

171 외로운 …… 들어가 : 원문의 "현군懸軍"은 적지敵地 깊숙이 들어가 고립된 군대를 말한다. (杜甫, 「秦州雜詩」, "候火雲峯峻 懸軍幕井乾".)

려온다."

라고 하였는데 조운선을 빼앗아 탄다는 것은, 결코 그럴 리가 없겠지마는 뜻밖의 변도 염려하지 않을 수 없습니다.

신과 이억기는 상의하여 다시 가덕 등지의 섬들을 탐색하고 끝내 적의 종적이 없음을 확인한 연후에 군사를 돌려 본영으로 돌아왔습니다. 가덕도 서쪽에서 마음대로 출입하던 적들은 이미 많은 배들이 불타 없어졌으며 또 사상자도 많았으니, 산으로 도망하여 잡히지 않았던 적들은 필시 부산 등지로 도주하여 우리 수군의 위세를 자세하게 말하였을 것이므로 이후부터는 뒷일을 염려하고 꺼리는 생각이 있을 것입니다.

무릇 전후로 적을 토멸할 때, 남해 동쪽의 웅천 등 7~8개 고을에서는 노인과 남녀의 피란민들이 산곡에 잠복하여 신 등이 적선을 추적하여 공격하는 것을 바라보고서 다시 살아날 길을 얻은 것같이 기뻐하지 않은 사람이 없어서, 와서 적의 행방을 말해주면서 자세히 가리켜 보였는데, 극히 비참하고 불쌍하여 왜선에서 획득한 쌀과 포목 등의 물건을 나누어 주고 편히 살 수 있게 하였습니다.

그중에서도 향화인과 보자기[172]들은 가족을 데리고 이웃 친척과 함께 스스로 본영[전라좌수영]의 성안으로 들어오는 자가 연이어 끊이지 않는데, 전후에 들어온 수가 거의 200여 명에 이르렀습니다. 그래서 이들을 각기 부지런히 제 직업에 종사하며 오래도록 편안히 살도록 하기 위해 본영에서 가까운 장생포 등 땅이 기름지고 인가가 많은 곳에 나누어 들여 안전하게 보호하였습니다.

왜선에 포로로 잡힌 우리나라 사람들을 찾아내어 살아오게 하는 것은 왜적의 목을 베는 것과 다름이 없으므로 "왜선을 불태울 때 각별히 찾아내고 함부로 죽이지 말라."고 지시하고 약속하였는데, 이번에 여러 장수가 위의 지시에 따라 포로가 되었던 남녀 6명을 산 채로 잡아왔습니다. 이들 중에 다른 사람들은 나이가 어리거나, 포로된 날짜가 짧아서 적의 소행이 어떠한지를 알지 못하고 있었으나, 그중에 당항포 바깥 바다에서 녹도만호 정운이 사로잡아 온 동래 사는 사삿집 종 억만億萬은 금년에

---

172 보자기 : 원문은 "포작鮑作"으로, 바닷속에 들어가 조개·미역 등의 해산물을 따는 일을 하는 사람을 뜻한다.

나이 13세로서 머리를 깎아 왜인같이 되었는데, 심문하자 대답하기를,

"동래 동문 밖 연지동蓮池洞에 사는 사람으로서 난리가 일어난 즉시 부모를 따라 성안으로 들어갔습니다. 날짜는 기억할 수 없으나, 4월경에 왜적이 무수히 몰려들어 성을 다섯 겹으로 포위하고 남은 적들은 들판에 흩어져 있었는데, 맨 앞장을 선 적은 갑옷을 입고 제각기 큰 질개邲介173를 가지고 있었으며, '넓고 큰 투구頭口'를 쓴 놈 100여 명이 돌입하여 성을 공격하면서 한편으로는 대竹 사다리를 옆으로 세우고 곳곳에서 성을 넘었으며, 이미 성이 함락되자 살육함이 극도에 이르렀습니다.

소인은 어찌할 바를 모르는 급박한 사이에 부모와 형을 잃어버리고 갈 곳을 몰라 하늘을 우러러 울부짖고 있을 때, 한 왜인이 손을 붙들고 강제로 끌고서 바로 부산에 이르러 5~6일을 머무른 뒤에 그 배로 옮겨 실렸습니다. 배 안에서는 왜인 7~8명이 있다가 나를 보고 떠들썩하게 부르며 칼을 휘둘러 치려고 하였는데 나를 끌고 갔던 왜인이 팔을 벌려 막아 주고서는 갑판 아래 숨겨 두었습니다.

그래서, 그곳에 머무르고 있는 왜선은 원래의 척수가 몇 척인지 알 수 없고, 배에 실린 지 5~6일이 지난 뒤에 대선 30여 척이 동시에 출발하여 우도[경상우도]로 향하였습니다. 그중에 층각선에는 장수가 머물렀고, 여러 배들이 그 아래로 모여들어 명령을 듣는 것 같았으며, 어떤 때에는 2~3척씩 패를 나누어 도적질을 하면서 여염집을 약탈하고 칼로써 우마牛馬를 해치고 포목과 곡식 및 잡물을 배에 실었는데, 이와 같은 일들이 어떤 날에는 두세 번이나 있었습니다. 그런데 지나온 섬이나 마을의 이름은 어느 곳인지를 알지 못하며, 이번 6월 초5일 4척이 한패가 되어 진해鎭海174 선창으로 함께 가서 반수가량은 성안으로 들어갔습니다. 그러자 얼마 되지 않아서 진해성鎭海城 밖에서 수천 명의 무장한 군사들이 그 고을로 돌입하여 그 위세가 하늘에 닿을 듯하자175 성안에 들어갔던 왜적들이 크게 소리쳐 부르짖으며 급히 돌아와서

---

173 질개邲介 : '지게'의 조선시대 호칭. 『충민공계초』・『임진장초』・『충무공유사』・『요람』에는 모두 '지을개知乙介'로 되어 있다. 왜적이 큰 깃대를 지고 있는 모습을 말한 것이다.

174 진해鎭海 : 현재 경상남도 창원시 마산합포구 진북면・진동면・진전면 일대이다. 조선시대 진해 현청은 (구)진동면 사무소 자리에 있었다.

175 하늘에 닿을 듯하자 : 원문은 "도천滔天"으로, 큰물이 하늘까지 창일漲溢함을 뜻한다. 형세가 뒤바뀌었다는 뜻이다.

배를 타고 노 젓기를 재촉하였습니다. 바다 가운데에 이르러 또 보니 바람에 펄럭이는 돛대를 단 큰 전선들이 서쪽 바다를 가로막고 있었으므로 왜적들은 스스로 종적을 감추지 못할 것을 알고 입술이 타서 목이 마르고 기운이 다 꺾여 큰 배를 버린 채 모두 소선小船에 탑승하여 멀지 않은 포구로 노 젓기를 재촉하여 도망해 들어갔습니다. 소인과 어제 포로된 자로서 진해에 사는 시노寺奴[176]인 나근내羅斤乃 등은 큰 배에 함께 버려두었기 때문에 붙잡히게 되었습니다. 왜인들은 제각기 창·칼 및 철환을 가졌고, 조석으로 먹는 밥에는 반이나 모래와 흙이 섞여 있었으며, 다른 일은 말이 서로 달라서 잘 알아들을 수 없었습니다."
라고 진술하였습니다.

그리고 율포 앞바다에서 접전할 때 녹도 만호 정운이 사로잡아 온 천성 수군 정달망鄭達亡은 나이 이제 14세로서, 심문하자 답하는 내용에,

"사변이 일어난 뒤 부모를 따라 산으로 들어갔는데, 배가 고프고 피곤하여 날짜를 기억할 수 없으나, 6월 초순쯤 천성에서 가까운 들판 보리밭에서 이삭을 주워 연명하려고 내려왔다가 왜적에게 포로가 되었습니다. 그날 영등포 근처의 기슭에다 배를 대고 왜인들이 약탈한 물건을 햇볕에 말리며 바람을 쏘이고 있을 때, 우리나라 수군이 불의에 돌격하였습니다. 왜인들은 엎어지고 넘어지며 어찌할 줄을 모르고 곧 닻줄을 끊고 시끄럽게 떠들면서 배를 타고 멀리 바깥 바다로 도망치다가 힘이 다하여 붙잡혔습니다."
라고 진술하였습니다.

위의 사람들은 다 어린 나이에 왜적에게 포로가 되어 친척과 고향을 떠나 보기 불쌍하고 가엾어 각각 잡아 온 관원에게 "잘 보살펴서 편안히 있게 하였다가 사변이 평정된 뒤에 고향으로 돌려보내도록 하라."고 각별히 타일렀습니다.

왜선을 불태워 없앤 총수는 72척이며 왜의 머리가 88급이온데 왼쪽 귀를 베어서 소금에 절여 궤 속에 넣어 올려 보냅니다. 그런데, 신이 당초에 약속할 때 여러 장수나 군사들에게,

---

[176] 시노寺奴 : 조선시대 각 관서 소속의 노비를 일컫던 말. 내수사內需司 및 각 궁宮 소속의 노비는 내노비內奴婢, 각 관서 소속의 노비는 시노비寺奴婢라 일컬었다.

"공로와 이익을 탐내어 서로 다투어 먼저 적의 머리를 베려 하다가는 도리어 해를 입어 사상자가 많아지는 전례가 있으므로 사살한 뒤에 비록 머리를 베지 못하더라도 힘써 싸운 자를 제일의 공로자로 정하겠다."

라는 것을 거듭하여 명을 내렸기 때문에, 무릇 네 번이나 접전할 때, 화살을 맞아 죽은 왜적이 매우 많지만 머리를 벤 것은 많지 않습니다. 그러나 경상우수사 원균은 접전한 다음 날 협선挾船을 보내서 왜적의 시체를 거의 다 거두어 목을 베었습니다. 뿐만 아니라 경상도 연해안의 보자기들이 화살에 맞아 죽은 왜적의 머리를 많이 베어 왔지만, 신은 타도의 대장으로서 받아들이는 것이 온당하지 않아서 원균에게 갖다 바치라고 타일러 보냈으므로 원균과 이억기 등 여러 장수가 적의 목을 벤 것이 거의 200급이나 되며, 혹은 바다 가운데로 떠내려가고 혹은 목 벤 것을 물에 빠뜨려 잃어버린 것도 그 수가 많았습니다.

왜적의 물품 중에 별로 중요하지 않은 왜인의 의복·미곡·포목 등 물품은 군사들에게 나누어 주기도 하고, 혹은 군사들에게 먹이고, 왜적의 군용물품 중에 가장 중요한 것은 뽑아내어 별지에 기록하오며,[177] 우후 이몽구가 찾아낸 왜장의 부신符信인 칠갑에 들어있던 둥근 모양의 금부채와 방답첨사 이순신이 찾아서 보내온 왜장의 '분군건기分軍件記' 6축도 아울러 봉하여 올려 보냅니다.

접전할 때, 사졸로서 화살이나 철환을 맞은 사람 중에는 신이 타고 있는 배의 정병正兵 김말산金末山[178], 우후선의 방포 진무 장언이張彥已, 순천 1선의 사부인 사삿집 종 배귀실裵貴失, 순천 2선의 격군인 사삿집 종 막대莫大와 보자기鮑作 내은석內隱石, 보성 1선의 사부인 관청의 종 기이起伊,[179] 흥양 1선의 전장箭匠이며 관청의 종인 난성難成, 사도 1선의 사부인 진무 장희달張希達, 여도선의 사공인 토병 박고산朴古山, 격군 박궁산朴宮山 등은 철환을 맞아 죽었습니다.

흥양 1선의 사부인 목동 손장수孫長水는 뭍으로 올라간 왜적을 추격하여 목을 베려 할 때 칼에 맞아 죽었으며, 순천 1선의 사부인 보인 박훈朴訓, 사도 1선의 사부인

---

177 별지에 기록하오며 : 원문 "개좌開坐"는 하나하나 적는다는 뜻이다.
178 김말산金末山: 『충민공계초』·『임진장초』·『충무공유사』에는 "金末叱山"(김말질산)으로 나온다.
179 『충민공계초』·『임진장초』·『충무공유사』에는 "己"(기)로 되어 있다.

진무 김종해金從海 등은 화살에 맞아 죽었습니다.

순천 1선의 사부인 유귀희柳貴希, 광양선의 격군인 보자기 남산수南山壽, 흥양선의 선장인 수군 박백세朴百世와 격군인 보자기 문세文世, 훈도인 정병 진춘일陳春日, 사부이며 정병인 김복수金福壽, 내노內奴 고붕세高朋世, 낙안 통선의 사부 조천군趙千君과 수군 선진근宣進斤, 무상無上[180]인 사삿집 종 세손世孫, 발포 1선의 사부인 수군 박장춘朴長春과 토병 장업동張業同, 방포放炮 수군 우성복禹成福 등은 철환을 맞았으나 중상에 이르지는 않았습니다.

방답첨사의 종 언룡彦龍, 광양선의 방포장 서천룡徐千龍, 사부 백내은손白內隱孫, 흥양 1선의 사부인 정병 배대검裵大檢, 격군인 보자기 말손末孫,[181] 낙안 통선의 장흥 조방 고희성高希星, 능성 조방 최난세崔蘭世, 보성 1선의 군관 김익수金益水, 사부 오언룡吳彦龍, 무상無上인 보자기 흔손欣孫, 사도 1선의 군관 진무성陳武晟과 임홍남林弘楠, 사부인 수군 김억수金億壽[182]와 진언량陳彦良, 신선新選 허복남許福男, 조방 전광례田光禮, 방포장 허원종許元宗, 토병 정어금鄭於金,[183] 여도선의 사부 석천개石千介·유수柳修·선유석宣有石 등은 화살에 맞았으나 중상에 이르지는 않았습니다.

위의 사람들은 시석矢石을 무릅쓰고 결사적으로 돌진하여 싸우다가 혹은 죽고 혹은 부상을 입었습니다. 그러므로 죽은 사람의 시체는 각기 그 장수에게 명하여 따로 소선에 실어서 고향으로 보내어 장사지내게 하였으며, 그들의 처자들은 휼전에 의하여 시행하라 하였습니다.[184]

중상에 이르지 아니한 사람들은 약물을 지급하여 충분히 치료하도록 하라고 각별히 지시하였으며, 여러 장수에게는,

"한번 승첩에 교만하지 말고 군사를 위무하고 전선을 다시 정비해 두었다가 변보를 듣는 즉시로 출전하되 처음과 끝을 한결같이 하도록 하라."

---

180 무상無上 : 선수의 닻과 닻 물레를 다루는 사람. 무상舞上으로도 쓴다. (정진술, 「이순신 정론 IV—거북선 구조, 철갑문제—」, 『이순신연구논총』 제17호, 순천향대학교 이순신연구소, 2012, 150쪽.)
181 『충민공계초』·『임진장초』·『충무공유사』에는 "末叱孫"(말질손)으로 되어 있다.
182 『충민공계초』·『임진장초』·『충무공유사』에는 "壽"가 "水"(수)로 나온다. 앞의 남산수·김복수도 동일하다.
183 『임진장초』·『충무공유사』에는 "鄭於叱金"(정엇금)으로 되어 있다.

고 엄하게 지시하고 진을 파하였습니다.

중위장 권준, 전부장 이순신, 중부장 어영담, 후부장 배흥립, 좌부장 신호, 우부장 김득광, 좌척후장 정운, 우척후장 김완, 거북선 돌격장 급제 이기남, 신의 군관 이언량, 좌별도장 이몽구, 우별도장 김인영, 한후장이며 신의 군관인 전 권관 가안책과 대솔군관인 봉사 변존서, 나대용, 전 봉사 송희립, 이설, 신영해申榮海, 급제 김효성, 배응록, 정로위定虜衛 이봉수 등은 분연히 몸을 돌보지 않고 끝까지 역전하였을 뿐만 아니라, 여러 장교와 군사들도 앞을 다투어 적진으로 돌진한 사람들은 공로의 다소를 논의하여 포장褒獎하는 일을 만약 조정의 명령을 기다린 뒤에 하려면 왕복하는 동안에 시일이 늦어지고, 더욱이 행재소行在所가 멀리 떨어져 있어서 길이 막혀 사람이 통행할 수 없을 뿐 아니라 독한 적이 물러가지 않은 때에 상을 주어야 할 시기를 넘길 수 없습니다.

그래서, 군사들의 심정을 위로하고 격려하여 당면한 일에 힘쓰도록 하기 위해 우선 공로를 참작하여 1, 2, 3등으로 나누어 별지에 자세하게 기록하였습니다. 당초 약속할 때 비록 목을 베지 못해도 죽음으로써 힘써 싸운 자를 제1의 공로자로 논한다고 하였으므로 역전한 여러 사람 등은 신이 직접 등급을 결정하여 1등으로 기록하였습니다.

(*삼가 갖추어 아룁니다.)[185]

---

184 휼전에 의하여 시행하라 하였습니다依他恤典施行 : 이 부분이 『충민공계초』・『임진장초』・『충무공유사』에는 "依他恤典施行教是白齊"(휼전에 의하여 시행하소서)로 되어 있다. '敎是白齊'는 이두로 '…하소서'라는 뜻이다.

185 『임진장초』 원문에는 "謹具啓聞 萬曆 二十年六月十四日 節度使 臣 李"로 되어 있다.

조선 수군의 제2차 출전(1592. 5. 29.~6. 10.) 상황도

〈참고 5〉

① 출전出戰과 꿈

충무공 이순신은 제2차로 출전하던 5월 29일 꿈을 꾸었는데, 그 내용은 "어떤 백발노인이 공公을 발로 차면서 일어나라 일어나! 적이 왔다."라는 것으로, 곧 장수를 거느리고 노량 해상에 이르니 적이 과연 와 있었다 한다.(『全書』 권9, 行錄1)

이러한 꿈은 충무공이 임진왜란 중에 여러 번 꾸었는데, 그중에서도 1597년(선조 30, 정유) 9월 15일(명량대첩 전일)에는 "이날 밤 신인이 꿈에 나타나 가르쳐 주기를, 이렇게 하면 크게 이기고 이렇게 하면 진다고 하였다."라고 쓰여 있다.(『丁酉日記』 9월 15일)

② 거북선의 모습

충무공이 보고한 거북선의 모습보다 좀 더 상세한 기록으로는 그의 조카 이분李芬의 행록에 "크기는 판옥선과 같고 위는 판자로 덮었다. 판상에는 십자형 세로가 있어 사람이 통행할 수 있고 그 외는 모두 칼과 송곳을 꽂아 사방에 발붙일 곳이 없도록 하였다. 앞에는 용머리를 만들어 그 입이 총구멍이 되게 하고 뒤에는 거북의 꼬리를 만들어 그 꼬리 아래에 총구멍을 내었다. 그리고 좌우에 각각 6문의 총구멍을 내었는데 그 전체의 모양이 대략 거북과 같으므로 그 명칭을 거북선이라 하였다.

적을 만나 싸울 때는 거적으로 송곳과 칼 위를 덮고 선봉이 되어 나아갔다. 적이 배에 올라 덤비려 들다가는 칼날과 송곳 끝에 찔려서 거꾸러지고 또 에워싸고 엄습하려 들면 전후좌우에서 총을 쏘게 되므로 적선이 바다를 덮어 모여들어도 이 거북선은 마음대로 드나들며 가는 곳마다 쓰러지지 않는 놈이 없었기 때문에 전후 크고 작은 해전에 이것으로써 항상 승리하였다."라고 쓰여 있다.(全書 권9, 行錄1) 이 밖에 척도와 내부구조에 대한 유일한 기록으로는 『이충무공전서』 권수卷首 귀선도설龜船圖說 등이 있다.

③ 망신亡身 독전督戰하는 이순신李舜臣

충무공은 사천 해전 때, 제 몸을 돌보지 않고 독전하였는데, 조카 이분의 「행

> 록」에 "그날 공公도 철환을 맞아 왼편 어깨를 뚫고 등에까지 박혀서 피가 발뒤꿈치까지 흘러내렸지만 공公은 그대로 활을 놓지 않고 종일 독전 하다가 싸움이 끝난 뒤에 칼끝으로 살을 쪼개고 철환을 파내었는데 깊이가 두어 치나 되었다. 온 군중이 그때서야 알고 모두 놀라지 않는 이가 없었지만 공은 웃고 이야기해 가며 태연하였다."라고 쓰여 있다.(全書 권9 行錄 1)
>
> 또 그가 쓴 편지에는 "스스로 조심하지 못하여 적의 철환에 맞아 비록 사경에는 이르지 않았사오나, 어깨뼈를 깊이 상한 데다가 또 언제나 갑옷을 입고 있으므로 상한 구멍이 헐어서 궂은 물이 늘 흐르기로 밤낮으로 뽕나무 잿물과 바닷물로써 씻건만 아직 쾌차하지 못하여 민망스럽습니다."라고 하였다, (全書 권1, 上某人書)

견내량에서 왜적을 격파하였음을 아뢰는 계본[186] 見乃梁破倭兵狀

(*전라좌도 수군절도사 신 이순신)[187]

삼가 아뢰는 것은 왜적을 잡아 죽인 일에 관한 것입니다. (*지난 6월 초3일 수원에서 발송되어 그달 초10일 도착한 도순찰사[188] 이광의 관문關 내용에,

"5월 22일 성첩된 좌부승지의 서장에 '적선을 쳐부수는 것이 병가兵家의 가장 좋은 계책計策인데 다만 적선이 얼마나 머무르고 있는지를 알지 못하여 다시 전라좌수사에게 명령하여 경상우수사와 함께 상의하고 합력하여 남김없이 격파하고, 다만 5~6척을 남겨 두어 궁한 적들의 돌아갈 길이 되

---

186 『임진장초』(장 9)에는 큰 글씨로 후에 쓴 장계의 제목 "三度閑山島勝捷啓本"이 있다. 견내량과 왜병장은 『전서』 편찬자가 붙인 제목이다. 『충민공계초』(9) 계본이다.

187 (*) 내용 생략. 『임진장초』에는 "全羅左道水軍節度使 臣 李"로 나와 있으나, 『충무공유사』에는 "全羅左道水軍節度使 臣 李舜臣"으로 되어 있다.

188 도순찰사都巡察使 : 삼포왜란 때 중앙에서 급파된 방어사防禦使와 본도의 병·수사 간에 품계의 우열이 없으므로, 지휘권의 혼란을 막고자 중앙에서 정2품 재상宰相을 도순찰사로 임명하여 통솔한 데서 유래하였다. 뒤에는 본도의 관찰사가 도순찰사를 겸임하게 되었다. (육군본부, 『韓國軍制史—近世朝鮮前期篇』, 1968, 299~301쪽.)

게 하며, 두 수사는 근처에 배를 대고 숨었다가 형세를 보아 추격하게 하고 전라우수사에게는 병선을 정비하여 계속 지원하라는 일로 급급히 분부하라는 유지有旨가 있다.'라는 내용이 있었으므로 서장 내의 사연을 상고하여 경상우수사 및 본도 우수사와 함께 약속하고 앞서 내린 지휘에 의하여 시행하라."

는 내용이었습니다.)[189]

유지有旨를 전하는 서장이 도달하기 전에 경상도의 해로에 있는 적들이 경상우도의 연해안 지방을 차츰차츰 침범하여 집들을 불태우고 재산을 빼앗으면서 벌써 사천·곤양·남해 등지까지 침범하였으므로 본도 우수사 이억기와 경상우수사 원균 등에게 공문을 보내 약속하고, (*지난 5월 29일 발선하여 사천선창, 고성의 당포선창, 당항포, 거제도의 율포 앞바다 등지에 대어 있는 왜선을)[190] 혹은 온전히 잡아 죽이고 혹은 (*좌·우도의 여러 장수들이)[191] 합력하여 쳐서 무찌른 뒤에 6월 초10일 본영으로 돌아온 상황은 이미 아뢰었습니다.

그리고 앞서의 유지를 전하는 서장에 의한 순찰사의 관문關이 또 도착하였습니다. 떼를 지어 출몰하는 적을 맞이하여 낱낱이 무찌르고자 서로 공문을 돌려 약속하며 배들을 정비하고 경상도의 적세를 탐문하였는데, "가덕·거제 등지에 왜선이 혹 10여 척 혹은 30여 척이 떼를 지어 출몰한다."고 하였습니다. 그리고 본도 금산 지경에도 적세가 크게 뻗치었는바, 수륙으로 나누어 침범한 적들이 곳곳에서 불길같이 일어나도 하나도 맞아 싸운 적이 없어서 승승장구할 기세에 이르렀습니다.

(*처음에)[192] 본도 우수사와 모이기로 약속한 이달 7월 초4일 저녁때, 약속한 곳에

---

189 (*) 내용 생략. 『임진장초』의 원문은 '去六月初十日到付 同月初三日在水原施行 都巡察使李洸關內 五月二十二日成貼 左副承旨書狀內 賊船撞破 最是兵家善策 但未知所留船隻幾何 更令全羅左水使 與慶尙右水使相議合力 盡數擊破 只留五六隻 以爲窮寇歸路 兩水使近處舟泊隱形 觀勢追擊 全羅右水使整齊兵船繼援事 急急分付事 有旨是白乎味 書狀是去有等以 書狀內辭緣相考 慶尙右水使及本道右水使 幷以約束 依前指揮施行向事 關是白置有亦'이다. 이두 '是白乎味'는 '…이시라고' 또는 '…이시다고', '是去有等以'는 '…이 있기 때문에' 또는 '…이 있으므로', '向事'는 '처리할 일' 또는 '…이실 일', '是白置有亦'은 '…이시다 하니'의 뜻이다.

190 (*) 내용 생략. 원문은 "去五月二十九日發船 泗川船滄 固城唐浦船滄 及唐項浦 巨濟栗浦前洋等處 留泊倭船"이다.

191 (*) 내용 생략. 원문은 "左右道諸將"이다.

192 (*) 내용 생략. 원문은 "初亦"이다.

도착하여 초5일 서로 약속하고, 초6일 수군을 거느리고 일시에 출발하여 곤양과 남해의 경계인 노량에 도착하니, 경상우수사가 파손된 것을 수리한 전선 7척을 거느리고 그곳에 대어 있었으므로, 바다 가운데서 같이 만나 재삼 약속하고 진주 땅 창신도에 이르자 날이 저물어 밤을 지냈습니다.

초7일에 동풍이 크게 불어서 행선하기 어려웠는데, 고성 땅 당포에 이르자 날이 저물었으므로 나무하고 물을 긷고 있었습니다. 그때 피란하여 산으로 올랐던 그 섬의 목자牧子 김천손金千孫이 신 등의 수군을 바라보고 급히 달려와서 고하는 내용에,

"적의 대·중·소선을 합하여 70여 척이 오늘 미시未時[오후 1~3시]에 영등포 앞바다로부터 거제와 고성의 경계인 견내량에 이르러 머무르고 있습니다."

라고 하였습니다. 그래서 여러 장수에게 다시 단단히 지시하고, 초8일 이른 아침에 적선이 머물러 있는 곳으로 향했습니다.

바다 가운데 이르러 바라보니, 왜의 대선 1척과 중선 1척이 선봉으로 나와서 우리 수군을 발견하고서는 도로 결진하고 있는 곳으로 들어가는지라, 뒤쫓아 들어가니 대선 36척, 중선 24척, 소선 13척이 대열을 벌여서 정박하고 있었습니다. 견내량은 지형이 매우 좁고, 또 암초가 많아서 판옥전선이 서로 부딪치게 되어 싸움하기가 곤란할 뿐만 아니라, 적은 만약 형세가 급하게 되면 기슭을 타고 육지로 올라갈 것이므로 한산도 바다 가운데로 유인하여 모조리 잡아 버릴 계획을 세웠습니다. 한산도는 거제와 고성 사이에 있어 사방에 헤엄쳐 나아갈 길이 없고, 적이 비록 육지로 오르더라도 틀림없이 굶어 죽게 될 것입니다.

먼저 판옥선 5~6척을 시켜서 선봉으로 나온 적선을 뒤쫓아서 습격할 기세를 보이자 여러 배의 적들이 일시에 돛을 달고 쫓아 나오므로 우리 배는 거짓으로 물러나 돌아 나오자, 적들도 줄곧 쫓아왔습니다. 바다 가운데 나와서는 다시 여러 장수에게 명령하여, 학익진鶴翼陣을 벌여서 일시에 진격하여 각각 지자地字·현자玄字·승자勝字 등의 각종 총통을 쏘아서 먼저 2~3척을 쳐부수었습니다. 그러자 여러 배의 왜적들이 사기가 꺾이어 물러나 도망하므로 여러 장수와 군사들이 승세를 타고 뛰쳐나가 앞을 다투어 돌진하며 화살과 총환을 번갈아 쏘니 그 기세가 바람과 우레 같아서 적선을 불태우고 왜적을 쏘아 죽이기를 일시에 거의 다 해 버렸습니다.

순천부사 권준이 제 몸을 돌보지 않고 돌진하여 먼저 왜의 층각대선 1척을 쳐부수어 바다 가운데에서 온전히 잡아 왜장을 비롯하여 머리 10급을 베고, 우리나라 남자 1명을 산 채로 빼앗았습니다. 광양현감 어영담도 먼저 돌진하여 왜의 층각대선 1척을 쳐부수고, 바다 가운데에서 온전히 잡아 왜장을 쏘아 맞혀서 신의 배로 묶어 왔는데, 문초하기 전에 화살을 맞은 것이 중상이고 말이 통하지 않으므로 즉시 목을 베었으며, 다른 왜적을 비롯하여 머리 12급을 베고, 우리나라 사람 1명을 산 채로 빼앗았습니다. 사도첨사 김완은 왜대선 1척을 바다 가운데에서 온전히 잡아 왜장을 비롯하여 머리 16급을 베었고, 흥양현감 배흥립이 왜대선 1척을 바다 가운데에서 온전히 잡아 머리 8급을 베고, 또 많이 익사시켰습니다. 방답첨사 이순신李純信은 왜대선 1척을 바다 가운데에서 온전히 잡아 머리 4급을 베었는데, 다만 사살하기에만 힘쓰고 머리를 베는 일에는 힘쓰지 않았을 뿐 아니라, 또 2척을 쫓아가서 쳐부수어 일시에 불태워 없앴습니다. 좌돌격장 급제[193] 이기남은 왜대선 1척을 바다 가운데에서 온전히 잡아 머리 7급을 베었으며, 좌별도장이며 본영의 군관인 전 만호 윤사공과 가안책 등은 층각선 2척을 바다 가운데에서 온전히 잡아 머리 6급을 베었습니다. 낙안군수 신호는 왜대선 1척을 바다 가운데에서 온전히 잡아 머리 7급을 베었으며, 녹도만호 정운은 층각대선 2척을 총통으로 뚫자 여러 전선이 협공하여 불태우고, 머리 3급을 베고 우리나라 사람 2명을 산 채로 빼앗았습니다. 여도권관 김인영은 왜대선 1척을 바다 가운데에서 온전히 잡아 머리 3급을 베었고, 발포만호 황정록은 층각선 1척을 쳐부수자 여러 전선이 협공하여 힘을 모아 불태우고 머리 2급을 베었습니다. 우별도장 전 만호 송응민은 머리 2급을 베었고, 흥양통장 전 현감 최천보는 머리 3급을 베었고, 참퇴장 전 첨사 이응화는 머리 1급을 베었고, 우돌격장 급제 박이량은 머리 1급을 베었고, 신이 타고 있는 배에서 머리 5급을 베었습니다. 유군遊軍 1영장一領將 손윤문은 왜소선 2척에 포를 쏘고 산 위에까지 추격하였으며, 5영장五領將 전 봉사 최도전은 우리나라 소년 3명을 산 채로 빼앗았습니다.

그 나머지의 왜대선 20척, 중선 17척, 소선 5척 등은 좌·우도의 여러 장수가 힘을

---

193 급제及第 : 과거(무과)에 급제한 사람을 일컬음.

모아 부수고 불태우자, 화살을 맞고 물에 떨어져 죽은 자는 그 수를 헤아릴 수 없었습니다.

왜인 400여 명[194]은 형세가 급하고 힘이 다 되어 스스로 도망하기 어려움을 알자 한산도에 배를 버리고 육지로 올라갔으며, 그 나머지 대선 1척, 중선 7척, 소선 6척 등은 접전할 때, 뒤떨어져 있다가 멀리서 배가 불에 타고 목이 베이는 것을 바라보고는 노를 재촉하여 도망해 버렸습니다. 종일 접전으로 장수와 군졸들이 노곤하였고 날도 어두워 끝까지 추격할 수 없어서 견내량 바다 안쪽에서 진을 치고 밤을 지냈습니다.

초9일에 가덕으로 향하려는데, "안골포에 왜선 40여 척이 정박하고 있다."고 탐망군이 보고하므로, 본도 우수사 및 경상우수사와 함께 적을 토멸할 계책을 상의하였으나, 날이 이미 저물고 역풍이 크게 일어 나아가 싸울 수 없어서 거제 땅 온천도溫川島[195]에서 밤을 지냈습니다.

초10일 새벽에 출발하여 "본도 우수사는 안골포 바깥 바다의 가덕도 부근에 결진해 있다가 우리가 만일 접전하면 복병을 남겨 두고 급히 달려오라."고 약속하였습니다. 신은 함대를 거느리고 학익진鶴翼陣을 벌여 먼저 전진하고, 경상우수사는 신의 뒤를 따르게 하여 안골포에 이르러 선창을 바라보니 왜의 대선 21척, 중선 15척, 소선 6척이 머물고 있었습니다. 그중에 누각이 있는 3층 대선 1척과 2층으로 된 대선 2척이 포구에서 밖을 향하여 부박浮泊[196]하고 있었으며, 그 나머지 배들은 고기비늘처럼 줄지어 정박해 있었습니다.

이 포구의 지세는 좁고 얕아서 조수가 물러나면 육지가 드러나므로, 판옥대선은 용이하게 출입할 수 없어 여러 번이나 유인했습니다만, 그들의 선운선先運船 59척을 한산도 바다 가운데로 유인하여 남김없이 불태우고 왜적을 목 베어 죽였기 때문에, 형세가 궁해지면 육지로 올라갈 계획으로 험한 곳에 의거하여 배를 매어둔 채 겁내

---

194 400여 명 : 일본의 문헌 『脇坂家記』(『脇坂記』)에는 200명으로 나와 있다. (德富猪一郎, 『近世日本國民史 豊臣氏時代』丁篇, 朝鮮役 上卷, 東京: 民友社, 1925, 659쪽.)

195 온천도(칠천도)는 '칠천량'과 같은 곳이다. '칠천량'은 '외질포外叱浦'이며, 지금의 경상남도 거제시 하청면 연구리 옥계마을 포구이다. (거제문화원, 『거제지명총람』, 1996, 286쪽.)

196 부박浮泊 : 육지에 접안하지 않고, 육지와 떨어져서 바다에 정박함.

어 나오지 않았습니다.

　형세상 할 수 없이 여러 장수에게 명령하여 서로 교대로 출입하면서 천자·지자·현자 총통과 여러 가지 총통뿐 아니라 장전·편전 등을 빗발같이 쏘고 있을 즈음에, 본도 우수사가 장수를 정하여 복병시켜 둔 뒤 급히 달려와서 함께 공격하니, 군세가 더욱 강해져서 누각이 있는 대선과 2층 대선을 타고 있던 왜적들은 거의 다 죽거나 다쳤고, 왜적들은 사상한 자를 낱낱이 끌어내어 소선으로 실어 내고, 다른 배의 왜적들을 소선에 옮겨 실어 층각대선으로 모아들였습니다. 이렇게 하기를 종일토록 하였는데, 그 배 또한 거의 다 쳐부수자, 살아남은 왜적은 모두 육지로 내렸고, 육지에 내린 적을 다 잡지는 못했습니다. 그곳 백성들이 산골짜기에 숨어 있는 자가 매우 많은데, 그 배들을 모조리 불태워 적을 궁지에 빠지게 한다면, 숨어 있는 백성들이 어육魚肉이 되는 화를 면하지 못할 것이므로 1리 정도 물러 나와 밤을 지냈습니다.

　11일 새벽에 다시 돌아와 포위했습니다만, 그 왜적들이 당황하여 닻줄을 끊고 밤을 이용하여 도망하였으므로 어제 싸움하던 곳을 탐색해 보니, 전사한 왜적들을 12곳에 모아 쌓고 불태웠는데, 거의 타다 남은 뼈다귀와 손발 들이 흩어져 있고 그 포구성[안골포성] 내외에는 흘린 피가 땅에 가득하여 곳곳이 붉은 빛이었으며, 적들의 사상자를 이루 헤아릴 수가 없었습니다.

　그날[11일] 사시巳時[오전 9~11시]에 양산강과 김해 포구 및 감동 포구를 모두 수색하였으나 적의 그림자가 전혀 없었으므로, 가덕 외면으로부터 동래 몰운대에 이르기까지 배를 늘여 세워 진을 치고 군대의 위세를 엄하게 보였습니다. 그리고 "적선의 많고 적음을 탐망해서 보고하라."고 가덕도의 응봉과 김해의 금단곶 연대煙臺 등지로 후망군[탐망군]을 정하여 보냈습니다. 이날 술시戌時[오후 7~9시]에 금단곶으로 보냈던 탐망군인 경상우수영 수군 허수광許水光이 와서 보고하는 내용에, "연대에 탐망하러 올라갈 때, 산봉우리 아래 조그마한 암자에 한 늙은 중이 있기에 데리고 연대로 올라가서 양산과 김해 두 강의 깊숙한 곳과 그 두 고을까지 살펴보니, 적선이 나누어 정박해 있는 수는 두 곳을 합하여 거의 100여 척쯤 될 것이라 하는데 보는 바도 그러하였습니다. (*그리고 그 중에게 적선의 동정을 물었더니)[197] 대답하는 말에, "요즈음 날마다 50여 척이 혹은 떼를 지어 드나들며 연 11일 동안 본토로부터 그 강으로 들어왔다가 어제 안골포 접전 때, 포 쏘는 소리를 듣고서는 간밤에 거의 다 도망해 돌아가고 다만 100여 척이 남아 있는 것이다."라고 하였습니다. 이로써 가히 왜적이 두려워하여 도망친 상황을 알 수 있겠습니다.

　11일 저물녘에 천성보에 정박하여 잠깐 머물면서 적에게 우리가 오랫동안 있을 계획이라는 것을 의심하도록 하고, 밤을 이용하여 군사를 돌려 12일 사시巳時[오전 9~11시]에 한산도에 도착하니, 그곳 육지에 내린 왜적들이 연일 굶어서 걸음을 잘 걷지 못한 채 피곤하여 해변에서 졸고 있었는데, 거제도의 군사와 백성들이 이미 머리 3급을 베었고, 그 나머지 400여 명의 왜적은 탈출하여 도망할 길이 없는 조롱 속의 새같이 되어 있었습니다. 그런데, 신과 본도 우수사는 타도의 객병客兵으로서 군량이 벌써 떨어졌을 뿐 아니라, "금산의 적세가 크게 성하여 이미 전주에 도착하였다."라는 기별이 연달아 도착하므로, 그 섬에[198] 뭍으로 내린 적들은 "거제도의 군사와 백성이 합력하여 목을 베고 그 급수는 공문으로 통보하라."고 그 도의 우수사와 약속하고 13일 본영으로 돌아왔습니다.

　신의 여러 장수가 벤 왜적의 머리 90급은 왼쪽 귀를 잘라서 소금에 절여 궤 속에 넣어 올려보냅니다. 신이 당초에 여러 장수와 군사들에게 약속할 때, "공훈을 바라는 생각으로 머리 베는 것만을 서로 경쟁하다가는 도리어 해를 입어 죽거나 부상 당하는 예가 많으니, 이미 적을 죽였다면 비록 머리를 베지 않아도 마땅히 힘껏 싸운 자는 제1의 공로자로 삼겠다."라고 두 번, 세 번 거듭 명령하였기 때문에, 목을 벤 수는 많지 않습니다. 공로를 세운 경상도의 여러 장수들은 소선을 타고 뒤에서 관망하던 자가 거의 30여 척이나 되었는데, 적의 배를 쳐부수고 나면 구름처럼 모여 머리를 베었습니다.

　대개 신의 여러 장수가 목을 벤 것과 경상우수사 원균과 본도 우수사 이억기 등이 거느린 여러 장수가 목 벤 것을 합하면 거의 250급이나 되고, 그간 바다 가운데 익사하고 혹은 머리를 베고도 물에 빠뜨려 잃어버린 것도 얼마인지 알 수 없습니다.

---

197 (*) 내용 생략. 『임진장초』의 원문은 "而同僧處 賊船去留問云言內"이다.
198 그 섬에 : 원문 "동도同道"는 '동도同島'의 착오이다. 『충민공계초』・『임진장초』 등에 모두 '同島'로 되어 있다.

왜적의 물건 중에서 긴요하지 않은 의복이나 쌀이나 포목 등은 군졸들에게 나누어 주어서 마음을 위로하고, 군용물품 중에서 가장 긴요한 것을 뽑아내어 뒤에 기록하였습니다.

중위장 순천부사 권준, 중부장 광양현감 어영담, 전 부장 방답첨사 이순신, 후부장 흥양현감 배흥립, 우부장 사도첨사 김완, 좌척후장 녹도만호 정운, 좌별도장 전 만호 윤사공, 가안책, 우척후장 여도권관 김인영, 좌돌격 귀선장 급제 이기남, 보인 이언량, 좌부장 낙안군수 신호, 유군장遊軍將[199] 발포만호 황정록, 한후장捍後將[200] 본영의 군관 전 봉사 김대복, 급제 배응록 등은 접전할 때마다 몸을 돌보지 않고 먼저 돌진하여 승첩을 거두었으니 참으로 칭찬할 만한 일입니다. 왜적의 물품은 길이 끊어져 올려 보내지 못합니다. (*[못하여] 모두 본영에 보관해 두었습니다.)[201]

접전할 때 군졸 중에 본영 2선의 진무 순천 수군 김봉수, 방답 1선의 별군 광양 김두산, 여도선의 격군인 흥양 수군 강필인·임필근·장천봉, 사도 1선의 갑사甲士 배중지, 녹도 1선의 흥양 신선新選 박응구·강진 수군 강막동, 그곳 2선의 격군인 장흥 수군 최응손崔應孫,[202] 낙안선의 사부射夫 사삿집 종 필동筆同[203], 본영 거북선의 토병인 사삿집 종 김말손·정춘, 흥양 2선二船의 격군인 사삿집 종 상좌, 시노寺奴 귀세, 시노寺奴 말연, 본영 전령선의 순천 수군 박무년朴戊年[204], 발포 1선의 장흥 수군 이기동·흥양 수군 김헌, 흥양 3선의 사삿집 종 맹수 등은 철환을 맞아 전사하였습니다.

신이 타고 있는 배의 격군인 토병 김국·박범·김연근, 보자기 장동·고풍손, 방답 1선의 격군인 토병 강돌매, 수군 정귀련·김수억·김사화, 토병 정덕성·손원희, 같은 진

---

199 유군장遊軍將 : 유군의 지휘관. 유군은 유격부대를 일컬으며, '북도 제승방략'의 '6진鎭 대분군大分軍'과 같이 규모가 큰 부대 편성에서는 각 위장의 예하마다 5개(전·좌·중·우·후) 부장部將과 함께 유군장이 편성되었다. 그러나 이순신 함대는 소규모 부대이므로 중위中衛에만 유군장이 편성되었다. (국방부 전사편찬위원회, 『兵將說·陣法』, 1983, 205~206쪽; 세종대왕기념사업회, 『국역 제승방략』, 1999, 153~155쪽.)

200 한후장捍後將 : 대장大將을 도와 전체 부대의 후미를 보호하는 장수.

201 (*) 내용 생략. 『임진장초』의 원문은 "幷以營上爲白置"이다. 이두 '幷以'는 '아울러', '爲白置'는 '…하옵시었습니다'라는 뜻이다.

202 최응손崔應孫 : 『충민공계초』·『임진장초』 등에는 최가응손崔加應孫으로 되어 있다.

203 필동筆同 : 『충민공계초』·『임진장초』·『충무공유사』에는 "夫叱同"(붓동)으로 되어 있다.

204 박무년朴戊年 : 『충민공계초』·『임진장초』·『충무공유사』에는 "朴無連"(박무연)으로 되어 있다.

鎭 2선의 격군인 정병 채흡, 수군 양세복·하정, 사부인 신선 김열, 같은 진 거북선 격군인 수군 김윤방·서우동·김인산·김가응적·이수배·송쌍걸宋雙傑,²⁰⁵ 여도선의 파진군破陣軍²⁰⁶ 김한경, 토병 수군 조니손趙尼孫²⁰⁷ 및 선유수, 수군 이광해·임세·윤희동·맹언호·전은석·정대춘, 방포장 서억세·박춘문·김금근金錦近²⁰⁸, 본영 1선의 수군 정원방, 보자기 이보인, 토병 박돌동, 사도 1선의 수군 최의식·김금동, 사공 박근세·최백, 수군 김홍둔, 수군 유필정·이응홍·박언해·신철·강아금, 군관 전광례, 같은 진鎭 2선의 격군 정가당·정우당·오범동, 녹도 2선의 군관 성길백, 신선 김덕수, 수군 강영남·주필상·최영안, 토병 사삿집 종 모노손, 사부 장흥 군사 민시주, 격군 흥양 수군 이언정, 낙안 1선의 격군 보자기 업동·세천·이담·손망룡, 그 고을 2선의 사부 김봉수, 보자기 화리동, 장군壯軍 박여산, 사삿집 종 난손, 보성선의 무상 오흔손, 격군 종奴 부피, 흥양 1선의 보자기 고읍동·남문동·진동, 관청의 종 지남, 그 고을 2선의 방포장 정병 이난춘, 사군射軍 사삿집 종 오무세, 격군 사삿집 종 풍자동風自東²⁰⁹, 종 대복, 종 금손, 보인 박천매, 사삿집 종 팔연, 종 흔매, 종 매손, 종 극지, 보인 박학곤, 광양선의 도훈도 김온, 무상 김담대, 격군 선동, 본영 거북선의 격군 토병 김연호, 종 억기·홍윤세·정걸·장수·최몽한, 수군 정희종·조언부·박개춘·전거지, 본영 3선의 진무 이자춘·조득·박선후·장매년, 격군 보자기 이문세, 토병 김연옥, 종 학매, 종 영이·박외동, 발포 1선의 토병 이노랑·이구련, 수군 조도본, 같은 포浦 2선의 수군 최이崔已²¹⁰·김신말·최영문, 흥양 3선의 사삿집 종 풍세, 보자기 마구지²¹¹·망이²¹²·흔복 등은 철환에 맞았으나 중상에 이르지는 않았습니다.

---

205 송쌍걸宋雙傑 : 『충민공계초』, 『임진장초』에는 "宋雙乞"(송쌍걸)로 되어 있다.
206 파진군破陣軍 : 조선 초기 군기시軍器寺에서 화포의 제작과 화약의 제조를 담당하던 약장藥匠의 다른 명칭. 약장이 변방에 나가 방사교습放射敎習 업무나 실제 전투에 참가할 때 이를 파진군이라 불렀다.(許善道, 『朝鮮時代火藥兵器史硏究』, 서울 : 一潮閣, 1994, 154~156쪽.)
207 조니손趙尼孫 : 『충민공계초』, 『임진장초』에는 "趙泥乙孫"(조니을손)으로 되어 있다.
208 김금근金錦近 : 『충민공계초』, 『임진장초』에는 "金金伊斤"(김금이근)으로 되어 있다.
209 풍자동風自東 : 『임진장초』에는 "風破同"(풍파동)으로 되어 있다.
210 최이崔已 : 『임진장초』에는 "崔己"(최기)로 되어 있다.
211 마구지馬仇之 : 『임진장초』에는 "亡仇之"(망구지)로 되어 있다.
212 망이望已 : 『임진장초』에는 "亡己"(망기)로 되어 있다.

위의 사람들은 시석을 무릅쓰고 결사적으로 진격하여 싸우다가 혹은 죽고 혹은 부상하였으므로, 죽음에 이른 사람들의 시신은 각기 그 장수에게 명하여 별도로 소선에 실어서 고향으로 보내어 장사 지내게 하고, 그들의 처자들은 전례에 따라 휼전恤典을 시행하라 하였으며, 부상이 심하지 않은 사람들에게는 약물을 지급하여 충분히 치료하도록 하라고 각별히 엄하게 지시하였습니다.

녹도만호 정운이 빼앗아 온 거제도 오양포의 보자기 최필崔弼의 문초 내용은,

"포로 된 지 오래되지 않았고 말이 서로 달라 무슨 말을 하는지 잘 알아듣지를 못하였으며, 다만 '전라도의 군사가 전일 배를 불태우고 목을 베어 죽이더라.'고 이따금 말하며 칼을 뽑아 용맹을 뽐내는데, 그 언사와 안색을 보고 그 소행을 살펴보면 반드시 전라도로 직향할 계획으로 거제도의 견내량에 와서 머물고 있다가 패한 것입니다."

라고 하였습니다. 순천부사 권준이 빼앗아 온 서울 사는 보인 김덕종金德宗의 문초 내용은,

"날짜는 기억하지 못하나, 지난 6월경에 수를 알 수 없는 왜적들이 4패로 나누어 소인을 함께 데리고 서울로부터 내려왔는데, 2개 부대는 부산 강변에 결진하고 1개 부대는 양산강梁山江에 결진하고 또 1개 부대는 전라도로 달려가 싸운다 하였으나 왜인들의 말이라 알아들을 수 없었습니다. 1개 부대는 지금 서울서 결진하여 피란하여 숨은 사람들에게 방을 내걸어 알리면서 남김없이 들어와 살게 하고 종같이 부리고 있으며, 소인을 데리고 오던 왜장은 이번 접전 때에 피살되었습니다."

라고 하였습니다.

5영장 최도전이 빼앗아 온 서울 사는 사삿집 종 중남仲男과 용이龍伊 및 경상도 비안에 사는 사삿집 종 영락永樂 등을 문초한 내용은,

"왜적들이 내려올 때, 용인에 이르러 우리나라 군사들과 서로 만나 접전했는데 우리나라 군사가 퇴각했으며, 김해강에 이르러서는 왜장이 문서로 여러 왜적에게 알리는데 마치 우리나라 장수들이 약속하는 모양과 같았습니다. 여러 왜적들은 손을 들어 서쪽을 가리키면서 매번 '전라도'라고 말하면서 혹은 칼을 뽑아 물건을 치는 것이 목을 베어 죽이는 모습과 같았습니다."

라고 하였습니다.

광양현감 어영담이 빼앗아 온 경상도 인동현에 사는 소년 우근신禹謹身을 문초한 내용은,

"소인과 누이동생은 일시에 피란하여 산으로 들어갔다가 함께 포로가 되어 서울로 갔는데 소인의 누이는 왜장이 간통하였습니다. 날짜는 기억할 수는 없으나, 내려올 때 우리나라 군사와 서로 만나 첫날은 왜적이 승리하고, 둘째 날은 승리하지 못하여 퇴군하고, 셋째 날은 우리나라 군사가 모두 퇴각하였기 때문에 바로 김해강으로 내려왔습니다. 타고 있던 배들은 어디서 온 것인지 알지 못하나 다른 곳에서 끌고 왔으며, 어디로 향한다는 말은 잘 알아들을 수가 없었으나 다만 손으로 서쪽을 가리키는 것은 필시 전라도로 향한다는 말인 듯하였습니다. 왜장은 그날 접전할 때 사살되었거니와, 우리나라 군사와 접전할 때 우리나라 사람이 항전하지 않으면 칼을 휘두르며 힘차게 날뛰고, 또 우리가 승리하여 쫓으면서 활을 당겨 돌격하면 반드시 모두 슬슬 피하며 물러서는데, 비록 왜장이 엄하게 독전하여도 무서워서 감히 나서지를 못하였습니다."

라고 하였습니다.

웅천현감 허일許鎰이 거느린 그 고을 기관記官²¹³ 주귀생朱貴生의 말하는 내용은,

"김해부에서 사는 내수사內需司의 종 이수李水가 이번 7월 초2일 고을에 사는 그의 부모를 만나려는 일로 왔다가 하는 말이 '김해부 불암창에 도착해 정박하고 있는 왜인들은 전라도에서 접전할 것이라고 하면서, 각 배에는 방패 이외에 괴목槐木[홰나무] 판자 여러 장을 덧붙여 견고하게 묶고, 그 안에서 서로 약속하고 3개 부대로 나누어 정박하고 있었으며, 김해성 안팎에 머물러 있던 적들이 하룻밤에는 고기잡이 불을 바라보고 겁내어 혹시 전라도의 군사가 쳐들어온 것인가 하고 크게 놀라서 시끄럽게 떠들며 어찌할 바를 모르고 동분서주東奔西走하다가 한참 지나서 겨우 진정되었다."

라고 하였습니다. 이들 각 사람이 말한 내용이 비록 하나하나가 믿을 만한 것은 못 된

---

213 기관記官 : 조선시대 지방 아전의 별칭. 각 고을의 우두머리인 호장戶長과 함께 감옥을 관장하는 임무도 겸하였다.[『세종실록』 권83, 세종 20년 12월 18일(무진).]

다 하더라도 '3개 부대로 나누어 배를 정비하여 전라도로 향한다.'라는 말만은 근거할 만한 길이 있는 것 같습니다.

이들 중, 첫째 부대의 왜선 73척은 거제도 견내량에 와서 머물고 있다가 이미 신 등에게 섬멸되었고, 둘째 부대의 왜선 42척은 안골포 선창에 벌여 진 치고 있었으나, 역시 신 등에게 패하여 무수한 사상자를 내고 밤을 이용하여 도망하였으니, 다시 그 무리를 데리고 와서 병력을 합세하여 바로 몰아 침범해 오면, 마침내는 우리가 앞뒤로 적을 받게 될 것인데, 병력이 분산되고 형세가 약한 것이 극히 염려스러우므로, '군대를 정비하여 창을 베개로 삼아 변을 기다려 다시 통고하는 즉시 수군을 거느리고 달려오라.'고, 본도 우수사 이억기와 약속하고 진을 파하였습니다.

포로가 되었다가 도로 잡혀 온 사람은 각각 그 빼앗은 관원에게 명하여 '구제하고 편히 살게 하였다가 사변이 평정된 뒤에 고향으로 돌려보내라.'고 알아듣도록 타일렀습니다.

여러 장수와 군사들이 분연히 몸을 돌아보지 않고 처음부터 끝까지 힘껏 싸워 여러 차례 승첩하였습니다만 조정[214]이 멀리 떨어져 있고 길이 막혔는데, 군사들의 공훈 등급을 만약 조정의 명령을 기다린 뒤에 결정한다면 군사들의 심정을 감동시킬 수 없으므로 우선 공로를 참작하여 1, 2, 3등으로 별지에 기록하였사오며, 당초의 약속과 같이 비록 머리를 베지 않았다 하더라도 죽을힘을 다해 싸운 사람들은 신이 직접 본 것으로써 등급을 나누어 결정하고 함께 기록하였습니다.

(*삼가 갖추어 아룁니다.)[215]

---

214 조정 : 원문은 '행조行朝'로, 현재 왕이 상주하는 행재소行在所를 뜻한다.
215 『임진장초』에는 "謹具啓聞 萬曆 二十年 七月 十五日 節度使 臣 李"로 되어 있다. 『충민공계초』, 『충무공유사』, 『요람』에는 7월 10일로 되어 있다.

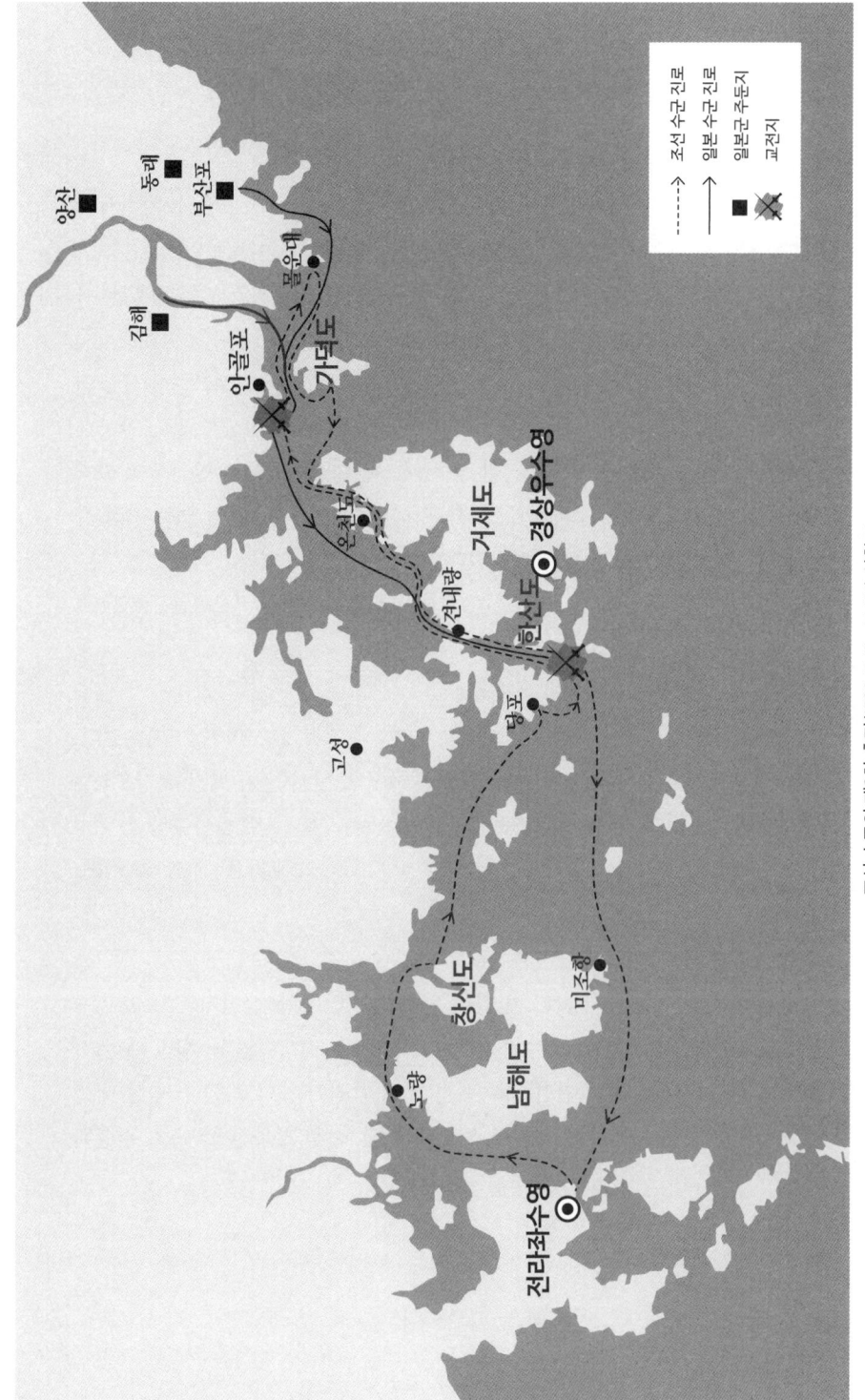

조선 수군의 제3차 출전(1592. 7. 6. ~ 7. 13.) 상황도

〈참고 6〉

① 한산도閑山島 해전海戰 때의 왜장倭將

일본 측 사료에 의하면 주장主將은 와키사카 야스하루脇坂安治였다. 와키사카는 7월 6일(조선력 7월 7일)[216] 김해를 출발하여 견내량에 이르렀던 것이며, 그 외의 부장部將은 협판脇坂의 가신家臣인 와키사카 사효에脇坂左兵衛와 와타나베 시치에몬渡邊七右衛門 및 마나베 사마노조眞鍋左馬允 등이었다.

이들 중 주장인 와키사카 야스하루는 겨우 김해까지 구사일생으로 탈출하여 도망하였으며, 와키사카 사효에와 와타나베 시치에몬은 전사하였고, 마나베 사마노조는 부하 200여 명(이순신의 장계에는 400여 명)과 함께 한산도에 하륙하였다가 '선장船長으로서 배를 분소焚燒당하였으니 …… 무슨 낯으로 여러 사람을 대하겠는가.' 하고 할복 자결하였다.

(협판기脇坂記―『근세일본국민사』)

② 안골포安骨浦 해전海戰 때의 왜장倭將

일본 측 사료에 의하면 구키 요시다카九鬼嘉隆와 가토 요시아키加藤嘉明였다. 이들은 종일의 전투에서 겨우 생명을 유지하여 조선 수군이 야간에 당도唐島(거제도)로 물러가자(협판기脇坂記―『조선역수군사』) 부산포로 돌아갔다.

(『고려선전기高麗船戰記』)

③ 한산도 해전 때의 조선 함선 수

우리 문헌에는 나와 있지 않다. 반면에 일본 문헌인 『고려선전기高麗船戰記』에 안골포 해전 당시 조선 함선 수가 대선 58척, 소선 50척이었다 하며, 대선 가운데는 3척의 '目クラ船'(맹인선, 즉 거북선)도 포함되어 있다고 했다. 한산 대첩 당시 조선 수군의 거북선은 본영(좌수영)과 방답, 순천 거북선 3척으로 추정된다.[217]

---

216 날짜가 하루씩 늦다. ( ) 안이 정확한 날짜이다.
217 한산 대첩 당시 조선 수군의 거북선은 본영(좌수영)과 방답, 순천 거북선 3척으로 추정된다.

군량을 옮겨 조처하는 일을 아뢰는 계본移劃軍糧狀[218]

(*순천과 흥양의 군량을 복정卜定해[219] 주시기를 청하는 계본)[220]

(*전라좌도 수군절도사 신 이李)[221]

삼가 아뢰는 것은 군량을 옮겨 받는 일[222]에 관한 것입니다.

본영과 본도 소속 각진 각포의 군량은 원 수량이 (*넉넉하지 못하였는데,)[223] 세 번이나 적을 무찌르느라고 해상에서 여러 날을 보내게 되어 많은 전선의 군졸들이 굶주리므로 원 군량이 넉넉하지 않아서 이미 다 나누어 주었습니다.

적이 아직 물러가지 않아 잇달아 바다로 내려가야 하는데 군량은 달리 변통하여 마련할 길이 없어 극히 민망하고 염려스럽습니다. 형세상 부득이하여 본진에 있는 순천부 군량 500여 석은 본영과 첩입疊入한 방답진에, 흥양 군량 400석은 여도·사도·발포·녹도 등의 4개 포구에 각 100석씩 먼저 옮겨다가 뜻밖의 사태에 대비하도록 하는 일로 도순찰사에게 공문을 보냈습니다.

(*삼가 갖추어 아룁니다.)[224]

---

218 『임진장초』(장 10)·『충민공계초』(10) 계본이다.
219 복정卜定 : 상급 관아에서 공납물 액수를 결정하여 하급 관아에 공납하게 하는 일 또는 그 액수.
220 (*) 내용 생략. 『임진장초』의 필사자가 상단에 기록해 놓은 제목이다. '順天興陽軍糧卜定請啓'라고 쓰여 있다.
221 계본의 양식에 따라 서두에 '직함 신 성명'을 기록하게 되어 있으나 괄호(*) 내용이 생략되어 있다. 『임진장초』에는 "全羅左道水軍節度使 臣 李"로 나와 있다.
222 옮겨 받는 일 : 원문은 "이상移上"으로, 옮겨 받는다는 뜻이다. '上' 자는 우리 옛 문서에서 '받는다'는 글자로 쓰였다.
223 (*) 내용 생략. 『임진장초』의 원문은 "不敷爲白如乎"이다. '爲白如乎'는 이두로, '…하옵신다고 하는' 또는 '…하옵신'이라는 뜻이다.
224 『임진장초』에는 "謹具啓聞 萬曆 二十年 七月 十六日 節度使 臣 李"로 되어 있다.

부산포에서 왜적을 격파하였음을 아뢰는 계본 釜山破倭兵狀[225]

(*전라좌도 수군절도사 신 이)[226]

삼가 아뢰는 것은 적선을 불태워 없앤 일에 관한 것입니다.

경상도 연해안의 적을 세 번 가서 무찌른 뒤로 가덕도 서쪽에는 적의 그림자가 아주 끊어졌습니다. 각 도에 가득 찬 적들이 날로 점점 내려온다 하므로, 그들이 물러나 도망해 갈 시기를 이용하여 수륙으로 합공하려고 본도[전라도] 좌·우도의 전선 74척과 협선 92척을 모두 갑절이나 엄하게 정비하여 지난 8월 초1일 본영 앞바다에 이르러 결진하고, 거듭 약속을 명확히 하고 있을 때, (*그달 초8일에 선전관 안홍국이 가져온 유지를 전하는 서장을 받았을 뿐만 아니라,)[227] 경상우도 순찰사 김수의 관문關 내용에,

"위로 침범한 적도들이 낮에는 숨고 밤에 행군하여 양산 및 김해강 등지로 잇달아 내려오는데, 짐을 가득 실은 것으로 보아 도망가려는 형적이 현저하다."

라고 하였으므로 8월 24일 우수사 이억기 등과 함께 출발하여 수군 조방장 정걸도 함께 거느리고 남해 땅 관음포에 이르러 밤을 지냈습니다.[228]

25일에는 사량 바다의 약속한 곳에 이르러 경상도 우수사 원균과 상봉하여 적의 소식을 상세히 물은 뒤에 함께 당포唐浦에 이르러 밤을 지냈습니다.

26일은 비바람이 몰아쳐 쉽게 발선하지 못하다가 해가 질 무렵에 거제도 (*자을우치乙于赤)[229]에 이르러 밤을 이용하여 몰래 (*견내량을)[230] 건넜으며, 27일은 웅천 땅 제포 뒷바다에 있는 원포에서 밤을 지냈습니다.

28일에는 경상도의 육지에 있는 적을 탐지한 사람이 와서 고하기를,

---

225 『임진장초』(장 11)·『충민공계초』(11) 계본이다. 『임진장초』 본문 위에 "四度釜山浦勝捷啓本"이라는 제목이 큰 글씨로 쓰여 있다. '부산포파왜병장'은 『전서』 편찬 시에 붙여진 명칭이다.

226 (*) 내용 생략. 『임진장초』에는 "全羅左道水軍節度使 臣 李"로 나와 있다.

227 (*) 내용 생략. 『임진장초』의 원문은 "同月初八日 祇受宣傳官安弘國賚來有 旨書狀是白沙餘良"이다. '是白沙餘良'은 이두로 '…이실 뿐 아니라'라는 뜻이다.

228 일기에는 노량 뒷바다露梁後洋에 정박하였다가 3경에 다시 출발하여 사천 모사랑포毛思郞浦에 이르렀다고 했다.(『임진일기』, 8월 24일.)

229 (*) 내용 생략. 『임진장초』에는 자을우치資乙于赤가 나온다.

230 (*) 내용은 없다. 견내량을 건넌 것으로 추정된다.

"고성·진해·창원의 병영 등지에 머물고 있던 왜적들이 이달 24~25일 밤중에 모두 도망했다."

라고 하였는데, 필시 산에서 망보던 적들이 우리 수군을 바라보고 위엄에 놀라 배를 정박해 둔 곳으로 급히 도망했을 것입니다.

이날 이른 아침에 출발하여 바로 양산과 김해의 두 강 앞바다로 향하였는데, 창원 땅 구곡포의 보자기 정말석이라는 사람이 포로로 잡힌 지 3일째 되는 그날 김해강에서 도망쳐 돌아와서 말하기를,

"김해강에 머물고 있던 적선이 2~3일 동안에 많은 수가 떼를 지어 몰운대 바깥 바다로 노를 재촉하여 나가는바, 도망가려는 형적이 현저하므로 소인은 밤을 타서 도망쳐 돌아왔습니다."

라고 하므로, 가덕도 북변의 서쪽 해안에 배를 숨겨 몰래 정박해 두고, 방답첨사 이순신과 광양현감 어영담을 가덕 외면에 형적을 숨긴 채 잠복해 있으면서, 그들로 하여금 양산의 적선을 탐망해 오라고 하였는데, 신시申時[오후 3~5시] 말에 돌아와서,

"종일 살펴보았으나, 왜의 소선 4척이 두 강 앞바다로부터 나와서 바로 몰운대로 지나갈 뿐이었습니다."

라고 말하므로, 그대로 천성 선창으로 가서 밤을 지냈습니다.

29일에는 닭이 울 때 출발하여 날이 밝을 무렵에 두 강 앞바다에 도착하였는데, 동래 땅 장림포 바다 가운데에서 낙오된 왜적 30여 명이 대선 4척과 소선 2척에 나누어 타고 양산으로부터 나오다가 우리 함대를 바라보고서는 배를 버리고 육지로 올라가자 경상우수사가 거느린 수군들이 도맡아 쳐부수고 불태웠습니다. 좌별도장 신의 우후 이몽구도 대선 1척을 쳐부수고 머리 1급을 베었습니다. 그런 뒤에 군사를 좌우로 나누어 두 강으로 들어가려 했으나, 그 강 어귀의 형세가 좁아서 판옥대선으로 싸울 수 없겠으므로, 어두워질 무렵에 가덕도 북변으로 되돌아와서 밤을 지내면서, 원균 및 이억기 등과 함께 밤새껏 작전을 논의하였습니다.

9월 초1일 닭이 울자 출발하여 진시辰時[오전 7~9시]에 몰운대를 지나는데 동풍이 갑자기 일어나 파도가 거세게 일어 간신히 배를 제어하여 화준구미花樽龜尾[231]에 이르러 왜대선 5척을 만났고, 다대포 앞바다에 이르러 왜대선 8척, 서평포 앞바다에 이

르러 왜대선 9척, 절영도에 이르러 왜대선 2척을 각각 만났는데, 모두 해안에 의지하여 줄지어 정박하고 있었습니다. 그래서 3도의 수사가 거느린 여러 장수와 조방장 정걸 등이 힘을 합해 남김없이 쳐부수고, 배 안에 가득 실은 왜의 물건과 전쟁 기구도 끌어내지 못하게 하고 모두 불태웠습니다. 왜인들은 우리의 위세를 보고 산으로 올랐기 때문에 머리를 베지는 못하였습니다.

절영도 안팎을 모조리 수색하였으나 적의 종적이 없었으므로 즉시 소선을 부산 앞바다로 급히 보내 적선을 자세히 탐망하게 하였더니,

"대개[대략] 500여 척이 선창 동쪽 산기슭의 언덕 아래 줄지어 정박해 있는데, 선봉 왜대선 4척이 초량목으로 마주 나오고 있다."

라고 하므로 곧 원균 및 이억기 등과 약속하기를,

"우리의 군세로써 만일 지금 공격하지 않고 군사를 돌이킨다면 반드시 적이 우리를 멸시하는 마음이 생길 것이다."

하고, 기를 휘둘러 독전하며 달려갔습니다.

우부장 녹도만호 정운, 거북선 돌격장 신의 군관 이언량, 전 부장 방답첨사 이순신, 중위장 순천부사 권준, 좌부장 낙안군수 신호 등이 먼저 바로 돌진하여 선봉 왜대선 4척을 우선 깨뜨리고 불태우자, 적도들이 헤엄쳐 육지로 오르므로 이때 뒤에 있던 여러 배들은 곧 이긴 기세를 타고 깃발을 휘날리고 북을 치면서 장사진長蛇陣으로 돌진하였습니다.

부산진성 동쪽 한 산에서 5리쯤 되는 언덕 밑 3개소에 정박해 있던 왜선이 대·중·소선을 아울러서 대개 470여 척이었는데, 우리의 위세를 바라보고 두려워서 감히 나오지를 못하고 있다가 여러 전선이 곧장 그 앞으로 나가 공격하자, 배 안과 성안, 산 위 굴속에 있던 적들이 총통과 활을 갖고 거의 다 산으로 올라 여섯 곳에 나누어 주둔하여 내려다보면서 철환과 화살을 빗발과 우박같이 쏘았습니다. 심지어 편전을 쏘는 것은 우리나라 사람들과 같았으며, 혹 크기가 모과木果 만한 대철환을 쏘기도 하

---

231 화준구미花樽龜尾 : 『충민공계초』,『임진장초』 등에는 "花樽仇未"(화준구미)로 되어 있다. 화준구미는 화손대花孫台(부산광역시 사하구 다대동 몰운대 동북단) 북쪽 후미로, 다대포 남쪽 입구에 있다. (조선총독부 2만 5천분의 1지도, 「多大里」, 1919년 발행.)

며, 크기가 주발 덩어리만 한 수마석水磨石도 쏘아 우리 배를 많이 맞혔습니다.

여러 장수들은 더욱 분개하여 죽음을 무릅쓰고 다투어 돌진하여 천자·지자 장군전, 피령전·장전·편전·철환 등을 일제히 발사하며 하루 종일 교전하니 적의 기세가 크게 꺾였으며, 적선 100여 척을 3도의 여러 장수가 힘을 모아 깨뜨렸습니다. 그런 뒤에 화살에 맞아 죽은 왜적을 그들이 토굴 속에 끌고 들어간 것은 그 수를 헤아릴 수 없었으나, 배를 쳐부수는 것이 급하여 머리를 벨 수 없었습니다. 여러 전선의 용사들을 선발하여 육지로 올라가 모조리 섬멸하려고 하였으나, 무릇 성 안팎의 6~7곳에 진치고 있는 왜적들이 있을 뿐 아니라, 말을 타고 용맹을 뽐내는 놈도 많았는데, 말馬도 없는 외로운 군사를 경솔하게 육지에 오르게 하는 것은 만전의 계책이 아니며, 날도 또한 저물어 적의 소굴에 머물러 있다가 앞뒤로 적을 맞게 될 걱정이 있을까 염려되어, 형세상 부득이 여러 장수들을 거느리고 배를 돌려 삼경三更[오후 11시~오전 1시]쯤 가덕도로 돌아와서 밤을 지냈습니다.

양산과 김해에 머물러 있는 왜선이 혹은 '점차 본토로 돌아간다.'고 합니다만, 몇 달 이래로 그 형세가 날로 외로워짐을 스스로 알고 모두 부산성釜山城 안으로 모이고 있습니다. 부산성의 관사는 모두 철거하고 흙을 쌓아서 집을 만들어 이미 소굴을 만든 것이 많게는 100여 호에 이르며, 성 밖의 동쪽과 서쪽 산기슭에 여염집이 즐비하여 담과 지붕이 연달아 있는 것도 거의 300여 가家입니다. 이것이 모두 왜인들이 스스로 지은 집으로, 그 중의 큰 집은 층계와 단장한 벽이 마치 절집과 비슷합니다. 그 소행을 따져보면 지극히 분하고 원통합니다.

접전한 다음 날, 또다시 돌진하여 그 소굴을 분탕하고 그 배들을 모조리 깨뜨리고 싶었으나, 위로 올라간 적들이 여러 곳에 가득 찼는데, 그들의 돌아가는 길을 차단한다면 궁지에 빠진 도적들이 환란을 일으킬까 염려되며, 부득이하게 수륙으로 함께 공격하여야만 섬멸할 수 있을 것입니다. 더구나 풍랑에 거슬려서 전선이 서로 부딪치면서 파손된 곳이 많으므로, 전선을 수리하고 군량을 넉넉히 준비하고, 또 육전에서 크게 도망쳐 나오는 날을 기다려 경상감사 등과 수륙으로 함께 진격하여 남김없이 섬멸할 작정으로, 초2일 진을 파하고 본영으로 돌아왔습니다.

우후 이몽구가 벤 왜적의 머리 1급은 본래 왼쪽 귀가 없는 것이므로, 그 귓불을 잘

라내어 소금에 절여서 올려 보냅니다. 정해년[1587]에 포로가 되었다가 도망해 돌아온 본영의 수군 김개동金介東[232]과 이언세李彦世 등을 문초한 내용에,

"소인들을 잡아간 왜인은 본래 왼쪽 귀가 없었는데, 이제 왜인의 머리를 보니 눈썹과 눈이 흡사할 뿐 아니라, 이 왜인이 나이는 많아도 스스로 두목이 되어서 도적질을 일삼고 평소에 살인을 즐겨 하였습니다."

라고 하였습니다.

사량 권관 이여념이 사로잡은 왜인 오도동吳道同을 문초한 내용은,

"일본 상국上國의 왜인은 가족과 부인을 거느리고 왔으나, 소인이 살고 있는 지방의 왜인들은 모두가 전쟁에 나가는 것을 싫어하여 산골로 피해 들어갔는데, 6~7월 사이에 일본의 사신이 산을 수색하고 찾아내어 배 안에 가득히 실어서 그대로 이곳으로 보낸 것이었습니다. 근일에 고려高麗 사람이 우리들을 많이 죽여 형세가 오래 머무르기 어려워서 본토로 돌아가려고 하던 차에 이렇게 잡혔습니다."

라고 하는바, 교묘하게 속이는 말을 비록 믿을 수는 없으나, 그의 나이가 어리며 그 모양이 약간 어리석은 것으로 보아 그럴듯한 점도 있습니다.

무릇 전후 4차에 걸쳐 적에게 달려가서 열 번 접전하여 모두 다 승첩하였어도, 장수와 군졸들의 공로를 논한다면 이번 부산 싸움보다 더한 것이 없습니다. 전일 싸울 때는 적선의 수가 많아도 70여 척을 넘지 않았는데, 이번은 대적의 소굴에 벌여 있는 400여 척 속으로 군사의 위세를 성대하게 베풀어 이긴 기세로 돌진하며, 조금도 두려워 꺾임이 없이 종일 공격하여 적선 100여 척을 쳐부수어 적들로 하여금 마음이 꺾여 가슴이 무너지고 머리를 움츠려 두려워 떨게 하였는바, 비록 머리를 베지는 못했으나 힘껏 싸운 공로는 이전보다 훨씬 더 크므로, 전례를 참작하여 공로의 등급을 결정하고 별지의 보고서에 기록하였습니다.

순천 감목관監牧官[233] 조정趙玎은 의분이 복받쳐 스스로 배를 준비하여 종과 목자를 거느리고 자원 출전하여 왜인을 많이 사살하고 왜적의 물건도 또한 많이 노획했다고 중위장 권준이 2~3차례 보고해 왔는데, 신이 보는 바도 역시 이와 같았습니다.

---

232 김개동金介東 : 『충민공계초』・『임진장초』등에는 "金介同"(김개동)으로 되어 있다.
233 감목관監牧官 : 조선시대 종6품의 외직外職 무관으로서 목장을 감독하는 관리.

녹도만호 정운은 사변이 일어난 이래 충의심을 분발하여 적과 더불어 같이 죽기로 맹세하여, 세 번이나 적을 칠 때 언제나 앞서 돌진하였으며, 부산 접전 때에도 죽음을 무릅쓰고 돌진하다가 적의 대철환이 이마를 뚫어서 전사하였으니 지극히 참혹하고 비통합니다. 여러 장수 중에서 별도로 차사원差使員[234]을 정하여 각별히 호상護喪하도록 하였으며, 그 자리는 달리 무재武才와 지략이 있는 사람을 즉시 임명하여 재촉하여 내려보내 주십시오. 그동안은 신의 군관 전만호 윤사공을 가장假將으로 정하여 보내었습니다.

접전할 때, 철환을 맞아 전사하고 중상한 군졸은 방답 1선의 사부인 순천 수군 김천회金千回, 여도선의 분군색分軍色 흥양 수군 박석산朴石山, 사도 3선의 격군인 능성 수군 김개문金開文, 본영 한후선의 격군인 토병 종 수배守培[235], 사공인 보자기 김숙련金叔連 등은 철환을 맞아 죽었습니다.

신이 타고 있는 배의 격군으로 토병인 시노寺奴 장개세張開世, 수군 보자기 김억부金億夫·김개동金開東[236], 본영 한후선의 수군 이종李宗, 격군인 토병 김강두金江斗·박성세朴成世, 본영 거북선의 토병 정인이鄭仁伊·박언필朴彦必, 여도선의 토병 정세인鄭世仁, 사부 김희전金希全, 사도 1선의 군관 김붕만金鵬萬, 사공인 토병 수군 안원세安元世, 격군인 토병 수군 최한종崔翰宗[237], 광주 수군 배식종裵植宗, 흥양 1선의 격군인 보자기 북개北開[238], 본영 우후선의 사부인 진무 구은천仇銀千, 방답 1선의 격괄군格括軍[239] 종 춘호春好, 종 보탄輔灘[240], 그 진의 거북선 격괄군 종 춘세春世, 종 연석延石, 보성 수군 이가복李加福[241], 보성선의 무상 흔손欣孫 등은 철환을 맞았으나 중상에 이르

---

234 차사원差使員 : 중요한 사무를 띠고 임시로 중앙에서 파견되는 관리.
235 수배守培 : 『충민공계초』·『임진장초』·『충무공유사』에는 "水培"(수배)로 되어 있다.
236 김개동金開東 : 『임진장초』·『충무공유사』에는 "金介叱同"(김갯동)으로 되어 있다.
237 최한종崔翰宗 : 『충민공계초』·『충무공유사』에는 "崔汗從"(최한종)으로, 『임진장초』에는 "崔汗終"(최한종)으로 되어 있다.
238 북개北開 : 『임진장초』·『충무공유사』에는 "北介"(북개)로 되어 있다.
239 격괄군格括軍 : 격군으로 뽑힌 군사. '괄군'은 군사를 모아서 군대에 보내는 일을 뜻한다.[『선조실록』 권 33, 선조 25년(1592), 12월 13일(기해).]
240 보탄輔灘 : 『임진장초』·『충무공유사』에는 "甫呑"(보탄)으로 되어 있다.
241 이가복李加福 : 『충민공계초』·『임진장초』·『충무공유사』에는 "李加叱福"(이갓복)으로 되어 있다.

지는 않았습니다.

신이 타고 있는 배의 토병 수군 김영견金永見, 보자기 금동今同, 방답 거북선의 순천 사부인 신선新選 박세봉朴世奉 등이 화살을 맞아 조금 상한 것 외에는 달리 상한 사람이 없습니다.

위에 적은 여러 사람들은 부산 접전에서 시석을 무릅쓰고 결사적으로 진격하여 싸우다가 혹은 죽고 혹은 부상하였으므로 시신을 배에 싣고 돌아가 장사 지내게 하였으며, 그들의 처자들은 전례에 따라 휼전을 시행토록 하였습니다.[242]

중상에 이르지 않은 사람들은 약물을 나누어 주어 충분히 구호하도록 각별히 엄하게 지시하였거니와, 왜의 물품 중에 쌀·포목·의복 등은 군사들에게 상품으로 나누어 주고, 왜적의 병기 등의 물품은 아울러서 뒤에 열거하여 기록하였습니다.

태인현에 사는 업무교생業武校生[243] 송여종宋汝悰은 낙안군수 신호의 대변군관待變軍官으로,[244] 네 번이나 적을 무찌를 때 언제나 충성심을 분발하여 남들보다 앞서서 돌진하고, 죽을힘을 다해 힘써 싸워서 거듭 왜의 머리를 베었을 뿐 아니라, 전후의 전공이 모두 1등에 들어간 자이므로 이 계본을 가지고 가도록 올려 보냅니다.

(*삼가 갖추어 아룁니다.)[245]

(*왜의 물품 목록倭物秩)[246]

왜의 갑옷 5벌 중에 1벌은 금갑[금속으로 만든 갑옷]. 왜의 투구 3개. 왜의 긴 창 2자루. 왜의 총통 4정. 왜의 큰 닻돌 4개[247], 왜의 말 안장 1부. 왜의 어적於赤[248] 1부. 왜의 초상超床[249] 1개. 왜의 각색 옷

---

242 『임진장초』·『충무공유사』에는 "依他恤典施行教是白齊"(다른 예에 따라 휼전을 시행하옵소서)로 되어 있다. '教是白齊'는 이두로, '…하소서' 또는 '…하옵소서'라는 뜻이다.

243 업무교생業武校生: 향교의 유생儒生으로서 무학武學에 힘쓰는 사람.

244 대변군관待變軍官: 변란에 직접 대비하는 임무를 수행하는 군관. 반면에 대솔군관은 지휘관을 모시는 임무를 맡은 군관이다.

245 (*) 내용 생략. 『임진장초』에는 "謹具啓聞 萬曆 二十年 九月 十七日 節度使 臣 李"로 되어 있다. 『충민공계초』·『충무공유사』에는 9월 초10일로 되어 있다.

246 (*왜의 물품 목록倭物秩): 제목이 본 계본에는 없으나, 『임진장초』·『충무공유사』에 "倭物秩"(왜물질)로 나와 있다.

247 큰 닻돌 4개大碇四: 『임진장초』·『충무공유사』에는 "倭大錠四"(왜대정사)로 되어 있다. '錠'은 냄비, 등잔, 촛대 등을 뜻한다.

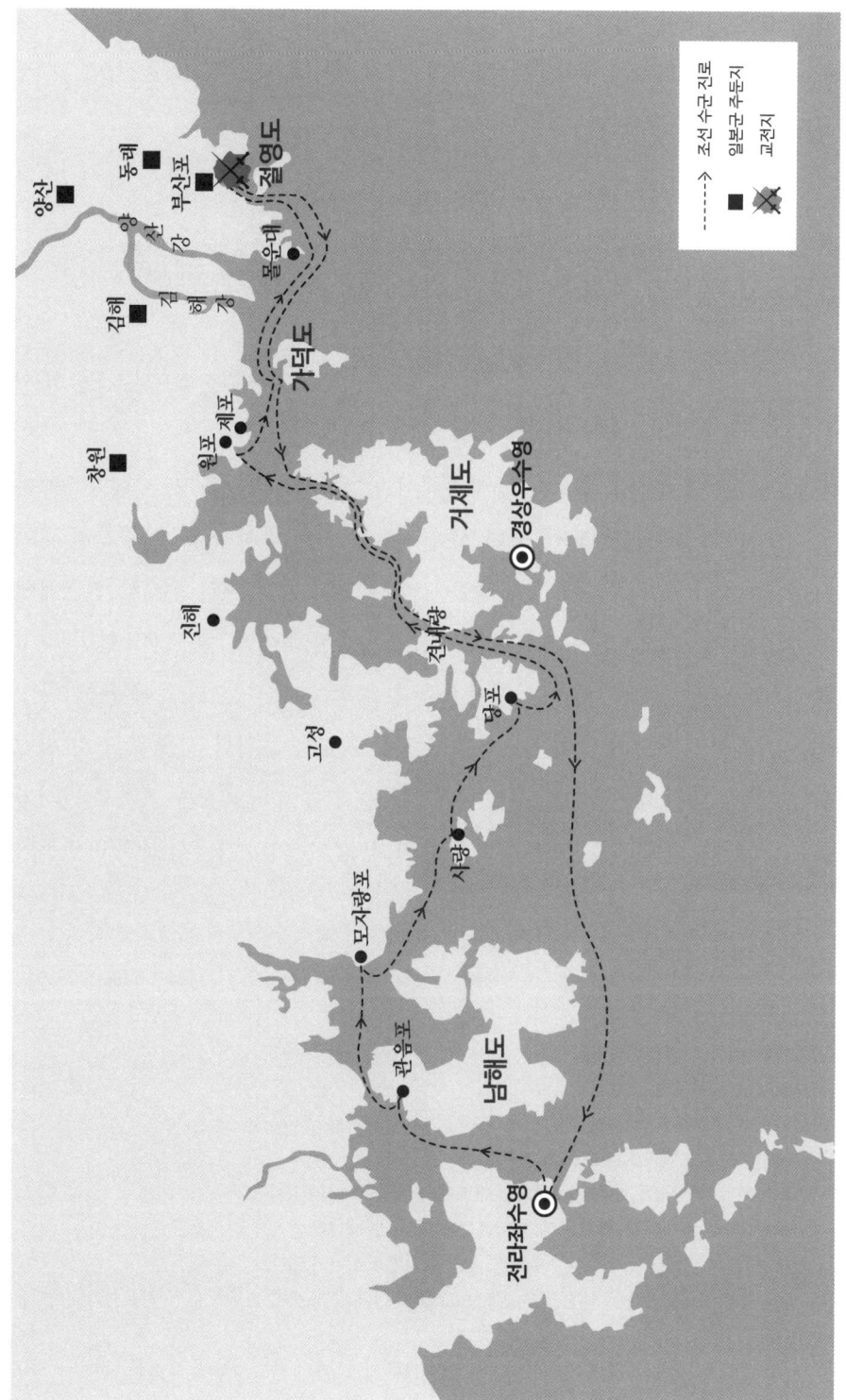

조선 수군의 제4차 출전(1592. 8. 24.~9. 2.) 상황도

7벌. 왜의 바라 2척. 왜의 연철 230근. 왜의 죽촉전[대나무 화살촉] 12부部[250] 5개. 왜의 장전 5부 23개. 왜의 무촉전無鏃箭 2부 11개. 왜의 화로 1개. 왜의 솥 1개. 왜의 궤 1개. 우리나라 장전 9개. 낫 1자루. 지자총통 2자루. 현자총통 2자루. 대완구大碗口 1개. 조피彫皮 1령.

포위되었던 왜병이 도망친 일을 아뢰는 계본被圍倭兵逃還狀[251]

(*전라좌도 수군절도사 신 이)[252]

삼가 아뢰는 것은 상고相考[253]할 일에 관한 것입니다.

지난 7월 초8일 경상도 한산도 앞바다에서 접전할 때, 화살을 맞은 왜적 400여 명[254]이 (*한산도에 상륙하였는데,)[255] 외딴 섬에 상륙한 것은 마치 조롱 속에 갇힌 새와 같았으므로 한 10일만 지나면 굶어 죽을 것이 분명하여 그 도의 우수사 원균에게 '소속 수군을 거느리고 4면을 포위하여 남김없이 잡아 죽이라.' 하고 (*그 결과를 통고하도록 약속하였고,)[256] 신과 우수사 이억기 등은 진을 파하고 본영으로 돌아왔습니다.

원균은 그 이후 적선이 많이 몰려온다고 잘못 듣고는 포위한 것을 풀고 가 버렸습니다. 육지에 내린 왜인들이 나무를 베어 뗏목을 만들어 타고 모두 거제로 건너가 버렸다고 합니다. 솥 안에 든 고기가 마침내 빠져나간 것이니 지극히 분하고 원통합니다.

(*삼가 갖추어 아룁니다.)[257]

---

248 어적於赤 : 어치·언치·소부리蘇夫里라고 하며, 말안장 위에 까는 깔개이다.
249 초상超床 : 보통보다 높은 평상.
250 부部 : 여기서 1부는 30개이다.
251 『임진장초』(장 12), 『충민공계초』(12) 계본이다.
252 (*) 내용 생략. 『임진장초』에는 "全羅左道水軍節度使 臣 李"로 나와 있다.
253 상고相考 : '서로 살펴봄', '서로 조사해 봄'이라는 의미이다.
254 400여 명 : 일본의 문헌 『脇坂家記』(『脇坂記』)에는 200명으로 나와 있다.
255 (*) 내용 생략. 『임진장초』의 원문은 "同島下陸爲白去乙"이다. '爲白去乙'은 이두로, …하옵시거늘'이라는 뜻이다.
256 (*) 내용 생략. 『임진장초』의 원문은 "移文亦 約束爲白遣"이다. '爲白遣'은 이두로, …하옵시고'라는 뜻이다.

정운을 이대원 사당에 추가로 배향해 주시기를 청하는 장계
請鄭運追配李大源祠狀²⁵⁸

(*승정원 개탁)²⁵⁹　　　　　　　　　　　　(*자헌대부²⁶⁰ 전라좌도 수군절도사 신 이)²⁶¹

삼가 아룁니다.²⁶² 녹도만호 정운은 맡은 직책에 정성을 다하고, 겸하여 담력과 지략이 있어서 서로 어려움을 의논할 만하였는데, 변란이 일어난 이래 의기를 격발激發하여 나라를 위해서 제 몸을 돌보지 않고 생각이 조금도 해이하지 않고 변방을 지키는 일에 힘쓰기를 오히려 전보다 갑절이나 더하므로 신이 믿는 사람은 오직 정운 등 2~3명이었는데, 세 차례 승첩할 때에 언제나 선봉을 섰고, 이번 부산 대전 때에도 몸을 가벼이 여겨 죽음을 잊고 먼저 적의 소굴에 돌입하여, 하루 종일 교전하면서도 힘껏 쏘기를 오히려 빨리하므로 적들이 감히 움직이지를 못하였는바, 이는 정운의 힘이었습니다.

그런데, 그날 돛을 올려 돌아 나올 때에 철환을 맞아 죽었습니다. 그 늠름한 기운과 맑은 혼령이 쓸쓸히 아주 없어져서 뒷세상에 알려지지 못할까 하여 지극히 참혹하고 원통합니다. (*처음에)²⁶³ 이대원의 사당이 아직도 그 포구에 있으므로 같은 제단에 초혼招魂하여 함께 제사를 지내어 한편으로 의로운 혼령을 위로하고, 한편으로는 다른 사람을 깨우치게 하소서.

방답첨사 이순신李純信은 변방 수비에 온갖 힘을 다하고 사변이 일어난 뒤에는 더욱 부지런히 힘써 네 차례 적을 무찌를 적에 반드시 앞장서서 힘을 떨쳐 공격하였습

---

257 『임진장초』에는 "謹具啓聞 萬曆二十年九月初十日 節度使 臣 李"로 되어 있다. 그런데 『충민공계초』에는 9월 초1일로 나와 있다.
258 『임진장초』(장 13)·『충민공계초』(13) 장계이다.
259 (*) 내용 생략. 『임진장초』의 원문은 "承政院 開拆"이다.
260 자헌대부資憲大夫 : 동반의 정2품 하계. 이순신이 자헌대부로 승진한 것은 임진년(1592) 9월 12일이다. [『임진장초』, 狀 14(조성도 역주); 『李忠武公全書』卷2, 狀啓 1, "封進紙地狀"에서는 생략.]
261 (*) 내용 생략. 『임진장초』에는 "資憲大夫 具銜 臣 李"로 나와 있다. '구함具銜'은 직함을 다 갖추었다는 뜻이다. 여기서는 '전라좌도 수군절도사'라는 직함을 생략하고 썼다는 뜻이 된다.
262 삼가 아룁니다 : 원문은 "근계謹啓"이다. 원래 계본의 서식에만 사용하는 문구이나, 『이충무공전서』편찬자가 임의로 삽입하였다. 『임진장초』·『충민공계초』 등의 원문에는 없다.
263 (*) 내용 생략. 『임진장초』의 원문은 "初亦"이다. '初亦'은 이두로, '처음에' 또는 '애초에'라는 뜻이다.

니다. 당항포 접전 시에는 왜장을 쏘아 목을 베어 그 공로가 월등하였습니다. 다만 사살하는 데만 전력하고 목 베는 일에는 힘쓰지 않았으므로 그 연유를 들어 별도로 장계하였는데, 이번 포상의 글월 중에 홀로 순신純信의 이름이 들어 있지 않은바, 군사들의 마음이 놀라고 이상하게 여깁니다.

여러 장수 중에서도 권준·이순신·어영담·배흥립·정운 등은 달리 믿는 바가 있어 서로 같이 죽기를 기약하고서 모든 일을 같이 의논하여 계획을 세웠는데, 권준 이하 여러 장수들은 모두 당상堂上²⁶⁴으로 승진되었으나, 오직 이순신만이 천은天恩[임금의 은혜]을 입지 못하였으므로 이에 조정에서 포상하는 명령을 내리시기를 엎드려 기다립니다.

(*사실대로 잘 아뢰어 주십시오.)²⁶⁵

〈참고 7〉

이대원李大源 약전略傳과 쌍충사雙忠祠

전라남도 고흥군 녹동[녹도鹿島] 쌍충사에 모신 이대원은 본관은 함평咸平이고, 수원水原에서 살았으며, 자字는 호연浩然이다. 18세에 무과武科에 올라 21세에 녹도 만호가 되었는데, 그다음 해인 1587년(선조 20, 정해, 임진왜란 5년 전)에 왜구가 침입하자, 단독으로 출전하여 적선을 무찌르고 수사水使 심암沈巖에게 보고했더니, 심 수사는 이대원이 자신에게 보고도 하지 않고 스스로 공을 차지했다고 미워하게 되었다.

그 후 같은 해 2월에 왜구 18척이 몰려왔는데, 심 수사는 이대원을 척후로 삼고 그가 출전하여 왜적과 교전할 때 뒤에서 후원하지 않았다. 결국 이대원은 중과부적으로 싸우다가 손죽도損竹島 밖에서 전사하였다. 이후 사실이 밝혀져서

---

264 당상堂上 : 당상관. 조선시대 문무관의 정3품 상계上階인 문관의 통정대부通政大夫, 무관의 절충장군折衝將軍 이상의 품계를 갖는 벼슬아치를 말함.(『經國大典』, 禮典, 儀章.)

265 (*) 내용 생략. 『임진장초』의 원문은 "詮次以 善啓向教是事"(차례대로 잘 아뢰어 주실 일)이다. 이두 '詮次以'는 '차례차례', '向教是事'는 '…이실 일'이라는 뜻이다. 뒤에 "萬曆 二十年 九月 十一日"으로 되어 있다. 단, 내용상 뒤에 있는 "封進紙地狀"과 비슷한 날짜에 올린 것으로 보인다.

전라좌수사 심암도 처형되었다.[266]

전사할 때, 이대원은 손가락을 끊어 피를 내어서는 입었던 옷을 벗어 그 위에 시詩 한 수를 써서 하인에게 주며 가져가 장사지내게 하였는데, 그 시는 다음과 같다.

해는 원문에 저무는데 바다를 건너왔구나	日暮轅門渡海來
군세는 약하고 고달파 이 생이 슬프도다.	兵孤勢乏此生哀
임금과 어버이께 은혜와 의리 다 못 갚아	君親恩義俱無報
한 서린 수심 구름에 뭉쳐 개이지 않는구나.	恨入愁雲結不開

경기도 양성陽城 대덕산(지금 평택시 승양면 희곡리) 아래 그 혈서한 옷을 장사지냈으며, 조정에서는 '가선대부 병조참판 겸동지의금부사 절충장군전라좌도수군절도사嘉善大夫 兵曹參判 兼同知義禁府事 折衝將軍全羅左道水軍節度使'를 증직하고, 뒷날 남구만南九萬이 그의 신도비문神道碑文을 지었다.

세상 사람들이 이대원은 '損竹島[손대도]' 앞에서 죽고, 정운은 '沒雲臺(몰운대)' 밑에서 죽었다 하여, 모두 본시부터 정해진 운명적 장소가 아니었던가 했다고도 한다.

그래서 그 두 분을 녹도에 모시고 그 사당 이름을 쌍충사雙忠祠라 하였는데, 그것이 뒷날 다 없어지고 말았다가, 1956년에 고흥군 유지들이 다시 세우고 두 분을 제사 지내고 있다.

쌍충사. 전남 고흥. (사진 문화재청)

종이를 올려 보내는 일을 아뢰는 장계封進紙地狀[267]

(*승정원 개탁)[268]　　　　　　　　　　　(*자헌대부 전라 좌도 수군절도사 신 이)[269]

(*당항포 승첩 계본을 받들고 올라간 전생서주부典牲署主簿[270] 이봉수가 가지고 내려온 우부승지의 서장 내에,

"전쟁이 일어난 이래 여러 장수들이 한결같이 패퇴하였는데, 이번 당항포 싸움에서 비로소 크게 승리하였으므로, 특히 경卿[271]을 '자헌대부'로 올리니 끝까지 스스로 힘쓰라 하시는 전지傳旨가 있다."

라는 서장과,

"경의 장계를 보니 각 목장의 말들을 몰아내어 길들이고 먹여서 육전에 사용하도록 해 달라고 건의하였는데, 경은 그 수를 급히 몰아내어 장수와 군사들에게 나누어 주고, 그의 성공을 기다려서 그대로 영구히 주도록 하라는 전지가 있다."

라는 서장 등을 신이 이번 9월 12일 본영에서 받았습니다.)[272]

　삼가 아룁니다.[273] 행재소에서 쓸 종이를 넉넉하게 올려 보내라 하셨으나, 계본을 받들고 가는 사람이 고생스럽게 길에 무거운 짐을 가지고 갈 수 없으므로 우선 장지壯紙[274] 10권을 봉하여 올려 보냅니다.

---

266 『선조수정실록』 권21, 선조 20년 2월 1일 경신.
267 『임진장초』(장 14) 장계이다.
268 (*) 내용 생략. 『임진장초』의 원문은 "承政院 開拆"이다.
269 (*) 내용 생략. 『임진장초』에는 "資憲大夫 具銜 臣 李"로 나와 있다.
270 전생서주부典牲署主簿 : 전생서는 조선시대에 궁중의 제사에 쓸 짐승을 기르는 일을 맡아보던 관청이고, 주부는 종6품의 벼슬아치이다.
271 경卿 : 임금이 2품 이상의 관원에게 대하여 일컫는 말.
272 (*) 내용 생략. 『임진장초』의 원문은 "唐項浦勝捷 啓本陪持上去 典牲署主簿李鳳壽賫來 右副承旨書狀內 軍興以來 諸將一向敗退 今此唐項浦之戰 始爲大捷 特陞卿資憲 終始勉勵事有 旨是白乎味 書狀及觀卿狀啓 欲以各牧場馬驅出馴養 以爲陸戰之用 卿其量數驅捉 分給將士 待其成功 仍爲永給事有 旨是白乎味 書狀等乙 臣今九月十二日 在鎭祇受爲白有置"이다. 이두 '是白乎味'는 '…이시라고' 또는 '…이시다고', '爲白有置'는 '…하옵시었습니다'라는 뜻이다.
273 삼가 아룁니다 : 원문은 "근계謹啓"이다. 원래 계본의 서식에만 사용하는 문구이나, 『이충무공전서』 편찬자가 임의로 고쳐 삽입하였다.
274 장지壯紙 : 두껍고 단단하여 질이 좋은 한지韓紙. 『임진장초』에는 "狀紙"(장지)로 되어 있다.

(*사실대로 잘 아뢰어 주십시오.)²⁷⁵

전쟁 곡식을 실어 보내는 일을 아뢰는 장계裝送戰穀狀²⁷⁶

(*승정원 개탁)²⁷⁷   (*전라좌도 수군절도사 신 이)²⁷⁸

삼가 아룁니다.²⁷⁹ 순천에 사는 전 훈련원봉사 정사준은 사변이 일어난 뒤에 기복起復²⁸⁰한 사람으로서 충성심을 분발하였으므로 경상도와 접경한 요충지인 광양현 전탄錢灘의 복병장으로 정하여 보낸 뒤, 무릇 매복하고 적을 막는 등의 일에서 특별히 기특한 계책을 내어 적으로 하여금 감히 경계에 근접하지 못하게 하였습니다. 정사준은 순천부에 사는 의로운 선비인 전 훈련원봉사 이의남李義男 등과 약속하고 각각 의연곡을 모아서 모두 한 배에 싣고 행재소로 향하였습니다.

비변사의 공문에 "전죽箭竹을 넉넉하게 올려 보내라."고 하였으나, 부산에서 승첩한 내용의 계본을 받들고 가는 사람이 육로로 올라가는데 고생스러운 먼 길에 가져가기 어려운 형편이므로 올려 보내지 못하였는데, 처음으로 이번에 정사준 등이 올라갈 때 장전죽長箭竹·편전죽片箭竹과 종이 등의 물품을 함께 봉하여 같은 배에 함께 싣고 물목은 따로 기록하여 올려 보냅니다.

순천부사 권준, 낙안군수 신호, 광양현감 어영담, 흥양현감 배흥립 등도 수군 위장衛將 및 부장部將으로서 본영 앞바다에 결진하여 사변에 대비하면서 각각 공문으로 보고한 내용에,

"연해변 각 고을의 관원들이 사변이 있을 것을 염려하여 군량을 원 수량 이외에

---

275 (*) 내용 생략. 『임진장초』의 원문은 "詮次以 善啓向敎是事"이다. 뒤에 "萬曆二十年九月十八日"로 되어 있다.
276 『임진장초』(장 16) 장계이다.
277 (*) 내용 생략. 『임진장초』의 원문은 "承政院 開拆"이다.
278 (*) 내용 생략. 『임진장초』에는 "具銜 臣 李"로 나와 있다.
279 삼가 아룁니다 : 원문은 "謹啓謹啓"로, 앞 주와 같다.
280 기복起復 : 상중에 있는 관리를 탈상 전에 관직에 서용하는 것을 이른다. 전쟁 등 유사시 인재를 활용하기 위한 방편이었다.(『경국대전』「禮典」'五服'.)

별도로 쌓아 두었는데, 국운이 불행하여 임금께서 서쪽으로 파천하신 지 벌써 6개월이 되어 많은 장수와 군사들의 양식을 계속 공급하기 어려울 것이라, 신하 된 자의 정리에 통곡함을 금하지 못하여 위에 말한 별도로 쌓아 둔 군량 등 물품을 각각 배에 싣고 자원해 가겠다는 사람에게 맡겨서 올려 보내려고 하니, 수령들로서는 이룰 수 있는 방법이 없어서 이 실정을 낱낱이 열거하여 장계하겠다는 뜻으로 공문을 올립니다." 라고 하였습니다.

그런데, 권준은 원 수량 이외에 군량 100석과 다른 잡물을 함께 위에 말한 정사준 등이 의연곡을 싣고 가는 배에 같이 실어 우선 올려 보내오며, 신호·어영담·배흥립 등이 올려 보내는 군량과 군기 등 물건은 각각 그들의 배에 싣고, 각 고을에서 자원해 가겠다는 사람들에게 맡겨서 올려 보내므로, 각각 물목을 만들어 올려 보냅니다.

(*사실대로 잘 아뢰어 주십시오.)[281]

일족을 침해하지 말라는 명령을 취소해 주시기를 청하는 계본
請反汗[282]一族勿侵之命狀[283]

(*행전라좌도 수군절도사 신 이)[284]

삼가 아뢰는 것은 상고할 일에 관한 것입니다. 흉악한 적들이 여러 도에 널리 가득 차 있는데, 오직 이곳 호남만이 다행히 하늘의 도우심을 힘입어 가까스로 거의 완전하게 보존되어 한 나라의 근본을 이루고 있으니, 임금께 충성하고 나라를 회복하는 일이 다 이 도道로 말미암습니다. 그런데 작년 6~7월 사이에 6만의 군마軍馬와 허다한 군량을 모두 경기도에서 잃어버렸고, 병사[전라병사]가 거느렸던 4만의 군사들도 또한

---

281 (*) 내용 생략. 『임진장초』의 원문은 '詮次以 善啓向敎是事'(연유를 잘 아뢰어 주실 일)이다. 뒤에 '萬曆 二十年 九月 二十五日'로 되어 있다.

282 반한反汗 : 전에 내린 명령을 취소하거나 고치는 일.(『漢書』권36, 楚元王傳第六, 劉向, "今出善令 未能 踰時而反 是反汗也".)

283 『임진장초』(장 23)·『충민공계초』(19) 계본이다.

284 (*) 내용 생략. 『임진장초』에는 "行全羅左道水軍節度使 臣 李"로 나와 있다. '行'은 행수법行守法에 따라 품계가 높은 사람을 낮은 관직에 임용할 때 관직명 앞에 붙여 사용한다. 그 반대의 경우는 '수守'를 붙여 불렀다.(『표준국어대사전』.)

추위와 굶주림[285]에 다 없어졌습니다. 이제 순찰사가 또 정예 군사를 거느리고 북상하였고, 다섯 의병장도 서로 이어 군사를 일으켜 멀리 달려갔습니다. 이후부터는 온 도내가 소동하여 공사 간에 재물이 다 없어지고, 비록 늙고 약한 백성은 있다 해도 병기와 군량을 운반할 때에 채찍질이 빈번하여 구덩이에 넘어지고 빠지는 자가 많이 있습니다.

더구나, 소모사召募使가 내려와서 내륙과 연해안을 분별하지 않은 채 소집할 군사의 수만을 결정하여 심하게 독촉하므로, 각 고을에서는 그 수를 충당하기 어려워서 변방을 지키는 군사를 많이 빼내어 가고 있습니다. (*뿐만 아니라)[286] 체찰사의 종사관 아홉 사람이 각 고을을 분담 검색하여 남아 있는 장정을 재촉하여 징발하고, 변방 진영에 있는 군기를 또한 많이 다른 곳으로 실어 가며, 복수의병장復讎義將 고종후高從厚 등이 또 따라 일어나서 내노內奴·시노寺奴를 남김없이 뽑아내는데, 소모관이 방금 내려와서 번갈아 수색하는 일이 거의 비는 날이 없으므로, 백성들의 근심하고 원망하는 소리가 귀에서 떠나지 않고 있습니다. 국가가 부흥되어야 할 시기에 바라는 바에 대한 실망이 커서 한 모퉁이에 있는 외로운 신하로서는 북쪽을 바라보며 길이 통탄하며 마음은 죽고 형체만 남아 있습니다.

지난해 유지를 전한 서장 내용에,

"각 고을에서 도망한 군사들이 있어도 사변이 평정될 때까지 그 친족이나 이웃에게 침해가 미치는 것을 일체 면제하라."

는 성지聖旨가 간절하였으므로, 무릇 신하 된 자로서 눈물을 흘리며 감격하지 않는 자가 없었습니다.

이같이 위태롭고 어려운 날을 당하여 수졸戍卒 1명은 평시의 100명에 당하는데, 한번 '침해하지 말라.'는 명령을 듣고서는 모두 다 면제되려는 꾀를 품기 때문에, 지난달에 수졸 10명을 보내던 고을이 이번 달에는 겨우 3~4명을 보내고, 어제 10명이 있던 수졸이 오늘은 4~5명 미만으로 얼마 되지 않아 수자리防戍가 날로 비어 진장鎭

---

285 추위와 굶주림 : 원문은 "동뇌凍餒"로, 입을 것과 먹을 것이 없어서 춥고 배고픔의 뜻이다.(『孟子』, 盡心 上, "不煖不飽 謂之凍餒".)

286 (*) 내용 생략. 『임진장초』의 원문은 "叱分不喩"이다. '叱分不喩'는 이두로 '…뿐만 아니라'라는 뜻이다.

將들이 속수무책일 것인바, 배를 타고 적을 토멸함에 무엇을 힘입어 할 것이며, 성을 지켜 항전抗戰함에 누구를 의지하여야 하겠습니까.

만일 전례대로 책임 수량을 채운다면 성교聖敎[임금의 명령]를 어기게 될 것이며, 유지를 받들어 따른다면 수자리 지킬 사람이 없을 것이므로, 이 두 가지 중에 편의한 방법을 참작하여 처리하도록 의견을 체찰사에게 보고하였습니다. 그 회답 공문에,

"친족에 대한 폐단은 백성을 괴롭히는 것 중에 가장 심한 것이므로 간절하신 성교대로 마땅히 신속하게 준행해야 할 것이지만, 보고한 의견도 또한 이치가 있는 것이니, 적을 방어하고 백성을 어루만지는데 양쪽으로 다 편리한 것을 취하라."

고 하였으므로, 각 고을 관원들에게 '사람이 죽어 자손이 끊어진 호구는 우선 도목장都目狀287에서 뽑아 없애도록 하라.'고 공문을 보냈습니다.

대저 변방에서 한번 실패하면 그 해독이 중앙으로 흘러 들어가는 것은 실로 이미 경험한 일입니다. 하물며 본도 각 처에 분배된 방위군의 수는 경상도와 같지 아니하여, 매양 방비에 번을 서는 군사가 큰 진鎭이 많아야 320여 명을 넘지 못하고, 잔약한 보堡에는 150여 명도 차지 못합니다. 그런데 그중에서 오랫동안 멀리 도망했거나 죽어서 정리되지 아니한 자가 10중 7~8이며, 현재 있는 자는 태반이 늙고 쇠약한 사람이므로, 만일 일족一族[친족 중에서 대신 징발하는 것]을 전적으로 면제한다면 성을 지킬 자와 배의 격군格軍을 전혀 조처할 수가 없을 것이니 지극히 민망합니다.

(*이번에 도착한 것으로)288 비변사에서 전지를 받고 보내온 공문 내용에,

"근래와 와서 적을 토벌하는 데 해전海戰만 한 것이 없으니 전선의 수를 넉넉하게 더 만들도록 하라."

고 하셨는데, 전선은 비변사의 공문이 도착하기 전에 신이 이미 본영과 여러 진포에 명령하여 많은 수를 더 만들도록 했습니다.

그러나, 한 척의 전선에 사부와 격군을 아울러서 130여 명의 군사를 충당할 방법이 없어서289 더욱 민망하오니, 위의 '일족一族[친족을 대신 징발하는 것]을 사변이 평정될 때까지 전과 같이 시행하되, 조금씩 좋고 나쁜 점을 가려내어290 백성의 원성을 풀

---

287 *도목장都目狀 : 지방의 공천公賤 및 시정侍丁·봉족俸足·호수戶首 등을 기록한 장부.
288 (*) 내용 생략. 『임진장초』의 원문은 "節到付"이다. '節'은 이두로 '이번'의 뜻이다.

어주는 것이 지금으로서는 가장 당면한 급선무입니다. 엎드려 바라옵건대, 조정에서는 다시 더 헤아려서 우선 '일족을 침해하지 말라.' 하신 명령을 중지하여 길이 남쪽 변방을 회복하는 기초를 온전히 하도록 하십시오.

수군으로 방비에 임하는 수가 저와 같이 매우 적은데, 방비 임무에 빠져서 죄를 지은 무리들이 혹은 소모군에 붙으며 혹은 다투어 의병에 붙어서 (*어느 쪽이든 —번갈아— 소속되는바)[291], 지금같이 봄철의 방비가 매우 급한[292] 때에 방비하는 군사가 다른 곳으로 소속을 옮겨서, 갑자기 변방이 충실하게 될 리가 없으므로, 일체 다른 곳으로 옮기지 말도록 또한 각별히 타이르는 말씀을 내려 주십시오.[293] 겨울 3개월 동안의 4색四色[294] 제방군除防軍[295]은 평시에는 그대로 있다가 오로지 사변이 일어날 때 쓰이는 보충군의 자원이거니와, 이런 큰 사변을 당하여서는 정규군도 많지 않은 데다가 또 4색 군졸마저 면제해 버리면 더욱 방비할 길이 없습니다. (*뿐만 아니라)[296], 해상으로 나간 여가에는 전선을 보수하고 조련하고 병비兵備에 관한 일들이 모두 수군들의 책임이므로, 위의 4색 제방군 등을 육군과 함께 방위 임무에서 면제하지 말고 남김없이 방비에 임하도록 각진 각포에 아울러 단속하고 지시하였으며, 순찰사에게도 공문을 보냈습니다.

---

289 충당할 방법이 없어서 : 원문은 "충지말유充之末由"이다. 『임진장초』에는 "充立未由(충립미유)"로, 『충민공계초』 『충무공유사』에는 "充立未由"(충립말유)로 되어 있다. 둘 다 '방법이 없다'는 뜻이다.

290 좋고 …… 가려내어 : 원문은 "변핵辨覈"으로, 분명하게 밝히고 조사함의 뜻이다. '핵覈'은 좋고 나쁜 점을 가려내다의 뜻이다.

291 (*) 내용 생략. 『임진장초』의 원문은 "岐等如分屬爲白臥乎所"이다. 이두 '岐等如'는 '어디든지' 또는 '번갈아'라는 뜻이고, '爲白臥乎所'는 '…하옵시는바'라는 뜻이다.

292 매우 급한 : 원문은 "공극孔棘"으로, '매우 급함'의 뜻이다.(『詩經』, 小雅, 鹿鳴之什, 采薇, "豈不日戒 獫狁孔棘".)

293 타이르는 …… 주십시오 : 원문은 "선유공합사의宣諭恐合事宜"로, 문장의 뜻이 애매하다. 『임진장초』와 『충무공유사』에는 "宣諭敎是白齊"(타이르는 말씀을 내리시옵소서)로 되어 있다. '敎是白齊'는 이두로, '…하시옵소서'라는 뜻이다.

294 4색四色 : 조선시대에 무명이나 곡식을 바치고 군역을 면제받았던 4종류의 보인 군기보軍器保·관장보官匠保·지물보紙物保·진상보進上保 등을 가리키는 말. 이들은 모두 사천私賤으로 충당하였다.[『영조실록』 권81, 영조 30년(1754) 5월 28일(병오).]

295 제방군除防軍 : 쌀을 대신 바치는 것으로 부방赴防하는 일을 면제받은 군사. "제방除防"은 제부방除赴防의 준말이다.(『續大典』, 兵典, 留防, "除防者納米 兩班子枝勿許除防".)

(*삼가 갖추어 아룁니다.)²⁹⁷

전쟁 곡식과 진상물을 실어 보내는 일을 아뢰는 장계裝送戰穀及方物狀²⁹⁸

(*승정원 개탁)²⁹⁹   (*자헌대부 전라좌도 수군절도사 신 이)³⁰⁰

삼가 아룁니다.³⁰¹ 지난 9월 순천에 사는 사람으로 기복起復한 봉사奉事 정사준鄭思竣은 같은 고을의 의로운 선비로 교생校生인 정빈鄭懷 등과 약속하고 각각 의연곡義捐穀³⁰²을 모아서 함께 한 배에 싣고 행재소로 올라간다고 하므로, 본영과 수군 관할의 각 고을인 순천·광양·낙안·흥양 등의 고을 수령들이 따로 진상하는 물품 등을 봉하여 각각 물목을 기록하여 (*올려 보낸다고 하므로 실정을 아뢰는 장계를)³⁰³ 위의 정사준에게 맡기어³⁰⁴ 올려 보냈는데, 해서海西의 물길에 풍세가 불순하여, 정사준이 가던 도중에 추위에 몸을 상하여 병세가 위독하여 올라가지 못하고 되돌아왔으며, 그 동생이자 신의 군관인 정사횡鄭思竑에게 그 의연곡을 가지고 올라가게 하였습니다.

신이 봉하여 따로 진상하는 장전·편전 등 잡물과 탄신·동지 및 설날에 소요될 특산물의 진상도 위의 정사횡과 본영의 진무 김양간金良幹에게 일시에 맡겨서 의연곡을 실은 배에 같이 실어 올려 보내오며, 순천부사 권준이 봉하여 따로 진상하는 것도

---

296 (*) 내용 생략. 『임진장초』의 원문은 "爲白沙餘良"이다. '爲白沙餘良'는 이두로, '…하옵실 뿐만 아니라'라는 뜻이다.
297 『임진장초』에는 "謹具啓聞 萬曆二 十年(1592)十二月初十日 節度使 臣 李"로 되어 있다.
298 『임진장초』(장 15) 장계이다. 앞의 '전쟁 곡식을 실어 보내는 일을 아뢰는 장계裝送戰穀狀'와 이어지는 장계로, 내용상 본서(『이충무공전서』)의 순서가 올바르다.
299 (*) 내용 생략. 『임진장초』의 원문은 "承政院 開拆"이다.
300 (*) 내용 생략. 『임진장초』에는 "具銜 臣 李"로 나와 있다.
301 삼가 아룁니다 : 원문은 "근계謹啓"이다. 앞 '장계'의 주와 같음.
302 의연곡義捐穀 : 원문에 '의곡義穀'으로 되어 있으나 '의연곡'과 같은 말이다. 자선이나 공익을 위하여 기부하는 곡식을 뜻한다.
303 (*) 내용 생략. 『임진장초』의 원문은 "上送爲白臥乎所 論理狀啓"이다. '爲白臥乎所'는 이두로, '…하시옵는 바'라는 뜻이다.
304 맡기어 : 원문은 "준수準授"이나 『임진장초』에는 "准授"(준수)로 되어 있다. '승인하고 주어서', 즉 '맡겨서'의 뜻이다.

또한 물목으로 만들어 성첩하여 한 배에 같이 실어서 올려 보냈습니다.

광양·흥양·낙안 등의 고을은 (*전일의 장계에서 아뢴 바와 같이)305 각각 그 고을의 배에 자원한 자에게 맡겨서 올려 보냈습니다.

(*사실대로 잘 아뢰어 주십시오.)306

---

305 (*) 내용 생략. 『임진장초』의 원문은 "前狀啓貌如"이다. '**貌如**'는 이두로, '…같이' 또는 '…처럼'이라는 뜻이다.

306 (*) 내용 생략. 『임진장초』의 원문은 "**詮次以 善啓向敎是事**"(차례대로 잘 아뢰어 주실 일)이다. 뒤에 "**萬曆 二十年 十二月 二十五日**"이 있다.

이충무공전서 권3

장계狀啓 2

유황을 내려 주시기를 청하는 계본請賜硫黃狀[1]

(*행전라좌도 수군절도사 신 이)[2]

삼가 아뢰는 것은 나누어 주기 위한 일[3]입니다.

본영과 각 진과 포浦에 있는 화약은 본래 수량이 넉넉하지 못하였는데, 전선에 나누어 싣고 다섯 번이나 영남 해상으로 출전하여 거의 다 쏘아 없어졌습니다.

더구나, 본도 순찰사·방어사·소모사·소모관 및 여러 의병장과 경상도 순찰사 및 수사들의 청구한 것이 번거로울 정도로 많아서 나머지 쌓아 둔 것이 매우 적습니다. 이미 다른 데서 옮겨 가져올 데가 없고 또 보충할 길이 없어서, 백방으로[4] 생각하여도 별다른 계책이 없으므로 (*본영에서)[5] 편의에 따라 끓여서 만들었는데, 신의 군관인 훈련주부[6] 이봉수李鳳壽가 그 묘법을 알아내어 3개월 동안에 염초 1,000근을 끓여 내었으므로 (*그 염초를 배합하여)[7] 본영과 각 고을 각 포에 차례대로[고루][8] 나누어 주었

---

1 『임진장초』(장 17) 계본이다.
2 (*) 내용 생략. 『임진장초』의 원문은 "行全羅左道水軍節度使 臣 李"이다.
3 나누어 주기 위한 일 : 원문은 "분상分上"이다. '上'자는 이두에서 '자' 또는 '차'로 읽으며, '지급함'이라는 뜻이다. 그러므로 "분상"은 '나누어 지급함'이라는 뜻이다. (敎學社,『大漢韓辭典』, 1998.)
4 백방으로 : 원문은 "백이百爾"로, '여러, 모든'이라는 뜻이다. '爾'는 어조사. (『詩經』, 國風, 邶, 雄雉, "百爾君子 不知德行".)
5 (*) 내용 생략. 『임진장초』의 원문은 "營良中"이다. '良中'은 이두로, '……에'라는 뜻이다.
6 훈련주부 : 훈련원 주부主簿로 종6품의 낭관직이다.
7 (*) 내용 생략. 『임진장초』의 원문은 "同焰熖合劑"이다.
8 차례대로[고루] : 원문은 "차차次次"로, '순서대로'의 뜻이다. 『임진장초』에는 "惠伊"로 나와 있다. '惠伊'는 이두로, '널리', '고루'라는 뜻이다.

거니와, 오직 석류황石硫黃만은 달리 나올 곳이 없사오니, 100여 근쯤 내려 주시기를 감히 청합니다.

(*삼가 갖추어 아룁니다.)⁹

의승병을 나누어 보내 요충지를 지키는 일을 아뢰는 계본分送義僧把守要害狀¹⁰

(*행전라좌도 수군절도사 신 이)¹¹

삼가 아뢰는 것은 상고相考¹²하기 위한 일입니다.

영남에 진을 치고 있는 적들이 본도를 침범하려고 수륙으로 엿보고 있습니다. 신은 비록 해전을 전담하고 있으나, 육전의 방비에도 마음을 조금이라도 늦출 수 없어서, 호남과의 접경인 구례의 석주石柱¹³·도탄陶灘¹⁴ 및 광양의 두치강탄豆恥江灘¹⁵ 등 요충지에 복병을 설치하고 경계하여 지키는 일을 힘써 돕고 단속하고 타일러서, 적들로 하여금 끝내 경계를 넘지 못하게 하고자 하였습니다.

그런데, 작년 8~9월 사이에는 근처의 각 고을에 통고하여 여러 절에 숨거나 명부에서 누락된 중들과 병적兵籍에 올리지 않고 떠돌아다니는 자를 남김없이 적발하여 위의 석주·도탄·두치 등지에 나누어 파수하도록 엄히 지시하였습니다. 그러자 중들이 소문을 듣고 즐거이 모여들어 얼마 되지 않아 많게는 400여 명에 이르렀습니다.

그중에 용기와 지략이 있는 순천에 사는 중 삼혜三惠를 시호별도장豺虎別都將, 홍

---

9 『임진장초』에는 "謹具啓聞 萬曆二十一年(1593)正月二十六日 節度使 臣 李"로 되어 있다.

10 『임진장초』(장 18)·『충민공계초』(14) 계본이다.

11 (*) 내용 생략. 『임진장초』의 원문은 "行全羅左道水軍節度使 臣 李"이다.

12 상고相考 : 서로 비교하여 고증함.

13 석주石柱 : 전라남도 구례군 토지면 송정리 석주관石柱關. 송정리 산 65번지 일대에 돌로 쌓은 석주관 성이 남아 있다.

14 도탄陶灘 : 전라남도 구례군 토지면 파도리와 간전면 양천리 간의 섬진강 나루터. 파도리 도산陶山 아래에 있는 나루터로 지금은 간전교 다리가 놓여 있다. (조선총독부, 1918년 발행 지도, 「花開場」.)

15 두치강탄豆恥江灘 : 두치강 여울. 두치는 전라남도 광양시 다압면 도사리 섬진마을이다. 두치 부근에서 섬진강은 두치강豆恥江으로도 불렸다(『1872년 지방지도』「光陽縣地圖」). 섬진강 건너편 하동 땅에도 두치(두곡마을)가 있었다.

양에 사는 중 의능義能을 유격별도장, 광양에 사는 중 성휘性輝를 우돌격장, 광주에 사는 중 신해信海를 좌돌격장, 곡성에 사는 중 지원智元을 양병용격장揚兵勇擊將으로 모두 임명하고,[16] 따로 더 소집할 무렵에 또 구례에 사는 진사 방처인房處仁, 광양에 사는 한량閑良[17] 강희열姜姬悅, 순천에 사는 보인 성응지成應祉 등이 비분강개하여 의기를 떨치고 일어나 고을 사람을 규합하여 각각 의병을 일으켰으므로 방처인을 도탄으로, 강희열과 중 성휘 등을 두치로, 중 신해를 석주로, 중 지원을 운봉雲峰 팔양치八陽峙로[18] 보내서 모두 요충지를 경계하여 지키고 관군과 합력하여 사변에 대비하도록 전령하고, 성응지는 순천부 성을 수비하는 책임을 맡기고, 중 삼혜를 순천에 진을 치고 머물러 있게 하고, 중 의능은 본영에 머물며 방비하고 있다가 적세의 경중을 보아서 육전이 중하면 곧 육전에 달려가고, 해전이 중대하면 곧 해전에 달려가도록 약속하였습니다.

(*이제 도착한 유지有旨[왕명王命]를 전하는 서장 내용에, "이번 명나라 군사들이 왜적을 모조리 무찔러 남은 왜적이 도망해 돌아갈 것이니, 수군을 거느리고 기회를 따라 길목을 질러 막아 무찔러 죽이도록[19] 하라"

고 하신 분부와 뒤이어 도착한 유지를 전하는 서장에,

"명나라 장수 이 제독(이여송)이 곧장 평양을 공격하여 적의 소굴을 소탕해 버리고 장차 차례로 진군 토멸하여 한 척도 돌아가지 못하도록 하겠다고 기약하였으니, 경卿은 수군을 정비하여 해전으로 모두 무찔러 죽이도록[20] 하라."

는 모든 명령이었습니다.)[21]

도망치는 큰 적을 질러 막아 모조리 무찌르자면 병세兵勢가 외롭고 약해서는 안 되겠으므로 소속 수군을 넉넉하게 정비하고, 의병장 성응지와 승장 삼혜·의능 등에

---

16 임명하고 : 원문은 "차정差定"으로, 정식 절차를 밟지 않고 간단하게 임명한 인사 제도이다. 즉 '사무를 담당시킴'의 뜻이다.

17 한량閑良 : 조선 전기에는 '관직이 없이 한가롭게 사는 사람'의 속칭, 조선 후기에는 '무반武班 출신으로 아직 무과에 급제하지 못한 사람'이라는 뜻이다.

18 팔양치八陽峙 : 『임진장초』에는 "八良峙"로 되어 있다.

19 무찔러 죽이도록 : 『임진장초』의 원문은 "절살截殺"이다. '절截'은 '끊다, 가로막다'의 뜻이다.

20 모두 …… 죽이도록 : 『임진장초』의 원문은 "오살鏖殺"로, '모두 무찔러 죽임'의 뜻이다. '오鏖'는 격렬하게 싸움의 뜻이다.

게 전선을 나눠 주어 수선해서 나누어 타고 함께 바다로 나가도록 명령하였습니다. (*삼가 갖추어 아룁니다.)²²

피란민에게 돌산도에 들어가 살면서 농사짓도록 명령해 주시기를 청하는 계본 請令流民入接突山島耕種狀²³

(*행전라좌도수군절도사 신 이)²⁴

삼가 아뢰는 것은 상고하기 위한 일입니다.

영남의 피란민들로 본영 경내에 들어와서 살고 있는 자들이 많게는 200여 호나 되는데, 각각 임시로 거처할 수 있도록 하여 간신히 겨울을 나게 하였지만, 당장 앞으로 구호할 물자를 백방으로 구해도 마련할 길이 없습니다. 비록 변란이 끝난 뒤에는 제 고장 경상도로 돌아간다 하더라도 당장 눈앞에서 굶어 죽는²⁵ 모습은 차마 볼 수 없을 뿐 아니라, 앞의 (*전일 도착한 것으로)²⁶ 풍원부원군 유성룡의 서장에는 비변사가 보낸 공문에 의거해서,

"이번에 여러 섬 중에서 피란할 만하며 또한 둔전屯田을 만들 수 있는 지역에 피란민이 들어가 살기에 편리한 여부를 참작하여 시행하라."

는 내용이 있었습니다. (*따라서)²⁷ 신은 피란민들이 들어가 살 만한 곳을 헤아려 본 결과, 돌산도突山島만 한 곳이 없습니다. 이 섬은 본영과 방답 사이에 있으면서, 겹겹이

---

21 (*) 내용 생략.『임진장초』의 원문은 '今到有 旨書狀內 節該天兵盡剿 餘賊遁還 則率舟師 臨機把阨 截殺事有 旨 及追乎到付有 旨書狀內 天將李提督 直擣箕城 蕩覆巢穴 將次大進討 期使隻輪不返 卿其整齊舟師 水戰鏖殺事爲等如有 旨是白有亦'이다. 이두 '節該'는 '이번에', '追乎'는 '좇아', '爲等如'는 '합하여' 또는 '모두', '是白有亦'은 '…이 있어서' 또는 '…이라 하니'라는 뜻이다.

22 (*) 내용 생략.『임진장초』의 원문은 "謹具啓聞 萬曆二十一年[1593]正月二十六日 節度使 臣 李"이다.

23『임진장초』(장 19)·『충민공계초』(15) 계본이다. 다.

24 (*) 내용 생략.『임진장초』의 원문은 "行全羅左道水軍節度使 臣 李"이다.

25 굶어 죽는 : 원문 "아표餓莩"는 '굶어 죽음'이라는 뜻이다. (『孟子』, 滕文公下, "民有飢色 野有餓莩").

26 (*) 내용 생략.『임진장초』의 원문은 '前矣到付'이다. 이두 '矣'는 '…의' 뜻이다.

27 (*) 내용 생략.『임진장초』의 원문은 "導良"이다. '導良'은 이두로, '드디어' 또는 '따라서'라는 뜻이다.

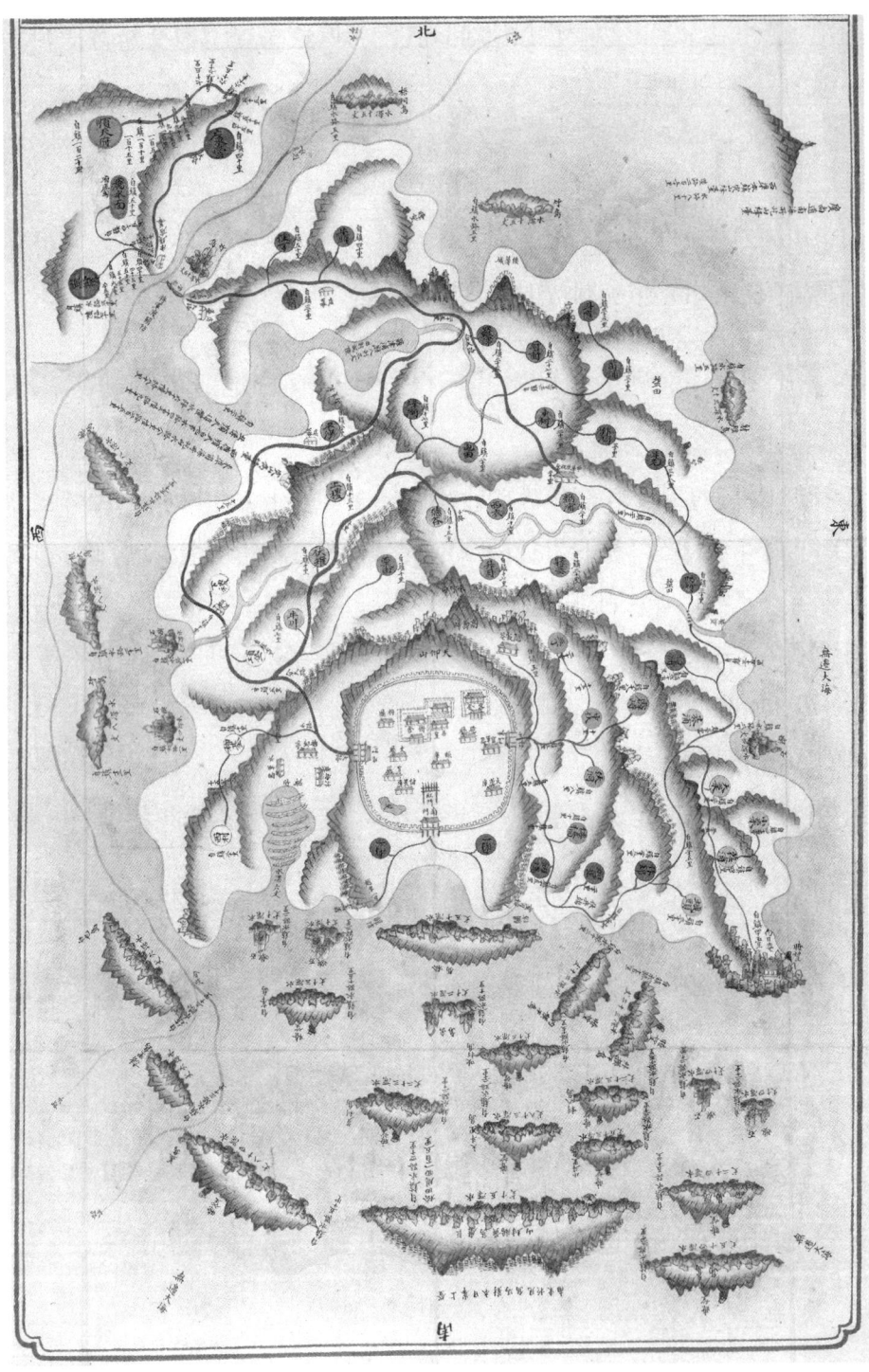

방답진(돌산도) 지도. 『1872년 지방지도』 중에서. 서울대학교 규장각한국학연구원.

봉우리로 둘러싸여 적이 들어올 길이 사방으로 막혔으며, 지세가 넓고 평평하며 토질이 비옥하므로 피란민을 설득하고 타일러서 차츰 들어가서 살게 하였으며 방금 봄갈이를 시켰습니다.

다만 전前에 어사 홍종록洪宗祿, 감사 윤두수尹斗壽, 수사 박선朴宣·이천李薦·이영李英 등이 본영의 둔전 경영에 관한 일을 아뢰어 허락해 줄 것을 청하였을 때, 병조兵曹[28]에서는,

"목장이 있는 곳으로 말 기르는 일에 방해된다."

라고 반대하였었습니다.[29] 지금은 국사가 어렵고 위태로우며 백성이 살 터전을 잃었습니다. 비록 의지할 곳 없는 백성들이 들어가서 농사짓게 하더라도 말을 먹여 기르는 일에 해로움이 별로 없을 것입니다. 이렇게 하면, 말도 기르고 백성도 구제하는 데에 양편으로 다 편리할 것입니다. (*이라고 망령되이 생각하며, 삼가 갖추어 아룁니다.)[30]

수륙의 여러 장수에게 웅천을 바로 공격하라 명령하신 것에 대한 장계
令水陸諸將直擣熊川狀[31]

(*승정원에서 개봉하실 것)[32]　　　　　　(*정헌대부 행전라좌도 수군절도사 신 이)[33]

(*지난 1월 29일 성첩된 것으로 선전관 이李 모[34]가 받들고 온 우부승지 서장에,

---

28 병조兵曹 : 원문은 "해조該曹"로, 병조는 목장 담당 부서이다.
29 반대하였습니다 : 원문 "방계防啓"는 다른 관서나 다른 사람이 어떤 일에 대해 아뢰었을 때나 임금이 어떤 일에 대해 신하에게 의견을 물었을 때 그 일을 그렇게 하지 말도록 아뢰는 것이다. 즉 다른 사람이 내세운 의견을 막고서 아뢰는 일. (세종대왕기념사업회, 『한국고전용어사전』, 2001.)
30 (*) 내용 생략. 『임진장초』의 원문은 "妄料爲白臥乎事是良尒 謹具啓聞"이다. '爲白臥乎事是良尒'는 이두로, '···하옵시는 일이라며'라는 뜻이다. 뒤에 "萬曆二十一年 正月二十六日 節度使 臣 李"가 있다.
31 『임진장초』(장 22), 『충민공계초』(18) 장계이다.
32 (*) 내용 생략. 『임진장초』의 원문은 "承政院 開拆"이다. 임금에게 장계를 바로 올리는 것이 예의가 아니므로 '승정원에서 개봉하여 처리 및 전달하시오'라는 의미이다.
33 (*) 내용 생략. 『임진장초』의 원문은 "正憲大夫 具銜 臣 李"이다.
34 조선사편수회편, 『난중일기초·임진장초』, 1935, 近澤印刷部, 조선총독부, 365쪽에는 "이춘영李春榮인가"라고 되어 있으나, 『난중일기』 등 다른 기록을 보아도 불명확하다.

웅천현 지도. 『1872년 지방지도』 중에서. 서울대학교 규장각한국학연구원.

"이번에 명나라 군사들이 이미 평양에서 이기고 승리한 기세로 휘몰아 멀리까지 쫓으니, 간신히 숨이 붙어 있는 흉적들이 서로 연이어 도망갔다. 한성에 있는 적들도 반드시 도망쳐 돌아갈 것이니, 경卿은 수군을 모두 거느리고 합세하여 무찔러 멸하고 한 척의 배도 돌아가지 못하도록 하라."는 유지[35]가 있었다는 내용의 서장을 신이 오늘 2월 17일 술시戌時[오후 7~9시]에 경상도 거제도 칠천량 앞바다에서 공경히 받았습니다. 앞서 공경히 받은 것으로 선전관 채진과 안세걸 등이 받들고 온.)[36]

삼가 아룁니다.[37] 유지를 전하는 서장에 의거하여, 지난 1월 30일에 소속 수군들이 모두 와서 약속한 뒤에 (*마침)[38] 풍세가 불순하여 출발하지 못하고, 여러 날 순풍을 기다리다가 이달 2월 초2일에 출발하여, 초7일 거제도 견내량에 도착하여 경상우수사 원균과 만났고, 초8일에는 본도 우수사 이억기가 그곳으로 뒤따라왔으므로 함께 모여 약속하고, 초10일 웅천 앞바다에 도착하였습니다. 그랬더니 웅천에 머물러 있던 적들이 깊숙한 포구에 배를 감추고, 포구에는 험한 설비를 해 두고 소굴을 많이 만들어 두었으므로, 3도의 수군이 합세하여 복병하고 몰래 엿보면서 연일 유인하였으나, 적들은 우리 군사의 위세를 겁내어 끝내 출전하지 않았습니다. 그래서 칠천량과 가덕도 앞바다를 왕래하면서 진을 치고, 여러 가지로 계책을 내어서 기어코 섬멸하려 하였습니다. 부득이 이 긴요한 목을 지키는 적을 섬멸하고, 다음에 양산과 김해의 길을 따라 막아서 우리 뒤를 둘러쌀 염려가 없게 하도록 하고, 그런 다음에 차츰 부산으로 진격하여 도망치는 적을 막고 섬멸하여야 할 것입니다. 수륙으로 함께 공격하려고 "급히 여러 장수에게 명하여 병마를 거느리고 곧장 웅천을 공격하라."고 경상우도 순찰사에게 공문을 보내 재촉하였습니다.

(*연유를 잘 아뢰어 주십시오.)[39]

---

35 이 유지는 본서 권수卷首의 「교서와 유서敎諭」, '命率舟師截賊歸路 諭書(3)'와 동일한 것이다.
36 (*) 내용 생략. 『임진장초』의 원문은 『宣傳官李 賷來 去正月二十九日成貼 右副承旨書狀內 節該天兵旣克平壤 乘勝長驅 假息凶賊 逃遁相繼 京城之賊 亦必遁歸 卿其盡率舟師 合勢剿滅 期使片帆不返事有 旨是白乎味書狀乙 臣今二月十七日戌時 在慶尙道巨濟島 漆川梁前洋祇受爲白乎在亦 前矣祇受 宣傳官 蔡津 安世傑 等 賷來"이다. 이두 '節該'는 '이번에', '是白乎味'는 '…이시라고', '爲白乎在亦'은 '……하옵시었거니와'라는 뜻이다.
37 삼가 아룁니다 : 원문은 "근계謹啓"이다. 원래 계본의 서식에만 사용하는 문구로, 장계에서는 사용하지 않아야 하는데, 『이충무공전서』 편찬자가 임의로 삽입하였다.
38 (*) 내용 생략. 『임진장초』의 원문은 "適音"이다. '適音'은 이두로, '마침'이라는 뜻이다.

적을 무찌른 일을 아뢰는 계본討賊狀⁴⁰

(*행전라좌도 수군절도사 신 이)⁴¹

삼가 아뢰는 것은 적을 무찌른 일입니다.

"명나라 군대가 평양을 소탕한 후 해로로 도망치는 적을 차단하고 요격하라."는 일로, 선전관 채진과 안세걸 등이 5일 동안에 두 번이나 이르렀으므로, 신은 수군을 독촉하여 거느리고 지난 2월 초6일 출발하여, 초8일 본도 우수사 이억기 및 경상우수사 원균 등과 거제도의 한산도 바다 가운데에서 함께 모여 거듭하여 약속을 분명히 하고, 거제현의 칠천량과 웅천 땅 가덕도 앞바다 등지를 왕래하면서 진을 치고 명나라 군대가 남하하고 큰 적이 도망쳐 돌아가기를 기다렸습니다.

웅천의 적들이 부산으로 가는 길목을 차지하고 험한 곳에 웅거하여 배를 감추고 소굴을 많이 만들었기 때문에, 부득이 먼저 '이 적을 제거한 뒤에야 부산으로 진격할 수 있으므로, 2월 초10일, 12일, 18일, 20일에'⁴² 모든 수군이 혹은 복병을 보내어 유인하기도 하고, 혹은 드나들면서 도전하였습니다. 적들은 일찍이 우리 수군의 위세를 겁내어 바다 가운데로 나오지 못하고 언제나 가볍고 빠른 배로써 별안간 포구로 나왔다가 추격하면 빨리 돌아서 으슥한 곳으로 들어갔습니다. 다만 동서의 산기슭에 성을 쌓고 나누어 주둔하며 깃발을 많이 벌려 꽂고 철환을 빗발치듯 쏘면서 교만하고 방자한 꼴을 드러내 보였으므로, 우리 전선이 대열을 나누어 선단을 만들고 좌우로 일제히 진격하여 총통과 화살을 바람과 우레같이 교대로 발사하였습니다. 이렇게 하기를 하루에 두세 차례씩 반복하니 사살되어 엎어져 넘어진 놈의 수가 얼마인지 알 수 없고, 적의 세력은 크게 꺾였습니다. 그러나 그들이 험한 설비를 해 두었을 것

---

39 (*) 내용 생략. 『임진장초』의 원문은 "詮次以 善啓向敎是事"(연유를 잘 아뢰어 주실 일)이다. 뒤에 "萬曆二十一年 二月十七日"이 있다.
40 『임진장초』(장 25), 『충민공계초』(21) 계본이다.
41 (*) 내용 생략. 『임진장초』의 원문은 "行全羅左道水軍節度使 臣 李"이다.
42 "이 적을……20일에": 원문은 "先去此賊後 初十日十二日 乃進釜山 二月十八日二十日"로 되어 있으나, 이 문장의 『임진장초』 원문은 '先去此賊 乃進釜山 二月初十日十二日十八日二十日'로, 순서가 바뀐 것은 착오로 보인다.

이 의심스러워 포구 안까지는 깊이 들어가지 못하였고, 또한 육지로 올라가서 추격하여 죽이지도 못하여 늘 분개한 마음을 품고 있었습니다.

18일의 싸움에서 좌별도장이며 신의 군관인 주부 이실과 좌돌격 귀신장 주부 이언량 등이 적선 3척을 끝까지 쫓아가서 3척에 타고 있던 100여 명의 왜적을 거의 다 사살하였는데, 그중에 금빛 투구에 붉은 갑옷을 입은 자가 크게 외치면서 노를 재촉하다가 피령전을 맞고 곧바로 배 안에 엎어졌으며, 거의 그 배를 온전히 포획할 수 있었습니다. 그러나 이미 깊숙한 곳에 들어갔고 형세가 끝까지 쫓아가기 어려워 임치도진臨淄島鎭[43]에 속한 통선統船[44] 이 곁에서 싸움을 돕다가 물에 빠진 왜의 머리 1급을 베었습니다.

대체로 육군이 아니고서는 결코 적을 몰아 나오게 하기 어려우므로 적의 기세가 꺾인 때를 타서 수륙으로 합공하려고 경상우도 순찰사 김성일에게 육군의 지원을 다시 요청하였더니, "명나라 군사를 접대하는 일이 번거롭고 또 유방군留防軍[45]도 없으므로 첨지 곽재우를 시켜 먼저 창원을 무찌른 다음에 웅천으로 진격하도록 하고자 한다."고 하였습니다. 중과부적으로 적을 완전히 토멸하지 못하겠으므로 그달 22일 이억기 및 여러 장수와 약속하기를,

"저 적들이 무서워하여 항전하러 나오지 않고 또 육군이 뒤를 습격할 수도 없어 달리 섬멸할 길이 없다. 그러나 근일에는 적의 전상자가 많고 기세도 이미 꺾이었으며, 또 포구를 살펴보니 험한 설비는 없는 것 같고 전선 7~8척은 출입할 만한데, 여러 날[46] 서로 싸웠어도 아직 섬멸하지 못하고 또 머리도 베지 못하여 지극히 통분하다."

---

43 임치도진臨淄島鎭 : 원문은 '임치臨淄'로 되어 있다. 임치는 전라도 '임치도진臨淄島鎭'을 의미하는 것으로 보인다. 『세종실록지리지』에 의하면 임치도는 '영광현靈光縣'에 속하였다. 임치는 '영광靈光'의 옛 지명이기도 하다. 동여도東輿圖에는 임치도가 함평에 속한 것으로 되어 있다. 규장각한국학연구원에는 1872년(고종 9)에 작성된 임치진지도臨淄鎭地圖(奎10434)가 있으며, 임치선소臨淄船所를 확인할 수 있다. 현재는 무안군 해제면 임수리 일대이다.

44 통선統船 : 진鎭 단위의 규모로 통할 되는 군선軍船을 말한다. 여기 「적을 무찌른 일을 아뢰는 계본討賊狀」의 '발포 통선鉢浦統船'과 '가리포 통선加里浦統船'이, 권3 「사로잡혔던 이가 보고한 왜군의 정세를 아뢰는 계본登聞被擄人所告倭情狀'에 '판옥선'으로 나오며, 『난중일기』에는 "鉢浦二船"(발포 2선)과 "加里浦二船"(가리포 2선)으로 표기되어 있다.

45 유방군留防軍 : 원문은 "유군留軍"으로, 조선시대 군사상 여러 진鎭에 배치되어 방어를 맡았던 군대이다. (세종대왕기념사업회, 『한국고전용어사전』, 2001.)

라고 하고, 3도의 수군에서 각각 경완선輕完船⁴⁷ 5척을 내게 하여 모두 15척으로써 번갈아 적선이 열을 지어 정박해 있는 곳으로 돌격하면서 지자총통과 현자총통을 쏘아 반이나 쳐부수고 또 많이 사살하기도 하였습니다. 또 신이 모집하여 거느린 의승병과 3도의 날래고 용감한 사부射夫들을 태운 10여 척의 배를 동으로는 안골포에, 서로는 제포에 상륙시켜 진을 치자, 그 적들은 수륙으로 협공당하는 것이 두려워서 동서로 뛰어다니며 더불어 응전하였으나, 의승병들이 창을 비켜 들고 칼을 휘두르며 혹은 활과 혹은 포砲로 하루 종일 돌격하며 싸워서 무수한 적을 쏘아 맞혔으며, 비록 적의 머리를 벤 것은 없어도 우리의 군졸은 부상자가 없었습니다.

사도첨사 김완과 우별도장이며 신의 군관인 훈련정訓鍊正⁴⁸ 이기남, 판관 김득룡 등이 우리나라 사람으로서 적에게 포로가 되었던 웅천 수군 이준련李准連과 양갓집 딸 매염梅艶⁴⁹·염우廉隅⁵⁰·윤생允生, 김해의 양갓집 딸 김개金介, 거제의 양갓집 딸 영화永化⁵¹ 등 5명을 빼앗아 돌아왔는데, 문초한 내용에,

"근일의 접전으로 왜인은 화살과 철환에 맞은 중상자가 얼마인지 모를 정도로 많았으며, 죽은 자도 역시 많았는데, 차례로 불태워 버렸습니다. 왜의 도장都將이라 불리는 자도 역시 전사하자, 왜적들이 통곡하였으며 1월 말일쯤부터는 허다한 소굴에 전염병이 크게 번져 죽는 자가 연달았습니다."

라고 진술하였습니다.

여러 장수들이 이 말을 듣고서는 날랜 기운이 더욱 나서 '바다와 육지에서 승리를 거둘 때가 이 날이다.' 하면서 좌도의 발포 통선장統船將이며 그 포구의 군관인 이응개李應漑와 우도의 가리포 통선장 이경집李慶集 등이 이긴 기세를 타서 서로 다투어 돌진하여 적선을 쳐부수고, 돌아 나올 무렵에 두 배가 서로 충돌해 방패가 흩어져 떨

---

46 여러 날 : 원문은 "누일累日"이다. 『임진장초』에는 "累次"(여러 번)로 되어 있다.

47 경완선輕完船 : 가볍고 튼튼한 배. '輕'은 '가볍다'는 뜻이고, '完'은 '견고하다'는 뜻이다.

48 훈련정訓鍊正 : 훈련원정訓鍊院正. 훈련원의 정3품 벼슬이다. (『經國大典』, 兵典, 京官職.)

49 매염梅艶 : 『임진장초』, 『충민공계초』에는 "每染"(매염)으로 되어 있다.

50 염우廉隅 : 『임진장초』, 『충민공계초』에는 "鹽干"(염간)으로 되어 있다. '염간인 윤생'이 맞고, 그래야 본문에서 언급한 5명이 된다. 『전서』 편집자의 오류로 보인다.

51 영화永化 : 『임진장초』, 『충민공계초』에는 "永代"(영대)로 되어 있다.

어지므로, 사람들이 적의 철환을 피하려고 한쪽으로 몰리면서 그만 뒤집어졌습니다. 배 안에 있던 사람들은 서서히 헤엄쳐서 육지로 올라가고 혹은 자기 집으로 도망해 간 자도 있으므로 지금 색출하게 하고 곧 아뢰겠습니다. 여러 번의 승리로 군사들의 마음이 매우 교만해져서 앞을 다투어 적진에 돌입하여 오직 뒤처지는 것을 겁내다가 기어코 배가 뒤집히는 환난이 생겼으니, 더욱 통분한 일입니다.

2월 28일과 3월 초6일 다시 나아가 도전하여 포환砲丸과 시석矢石을 전보다 더 많이 쏘며 또 산기슭에 있는 적의 진지에 진천뢰震天雷[52]를 쏘니 터지고 부서지고 죽고 다쳐서, 시체를 끌고 황급하게 도망치는 자들을 낱낱이 헤아릴 수 없었으나, 적은 육지에 있고 우리는 배 위에 있었기 때문에 역시 머리를 베지는 못하였습니다.

그곳의 적들이 모두 소굴을 만들고 웅거하여 나오지 않아서 섬멸할 것을 기약할 수 없으므로 바람을 따라 불로 공격하려고 3월 초10일 사량 앞바다로 퇴진하여 화선火船을 준비하였습니다. 그러나 다시금 생각해 보니 명나라 군대가 오래 머뭇거리는데, 부질없이 적선만 태워 없애면 궁지에 몰린 적들의 화풀이가 반드시 미칠 것이므로, 잠시 거사擧事[53]를 중지하고 웅천에는 복병선을 정하여 보냈습니다.

3월 22일 본도와 경상도의 복병 선장 등이 힘을 합해 왜인 2명을 산 채로 잡고 보고하기를 "왜선이 우리 배를 탐망하려고 당포 앞바다로 향해 오는 것을 뒤쫓아 잡았다."라고 하였습니다. 정해년[54] 왜인에게 포로가 되었다가 풀려 돌아온 자로 왜어倭語를 잘 아는 본영의 진무 공태원孔太元을 시켜서 이 왜인들이 적중賊中에서 했던 일과 탐망하는 절차 등을 종일토록 심문하였습니다.

왜인 송고로宋古老는 나이 27세로서 약간 문자를 해독하고, 요사여문要沙汝文은 나이 44세로서, 두 사람이 다 말하기를,

---

[52] 진천뢰震天雷 : 날아가서 터지는 포탄인 비격진천뢰飛擊震天雷를 일컫는다. 무쇠를 둥글게 주조하여 그 속에 마름쇠와 화약을 넣어 만든다. 무게는 20근(12kg)이며, 중완구中碗口에 넣어서 발사하면 300보(약 370m)를 날아가서 폭발하였다. 임진왜란 때 화포장火砲匠 이장손李長孫이 발명하였다. [李曙, 『火砲式諺解』(1635); 『선조수정실록』 권26, 선조 25년(1592) 9월 1일(정사).]

[53] 거사擧事 : 화선火船으로 공격하는 일.

[54] 정해년丁亥年 : 1587년(선조 20)이다. 왜적이 전라도 손죽도損竹島로 침범한 일이 있다.

"본래 일본국 이조문伊助門[55]에 거주하는 사람으로서, 이달 18일 함께 작은 배를 타고 바다에 떠서 고기를 낚던 중 바람을 만나 표류하여 정박했다가 그대로 잡혔습니다. 그 밖의 소행과 절차에 대해서는 자세히 알지 못합니다. 본국의 약속에 '2년이나 되도록 오랫동안 타국에 머물러 있어서 수많은 자들이 살육을 당하였으니 일이 되든 안 되든 간에 3월 안으로 들어오라.'고 하였는데, 위로 올라간 왜인들이 아직 내려오지 않았으므로 일제히 도착하기를 기다려서 돌아갈 계획입니다."
라고 하였습니다. 교활하고 거짓말을 되풀이하는 말이라 믿지 못하겠으므로 다시 상세히 바른대로 말하라고 엄하게 형벌을 하고 추궁하였으나, 다시는 다른 말을 하지 않는 것이 지극히 흉악하므로 사지를 찢고 목을 베었습니다.

대저 이때를 당하여 비록 성지聖旨가 아니어도 반드시 신하 된 자로서 당연히 적의 달아나는 것을 살피고 귀로를 차단하여 맹세하건대 배 한 척도 돌아가지 못하도록 할 것입니다. 그런데 지금 바다에 내려온 지 벌써 두 달이 지나도록 명나라 군대의 소식은 아득하여 전혀 알 수 없고, 여러 곳에 머물고 있는 적들은 여전히 웅거하고 있습니다.

당장 농사철을 맞이하여 비가 두루 흡족하게 내렸는데, 연해안 각 진이 모두 출전하였으니 좌·우도의 수군 4만여 명이 모두 농민으로 농사를 전폐하면 다시 가을에 수확[56]할 희망이 없습니다. 우리나라 8도 중에서 오직 이곳 호남이 조금 완전하여 군량이 모두 이 도에서 나오는데, 도내의 장정들은 죄다 바다와 육지 싸움에 달려가고, 노약자들은 군량을 운반하느라고 경내에는 남은 일꾼이 없어서 봄철이[57] 이미 지나도록 들판[58]이 쓸쓸하니, 비단 백성들이 생업을 잃어버린 것만이 아니라 군대와 나라에 쓸 물자마저 의뢰할 곳이 없을 것이므로 매우 답답하고 걱정됩니다.

배의 격군들은 비록 교대로 농사를 지으러 보내고자 하오나 달리 대신할 사람이 없어서 영영 살아갈 도리가 끊어질 수도 있습니다. 더구나 전염병이 번갈아 번져 사

---

55 이조문伊助門 : 일본 시마네현島根縣의 이즈모出雲로 추정된다.(『조선사편수회, 『난중일기초·임진장초』 1935, 373쪽.)
56 가을에 수확 : 원문은 "서성西成"으로, '가을에 농작물이 여묾'의 뜻이다.(『西經』, 虞書, 堯典, "平秩西成")
57 봄철이 : 원문은 "삼춘三春"으로, 봄의 석 달, 곧 음력 1월(맹춘孟春)·2월(중춘仲春)·3월(계춘季春)을 일컫는다.

망하는 자가 연달았는지라, 명나라 군대가 남쪽으로 내려오는 날에 이런 병들고 굶주린 군졸을 거느리고서는 달아나는 적들을 막아 섬멸하는 것을 도모하기에는 형세가 어려울 듯합니다.

그러므로 먼저 번갈아 가며 돌아가 농사를 짓게 하고, 겸하여 병든 군졸을 간호하며 군사훈련과 군량을 준비하고, 배를 정비하여 명나라 군사의 소식을 자세히 듣고 기회를 타서 달려가 적을 차단하고자, 이달 4월 초3일 이억기와 약속하고 본도에 돌아왔습니다. 접전할 때 철환을 맞아 부상한 사람들은 발포 통선의 전사자와 한꺼번에 기록하였습니다.

(*삼가 갖추어 아룁니다.)[59]

통선 1척이 전복된 뒤에 죄를 기다림을 아뢰는 장계統船一艘傾覆後待罪狀[60]

(*승정원에서 개봉하실 것)[61]　　　　　　　(*행전라좌도 수군절도사 신 이)[62]

삼가 아룁니다.[63]

　보잘것없는[64] 신이 외람되이 중책을 맡아 밤낮으로 근심하고 두려워하며, 티끌[65]만 한 공로로나마 은혜에 보답하려고 생각하였습니다. 작년 여름과 가을에 흉적들이 거리낌없이 독을 피워 바다와 육지로 침범할 때, 다행히 하늘의 도우심을 힘입어 여러 번 승첩하니 거느린 군사들이 이긴 기세를 타서 교만한 기운이 날로 더하여 앞을

---

58 들판 : 원문의 "남묘南畝"는 '햇볕을 잘 받는 남향의 농경지'를 뜻한다.(『詩經』, 小雅, 甫田之什, 大田, "以我覃耜 俶載南畝 播厥百穀".)
59 (*) 내용 생략. 『임진장초』의 원문은 "謹具啓聞 萬曆二十一年 四月初六日 節度使 臣 李"이다.
60 『임진장초』(장 26)・『충민공계초』(22) 장계이다.
61 (*) 내용 생략. 『임진장초』의 원문은 "承政院 開拆"이다.
62 (*) 내용 생략. 『임진장초』의 원문은 "具銜 臣 李"이다.
63 삼가 아룁니다 : 원문은 "謹啓謹啓"이다. 『이충무공전서』 편찬자가 삽입하였다. 『임진장초』와 『충민공계초』의 원문에는 없다.
64 보잘것없는 : 원문은 "무상無狀"이다. '형편없다.'라는 뜻으로 스스로를 낮추는 말이다.
65 티끌 : 원문은 "연애涓埃"로, 물방울과 먼지, 즉 매우 작음을 비유하는 말이다.(『三國演義』, 第三回　議溫明董卓叱丁原　饋金珠李肅說呂布, "恨無涓埃之功 以爲進見之禮".)

다투어 돌진하며 오직 뒤처질까 두려워하였습니다. 그래서 신이,

"적을 가볍게 여기면 반드시 패한다."

라는 이치로 재삼 타일렀으나, 오히려 경계하지 않아서 마침내 통선 1척이 전복되어 사망자가 많이 생겼습니다. 이는 신의 용병이 좋지 못하고 지휘하는 것이 법도에 어긋났기 때문입니다. 지극히 황공하여 거적자리에 엎드려 처벌을 기다립니다.

(*연유를 잘 아뢰어 주십시오.)[66]

수군에 소속된 고을의 수령들은 해전에만 전속시켜 주시도록 청하는 계본
請舟師屬邑守令專屬水戰狀[67]

삼가 아뢰는 것은 상고하기 위한 일입니다.

신에게 소속된 수군은 5고을五官과 5진포五鎭浦인데, 흥양현감 배흥립은 순찰사가 육전陸戰으로 데려가고, 보성군수 김득광은 일찍이 두치豆恥의 복병장으로 임명되었다가 (*이번에)[68] 수군으로 되돌아왔으며, 녹도만호 송여종은 군량을 호송하는 차사원差使員[69]으로 올라가서 돌아오지 않았습니다. 그 나머지 순천·광양·낙안·보성 등 고을의 수령과 방답·사도·여도·발포 등의 진장鎭將들로써 여러 장수[오위의 각 장수]에 배정했어도 오히려 부족한데, 도내의 왕명을 받은 장수들이 수군의 여러 장수들을 혹은 육지에서 싸우게 한다면서 이동시키거나, 혹은 명령을 들으라 하면서 전령을 내어 소란하게 붙잡아 가고 있습니다. 달리 수군과 육군에 나누어 배정한 뜻이 없을 뿐 아니라, 동서로 분주하여 따라야 할 곳을 알 수 없습니다.

명령이 나오는 데가 많으므로 호령이 시행되지 못합니다. 극성스런 적은 제거되지 않았는데, 지휘하는 것이 법도에 어그러지니 지극히 답답하고 걱정스럽습니다.

---

66 (*) 내용 생략. 『임진장초』의 원문은 "詮次以 善啓向敎是事"(연유를 잘 아뢰어 주실 일)이다. 뒤에 "萬曆二十一年[1593] 四月初六日"이 있다.
67 『임진장초』(장 27), 『충민공계초』(23) 계본이다.
68 (*) 내용 생략. 『임진장초』와 『충민공계초』의 원문은 "節沙"이다. '節沙'는 이두로, '이제야'라는 뜻이다.
69 차사원差使員 : 중요한 사무를 띠고 임시로 중앙에서 파견되는 관원.

앞으로는 수군에 소속된 수령과 변방 장수들을 다른 곳으로 이동하지 말고 오로지 해전에만 소속시키도록 할 것을, 엎드려 바라옵건대 조정에서 각별히 본도의 감사·병사·방어사·조방장 등에게 신칙해 주시기 바랍니다.

(*삼가 갖추어 아룁니다.)[70]

광양현감 어영담의 유임을 청하는 계본 請光陽縣監魚泳潭仍任狀[71]

(*행전라좌도 수군절도사 신 이)[72]

삼가 아뢰는 것은 취품取稟[73]하기 위한 일입니다.

(*이번에 올린)[74] 광양현에 사는 김두金斗 등 126명의 연명으로 된 등장等狀[75] 내용에, "이 고을 원이 자주 바뀌므로 새 원을 맞이하고 가는 원을 송별하는 일 때문에 백성들이 고통을 감당하지 못하여 장차 버린 고을이 될 지경이었습니다. 그런데 현감이 부임하여 즉시 백성의 고통과 폐단을 묻고 잘못된 일을 개혁하며 병기를 수선하여 비치하고, 나라를 근심하기를 자기 집같이 하므로, 지난날 도망해 흩어진 자들이 풍문을 듣고 돌아와 모여들어 경내가 편안해졌습니다.[76]

작년 4월에 영남 접경에서 사변이 생겨서 하동·곤양·남해 등지의 백성들이 거의 다 달아나 숨었기 때문에 인심이 동요되어 모두 흩어지려는 뜻을 품고 짐을 지고 나섰습니다. 이때, 아마 침착하고 도량 있는 사람이 아니었더라면 진정시키기 어려웠을 것인데, 현감은 성품과 도량이 차분하고 신중하여 의심하거나 미혹됨이 없고, 성을 지키는 것과 해전에 방비하는 책략에 상세히 연구하지 않는 것이 없어서, 두치강

---

70 (*) 내용 생략. 『임진장초』의 원문은 "謹具啓聞 萬曆二十一年 四月初六日 節度使 臣 李"이다.
71 『임진장초』(장 28)·『충민공계초』(24) 계본이다.
72 (*) 내용 생략. 『임진장초』의 원문은 "行全羅左道水軍節度使 臣 李"이다.
73 취품取稟 : '임금에게 여쭈어서 그 의견을 기다림'의 뜻이다.
74 (*) 내용 생략. 『임진장초』의 원문은 "節呈"이다. 이두 '節'은 '이번'의 뜻이다.
75 등장等狀 : 소지所志의 일종으로 조선시대 여러 사람이 연명으로 관부에 올리는 소장이나 청원서·진정서이다.
76 편안해졌습니다 : 원문 "안연晏然"은 마음이 편안하고 침착한 모양이다.

여울을 파수하는 일들을 일시에 함께 행하며, 적에 대항할 도리를 타일러서 사람들을 안정시켰을 뿐만 아니라, 수군의 여러 장수들과 여러 번 출전할 때마다 제 몸을 잊고 앞장서서 돌진하여 왜적을 섬멸한 공로가 이미 월등하여 당상堂上에 승진되기까지 하였습니다.

그런데, 지난 1월 27일 출전한 뒤에 독운어사가 여러 고을을 순찰하여 각 고을 창고의 곡식을 뒤져서[77] 그 수량을 알아보고 '곡식을 옮기는 데만 전력하고 굶주린 백성들을 구휼하지 않았다.'라고 말하는데, 이 고을에는 중기치부重記置簿[78]에 기록된 회계 수량 이외에 쌀·콩·벼 등 모두 600여 석을 평상시에 저장해 두어 혹은 군량에 보태어 쓰기도 하며 혹은 고을 백성들을 구휼하기도 하였습니다. 유위장留衛將[79]이 그 쌀·콩·벼 등을 오로지 볍씨와 구호미로 쓰고 도목장에 기록하지 않았는데, 독운어사가 현감이 없을 때 고을에 와서 창고의 물건을 조사할 때, 도목장 이외에 저장해 둔 원 수량 외의 곡식을 현감이 사사로이 쓰는 것이라 지적하여 장계하고, 곧바로 구례현감을 차원差員으로 명하여 창고를 봉쇄封庫하였으니, 볍씨와 구호미를 모두 바랄 수 없게 되었습니다.

농사철은 번개처럼 지나가는데 논밭이 황폐해지면 금년과 명년에 실어 보낼 곡식은 나올 길이 전혀 없을 것이니 지극히 답답하고 걱정이 됩니다. 뿐만 아니라 현감도 임금께서 서쪽으로 몽진한 뒤 물자와 양식을 대기 어려울 것을 민망히 여겨 수량 외의 백미 60석과 다른 잡물을 함께 배에 실어 올려 보냈는데, 그것을 사사로이 쓴 것이 아니고 나라를 위해서 충성을 다했다는 것이 여기에 더욱 나타났습니다. 그런데 이제 범하지도 않은 일에 걸려 장차 갈리게 된다니 온 고을의 백성들이 마치 부모를 잃어버린 것 같은데, 순찰사는 멀리 경기도에 주재하여 바닷가의 백성들은 답답함을 호소할 곳이 없으므로, (*도에 와서 호소하오니)[80] 속히 이 뜻을 임금께 아뢰도록 전하여 군사와 백성의 원통함을 풀어 주시기 바랍니다."

---

77 뒤져서 : 원문은 "번고反庫"로, 창고 안의 물건을 뒤적거려 조사함의 뜻이다.
78 중기치부重記置簿 : 중기는 사무를 인계할 때 전하는 문서, 치부는 금전이나 물품의 출납을 기록한 장부를 말한다.
79 유위장留衛將 : 고을 수령이 부재중일 때, 대신 고을을 맡아 지키는 사람. 유진장留鎭將과 같은 말이다.

라고 하였습니다.[81]

　광양현은 영남에 접경한 곳으로 사변이 일어난 뒤에 인심이 흉흉하여 모두 흩어져 달아날 생각만 품고 있었는데, 어영담이 이를 진정시켜 편안하게 하여 마침내 온 고을 백성으로 하여금 예전과 같이 편안히 살게 하였습니다. 그뿐 아니라, 여러 번 경상도와 전라도의 변방 장수로 재임하여 물길의 형세를 익숙히 알지 못한 것이 없으며, 계교와 생각함이 남보다 뛰어나므로 신이 중부장中部將으로 임명하여 함께 몇 차례 일을 모의하였으며, 여러 번 적을 무찌를 때는 죽음을 무릅쓰고 앞장서서 대승리를 거두었습니다. 그러므로 호남 한쪽이 이제까지 완전하게 보전된[82] 것은 이 사람의 일부분一分의 힘이 아닌 것이 없습니다.

　이제 독운어사의 장계로 인하여 본직이 교체된다고 하는바, 창고의 곡식이 더하고 덜한 것은 신이 잘 알지 못하지만, 대개 어영담은 지난 2월 초6일 신이 바다로 내려갈 때 거느리고 나아가 거제와 웅천 등지에서 진을 치고 있었으므로, 독운어사가 그 고을에 들어가서 각종 곡식을 뒤질 때, 거행한 여러 안건 등을 그 고을 유위장이 전담하여 글을 써서 제출한 것이니, 비록 그 수량에 가감이 있더라도 실상은 어영담이 범한 것은 아닐 것입니다.

　설사 조금 과실이 있었다 하여도 이같이 몹시 어려운 때를 당하여 충의에 분발하는 장수 한 사람을 잃게 되는 것은 적을 방어함에 해로움이 있습니다. 하물며 해전은 사람마다 능히 할 수 있는 것이 아니므로 이런 시기에 장수를 바꾼다는 것은 또한 군사상 좋은 계책이 아닙니다. 뿐만 아니라 민심도 이러한바, 사변이 평정될 때까지는 잠시 그 자리에 그대로 두어서, 한편으로는 해상으로 침범하는 적을 막고, 한편으로는 잔약한 백성들의 소원을 들어 주시기를 엎드려 간청하오니 조정에서는 참작하여 처리하여 주시기 바랍니다.

　이 일은 신이 아뢸 바는 아니지만, 순찰사와 도사가 각각 먼 곳에 있고, 도망치는

---

80 (*) 내용 생략. 『임진장초』와 『충민공계초』의 원문은 "道良中來呈爲去乎"이다. '道'는 '전라좌도(수영)', 이두 '良中'은 '……에', '爲去乎'는 '……하므로'라는 뜻이다.

81 『임진장초』의 원문은 '以解軍民之冤爲只爲 所志是白置有亦'로 '군사와 백성의 원통함을 풀어달라는 소지였습니다.'이다. 이두 '爲只爲'는 '…하도록' 또는 '…함에 대하여', '是白置有亦'은 '…이시다 하니'의 뜻이다.

82 완전하게 보전된 : 원문은 "보완保完"이다.

대부대의 적을 차단하여 섬멸하는 것이 당장 급하며, 잔약한 백성들의 울며 부르짖는 호소를 또한 그대로 버려 둘 수도 없으므로, 엎드려 직책에 벗어난 죄를 무릅쓰며 죽음을 무릅쓰고 감히 아룁니다.

(*삼가 갖추어 아뢰며, 엎드려 명령을 기다립니다.)[83]

일족을 침해하지 말라는 명령을 취소해 주시기를 거듭 청하는 계본
申請反汗[84]一族勿侵之命狀[85]

(* 행전라좌도수군절도사 신 이)[86]

삼가 아뢰는 것은 상고하기 위한 일입니다.

전일 "친족에게 미치는 폐단 때문에, 사변이 평정될 때까지 침해하지 마라." 하신 유지에 따라 대략 이해利害를 열거하여 체찰사에게 보고하고 그 회답을 받은 뒤에 연유를 낱낱이 들어 장계[87]하였습니다.

대개 수군은 육군에 비교할 것이 아닙니다. 1호戶의 4장정 중에 흩어져 고향을 떠난 자가 절반이 넘습니다. 폐단을 없애고 백성에게 너그럽게 해 주면 변방을 지킬 사람이 없으며, 전례대로 변방을 굳게 지키려면 백성이 시들고 병든 것이 이미 극도에 달했습니다. 이 두 가지 사이에 편의한 것은 아무리 생각해도 어찌할 수 없어서, 부득이 친족 중에서 대신 징발하여 방비를 충실하게 하던 것은 이미 그렇게 해 오던 것이므로 각 고을에 "죽어서 자손이 끊어진 호구는 일절 침해하지 말고, 본인 및 친족과 이웃이 이것을 핑계로 삼아 몰래 도피하려는 자는 전례대로 도목장에 기록하여 보내

---

83 (*) 내용 생략. 『임진장초』의 원문은 "謹具啓聞 伏候敎旨"이다. 뒤에 "萬曆二十一年 四月初八日 節度使 臣 李"가 있다.

84 반한反汗 : 전에 내린 명령을 취소하거나 고치는 일. '汗'은 땀이라는 뜻 외에, 한번 나오면 다시는 되돌리지 못하는 것으로서 제왕의 명령을 일컫는다. 『漢書』 권36, 楚元王傳第六, 劉向, "汗出而不反者也 今出善令 未能踰時而反 是反汗也".)

85 『임진장초』(장 24)・『충민공계초』(20) 계본이다.

86 (*) 내용 생략. 『임진장초』의 원문은 "行全羅左道水軍節度使 臣 李"이다.

87 『전서』 권2, 「장계 一」 '請反汗一族勿侵之命狀'이다.

라."고 공문을 보냈습니다.

(*이번에)⁸⁸ 독운어사 임발영任發英이 내려온 뒤에는 일체 '군무에 관한 일'과 '일족에 대한 일'은 오로지 분부대로만 시행하므로, 각 고을에서는 이 논보論報⁸⁹에 의거하여 방비할 군사를 뽑아 보낼 뜻이 없습니다. 각 고을의 군사와 아전들도 이로 인하여 속이고 숨겨 두고서 갑자기 교묘하게 기피할 꾀만 내어서 '있는 것을 도망갔다 하고 살아 있는 자를 죽였다.'라고 하니 군령이 크게 무너져 수습할 길이 없습니다. 군사들의 수가 날로 줄어드는데 군사는 나올 데가 없어 마침내 연해안의 중요한 지역이 일시에 텅 비고 병영과 큰 진에도 장차 성문을 지킬 군졸이 없게 될 것이니, 방비의 허점이 전쟁을 겪은 지역보다 더 심해서, 반복하여 생각하여도 어찌할 바를 모르겠습니다.

이것은 평시에도 결코 이럴 수가 없거든, 하물며 이러한 큰 사변을 당한 때 극악한 적이 제거되지 않아 곳곳에서 서로 맞서 버티고 있는데, 도망치는 많은 적을 무엇에 힘입어 요로를 질러 막을 것이며, 성을 지키거나 계속 지원하는 일은 또한 무엇을 힘입어 조처하겠습니까?

일에는 경중이 있고 시기에는 완급이 있으니, 참으로 한때의 폐단 때문에 길이 후회할 일을 불러올 수는 없습니다. 이것은 이미 경험한 바 있고, 호남 한쪽이 오늘까지 온전한 것은 오로지 수군의 대세에 힘입은 것일 뿐 아니라 회복할 시기도 또한 이때에 있으니, 친족이나 이웃에 대한 폐단을 혁파하여 제거하는 것은 오히려 사변을 평정한 뒤에도 늦지 않을 것이므로 죽음을 무릅쓰고 망령되이 아룁니다. 엎드려 바라옵건대, 조정에서 전후의 계사啓辭를 참작하셔서 적을 막고 백성도 보전하는 일에 양쪽이 다 편의하게 하십시오.

(*삼가 갖추어 아룁니다.)⁹⁰

---

88 (*) 내용 생략. 『임진장초』의 원문은 "節"이다. '節'은 이두로, '이제' 또는 '이번에'라는 뜻이다.
89 논보論報 : 하급 관아에서 상급 관아에 의견을 붙여 보고한 일. 즉 어사의 의견을 말한다.
90 (*) 내용 생략. 『임진장초』의 원문은 "謹具啓聞"이다. 뒤에 "萬曆二十一年(1593)四月十日 節度使 臣 李"가 있다.

충청도 수군이 계속 후원하도록 해 주실 것을 청하는 장계請湖西舟師繼援狀

(1)[91]

(*승정원에서 개봉하실 것)[92]　　　　　　　　　　　　(*정헌대부 행전라좌도수군절도사 신 이)[93]

(*선전관 고세충高世忠이 받들고 온 우승지 서장 내용에,

"이번에 접반사 윤근수의 서장에 의거하면 '전선과 수군을 모조리 다 모아 부산 바다 어귀에 가지런히 배치할 것이다.' 하니 경솔히 움직이지 말고 경략의 분부를 들어서 협력하여 적을 격멸하고 나라의 치욕을 씻도록 하라는 유지가 있다."[94]

하신 서장을 신이 오늘 5월 초10일 진시辰時(오전 7~9시)에 경상도 거제 땅 견내량 바다 가운데에서 공경히 받았습니다.)[95]

　삼가 신은 아룁니다.[96] 본도의 좌·우도 수군은 그전 수효대로 오늘 5월 초8일 견내량에 도착하여 적세를 탐망해 본즉, 웅천의 적들이 여전히 웅거하고 있는데 부산 바다 어귀를 차단하러 가는 데는 웅천이 요충지 길목이 되므로, 부산으로 깊이 들어간다면 적이 앞뒤에 있게 됩니다. 아무리 생각해도 수군만으로는 끌어낼 길이 전혀 없으므로 부득이 육군과 합공하여 쫓아내어 수륙에서 섬멸하기 위해서는 먼저 요충지 길목을 잡고 있는 적을 제거해야 하겠다는 일로 체찰사와 순찰사에게 급히 보고하였사오니 조정에서도 각별히 신칙申飭해 주시리라 생각합니다.[97]

　경상도는 탕패된[흩어지고 무너진] 나머지 또 명나라 군사들을 접대하느라고 격군

---

91 『임진장초』(장 30)·『충민공계초』(26) 장계이다.
92 (*) 내용 생략. 『임진장초』의 원문은 "承政院 開拆"이다.
93 (*) 내용 생략. 『임진장초』의 원문은 "正憲大夫 具銜 臣 李"이다.
94 이 유지 내용은, 본서 권수卷首, 교유敎論, 「命聽候經略 諭書」에도 나와 있다.
95 (*) 내용 생략. 『임진장초』의 원문은 "宣傳官高世忠 賚來右承旨書狀內 節該接伴使尹根壽書狀據 戰船水軍 盡數調聚 整齊於釜山海口 勿使輕動 聽候經略分付 協力滅賊 以雪國恥事 有旨 是白乎味書狀乙 臣今五月初十日辰時 在慶尙道巨濟境 見乃梁洋中祇受爲白乎在亦"이다. 이두 '節該'는 '이번에', '是白乎味'는 '…이시라고' 또는 '…이시오매', '爲白乎在亦'은 '…하옵신 것인데'라는 뜻이다.
96 삼가 신은 아룁니다 : 원문은 "근계신근계신謹啓臣"이다. : '근계근계謹啓'는 원래 계본의 서식에만 사용하는 문구로 장계에서는 사용하지 않는데, 『전서』 편찬자가 '근계신근계신謹啓臣'을 삽입하였다.
97 신칙申飭해 주시리라 생각합니다 : 원문은 "신칙공의申飭恐宜"로, 『임진장초』·『충민공계초』에는 '申飭爲白乎矣(신칙하옵시되)'로 되어 있다. 이두 '爲白乎矣'는 '…하옵시되' 또는 '…하되'의 뜻이다.

을 보충할 길이 없을 뿐 아니라, (*겨우 전선을 정비했어도)⁹⁸ 사부와 격군들이 거의 다 굶주리고 쇠약하여 노를 저어 배를 부리기에 감당하기 어려운 형편입니다. 달아나는 큰 적을 차단하려 할 때 병세가 매우 외롭고 약하니 참으로 답답하고 걱정스러울 뿐만 아니라, 적이 달아나 돌아가는 것이 더딜지 빠를지도 또한 예측하기 어려운 일입니다. 엎드려 청하옵건대, 충청도의 모든 수군이 밤낮을 가리지 않고 계속 후원하여, 적을 무찔러 하늘에 닿은 치욕을 씻을 수 있게 하여 주십시오.

(*연유를 잘 아뢰어 주십시오.)⁹⁹

충청수영성의 영보정永保亭(위)과 서문 홍예(아래). 충남 보령. (사진 문화재청)

---

98 (*) 내용 생략. 『임진장초』·『충민공계초』의 원문은 "粗也如整齊戰船乙沙"이다. 이두 '粗也'는 '겨우', '乙沙'는 '……이야말로'라는 뜻이다.

99 (*) 내용 생략. 『임진장초』의 원문은 "詮次以 善啓向敎是事"(연유를 잘 아뢰어 주실 일)이다. 뒤에 "萬曆 二十一年 五月初十日 節度使 臣 李"가 있다.

(2)[100]

(*승정원에서 개봉하실 것)[101] (*정헌대부 행전라좌도 수군절도사 신 이)[102]

(*선전관 박진종朴振宗이 받들고 온 동부승지 서장 내용에,

"이번에 송 경략의 분부에 의거하여 호남과 영남 수군의 전선이 일시에 함께 모여, 먼저 부산 등지에 정박해 있는 적선을 불태우며, 또 거느린 수군의 전선과 전쟁 기구가 얼마나 되는지를 먼저 명나라 장수에게 보고하고, 적으로 하여금 배 한 척도 돌아가지 못하게 하되, '만일 형세가 불리하여 불태워 없애지 못하더라도 속여 보고하지는 말아야 한다.'라는 유지가 있다."

하신[103] 것을 신이 5월 14일 경상도 거제 땅 견내량 바다 가운데에서 공경히 받았습니다.)[104]

삼가 아룁니다.[105] 신이 거느린 것은 전선 42척과 사후선[정탐하고 보조하는 작은 배]이 52척이며, 우수사 이억기가 거느린 것은 전선 54척과 사후선이 54척이며, 전쟁 기구는 배의 척수에 따라 정돈하여 갖추었습니다.

그러나, 웅천의 적들이 여전히 웅거하여 배를 깊숙한 곳에 감추고 있을 뿐 아니라, 골짜기 양쪽의 산이 바다 어귀를 굽어보고 누르며 지세가 좁고 물이 얕아서 판옥대선은 마음대로 출입하면서 쳐부술 수 없습니다. 또 창원·김해·양산의 적들도 꿈쩍할 생각도 하지 않고, 감추어 놓았던 수많은 배들로 가덕도 앞바다로 나와서 진을 쳐서 웅천의 적과 함께 남북으로 나뉘어 부산으로 이어지는 길을 지키며 막고 있습니다. 이 적들의 소굴을 그대로 두고서는 부산으로 깊이 들어갈 수 없는 형편이므로, 부득이 육군이 바로 웅천을 쳐서 적들을 바다로 몰아내야만 쳐서 무찌를 수 있어 부산 길이 트이게 될 것입니다. 선전관 고세충이 받들고 온 서장을 공경히 받잡

---

100 『임진장초』(장 32)·『충민공계초』(28) 장계이다.
101 (*) 내용 생략. 『임진장초』의 원문은 "承政院 開拆"이다.
102 (*) 내용 생략. 『임진장초』의 원문은 "正憲大夫 具銜 臣 李"이다.
103 이 유지 내용은 본서 권수卷首 교유敎諭 「命依經略言先焚釜山 諭書」에도 나와 있다.
104 (*) 내용 생략. 『임진장초』의 원문은 "宣傳官朴振宗 賚來同副承旨書狀內 節該宋經略分付據 兩南水軍戰船 一時齊會 先焚釜山等處留泊賊船 且所領水軍戰船 戰具幾許與否 先報于天將 使賊片帆不返 萬一因形勢不便 不得焚滅 則亦不得瞞報事 有 旨是乎味書狀乙 臣今五月十四日 在慶尙道巨濟境 見乃梁洋中 祇受爲白乎在亦"이다. 이두 '節該'는 '이번에', '是白乎味'는 '…이시라고', '爲白乎在亦'은 '…하옵신 것인데'라는 뜻이다.
105 원문은 "근계謹啓"로, 『전서』 편찬자가 삽입하였다. (앞의 주와 같음)

고는 대략 이러한 사유를 보고하였습니다.

대개 명나라 장수들로부터 "왜적을 죽이지 마라." 하는 말을 들은 후에는, 여러 장수와 관원들이 통분하여 절치부심하지 않는 이가 없었습니다. 경략이 제독에게 "왜적을 추격하라."고 명령한 글을 보고서는 기운이 솟고 용기를 내어 모두 결사적으로 보복하려고 합니다.

창원·웅천·김해·양산 등지에 웅거하여 요충지의 길목을 막고 있는 적의 세력이 지금에 이르러 더욱 성하니, 육군이 아니고서 수군만으로는 결코 끌어내기 힘들므로 극히 답답하고 걱정스러워 육군을 재촉하여 내려보내도록 도원수와 체찰사 및 순찰사 등에게 이미 급히 보고하였습니다. 잠시 숨이 붙어 있는 남은 무리들이 명나라의 위엄을 겁내어 서로 다투어 바다를 건너갈 무렵에, 이 길목에 막혀 뒤쫓아 진격하지 못한다면 천지에 사무친 치욕을 씻을 길이 없으므로, 밤낮 애를 태웁니다.

엎드려 바라옵건대, 조정에서도 충청도 수군이 모두 밤낮을 가리지 않고 와서 돕도록 각별히 급히 타일러 주시기 바랍니다.

(*연유를 잘 아뢰어 주십시오.)[106]

왜선을 쫓아낸 일을 아뢰는 장계逐倭船狀[107]

(*승정원에서 개봉하실 것)[108]　　　　　　(*정헌대부 행 전라좌도 수군절도사 신 이)[109]

(*선전관 유형柳珩이 받들고 온 동부승지의 서장 내용에,

"이번에 송 경략의 분부를 들으니 '부총병 유정劉綎을 재촉하여 정예 군사들을 거느리고 급히 왜적을 무찌르라 했다.' 하니, 경卿은 군사와 배를 정비하여 일체 부총병의 지휘를 받아 급급히 쳐서 무

---

106 (*) 내용 생략. 『임진장초』의 원문은 "詮次以 善啓向敎是事"(연유를 잘 아뢰어 주실 일)이다. 뒤에 "萬曆二十一年五月十四日"이 있다.
107 『임진장초』(장 33)·『충민공계초』(29) 장계이다.
108 (*) 내용 생략. 『임진장초』의 원문은 "承政院 開拆"이다.
109 (*) 내용 생략. 『임진장초』의 원문은 "正憲大夫 具銜 臣 李"이다.

찌르되, 혹 지체하여 일에 어긋남이 없도록 하라는 유지가 있다."[110]

하신 서장을, 신이 오늘 7월 초1일 거제 땅 한산도 바다 가운데에서 공경히 받았습니다.)[111]

삼가 아룁니다.[112] 신이 지난 5월 초7일, 출전하여 본도 우수사 이억기와 경상우수사 원균 등의 수군과 합세하여 거제 땅 흉도䐗島[113] 바다 가운데 진을 치고 명나라 군대가 남하하기를 고대하며, 육군이 창원과 웅천으로 진격하여 웅거해 있는 적을 바다 가운데로 몰아내어 수륙으로 합공해서 먼저 이 요충지 길목을 막고 있는 적들을 제거한 연후에, 부산으로 진격하여 퇴각해 바다를 건너가는 적들을 쳐서 무찌르기로 약속을 밝힌 지 거의 석 달[114]이 되었습니다.

지난 6월 15일 창원에 있던 왜적이 함안으로 돌입한 뒤, 16일에 수로의 적선 무려 800여 척이 부산과 김해로부터 웅천·제포·안골포 등지로 옮겼고, 그 밖에도 왕래하는 배들이 얼마인지 그 수를 알지 못하는데, 적이 수륙으로 한꺼번에 일어난 것이 서쪽으로 침범할 기색이 뚜렷하므로, 이억기 및 원균 등과 함께 온갖 방책을 의논한 끝에 적의 길목인 견내량과 한산도 바다 가운데를 가로막고 진을 쳤습니다.

6월 23일 야간에 웅천과 제포에 나누어 정박했던 적선들이 모두 거제 땅 영등포·송진포·하청·가이加耳 등지로 옮겨와 바다에 가득 깔렸는데, 동으로는 부산에서부터 서로는 거제까지 후원선의 연락이 끊기지 않고 있으니 참으로 원통하고 분합니다.

지난 6월 26일 선봉 적선 10여 척이 바로 견내량으로 향하여 오다가 신 등의 복병선에 쫓겨 가고는 다시 나오지 않는데, 필시 우리 군사를 유인하여 좌우와 뒤를 에워쌀 계책이었을 것입니다. 신 등의 생각으로는 요로를 굳게 지켜 편안히 있다가

---

110 이 유지 내용은, 본서 권수卷首, 교유교론,「命授副摠節制 諭書」에도 나와 있다.
111 (*) 내용 생략.『임진장초』의 원문은 "宣傳官柳珩賫來同副承旨書狀內 節該今聞宋經略分付 催督劉副總綎 使之率精銳 急勦倭賊 而卿其整桨兵船 一聽副總節制 急急勦減 毋或遲違事 有旨是白乎味書狀乙 臣 今七月初一日 在巨濟境 閑山島洋中 祇受爲白乎在亦"이다. 이두는 앞과 같다. 이 유지는 본서 권수卷首 교유교론「(命授副摠節制諭書)」와 동일하다.
112 삼가 아룁니다 : 원문 '근계근계謹啓'는 원래 계본의 서식에만 사용하는 문구로 장계에서는 사용하지 않는데,『전서』편찬자가 삽입하였다.
113 흉도䐗島 : 경상남도 거제시 사등면 창호리 가조도.
114 삼삭三朔 :『임진장초』,『충민공계초』,『충무공계초』에는 모두 '이삭二朔'으로 나와 있다.

피로해진 적을 기다려서 먼저 선봉을 쳐부순다면 비록 백만의 무리라도 기운을 잃고 마음이 좌절되어 도망치기에 바쁠 것입니다. 그뿐 아니라, 한산 바다는 작년에 대적이 섬멸된 곳이므로 이곳에 진을 치고서 그들이 움직이기를 기다려서 한마음으로 협력하여 공격하기로 죽기로써 맹세하였습니다.

그런데, 유 부총병이 당보아塘報兒·왕경王景·이요李堯 등 아랫사람을 보내어 지난 6월 선산에서 두 번이나 진중에 이르러 수군의 수를 알고 간 후로는 의령·진주 등지의 길이 막혀 통하지 못하고 있습니다.

(*연유를 잘 아뢰어 주십시오.)[115]

왜군의 정세를 아뢰는 계본陳倭情狀[116]

(* 행전라좌도 수군절도사 신 이)[117]

삼가 아뢰는 것은 왜군의 정세에 관한 일입니다.

흉악한 무리들이 강화하여 남쪽으로 내려온다는 말을 듣고부터 신은 슬프고 분함이 쌓임을 이기지 못하여, 비록 경략經略의 적을 치는 것을 금지하는 패문이 있었으나 군사와 전선을 정비하여 적의 돌아가는 길목을 가로막고서 적과 함께 죽기로 맹세하였습니다.

그래서 지난 5월 초7일 본도 우수사 이억기와 일시에 출발하여 경상도 거제 땅 견내량에 도착하여, 초9일 그 도의 우수사 원균을 만나 1진陣으로 합해 거제현 앞바다에 이르러 머물렀는데, 충청수사 정걸이 6월 초1일 도착해서 역시 합세하여 진을 쳤습니다.

적세를 탐색해 본즉 웅천의 적들이 여전히 웅거하고 있을 뿐 아니라 8도에 있던

---

115 (*) 내용 생략. 『임진장초』의 그 원문은 "詮次以 善啓向教是事"(연유를 잘 아뢰어 주실 일)이다. 뒤에 "萬曆二十一年(1593)七月初一日"이 있다.
116 『임진장초』(장 34)·『충민공계초』(30) 계본이다.
117 (*) 내용 생략. 『임진장초』의 원문은 "行全羅左道水軍節度使 臣 李"이다.

흉악하고 추한 무리가 한곳에 모두 모여 아직도 바다를 건너가지 않은 채 동으로는 부산으로부터 서로는 웅천에 이르기까지 100여 리에 서로 바라보고 보루를 쌓고 목책을 얽어서 벌이나 개미떼같이 진을 치고 있으니 참으로 원통하고 분합니다.

　육전을 담당하는 여러 장수에게 "먼저 소굴 속에 있는 적을 쳐서 바다 가운데로 몰아내어 수륙으로 함께 쳐서 섬멸한 연후에 부산으로 진격하자."라는 사유로 서로 공문을 돌려서 거사할 날을 고대하고 있는데, 지난 6월 14일 육지에서는 창원의 적들이 바로 함안으로 돌진하자, 함안에 머무르고 있던 각 도의 모든 장수들이 의령 등지로 퇴각하였습니다.

　15일 수로의 적선으로 대·중·소의 것을 아울러 무려 700~800여 척이 부산·양산·김해로부터 웅천熊川[118]·제포·안골포 등지로 옮기고 연일 잇대어 이르는 것이 현저히 수륙으로 나누어 침범할 양상이 있으므로, 우리 수군들은 거제도 안쪽 바다에 결진하면 바깥 바다로 침범해 오는 적을 미처 달려가서 가로막지 못하고, 바깥 바다에 결진하자니 안쪽 바다의 적을 미처 요격하지 못하겠으므로, 거제 땅 안쪽과 바깥 바다의 두 갈래 요충지와 작년에 대첩한 견내량과 한산도 등지에 진을 합하여 길을 지켜 막고 겸하여 안팎의 사변에 대응하기로 하였습니다.

　그런데, 그달 23일 야간에 웅포 등지에 진치고 있던 적선들이 그 수를 알 수 없을 만큼 거제 땅 영등포·송진포·장문포·하청·가리加里[119] 등지로 옮겨와서 꼬챙이에 꿴 물고기처럼 줄지어 정박하고 있어 머리와 꼬리가 서로 잇닿았습니다. 우리 수군은 한산도 등지를 굳게 지키며 움직이지 않았는데, 저 적들은 일찍이 우리 수군의 위세를 겁내어 감히 침범해 오지는 못하고 육로로 견내량 강변[해변]에 이르러 진을 치고 기세를 뽐내므로, 우리 수군이 바로 그 앞까지 육박하여 활을 비 퍼붓듯 쏘고 포환砲丸을 우박같이 쏘자, 적들은 흩어져 도망치고 다시 나타나지 않았습니다.

　(*요즈음은 위의)[120] 장문포 등지에 소굴을 크게 만들고 깊숙한 포구에 배를 감추어

---

118 웅천熊川 : 『임진장초』, 『충민공계초』에는 "熊浦"(웅포)로 나와 있다.
119 가리加里 : 『임진장초』, 『충민공계초』에는 "加耳"(가이)로 나와 있다.
120 (*) 내용 생략. 『임진장초』의 원문은 "節段同"이다. '節段同'는 이두로, '요즘은, 이제는 위(앞)의'라는 뜻이다.

놓고, 동서에서 호응하여 입술과 이빨처럼 서로 도우며, 다만 작은 배로 들락날락 엿보면서 우리 군사를 유인하여 그들의 간사한 꾀를 부리려고 합니다. 그 흉한 꾀를 헤아리기 어려우므로 우리 수군을 정비하여 바로 돌진하여 불태워 없애기를 한번 죽기로 맹세하였으나, 3도의 판옥전선이 겨우 100여 척이고 각각 소선을 거느리고 있을 뿐입니다. 세력의 많고 적음이 서로 같지 않고 형세의 어렵고 쉬움이 서로 다르므로,[121] 깊숙한 안쪽 바다로 전에 이긴 것을 믿고 경솔히 들어갔다가 만약 불리하여 적에게 얕보이게 되면, 그 화를 예측할 수 없어 다시는 믿을 곳이 없게 될 것이 지극히 걱정되므로, 그 요충지를 지키고 있다가 적이 침범해 오면 결사적으로 요격하고, 도망해 달아나면 형세를 보아 추격하기로 밤낮 모의하고 약속하며 지금까지 버티고만 있습니다.

웅천에서 동쪽으로는 탐망할 길이 막혀 적이 가고 오는 형편을 상세히 알아낼 수 없는데, 포로가 되었다가 도망해 돌아온 사람의 말에 의하면,

"여러 곳의 왜적이 증가는 했어도 감소되지는 않았으며 소굴은 전보다 배나 증가하여 바다를 건너갈 계획이 없는 것 같습니다."

라고 하므로, 그 허실을 알아보고자 육지 쪽 김해·웅천 등지로 순천 군관 김중윤金仲胤, 흥양 군관 이진李珍, 우도 각 포구의 군관 등 8명을 보냈습니다.

이달 8월 14일 돌아와서 말하기를,

"8월 초9일 웅천 고읍신당古邑新堂[122]에서 밤을 지내고 초10일에 살펴보니, 웅천성 안과 남문 밖에 주둔하고 있는 적들은 절반이 웅포로부터 옮겨와서 막을 쳤으며,[123] 서문 밖, 북문 밖, 향교동 및 동문 밖에 주둔하고 있는 적들은 그 수를 알 수 없으나 그대로 움직이지 않고 있었습니다. 배들은 대·중·소선[124]을 아울러 200여 척이 그 웅포의 좌우편에 나누어 정박하고 있었습니다.

---

121 원문은 "중과지세부동 난이지형유이衆寡之勢不同 難易之形有異"로, 저들은 많고 우리는 적으며 저들은 쉽고 우리는 어려운 형세라는 뜻이다.
122 고읍신당古邑新堂 : 『임진장초』·『충민공계초』에는 "古音新堂"(고음신당)으로 나와 있다. 참고로『熊川縣邑誌』(1832)에 '古音浦場'이라는 명칭이 보인다.
123 『임진장초』의 원문은 "熊浦浦以 移徙結幕" 즉'웅포 포구로 옮겨 막을 쳤다.'라고 되어 있다.
124 대·중·소선大中小船 : 『임진장초』·『충민공계초』에는 "大中船"(대·중선)으로 나와 있다.

안골포에는 성 내외에 가득 차서 지금은 집을 짓고 있으며, 배들은 선창 좌우편에 대·소선을 아울러 그 수를 알 수 없을 만큼 줄지어 정박하고 있었으며, 원포院浦로부터 대발치大發峙[125]에 이르기까지는 집을 지어 주둔하고 있는데, 배들은 대·중선을 아울러 80여 척이 뜬 채로 정박해 있고, 제포는 야미산野尾山과 도직령刀直嶺[126]이 가렸으므로 막을 친 수의 많고 적음을 바라볼 수 없었고, 그곳 선창의 남쪽 해상에는 대·중선 아울러 70여 척이 뜬 채로 정박해 있으며, 그 포구의 사화랑 망봉望峰 아래 서쪽의 중봉에는 성을 쌓았습니다.

영등포는 과녁터에서 죽전포竹田浦까지 집을 지었고, 배들은 선창에서 가다리加多里에 이르기까지 셀 수도 없이 줄지어 정박해 있었습니다. 김해강으로부터 가덕 앞바다, 웅천과 거제에 이르기까지 왕래하는 배들이 잇달아 끊이지 않는 것을 자세히 살펴본 뒤에 김해 땅 불모산佛毛山에 이르러 밤을 지냈습니다.

이튿날 상장산 고치上長山高峙[127]에 올라가 바라본즉, 김해의 적들은 아득히 멀어서 자세히 알 수 없었으며 김해부에서 7리쯤 되는 죽도竹島에는 집을 지었고, 배들은 남쪽 가에 줄지어 정박해 있었습니다. 불암창에 주둔하고 있는 적도 역시 막을 쳤는데 그 수는 자세히 알 수 없고, 배들은 그 바위 밑 왼편으로 5리쯤 되는 곳까지 줄지어 정박해 있습니다. 덕진교에 주둔하고 있는 적들은 복병으로서 40여 곳에 막을 쳤고, 배들은 20여 척이 다리 아래로 왕래하며 줄지어 정박하고 있었습니다."

라고 보고하였습니다.

포로가 되었다가 도망해 돌아온 고성 수군 진신귀陳新貴의 문초 내용은,

"8월 초8일 왜선 3척이 소인의 집 앞에 상륙하자, 형 진휘進輝와 일시에 포로로 잡혀 거제도 영등포에 도착한즉, 그 포구 과녁터와 선창가와 북봉北峯 아래 세 곳에 집을 지은 것이 많게는 200여 채나 되었으며, 또 북봉에는 나무를 베고 땅을 평평히 만들어 토성을 쌓았는데 주위는 매우 넓으며 그 안에서 방금 집을 짓고 있었습니다.

---

[125] 대발치大發峙 : 경상남도 창원시 진해구 원포동과 장천동 사이의 고개 이름. 지금은 '대발령'이라고 부른다.

[126] 야미산野尾山과 도직령刀直嶺 : 『임진장초』, 『충민공계초』에는 "夜味山盜直項"(야미산과 도직항)으로 되어 있다.

[127] 상장산 고치上長山高峙 : 『임진장초』, 『충민공계초』에는 "上長山高旨"(상장산 고지)로 되어 있다.

송진포 왜성지(왼쪽)와 장문포 왜성(오른쪽, 사진 문화재청). 경남 거제.

왜인 중에 3분의 1은 우리나라 사람이 서로 섞여 일하고 있었으며, 그들 본국으로부터 군량과 겨울을 지낼 의복을 배에 싣고 2~3일 걸러 연속하여 실어 왔으며, 그 포구에 머무는 배들은 수시로 드나들었는데, 지금은 50여 척이 남아 일대에 서로 잇닿아 있었습니다.

장문포와 송진포에도 산봉우리 위쪽을 깎아 평평하게 하고 아울러 토성을 쌓고서 성안에 집을 지었으며, 배들은 대·중선을 아울러 혹은 100여 척 혹은 70여 척이 언덕 아래에 줄지어 정박하고 있었습니다. 웅포의 서쪽 산봉우리와 제포의 북쪽 산과 안골포의 서쪽 산봉우리 등지에도 역시 토성을 쌓고 성안에 집을 지었는데, 머물러 정박하고 있는 배들은 언덕이 가려서 바라볼 수 없었으나, 제포 선창에는 대·중선이 무수히 줄지어 정박하고 있었으며, 그 밖에도 본국으로부터 가덕·웅천·거제로 향하는[128] 배들이 연속하여 끊이지 않았습니다. 소인은 왜인들이 다만 나무하고 물 길어 오는 일만 시켰는데, 이달 8월 19일 야간에 틈을 타서 도망해 왔습니다."
라고 진술하였습니다.

그런데 '웅천의 세 곳과 거제의 세 곳에 성을 쌓고 집을 짓는다.'라는 말은 포로가 되었다 도망해 돌아온 봉사奉事 제만춘의 문초 내용과 거의 일치할 뿐 아니라 '본토로부터 군량과 의복 등을 연이어 실어 온다.'라고 하는바, 변변치 못한 자들의 말을 비록 다 믿을 수는 없사오나 적들의 정황을 보면 겨울을 지낼 기색이 분명하게 있으

---

128 본국으로부터 …… 향하는 : 원문은 "自本土及向加德熊川巨濟"으로, 『임진장초』와 『충민공계초』에는 "自本土及加德 了指向熊浦巨濟"(본국과 가덕으로부터 웅포와 거제로 향하는)으로 되어 있다.

니 더욱 원통하고 분하기 그지없습니다.

　적들이 소굴 속에 있으면서 서로 호응하고 있기 때문에 수군만으로는 무찌를 방책이 없으며 수륙이 함께 거사한 연후에야 쳐서 무찌를 수 있겠으므로, 우리나라 육군과는 서로 공문을 돌려 약속하였거니와 명나라의 대군과는 지원을 요청할 길이 없으니 매우 비통하고 답답합니다. 수군은 아직 바람이 높지 않은 8~9월 이전이라야 배를 부려 적을 제압할 수 있을 것인데, 날로 점점 바람이 높아지고 파도가 산같이 일어나면 배를 제어하기가 어렵고 불편합니다.

　대개 수군들이 먼 해상에 머물며 주둔한 지 이미 5개월이 되어 군사들의 마음이 이미 풀어지고 날랜 기운도 꺾였는데, 전염병이 크게 번져서 진중의 군졸들이 태반이나 전염되어 사망자가 속출하고 있습니다. 더구나 군량이 떨어져서 굶주림으로 고통을 겪고 굶던 끝에 병이 나면 반드시 죽기 때문에 군사의 수효는 나날이 줄어드는데 다시 보충할 사람이 없습니다. 비록 신이 거느린 수군만을 헤아려 보아도 사부와 격군을 아울러 원래의 수가 6,200여 명 중에 작년과 금년에 전사한 수와 2~3월부터 오늘에 이르기까지 병사자가 600여 명이나 되는데, 무릇 이들 사망자는 모두 건장하고 활을 잘 쏘며 배에 익숙한 토병과 보자기들이었습니다. 겨우 남아 있는 군졸들도 조석으로 먹는 것이 불과 2~3홉으로 배고프고 고달픔이 극도에 달하여 활을 당기고 노를 젓기에 도저히 감당할 수 없습니다. 바야흐로 큰 적과 대치한 이때, 정세의 궁색함이 이렇게까지 되었으므로, 답답하고 걱정되는 사연을 재삼 도원수와 순찰사 등에게 보고하여 순천·낙안·보성·흥양 등 고을 군량 680여 석을 지난 6월에 실어다가 다 나누어 먹였습니다.

　본도가 명목상 비록 보전되었다 하지만, 사변이 일어난 지 2년에 물력이 고갈되고 고갈된 나머지에 또 명나라 군사들을 접대하느라고 피폐함이 이미 극도에 이르러 사변을 겪은 지역보다도 심한 바가 있는데, 명나라 군사가 남하하여 마을을 드나들며 사람을 위협하여 재물을 빼앗고 들판의 곡식을 해쳐 지나가는 곳마다 탕진이 되므로 무지한 백성들은 풍문을 듣고 흩어져 달아나서 다른 지방으로 옮겨가고 있습니다.

　지난 7월 초4일 광양 땅 두치에 배치된 복병장이며 장흥부사인 유희선柳希先 등이 망령되이 뜬소문을 퍼뜨려 광양·순천·낙안·보성·강진 등 일대의 연해안 백성들은 그 고을 수령들이 바다로 나가고 관청이 비어 있는 때에 서로 소동하며 난을 일으켜서 관청의 창고를 쳐부수고 곡물을 훔쳐 가고 노비와 공포貢布의 모든 문서를 남김없이 불살라 버렸는데, 분탕질하는 모습이 또한 전란을 겪은 곳보다 심하며, 이후로는 수군에게 군량을 대는 것을 의뢰할 곳이 없고, 명나라 군사에게 공급하기 위해 배로 실어 오는 군량을 옮겨다 사용할 계획입니다.

영남에 있는 허다한 명나라 군사들에게 공급하는 일을 오로지 여기에 의뢰하고 있는데, 명나라 군사들은 하는 일 없이 세월만 보내고 끝내 진격하여 토벌한다는 기별은 없고, 적세는 전보다 배나 치성하여 전혀 도망해 돌아갈 기색이 없으며, 군량은 도저히 이어 갈 방도가 없습니다. 이렇게 해상에서 굶주리고 병든 군졸들로서 저 소굴에 있는 적을 공격하기에는 백 가지로 생각해도 계책이 전혀 없으므로 다만 매우 분하고 원통할 따름입니다.

답답하고 궁박한 정황을 우선 간략히 진술하오며, 엎드려 바라옵건대 조정에서 각별히 잘 처리하여 주십시오.

(*삼가 갖추어 아룁니다.)[129]

화포를 올려 보내는 일을 아뢰는 계본封進火砲狀[130]

삼가 아뢰는 것은 올려 보내는 일에 관한 것입니다.

신이 여러 번 큰 싸움을 겪으면서 왜인의 조총을 얻은 것이 매우 많았으므로 항상 눈앞에 두고 그 오묘한 이치를 실험한즉, 총신이 길기 때문에 그 총구멍이 깊고, 깊기 때문에 쏘는 힘이 맹렬하여 맞기만 하면 반드시 부서집니다. 우리나라의 '승자勝字'나 '쌍혈雙穴' 등의 총통은 총신이 짧고 총구멍이 얕아서 그 맹렬한 힘이 왜의 총통보다 못하며 그 소리도 웅장하지 못하므로 그 조총을 언제나 만들려고 하였습니다.

---

129 (*) 내용 생략. 『임진장초』의 원문은 "謹具啓聞"이다. 뒤에 "萬曆二十一年八月十日 節度使 臣 李"가 있다.
130 『임진장초』(장 35)·『충민공계초』(31) 계본이다.

신의 군관 훈련주부 정사준鄭思竣이 묘법을 생각해 내어 대장장이 낙안 수군 이필종李必從, 순천 사삿집 종 안성安成, 피란하여 본영에 와서 사는 김해 시노寺奴[131]인 동지同志[132], 거제 시노寺奴인 언복彦福 등을 데리고 정철正鐵로써 두들겨 만들었는데, 몸체[총신]도 매우 공교롭고 포환의 맹렬함이 조총과 똑같습니다. 약선藥線을 구멍에 삽입하여 불을 붙이는 기구가 비록 조금 다른 것 같으나, 수일 안에 다 만들 수 있고 만들기도 그리 어렵지 않아서 수군 소속의 각 고을과 포구에서 우선 같은 모양으로 만들게 하였으며, 한 자루는 전 순찰사 권율에게 보내어 각 고을에서도 같은 모양으로 제조하도록 하였습니다.

이때를 당하여 적을 막아 내는 기구는 이보다 좋은 것이 없으므로, 정철로 만든 조총 5자루를 봉하여 올려 보냅니다. 엎드려 바라옵건대, 조정에서도 각 도와 각 고을에 명령하여 모두 제조하도록 하되, 제조하는 것을 감독한 군관 정사준과 대장장이 이필종 등에게 각별히 상을 내리셔서 그들로 하여금 감격하여 열심히 일하게 하고 서로 다투어 만들도록 함이 좋겠습니다.

(*삼가 갖추어 아룁니다.)[133]

해전과 육전에 관한 일을 자세히 아뢰는 계본條陳水陸戰事狀[134]

삼가 아뢰는 것은 취품取稟하기 위한 일에 관한 것입니다.

해상과 육상에서 방비하는 계책에는 각각 어렵고 쉬운 점이 있습니다. 요즘에 와서 모든 사람이 해전은 어렵고 육전은 쉽다고들 하여 수군의 여러 장수가 모두 육전으로 나가고 연해안의 군졸들도 또한 육전으로 나가는데, 수군의 장수는 감히 제어

---

131 시노寺奴 : 조선시대 각 관서 소속의 노비를 일컫던 말. 내수사內需司 및 각 궁宮 소속의 노비는 내노비內奴婢, 각 관서 소속의 노비는 시노비寺奴婢라 일컬었다.
132 동지同志 : 『임진장초』・『충민공계초』에는 "同之"로 되어 있다.
133 문장 말미에 계본 양식인 '謹具啓聞(삼가 갖추어 아뢰옵니다) 연월일 직함 臣 姓'이 생략되어 있다. 『임진장초』에는 "謹具啓聞 萬曆 二十一年八月 日 節度使 臣 李"로 되어 있다.
134 『임진장초』(장 36)・『충민공계초』(32) 계본이다.

할 수 없고 전선의 사부와 격군도 조정할 길이 없으며, 여러 장수들의 용감하고 심약함을 또한 무엇으로 가려낼 수 있겠습니까. 신은 수군에 적을 둔 자[135]로 여러 번의 큰 싸움을 겪었으므로 대략 해전과 육전의 어렵고 쉬운 점과 오늘의 급선무를 들어 망령되이 다음과 같이 아룁니다.

(*삼가 갖추어 아뢰며, 엎드려 조정의 명령을 기다립니다.)[136]

일一

우리나라 사람들은 겁쟁이가 10명 중에 8~9명이며, 용감한 자는 10명 중에 1~2명이온데, 평시에 분별하지 않고 서로 섞여서 모여 있으므로 떠도는 소문만 들어와도 문득 도망해 흩어질 생각만 하고 놀라 소동함이 시도 때도 없으며, 엎어지고 넘어지며 다투어 달아나니, 비록 그 안에 용감한 자가 있더라도 홀로 번쩍이는 칼날을 무릅쓰고 결사적으로 돌격하여 싸울 수 있겠습니까. 만일 엄선하여 뽑은 군졸들을 용감하고 지혜 있는 장수에게 맡겨서 형세 따라 잘 지도했더라면 오늘의 사변이 반드시 이런 극한 상황까지는 이르지 않았을 것입니다.

해전 같은 경우는 많은 군졸이 모두 배 안에 있으므로 적선을 바라보고 비록 도망해 달아나려 해도 그 형세상 그럴 방법이 없는 것입니다. 하물며 노를 재촉하는 북소리가 급하게 울릴 때, 만약 명령을 위반하는 자가 있으면 군법이 뒤따르는데, 어찌 마음과 힘을 다하지 않겠습니까. 거북선이 먼저 돌진하고 판옥선이 뒤따라 진격하여 연이어 지자·현자 총통을 쏘고 또 따라서 포환과 시석을 빗발이나 우박 퍼붓듯 하면 적의 사기가 이미 꺾이어 물에 빠져 죽기에 바쁘니 이것은 해전의 쉬운 점입니다.

그러나, 전선의 수가 적고 수군 중에서 빠져 달아나는 자가 요즘에 와서 더욱 심하니, 만일 전선을 많이 준비하고 또 격군을 보충할 길이 열린다면 비록 대적이 무수히 침범해 와도 능히 감당하며 족히 섬멸할 수 있을 것입니다. 이제 적세를 본즉, 남쪽으로 도망해 온 뒤에 아직도 바다를 건너지 않고 영남 연해변의 고을들을 죄다 소굴로 만들고 있으니, 그들의 소행을 살펴보면 흉계를 헤아리기 어렵습니다. 만일 수륙으

---

135 적을 둔 자 : 원문은 "비수備數"로, 숫자를 채움. 또는 '직책 또는 적籍을 둔 자'라는 의미이다.
136 (*) 내용 생략. 『임진장초』의 원문은 "謹具啓聞 伏候 敎旨"이다.

로 합세하여 일시에 돌격해 오면 이렇게 외롭고 약한 수군으로써는 그 세력을 막아내기 어렵고 또 군량을 이어가기도 어려울 것이므로, 이것이 신이 자나 깨나 걱정하는 것입니다.

신의 어리석은 생각으로는 수군에 소속한 연해안 각 고을의 여러 종류의 '괄장군括壯軍'[137]들을 전적으로 수군에 소속하게 하고 군량도 또 수군에 속하게 하여 전선을 갑절이나 더 만들게 하면 전라좌도의 5고을과 5진포에서는 60척을 정비할 수 있고, 전라우도의 15고을과 12진포[138]에서는 90척을 정비할 수 있으며, 경상우도는 사변을 겪은 나머지라 조치할 방도가 없겠지만 그래도 40여 척을 정비할 수 있고, 충청도에서도 60척은 정비할 수 있을 것이므로 합하면 250여 척은 될 것입니다.

앞으로 이러한 군사의 위엄을 가지고서 적의 향방을 듣는 대로 '우리 도'니 '남의 도'니 할 것 없이 즉시 응원하여 정세를 보면서 추격하면 어디를 가든지 대적할 적이 없을 것입니다. 또한 적이 비록 많고 기세가 장하다 해도 그 배는 물에 있는 것이므로 우리 배가 앞뒤로 몰아치면[139] 반드시 뒷일을 염려하고 꺼리는 생각이 나서 마음대로 육지에 내리지 못할 것입니다.

엎드려 바라옵건대, 조정에서는 충분히 헤아려 사변이 평정될 때까지 연해안 각 고을 괄장군과 군량 등은 다른 곳으로 옮기지 말고 전적으로 수군에 소속시키고, 수군의 여러 장수들도 또한 이동시키지 않도록 해 주십시오. (*함을 망령되이 생각합니다.)[140]

---

137 괄장군括壯軍 : 백성들 중에서 군역에 동원되는 장정.『선조실록』권33, 선조 25년(1592) 12월 13일(기해);『현종실록』권20, 현종 13년(1687) 4월 8일(계미).]
138 전라우도의 15고을과 12진포 : 원문 "우도 15관 12포右道十五官十二浦"는 14관 13포의 착오이다. 임진왜란 때 전라우도 14관官(고을)은 장흥·강진·해남·진도·영암·나주·무안·함평·영광·무장·흥덕·고부·부안·옥구이고, 13포浦는 회령포·마도·가리포·이진·어란포·금갑도·남도포·목포·다경포·임치·법성포·검모포·군산포이다. [『전서』권3,「請沿海軍兵糧器全屬舟師狀」; 권4,「請禁沿邑水陸交侵之弊事狀」;『亂中日記』(정유Ⅱ, 12월 25일).]
139 앞뒤로 몰아치면 : 원문은 "기각掎角"으로, 사슴을 잡을 때 뒤에서는 다리를 잡고 앞에서는 뿔을 잡는다는 뜻이다. 군사를 양편으로 나누어 앞뒤에서 적을 몰아친다는 의미로 쓰이는 말이다.
140 (*) 내용 생략.『임진장초』·『충민공계초』의 원문은 "事妄料"(…함을 망령되이 생각하옵니다)라고 되어 있다.

일一
군병들의 양식이 가장 급한 일인데, 호남 한 지방이 명목상 보전되었다 하지만 모든 물자가 고갈되어 조달할 길이 없습니다. 신의 생각에는 본도의 순천과 흥양 등지에 넓고 비어 있는 목장과 농사지을 만한 여러 섬이 많이 있으므로 혹은 관둔전官屯田으로 하든지 혹은 민간에 주어서 병작並作을 시키든지 혹은 순천과 흥양의 '방비하고 있는 군사'들로 하여금 들어가 농사짓는 데 전력하다가 변란이 있을 때 출전한다면 싸움이나 지킴에 방해됨이 없고 군량에는 유익할 것입니다. 이것은 조趙나라의 이목李牧과 한漢나라의 조충국趙充國이 일찍이 경험한 방책인데, 다른 도에도 이와 같은 예로 다음 해 봄부터 시작하여 농사짓게 하도록 하십시오. (*함이 어떠하오리까.)[141]

일一
전선을 갑절이나 더 만든다면 지자·현자 총통을 갑자기 마련하기가 가장 어려울 것이니 육지의 각 고을에 있는 총통을 급속히 수군으로 옮겨 보내 주십시오.

일一
수사는 수군의 대장인데 무릇 호령을 내려도 각 고을 수령들은 소관이 아님을 핑계하고 전혀 거행하지 않으며, 심지어 군사상의 중대한 일까지도 내버려 두고 빠뜨리는 일이 많이 있어 일마다 늦어지게 됩니다. 이런 큰 사변을 당하여 도저히 일을 처리하기 어려우니 사변이 평정될 때까지 감사와 병사의 예에 의하여 수령을 아울러 지휘할 수 있도록 해 주십시오. (*함을 망령되이 생각합니다.)[142]

---

141 (*) 내용 생략. 『임진장초』·『충민공계초』의 원문은 "何如事"(…함이 어떠하오리까)라 되어 있다.
142 (*) 내용 생략. 『임진장초』·『충민공계초』의 원문은 "事妄料(……함을 망령되이 생각하옵니다) 萬曆 二十一年九月初 日 節度使 臣 李"라 되어 있다.

사로잡혔던 이가 보고한 왜군의 정세를 아뢰는 계본登聞被擄人所告倭情狀[143]

(* 행전라좌도 수군절도사 신 이 등)[144]

삼가 아뢰는 것은 왜군의 정세에 관한 일입니다.

경상도 고성에 사는 훈련원 봉사 제만춘諸萬春이 사로잡혀 일본으로 들어갔다가 도망해 돌아와서 이번 8월 15일 진중에 이르렀으므로 불러서 심문한 내용에,

"경상우수사의 군관으로서 작년 9월에 말미[145]를 받아 귀가했다가 돌아올 때, 웅천의 적세를 탐색하여 보고할 일로 소선을 타고 웅포 앞바다에 이르렀는데, 왜대선 16척이 각각 소선을 거느리고 김해강으로부터 웅천으로 향하므로 탐망하고 돌아오다가, 왜의 중선 6척이 웅포 선창에서부터 영등포 앞바다까지 쫓아와서 사로잡혔습니다. 격군 10명과 함께 결박되어 배에 실려 웅천성 안에 있는 왜장 협판중서脇坂中書[146]라고 불리는 왜인 앞에 붙잡아 놓고, 소인에게는 목과 발에 쇠사슬을 채워서 여러 왜인이 지키고, 다른 격군들은 여러 왜인들에게 나누어 주었습니다.

11월 13일 소인은 창원의 소년 포로들과 몰래 도망할 계책을 모의하다가 일이 누설되어 그 소년은 목이 베였습니다. 12월 19일 또 웅천 소년과 함께 밀약하였는데, 그 소년이 왜말을 하는 자인지라 왜의 통역에게 반간계反間計[147]를 썼습니다. 그 뒤로는 지키기를 배나 엄하게 하므로 도망해 돌아올 계책이 없어서 그대로 겨울을 지냈습니다.

금년 2월에 우리나라 수군이 여러 번 웅천 앞바다를 공격하였는데, 왜군의 장수 한 사람이 목전木箭[148]에 맞아 죽었습니다. 그달 22일에는 우리 수군이 한편으로는 뭍으로 오르고 한편으로는 적의 전선이 대어 있는 곳으로 돌진하자, 성안의 왜적들

---

143 『임진장초』(장 37)·『충민공계초』(33) 계본이다.
144 (*) 내용 생략. 『임진장초』의 원문은 "行全羅左道水軍節度使 臣 李 等"이다.
145 수유受由 : 우리나라 문자이며 '말미'를 뜻함. '由'는 말미 곧 휴가休暇를 의미한다. (『大典會通』 권1, 吏典, 給假, "限十日給由".)
146 협판중서脇坂中書 : 일본 수군 장수인 와키사카 야스하루脇坂安治이다.
147 반간계反間計 : 원문은 "반간反間"으로, 이중간첩의 이간책을 의미하는데, 제만춘과 함께 도망하기로 했던 소년들이 왜군 통사에게 그 사실을 일러바친 상황을 의미한다.

은 거의 모두 늙고 병들어서 성을 지킬 방도가 없어, 허둥지둥하면서 어쩔 줄을 몰랐습니다. 왜의 장수 12명은 함께 바다에 몸을 던져 자살하려고 하였으며, 우리나라 판옥선 2척이 서로 부딪쳐 넘어지자, 왜의 부장副將이라 불리는 자가 우리 배에 뛰어올랐는데, 우리 배의 사람들이 긴 창으로 그의 가슴을 찔러 즉사시켰습니다.

그달 26일 왜장이 소인小人을 패선敗船한 조선의 장수로서 하인 800명을 부리는 높은 벼슬아치인 것처럼 문서를 꾸며서 배에 실어 평수길平秀吉이 있는 곳으로 들여보냈습니다. 3월 초5일 평수길이 머물러 있는 낭고야郞古也[149]에 정박했는데, 평수길은 소인을 처음에 불태워 죽이려고 하다가 글을 해독한다는 말을 듣고 그의 서사書寫로 있는 왜인 반개半介[150]에게 맡겼기에, 반개의 집에서 5~6일을 지낸 뒤에 머리를 깎이고 왜인의 옷을 입혔습니다.

그 뒤로 소인은 풍습증風濕症으로 온몸이 부었는데, 반개가 중 의원을 청해 와서 여러 가지 약으로 치료하여 그 병이 완치되었습니다만, 몸이 다른 나라에 있어 조롱 속의 새와 같아서 고향을 그리워하는 정을 금할 수 없었습니다. 동지들과 더불어 도망해 돌아올 것만 날마다 생각하다가 조선 사람이 포로 되어 와 있는 곳을 찾아보았더니 큰 집에는 20여 명, 보통 집에는 8~9명, 작은 집에는 3~4명씩 없는 곳이 없었습니다. 가만히 함께 도망할 뜻으로 물어본즉, 혹은 성심껏 응낙하는 자도 있고, 혹은 가정을 이루고 있어 돌아올 뜻이 없는 자도 있었는데, 풍속이 다른 외국에서 비밀 계획이 누설될 것이 두려워서 마음에 간직만 하고 말을 못 했습니다.[151]

4월 초순[152]부터는 김해·창원·밀양·울산 등 고을에서 포로 되어 온 사람과 창원

---

148 목전木箭 : 임진왜란 때 대형총통에서 발사하는 해전용 나무 화살. 대장군전大將軍箭(천자총통용)·장군전將軍箭(지자총통용)·차대전次大箭(현자총통용)·피령전皮翎箭(황자총통용) 등이 있었다. (이순신의 장계, 「唐浦破倭兵狀」, 「釜山破倭兵狀」.)

149 낭고야郞古也 : 조선 침략을 위한 전진 기지로 건설된 규슈 서북쪽 나고야名護屋이다.

150 반개半介 : 도요토미 히데요시豊臣秀吉의 문서 작성자 중 한 사람으로, 1592년(天正 20)~1597년(慶長 2) 문서에 자주 나타나는 기노시다 한스케 요시다카木下半介吉隆를 가리키는 듯하다. (日下 寬, 『豊公遺文』, 東京: 博文館, 1914, 352~594쪽.)

151 마음에 …… 못했습니다 : 원문은 "심여구어心與口語"이다. 『충민공계초』에는 "심여어구心與語口"로 되어 있으나 뜻은 동일하다. '심여心與'는 '마음으로 허락함'이라는 뜻이다.

152 초순 : 원문 "초생初生"은 '초승'과 같은 뜻으로, 음력으로 그달 첫머리의 며칠 동안을 일컫는다.

교생校生 허영명許泳溟 등과 혹 짧은 편지[153]로 의론을 통하고 혹은 사람을 시켜 가만히 떠보기도 했습니다만 자주 만나지도 못하고 모사謀事가 서로 어긋나서 끝내 그 뜻을 이루지 못했습니다.

7월 초[154]에 동래에 사는 성돌[155], 시노寺奴 망연, 봉수군烽燧軍 박검손, 목자牧子 박검실, 시노寺奴 김국·김헌산, 종 돌이, 시노寺奴 윤춘, 양산에 사는 강은억·박은옥, 김해에서 갑주 만드는 장인 김달망, 사샛집 종 인상 등 12명이 밤낮으로 왕래하며 모의하고 약속하여 7월 24일 밤중에 소인과 아울러 13명이 배 한 척을 훔쳐 타고 노를 재촉하여 육기도六岐島[156]에 이르러 밤을 지냈습니다. 그리고 25일 순풍에 돛을 달고 오다가, 일본국의 군량 실은 배 300척과 마주쳐서 간신히 피해 육기도로 되돌아가 정박하였습니다. 양식이 떨어져서 입고 있던 왜의 겹옷[157] 한 벌과 홑옷 한 벌 등을 팔아 쌀 27말과 중솥 한 개를 구입했습니다. 8월 초3일 경상좌수영 앞바다에서 하륙하여 (*위의 성돌이 등이 사는 동래 땅 주연리까지 이르러)[158] 사람들은 각각 제 집으로 돌아가고 소인은 마을에 사는 황을걸黃乙傑의[159] 집에 머물렀습니다.

그런데, (*그곳은)[160] 우리나라 사람들이 수없이 살면서 적들과 사귀어 왕래하기를 조금도 꺼리지 않았습니다. 소인은 2일간 머물다가 양산 땅 사대도蛇代島[161]에 사는 사람들이 배를 가지고 지나가므로 그편에 사대도에 이르니, 천성과 가덕의 입방수군入防水軍 무려 400여 호가 살며, 왜적 20여 명을 '추장酋長'이라 부르면서 농사짓고

---

[153] 짧은 편지 : 원문 "절간折簡"은 종이 한 장을 반쪽으로 꺾었다는 뜻이니 짧은 편지란 의미이다. (『晉書』 권 1, 高祖宣帝 司馬懿 紀第一, "公當折簡召淩".)

[154] 초 : 원문은 "초初"이다. 『임진장초』·『충민공계초』에는 "初生"(초생)으로 되어 있다.

[155] 성돌成突 : 『임진장초』·『충민공계초』에는 "成乞屎"(성돌시) 즉 '성돌똥'으로 되어 있다.

[156] 육기도六岐島 : 일기도壹岐島 즉 '잇키시마'이다.

[157] 겹옷 : 원문은 "유의襦衣"로, 동옷 곧 남자가 입는 저고리로 겹과 홑의 다름이 있다. 여기서는 겹옷을 의미한다.

[158] (*) 내용 생략. 『임진장초』의 원문은 "同 成乞伊等所居處是白在 東萊地 主鍊里至到"이다. '是白在'는 이두로, '⋯⋯이신'이라는 뜻이다.

[159] 황을걸黃乙傑 : 『임진장초』·『충민공계초』에는 "黃於叱乞"(황엇걸)로 되어 있다.

[160] (*) 내용 생략. 『임진장초』의 원문은 "同處段"(그곳은)이다.

[161] 사대도蛇代島 : 「해동지도」에 사두도蛇頭島로 나오며, 칠점산 남쪽 줄기七點山南支라 했다. 칠점산은 부산광역시 강서구 대저동에 위치한다.

추수하기를 평상시와 같이 하고 있었으며, 8월 초10일 웅천 땅 적항역赤項驛[162] 앞을 지나서 상륙하여 13일에 본가에 돌아왔습니다.

대개 평수길은 보통 대합大閤[163]이라 칭하고 그의 맏아들은 관백關白이라 하며, 수길이 머물러 있는 낭고야는 일본과 연접된 땅으로서 일본의 서쪽에 있는데, 떨어져 있는 거리가 육로로는 21일 길이며, 수로로는 12일 길이고, 대마도까지는 3일 길입니다. 작년 5월 수길이 20만 명의 군사를 거느리고 낭고야에 이르러 전쟁을 준비한 뒤로 그곳에 세 겹으로 성을 쌓고 6층 누각을 지었는데, 6층 누각은 내성內城의 중앙에 있으며, 수길은 항상 그 위에서 거처하고 있습니다. 세 겹으로 된 성 머리에는 모두 층계로 된 사대射臺를 설치하였는데, 그곳의 총 쏘는 기구와 방비하는 시설은 이루 다 말할 수 없고 성안에는 단지 창고와 관사만이 있고 성 밖에는 여염집이 즐비하였습니다.

지난 5월에 명나라 사신 2명이 낭고야에 이르렀는데, 처음에는 성 밖의 여염집에 3일을 머무른 뒤에 수길은 직접 보좌하는 승려 2명을 시켜서 혹은 글로써 묻고 혹은 통역에게 묻고서는[164] 또다시 수 3일이 지난 뒤에 명나라 사신을 중성中城 안으로 들어오게 하였습니다.

수길은 그대로 내성 안 6층 누각 위에 있고 그 부하 왜인을 시켜서 명나라 사신을 접대하였는데, 그때 왜인들은 여섯 칸이나 되는 정각을 높이 짓고 붉은 비단으로 처마를 두르고 그 안에 금박을 입힌 병풍屛風을 치고 앉았으며, 명나라 사신은 낮은 곳에 초가집 두 칸을 짓고 사면으로 발을 드리우고 그 속에 긴 상을 놓고 앉아 있었습니다. 그 사이의 거리가 10여 걸음이 되고 그 밖으로는 구경꾼이 시장같이 모여 섰는데, 일단 주연의 예를 행하고는 서로 만나보지 못하였으며, 다만 왜인들이 뜰에 가득 모여 광대놀이를 하는 것만 보이고 또 피리 소리만 들려올 뿐이었습니다. 예를 끝마

---

162 웅천 땅 적항역赤項驛 : 김해 땅 적항역의 착오이다. 적항역은 지금의 경상남도 김해시 관동동에 있었던 조선시대 역이다.

163 대합大閤 : 일본말로 '다이코'라 읽는다. '대大'는 '太(태)'와 같으며 '태합'이라고도 한다. 대합(大閤, 太閤)은 풍신수길豊臣秀吉에게 붙였던 칭호이다.

164 혹은 통역에게 묻고서는 : 원문은 "혹통문或通文"이나, 이는 전사자轉寫者의 착오로 보인다. 『임진장초』・『충민공계초』에는 "或通問"(혹은 통역에게 묻고)으로 되어 있다.

친 뒤에 명나라 사신을 비로소 내성 안 서쪽 관사로 청해 들였습니다.

소인小人을 맡아 있던 왜인 반개半介는 수길의 서사를 맡은 왜인으로서 무릇 명나라 사신 앞에서 문답한 문서에 간여하였는데, 소인에게 보여 주므로 다행히 도망해 돌아간다면 위에 아뢸 생각으로 종이에 가득 옮겨 적었는데, 배를 훔쳐 도망쳐 피신할 때 모두 다 잃어버렸습니다. 천생만사千生萬死로 오늘에 이르러서는 정신이 아득하여 상세히 기억하지는 못하오나, 대략만 추려서 말씀드리면 명나라 사신이 수길에게 글을 보내 말하기를,

'조선국이 전라도와 경상도의 길을 먼저 열고 왜병을 끌어들인 이후에 길을 차단했으니, 이는 조선의 헛된 거짓이며 조선이 명나라에 사실대로 말하지 않았으니 대명大明이 조선 국왕을 어찌 죄주려고 하지 아니하겠는가. 대합은 명나라에 마음을 다하는 신하이며, 두 사신도 천자에게 충성스러운 신하이니, 두 사신의 말을 듣고 믿을 수 없다면 청컨대 칼을 빌려 배를 갈라 마음을 보여 죽어도 후회하지 않겠소. 두 나라가 화친을 하는 일은 천만년에 아름다운 일이라 대합이 보낸 삼성三成[165]·양사兩司[166]·길계吉繼[167]·행장行長[168] 등 4명의 말을 들어보아도 한결같은 말이니 화친하는 일은 대합이 스스로 결단하여 명나라와 관백 등에게 급히 사자를 보내어 알릴 일이다.'

하고, 또 명나라 사신이 수길에게 문서 한 장을 더 보냈는데, 그 글에 이르기를,

'일본 무장들이 중국 땅에 생각을 두고 있으니 이것은 모기발로 바다를 건너려 함과 같은 것이라, 참으로 멀리 헤아리지 못하는 사람들이다. 근래에 백전백승하였으니 한 번만 참으면 천만 가지 일이 더욱 안정될 것이다.'

하였는데, 명나라 사신이 말하기를, 이 글은 명나라 황제가 조선 국왕에게 보낸 글이라 하였습니다. 두 명나라 사신이 나올 때 수길이 군대의 위엄을 성대하게 펼치고 배 위에서 서로 만나 칼과 창 10자루와 은銀 30근을 선물로 주어 보냈습니다.

당초에 소인이 사로잡혀 웅천에 있을 때, 왜장 협판중서가 소인에게 묻기를, '작년

---

165 삼성三成 : 왜장 이시다 미쓰나리石田三成를 가리킨다.
166 양사兩司 : 왜장 마스다 나가모리增田長盛를 가리킨다.(『太閤記』; 李烱錫, 『壬辰戰亂史』 上卷, 임진전란 사간행위원회, 1967, 870~871쪽.)
167 길계吉繼 : 왜장 오타니 요시쓰구大谷吉繼를 가리킨다.
168 행장行長 : 왜장 고니시 유키나가小西行長를 가리킨다.

7월 한산도 접전 때 너도 필시 배 안에 있었을 것인데, 일본의 조총과 칼·갑옷 같은 물건들을 얼마나 얻었느냐.' 하기에 모른다고 대답하였습니다. 소인이 반개의 집에서 반년 동안 머무르는 동안에 모든 군량 조달하는 문서를 상고해 보았던바, 협판중서의 이름도 그 속에 적혀 있고 그 아래 '처음에 군사 1만 명을 거느리고 나갔다가 거의 다 패하여 죽고 지금은 1천여 명이 남아 있다.'라고 쓰여 있었습니다.

평수길이 낭고야에 있는 것은 군사를 뽑아 보내고 책응策應하기 위한 일인데 진주와 호남 등지를 다시 침범하도록 정병 3만 명을 뽑아 보냈다고 합니다. 진주성을 함락한 뒤에 왜장 등이 진주와 전라도 장흥을 분탕질하였다고 급히 보고하고, 진주목사와 판관과 병사 등의 수급을 들여보냈는데, 수길이 '이제는 더 할 일이 없다.' 하면서 일본으로 돌아가려고 8월 15일과 21일로 날을 받고 그의 맏아들 관백을 명년 3월부터 낭고야로 내보내어 전쟁에 대비하게 하였다고 합니다.

조선에 머무르고 있는 왜군들은 '기장·울산·부산·동래·좌수영·양산·김해 및 웅천의 세 곳, 거제의 세 곳, 당포의 세 곳에 성을 쌓고 집을 지은 뒤에 그중에 절반은 성을 지키고 나머지 반은 들어왔으며, 성을 지키는 왜군들은 명년 3월에 교대병을 내보낸 뒤에 들어온다.'라고 하였습니다.

소인이 지나온 좌수영은 왜적의 수와 배의 수가 많지 않고 부산포에는 곳곳에 가득 차 있으며, 배가 바다에 충만하여 그 수를 알 수 없는데, 우리나라 사람들이 같이 섞여 살고 있었습니다.

수길은 성질이 흉포하고 오만해서[169] 일본 사람들이 '언제나 망할 것인가?'[170] 하고 탄식할 뿐 아니라 왜인들이 모두 하는 말이 '무릇 사람으로서 어느 누가 부모 처자가 없을 것인가, 여러 해를 타국에서 오래도록 고국에 돌아오지 못하니, 이것이 모두 수길 때문이다. 수길의 나이 금년에 63세이므로 죽을 날이 임박했으니 만일 죽는

---

169 성질이 흉포하고 오만해서 : 원문은 "걸오桀驁"이다.(『漢書』 권94하, 匈奴傳 제64하, "匈奴人民每來降漢 單于亦輒拘留漢使以相報復 其桀驁尚如斯".)
170 언제나 망할 것인가? : 원문의 "갈상曷喪"은 '時日曷喪'을 줄인 말로, 옛날 중국 하夏나라의 걸주桀主가 '내가 천하를 가짐이 마치 하늘에 해가 있음과 같다. 해가 없어져야 내가 망할 것이다.' 하였는데 그가 악한 임금이기 때문에 백성들이 그가 없어지기를 비는 마음에서 '언제나 저 해가 없어지나.'라고 했다 한다.(『尙書』, 商書, 湯誓, "時日曷喪 予及汝皆亡".)

다면 어찌 조선 사람만이 기뻐하겠는가? 우리들도 걱정이 없어질 것이다.'라고 하였습니다."

라고 진술하였습니다.

 제만춘은 무과 출신으로서 나라의 후한 은혜를 받았을 뿐 아니라, 용맹이 뛰어나고 사예射藝도 또한 기묘하니 용렬한 무리와는 다르므로 당연히 힘껏 적을 쏘아, 죽음으로써 보국報國하여야 할 것인데, 반항도 없이 사로잡혀 가 도리어 왜인의 심부름꾼이 되고, 그대로 일본에까지 가서 반개와 같이 문서 맡는 소임을 하였는바, 신하 된 의리와 절개는 땅에 떨어졌습니다. 또한 글을 잘하고 사리를 아는 사람으로서 수길이 있는 곳에서 반년이나 머물며 적들의 간교한 실정과 모책을 상세히 정탐하지 않은 것이 없어 마치 일부러 보낸 간첩처럼 되었고, 본국으로 돌아오고 싶어 하여 격군 12명을 데리고 죽을 힘을 다해서 도망해 돌아왔으니, 그 정상이 가련할 뿐 아니라 문초한 바를 참작해 본즉, 다른 포로가 되었던 자들이 도망해 돌아온 여러 사람의 문초 내용과 대개 같았습니다. 나머지 다 하지 못한 일들은 제만춘을 장계와 같이 올려보내며, 이 일은 경상 우수사 원균에게도 통보하였습니다.

 (*삼가 갖추어 아룁니다.)[171]

조총을 올려 보내는 일을 아뢰는 장계封進倭銃狀[172]

(*승정원에서 개봉하실 것)   (구함具銜 신 이)

(지난 10월 초3일 성첩한 우부승지의 서장 내에,

 "서울에 남아 있는 왜의 총통은 다만 수량이 적을 뿐 아니라 명나라 장수들이 구하기도 하니, 경卿이 얻은 조총 중에서 정교하고 좋은 것을 골라 올려 보내도록 하라는 유지가 있다."

---

171 문장 말미에 계본 양식인 '謹具啓聞(삼가 갖추어 아뢰옵니다) 연월일 직함 臣 姓'이 생략되어 있다. 『임진장초』에는 "謹具啓聞 萬曆二十一年[1593]八月 日 忠淸道水軍節度使 臣 丁, 右道水軍節度使 臣 李, 全羅左道水軍節度使 臣 李"로 되어 있다.
172 『임진장초』(장 42) 장계이다.

라는 분부와 지난 11월 초7일 성첩한 좌부승지의 서장 내에,

"박진의 말을 들으니, 경상도의 사람들은 비록 조총을 얻어도 쏘는 방법을 알지 못한다고 하는데, 서울에서는 지금 가르치며 훈련시키고 있으니, 경卿은 그 조총들을 올려 보내라는 유지가 있다."

라는 서장이므로)[173]

왜의 조총 중에서 정교하고 좋은 것으로 30자루를 골라 감봉監封하여 올려 보냅니다.

(*연유를 잘 아뢰어 주십시오.)[174]

본영으로 돌아가는 일을 아뢰는 계본還營狀[175]

(*겸3도 수군통제사 행전라좌도수군절도사 신 이)[176]

삼가 아뢰는 것은 상고하기 위한 일입니다.

오래된 적들이 아직도 변방에 웅거하고 있으니 그들의 흉계는 진실로 예측하기 어려우므로 명년 봄의 해상 방비는 전보다 백배나 더 힘써야 할 것인데, 1년이 다하도록 해상에 오래 머무르니 굶주린 군졸들이 점점 병들고 극도로 지쳐서 겨우 숨만 붙어 있으며, 사망자가 거의 반이나 되니 장차 구제하기 어려운 형편입니다. 당장 날씨가 매우 추워져서 귀신 모양으로 변하였으니 참혹하여 차마 눈으로 볼 수 없으며, 어찌 모두 죽지 않기를 기약할 수 있고 장차 어떻게 활을 당기며 배를 부리겠습니까. 생각이 이에 미치니 마음 아픈 것이 살을 베는 듯하온데, 뜻밖에 이번에 '3도통제사

---

173 (*) 내용 생략.『임진장초』의 원문은 "承政院開坼, 具衘 臣 李, 去十月初三日成貼 右副承旨書狀內 京中遺在倭銃筒 非但數少 唐將亦救(求)之 卿所得鳥銃 擇其精好上送事有 旨 及去十一月初七日成貼 左副承旨書狀內 聞朴晉之言 慶尙之人 雖得鳥銃 放炮則未知其法云 在京時方敎訓 卿其鳥銃上送事有 旨是白乎味 書狀是白乎等用良"이다. 이두 '是白乎味'는 '…이시라고', '是白乎等用良'은 '…이시옴으로써'라는 뜻이다.

174 (*) 내용 생략.『임진장초』의 원문은 "詮次以 善啓向敎是事"(연유를 잘 아뢰어 주실 일)이다. 뒤에 "萬曆二十一年 閏十一月 十四日"이 있다. 이 장계는『전서』권수,「命進鳥銃諭書(1, 2)」에 의하여 올려 보낸 것이다.

175『임진장초』(장 39)·『충민공계초』(35) 계본이다.

176 (*) 내용 생략.『임진장초』의 원문은 "兼三道水軍統制使 行全羅左道水軍節度使 臣 李"이다.

를 겸하라.'는 명령을 변변치 않은 신에게 갑자기 내리시니 놀랍고 황송하고 떨려서 임무를 감당할 수 없어 깊은 골에 떨어지는 듯합니다.[177] 신과 같은 용렬한 사람으로는 도저히 감당치 못할 것이 분명하므로 신의 입이 마르고 답답함이 이로 말미암아 더합니다.

지난 10월 초9일에 공경히 받자온 서장 내에,

"경卿은 통제사의 책임을 맡았으니 3도의 장수와 군졸들을 두 패로 나누어서 집에 돌아가 번갈아 쉬게 하고 겸하여 의복과 식량을 마련하게 하라."

는 명령이 있었습니다.

경상도는 전쟁이 휩쓸고 가 탕진된 나머지 배와 격군이 매우 엉성할 뿐 아니라, 결진한 곳이 본도 경내이므로 틈을 보아 왕래하며 수시로 번갈아 쉬게 하였으며, 전라좌도도 그리 멀지 않아서 계속 번갈아 쉬게 하였습니다. 전라우도는 물길이 멀리 떨어져 있어 당장 바람이 세찬 날씨에 위험한 파도를 무릅쓰고서 쉽게 건널 수 없을뿐더러 왕복하는 데에 걸핏하면 수십 일이나 1개월이 넘으므로 그 도의 수사 이억기를 시켜서 전선 31척을 거느리고 벌써 지난 11월 초1일에 먼저 출발시켜 보내면서,

"세전歲前에 전쟁 기구를 수리하고 또 군졸을 휴양시키며 전선을 더 만들고 격군과 수군 군졸 및 괄장군 등을 일일이 뽑아 점검하여 미리 정비해 두었다가 1월 15일 안으로 빠짐없이 거느리고 오라."

고 하였으며, 진에 머물러 있어야 할 전선은 50여 척을 항상 확보하여 사변에 대비하게 하였습니다.

다만 각 고을의 수졸로 흩어지고 도망한 자들이 10에 8~9인데, 자신의 차례에 맞게 수자리에 달려오는 자는 10에 1~2도 못 됩니다. 더욱이 동리들이 텅 비어 굴뚝에 연기가 나는 집이 적으니 친족이나 이웃에게 책임 지우는 것도 역시 근거할 데가 없으므로 처음 배를 타고 온 군졸 중에는 혹은 교대하지 못한 자도 있습니다. 오래도록 해상에 머물러 굶주림과 추위는 점점 박두하는데 전염병이 봄·여름보다 더욱 심하게 번져 무고한 군사와 백성들이 연달아 죽게 되니 군사의 수는 나날이 줄고 병력이

---

[177] 원문은 "운월隕越"로, (두렵고 떨리는 마음이) 깊은 골에 떨어짐과 같다는 뜻이다.(『春秋左傳』, 僖公, 傳九年, "小白 余敢貪天子之命 無下拜 恐隕越于下".)

날로 외로운 형편이라 앞날의 일이 참으로 염려됩니다.

대개 무지한 군졸들이 다만 일시의 편안한 것만 생각하여 원망하는 말들이 자자하므로 신은,

"명나라 군사들은 만 리 밖에 와서 풍상에 시달려도 오히려 근심하거나 한탄하지 않고 마음을 다해서 적을 무찌르는 일에 죽음으로써 기약하는데, 본국 사람으로서 적의 환해患害를 입을 것이 조석으로 박두하였는데도 분풀이할 생각은 하지 않고 제 몸 편안할 꾀만 내고 있으니, 너희들의 의향은 참으로 말할 수가 없는 것이다. 위에서 수군들의 고생을 생각하시어 특별상으로 포목 12동同[178]을 내려보내셨는데 천은天恩이 망극하여 만 번 죽어도 보답하기 어려울 것이다."

라는 말로써 타이르고, 한 자 한 자 끊어서 골고루 나누어 주었습니다.

신에게 소속된 전라좌도의 연해안 5고을과 5포구는 전선을 더 건조하고 군사를 모아[179] 점검하고 군량을 검열하며 차례대로 군대를 나누어 미리 편성해 두는 일이 제일 긴급한 일인데, 근일은 추위가 배나 더하여 소굴 속에 있는 적을 무찌르기 어려우므로 경상우수사 원균과 전라좌도 쪽[180] 중위장 순천부사 권준과 우도 쪽 중위장 가리포 첨사 이응표 등에게,

"부하 여러 장수를 점검하여 단속하고 지키게 하여 사변에 대비하도록 하라."

고 엄하게 거듭 약속하였으며, 군졸 중에 특히 오래 머물러 야위고 병든 자들은 교대하여 거느려서 우선 본도로 돌려보내도록 하였다가 단속하여 진으로 돌아오게 할 계획입니다.

(*삼가 갖추어 아룁니다.)[181]

---

178 동同 : 1동은 50필이다.
179 군사를 모아 : 원문은 "괄군括軍"으로, 군사를 모아서 군대에 보내는 일의 뜻이다.[『선조실록』권33, 선조 25년(1592) 12월 13일(기해).]
180 쪽 : 원문은 '상상廂'으로, 구역을 의미한다. 성城에 가까운 구역을 '상廂'이라 한다.(『法式善·陶廬雜錄5』, "在城曰坊 近城曰廂".)
181 문장 말미에 계본 양식인 '謹具啓聞(삼가 갖추어 아뢰옵니다) 연월일 직함 臣 姓'이 생략되어 있다. 『임진장초』에는 "謹具啓聞 萬曆 二十一年(1593)閏十一月十七日 統制使 臣 李"로 나와 있다.

왜인 포로가 고한 왜군의 정세를 보고하는 계본登聞擒倭所告倭情狀[182]

삼가 아뢰는 것은 상고하기 위한 일입니다.

흉하고 추한 남아 있는 적들이 연해안으로 물러나서 자리를 잡아 오랫동안 머무를 계획을 하고 있으며, 퇴각해 도망할 기색이 없으니 그 소행으로 보아 흉계를 예측할 수 없습니다. 또한 거제의 적들은 늘기만 하고 줄지는 않으며, 소굴도 더 만들어 포구 깊숙한 곳에 배를 대고 수시로 출입하는바, 기회를 보아 쳐들어올 걱정을 하지 않을 수 없습니다. 그래서 견내량의 중요한 곳에 장수를 정하여 매복시켰는데, 이달 윤11월 초3일에 복병장이며 신의 군관인 주부 나대용이 정탐하던 왜인 1명을 사로잡아 신에게로 묶어 보냈기로 심문한바, 대답하는 내용에,

"이름은 망곳지亡古叱之이며, 나이는 25세이고, 거주지는 일본국 동쪽으로 13일 되는 거리로 지명이 시거구施巨丘[183]입니다. 작년 12월 조선국으로 나온 왜장 조승감鳥乘監[184]이 거느린 군사 3,000여 명이 패하였기 때문에 군사 600명을 더 뽑아 보낼 때 활 쏘는 군사로 뽑혔는데, 거느리는 장수는 온놋기溫老叱起였습니다.

금년 2월 초2일 시거구에서 승선하여 8척이 선단을 이루어 그달 28일 웅천 앞바다에서 육지에 내렸으며, 양산梁山에 이르러 조승감을 만나고 수3개월을 머물렀습니다. 날짜는 기억하지 못하지만, 6월에 양산·마산·밀양 등지의 배 500여 척이 거제 땅 영등포·장문포·원포 등지로 옮겨 정박하였는데, 왜장은 6명으로서 우단둔右丹屯[185]과 대은둔大隱屯[186] 등은 각각 군사 1,000여 명을 거느리고 영등포 산봉우리 위에 성을 쌓고 웅거했으며, 심아손둔沈我損屯[187]은 군사 1,300여 명을 거느리고 영등포 성

---

182 『임진장초』(장 40)·『충민공계초』(36) 계본이다.
183 시거구施巨丘 : 음차한 것으로 보이며, 시코쿠四國로 추정된다.
184 조승감鳥乘監 : 일본 장수 쵸소카베 모토치카長曾我部元親로 추정된다. 임진왜란 초기 3,000명을 거느리고 침입하였다.
185 우단둔右丹屯 : 일본 장수 우다노도노 이코마 치카마사雅樂殿 生駒親正이다. (이하, 조선사편수회편, 『난중일기초·임진장초』, 1935, 402~403쪽 참조.)
186 대은둔大隱屯 : 일본 장수 사에몬도노 후쿠시마 마사노리左衛門殿 福島正則이다.
187 심아손둔沈我損屯 : 일본 장수 시마즈도노 요시히로島津殿 義弘이다.

안에 웅거했으며, 조승감은 군사 900여 명을 거느리고, 아로감미阿老監未[188]는 군사 3,000여 명을 거느리고 장문포에 성을 쌓고 둔거했으며, 가사연둔加思然屯[189]은 군사 1,200여 명을 거느리고 원포에 성을 쌓고 웅거했습니다.

중선 100여 척이 11월 초4일 병든 왜인을 싣고 본국으로 돌아갈 때 왜장 아로감미는 안질로 사물을 잘 보지 못했으며, 대은둔은 국왕의 조카인데 역시 그 배를 타고 돌아갔으며, 또 100여 척은 군량을 실어 올 일로 그달 27일 부산포로 돌아갔습니다.

군량은 본국으로부터 연속 실어다가 30여 칸의 창고에 채우고도 남았으나, 쓰지를 아니하고 왜의 졸병들은 창고 밖에 있는 곡식으로 형편에 따라 공급받고 있습니다.

포로가 된 조선 사람 중에 여인은 낱낱이 [일본으로] 들여보내고 남자는 혹 배를 태워 고기를 잡게 하며 혹은 부산 등지로 출입하며 장사하여 살게 하고 격군으로 보충하였는데 소인은 본래 하급 왜졸로서 다른 나머지 일은 자세히 알지를 못합니다. (*저는 본래 종의 신분으로)[190] 활을 좀 쏠 줄 알았기 때문에 당초 본국에서 뽑힐 때 조선국과의 싸움에서 공을 세우면 종노릇을 면할 수 있고, 또 금은 보물을 상으로 준다고 하였는데, 이곳에 와서는 먹는 것은 적고 일은 번거로워서 그 괴로움을 감당할 수 없었습니다. 같은 부류의 왜인 야삼불로也三火老와 서로 밀약하기를 '여기서 이렇게 굶주리며 일하는 것은 조선에 투항하는 것만 못하겠다.' 하고 이달 윤11월 초1일 일시에 도망하여 수풀 속에 엎드렸다가 그 진陣의 왜인이 발자국을 찾아 쫓아와서 야삼불로는 붙잡히고, 소인은 그대로 도피하여 바로 강변으로 향하다가 마침 조개 캐는 여인 3명을 만났는데, 그 여인들이 소인을 붙잡고 소리치자, 조선의 전선이 불의에 달려와 묶여서 실려 온 것입니다.

부산 등지의 여러 진에 있는 왜장의 이름은 일일이 외우지 못합니다만, 부산포는 도심만둔都甚萬屯[191]이며, 웅포는 즉묵감둔卽墨甘屯[192]이고, 김해 및 양산은 심안둔甚

---

188 아로감미阿老監未 : 일본 장수 아바마모리 하치스카 이에마사阿波守 蜂須賀家政이다.
189 가사연둔加思然屯 : 일본 장수 가스야도노 다케노리糟屋殿 武則이다.
190 (*) 내용 생략. 『임진장초』의 원문은 "矣身段本以奴倭"이다.
191 도심만둔都甚萬屯 : 일본 장수 쓰시마도노 소 요시토모對馬殿 宗義智이다.
192 즉묵감둔卽墨甘屯 : 일본 장수 오모쯔비도노 하야시가와 나가마사主馬首殿 早川長政이다.

安屯¹⁹³이 머무르고 있습니다."
라고 진술하였습니다.

거제 사는 정병 김은금金銀金과 양갓집 딸 세금世今·금대今代·덕지德只 등에게 당시 왜인을 만나서 붙잡던 경위를 심문한바, 답하기를,

"피란민들로서 이달 윤11월 초3일 간도艮島 근처의 해변에서 조개를 캐고 있었는데, 저 왜놈이 오양역 쪽으로부터 달려와서 혹은 섰다가 혹은 앉았다 하며 지껄이면서 가지 않았으므로 저희가 힘을 모아 붙잡고 복병선을 소리쳐 부른즉, 복병했던 사람들이 노를 재촉하여 급히 달려와서 묶어서 배에 실었습니다."
라고 말하였습니다.

교활하고 간사한 왜놈이 감히 꾀를 내어 수풀 속으로 출몰하면서 우리의 허실을 정탐하려고 하는 형적이 분명한데, 몸이 이미 사로잡혀서 제 스스로 살기 어려운 것을 알고 우리나라에 항복한다는 말을 하는 것이니 더욱 흉측하고 간특하여 잠시라도 목숨을 붙여 둘 것이 못 되지마는, 참이고 거짓이고 간에 적중의 형세를 대략 공술하였으므로 반복해서 물어볼 것이 있을 것도 같으므로 도원수 권율에게 목을 매어 압송하였습니다.

거제 양갓집 딸인 세금 등 3명은 피란 중에 굶주리고 피곤한 여인들로서, 적을 보자 피신하지 않고 협력하여 붙잡고 복병장을 불러서 결박하도록 하였는바, 저 소문만 듣고 도피하는 사람들과는 아주 다르므로 각별히 타이르고, 아울러 양식을 지급하여 다른 사람들을 권장하게 하려고 하옵니다. (*양식을 지급하도록 본도 감사에게 분부해 주십시오. 삼가 갖추어 아룁니다.)¹⁹⁴

---

193 심안둔甚安屯 : 일본 장수 노부노도노 나베시마 가쯔시게信濃殿 鍋島勝茂이다.
194 (*) 내용 생략. 『임진장초』의 원문은 "食物題給事 本道監司處啓下爲白只爲 謹具啓聞"이다. '爲白只爲'는 이두로, '…하옵도록'이라는 뜻이다. 뒤에 "萬曆二十一年閏十一月十七日 統制使 臣 李"가 있다.

어영담을 조방장으로 임명해 주시기를 청하는 장계 請以魚泳潭爲助防將狀[195]

(*승정원에서 개봉하실 것)[196]　　　　　　　　　　　　　　　　(*정헌대부 구함 신 이)[197]

금번 윤11월 초5일 도착한 광양 가관假官[198] 김극성金克惺의 공문에 의하면,

"좌의정 및 도원수[199]가 같이 의논하여 보낸 임명장[200]에 '(*이번에)[201] 광양현감을 국왕에게 아뢰어 파직하고 대신 가관을 임명하니 인신印信[202]과 병부兵符[203]를 인계하여 공무를 행하도록 하며, 두치豆峙[204] 목을 지키고 방비하는 일들을 경솔히 하지 말고 검칙하여 사변에 대비하라.'는 내용이었습니다. 이번 윤11월 초2일 이 고을에 도임하였으나, 현감은 이미 바다에 내려가 있어 인신과 병부를 인계할 수 없었으므로 공사公私 간의 창고를 봉하여 폐쇄하고 공무를 집행합니다."

라는 내용이었습니다.

전 현감 어영담은 이미 파직되었으나 바닷가에서 자라나 배에 익숙하고 영남과 호남의 물길의 멀고 가까움과 섬들의 형세를 역력하게 상세히 알고 있으며, 적을 토

---

195 『임진장초』(장 41)·『충민공계초』(37) 장계이다.
196 (*) 내용 생략. 『임진장초』의 원문은 "承政院開坼"이다.
197 (*) 내용 생략. 『임진장초』의 원문은 "正憲大夫 具銜 臣 李"이다. '구함具銜'은 직함을 갖추었다는 말이므로 '겸삼도수군통제사 행전라좌도수군절도사'와 같은 뜻이다.
198 가관假官 : 임시로 관함官銜을 줌.[敎學社,『大漢韓辭典』, 1998;『중종실록』권7, 중종 3년(1508), 10월 19일(계미).]
199 좌의정 및 도원수 : 당시 좌의정은 윤두수尹斗壽, 도원수는 권율權慄이다.
200 임명장 : 원문은 "차첩差帖"으로, 임명 사령서를 뜻한다. 품계가 높은 아문衙門에서 7품 이하의 관리들에게 내리는 차정差定의 첩帖이다.
201 (*) 내용 생략. 『임진장초』의 원문은 "節"이다.
202 인신印信 : 나무·돌·쇠붙이에 글자를 새겨 신빙 증거로 삼는 것. 임금이 쓰는 것을 새璽, 관리는 인印, 평민은 사인私印이라 하였다. 조선시대 관부官府의 인신 제도는 태종 3년(1403)에 제정되었다.[세종대왕기념사업회,『한국고전용어사전』, 2001;『태종실록』권5, 3년(1403) 2월 11일(무오).]
203 병부兵符 : 조선시대 군대를 동원할 때 임금의 인증서로 쓰이던 부절符節. 발병부發兵符·호부虎符라고도 하였다. 둥글납작한 모양의 한 면에 '발병發兵'이라 쓰고, 또 다른 한 면에 관찰사·절도사·진호鎭號 등을 기록하여 한 가운데를 쪼개어, 오른쪽은 그 책임자에게 주고 왼쪽은 임금이 가지고 있다가, 군대를 동원할 때 임금의 교서와 함께 그 반쪽을 내려 주면, 지방관은 두 쪽을 맞추어 보고 틀림없다고 인정될 때 군대를 동원하였다. (세종대왕기념사업회,『한국고전용어사전』, 2001.)
204 두치豆峙 : 전라남도 광양시 다압면 도사리 섬진마을을 가리킴. 여기에 두치나루豆恥津(豆峙津)가 있다. 두치나루는 강 건너편 경상남도 하동군 하동읍 두곡리에도 있다. (「海東地圖」, 光陽縣, 河東府.)

벌하는 일에 몸과 마음을 다하여 작년에 적을 치던 때 매번 선봉이 되어 여러 번 큰 공을 이루었는데, 다른 사람에 비해서는 자못 논의할 만한 재주가 있으므로 어영담은 비록 파직되었더라도 수군 조방장으로 임명하여 종시終始 계책을 세워 큰일을 성취하도록 하면 어떠하겠습니까. (*할까 생각하여 감히 여쭈어 올리니, 연유를 잘 아뢰어 주십시오.)²⁰⁵

쇠를 거두기 위한 공문과 유황을 내려 주시기를 청하는 장계
請下納鐵公文兼賜硫黃狀²⁰⁶

(*승정원에서 개봉하실 것)²⁰⁷   (*구함 신 이)²⁰⁸

(*이번에節) 더 만드는 전선戰船에 사용할 지자총통 및 현자총통은 장만할 길이 없어 조처할 대책을 조목조목 진술하여 장계狀啓하였는데, 회계回啓²⁰⁹ 중에 쓰인 사연을 낱낱이 들어 겸순찰사 이정암에게 이미 공문을 보냈습니다. 지자총통 한 자루의 무게가 많게는 150여 근이나 되며, 현자총통 한 자루의 무게도 역시 50여 근이나 되는데, 이같이 물자가 다 된 나머지에 비록 관청의 힘으로서도 갑자기 마련하기는 어렵습니다. 배를 만드는 일은 거의 끝났으나, 각종 기구들이 정비되지 못하여 지극히 답답하고 염려됩니다.

신이 승려를 모집하여 특별히 '화주化主'라 일컫고 권선문勸善文을 지어 주어서 마을마다 돌아다니면서 쇠붙이를 구해 만분의 일이나마 보충하고자 하였으나, 백성들은 곤궁하고 재물도 탕진되어 역시 쉽게 되지 않아 밤낮으로 생각해도 조처할 바

---

205 (*) 내용 생략. 『임진장초』의 원문은 "妄料敢稟爲白去乎 詮次以 善啓向敎是事"(망령되게 헤아려 감히 품의하오니 연유를 잘 아뢰어 주실 일)이다. 뒤에 "萬曆二十一年[1593] 閏十一月十七日"이 있다.
206 『임진장초』(장 43)·『충민공계초』(38) 장계이다.
207 (*) 내용 생략. 『임진장초』의 원문은 "承政院 開坼"이다.
208 (*) 내용 생략. 『임진장초』의 원문은 "具銜 臣 李"이다. '구함具銜'은 직함을 갖추었다는 말이므로 '겸삼도 수군통제사 행전라좌도수군절도사'와 같은 뜻이다.
209 회계回啓: 임금의 하문下問에 대하여 심의하여 상주上奏함.

를 모르겠습니다.

한편으로 들으니, 멀고 가까운 여러 고을에 혹 쇠를 바치고 병역을 면제받으려고 하는 자가 있다고 하는데, 신하 된 몸으로 함부로 할 수 없는 일이므로 감히 아뢰오니, 혹시 그 철물의 경중에 따라 혹 상으로 관직을 내리거나 혹 벼슬길을 터 주기도 하고,[210] 병역을 면제하거나 천한 신분을 면하게 하는 공문을 만들어서 내려보내 주시면, 쇠를 모아 [총통을] 주조鑄造하여 군사상 중요한 일을 성취할 수도 있을 것입니다.

사변이 발발한 이래 염초焰硝[211]는 넉넉히 만들어 내었으나, 거기 넣을 석류황石硫黃은 달리 생산되는 곳이 없으므로 엎드려 바라옵건대[212] 묵은 곳간에 있는 유황 200여 근쯤 채취하여 내려 보내도록 해 주십시오.

(*연유를 잘 아뢰어 주십시오.)[213]

문신으로 종사관을 임명해 주시기를 청하는 장계請以文臣差從事官狀[214]

(*승정원에서 개봉하실 것)[215]　　　　　　　(*정헌대부 겸삼도수군통제사 구함 신 이)[216]

신이 이미 통제사의 직책을 겸하였으며 3도 수군과 장수들이 모두 부하로 들어오니 단속하고 경계하며 조치해야 할 일이 한두 가지가 아닌데, 신은 영남 해상에 있어 먼 길에 문서로 주고받기 때문에 허다한 군무를 제때 거행하지 못할 뿐 아니라, 도원수

---

210 벼슬길을 …… 하고 : 원문은 "허통許通"으로, 천인賤人이나 서얼庶孽에게 벼슬아치가 되는 것을 허락하여 벼슬길을 터 준다는 뜻이다.

211 염초焰硝 : '질산 칼륨'의 광물명으로 화약의 제조(염초·유황·목탄을 혼합)에 쓰이는 중요한 한 성분으로, 초석硝石이라고도 한다. 조선시대에는 오래된 집안의 부엌과 아궁이, 마루 아래, 담장 밑의 흙을 긁어내어 이를 끓여 만들었다. [李曙, 『火砲式諺解』(1635).]

212 엎드려 바라옵건대 : 원문은 '伏願'으로 『임진장초』· 『충민공계초』에는 없고, 『전서』에만 있다.

213 (*) 내용 생략. 『임진장초』의 원문은 "詮次以 善啓向敎是事"(연유를 잘 아뢰어 주실 일)이다. 뒤에 "萬曆二十一年閏十一月十七日"이 있다.

214 『임진장초』(장 44)·『충민공계초』(39) 장계이다.

215 (*) 내용 생략. 『임진장초』의 원문은 "承政院 開坼"이다.

216 (*) 내용 생략. 『임진장초』의 원문은 "正憲大夫 兼三道水軍統制使 具銜 臣 李"이다. '구함具銜'은 직함을 갖추었다는 말이므로 '행전라좌도수군절도사'와 같은 뜻이다.

와 순찰사가 머무른 곳에 협의하여 처결할 것 역시 많아도 거리가 서로 떨어져 간혹 기한에 미치지 못하여 일마다 어긋나니 극히 염려됩니다.

신의 망령된 생각으로는 문관 1명을 순변사의 예에 의하여 종사관從事官이라는 칭호로 왕래하면서 의논하여 소속 연해안의 여러 고을에 순시하면서 단속·경계하여 처리하고 사부와 격군과 군량을 계속 조달해 들이게 한다면 앞으로 닥쳐오는 큰일을 다행히 만분의 일이라도 해결할 수 있을 것입니다.

(*뿐만 아니라)[217] 여러 섬에 있는 목장의 비어 있는 넓은 땅을 개간할 곳도 자세히 살펴서 단속하고 경계해야 할 것이므로 망령된 생각을 감히 여쭙니다. 엎드려 바라옵건대, 조정에서 충분히 생각하시어 만일 사체事體에 방해됨이 없다면 장흥 사는 전前 부사 정경달丁景達이 지금 본가에 있다 하오니 특별히 [종사관으로] 임명해 주십시오.

(*연유를 잘 아뢰어 주십시오.)[218]

연해의 군병·군량·병기를 수군에 전속시켜 주시기를 요청하는 계본
請沿海軍兵糧器全屬舟師狀[219]

(*겸3도 수군통제사 행전라좌도 수군절도사 신 이)[220]

삼가 아뢰는 것은 상고하기 위한 일입니다.

신이 지난번에 '3도에 명령을 내리시어 전선을 더 만들게 하고, 연해안의 괄장군括將軍과 군량과 군기를 모두 수군에 소속시켜 주시기를 청하는 연유'로 이미 장계를 올렸습니다.

방금 역사[배 만드는 일]를 독촉하여 세전歲前에 건조를 다 끝내게 하고, 정월 안으

---

217 (*) 내용 생략. 『임진장초』의 원문은 "是白沙餘良"이다. '是白沙餘良'은 이두로, '……하올 뿐 아니라'라는 뜻이다.
218 (*) 내용 생략. 『임진장초』의 원문은 "詮次以 善啓向敎是事"(연유를 잘 아뢰어 주실 일)이다.
219 『임진장초』(장 45)·『충민공계초』(40) 계본이다.
220 (*) 내용 생략. 『임진장초』의 원문은 "兼三道水軍統制使 行全羅左道水軍節度使 臣 李"이다. 뒤에 "萬曆 二十一年 閏十一月十七日"이 있다.

로 한곳에 다 모아 해상에서 가득하게 진을 벌여 바로 부산의 바다를 질러 막고, 북소리 한 번에 모조리 섬멸하여 기회를 잃지 말도록 이미 3도의 수사들과 재삼 약속을 분명히 하였습니다.

소위 3도의 연해안에서 끌어모은 괄출장군括出壯軍[221]이란 것은 이름은 비록 군적에 올라 있어도 잡탈雜頉[222]이 절반 이상이나 되어 그 실체는 얼마 되지 않는데, 육군의 여러 장수는 해전을 돌아보지 아니하고, 또 성교聖敎[223]에 "함부로 군사를 이동해 가지 마라." 한 것도 생각하지 않고 계속하여 공문을 전하고 수시로 징발해 가고 있습니다. 뿐만 아니라 혹은 명나라 군사들이 훈련을 시킨다, 혹은 복병시켜 파수하게 한다거나 혹은 의병군義兵軍에서 번갈아 징발해 가기를 전보다 배나 더 합니다.

또한 군량은 사변 초기부터 육군이 계속 실어 갔고, 또 명나라 군사를 접대하느라 얼마간 남아 있는 것도 거의 다 없어졌는데, 육전을 맡은 크고 작은 여러 진에서 편의에 따라 끊임없이 실어 가니, 연해안 일대의 백성들은 바다와 육지에서 서로 명령을 따르기에 분주하여 피차에 감당하기 어려워서 처자식을 거느리고 다른 지방으로 이사하는 자들이 도로에 이어졌으니 극히 걱정스럽습니다.

전라도 연해안의 각 고을 중에 좌도가 5고을[224]이고, 우도가 14고을[225]인데, 관찰사 이정암이 군사의 편성을 고치면서 좌도에는 광양·순천·낙안·흥양·보성, 우도에는 장흥·강진·해남·영암·진도 등 각각 5고을만 수군에 이속시키고, 그 외 연해안 고을들은 오로지[마음대로] 육전의 여러 장수에게 소속시켰으며, 좌·우도 각각 5고을의 군량도 각처에서 징발해 가고 있습니다.[226] 좌우도에서 전선을 더 만든 것이 모

---

221 괄출장군括出壯軍 : 괄장군括壯軍과 같은 말로, 백성들 중에서 군역에 동원되는 장정이다. [『선조실록』 권33, 선조 25년(1592) 12월 13일(기해); 『현종실록』 권20, 현종 13년(1687) 4월 8일(계미).]

222 잡탈雜頉 : 빠질 수 있는 공식적인 면제 사유 외에 다양한 이유를 들어 병역에서 면제됨. 예컨대 부모 사망, 당사자 중병, 불구자인 경우 등이다. (세종대왕기념사업회, 『한국고전용어사전』, 2001.)

223 성교聖敎 : 임금의 교명敎命.

224 5고을 : 원문은 "5관五官"으로, 광양·순천·낙안·흥양·보성을 가리킨다.

225 14고을 : 원문은 "14관十四官"으로, 장흥·강진·영암·해남·진도·나주·무안·함평·영광·무장·흥덕·고부·부안·옥구를 가리킨다. (『전서』 권4, 장계3, 「請禁沿邑水陸交侵之弊事狀」, 「請罪遲留諸將狀」.)

226 『임진장초』의 원문은 "移文爲白有乎矣"(공문을 내었습니다)이다. 뒤에 "同左右道各五官兵糧乙沙"[좌·우도 각5관의 군량이야말로(까지도)]가 있다.

두 150척이며, 사협선伺挾船²²⁷이 150척으로 사부와 격군을 아울러 무려 2만 9천여 명이나 소요되는데, 정돈하고 준비할 길이 없으니 지극히 답답하고 걱정됩니다.

경상우도는 연해안의 여러 고을이 거의 다 탕진되어 군사와 군량을 의뢰할 곳이 거의 없고, 그중에서 조금 보존되었다 할 만한 곳은 단지 남해南海 한 고을인데, 수군과 육군으로 번갈아 징발하니 겨우 남은 백성들이 거의 지탱하기가 어렵습니다. 고성·사천·곤양·하동 등 고을들은 전쟁의 참화를 겪은 뒤로 달아나거나 숨어버리고, 남은 백성들은 고기를 잡고 나물을 캐서 연명하며 수군의 사부나 격군으로 소속되어야 하는데 또 육군에서도 군사들의 수를 배정하여 서로 징발해 갑니다. 이 도에서 전선을 더 만든 것이 모두 40여 척이며, 사후선이 40여 척인데 사부와 격군을 아울러 무려 6,000여 명을 정비할 길이 없습니다.

충청도는 우도 연해안의 고을들에 왜적이 침범하지 못하였으나, 전前 수사 정걸이 홀로 내려와서 신의 진에 같이 있으면서 "전선을 밤낮없이 저어서 돌아와 정박하라."고 그 도의 우후와 소속한 여러 고을과 포구에 재삼 전령을 보내 재촉하였어도 끝내 오지 않으므로, 정걸이 갈려 간 뒤에 새로 부임한 수사 구사직具思稷에게 "전선을 더 만드는 것 모두 60척과 사후선伺候船 60척을 기한을 정해 빨리 만들고 군량과 전비를 넉넉히 정비하여 정월 안으로 일제히 달려오라."고 재삼 공문을 보내고, 심지어 신의 군관인 부장部將²²⁸ 방응원方應元에게 이미 문책하는 공문²²⁹을 주어 보내기까지 하였으나, 도로가 멀어서 여러 가지 조처할 일에 관해서는 아직 회보가 없습니다.

비록 배들이 많을지라도 격군이 정비되지 않으면 장차 무엇으로 배를 운행할 것이며, 격군이 비록 정비되었더라도 군량이 이어지지 않는다면 장차 무엇으로 군사들을 먹이겠습니까. 무릇 이 두 가지는 한 가지도 빼놓을 수 없는 것인데, 군사의 징발과 군량의 조달이 모두 이처럼 극한 상태에 이르고 보니, 다만 연해안 변방 주민들의 괴로움은 내지內地의 백성보다 배나 더할 뿐 아니라 당장 배를 운행하고 군사

---

227 사협선伺挾船 : 사후선伺候船과 같은 배이다. 협선挾船이라 하기도 한다.
228 부장部將: 오위五衛의 종6품 무관직.(『經國大典』권4, 兵典, 京官職, 從二品衙門, 五衛.)
229 문책하는 공문 : 원문은 "논관論關"으로, 상급관청에서 하급관청에 내리는 경고서警告書를 뜻한다.

들을 먹이는 것은 결코 감당할 수 없어서 더욱 답답하고 걱정됩니다. 이러한 지극히 중요하고 또 긴급한 일을 주선하고 조치하는 것은 하루가 급한데, 신은 영남에 있고 각 도의 순찰사도 역시 먼 곳에 머물고 있으므로 쉽게 만나 의논하지 못하고 다만 공문만 왕복하면서 묻고 답하는 사이에 허술한 점이 또한 많이 있습니다. 이해도 이미 저물고 봄 방비가 박두했는데 일이 뜻과 어긋나서 어찌할 바를 모르겠습니다.

대개 수륙으로 적을 치는 것이 모두 급한 일인데, 근일에 와서는 의논이 분분하여 수군의 방책에 있어서는 열 가지 중에 한 가지도 실시되지를 못합니다. 난리가 일어난 지 수년 동안 여러 가지로 계획을 세워 일을 해 나가고 있으나 처음부터 끝까지 한결같이 품은 소원이 도리어 허사로 돌아갔습니다. 신과 같이 우둔하고 용렬한 사람은 만 번 죽음도 달게 받겠으나, 당장 나라가 다시 살아나야만 할 때 오로지 고식적인 것에 힘쓰다가 이 지경까지 이르렀으니, 뒷날에 후회한들[230] 무슨 소용이 있겠습니까. 자나 깨나 생각해 보아도 어찌할 바를 알지 못하여 비통하고 답답하기 그지없습니다.

엎드려 바라옵건대, 앞으로는 3도 수군에 소속한 연해안 각 고을의 괄장군과 군량과 군기들은 모두 이동시키지 말고 전적으로 수군에 소속시키도록 도원수와 3도 순찰사에게 아울러 다시 한번 각별히 신칙하여 주십시오.

(*명령을 내리심을 망령되이 생각하였습니다. 삼가 갖추어 아룁니다.)[231]

---

230 후회한들 : 원문은 "서제噬臍로, 사람에게 잡힌 사향노루가 그 배꼽의 향내 때문에 잡혔다고 여기고 배꼽을 물어뜯음의 뜻이다. 일이 잘못된 뒤에는 후회하여도 소용없음을 이르는 말이다. 서제막급噬臍莫及과 같은 말이다. 噬는 깨물다, 臍는 배꼽을 의미한다.(『退溪集』권10, 答李仲久, "輕淺之咎 噬臍莫及 有友如公直諒 是望 何不指摘瑕類以垂鐫誨".)

231 (*) 내용 생략. 『임진장초』의 원문은 "啓下爲白乎去 妄料爲白臥乎事良尒 謹具啓聞"이다. 이두 '爲白乎去'는 '……하옵신가', '爲白臥乎事良尒'는 '……하옵시는 일이라고'라는 뜻이다. 뒤에 "萬曆二十一年[1593]閏十一月十七日 統制使 臣 李"가 있다.

둔전을 설치하는 것을 허락해 주시기를 청하는 계본 請設屯田狀[232]

삼가 아뢰는 것은 상고하기 위한 일입니다.

여러 섬에 있는 목장의 비어 있는 땅을 명년 봄부터 개간하기 시작하되, 농군은 순천·흥양의 유방군留防軍들로서 나아가서는 싸우고 들어와서는 농사를 짓도록 할 일을 이미 청하여 아뢰었으며, 허락해 주신 사연을 낱낱이 들어 감사와 병사에게 공문을 보냈습니다.

순천부의 유방군은 순찰사 이정암의 장계에 의거하면, '광양 땅 두치에 신설되는 첨사진僉使鎭으로 이동시켜서 방비시킬 계획이다.'라고 하므로 돌산도를 개간할 농군은 징발할 길이 없습니다. 신의 생각에는 각 도에 떠도는 피란민이 이미 정착하여 살 곳도 없고, 또 먹고 살 생업도 없으므로 보기에 비참하고 측은하오니, 이 섬으로 불러들여 살게 하고 그들에게 합력하여 경작하게 하여 그 소출을 절반씩 나눈다면 공사公私 간에 양쪽으로 편리할 것입니다.

흥양현 유방군은 도양장道陽場[233]으로 들어가 농사짓게 하고 그 밖에 남은 땅은 백성들에게 나누어 주어 병작幷作[234]케 하고, 말들은 절이도折尒島[235]로 옮겨 모으면 말을 기르는 데도 해로움이 없고 군량에도 도움이 될 것입니다.

우도右道의 강진 땅 고이도古尒島[236]와 해남 땅 황원목장黃原牧場[237]은 토지가 비옥하고 농사지을 만한 땅이 무려 천여 석 종자를 뿌릴 수 있으니, 철 맞추어 파종하고 경작하면 그 이익이 무궁할 것인데, 농군을 뽑아낼 길이 없으니 백성에게 나누어 병작하게 하여 관청에서 절반만 거둬들여도 군량에 보충이 될 것입니다. 또 군량이 공급만 되면 앞날에 닥쳐올 큰일에도 군량이 모자라는 위급함은 거의 없을 것이니,

---

232 『임진장초』(장 46)·『충민공계초』(41) 계본이다.
233 도양장道陽場 : 지금의 전라남도 고흥군 도양읍·도덕면 일대이다. (「大東輿地圖」, 「靑邱要覽」.)
234 병작幷作 : 남의 땅을 경작하여 그 소출을 절반씩 나누어 가지는 농작의 한 방법.
235 절이도折尒島 : 지금의 전라남도 고흥군 거금면 거금도居金島. (「大東輿地圖」.)
236 고이도古尒島 : 지금의 전라남도 완도군 고금면 고금도古今島. (『新增東國輿地勝覽』 권37, 康津縣; 『大東地志』 권14, 康津; 「靑邱要覽」.)
237 황원목장黃原牧場 : 지금의 전라남도 해남군 화원면·문내면 일대. (「大東輿地圖」; 「靑邱要覽」.)

바로 시무時務에 합당할 일입니다.

유방군에게 일을 시키는 것은 신이 마음대로 할 수 있는 일이 아니며, 감사나 병사가 스스로 마땅히 그 시기에 미쳐 거행해야 할 것인데, 봄 농사철이 머지않았건만 아직 실행한다는 소식이 없으니 지극히 답답하고 걱정됩니다. 엎드려 바라옵건대, 조정에서는 본도 순찰사와 병사에게 다시 거듭 분부를 내려 주십시오.[238]

돌산도에 있는 나라의 둔전은 오래 묵어 있는 곳으로서 그곳을 개간하여 군량에 보충하자는 장계를 올린 바 있습니다. 농군은 각처에 수비하는 군사들 중에서 적당히 뽑아내어 경작케 하려 하였으나, 곳곳에서 변방을 지키고 있으므로 뽑아낼 사람이 없어 끝내 개간하지 못하고 그대로 묵히고 있습니다.

본영의 둔전 20섬지기[239]는 늙고 쇠잔한 군사를 뽑아내어 경작시켜서 그 땅의 등급을 시험해 보았던바, 수확된 것이 중정조中正租가[240] 500석이나 되므로 종자로 쓰려고 본영 성내 순천 창고에 들여놓았습니다.

(*삼가 갖추어 아룁니다.)[241]

수군에 소속된 고을은 육군에 배정하지 마시도록 청하는 계본
請舟師所屬邑勿定陸軍狀[242]

(*계사년 10월 초1일 겸3도수군통제사에 제수하는 교서를 받았으므로 비로소 씀)[243]

(*겸3도 수군통제사 행전라좌도 수군절도사 신 이)[244]

---

238 내려주십시오 : 원문은 "판하判下"로, 신하가 상주上奏한 안건에 대하여 임금이 검토하여 그 가부를 재가裁可하는 것이다. 판부判付라고도 한다.[『성종실록』권112, 성종 10년(1479) 12월 11일(임술).]
239 지기 : 원문은 "소종所種"으로, 곡식의 씨를 뿌리는 분량에 따라 땅의 넓이를 나타내는 말이다.
240 중정조中正租 : 중간 품질의 벼. 정조正租는 타작을 끝낸 뒤 방아를 찧지 않은 벼를 일컫는다.
241 (*) 내용 생략.『임진장초』의 원문은 "謹具啓聞"이다. 뒤에 "萬曆二十一年閏十一月十七日 統制使 臣 李"가 있다.
242 『임진장초』(장 38)・『충민공계초』(34) 계본이다.
243 (*) 내용은『임진장초』의 본문 위에 쓰여 있는 문구로, 그 원문은 "癸巳十月初一日 兼三道水軍統制使敎書到付 故始用"이다. 통제사 직함을 1593년(癸巳) 10월 1일부터 쓰기 시작했다는 내용이다.

삼가 아뢰는 것은 상고하기 위한 일입니다.

수군에 소속한 연해안 여러 고을의 군사와 군량을 육군의 여러 진에서 여기저기 징발해 가는 연유는 다른 장계에서 이미 간략하게 진술하였습니다.

이달 윤11월 17일에 도착한 겸순찰사 이정암의 공문 내용에,

"총병總兵²⁴⁵ 분부에 의거한 도원수의 공문에 '고려[조선] 군사 3만 명을 모두 본도에다 배정하고 방금 징발을 독려하므로 소속 각 고을을 3위三衛로 나누어서 방어사와 병사에게 각각 5천 명씩, 좌·우도의 수사에게 각각 2천 명씩 나누어 배정했다.' 하니, 소속된 각 관과 각 포에 또한 나누어 배정하고 명령을 따라 독려하여 정비하고 도원수의 명령을 기다리도록 하라."

고 하였습니다.

연해안의 사부射夫와 괄장군括壯軍을 계속 징발하는 일만으로도 오히려 답답하고 걱정스러운데, 좌·우도의 수사에게도 아울러 정예 군사 4,000명을 배정하여 징발을 독려하라고 하는바, 수군의 사부와 격군을 남김없이 뽑아내도 4,000명의 수가 차지 못합니다. 대개 방어사나 병사는 육전의 대장으로서 언제나 육지에 주둔하고 있으므로 각각 5,000명의 군사를 정비하는 것이 이치에 당연합니다. 그러나 수군은 해로를 끊어 막고 파수하고 있기 때문에 그 방비함이 각각 다른데, 수군을 옮겨 육군으로 가게 하는 것은 실로 옳은 계책이 아닙니다.²⁴⁶

근간의 적세를 살펴보면, 육지 쪽 웅천 등지의 적이 거제도로 왕래하면서 모였다 흩어졌다 하는 것이 일정하지 아니하니 적들의 흉한 꾀와 비밀 계획은 진실로 예측하기 어렵습니다. 수군에 소속된 정예 군사 1명은 능히 백 명의 적과 맞설 수 있으므로, 결코 뽑아내어 정비할 수 없는 사유를 들어서 우선 회답하였사옵니다. 엎드려 바

---

244 (*) 내용 생략. 『임진장초』의 원문은 "兼三道水軍統制使 行全羅左道水軍節度使 臣 李"이다.

245 총병總兵 : 명나라 부총병副總兵 유정劉綎으로, 흔히 총병으로 호칭하였다. 명·일 간의 강화교섭이 진전됨에 따라 1593년 8월 명나라 주력부대가 요동으로 철수하고, 부총병 유정이 5,000명을 거느리고 대구 부근 팔거八莒에 주둔하고 있었다. [『明史』 권247, 劉綎列傳; 『선조실록』 권45, 선조 26년(1593) 윤11월 20일(경자); 李烱錫, 『壬辰戰亂史』 上卷, 1967, 770~771쪽.]

246 옳은 계책이 아닙니다 : 『임진장초』 원문은 "非得計是白沙餘良"으로 '옳은 계책이 아닐 뿐 아니라'라는 뜻이다. '是白沙餘良'은 이두로 '…이실뿐더러'라는 뜻이다.

라옵건대, 조정에서도 순찰사 이정암과 도원수에게 아울러 각별히 신칙해 주시기를 바랍니다.

다만 수군의 군사를 징발하는 일이 이렇게 소란스러우면 신은 소관하고 있는 수졸水卒을 통제할 길이 없어서, 해상 방비에 관한 일은 조처할 수 있는 일이 하나도 없게 됩니다. 수군의 군세가 나날이 외롭고 약해진다면 해상으로 마구 덤벼드는[247] 적을 막아내기가 어려울 것이므로 밤낮으로 애를 태우며 근심하고 있습니다.

(*삼가 갖추어 아룁니다.)[248]

진중에서 과거 보는 일을 청하는 계본請於陣中試才狀[249]

(*갑오년 1월 17일 감봉監封)[250]　　　　(*겸3도 수군통제사 행전라좌도수군절도사 신 이)[251]

삼가 아뢰는 것은 취품取稟하기 위한 일입니다.

이달 11월[252] 23일 도착한 겸순찰사 이정암의 공문 내용에,

"무군사撫軍司의 공문에 의하면 '(*이번에)[253] 동궁[광해군]께서 전주로 내려와 주둔하시면서 하삼도[충청도·전라도·경상도]의 무사들에게 과거科擧 시험장을 열고 시험으로 인재를 뽑을 계획이다. 규정은 일반적인 규정에 따라서 초시初試·회시會試·

---

247 마구 덤벼드는 : 원문은 "빙릉憑陵"으로, 제멋대로 날뜀의 뜻이다. '憑'은 크게 성하다는 뜻이요, '陵'은 능가하다는 뜻이니, 곧 세력이 성하여 남을 능가한다는 의미이다. (杜甫, 「病橘詩」, "寇盜尙憑陵 當君減膳時".)

248 (*) 내용 생략. 『임진장초』의 원문은 "謹具啓聞"이다. 뒤에 "萬曆二十一年[1593]閏十一月二十一日 統制使 臣 李"가 있다.

249 『임진장초』(장 47)·『충민공계초』(42) 계본이다.

250 이 내용은 『임진장초』에 나와 있는 것으로서, 원문은 "甲午正月十七日監封"이다. 원래 계본의 양식은 서두에 '직함 신 성명'만을 기록하게 되어 있으므로 이것은 불필요한 문구다. 감봉監封은 바치는 물건이 중간에서 훼손되는 것을 막기 위하여 봉封하는 것을 감독했다는 뜻이다.

251 (*) 내용 생략. 『임진장초』의 원문은 "兼三道水軍統制使 行全羅左道水軍節度使 臣 李"이다.

252 11월 : 원문 "十一月"은 오기이다. 『임진장초』·『충민공계초』·『충무공계초』에는 '十二月(12월)'로 되어 있다.

253 (*) 내용 생략. 『임진장초』·『충무공계초』의 원문은 "節"이다. '節'은 이두로, '이번에'라는 뜻이다.

전시殿試²⁵⁴ 등 3차의 시험으로 뽑는데, (*덜어[감하여])²⁵⁵ 평안도의 사례를 따라 1차 시험을 보아서 인재를 뽑은 뒤에 그대로 전시를 시행하여 인재를 넉넉히²⁵⁶ 뽑고자 한다. 시험장을 설치할 길일吉日은 12월 27일로서, 시험을 시행할 계획이지만 아직 결정하지는 않았다. 기일이 매우 박두했으니 인재를 넉넉히 뽑으려고 한다는 뜻을 급히 통보하여 유능한 인재가 빠지는²⁵⁷ 잘못이 없도록 하라.'는 내용이었습니다."²⁵⁸라고 하였습니다.

　사변이 일어난 지 2년 동안에 남도의 무사들이 오랫동안 전쟁터의 진중에 있었지만, 그들을 위로하고 기쁘게 할 일이 없었는데, 이제 들으니 동궁께서 완산[전주]에 머무르시게 되어 온 백성들이 감동하지 않은 이가 없다고 합니다. 또 들으니 12월 27일 전주부에 과거 시험장을 개설하라고 명령하셨다 하므로 해상의 진중에 있는 사졸들이 모두 즐거이 달려가려고 하였으나, 물길이 요원하여 기한 내에 도착하지 못할 뿐 아니라, 적과 서로 대치해 있는 때에 뜻밖의 환란이 없지 않을 것이므로, 정군精軍 용사들을 일시에 내보낼 수 없는 일입니다.

　수군에 소속된 군사들은 경상도의 예에 의하여 진중에서 시험을 보아 그들의 마음을 위로해 주도록 하되 규정 중에 있는 '말을 타고 달리면서 활 쏘는 것騎射'은 먼 바다에 떨어져 있는 외딴 섬이라 말을 달릴 만한 땅이 없사오니, '말을 타고 달리면서 활 쏘는 것'은 그 대신 '편전片箭을 쏘는 것'으로써 재능을 시험 보면 편리하고 유익할까 생각됩니다. (*망령되이 생각한 바를 감히 아뢰며)²⁵⁹ 엎드려 바라옵건대 조정에서 선처해 주시기 바랍니다.

　　(*삼가 갖추어 아뢰며 엎드려 명령을 기다립니다.)²⁶⁰

254　전시殿試 : 회시會試(覆試) 곧 2차 시험에 합격한 사람이 성적 순위를 정하기 위해 국왕 앞에서 시행하는 최종 3차 시험이다.
255　(*) 내용 생략. 『임진장초』의 원문은 "除良"이다. '除良'은 이두로, '덜어' 또는 '감하여'라는 뜻이다.
256　넉넉히 : 원문은 "우수優數"로, 여기서는 이 정원에 구애받지 않고 합격자를 많이 선발한다는 뜻이다. 무과 선발 정원은 갑과甲科 3명, 을과 5명, 병과 20명으로 모두 28명이다.(『經國大典』 권4, 兵典, 試取.)
257　유능한……빠지는 : 원문은 "유주遺珠"로, 진주를 잃어버림. 곧 유능한 인재를 빠뜨린다는 의미이다.
258　『임진장초』의 원문에는 "關是去有等以 關內辭緣相考施行向事關是白置有亦"으로, '…라는 공문이었으므로 공문 내의 사연을 상고하여 시행한다.'라는 내용이었습니다."이다.
259　(*) 내용 생략. 『임진장초』의 원문은 "妄料敢稟爲白去乎"이다. '爲白去乎'는 이두로 '……하옵고는'이다.

연해의 군병·군량·무기 등을 옮겨 가지 말도록 명령해 주시기를 청하는 계본
請沿海軍兵糧器勿令遞移狀[261]

(*겸3도 수군통제사 행전라좌도 수군절도사 신 이)[262]

삼가 아뢰는 것은 상고하기 위한 일입니다.

작년에는 다행히 종묘사직의 위엄 있는 신령이 돌보아 주셔서 여러 번 해전에서 승리를 거두었습니다. 금년은 흉악한 적들이 험한 곳에 웅거하여 곳곳에 소굴을 만들고, 겁을 먹고 나와서 항전하지 않기 때문에 해가 다 되도록 가로막고 지켰지만, 아직도 죽음을 각오하고 충성을 다하지 못하여 분하기 그지없습니다. 매번 여러 장수들과 함께 계책을 논의하고 의논을 채택하여 전선을 배나 더 만들고 연해안 괄장군을 남김없이 뽑아내어 사부와 격군을 정비하여, 정월부터 합세하여 부대를 나누어 바로 부산 앞바다를 가로막아 죽음을 맹세하고 한번 결전하겠다는 사연을 일일이 열거하여 아뢰었습니다.

근일에 와서는 의논이 한결같지 않아 수군에 소속된 제색군諸色軍[263]과 군량과 군기 등을 육군의 여러 곳에서 차츰 옮겨가므로, 연해안의 백성들은 수군과 육군의 침해를 번갈아 받아 동서로 명령을 따르느라 어찌할 바를 모르고 길에서 떠돌기 때문에 열 집 중에 아홉 집은 비었습니다. (*뿐만 아니라)[264] 전라우도 수군 소속의 연해안 14고을 중에서 장흥·해남·강진·진도·영암 등 5고을은 다시 수군에 소속시키고, 그 나머지 9고을은 육군에 소속시켰으므로 전선을 더 만들던 것 역시 중지하게 되었습니다. 국가의 위태로움이 극도에 다다랐는데, 해전에 관한 일은 방책을 세울 길이 없어 위로 '전선을 많이 만들라.'는 성상의 명령을 어기고, 아래로는 미천한 신하인 제

---

260 (*) 내용 생략. 『임진장초』의 원문은 "謹具啓聞 伏候敎旨"이다. 그런데 원래 계본 양식은 '謹具啓聞 연월일 직함 臣 姓'인데, 불필요한 '伏候敎旨'가 추가로 삽입되어 있다. 뒤에 "萬曆二十一年十二月二十九日"이 있다.

261 『임진장초』(장 57)·『충민공계초』(52) 계본이다.

262 (*) 내용 생략. 『임진장초』의 원문은 "兼三道水軍統制使 行全羅左道水軍節度使 臣 李"이다.

263 제색군諸色軍 : 여러 가지 병종兵種에 종사하는 군인들을 총칭하는 말.『인조실록』권33, 인조 14년 (1636) 7월 4일(병오).]

264 (*) 내용 생략. 『임진장초』의 원문은 "叱分不喩"이다. '叱分不喩'는 이두로, '…뿐만 아니라'라는 뜻이다.

가 해가 다 되도록 계획하고 실행해 오던 뜻을 잃게 되었습니다.

수군들도 사변이 일어난 이후로 교묘하게도 병역을 피할 계책으로 서로 간에 옮겨 다니면서 사는데, 수령 중에 좋지 못한 자는 도망갔다고 핑계하여 끝내 잡아내지 않습니다. 사변이 일어난 이후 남원 같은 고을 등의 수군은 방비에 빠지고 달아난 인원이 많을 때는 1,000여 명에 이르고, 옥과·남평·창평·능성·광주 등의 고을은 혹은 700~800여 명 혹은 300~400여 명입니다. 더 만드는 전선에 필요한 사부와 격군은 물론이고 원래 있는 전선의 사부와 격군 중에서 사망한 인원 역시 보충할 사람이 없어 비록 수백 척의 전선이 있다 해도 끝내 적을 무찌를 도리가 없으니, 지극히 답답하고 염려가 됩니다.

앞으로는 연해안의 군사와 군량과 군기들은 계하啓下[265]에 의거하여 수군에 전속시켜 다른 곳으로 옮기지 말도록 명령해 주시고, 우도 연해안의 고을도 아울러 수군에 돌려주시며, 방비에 빠지고 달아난 수군들은 수령들에게 명령하여 빠짐없이 붙잡아서 넘겨주도록, 아울러 충청·전라·경상의 3도 순찰사들에게 각별히 신칙해[타일러] 주시기 바랍니다.

(*망령되이 생각한 바를 삼가 갖추어 아룁니다.)[266]

---

265 계하啓下 : 임금의 재가를 받음.

266 (*) 내용 생략. 『임진장초』의 원문은 '妄料爲白臥乎事是良尒 謹具啓(達)聞'이다. '啓'를 '達'로 수정하여 '장달' 문서처럼 보이지만, 서두에 '謹達'이 아니라 '謹啓'로 되어 있으므로 '계본'으로 보아야 한다. 뒤에 '萬曆二十一年(1593)十二月二十九日.'이 있다. 이두 '爲白臥乎事是良尒'는 '…하옵는 일이기에' 또는 '…하옵는 일이므로'의 뜻이다.

이충무공전서 권4

장계狀啓 3

승장의 위조문서를 봉하여 올려 보내는 계본封進僧將僞帖狀[1]

삼가 상고하실 일을 아룁니다.

　작년에 순천 의승장義僧將 삼혜三惠와 흥양 의승장 의능義能[2] 등이 연해안 여러 고을에서 수군에 종군할 중들을 많이 모집하였는데, 자원에 의하여 수군에 소속시켜 각각 전선을 타고 거느려 왜적을 무찌르게 하였습니다. 겨울철이 닥쳐와서 계속 군량을 공급하기 어려워 모두 돌려보내고 봄이 오는 즉시 기한 내에 달려오도록 하였습니다.

　(*이번에)[3] 도총섭都摠攝[4] 유정惟晶[5]이 인신印信을 차고 남쪽으로 내려와 호남과 영남 지방의 각 사찰에 있는 승려들은 물론 수군이나 육군의 의승義僧을 가리지 않고 남김없이 찾아내어 잡아가고 있습니다. 그러자 좌도의 총섭摠攝 처영處英이라는 사람은 (*순천부 송광사에 와서)[6] 의승장 삼혜와 의능 등이 거느린 군인을 모두 빼앗아 갈 뿐 아니라 혹은 부역을 면해 준다, 혹은 천한 신분을 면해 준다는 등의 공문을 제 맘

---

1 『임진장초』(장 48) · 『충민공계초』(43) 계본이다.
2 의능義能: 『임진장초』· 『충민공계초』에는 "宜能"(의능)으로 되어 있다.
3 (*) 내용 생략. 『임진장초』와 『충민공계초』의 원문은 이두 "節"로, '이번', '금번'의 뜻이다.
4 도총섭都摠攝: 고려·조선 시대 승직僧職의 하나. 임진왜란 때 승장 휴정休靜에게 팔도선교십육종도총섭八道禪敎十六宗都摠攝의 승직을 제수하는 한편, 각 도에 2명씩 16명의 총섭總攝을 두어 전국의 승려를 관장하게 하였다. (세종대왕기념사업회, 『한국고전용어사전』, 2001.)
5 유정惟晶: 사명대사 유정惟政을 가리킨다.
6 (*) 내용 생략. 『임진장초』 원문은 '松廣僧來到(송광승래도)', 『충민공계초』는 '松廣寺來到(송광사래도)'이다. 『충민공계초』 원문이 문맥이 바르게 통한다.

대로 만들어 주면서 군량을 헤아려 결정하고서는 바칠 것을 독촉한다고 하는바, 어리석은 백성들을 속이는 것이 이렇게까지 극심하니, 참으로 놀랄 만한 일입니다.

또한 도총섭 유정은 승장 의능의 천한 신분을 면해 준다는 공문을 체찰사[윤두수]의 공문인 것처럼 만들어 보냈는데, 법규와 양식이 규격과 다르며 서명도 또한 달라 위조한 것이 명백합니다.

부역을 면해 주는 것은 가벼운 일이 아니며, 천한 신분을 면해 주는 것은 더욱 중대한 일입니다. 시세時勢를 빙자하여 마음대로 문서를 위조하는 것은 극히 무상無狀[7]한 일입니다. 이런 일을 징계하지 않으면 필시 막기 어려운 폐단이 생길 것이므로, 위조 문서를 봉해서 올려보내며 조정에서 상고하여 처치해 주시기를 엎드려 기다립니다.

(*삼가 갖추어 아룁니다.)[8]

사명대사 유정 초상.

승장 처영 초상.

---

7 무상無狀: 죄상을 무엇이라 형용할 수 없음. (『後漢書』권3, 肅宗孝章帝 劉炟 紀第三, "刺史明加督察尤無狀者".)

8 (*) 내용 생략. 『임진장초』의 원문은 "謹具啓聞"이다. 뒤에 "萬曆二十二年(1594)正月初 日"이 있다.

배경남을 수군에 소속시켜 주시기를 청하는 장계請以裵慶男屬舟師狀[9]

(*승정원에서 개봉하실 것)[10]　　　(*정헌대부 겸3도 수군통제사 행전라좌도 수군절도사 신 이)[11]

강진에 사는 전 첨사僉使 배경남裵慶男이 보고한 바[12]에 의하면,

"사변이 일어난 초기에 부산 첨사로 제수되어 내려오자마자 곧바로 본도[경상도] 유격장에 배정되었기에, 군사를 거느리고 적을 무찔러 왜의 머리 36급을 베고, 우마 68필[13]을 탈환하여 즉시 순찰사에게 보고하여 서목書目[14]을 받았습니다. 그런데, 순찰사가 왜적을 잡는데 조심성 없이 한 것처럼 장계를 올려 중죄를 그릇되게 받았습니다. 그 뒤에도 왜의 머리 1급을 베어 도원수와 순찰사가 역시 계문啓聞[15]하였습니다.

작년 4월에 감기에 걸려서 병을 얻은 것이 나날이 심해지고 이질 증세까지 겹쳐서 음식을 전폐하였고, 앉고 서고 하는데도 남에게 의지하게 되니 전혀 종군할 도리가 없어, 답답하고 염려되는 사유를 도원수에게 보고하고[16] 본가로 물러와서 조리하였습니다. 나라의 두터운 은혜를 받은 사람으로서 이같이 어렵고 위급한 때를 당하여 신병이 조금 차도가 있으므로 차마 물러앉아 있을 수 없어 다시 활과 칼을 들고 싸움터로 달려가고 싶었지만, 중병을 겪은 뒤라 기력이 쇠약하여 걸을 수 없고 말을 타고 달리는 일은 도저히 감당할 수 없으니 참으로 민망합니다.

소인小人은 연해沿海인 강진 고을에서 생장한 사람으로 배에 대한 것은 조금 알고 있으므로 신병이 다 낫는 대로 수군에 소속되어 죽을힘을 다하여 적을 무찌르기를 원합니다."

하는 내용이었습니다.

---

9 『임진장초』(장 49)·『충민공계초』(44) 계본이다.
10 (*) 내용 생략. 『임진장초』의 원문은 "承政院 開坼"이다.
11 (*) 내용 생략. 『임진장초』의 원문은 "正憲大夫 兼三道水軍統制使 行全羅左道水軍節度使 臣李"이다.
12 보고한 바 : 원문은 "소고所告"이다. 『임진장초』·『충민공계초』에는 "所志"(소지)로 되어 있다. '소지'는 관청에 청원하는 소장訴狀이다.
13 『충민공계초』에는 8필로 나와 있다.
14 서목書目 : 보고서에서 중요한 부분만 대강 뽑아서 따로 덧붙인 지면.
15 계문啓聞 : 관찰사나 어사御史 등이 임금에게 문서로 아뢰는 일.
16 보고하고 : 원문의 "고告"가 『임진장초』와 『충민공계초』에는 "道모所志"(소지를 바쳐 알리고)로 되어 있다.

위에 적은 배경남은 일찍이 육전에서도 여러 번이나 적을 참살한 공을 세웠는데, 마침 신병을 얻어 집으로 돌아가 조리하고 있으나, 아직 다 낫지는 않았지만 이같이 큰 적을 맞아 오랫동안 제집에서 편안히 쉴 수 없어 수군에 소속되어 죽음을 바치겠다고 맹세하는바, 그 정성이 칭찬할 만합니다. 그뿐 아니라, 바닷가에서 생장하여 배에 익숙하다 하였으므로 우선 그 원하는 바에 따라 더 만드는 전선의 여러 장수 중 빈자리에 보충, 임명하여 군사를 거느리고 적을 무찌르게 할까 합니다.

　　(*망령되이 생각한 바를 갖추어 아뢰니, 사실대로 잘 아뢰어 주십시오.)17

수륙군을 바꾸어 방비시키는 일을 헤아려 조처하시기를 청하는 계본
請量處水陸換防事狀18

삼가 아뢰는 것은 임금께 아뢰어 그 의견을 기다리기 위한 것입니다.

　　(*이번에 도착한)19 겸 순찰사 이정암의 관문20 내용에,

"수군은 연해안의 각 고을에서 배정해야 마땅합니다. 그런데 지금은 수군들이 산촌 고을에 많이 있어서, 공문을 보내 독촉하고 가포價布21를 함부로 징수하므로, 그들이 다른 곳으로 옮겨 가고 있습니다. 친족과 이웃에까지 침해가 미치는 것은 오로지 이 때문입니다.

　　신의 어리석은 생각으로는 각 진에 입번入番할 수군의 수를 헤아려 연해안에 있는 육군들과 바꾸어 배정한다면 해안에서 하룻길 안 되는 거리 안에 사는 사람들은 배

---

17 (*) 내용 생략. 『임진장초』의 원문은 "妄料爲白臥乎事是良尒 銓次以善啓向敎是事"이다. 이두 '爲白臥乎事是良尒'는 '……하시는 일이라고', '銓次以'는 '연유로' 혹은 '조리 있게 차례로', '向敎是事'는 '…이실 일'이라는 뜻이다. 뒤에 "萬曆二十二年正月初 日"이 있다.
18 『임진장초』(장 50)·『충민공계초』(45) 계본이다.
19 (*) 내용 생략. 『임진장초』의 원문은 "節到付"이다.
20 관문 : 원문의 "관關"은 상관上官이 하관下官에게 또는 상급 관청이 하급 관청에 보내는 공문서를 가리킨다. 관關·관문關文·관자關子가 모두 같은 뜻이다.
21 가포價布 : 일정한 신역身役을 치러야 할 사람이 역역에 나가지 않고 그 대가로 바치는 포목.

를 부리는 일에 익숙하기 때문에 위급한 일[22]에 쓸 수 있으며, 사변이 있을 때 징발하면 반드시 뒤늦게 오는 일도 없을 것입니다. 육군은 곧 육로를 나누어 막으면 양쪽이 모두 편리할 듯하니, 급속히 가부를 결정하여[23] 시행해 주시기 바랍니다."
라고 장계狀啓하였다고 합니다.

(*이번에 도착한)[24] 비변사의 관문에는,

"수군과 육군을 서로 바꾸어 배정하는 일은 당초의 본의가 바다에 가까운 곳의 백성들은 조그만 변고가 있어도 각각 제 고장에 얽매어서 도망쳐 숨기를 잘하므로, 먼 곳의 산 고을 사람들을 배정하여 수군이 되게 한 뜻이 여기에 있는 것 같습니다. 그런데 산 고을의 어리석은 백성들은 배 부리는 것이 능숙하지 못한데, 하루아침에 배 젓는 곳으로 내몰린 것은, 다만 임무가 바뀌어 일이 낭패될 뿐 아니라 짐을 꾸려서 멀리 수자리를 지키러 가는 노고가 다른 곳보다 배나 더한 것입니다.

지난번 성상께서도 해주海州에 머물고 계실 적에 백성들의 근심과 고통을 묻자, 온 도내의 백성들도 모두 이 점을 들어 제일 큰 폐단이라 하면서 '만일 해변 사람들을 수군으로 배정하고 산고을 사람들을 육군으로 바꾸어 배정하신다면 양쪽이 다 편리할 듯하다.' 하였습니다. 다만 옮기는 일을 추진할 때는 옮기고 바꾸는 것[25]이 각기 그들이 원하는 바를 따라서 마땅함을 얻게 하는 것일 뿐이니, 우선 감사에게 명령하여 '먼저 본도에서 시험해 보고 겸해서 편리한지 않은지를 살펴서 아뢰도록 하는 것은 어떻습니까?' 하였더니 답하시기를, '아뢴 대로 하라.'고 하셨습니다. (*계사 내용과 같이 살펴보고 시행하라는 공문이었습니다.)[26] 상고하여 시행할 일은 (*분부하신 사연을 자세히

---

22 위급한 일 : 원문의 "완급緩急"은 '느림과 빠름' 또는 '위급한 일'의 뜻이다.(『史記』권57, 絳侯周勃世家第二十七, "即有緩急 周亞夫真可任將兵".)
23 가부를 결정하여 : 원문 "정탈定奪"은 가부를 결정함 또는 허락 여부를 결정함의 뜻이다.
24 (*) 내용 생략. 『임진장초』의 원문은 "節到付"이다.
25 옮기고 바꾸는 것 : 원문 "이역移易"은 '옮기고 바꿈'이란 뜻이다. 그런데 『임진장초』와 『충민공계초』에는 '이역移役'으로 나온다. '역을 바꾸는 것이 각기 그 원하는 바를 따라서 마땅함을 얻는 것 뿐이니'로 오히려 자연스럽다.
26 (*) 내용 생략. 『임진장초』의 원문은 "啓辭內貌如相考施行向事 關是去有等以"이다. 이두 '貌如'는 '…대로' 또는 '…(와) 같이', '向事'는 '…처리할 일' 또는 '…이실 일', '是去有等以'는 '…이 있기 때문에' 또는 '…이 있으므로'의 뜻이다.

살펴서) 해변의 육군 수와 산고을의 수군 수를 뽑아내되, 옮기고 바꿔서 편리할지 아닐지와 거리의 멀고 가까움 등을 참작하고 헤아리되 아울러 병사 및 수사와도 함께 의논하여 마땅한 대책을 공문으로 다시 알리도록 하라."

는 내용이었습니다.

당초에 조종조祖宗朝에서 수군과 육군을 갈라서 배정한 뜻이 반드시 까닭이 있었습니다. 임금께 아뢴 내용에 연해안의 백성들은 변방에 조그만 경보가 있어도 쉽게 달아나 숨어 버리므로 산 고을 사람들을 수군에 배정한 것은 깊은 뜻이 있습니다.

또한 수군은 그 신역身役이 대대로 전해지는 것으로 사람들이 모두 천역賤役으로 여기오며, 육군은 비록 문벌이 있는 집의 후예라도 으레 정군正軍과 보솔保率[27]로 배정이 됩니다. 하루아침에 갑자기 수군으로 군역을 배정하여 격군으로 몰아넣으면 억울한 마음도 없지 않을 것입니다. 하물며 한번 그 병역을 짊어지면 자손들에게까지 전해져서 끝없는 괴로움을 면하지 못할 것이기 때문에 진중에서 근심하며 탄식하는 소리를 차마 들을 수 없을 것입니다.

그러므로 육군 중에서 수군으로 배정할 만한 사람을 문벌도 가리지 않고 천역[수군]에 배정하면 과연 원통함이 있을 뿐 아니라, 이런 극도의 변란을 당하여 수륙군이 각각 출전하였는데 어느 곳으로 옮겨 서로 바꾸어 배정한다면 소란스러운 폐단이 있을 것입니다.

회계回啓[28] 중에도 '옮기고 바꾸는 것을 적절하게 하되 그 희망에 따라 하라.'고 하였으므로 수륙군의 정상을 잘 살피어 조용히 처리함이 합당할 듯합니다.

병사 선거이宣居怡가 보내온 공문 중에도 또한,

"수륙의 군졸들이 각각 진중에 나누어 배치되어 바야흐로 적의 진지와 대치해 있고, 더구나 각처에서 군량을 실어 나르는 일과 명나라 군사들과 함께 연습할 군사를 뽑아내는 일을 지금 같이 하기 때문에 온 도내의 백성들이 안정되게 거처하지 못하

---

27 보솔保率 : 조선시대 정병(정군)이 거느리고 있던 보인保人과 솔정率丁의 합칭. 솔정은 한 가호家戶에 속해 있는 인정人丁 곧 솔거남정率居男丁을 가리킨다.[『성종실록』 권123, 성종 11년(1480) 11월 23일(기해);『續大典』권4, 兵典 給保.]

28 회계回啓 : 복계覆啓와 같은 뜻이다. 왕에게 보고된 사안에 대해 담당 관사에게 의견을 듣기 위해 내려보내면, 담당 관사가 의견을 정하여 왕에게 직접 또는 초기草記 등으로 아뢰는 것이다.

고 있습니다. 그사이에 어느 곳의 방비군을 자리를 바꾸는 것이 좋고 나쁜지를 충분히 검토해서 회답하도록 하겠습니다."
라는 내용이었습니다.

적지 않은 방비군을 바꾸어 배치하는 것은 중대한 일이어서 수륙으로 적과 대치하여 있는 때에 너무 쉽게 처리할 것이 못 되니, 엎드려 바라옵건대, 조정에서 다시금 자세히 살펴서 처리하여 주십시오.

(*망령되이 생각하였음을 삼가 갖추어 아뢰며, 엎드려 조정의 명령을 기다립니다.)[29]

방비군의 결원을 낸 수령을 군법에 따라 처벌할 것을 청하는 계본
關防守令依軍法決罪狀[30]

삼가 상고하실 일[31]을 아룁니다.

사변事變이 일어난 이후로 각 영營과 진포鎭浦에 들어와 방비해야 할 수군 중에서 결석한 수는 남원南原이 1,856명, 남평南平이 591명, 옥과玉果가 313명인데, 혹은 모두 도목장都目狀[32]조차 아울러 전혀 보내지 않아서 1년이 다 지나도록 파수하는 배의 격군이 끝내 교대하지 못하였기 때문에 관문을 보내어 재촉하느라고 도로에 사람들이 연달았습니다.

남원부사 조의趙誼, 옥과현감 안혹安鵠, 남평현감 박지효朴之孝 등은 전혀 관심을 두지 않아 재촉해 보낼 의사도 없습니다. 신이 전령傳令 군관을 보내어 잘못을 추궁하려고 찾아서 잡아 오게 하였습니다. 남원부사 조의는 즉시 순찰사 이정암에게 보

---

29 (*) 내용 생략. 『임진장초』의 원문은 '妄料爲白臥乎事是良尒 謹具啓聞 伏候敎旨'이다. 뒤에 '萬曆二十二年 正月初 日'이 있다. 『충민공계초』에는 정월 초1일로 나온다. 이두 '爲白臥乎事是良尒'는 '…하옵는 일이기에' 또는 '…하옵는 일이므로'의 뜻이다.

30 『임진장초』(장 51)와 『충민공계초』(46) 계본이다.

31 원문은 "상고사相考事"이다. '상고相考'는 서로 비교하여 고찰 또는 고증한다는 뜻이다. 『임진장초』와 『충민공계초』에는 "推考事"(추고사)로 되어 있다.

32 도목장都目狀 : 지방에 거주하는 공노비의 총괄 장부로, 여기에는 도망·물고物故·생산 등 공노비 개개에 대한 사정을 기록한다. (세종대왕기념사업회, 『한국고전용어사전』, 2001.)

고하고, 옥과현감 안혹은 차사원差使員³³이라 칭탁하고, 남평현감 박지효는 신병身病이라고 거짓 평계하면서 끝내 나타나지 않았습니다. 엄중한 군령이 마치 아이들 장난처럼 되어 대적을 맞이한 오늘날 호령이 서지 않으니 참으로 크게 놀랄 일입니다.

위의 남평과 옥과의 유위장留衛將, 향소 색리色吏³⁴ 및 남원부의 도병방都兵房³⁵ 등은 죄의 경중에 따라 처벌하였습니다. 그리고 평시에도 군역에서 빠진 자가 10명 이상이면 그곳 수령을 파면하는 것이 사무 규율의 본뜻입니다. 하물며 대적大賊과 상대하고 있는 때에 군병의 수가 빠진 것이 많으면 1,800여 명이나 되고 적어도 400~500여 명을 내려가지 않습니다. 그들의 태만하고 소홀히 하는 죄는 본래 그 법령이 있으니, 위에 적은 세 고을 수령들의 죄상에 대해서는, 엎드려 바라건대 조정에서 각별히 처치하여 주십시오. 그러나 파출罷黜³⁶의 처벌을 내리신다면 그들이 달게 여길 이치도 없지 않아서 그런 일이 끊임없이 계속될 것이니 군령에 의하여 처벌하되, 우선 그 직책에 눌러두어 그들로 하여금 다시 힘쓰게 하십시오.

그 밖의 광주·능성·담양·창평 등 고을의 관리들도 사변事變이 일어난 뒤로 방비군의 자리에 나아가지 않은 인원수가 많은 것은 200여 명이나 됩니다. 태만한 것이 습관이 되어서 또한 방비군을 잡아서 보내지 않고 있기에, 관문을 발송하여 달려오도록 재촉해도 그대로 두고 시행치 않고 있습니다. 이들 4고을 관리들을 아울러 추고하여 죄를 다스림으로써 그 외의 사람들을 경계하십시오.

대개 신은 본래 보잘것없는³⁷ 사람으로서 외람되게도 중책을 맡고 있으나, 발동한 호령號令의 시행이 이렇게 엄하지 못하여 도내의 수령들이 이와 같이 얕보고 오만하니, 이대로 중책에 눌러 있다는 것이 참으로 황공합니다.

(*삼가 갖추어 아룁니다.)³⁸

---

33 차사원差使員 : 중요한 임무를 맡겨 파견하는 임시 관원.
34 색리色吏 : 고려·조선 시대 향리鄕吏의 한 계층. 조선 후기는 일반적으로 말단 향리를 색리라고 하였다. (『한국민족문화대백과사전』.)
35 도병방都兵房 : 지방 관아의 병방兵房의 우두머리. 병방은 육방六房의 하나로서 병전兵典에 관한 일을 맡아보던 아전이다.
36 파출罷黜 : 관직에서 쫓아내는 것. 파직罷職과 같다.
37 원문 "무상無狀은 다양한 뜻을 가지고 있으나, 여기서는 '보잘것없다'의 뜻이다.

왜적의 정세를 아뢰는 달본[39] 陳倭情狀

삼가 왜적의 정세에 대한 일을 아룁니다. 경상우수사 원균의 첩정牒呈[40]에,

"거제 땅 둔덕·사등 및 읍내 등지에 왜적이 혹 100여 명씩 떼를 지어 다닐 뿐 아니라 각처의 산간으로 다니는 적들도 그 수를 알 수 없었으므로, 거제의 사사射士[41] 제득호諸得浩 등이 지난 12월 13일 밤을 이용하여 몰래 가서 주산봉 꼭대기까지 올라가 탐망하였습니다. '지세포知世浦[42]와 옥포성 내외에 왜적 100여 명이 막을 치고 웅거했으며, 장문포場門浦[43]에서 읍내까지와 율포栗浦[44]에서 지세포에, 이르는 사이의 길가 요충지와 여러 곳 들판에 막을 친 수효가 혹 4~5개씩 연달았는데, 낮이면 분산하여 돌아다니고 밤이면 횃불로 서로 소통하고 있습니다. 수치秀峙와 삼기리三岐里 등지에도 50여 명씩 무리 지어 왕래합니다.'라고 하며, 16일은 명진포明珍浦[45]에 이르러 바라본즉, '왜적 100여 명이 온종일 결진하고 있습니다.'라고 하므로 사사射士를 많이 뽑아 다시 적세를 탐망하겠습니다."

라는 내용이었습니다.

뒤이어 도착한 원元 수사의 또 다른 첩정에는,

"고성현령의 급보에 '이번 12월 23일에 왜선 3척이 춘원포春元浦[46] 선암先巖에, 6척은 솟소포[47]와 당항포에 와서 정박하여 산막에 숨어 있는 사람들을 모두 수색하여

---

38 (*) 내용 생략. 『임진장초』의 원문은 "謹具啓聞"이다. 뒤에 "萬曆二十二年 正月 初 日"이 있다. (참고: 본서 권3, 「연해의 군병·군량·무기 등을 옮겨 가지 말도록 명령해 주시기를 청하는 계본請沿海軍兵糧器勿令遞移狀」.)

39 달본 : 서두에 '謹啓'라 하여 계본처럼 작성되어 있으나, 『임진장초』(장 58)·『충민공계초』(53)에는 서두에 '謹達', 말미에 '謹具達'로 되어 있어, '달본'으로 세자에게 보고한 것이다.

40 첩정牒呈 : 하급 관청이 상급 관청에 보내는 문서.

41 사사射士 : 활을 잘 쏘는 병사. [『고려사』 권130, 열전 43, 金俊; 『선조실록』 권56, 선조 27년(1594) 10월 13일(정사).]

42 지세포知世浦 : 경상남도 거제시 일운면 지세포리.

43 장문포場門浦 : 경상남도 거제시 장목면 장목리.

44 율포栗浦 : 경상남도 거제시 장목면 율촌리 구율포성 부근.

45 명진포明珍浦 : 경상남도 거제시 거제면 명진리溟珍里.

46 춘원포春元浦 : 경상남도 통영시 광도면 안정리와 황리 사이의 안정만. 춘원포春原浦 또는 춘원포春院浦라고도 쓴다.

찾아내고 있습니다.'라는 보고이며, 또 거제현 초탐장哨探將인 본영의 군관과 매복장埋伏將 제득호諸得浩 등의 보고에는, '영등永登·소진所珍[48]·장문長門 등 세 곳의 적들이 산야에 두루 퍼져 있고, 서면西面 명진 및 산촌山村[49]·소라포召羅浦[50]와 지세포 삼거리 등지의 왜적들은 무려 100여 명이 떼를 지어 제멋대로 행동하고 있었습니다. 읍내의 삼대문三大門 밖에 막을 친 수효도 100여 막이며, 배는 6척이 대어 있고, 옥포성 안팎과 아주鵝州 관전官田 등지에도 촘촘하게 벌여 막을 친 것이 그 수를 알 수 없으며, 산야에서 나무를 잘라서 방금 막을 짓고 있었습니다. 읍내에서 장문포에 이르는 길가와 산허리 등 각처에는 연달아 막을 짓는 것이 가득 널려 있으며, 산역山役하는 횃불과 포성砲聲이 좌도의 부산포와 동래 등지로부터 창원·진해에 이르렀고, 연변 바닷가에는 불빛이 늘어섰습니다.'라고 합니다."
라는 내용이었습니다.

흉악하고 교활한 적들이 외딴 섬에 웅거하여 산과 들을 마음대로 쏘다니니 참으로 통분합니다. 봄철에는 수군을 많이 이끌고 나아가 온 섬을 포위하고 남김없이 무찌를 계획을 하였으나, 3도의 수군이 겨우 100척 정도로서 병세兵勢가 외롭고 약하기 때문에 이미 3도 수사에게 명령하여 전함을 더 만들도록 독려하였으며, 겨울 전에 역사를 끝마치게 하였습니다. 신에게 소속된 각 고을과 포구의 전선들은 또한 이미 다 만들었으나, 연해안의 괄장군과 사부와 격군들을 조정하는 일은 명령하는 것이 여러 곳이라 소란스럽기만 하고 정리되지 못하였는데, 모이기로 약속한 시기는 벌써 박두하고 정비할 길이 없으니 극히 답답하고 걱정스럽습니다.

신은 우선 본도로 돌아가 직접 검사하고 정비하여 거느리고 일제히 돌아오겠다는 내용으로 갖추어 장계한 뒤에 지난 12월 12일 본영으로 돌아와서 지금 점검하여 바로잡아 빨리 정비하도록 독려 중이며, 전라우수사 이억기李億祺 및 충청수사 구사직具思稷에게도 아울러 소속 수군을 거느리고 기한 내에 급히 달려오도록 전령하였습니다.

---

47 솟소포 : 원문은 "소질소포召叱所浦"이며, '솟소포'로 읽는다. '叱'은 이두 표기에서 'ㅅ' 또는 'ㅆ'으로 쓰였다. 『충민공계초』에는 '召叱所非浦(솟소비포)'로 나온다. 지명 추정은 불확실하다.
48 소진所珍 : 경상남도 거제시 장목면 송진포리松津浦里.
49 산촌山村 : 경상남도 거제시 동부면 산촌리.
50 소라포召羅浦 : 경상남도 거제시 고현동.

(*삼가 갖추어 장달狀達합니다.)⁵¹

일족을 침해하지 말라는 명령을 취소해 주시기를 다시 청하는 달본⁵²
更請反汗一族勿侵之命狀

삼가 상고하실 일을 아룁니다.

지난 12월 25일 공경히 접수한 겸사서兼司書⁵³의 서장書狀에,

"친족과 이웃을 침해하는 폐단⁵⁴은 가장 백성들에게 해가 되는 일이다. 성상께서 평양에 계실 때에 '작년 정월 이전의 친족에 관한 것은 모두 면제해 주라.'고 하시어 이미 조정에서 명령한 바도 있었다. 그러나 이름만 면제한 것이지 실상은 모두 징발을 독촉하기 때문에 겨우 남아 있는 백성들이 곧 서로 도망하게 된다 하니, 듣기에 매우 불쌍하며 '이제부터는 무릇 친족과 이웃과 관련해서 일절 침해하지 말아서 민생의 고통을 조금이나마 풀어 주도록 하라.'는 동궁의 명령이 있었습니다."
라는 내용이었습니다.

근년 이래 도망자가 더욱 심하여 수군 1호戶당 4명의 장정 중에 모두 남아 있는 자는 백에 한둘도 없고, 혹은 4명이 모두 도망하거나, 혹은 2~3명이 도망하여 결원이 매우 많습니다.

평시에도 오히려 정비되지 않았는데 하물며 사변이 일어난 지 2년 동안에 군사를 징집하고 군량을 운반하는 침해가 거의 없는 날이 없으며, 변방으로 방비에 달려가야 하는 괴로움 역시 쉴 날이 없으므로 전일에 실재하고 있던 자도 흩어져 도망하여 잠시 이웃 고을로 피신한 뒤에 형세를 관망하면서 때를 기다립니다.

변방의 수비가 다 비어 성을 지키거나 출전하는 일이 전혀 의뢰할 곳이 없습니다.

---

51 (*) 내용 생략. 『임진장초』의 원문은 "謹具達聞"이다. 뒤에 "萬曆二十二年 正月 初五日"이 있다.
52 본서와 『충민공계초』(54)는 계본啓本으로 되어 있으나, 『임진장초』(장 59)는 달본達本이다.
53 겸사서兼司書 : 세자시강원世子侍講院의 정6품 벼슬.(『大典會通』권1, 吏典, 京官職, 世子侍講院.)
54 친족과 …… 폐단 : 원문은 "족린지폐族隣之弊"로, 친족과 이웃에서 빈자리를 대신 징발한 것을 의미한다.

이같이 겨울이나 여름 가리지 않고 적을 상대하여 진 치고 있는 때에 사부와 격군을 보충할 방도가 없습니다. 지난번에,

"무릇 군사들의 친족에 관한 것은 사변이 평정될 때까지 면제해 주도록 하라."
고 하신 성상의 명령이 있었습니다. 또한,

"친족과 이웃을 침해하는 폐단은 가장 백성들을 병들게 하는 고질이오나, 만약 폐단을 줄이고 백성들을 편안하게만 한다면 적을 막아낼 방책이 없고, 옛 관습을 그대로 따라[55] 책임을 지운다면 백성들이 살아갈 수 없을 것입니다. 이 사이에서 편의를 따라 알맞게[56] 처리해야 하겠습니다."
라고 두 번이나 아뢰었습니다.

"이같이 위급하고 어려운 날을 당하여 수군들이 병역을 피하기 위해, 있는 것을 도망갔다 하고 산 것을 죽었다고 하는 형편이니, 통제 감독하는 책임이 해이해져서는 안 된다. 편의한 대로 조치하라."
는 회계回啓[57]가 이첩[58]되었습니다. 그래서,

"친족 중에서도 더욱 관계가 없는 사람과 죽거나 늙어서 제적되었던 사람들을 대신했던 자들은 각각 그 고을 수령들이 직접 조사하고 가능한 명부를 상고하여 차츰 밝혀내어[59] 군사와 백성들에게 조그마한 혜택이라도 돌아가도록 하여야 한다."
라고 사리를 따져 공문을 보내 통보하였습니다. 이번에 수군이 편성되어 있는 각 고을 수령들의 첩정牒呈에 의하면,

"동궁[광해군]의 분부에 의거하여 작성된 순찰사의 공문 내용에 '무릇 친족과 이웃에게는 일절 침탈하지 말도록 하고, 수군으로 일정한 거처 없이 떠돌아다니는 자의 친족과 이웃에게 관계된 일들을 일체 면제하여 분부하신 뜻에 부응하도록 하라.'고

---

55 옛 관습을 그대로 따라 : 원문은 "인순因循"으로, 옛 관습을 그대로 따름의 뜻이다.(『漢書』권89, 循吏傳第五十九, "因循守職 無所改作".)
56 알맞게 : 원문 "절중節中"은 사리나 형편에 꼭 알맞음의 뜻이다. '節'은 '알맞다'는 뜻이다.(『楚辭』, 離騷, "依前聖以節中兮".)
57 회계回啓 : 임금이 하문한 일에 대하여 심의하여 상주함.
58 이첩 : 원문은 "행이行移"로, ① 관청에서 서명하여 발송하는 조회 문서. ② 공문을 서명하여 발송함의 뜻으로, 여기서는 공문이 하달되었다는 의미이다.
59 밝혀내어 : 원문 "변핵辨覈"은 분명하게 밝히고 조사함의 뜻이다.

하였습니다."
라고 합니다.

만일 그 보고한 대로 하면, 어제는 10명이나 되던 방비군이 오늘은 2~3명 미만이 될 것입니다. 대적大賊과 겨루고 있는 때에 여러모로 생각하여도 군사를 징발하는 일은 조처할 길이 전혀 없으니 매우 답답하고 걱정이 됩니다. 지금 같아서는 아직 그대로 형편에 따라 처리해야만 어려운 백성을 구제하고 적의 침략을 막는 일에 두 가지가 모두 편리할 듯합니다.

(*망령되이 생각한 바를 삼가 갖추어 장달합니다.)[60]

진으로 돌아가는 일을 아뢰는 달본[61] 還陣狀

(1)
삼가 진으로 돌아가는 일을 아룁니다.

본도에서 더 만들고 있는 전선을 직접 살피고 조처해야 하겠다는 일로 장계한 뒤에 지난 12월 12일 본도로 돌아와서 단속하고 정비하고 있습니다. 본영에 소속된 수군은 5고을인데 순천이 (*원래의 책임 수량과 더 만드는 수량을 아울러)[62] 전선 10척, 흥양이 10척, 보성이 8척, 광양이 4척, 낙안이 3척을 이미 다 만들었습니다. 그러나 허다한 사부와 격군들을 일시에 보충할 수 없어서 이들을 한꺼번에 돌아오게 하기가 어렵기 때문에 순천 5척, 광양 2척, 흥양 5척, 보성 4척, 낙안 2척만을 먼저 독려하여 거느리고, 이달 정월 17일 거제 땅 한산도 진중으로 향하여 출발하였습니다. 정비되지 못한 전선들에 대해서는 "뒤따라 밤낮을 가리지 않고 정비해서 보내라."고 전령하였습니다.

---

60 (*) 내용 생략. 『임진장초』의 원문은 '妄料爲白臥乎事是良尒 謹具達聞'이다. 뒤에 '萬曆二十二年 正月 初五日'이 있다. 이두 '爲白臥乎事是良尒'는 '…하옵는 일이기에' 또는 '…하옵는 일이므로'의 뜻이다.
61 본서는 계본 양식이나, 『임진장초』(장 60)·『충민공계초』(55)는 달본達本 양식이다.
62 (*) 내용 생략. 『임진장초』·『충민공계초』의 원문은 "元加幷"이다.

우도는 전선의 수효가 좌도보다 배나 되므로 허다한 사부와 격군을 반드시 제 기한에 정비하지 못할 것이기 때문에, 신의 종사관 정경달丁景達을 시켜 순찰하여 살피고 조치하게 하고 우수사 이억기는 약속한 곳으로 독촉해 보내도록 신칙申飭[63]하였습니다.

엎드려 청하건대, 순찰사 이정암에게 아울러 각별히 독려하여 들여보내도록, (*또한)[64] 해당 관청으로 하여금 지시하는 공문을 내려 보내도록 하여 주십시오.

(*삼가 갖추어 장달합니다.)[65]

(2)[66]
삼가 진으로 돌아가는 일을 아룁니다.

전번에 더 만드는 배의 사부와 격군들을 직접 살피고 정리하고자 하는 일로 잠시 본도로 돌아가는 사유를 들어 장계한 후에, 지난 12월 12일 본도로 돌아와 단속하고 정비하였습니다만, 연해안 5고을의 괄장군括壯軍은 일찍이 육군에서 징발했기 때문에 거의 반이나 도망하여 명목만 있고 실제는 없습니다.

수군은 각 고을의 수령들이 태만함이 습관이 되어 점검해서 보내는데 성의가 없습니다. 이제는 "친족이나 이웃을 침해하지 말라."는 순찰사 이정암의 공문이 있음을 들어, (*사리를 논한 첩보牒報[67]가 있어도)[68] 하나도 정비하지 않고, 지금 존재하고 있는 사람조차도 잡아 보내지 않으며, 심한 관리들은 붙잡아 오라고 전령을 보냈지만 사고가 있다고 핑계 대고 오지 않습니다. 전선은 이미 더 만들었지만, 격군을 보충할 길이 없어서 참으로 통분합니다.

전라우도는 신의 종사관 정경달을 시켜 순찰하고 살펴서 정비하도록 우수사 이억기와 약속한 곳으로 달려 보냈으며, 신에게 소속된 각 고을과 포구의 전선을 간신히

---

63 신칙申飭 : 타이르고 경계함. 지시하였다는 뜻이다.
64 (*) 내용 생략. 『임진장초』・『충민공계초』의 원문은 "亦"이다.
65 (*) 내용 생략. 『충민공계초』의 원문은 "謹具達聞"이다. 뒤에 "萬曆二十二年 正月 十 日"이 있다.
66 본서 및 기타 본에 계본 양식으로 되어 있다. 『임진장초』(장 52)・『충민공계초』(47) 참조.
67 첩보牒報 : 하급 관청(원)이 상급 관청(원)에 문서로 보고함. 그 문서 양식을 첩정牒呈이라 한다.
68 (*) 내용 생략. 『임진장초』의 원문은 "論理牒報"이다.

정비하여 오늘 정월 17일 진중을 향하여 돌아갑니다.

(*삼가 갖추어 아룁니다.)[69]

흥양 목관을 교체해 주시기를 청하는 계본 請改差興陽牧官狀[70]

삼가 아뢰는 것은 상고하기 위한 것입니다.

순천의 돌산도, 흥양의 도양장, 해남의 황원곶, 강진의 화이도花尒島[71] 등지에 둔전을 경작하여 군량에 보충함이 좋겠다는 사유를 들어 전에 이미 아뢴 바 있었고,[72] 이번에 다시 이치를 논하여 장계를 올렸습니다.

(*이번에 도착한)[73] 비변사의 관문關 중에 장계에 의거한 담당 관서의 계목啓目에,

"예로부터 전쟁이 일어나 해를 넘기면 가장 어려운 것이 군량을 이어 나가는 일입니다. 노약한 군사들을 뽑아내어 그 지세地勢의 편의를 따라서 둔전을 경작케 하여 내륙으로부터 군량을 실어 나르는 고충을 덜고, 또 그것을 군사들에게 먹인다는 것은 그야말로 멀리 계획하는 방책입니다. 전쟁이 그치지 않는 때에 군량의 결핍함이 곳곳마다 다 그러하니, 둔전으로 양식을 마련하는 일을 더욱 조금이라도 늦출 수 없습니다. 금년 경작으로 수확한 것이 정조[벼] 500석이므로, 이것으로 명년의 종자는 충분할 것이오니 좀 더 충분히 조치하여 인력에 따라서 경작하게 하되, 그 시기를 잃지 않게 하여 전쟁에 대비하도록 공문을 보내는 것이 어떠하옵니까 하고 아뢰니, 위에서도 장계에 따라 윤허하였으므로 상고하여 시행하라."

하였습니다.

---

69 (*) 내용 생략. 『임진장초』의 원문은 "謹具啓聞"이다. 『충민공계초』에는 뒤에 "萬曆二十二年 正月 十七日"이 있다.

70 『임진장초』(장 53)·『충민공계초』(48) 계본이다.

71 화이도花尒島 : 전라남도 완도군 고금면 고금도古今島. 본서 권3, 「請設屯田狀」에는 "古尒島"(고이도)로 되어 있다.

72 본서 권3, 「피란민에게 돌산도에 들어가 살면서 농사짓도록 명령해 주시기를 청하는 계본請令流民入接突山島耕種狀」과 「둔전을 설치하도록 청하는 계본請設屯田狀」 참조.

73 (*) 내용 생략. 『임진장초』·『충민공계초』의 원문은 "節到付"이다. '節'은 이두로, '이번'의 뜻이다.

돌산도에는 신의 군관인 훈련주부 송성宋晟을, 도양장에는 훈련정 이기남李奇男을 농감관農監官으로 임명해 보냈으며, 농군은 혹 백성들에게 내주어 병작하게 하든지 혹은 유랑민[피란민]들을 들여보내 경작하게 하든지 하여 관에서는 절반을 수확하도록 하며, 혹은 순천 및 흥양의 유방군과 혹은 노약한 군사들을 뽑아내어 경작하게 하되, 이구犂口[74]·영자鑋子[75]·뇌사耒耜[76] 등은 각각 그 본 고을에서 준비해 보내라고 이미 공문을 보냈습니다.

우도의 화이도와 황원곶 등지에도 신의 종사관 정경달로 하여금 둔전의 형편을 순시하며 단속하고 정비하여 제 시기에 맞춰 시행하도록 하였습니다.

(*이번에 도착한)[77] 호조戶曹의 공문에 의거한 순찰사 이정암의 공문에,

"돌산도 등 감목관에게 이미 둔전관을 겸임시켰다."

하거니와 순천 감목관 조정趙玎은 벌써 교체되었습니다.

흥양감목관 차덕령車德齡은 도임한 지 벌써 오래되었는데, 범람汎濫[78]이 말할 수 없을 정도여서 목장에서 말 먹이는 사람들을 몹시 학대하여 안정해서 살 수 없게 하기 때문에 "경내의 모든 백성들이 근심하고 원망하지 않는 이가 없다."고 합니다. 신도 멀지 않은 곳에 있기 때문에 벌써 그런 소문을 들었습니다. 이번에 경작에 관한 모든 일을 이 사람에게 맡기게 되면 그것으로 인하여 폐해를 일으켜서 백성들의 원성은 더 늘어날 것입니다. 엎드려 바라건대, 차덕령을 빨리 교체시키고 청렴하고 일을 잘 처리할 수 있는 다른 사람을 임명하여 빠른 시일 내에 내려보내 그로 하여금 농사 감독에 같이 힘쓰고 시기를 놓치지 않도록 하여 주십시오.

(*망령되이 생각한 바를 삼가 갖추어 아룁니다.)[79]

---

74 이구犂口 : 보습(쟁기의 날)이다. [『현종실록』 권20, 현종 12년(1671) 12월 4일 신사, "犂口九百七十八箇而還".]

75 영자鑋子 : '성에'로 추정된다. 성에는 쟁기의 윗머리에서 앞으로 길게 뻗은 나무이다. (『표준국어대사전』.)

76 뇌사耒耜 : 쟁기. '耒'는 쟁깃술(쟁기의 자루), '耜'는 보습(쟁기의 날)이다. (『大漢韓辭典』, 교학사, 1998; 이희승 편저, 『국어대사전』, 민중서림, 2001.)

77 (*) 내용 생략. 『임진장초』·『충민공계초』의 원문은 '節到付'이다. '節'은 이두로, '이번'의 뜻이다.

78 범람汎濫 : 멋대로 처리한다는 의미로 쓰였다.

79 (*) 내용 생략. 『임진장초』의 원문은 '妄料爲白臥乎事是良尒 謹具啓聞'이다. 뒤에 '萬曆二十二年(1594) 正月 十 日'이 있다. 이두 '爲白臥乎事是良尒'는 '…하옵는 일이기에' 또는 '…하옵는 일이므로'의 뜻이다.

흥양현 지도. 『1872년 지방지도』 중에서. 서울대학교 규장각한국학연구원.

해안 고을이 수륙군에 교대로 침해당하는 폐단을 금지시켜 주시기를 청하는 계본 請禁沿邑水陸交侵之弊事狀[80]

삼가 결정해 주실[81] 일을 아룁니다.

신의 장계에 의거하여 비변사가 회계回啓[82]하고 보낸 공문에,

"적병이 지금도 거제도에 있으므로 앞으로 닥쳐올 근심이 지난해보다 배나 더 심할 것이니, 수군에 소속된 연해안 각 고을에서는 다시 다른 곳으로 군사를 옮겨서는 안 된다는 것을 전번에 이미 글로 내리셨는데, 순찰사 이정암이 고쳐 군사를 나누면서 다만 좌·우도의 각 5고을만을 수군에 소속시키고 그 나머지는 육군으로 돌려 소속시키며, 또 좌·우도의 각 5고을도 다른 곳으로 징발해 간다고 합니다. 이것은 반드시 경상도에서 군사들을 많이 뽑는데, 거기서 수효를 보충하기 어려워서 그러한 것입니다. 일단 수륙군이 각각 그 소속이 있는데 피차간에 옮기게 되면 군사들은 반드시 안정하지 못하게 되며, 호령이 여러 곳에서 나온다는 것은 단지 수군에만 방해가 될 뿐 아니라 역시 육전에도 반드시 이롭지 않을 것입니다. 군량과 군기도 아울러 징발당한다면 비록 전선을 이미 준비했다 하더라도 일을 성취하기 어려울 것입니다.

대개 적과 대진하여 성패가 순식간에 놓여 있는 때에 수륙에서 소속한 군사를 아직껏 전적으로[일체로] 결정짓지 못한 채 이같이 어지럽기만 하다가는 기회를 잃을까 염려스럽습니다. 지금은 우선 일체 내리신 분부대로 '옮기지 말도록 하라.'고 순찰사 이정암李廷馣과 이순신李舜臣에게 아울러 공문으로 통보하는 것이 어떨지 아뢰자, 위에서도 '장계대로 윤허한다.'라고 하셨습니다."

하는 내용이었습니다.

좌도 5고을과 우도 5고을은 그대로 수군에 소속된 것이라, 전선을 더 만들도록 정하고 독려하여 정비해서 기한 내에 돌아와 정박하게 하였습니다.

우도의 나주 이상 9고을도 원래 수군에 소속된 고을이므로 전선을 더 만드는 것을

---

80 『임진장초』(장 54)·『충민공계초』(49) 계본이다.
81 결정해 주실 : 원문은 "정탈定奪"로, 가부를 결정함. 허락 여부를 결정함. '奪'은 '결정짓는다'는 뜻이다.
82 회계回啓 : 임금의 물음에 대하여 심의하여 상주上奏함.

한결같이 배정해서 만들게 하였는데, 나주목사 이용순李用淳의 첩정 내용에,

"순찰사의 관문關에 '나주 이상의 무안·함평·영광·무장·흥덕·고부·부안·옥구 등 연해안 9고을은 육군으로 옮겨 소속시켰으니 전선을 더 만드는 일도 아울러 중지하라.'고 하였으므로 건조 작업을 할 수 없습니다."

라고 하였습니다.

근일에 와서 경상좌도에 있던 적들이 우도로 옮겨서 모두 거제에 모였는데, 그 형세가 반드시 호남을 침범할 것이므로, 수군을 정비해 거느리고 합세하여 적의 길을 가로막는 일이 더욱 당장 시급합니다. 한 척의 전선이라도 관계가 있는 이때인데, 9고을에서 더 만들어 내야 할 20여 척을 일시에 중지시켰으니, 바다를 방비하는 모든 일이 극히 염려될 뿐 아니라, 정녕코 임금께서 처결하신 본의가 끝내 없어진 것입니다. 9고을에 이미 명령을 내려 새로 만든 전선을 기한 내에 정비하여 돌아와 정박하도록 하는 일은 이정암에게 다시 임금께서 처결하여 내리신 것으로, 거듭 타일러서 수군의 위엄을 엄정하게 하고, 연해안 각 고을의 군사와 백성들이 수군과 육군에 교대로 침해당하는 고통을 면하게 해 주도록 하는 것을 감히 망령되이 생각한 바대로 진술합니다.

(*삼가 갖추어 아룁니다.)[83]

충청 수군절도사에게 빨리 도착하도록 재촉해 주시기를 청하는 계본
請忠淸水軍節度使催促到陣狀[84]

삼가 추고[85]하실 일을 아룁니다.

전라우수사 이억기는 정월 25일에, 충청수사 구사직은 2월 초5일에 모두 제 관할

---

83 (*) 내용 생략. 『임진장초』·『충민공계초』의 원문은 "謹具啓聞"이다. 뒤에 "萬曆二十二年 正月十六日 統制使 臣 李"가 있다.

84 『충민공계초』(57) 계본이다.

85 추고推考: 벼슬아치의 허물을 자세히 캐물어 고찰함.

에 소속한 여러 장수들을 일제히 거느리고 오라고 기한을 정하여 전령하였습니다. 이억기의 보고에,

"나주·무안·영광 등 고을이 입방수군入防水軍의 도목장都目狀조차 전혀 보내지 아니하여 허다한 전선에 격군을 충당할 길이 없는데, 기한이 벌써 박두하였으니 매우 답답하고 걱정됩니다."

라고 재삼 보고[86]해 왔습니다. 그래서 신도 역시 각 고을로 공문을 보냈는데, 이번 2월 17일 전선 22척을 거느리고 진중에 도착하여, 먼저 온 전선과 합하면 모두 46척입니다.

전라우도에 배정한 전선이 도합 90척인데, 나주 이상 9고을에 배정된 전선 27척은 전혀 정비되지 않아서 일이 매우 놀랍다는[87] 사유는 일찍이 이미 장계하였습니다. 그 나머지 21척은 전선을 모두 다 새로 만든 것인데, 격군이 없어서 기한이 다 되어도 거느리고 오지 못하였습니다. 그래서 수군을 징발하여 보내지 않은 각 고을에 다시 전령을 보내어 독촉하였습니다.

대개 우수사 이억기도 이같이 흉적들이 발동하려는 때를 당하여 정한 기한에 맞추지 못하였으니 때를 어긴 죄를 면하기 어렵지만, 격군이 없어서 일정한 기한 내에 도착하지 못한 것이어서 답답한 사정을 계속해서 보고하였습니다. 각 고을에서 수군을 전혀 징발하여 보내지 않는 것이 근일에는 더욱 심하니, 각 진포에서 전선을 쉽게 정비할 수 없음은 도내道內가 똑같습니다. 그래서 행수군관行首軍官[88]과 도훈도都訓導[89]를 군령에 따라 처벌하였습니다.

충청수사 구사직은 벌써 기한이 지난 지 한 달이 되어도 아직 진陣에 도착하지 않았는데, 기한에 모여야 할 중대한 일에 태만함이 이처럼 극도에 이르렀으므로, 조정에서 각별히 재촉하여 주십시오.

(*망령되이 생각합니다. 운운)[90]

---

86 보고 : 원문은 "논보論報"로, 하급 관청에서 상급 관청에 의견을 붙여 보고하던 것이다.
87 놀랍다는 : 원문은 "해악駭愕"으로, '크게 놀람'의 뜻이다.
88 행수군관行首軍官 : 같은 직책을 맡은 여러 사람 중에서 책임을 지는 지위에 있는 군관을 말한다.
89 도훈도都訓導 : 훈도 중에 우두머리. 훈도는 조선시대에 교육을 장려하고 감독하던 관직이다.

지체하는 여러 장수들의 처벌을 청하는 계본請罪遲留諸將狀[91]

삼가 추고推故하실 일로 아룁니다. 전라우수사 이억기의 보고牒呈에,

"우도에 소속된 각 고을과 포구의 전선[92]을 정월 20일 내에 '상도上道[93]에서는 우수영 앞바다로, 하도下道[94]에서는 가리포 앞바다로 모이도록 하라.'고 군관까지 보내 재촉하였습니다. 각 고을에서 입방入防 수군을 전혀 보내지 않아 격군을 정비하지 못하였기 때문에 진작 모이지 못하고 벌써 기한이 지났으니 매우 답답하고 걱정되어, 먼저 도착한 전선 22척을 거느리고 이달 17일 진陣에 도착하였습니다.

나주·무안·함평·영광·무장·장흥·흥덕·고부·부안·옥구 등 고을[95]은 더 만들라고 배정한 전선을 정비하여 보내지 않았을 뿐만 아니라, 원래 있는 전선까지도 정비해서 보내지 않았습니다. 각 진·포에는 달려와야 할 수군의 도목장조차도 보내지 않아 격군을 정비하지 못하므로 매우 답답하고 걱정스럽습니다. 각 포구에서는 보고가 잇닿고 있습니다만, 군산포만호群山浦萬戶 이세환李世環, 법성포만호法聖浦萬戶 조대지曺大智, 다경포만호多慶浦萬戶 이식李軾 등은 관하의 변방 장수로 있으면서 격군이 없다는 것을 핑계하고 지금까지 오지 않으니 더욱 놀라운 일입니다. 위에 적은 각 고을과 포구의 수령 및 변방 장수들을 군령에 의하여 엄중히 처벌하여 그 나머지의 일을 경계하여야 합니다."

라고 하였습니다.

7도[8도 중 전라도 제외]에 가득 찼던 적들이 모두 한곳으로 모여 흉모와 교묘한 계

---

90 (*) 내용 생략. 『충민공계초』의 그 원문은 '妄料爲白臥乎事云云'이다. 뒤에 '萬曆二十二年二月二十五日'이 있다. 이두 '爲白臥乎事'는 '…하옵는 일'의 뜻이다.

91 『충민공계초』(58) 계본이다.

92 각 고을과 포구의 전선 : 원문은 "각관포전선各官浦戰船"이다. 『충민공계초』에는 "各官浦元加戰船等乙"이라 해서 '원래 있던 것과 새로 만든 전선 등을'로 되어 있다.

93 상도上道 : 주로 우수영 이북의 임치도 진관 수군 관할 지역을 일컫는 말이다. 군산포·검모포·법성포·임치도·다경포·목포 수군진이 해당하는 것으로 추정된다.

94 하도下道 : 주로 우수영 아래쪽 가리포 진관 관할 수군 포구를 일컫는 말이다. 남도포·금갑도·어란포·이진·마도·회령포·가리포 수군진이 해당하는 것으로 추정된다.

95 10개 고을인데, 장흥은 잘못 포함한 것으로 보인다. 『충민공계초』에는 '茂長〃興德'으로 나와 있어 '장흥'의 포함 여부가 애매하게 되어 있다.

책을 펴지 않는 곳이 없으므로 다른 지역[전라도]으로 침범할 걱정이 순식간에 박두하였는데, 수군 소속의 나주 이상 9고을 수령들이 더 만들라고 배정한 전선과 원래 장부에 기록된 전선까지도 정비해서 보낼 뜻이 없습니다. 각 진·포의 입방군으로 달려와야 할 수군을 한 명도 보내지 않아서 각 진·포의 전선도 역시 정비할 수 없게 되었는바, 군령의 중대한 일이 이렇게까지 해이해지니, 나아가 공격하거나 물러나 수비하는 방도가 전혀 없을 것이므로 참으로 놀라운 일입니다.

대개 임진년에 적세가 매우 날카롭던 무렵에 영남의 여러 성들이 연달아 무너지고 연해안 일대에 사람들의 그림자가 아주 끊어졌을 때, 고성·사천·하동·남해는 호남에 연접한 지방으로서 무려 200여 척의 적선이 연속해서 들어왔는데, 우리 수군은 30척 미만의 전선을 가지고서도 용감히 돌진하여 쳐서 무찌르고 하나도 빠져 돌아가지 못하게 하여 그 날카로운 기세를 꺾었던 것입니다.

그 후로 전선이 조금씩 더 준비되어 전라좌우도는 모두 80여 척으로 매양 3도의 수사 및 여러 장수들과 함께 적을 섬멸할 계획을 세우고, 죽음으로써 맹세하고 약속을 하여 해로海路를 가로막아 침범하지 못하게 한 지 3년이 되었습니다.

호남이 보전된 것은 수군에 힘입은 것 같사온데, 근일에 와서는 의론이 분분하여 좌·우도를 아울러 수군에 소속된 19고을 중에서 9고을이나 육군에 소속시키고, 원래 배정된 입방 수군마저도 전혀 보내지 않아 수군의 외롭고 약함이 전일보다 훨씬 더 심하여 참으로 답답하고 걱정됩니다.

나주 이상 9고을 중에서 나주와 무안 등은 배정된 전선을 기일이 넘도록 보내지 않고 또 입방 수군도 전혀 보내지 않는 죄상 및 군산포만호 이세환, 법성포만호 조대지, 다경포만호 이식 등도 수군에 소속된 변방 장수들로서 재삼 독촉해도 끝내 나오지 않아 크게 군율을 범하였으므로 모두 조정에서 처벌하여 다른 사람들을 경계하도록 하고, 위의 전선들을 밤낮을 가리지 않고 달려 보내도록 순찰사 이정암李廷馣에게 각별히 거듭 분부해 주십시오.

(*망령되이 생각한 바를 삼가 갖추어 아룁니다.)[96]

---

[96] (*) 내용 생략. 『충민공계초』의 그 원문은 '妄料爲白臥乎事云云'이다. 여기서 '云云'은 謹具啓聞을 생략하였다는 뜻이다. 뒤에 '萬曆二十二年二月二十五日.'이 있다. 이두 '爲白臥乎事'는 '…하옵는 일'의 뜻이다.

여러 의병장에게 상 주시기를 청하는 계본 請賞義兵諸將狀[97]

삼가 상고하실 일로 아룁니다.

수군을 자진해서 모집하여 들어온 의병장 순천 교생校生[98] 성응지成應祉와 승장僧將 수인守仁·의능義能[99] 등이 이런 난리에 눈앞의 안일[100]만을 생각하지 않고 의기를 발휘하여 군병들을 모집해 각각 300여 명을 거느리고 나라의 치욕을 씻으려 하였는 바, 참으로 칭찬할 만한 일입니다. 수군의 진중에서 2년 동안 스스로 군량을 준비하여 이곳저곳에 나누어 주면서 간신히 양식을 이어 대는데, 그 부지런함과 고생하는 모습은 관리나 군사들보다 배나 더 하였고, 오히려 수고로움을 꺼리지 않고 지금까지 더욱 부지런할 따름입니다.

일찍이 싸움터에서 적을 무찌를 적에도 뛰어난 공로[101]가 많았으며, 그들의 나라를 위한 분의奮義[102]의 마음은 시종 게으르지 않으니 더욱 칭찬할 만한 일입니다.

위에 적은 성응지, 승장 수인·의능 등을 마땅히[103] 조정에서 각별히 표창하여 뒷사람들을 격려하여야 하겠습니다. 순천에 사는 전 만호 이원남李元男은 이번에 의병을 모집하여 거느리고 전선戰船을 타고 수군에 소속되기를 청원하므로 방금 장수로 배정시켜 적을 무찌르게 하였습니다.

(*삼가 갖추어 아룁니다.)[104]

---

97 『충민공계초』(59) 계본이다.
98 조선시대에 향교에 다니던 생도.
99 의능義能 : 『충민공계초』에는 "宜能"으로 나와 있다.
100 눈앞의 안일 : 원문은 "투안偸安"이다. (『史記』권6, 秦始皇本紀, "莫不悅忽失守 偸安日日".)
101 뛰어난 공로 : 원문은 "현효顯效"이다. (『後漢書』권1상, 光武帝 劉秀 紀第一上, 建武二年, "其顯效未訓 名籍未立者".)
102 분의奮義 : 정의를 위하여 분발함.
103 마땅히 : 원문의 한자 "의宜"는 『충민공계초』에는 없는 글자다.
104 (*) 내용 생략. 『충민공계초』의 원문은 "운운云云"이다. 여기서 '운운'은 謹具啓聞을 생략하였다는 뜻이다. 뒤에 "萬曆二十二年 三月初十日 統制使 臣 李"가 있다.

여도만호 김인영에게 상 주시기를 청하는 계본[105] 請賞呂島萬戶金仁英狀

삼가 상고하실 일로 아룁니다.

　　전라좌도에 소속된 여도만호 김인영은 사변이 일어난 초기부터 분발하여 제 몸을 돌아보지 아니하고 여러 번 큰 싸움을 겪을 때마다 언제나 앞장서서 적의 목을 벤 것 역시 많았지만, 다만 훈련부정에 승진되었을 뿐이니 다른 사람의 예와는 같지 않은 것입니다. 전후의 전공을 상고하시어 발포 만호 황정록黃廷祿의 예에 의하여 상을 내리셔서 다른 사람들을 격려해 주십시오.[106]

군량을 조처해 주시기를 청하는 계본 請措劃軍糧狀[107]

삼가 상고하실 일로 아룁니다.

　　전라 좌·우도 연해안의 19고을 중에서 10고을은 오로지 수군에 소속되어 있거니와 사변이 일어난 후로부터 육군 진영의 여러 곳에서 군량을 실어 나르기에 거의 빠진 날이 없어 이미 죄다 고갈되었으며, 좌도의 4고을과 우도의 1고을은 또 스스로 불질러 버린 화를 겪었습니다.

　　좌·우도의 전선 중에서 먼저 모인 것이 110척이며, 사후선伺候船이 110척으로 사부와 격군을 아울러 무려 17,000여 명으로서 한 사람마다 아침저녁으로 각각 5홉씩을 나누어 준다고 하면, 하루 먹는 것이 적어도 100여 석을 밑돌지 않으며, 한 달이면 나누어 주는 것이 3,400여 석입니다.

　　경상우도는 탕진된 나머지 더욱 군량을 마련할 길이 없으므로 역시 전라도의 10고을을 의지할 수밖에 없는데, 10고을에 남아 있는 군량도 백성들 구제 양곡을 제외

---

105 『임진장초』·『충민공계초』에 없는 문서로 정확한 형식을 파악하기 어렵다. 문장 서두에 '謹啓爲'라 하였으므로 계본인데, 이은상의 『완역 이충무공전서』와 조성도의 『임진장초』는 '장계狀啓'로 분류했다.
106 『임진장초』·『충민공계초』에 들어 있지 않아 발송한 날짜를 알 수 없으나, 편찬된 순서로 보아서 갑오년 (1594) 3월 초10일 전후에 올려 보낸 것으로 추정된다.
107 『충민공계초』(60) 계본이다.

한 수군의 군량만을 계산하면 겨우 5월 15일경까지 이어 갈 형편입니다. 만일 그 전에 흉악한 무리들을 소탕하지 못하면 그 뒤의 군량을 전혀 조처할 방도가 없을 것이니 매우 답답하고 걱정됩니다. 조정에서 헤아려 조처해 주시기 바랍니다.

(*삼가 갖추어 아룁니다.)[108]

왜군의 정세를 아뢰는 계본陳倭情狀[109]

삼가 왜적의 정세에 관한 일로 아룁니다.

이번 3월 초6일 거제읍 앞에 있는 흉도胷島 바다에 도착한 남해현령 기효근의 급보에,

"왜의 소선 1척이 고성 건너편의 육지에 대고 우리 배를 부르는데, 그 형상을 바라보니 혹은 붉은 옷을 입고 혹은 푸른 옷을 입은 명나라 사람 2명과 왜인 8명이었습니다."

라는 내용이었습니다. 명나라 사람이 가진 패문牌文[110]을 아울러 보냈으므로 자세히 살펴보니 명나라 선유도사부宣諭都司府[111] '담담譚'[112]의 '왜적을 무찌르지 말라禁討倭賊事'는 패문이었습니다. 그래서 명나라 병사를 불러들여 그것을 갖고 오게 된 까닭을 물어본즉,

"작년 11월에 도사 담노야譚老爺[113] 등이 웅천에 도착하여 지금까지 머물고 있으면서 명나라 조정에서 화친을 허락하는 명령을 기다리고 있는데, 요즘 왜인들이 귀국 수군의 위세를 두려워 겁내어 상심하고 낙담하여 도사 노야 앞에서 갖가지로 애

---

108 (*) 내용 생략. 『충민공계초』의 원문은 '운운云云'이다. 여기서 '운운'은 謹具啓聞을 생략하였다는 뜻이다. 뒤에 '萬曆二十二年 三月初十日'이 있다.
109 『충민공계초』(61) 계본이다.
110 패문牌文 : 상급 관청에서 하급 관청으로 보내는 통문通文.
111 선유도사부宣諭都司府 : 명나라 황제의 명령을 전달하는 선유도사의 사무 장소.
112 담담譚 : 『난중일기』 갑오년(1594) 3월 6일 자에 담종인譚宗仁으로 나온다.
113 담노야譚老爺 : 담담 어르신. 노야는 '늙으신 분'이란 말로서 '대인大人'이라는 뜻이다.

걸함에 이 패문을 만들어 보낸 것입니다."
라고 하였습니다.

　교활하고 거짓된 왜놈들이 갖가지 간사한 계책을 내어 그곳에 머물고 있는 명나라 군사들과 함께 스스로 이 패문을 만들어서 명나라 사람에게 부쳐 보내도록 애걸한 것이 분명합니다.

　'왜놈을 베는 것을 금지한다.' 같은 것은 경략이나 제독총병부提督摠兵府[114] 등에서도 아직 분부하는 명령이 없습니다. 패문을 명나라 병사 2명이 이미 가지고 왔고, 남해현령 기효근이 공문을 만들어 일시에 보냈으므로 거절하고 받지 않는다는 것도 온당하지 않으며, 아직도 우리 수군이 다 모이지 않아서 병세가 외롭고 약한 것 같아서 패문의 회답을 써 주어서 거짓으로 [토벌을] 중지하는 뜻을 보이고, 적의 정세를 다시 정탐하여 기회를 보아 진격하여 토벌할 계획입니다. 패문을 봉해 올려 보내오며 그 회답에는 다음과 같이 썼습니다.

　"조선국의 신하들은 삼가 명나라 선유도사 대인 앞에 답서를 드립니다.

　왜인들이 스스로 틈을 비집고 군사들을 이끌고 바다를 건너와서 우리의 무고한 백성들을 죽이고, 또 서울로 침범하여 흉악한 짓을 저지르는 것이 끝이 없으며, 온 나라의 신하와 백성들의 분함이 뼛속에 사무쳐 이 적들과는 같은 하늘 아래 살지 않기로 맹세하였습니다. 각 도의 전선들을 무수히 정비하여 곳곳에 주둔해서 동서로 호응하면서 육지의 귀신같은 장수들과 함께 '수륙합공水陸合攻'으로 남아 있는 흉악하고 사악한 무리들을 한 척도 못 돌아가게 하여 나라의 원수를 갚으려는 것입니다.

　이달 초3일에 선봉선 200여 척을 거느리고 바로 거제로 들어가 적의 소굴을 소탕하고 차례로 무찔러 종자도 남기지 않으려 하였는데, 마침 왜선 30여 척이 고성과 진해 지역에 함부로 들어와서 여염집을 불태워 없애고, 남아 있는 백성들을 죽이고 또 많이 잡아 가기도 하며, 기와를 실어 나르고 대나무를 베어다가 그 배에 가득 실었습니다. 그 정상을 살펴보니 참으로 통분하여 그 배들을 쳐부수고 불태우며 흉악한 무리들을 추격하여 수군 도수부都帥府에 급히 보고하고, 대군과 합세하여 거느리고 곧

---

114 제독총병부提督摠兵府 : 명나라의 제독을 겸한 총병관이 사무를 보는 장소.

바로 공격하려는 때에 도사 대인의 타이르시는 패문이 뜻밖에 진중에 도착하므로 두 번 세 번 읽어 보니 타이르는 말씀이 간절하고도 극진했습니다.

다만 패문에서 이르시기를 '일본의 여러 장수들이 마음을 돌려 귀화하려 하지 않는 자가 없어 모두 갑옷을 벗고 군사들을 휴식시키며 다들 본국으로 돌아가려고 하니, 너희 여러 병선들도 속히 본처本處 지방으로 돌아가고, 일본 진영에 가까이 주둔하여 틈이 생기는 실마리를 일으키지 마라.' 하였사온데, 왜인이 둔거하고 있는 거제·웅천·김해·동래 등지는 모두 우리의 땅입니다. 그런데, 우리에게 '일본 진영에 가까이 간다.' 하심은 무슨 말이며, 우리에게 속히 '본처 지방으로 돌아가라.' 하시니 '본처 지방'이란 역시 어느 곳에 있는 것인지 알 수 없으며, 틈을 일으킨 자도 우리가 아니고 왜인입니다.

일본인은 요리조리 속이는 온갖 방법이 만 가지나 되어 옛부터 신의를 지켰다는 말을 듣지 못하였습니다. 그 흉악하고 교활한 무리들이 아직도 악행을 거두지 않은 채[115] 물러나 연안을 근거지로 삼아 해가 지나도록 돌아가지 않고 여러 곳을 함부로 달려들어 사람을 겁박하고 재물을 빼앗는 짓이 전일보다 배나 더한데, 무기를 접어 넣고 바다를 건너가려는 뜻이 과연 어디에 있습니까?

이제 강화한다는 것은 실로 거짓으로 속이는 것입니다. 그러나 대인의 지시를 감히 어길 수 없으므로 우선 얼마 동안 참아 주려 하오며, 우리 임금께도 급히 아뢰고자 합니다. 엎드려 생각하건대, 대인께서는 두루 이 뜻을 놈들에게 타일러 거스름과 순종의 도리를 알려 주시면 천만다행이겠습니다."

[위의 답문에는] 신 및 원균과 이억기의 이름을 같이 서명하여 보냈습니다. 담도사라고 부르는 사람이 어느 달 어느 날쯤 웅천으로 내려왔는지의 여부를 도원수 권율에게 조사하여 회답해 달라고 공문을 보냈습니다.

위에 적은 명나라 군사와 함께 나온 우리나라 포로이며, 상주에 사는 사삿집 종 희순希順은 왜말을 잘해 통역을 겸하여 왔으므로 명나라 군사 무화茂火에게 위의 희순

---

115 아직도……않은 채 : 원문은 "상불감악尙不歛惡"이다. '감斂'은 '염歛'의 오기로 보인다. 감斂은 '바라다', 염歛은 '거두다'의 뜻이다. 『충민공계초』에는 '尙不稔惡'으로 나와 있고, '염악稔惡'은 '죄악을 쌓다'의 뜻이다.

을 '도로 데리고 가지 못한다.'라는 사실을 이치를 들어 타일렀더니, 의심하며 결정하지 못하므로[116] 다시 타이르기를, '빌고 항복하려고 여기에 온 것인데, 우리나라 사람을 어떻게 도로 데리고 갈 것이냐.'라고 하였더니, 명나라 군사가 말문이 막혀 답도 하지 않고 그대로 버려 둔 채 돌아갔습니다.

[희순에게] 적중의 형세와 명나라 군사가 오게 된 원인을 아울러 심문한바, 대답하기를,

"상주에 사는 사람으로서 작년 4월 서울에서 내려온 왜적에게 사로잡혀 부산으로 내려온 뒤에 왜놈들은 진주성을 함락시키고 부산으로 도로 돌아왔습니다. 그해 7월에는 명나라 군사 15명이 일시에 웅천으로 옮겨 왔는데, 그곳 적장 즉묵감둔卽墨甘屯[117]의 진중에 지금까지 머무르고 있거니와, 또 명나라 군사 30여 명이 지난 11월에 뒤따라 도착하였습니다.

명나라 군사가 패문을 가지고 온 일은 우리나라 수군이 바다를 덮어 일제히 진군하여 왜선을 당파 분멸焚滅[화살로 부수고 불태워 없앰]하기 때문에 적장 즉묵감둔[118]이 저희를 바로 공격할까 봐 겁을 내어 명나라 장수에게 간절히 애걸하여 이 글을 짓게 된 것입니다. 내보낼 때, 왜장이 소인과 무화에게 '너는 조선 진중으로 가서 설득하여 말하되, 일본인들이 싸우려고 하지 않는데, 조선에서는 무엇 때문에 출전하느냐.'라는 말을 하라 하면서 보냈으므로 나오게 된 것입니다.

웅천의 왜적은 세 진영으로서 각 진陣마다 혹은 1,000여 명 혹은 800~900명씩인데, 병사病死한 자의 수효가 많을 뿐 아니라, 토목 공사에 지쳐서 저희 본국으로 도망가는 자가 얼마인지 모릅니다. 배들은 세 진영의 중·소선을 아울러 300여 척이나 되어 보이며, 대선은 다만 2척이 있는데, 장수는 한 진영이 즉묵감둔이요, 한 진영은 곧 사고여문둔沙古汝文屯[119]이며, 또 한 진영은 곧 아리만둔阿里萬屯[120]입니다.

---

116 원문은 "불결不決"로, 『충민공계초』에는 "不快"(불쾌)로 되어 있다.
117 즉묵감둔卽墨甘屯 : 일본 장수 오모쯔비도노 하야시가와 나가마사主馬首殿 早川長政이다. 본서, 권3, '왜인 포로가 고한 왜군의 정세를 보고하는 계본登聞擒倭所告倭情狀'의 각주 참조.
118 즉묵감둔 : 『충민공계초』에는 "즉묵감卽墨甘"으로 되어 있으나 "즉묵감둔卽墨甘屯"의 착오이다.
119 사고여문둔沙古汝文屯 : 일본 장수 사쿠에몬도노 고니시右衛門殿 小西末鄕를 이른다.
120 아리만둔阿里萬屯 : 일본 장수 아리마도노 쇼신有馬殿 晴信을 이른다.

작년 11월에 늙은 명나라 장수 한 명[심유경沈惟敬]이 진중에 이르러 그대로 머물고 있다가 왜인 3명을 데리고 문서를 가지고 중국을 향하여 떠나갔는데, 그 왜인이 돌아오면 왜적들은 모두 본국으로 돌아간다고 하였습니다.

우리나라의 남녀들은 혹은 일본으로 들여보내고 혹은 심부름을 시키고 있으며, 저희 본국의 여인들을 또한 많이 데리고 와서 심부름을 시키고 있습니다. 왜적들이 날마다 하는 일은 혹은 철환을 두들겨 만들기도 하고 혹은 성을 쌓고 집을 짓기도 합니다. 군량은 이달 초승께 중선 6척에 가득 싣고 왔는데, 새로 오는 왜인도 혹은 20명 혹은 30명씩 실려 왔으며, 그 밖의 나머지들은 우둔하고 못난 사람이라 똑똑하게 알 수 없습니다."

라는 내용이었습니다.

위에 적은 종 희순은 적에게 사로잡혀 오랫동안 적진 중에 머무르고 있었기 때문에 왜적들의 모든 교활한 꾀와 실정을 상세하게 알지 못할 리가 없는데, 반복해서 추궁해도 전혀 바른대로 말하지 않으며, 또 적진으로 돌아가려는 생각이 말과 얼굴색에 나타나므로 엄하게 형틀을 준비하여 그 앞에 놓고 대략 문초를 받았으나, 꾸며 대는 말이 많았습니다.

이미 본토로 돌아왔어도 조금도 머물러 있을 생각조차 없으니 나라를 배반한 죄를 잠시라도 기다려 줄 수 없으나, 다시 물을 것이 있을 것이므로 흥양현에 옮겨 가두고 조정의 명령을 기다립니다.

(*삼가 갖추어 아룁니다.)[121]

당항포 승첩을 아뢰는 계본唐項浦破倭兵狀[122]

삼가 왜선을 불태워 무찌른 일로 아룁니다.

---

[121] (*) 내용 생략. 『충민공계초』에는 '운운云云'이라 하였으나, 『충무공유사』의 원문은 '근구계문謹具啓聞'이다. 뒤에 '萬曆二十二年 三月初十日'이 있다.

[122] 『충민공계초』(62) 계본이다.

거제 및 웅천의 적들이 많이들 떼를 지어 진해와 고성 등지를 제 맘대로 출입하면서 여염집을 노략질하며 사람들을 죽이고 재물을 약탈한다고 합니다. 그들이 왕래하는 형세를 엿보아 공격해서 사로잡으려고 3도의 여러 장수들에게 명령하여 "배들을 정돈하고 무기들을 엄히 익히고 한편으로 각처를 널리 바라볼 수 있는 산봉우리에 망장望將을 파견하여 멀리서 적선을 잘 살피고 [수상한 움직임이 있으면] 즉시 보고하라."고 하였습니다.

이번 3월 초3일 미시未時[오후 1~3시]에 도착한 고성 땅 벽방碧方 망장 제한국諸漢國 등의 급보에,

"당일 날이 밝을 무렵에 왜의 대선 10척, 중선 14척, 소선 7척이 영등포에서 처음 나와서 21척은 고성 땅 당항포로, 7척은 진해 땅 오리량五里梁에, 3척은 저도猪島로 향해 갔습니다."

라는 내용이었습니다.

신은 즉시 경상우수사 원균과 전라우수사 이억기 등에게 전령을 발송하여 다시 엄하게 거듭 약속하고, 한편으로는 순변사 이빈李薲에게도 전날에 약속한 대로 '군사와 말을 거느리고 빨리 달려가서 육지에 내린 왜적들을 무찌르고 사로잡을 것'을 통보한 후, 그날 밤 술시戌時[오후 7~9시]에 3도의 여러 장수들을 남김없이 거느리고 한산도 해상에서 출발하여 어둠을 타고 몰래 항행하여, 이경二更[밤 9~11시]에 거제도 내면內面 지도紙島 해상에 이르러 밤을 지냈습니다.

초4일 새벽에 전선 20여 척을 견내량에 머물러 두어 불의의 사태에 대비하게 하고, 또 3도의 경예선輕銳船[123]을 가려냈습니다.

전라좌도에서는 좌척후장 사도첨사 김완, 1영장 노천기, 2영장 조장우, 좌별도장 전 첨사 배경남, 판관 이설, 좌위 좌부장 녹도만호 송여종, 보주 통장 최도전, 우척후장 여도만호 김인영, 1영장 윤붕, 거북선 돌격장 주부 이언량,

전라우도에서는 응양별도장 우후 이정충, 좌응양장 어란만호 정담수, 우응양장 남도포만호 강응표, 조전 통장 배윤, 전부장 해남현감 위대기, 중부장 진도군수 김만

---

123 경예선輕銳船 : 날렵한 정예의 함선. (『史記』 권65, 孫子吳起列傳第五, 孫子, "乃弃其步軍 與其輕銳倍日 并行逐之")

수, 좌부장 금갑도만호 이정표, 통장 곽호신, 우위 중부장 강진현감 유해, 좌부장 목포만호 전희광, 우부장 주부 김남준,

경상우도에서는 미조항첨사 김승룡, 좌유격장 남해현령 기효근, 우돌격도장 사량만호 이여념, 좌척후장 고성현령 조응도, 선봉장 사천현감 기직남, 우척후장 웅천현감 이운룡, 좌돌격장 평산포만호 김축, 유격장 하동현감 성천유, 좌선봉장 소비포권관 이영남, 중위 우부장 당포만포 하종해 등 31명의 장수를 선발하고, 수군 조방장 어영담을 장將[124]으로 정하여 당항포와 오리량 등지의 적선이 정박한 곳으로 몰래 인솔하여 급히 보냈습니다.

신과 이억기 및 원균 등은 대군을 거느리고 영등포와 장문포, 적진 앞바다의 증도甑島[125] 해상에서 학익진鶴翼陣을 형성하여 한바다를 가로 끊어서, 앞으로는 군사의 위세를 보이고 뒤로는 적의 퇴로를 막았습니다. 그러자 왜선 10척이 진해 선창으로부터 나와 기슭을 끼고 행선하므로 조방장 어영담이 거느린 여러 장수들이 일시에 돌진하여 좌우로 협공하자 6척은 진해 땅 읍전포邑前浦[126]에서, 2척은 고성 땅 어선포於善浦[127]에서, 2척은 진해 땅 시굿포柴仇叱浦[128]에서 배를 버린 채 뭍으로 올라가므로 모두 남김없이 격파하고 불태웠는데, 녹도만호 송여종은 왜선에 포로가 되어 있던 고성 정병正兵 심거원沈巨元과 진해 관비 공금孔今[129]과 함안 양갓집 딸 남월南月 등을 빼앗아 찾아왔습니다. 또 포로가 되어 있던 2명은 왜적들이 머리를 베어 버리고 갔습니다.

당항포에 들어가 정박한 왜선은 대·중·소선을 아울러 21척이 불타는 연기를 바라보고는 기운이 꺾여서 스스로 세력이 궁함을 알고 육지에 내려서 진을 치므로, 순변

---

124 장將 : 임시 지휘관, 임시 대장으로 볼 수 있다.
125 증도甑島 : 경상남도 창원시 마산합포구 구산면 심리 실리도.
126 읍전포邑前浦 : 경상남도 창원시 마산합포구 진동면 고현리 포구로 추정된다.
127 어선포於善浦 : 경상남도 고성군 회화면 어신리語新里 어선語善마을 어신아랫땀(어신1길) 포구로 추정된다. (고성문화원, 『固城鄕土地名史』, 1997, 556~559쪽; 1920년 조선총독부 발행, 2만 5천분의 1지도, 「章基里」.)
128 시굿포柴仇叱浦 : 경상남도 창원시 마산합포구 진전면 시락리時洛里 시락마을 포구로 추정된다. (1920년 조선총독부 발행, 25,000분의 1 지도, '장기리章基里'.)
129 『충민공계초』에는 "禮今"(예금)으로 나온다.

사 이빈에게 다시금 독촉하는 공문을 보내고 또 어영담에게 명령하여 인솔한 여러 장수들을 거느리고 바로 그곳으로 향하게 하였더니, 마침 저녁 조수가 이미 나가고 날조차 저물어서 진격하지 못한 채 당항포 포구를 가로질러 막고 밤을 지냈습니다.

초5일 새벽에 신과 이억기는 한바다에 결진하여 밖에서 들어오는 적에 대비하고, 어영담은 여러 장수들을 거느리고 바로 포구 안으로 들어갔는데, 그날 미시未時[오후 1~3시]에 도착한 어영담 등의 급보에,

"왜적들은 모두 도망해 버렸고 왜선 21척은 기와와 왕죽王竹을 가득 실은 채 줄지어 정박해 있었으므로 모두 격파하여 불태워 없앴습니다."
라고 하였습니다.

전라우수사 이억기도 여러 장수들의 보고하는 바에 의거하여 역시 같은 내용으로 보고하였습니다. 거짓 기운을 뽐내던 남은 왜적들이 감히 항전을 못 하고 배를 버린 채 밤중에 도망하였습니다. 이러한 때를 당하여 수륙이 상응하여 일시에 합공했더라면 거의 섬멸할 수 있었을 것입니다. 그런데, 수륙군의 주둔한 곳이 서로 멀리 떨어져 있기 때문에 쉽게 급히 알리지 못해 새장 속에 들어 있는 적을 다 잡지 못한 것이 참으로 통분합니다. 고성과 진해를 마음대로 쏘다니던 적들이 이후로는 스스로 뒤를 돌아보고 꺼려하는 걱정이 있게 되어 제멋대로 드나들지는 못할 것입니다.

그날 수군 총원이 모두 합세하여 바다를 가득 채우고 포성이 하늘을 진동하며 동서로 진을 바꾸면서 엄습할 모습을 보였습니다. 그러자 영등포·장문포·제포·웅천·안골포·가덕·천성 등지에 웅거하였던 적들이 바로 공격할까 겁내어 복병하고 있던 임시 막사를 모두 제 손으로 불사르고 무서워서 굴속으로 기어들어가 밖에는 그림자조차 없어지고 말았습니다.

초6일에는 고성 땅 아자음포阿自音浦[130]에서 출발하여 순풍에 돛을 달고 선수船首와 선미船尾를 서로 이어 거제읍 앞에 있는 흉도 앞바다로 향하려고 할 때 남해현령 기효근이,

"왜선 1척이 영등포로부터 나와 건너편에 하륙하는데 명나라 군사 2명과 왜놈 8

---

130 아자음포阿自音浦 : 경상남도 고성군 동해면 양촌리 법동마을 아부내阿浮川 포구로 추정된다.(1926년 발행 조선총독부 '鎭東' 지도.)

명이었습니다. 명나라 군사가 갖고 있던 패문을 함께 보냅니다."
라고 하였는데, 그 패문에 회답한 사유는 별도로 간추려서 장계하였습니다.[131]

대개 모든 장수와 군사들이 승리한 기세를 타서 뛰며 모두 사생결단으로 바로 돌진하려고 하고, 굶주리고 야위어 기운이 없던 군졸들도 모두 즐거이 출전하여 왜선 30여 척을 모두 불태워 없애고 1척도 빠져나간 것이 없습니다.

그대로 장문포와 영등포의 적들을 차례로 무찌르려고 계획하였으나, 수군에 소속된 나주 이상의 9고을은 더 만드는 전선은 고사하고 원래 있던 전선까지도 모두 지금까지 오지 않고 있습니다. 그 도의 각 진포鎭浦에서도 역시 각 고을이 수군을 징집해 보내지 않으므로 태반이 정비되지 않고 있으며, 충청수사 구사직도 아직 진에 도착하지 않아 병세兵勢가 외롭고 약한 듯하여 형세를 보아서 나아가 공격하기로 하고 이번 3월 초7일 한산 진중으로 돌아왔습니다.

3도의 여러 장수들이 적선을 불태운 수는 이억기와 어영담의 보고에 의하여 상세히 정리하여 다음과 같이 기록하오며, 왜적의 물건들은 노략질한 것이라 별로 중요한 것이 없고, 다만 의복·양식·솥·목기木器 등 잡물뿐이므로 수색해 온 군졸들에게 고루 나누어 주었습니다.

(*오직)[132] 경상우수사 원균은 적선 31척을 그 도의 여러 장수들만이 모두 불태운 것처럼 공문을 만들어 보냈사온바, 온 진중의 장수와 군사들이 해괴하게 여기지 않는 이가 없습니다. 조정에서도 참고하여 시행하여 주십시오.

(*망령되이 생각한 바를 삼가 갖추어 아룁니다.)[133]

전라좌우도 여러 장수의 공적[134]

• 절충장군 수군 조방장 어영담魚泳潭이 왜대선 2척을 불태워 없앰.

---

131 본서, 권4 '진왜정상陳倭情狀'을 가리킨다. (바로 앞의 계본)
132 (*) 내용 생략. 『충민공계초』의 원문은 "唯"(오직)이다.
133 (*) 내용 생략. 『충민공계초』에는 "운운云云"으로 되어 있으나, 『충무공유사』에는 원문이 "妄料爲白臥乎事是良尔 謹具啓聞"으로 나와 있다. 뒤에 "萬曆二十二年 三月初十日"이 있다. 이두 '爲白臥乎事是良尔'는 '…하옵는 일이기에' 또는 '…하옵는 일이므로'의 뜻이다.
134 이하의 공적 내용은 본서에만 나와 있고, 『충민공계초』나 『충무공유사』 등 다른 장계 초본에는 없다.

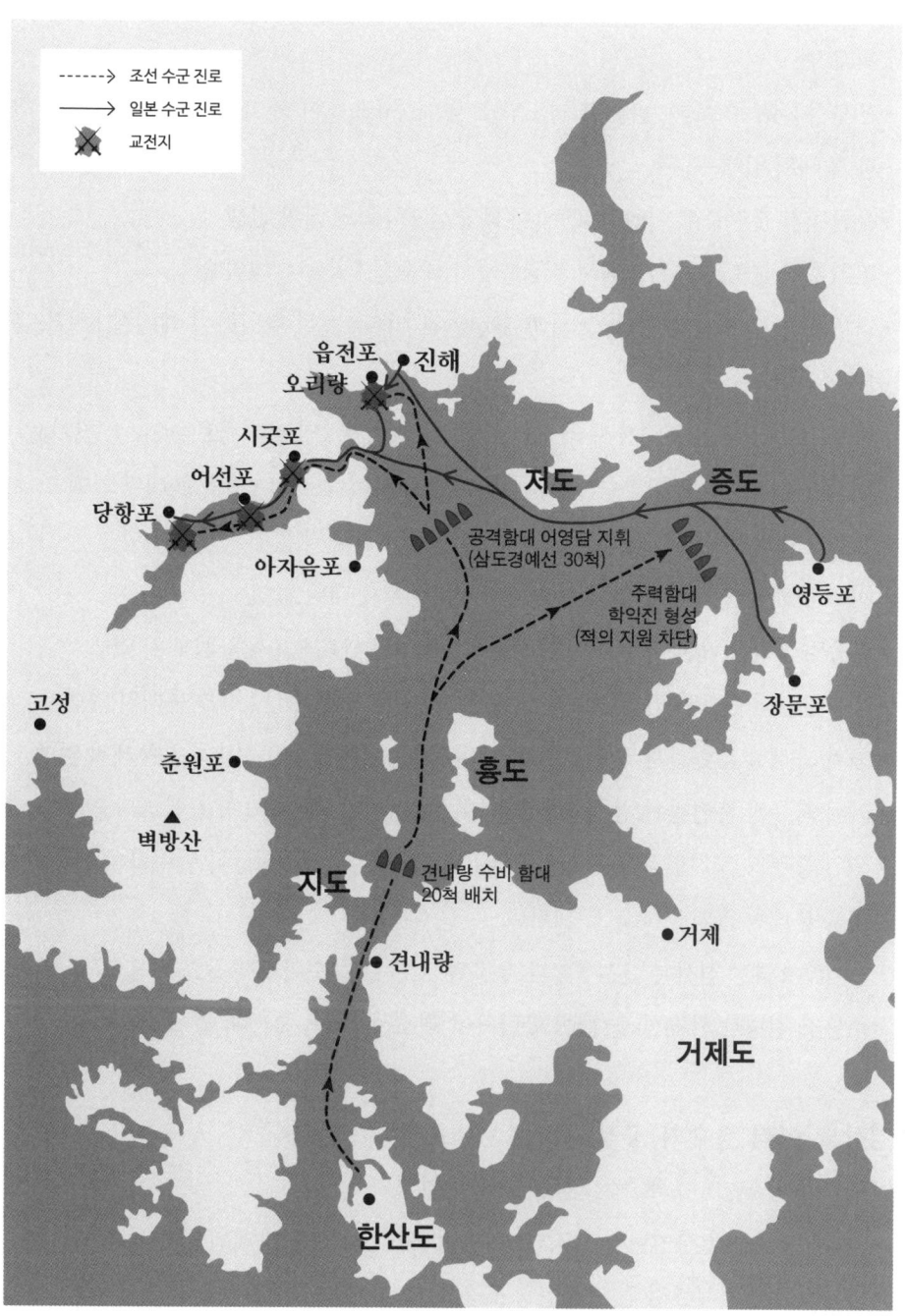

제2차 당항포 해전도(1594. 3. 4. ~ 3. 6.)

- 우척후장 훈련부정 겸 여도만호 김인영金仁英이 왜의 대선 1척과 중선 1척을 불태워 없앰.
- 우부장 서부주부西部主簿 겸 녹도만호 송여종宋汝悰이 왜의 대선 1척과 소선 1척을 불태워 없앰.
- 우돌격장 훈련주부 이언량李彦良이 왜중선 2척을 불태워 없앰.
- 좌척후장 절충장군 사도첨사 김완金浣이 왜중선 1척을 불태워 없앰.
- 좌별도장 전 첨사 배경남裵慶男과 훈련판관 이설李渫이 합력하여 왜대선 1척을 불태워 없앰.
- 좌부 보전통장 전 훈련봉사 최도전崔道傳과 좌척후 1영장 정병보正兵保 노천기盧天紀 및 2영장 정병보 조장수曹長守¹³⁵ 등이 합력하여 왜소선 1척을 불태워 없앰.
- 계원장 수군우후 이정충李廷忠이 왜대선 1척을 불태워 없앰.
- 전부장 해남현감 위대기魏大器가 왜중선 1척을 불태워 없앰.
- 좌응양장 훈련판관 겸 어란만호 정담수鄭聃壽가 왜대선 1척을 불태워 없앰.
- 우응양장 훈련판관 겸 남도포만호 강응표姜應彪가 왜중선 1척을 불태워 없앰.
- 중위 좌부장 훈련판관 겸 금갑도만호 이정표李廷彪가 왜중선 1척을 불태워 없앰.
- 좌위 좌부장 훈련판관 겸 목포만호 전희광田希光이 왜소선 1척을 불태워 없앰.
- 우위 중부장 강진현감 유해柳瀣와 우부장 주부 김남준金南俊이 합력하여 왜중선 1척을 불태워 없앰.
- 우척후 1영장 겸사복 윤붕尹鵬과 우응양 조전장 충순위 배윤裵胤 및 중위 좌부 보주통장 정병보 곽호신郭好信이 합력하여 왜소선 1척을 불태워 없앰.

경상도 여러 장수의 공적
- 우수사 원균元均이 왜중선 2척을 불태워 없앰.
- 좌척후 1선봉장 사천현감 기직남奇直男이 왜대선 1척을 불태워 없앰.
- 좌돌격장 군기시부정 겸 고성현령 조응도趙凝道가 왜대선 1척을 불태워 없앰.

---

135 조장수曹長守 : 앞에서는 조장우曹長宇라 하였다.

- 좌척후 선봉도장 웅천현감 이운룡李雲龍이 왜대선 1척을 불태워 없앰.
- 유격장 하동현감 성천유成天裕와 우부장 당포만호 하종해河宗海가 합력하여 왜중선 1척을 불태워 없앰.
- 좌선봉장 훈련판관 겸 소비포권관 이영남李英男이 왜대선 2척을 불태워 없앰.
- 우돌격도장 훈련정 겸 사량만호 이여념李汝恬이 왜중선 1척을 불태워 없앰.
- 전부장 거제현령 안위安衛가 왜중선 1척을 불태워 없앰.
- 우유격장 진해현감 정항鄭沆이 왜중선 1척을 불태워 없앰.

기한을 어긴 여러 장수의 처벌을 청하는 계본請罪過期諸將狀[136]

삼가 추고推考하실 일로 아룁니다.

충청수사 구사직에게 '소속된 여러 장수들을 일제히 거느리고 지난 2월 초5일 내에 진중으로 돌아오라.'고 기한을 정해 주었는데, 전선 10척을 거느리고 지난 3월 16일 진중에 도착하였습니다. 구사직의 보고에 의하면,

"충청도에 소속된 전선 40척을 군량과 군기를 넉넉히 정비하고 좌도의 각 고을과 포구[137]는 원산도[138]로, 우도의 각 고을과 포구[139]는 가야소도伽倻召島[140]로 정월 27일까지 일제히 도착하도록 4~5차나 공문을 보내 검칙하고, 수사는 2월 초2일 아침 조수潮水에 따라 본진의 수군을 거느리고 출항하여 원산도에 이르러 여러 날을 머무르

---

136 『충민공계초』(64) 계본이다.
137 좌도의 각 고을과 포구 : 원문은 "좌도각관포左道各官浦"로, 면천·당진·서산·태안·해미·결성·홍주·보령(8관), 당진포·파지도·소근포·안흥진(소근포 분병分兵)·보령수영(5포)이다. (『經國大典』, 兵典, 諸道兵船; 『續大典』, 兵典, 諸道兵船; 『亂中日記』; 『大東地志』.)
138 원산도元山島 : 충청남도 보령시 오천면 원산도.
139 우도의 각 고을과 포구 : 원문은 "우도각관포右道各官浦"로, 남포·비인·서천·한산·임천(5관), 마량진·서천포이다(2포). (『경국대전』 등 앞과 같음)
140 가야소도伽倻召島 : 『충민공계초』에는 "開也召島"(개야소도)로 되어 있다. '개야소도'는 지금의 전라북도 군산시 옥도면 개야도이다. 조선시대 '개야소도'는 충청도 서천군에 속하였다.

며 기다렸습니다. 결성 대장結城代將 서복천만이 판옥선과 협선¹⁴¹ 각 1척을 거느리고 왔을 뿐, 그 밖의 각 고을과 포구에서는 모이기로 약속한 곳에 있지 않았으므로, 우도의 집결 장소인 가야소도로 내려왔습니다만 한 척의 배도 도착한 것이 없으므로 군산포 앞바다에 머물면서 순풍을 기다렸습니다.

　소근포첨사 박윤, 마량첨사 강응호, 서천포만호 소희익, 비인 대장 안훈安訓¹⁴², 안흥 대장 최대관, 서천 대장 김홍 등이 판옥선과 협선 각 1척씩을 거느리고 뒤미처 오므로 본진의 판옥선 3척과 아울러 10척을 거느리고 이번 3월 16일 진에 도착하였습니다.

　각 고을이 각 진과 포구의 입방 수군을 1명도 징발해 보내지 않기 때문에 사부와 격군을 정비할 수 없어서 기한 내에 도착하지 못하게 되어 참으로 놀랄 일입니다. 군사를 징발해 보낼 뜻이 없는 각 고을과 제 고을 수군을 진작 정비하지 않은 고을 중에서도 더욱 심한 한산·임천·홍주·서산·남포·태안·보령·해미·병영·파지도 등의 관리들은 군율에 의하여 엄중히 다스리고, 아직 도착하지 않은 수군은 매우 급하게 재촉하여 밤낮을 가리지 않고 내려보내도록 하였습니다."
라는 내용이었습니다.

　7로路에 가득 찼던 적들이 모두 한쪽으로 모여 흉악한 모의와 교활한 계교가 이르지 않는 곳이 없어 호남 지방으로 침범할 걱정이 순식간에 박두하였는데, 한산 등 8개 고을의 수령들이 각 포구에 입방入防 수군을 한 명도 징발해 보내지 않아 각 포구의 전선을 정비하지 못하였을 뿐 아니라, 각기 제 고을 수군마저 정비해 보내지 않아, 군령에 관한 중대한 일이 이렇게도 느슨하여 엄격하지 않으니 참으로 통분하고 놀랄 일입니다. 한산·임천·홍주·서산·남포·태안·보령·해미 등 고을의 수령들은 전선을 기한이 지나도록 보내지 않고 입방 수군도 전혀 징발해 보내지 아니한 죄상이 있으며, 파지도와 병영 수군도 몇 번이나 독촉했어도 끝내 나오지 아니한 것이 군율을 크게 범하였으니, 모두 조정에서 처치하여 다른 사람들을 경계하게 하고, 기타 전선들

---

141 판옥선과 협선 : 원문은 "판옥협선板屋挾船"으로, 『충민공계초』에는 "戰兵船"(전선과 병선)으로 되어 있다.

142 안훈安訓 : 『충민공계초』에는 "南訓"(남훈)으로 되어 있다.

은 밤낮을 가리지 않고 부지런히 달려오도록 그 도의 순찰사 윤승훈尹承勳에게 각별히 거듭 타일러 주시기 바랍니다.¹⁴³

대개 수사 구사직이 흉악한 적도들이 음모를 꾸미며 대는 이때를 당하여 기한 내에 도착하지 못하였으니 기한을 어긴 죄를 면하기 어려울 것이오나, 각 고을에서 수군을 전혀 징발해 보내지 아니함이 근일에는 더욱 심하고 각 진과 포구의 전선을 쉽게 정비할 수 없음이 각 도가 똑같으므로, 먼저 행수군관과 도훈도는 군령에 의하여 처벌해야 하겠습니다.

(*삼가 갖추어 아룁니다.)¹⁴⁴

무과 특별 시험을 베푼 것을 아뢰는 계본設武科別試狀¹⁴⁵

삼가 과거 시험을 보아 인재를 선발한 일로 아룁니다.

지난 12월 23일 도착한 무군사撫軍司¹⁴⁶의 관문¹⁴⁷에 의거한 순찰사 이정암의 관문 내용에 '동궁께서 전주부로 내려와 머무르시면서 과거 시험장을 개설하라고 명령하셨다.' 하여 수군의 사졸士卒들이 모두 다 즐거이 응시하려고 하였습니다. 그러나 12월 27일을 시험일로 정하였기 때문에 수로가 너무 멀어 기한 내에 도착하지 못할 뿐 아니라, 적과 상대하여 뜻밖의 환란이 없지 않을 것이므로 정군精軍 용사들을 일시에 내보낼 수는 없었습니다. 그래서 수군에 소속된 군사는 경상도의 예에 따라 진중에서 시험을 보아 군사들의 심정을 풀어 주도록 하되, 규정 중에 '말을 타고 달리면서 활 쏘는 것'이 들어 있으나 먼바다에 떨어져 있는 섬에서 말 달릴 만한 땅이 없으니, 말을 달리면서 활 쏘는 것 대신에 편전片箭을 쏘는 것으로써 시험을 보면 편리할

---

143 각별히……바랍니다 : 원문은 '각별신칙공호各別申飭恐好'이다. '恐好'는 '아마도 좋을 것으로 생각합니다'라는 뜻이다. 그러나 『충민공계초』에는 '各別申飭爲白齊'로 되어 있다. '爲白齊'는 이두로, '…하옵실 것이다' 또는 '…하였다'라는 뜻이다.

144 『충민공계초』에는 "운운云云"으로 되어 있으나, 그 원문은 "근구계문謹具啓聞"이 올바르다. 뒤에 "萬曆 二十二年 四月 初二日"이 있다.

145 『충민공계초』(66) 계본이다.

까 생각되어 감히 아뢰어 올린 바 있었습니다.[148]

　(*이번에 도착한)[149] 병조의 관문에 의하면,

"좌수사가 올린 장계狀啓의 사연에 병조에서 계목啓目[150]을 점련粘連[이어 붙임]하여 올린 것에 임금께서 처결[151]을 내리셨다. 그리고 '전주에서 보인 문·무 과거는 이미 합격자를 발표하였으므로 계속해서 과거 시험장을 개설한다는 것은 미안한 일인 듯하다. 수군은 여러 해를 수고하였는데, 그들만 과거 시험을 보지 못하게 된 것도 인정상 매우 애매하다. 영남에 있는 원수진에서 보이는 과거 시험은 전주에서 일시에 합격자를 발표한 것에 미치지 못하였은즉, 따로 나누어 시험을 보아 선발한 것은 서로 다를 바가 없다. 장계에 의하여 말을 달리면서 활 쏘는 것은 제외하고 편전과 철전만으로써 시험하기 때문에, 임의로 많이 뽑아 정예하지 못할 걱정이 있을 것이므로 100명을 정원으로 하여 시험을 보아 뽑는 것이 어떠한가.'라고 하는 내용으로 만력 22년 2월 초7일 우부승지 이광정李光庭이 담당하여[152] 계啓를 올리니 재가裁可하며 상고하여 시행하라."

는 내용이었습니다.

　무과 특별 시험으로 인재를 뽑을 때, '이름 있는 문관으로 참시관參試官을 임명하여 보내 달라.'고 도원수 권율에게 이첩하였는데, 삼가현감 고상안을 참시관으로 임명하였으므로 시험관은 신 및 전라우수사 이억기와 충청수사 구사직이 맡고, 참시관

---

146 무군사撫軍司 : 임진왜란 때 왕세자 광해군의 행영으로 1593년(선조 26)에 설치된 분비변사分備邊司가 이해 12월에 개칭된 기관이다. 무군사는 군사는 물론 일선에서 행해지는 제반 행정을 모두 먼저 조처하고 뒤에 왕에게 보고하는 분조分朝로서 기능하였다. 1593년 12월 당시 무군사의 구성원은 좌의정 도체찰사 윤두수尹斗壽, 좌찬성 정탁鄭琢, 분호조판서 한준韓準, 분병조판서 이항복李恒福, 좌윤 김우옹金宇顒 등이었다. 무군사의 여러 임무 가운데 모병과 군사훈련이 중요한 부분을 차지하였다. (『한국민족문화대백과사전』.)

147 관문 : 원문은 "관關"으로, 상관上官이 하관下官에게 또는 상급 관청이 하급 관청에 보내는 공문서이다.

148 본서 권3, 「진중에서 과거 보는 일을 청하는 계본請於陣中試才狀」 참고.

149 (*) 내용 생략. 『충민공계초』의 원문은 "節到付"이다. 이두 '節'은 '이번'의 뜻이다.

150 계목啓目 : 임금에게 조목별로 자세히 보고하던 것.

151 처결 : 원문은 "계하啓下"로, 왕께 올린 계문啓聞에 대한 임금의 답이나 의견이 내려진 것. 왕은 계문을 보고 계자인啓字印을 찍어 친람과 결재를 표시하였다. (세종대왕기념사업회, 『한국고전용어사전』, 2001.)

152 담당하여 : 원문은 "次知"이며, 이두 표현으로 '담당'이라는 뜻이다.

은 장흥부사 황세득, 고성현령 조응도, 삼가현감 고상안, 웅천현감 이운룡 등으로 정하여 이번 4월 초6일 시험장을 개설하고, 철전 5시五矢 2순二巡 2중二中[153] 이상과 편전 5시 1순 1중 이상으로 하되 모두 군관들의 활 쏘는 예에 의하여 점수를 주어서 합격자 100명을 뽑아 1, 2, 3등으로 구분하고, 거주 고을, 직역[154], 성명, 아버지 이름과 연세를 아울러 별장別狀에 기록하여 올려 보냅니다.[155]

왜병을 정탐한 내용을 아뢰는 계본哨探倭兵狀[156]

삼가 사변에 대비하는 일로 아룁니다.

이번 4월 18일 도착한 거제현령 안위安衛의 급보에 의하면,

"적세를 정찰하려고 사사射士[157]들을 거느리고 4월 15일에 경내의 국사당봉國祀堂峰 꼭대기에서 바라보니, 옥포 앞바다의 양주암楊州巖에 있던 왜선 6척 중 3척은 정박하여 해산물을 채취하고, 2척은 가덕으로 향하고, 1척은 영등포로 향하는데, 고을 경내의 동서 각처의 육지로 돌아다니는 적들은 곳곳에서 총을 쏘고 있었습니다.

그날 멀리 바라보니, 왜선 100여 척이 각각 대나무 돛을 달고 본국에서 나오고 있었는데, 제1진은 부산 앞 절영도[158]로, 또 1진은 김해강과 웅천熊川[159]으로 향하였으며, 안골포 북쪽項北에는 왜적이 매우 많아서 굉장히 큰 진영 하나임이 분명합니다. 영등포와 장문포에 진 치고 있는 적들을 두루 살펴보니 가감이 없으나 새로 왜적이

---

153 2순二巡 : 화살 5대 쏘는 것을 1순이라 하므로, 2순은 10대를 쏜 것이다. 2중二中 : 2개 명중.『경국대전』의 무과 초시初試 합격 규정은 목전木箭 3발을 240보(약 288m) 과녁에 쏘아 1발 이상, 철전鐵箭은 80보에서 1발 이상 명중해야 한다. 편전片箭은 130보(약 156m)이다.
154 직역 : 원문은 "직職"으로, '보인', '정병', '수군', '교생' 등을 가리킨다.
155 『충민공계초』에는 뒤에 "萬曆二十二年 四月十一日"이 있다.
156 『충민공계초』(65) 계본이다.
157 사사射士 : 활을 잘 쏘는 군사.
158 부산 앞 절영도 : 원문은 "부산전절영도釜山前絶影島"로,『충민공계초』에는 "부산전양釜山前洋"으로 되어 있다.
159 웅천熊川 :『충민공계초』에는 "웅포熊浦"로 되어 있다.

많이 올 것이라고 합니다."
라는 내용이었습니다.

그들의 흉모를 예측하기 어려우므로 도원수와 순찰사 및 병사 등 각 진영에 통보하고 여러 장수들을 단속하고 신칙하여 사변에 대비하고 있습니다.

(*삼가 갖추어 아룁니다.)[160]

왜군의 정세를 아뢰는 계본陳倭情狀[161]

삼가 왜적의 정세에 관한 일을 아룁니다.

이번 4월 18일 도착한 전라우도 중위장 수군우후 이정충李廷忠의 보고 내용에,

"17일 유시酉時[오후 5~7시]에 도착한 견내량 복병장 진도 대장代將 이세희李世熙의 보고에 의하면, '소속 통선을 거느리고 복병한 곳에서 사변에 대비하고 있었는데, 그날 정오경 정체불명의 수상한 작은 배 1척이 거제 장문포로부터 나와 복병한 곳으로 향해 오므로 무장현 협선 1척과 병영 협선 1척을 보내 뒤쫓아 잡게 하였는데, 거제현에 사는 겸사복兼司僕[162] 김응지金應之 등 남녀를 합한 16명이 우리나라 어선을 훔쳐 타고 나오는 것이므로 모두 잡아서 보냅니다.' 하는 내용이었습니다."
라고 하였습니다.

그래서 김응지와 그 고을의 정병 허능련·김가응손, 별시위 조윤신, 수군 유응상에게 사로잡혔다가 되돌아온 절차와 적진 중에서 한 일을 심문하였습니다. 진술한 내용에, 김응지는,

---

160 (*) 내용 생략. 『충민공계초』에는 "운운云云"으로만 되어 있으나, 그 원문은 "근구계문謹具啓聞"이다. 뒤에 "萬曆二十二年 四月十九日 東宮一樣達本"이 있다. 즉, 동궁에게도 같은 내용을 써 올렸다는 부기附記가 있다.

161 『충민공계초』(63) 계본이다.

162 겸사복兼司僕 : 기병騎兵 중심의 정예 친위병으로서, 주로 국왕의 신변 보호와 왕궁 호위의 임무를 맡았다. 정원은 50명이고, 사회적인 신분보다 무재武才를 중시해서 선발했으므로 용모·학식 등이 중요한 자격 요건이었다. (『경국대전』; 이홍직편, 『국사대사전』, 민중서관, 1997.)

"거제현 동면에 살았는데, 교생 허응규許應奎·신세영辛世英 등과 합력하여 적을 무찌르다가 허응규는 적에게 살해당하고 소인은 겨우 살았습니다. 작년 7월 19일 왜적 7명에게 사로잡혀 결박을 당하여 장문포에서 끌려갔는데, 그곳에 주둔한 적장 돈단둔頓丹屯이라는 왜적의 처소에 붙잡혀 5일간 머무른 뒤에 왜장 조승감鳥乘監과 우단둔右丹屯의 진으로 이송되어 각각 5일간을 머물고, 또 영등포의 왜장 심아손둔沈我損屯의 진으로 옮겨져서 역시 5일간을 머물렀다가 웅천 입암에 있는 평의지平義智의 진으로 실려 보내져 5일을 머물고, 부산포의 이름을 알 수 없는 왜진으로 차례로 이송하였으므로, 머물고 있었습니다. 그곳에서 틈을 타서 도망쳐 숨었다가 웅천으로 왕래하는 왜적의 장삿배에 올라타고 웅포로 돌아와서 즉시 장문포에 도착하니, 우리나라 포로들이 많이 머물러 있었으므로 그곳에 계속 머물렀습니다. 고기잡이로 연명하면서 항상 도망쳐 나올 계획을 하였으나 지키는 왜놈들이 떠나지를 않아 도망해 오지 못하다가 마침 지키고 있는 왜놈 2명이 다른 곳으로 나간 사이에 허능련·김가웅손·조윤신·김응상 등과 거제 사는 여인 11명과 소인小人을 아울러 16명이 이번 4월 16일 밤중에 배를 타고 나왔습니다.

왜적들의 형편은 장문포에 유둔한 적장은 3진영으로서 손단둔[돈단둔의 오기]의 진영은 왜적 300여 명이며, 우리나라 사람이 3분의 1이나 서로 섞여 있었습니다. 중·소선을 아울러 50여 척이며, 군량은 30칸씩으로 만든 두 채의 곡간에 가득 들어 있었습니다.

조승감의 진영에 있는 왜적은 400여 명인데 우리나라 사람이 5~6명이며, 중·소선을 아울러 37척이었고, 군량은 30칸씩으로 만든 두 채의 곡간에 가득 들어 있으며, 포구에는 길고 큰 나무로 뗏목을 많이 만들어 배들이 다니지 못하게 하였으며, 포구의 양편 기슭에는 담을 쌓고 우리나라의 천자 및 지자 총통을 많이 설치해 놓았습니다.

우단둔의 진영에 있는 왜적도 400여 명인데, 우리나라 남녀 30여 명이 있었으며, 중·소선을 아울러 30여 척이 머물러 정박해 있고, 군량은 30칸씩으로 된 두 채의 곡간에 가득 들어 있었습니다.

심아손둔의 진영에 있는 왜적은 300여 명이고 우리나라 남녀가 30여 명이며, 그 진영의 군량과 각 진영의 무기 수량은 모두 알 수가 없었습니다. 상시로 출입하는 왜적은 환도環刀와 총통銃筒을 지녔는데, 웅천 입암의 적장 평의지 이외에 다른 진영의 적장 이름자는 알지 못합니다. 웅천 입암에 1진, 웅포에 2진, 안골포安骨浦에 3진, 가덕에 1진, 김해에 1진, 죽도에 1진, 두모포豆毛浦 및 동래·부산 등지에 5진, 영등포 및 장문포를 아울러 18진이 지금 머물고 있습니다.

지난 3월 초승쯤 조승감 진영의 중선 17척과 돈단둔 진영의 중선 5척과 우단둔 진영의 중선 6척을 합한 28척과 영등포에 주둔한 진영에서 보낸 배를 합한 30여 척이 진해와 고성의 여염집에서 기와와 중간 대나무中竹를 가져오며, 또한 우리나라 사람을 노략질하던 차에 수군 300여 척이 진해와 고성으로 향하여 그 적선들을 쳐부수고 불태웠습니다. 장문포에 진 친 적들이 그 군사의 위세를 겁내어 허둥지둥 넘어지며 무기와 짐짝 및 저희 본국의 전마戰馬들을 그 배에 가득 실어 놓은 채, 혹 산골로 들어가기도 하였습니다.

5일 전에 나갔다가 패배한 왜적들이 돌아와서 하는 말에 '조선 병선 300여 척이 군사의 위세를 성대하게 갖추어 포위하므로 적[조선 수군]을 당해 낼 수가 없어서 육지로 내렸으며, 우리 배들은 혹 불태워 없애고 혹은 끌고 가므로 간신히 밤을 이용하여 도망해 와서 웅포에 이르러 배를 타고 들어왔다.'라고 하였습니다.

저 무리들이 평시에 하는 일은 집 지을 재목을 찍어다가 다듬어서 그들의 대선大船에 실어 본토[일본]로 들여보내는 것이었으며, 새로 온 왜적들이 교체하기 위하여 나온다고 하여 스스로들 서로 기뻐하였으나, 도착한 상황을 직접 눈으로 보지는 못했습니다. 대개 각 진영에 왜적들이 웅거한 것은 여전하며 그 밖의 다른 일들은 알지 못합니다."

라고 하였습니다. 허능련은,

"거제 읍내에 거주한 정병으로서 작년 7월 24일 처와 함께 4명이 일시에 적의 포로가 되어 장문포 조승감의 진영으로 붙잡혀 갔으며, 12세 된 딸 아이는 다른 왜적에게 팔려 옮겨져 간 곳을 알 수 없습니다.[163] 소인의 부처와 7세 된 딸 아이는 부산포에 진 치고 있는 왜적에게 팔려 가서 머물고 있다가 마침 맡고 있던 왜적들이 술을 사러 출타한 것을 보고 그 틈을 이용하여 배를 훔쳐 타고 웅포에 이르렀는데, 겸사복 김응지가 적에 포로가 되어 같은 곳에 머물고 있었으므로 합심하여 몰래 상의하고 장문포로 건너가서 고기를 잡아 연명하다가 김응지 등과 모의하여 나온 것이며 적중에서 한 일은 김응지의 진술 내용과 모두 같습니다."

라고 하였습니다. 유응상劉應上은,

"경상우수영에서 나각[164]을 부는 군인吹螺赤[취라치]이었는데 거제에서 살았습니다. 날짜는 기억할 수 없으나, 작년 7월에 적에게 포로가 되어 돈단둔의 진중으로 끌려가서 이리저리 전전하다가 부산포의 왜적에게 팔려서 부산으로 갔다가 틈을 이용하여 도망쳐 본현[거제현]으로 되돌아왔으나, 다시 돈단둔 진영의 왜적에게 포로가 되었다가 김응지 등과 함께 공모하고 나왔습니다. 적진 중에서 한 일은 김응지의 공술과 같습니다."

라고 하였습니다. 조윤신趙允信은,

"거제에 사는 사람으로 지세포에 입방入防하던 별시위別侍衛입니다. 날짜는 기억할 수 없으나, 작년 7월에 산골로 피란하였는데, 왜놈 10명이 불시에 덤벼들어 붙잡혔습니다. 이리저리 옮겨져 팔려 부산포에서 머물다가 간신히 도망하여 본현으로 돌아오던 중, 또다시 장문포의 조승감 진영의 왜적에게 붙잡혀 그곳에서 머물고 있다가 김응지 등과 공모하고 나온 것입니다. 적진 중에서 한 일은 김응지와 같습니다."

라고 하였습니다.

김가응손金加應孫은,

"거제 정병으로서 형 응지와 함께 뜻을 같이하여 사변에 대비하였는데, 형 응지는 작년 7월에 먼저 포로가 되고, 소인은 날짜를 기억할 수 없으나 역시 작년에 웅포에 진 치고 있는 왜적에게 붙잡혀서 웅포에 이르러 5일을 머무른 후에 틈을 타서 배를 훔쳐 타서 본현으로 돌아왔으나, 장문포 조승감 진영의 왜적에게 붙잡혀 고기잡이로 연명하다가 형 응지와 함께 모의하여 나온 것입니다. 적진 중에서 한 일은 응지의 진

---

163 허능련은 …… 알 수 없습니다 : 이 문장이 『충민공계초』에는 누락되어 있다. 한편, 『충무공유사』에는 이두문이 포함된 그 원문이 다음과 같이 실려 있다. '許能連段 巨濟邑內居正兵以 前年七月二十四日 妻幷四名 一時爲賊被擄 場門浦鳥乘監陣良中捉付 十二歲女子段 他倭處移賣 不知去處矣. 이두 '段'은 '…은(는)', '良中'은 '…에'라는 뜻이다.

164 나각 : 원문의 "나螺"는 나각螺角으로, 소라고둥의 껍데기로 만든 악기이다. 옛날 군대에서 신호용으로 썼다.

술 내용과 같습니다."
라고 하였습니다.¹⁶⁵

김웅지·허능련·김가웅손·조윤신·유웅상 등이 포로가 되어 있는 여인 11명까지 불러 모아 배를 훔쳐서 나온 것은 참으로 가상한 일입니다. 김해에서 나온 사람의 예에 의하여 약간의 양식과 물품을 지급하도록 본도 관찰사에게 분부를 내리셔서 다른 사람들을 권장해 주십시오.

(*망령되게 생각한 바를 삼가 갖추어 아룁니다.)¹⁶⁶

수군 소속의 여러 장수에게 교대로 휴가를 실시한 일을 아뢰는 달본
舟師所屬諸將休番狀¹⁶⁷

삼가 상고하실 일로 아룁니다.¹⁶⁸

이번 4월 초2일 공경히 받은 사서司書¹⁶⁹의 서장에,

"남쪽의 수군들이 오랫동안 해상에 있게 되어 소속 수령들이 각각 부하를 거느리고 배를 고을로 삼아 전혀 임지로 돌아올 기약이 없는데, 바야흐로 봄철도 이미 늦어 농사일이 시급하다. 종자나 양식으로 주린 백성을 구제하는 일들이 시행되지 않고 전폐專廢되었다. 성곽과 해자와 무기 등을 수선하는 일까지도 품관品官에게 일임하여 제 고을 일이 나날이 허술해 간다고 하니 참으로 걱정스럽다.

이제부터는 수군에 소속된 수령은 각각 대장代將을 시키고, 때에 따라 번갈아 쉬

---

165 유웅상부터 김가웅손의 공초 내용은 본서와 『충무공유사』에만 있다. 『충민공계초』에는 없다.

166 (*) 내용 생략. 『충민공계초』에는 "운운云云"이라 하였으나, 『충무공유사』에 나와 있는 그 원문은 "妄料爲白臥乎事是良尒 謹具啓聞"이다. 『충민공계초』에는 뒤에 "萬曆二十二年 四月二十日"이 있다. 이두 '爲白臥乎事是良尒'는 '…하옵는 일이기에' 또는 '…하옵는 일이므로'의 뜻이다.

167 『충민공계초』(67) 달본이다.

168 본서는 원문이 "謹啓(근계)"로서 '계본'의 서식으로 되어 있으나, 『충민공계초』에는 '謹達(근달)'로 되어 있어 원래 '달본'임을 알 수 있다.

169 사서司書: 세자시강원世子侍講院에서 경사經史와 도의道義를 가르치던 정6품 관리. 이때 사서는 황신黃愼이었다. [『선조실록』권49, 선조 27년(1594) 3월 20일(무술).]

기도 하고, 서로 교대하여 임지로 돌아와 본래의 임무를 겸해서 보살피도록 하라."
는 명령이 있다는 내용이었습니다.

수군 소속으로 좌도의 광양·순천·흥양·보성 및 우도의 강진·해남·진도·장흥 등 고을의 수령들은 바다로 내려와 사변에 대비하고 있으며, 좌도의 낙안과 우도의 영암 수령은 파직된 후에 새 사람이 진영에 도착하지 않았습니다.

농사를 지으며 백성을 구제하는 일들이 매우 급하므로 지난 3월 초5일 고성 땅 당항포 등지에서 적선 31척을 합세하여 쳐부수고 불태운 뒤, 즉시 순천·광양·흥양·보성·강진·해남·진도 등 고을 수령들은 다른 사람으로 대장代將을 정하였으며,

"농사를 권장하고 굶주린 백성들을 구제하는 일들에 정성을 다해서 보살피되, 다시 전령이 있으면 곧 달려오라."
하고 벌써 내보냈습니다.

(*삼가 갖추어 아룁니다.)[170]

방비군을 결석시킨 여러 장수의 처벌을 청하는 계본
請罪闕防諸將狀[171]

삼가 상고하실 일로 아룁니다.

작년 2월부터 시작하여 전라좌우도와 경상우도의 사부와 격군들을 정비하여 한 곳에 모아 한 해가 다 지나도록 파수했어도 병으로 죽은 자는 많지 않았는데, 금년 정월에는 진중에 전염병이 크게 번져 누워서 앓는 자가 서로 잇닿았으므로, 약물을 많이 준비하여 백방으로 치료하였어도 효험을 보는 자는 매우 적고 사망자가 지극히 많은데, 그중에 오랫동안 병들어 있는 사람은 배로 실어 내보냈습니다.

---

[170] (*) 내용 생략. 원래 달본의 서식은 '單衙 臣 姓名 謹達爲某事 云云 爲白只爲(또는 爲白遣) 謹具達聞 年號 幾年 某月某日 單衙 臣 姓 署名'인데 본문에는 생략되고 없다. 『충민공계초』에는 뒤에 "萬曆二十二年 四月二十日"로 날짜만 있다.

[171] 『충민공계초』(68) 계본이다.

정월부터 2·3·4월까지 3도의 사망자 수는 전라좌도가 406명[172]에 현재 앓아누워 있는 자가 1,373명, 우도의 사망자는 603명에 앓아누워 있는 자가 1,878명, 경상우도의 사망자는 344명에 앓아누워 있는 자가 222명, 충청도는 사망자가 351명에 앓아누워 있는 자가 286명으로, 모두 3도의 사망자 수는 1,704명[173]이며, 앓아누워 있는 사람이 3,759명입니다.

무고한 군사와 백성들이 이렇게 사망하여 수군의 사부와 격군이 날마다 점점 줄어드니 허다한 여러 전선을 재빨리 운용하기가 어려우며, 근일에는 새로운 왜병들이 많이 나와서 호남으로 침범할 걱정이 순식간에 놓여 있는 때에 참으로 답답하고 걱정이 됩니다.

대개 수군이 있는 각 고을 수령들은 위급한 형세를 생각지도 않고 출전할 수군들을 전혀 징발해 보내지 않으므로 독촉하는 공문이 도로에 연달았으나, 조금도 생각을 고치지 않고 전령군관傳令軍官을 보내어 잡으려 하면 조정에서 내려온 사신에게 귀띔하여 [오히려 군관을] 잡아 가두게 하니 전령군관이 발을 붙이지도 못해 헛걸음만 하게 됩니다.

사정상 부득이하여 떠돌아다니면서 걸식하는 무리를 모아서 격군에 충당해 보니, 오래 굶주린 사람들이 되어 중병에 걸리지는 않아도 곧바로 죽어 버리니 더욱 통분합니다.

전일 방비군을 징발해 보내지 않은 고을 중에서 가장 심한 수령의 처벌을 청하였던 전라좌도 남원부사 조의趙誼, 옥과현감 안혹安鵠, 우도 나주목사 이용순, 무안현감 고봉상高鳳祥 등을 먼저 처벌하여 다른 사람들을 경계하고, 방비에 빠진 수군을 기한을 정하여 독촉 징발하되, 수령이 직접 거느리고 와서 인계하여, 한편으로는 군사의 위엄을 성하게 하고 또 한편으로는 오래 머문 병든 군졸들과 교대할 수 있도록 각별히 거듭 밝혀 분부해 주십시오.

(*삼가 갖추어 아룁니다.)[174]

---

[172] 『충민공계초』에는 '606명'으로 되어 있다.
[173] 『충민공계초』에는 '1,304명'으로 되어 있다.

조총을 올려 보내는 장계封進鳥銃狀[175]

조총 30자루를 전에 이미 올려 보냈습니다. 이제 공경히 받자온 유지有旨[명령]에 의하여 다시 30자루를 가려내어 다시 수리하고 보충해서 봉하여 올려 보냅니다.[176]

방답첨사를 선정하여 임명해 주시기를 청하는 장계請防踏僉使擇差狀

새로 임명된 방답첨사 어영담은 유행병에 전염되어 이번 4월 초10일[177] 진에서 사망하였사온바, 그를 대신할 사람을 각별히 선정하셔서 부임을 독촉하여 주시기 바랍니다.

충청도 전선이 기한에 맞춰 도착하기를 청하는 장계請忠淸戰船刻期回泊狀

새로 임명된[178] 충청수사 이순신李純信에 대하여 임명하시는 유지는 아직 내려오지 않았습니다.

　그 도의 배정된 전선 60척 중에서 20척은 그 도의 관찰사 윤승훈이 무군사撫軍司에 보고하여 감하고, 그 나머지 40척 중에서 11척은 전 수사 구사직이 지난 3월 16일 거느리고 왔으며, 29척은 아직 도착하지 않았습니다. 새로 왜적들은 많이 나왔는데,

---

174 (*) 내용 생략. '계본' 서식은, '單銜 臣 姓名 謹啓爲某事 云云 爲白只爲(또는 爲白遣) 謹具啓聞 年號幾年某月某日 單銜 臣 姓 署名'인데, 『충민공계초』에는 모두 생략하고 뒤에 '萬曆二十二年四月二十日'만 있다.
175 이 장계 이후로는 본서에만 나오는 4편이 있다.
176 '장계'의 서식은 '某事云云爲白臥乎事是良尒(또는 爲白只爲) 詮次善啓向敎是事 年號 幾年 某月 某日'인데, 말미의 서식이 생략되었다. [『난중일기』 갑오년(1594) 4월 22일 자 참고.] 이두 '爲白臥乎事是良尒'는 '…하옵는 일이기에' 또는 '…하옵는 일이므로', '爲白只爲'는 '…하옵도록', '向敎是事'는 '…해 주실 일' 또는 '처리하여 주실 일'의 뜻이다.
177 갑오년(1594) 일기에는 4월 9일로 나온다.
178 임명된: 원문은 "제수除授"로, '벼슬을 줌'의 뜻이다. (白居易, 「論孫璹張奉國狀」, "除授之間 深宜重愼")

우리의 병세는 매우 외롭고 약한 실정입니다.

신임 수사 이순신은 단속하고 바로잡아야 할 일이 급하다고 하여 그 도의 여러 장수들을 단속하고 바로잡아 사변에 대비하도록 하는 일로 전령을 보냈으며, 방답 가장假將은 신의 군관 중에서 선정하였습니다.

충청도에는 아직 도착하지 않은 전선을 검칙하여 기한 내에 도착하도록 그 도의 관찰사 윤승훈에게 요청하였사오니, 조정에서 거듭 밝혀 분부해 주시기를 바랍니다.[179]

의원을 보내 전염병을 구호하시기를 청하는 장계 請送醫救癘狀

3도의 수군들이 한 진영에 모여 있어서 봄부터 여름까지 전염병이 크게 번졌으므로, 약물을 많이 준비하여 백방으로 치료를 하였어도 효과를 본 자는 매우 적고 사망자는 극히 많습니다.

무고한 군사와 백성들이 나날이 점점 줄어들어 허다한 전선을 운용하여 움직이기가 어렵게 되었으니, 위태롭고 급한 때를 당하여 참으로 답답하고 걱정이 됩니다.

조정에서는 충분히 참작하여 유능한 의원을 특명으로 내려 보내 구호하고 치료하게 하여 주시기를 바랍니다.[180]

---

179 『난중일기』 갑오년(1594) 4월 15일·18일 일기 참고. 15일에 충청수사 구사직이 잡혀 가고, 18일에 신임 수사가 왔다는 내용으로 보아 4월 중에 올린 장계로 보인다.
180 발송 날짜는 불명확하다. 다만 내용상 여름까지를 언급했으므로 갑오년(1594) 5~6월로 추정된다.

〈참고〉『이충무공전서』이외의 장계

앞에서 본 바와 같이 『이충무공전서』의 장계는 권2에 17편, 권3에 27편, 권4에 27편으로 모두 71편이다. 그런데 『임진장초』(임)·『충민공계초』(충)·『충무공계초』(계)에는 『이충무공전서』에 없는 장계 7편이 실려 있으며, 그 목록은 아래와 같다. 목록의 순서에 따라 아래에 번역문과 원문을 병기倂記한다.

전체 순번	문서 양식	작성 일자 (『임진장초』기준)	제목 (이은상 역주『이충무공전서』에 의함)	수록된 초본
72	狀啓	萬曆 21. 1. 22.	적의 귀로를 차단하라는 유서를 받았음을 아뢰는 장계(1)	임·충·계
73	〃	萬曆 21. 1. 25.	적의 귀로를 차단하라는 유서를 받았음을 아뢰는 장계(2)	임·충·계
74	〃	萬曆 21. 5. 02. (충, 일자 없음)	적의 귀로를 차단하라는 유서를 받았음을 아뢰는 장계(3)	임·충·계
75	〃	萬曆 21. 5. 14.	배를 정비하여 적을 무찌르라고 명령하는 유서를 받았음을 아뢰는 장계	임·충·계
76	狀達	萬曆 21. 12. 25.	일족을 침해하지 말라는 명령을 받았음을 아뢰는 장달	임·충·계
77	〃	萬曆 21. 12. 29.	진중에서 과거 보이는 일을 청하는 장달	임·충·계
78	〃	萬曆 22. 1. 15.	적을 무찌르도록 하라는 명령을 받았음을 아뢰는 장달	임·충·계

적의 귀로를 차단하라는 유서를 받았음을 아뢰는 장계

(1)[181]

승정원에서 개봉하실 것　　　　　　　　　　　　　　구함具銜[182] 신 이

지난 1592년(선조 25, 임진) 12월 28일 성첩하여 선전관 채진蔡津이 가지고 온 우부승지의 서장 내용에,

"명나라 대장 이 제독이 수십만의 정예 군사를 거느리고 방금 왜적을 소탕하려 하는데, 평양·황해도 및 서울이 차례로 수복될 것이다. 대병大兵이 진격하여 마구 무찌르면 남은 왜적들이 도망쳐 돌아갈 것이므로 적의 돌아갈 길을 질러 막아 섬멸하지 않으면 안 될 것이니, 경卿은 수군을 거느리고 기회를 따라 요긴한 길목을 막아 협력하여 적을 무찔러 죽이도록 하라는 유지가 있다."

라는 내용의 서장을 신이 오늘 1월 22일 사시巳時[오전 9~11시]에 본영에서 공경히 받았습니다. 연유를 잘 아뢰어 주십시오.

만력 21년(1593) 1월 22일

承政院開拆　　　　　　　　　　　　　　　　　　　　　具銜 臣 李
去壬辰十二月二十八日成貼 宣傳官蔡津賚來右副承旨書狀內 天朝大將李提督
率數十萬精銳 方圖蕩平 箕城海西京城 將次第收復 大兵進勦 餘賊遁還 則不可
不截殺於歸路 卿其領率舟師 臨機把扼 協力勦殺事 有旨是白乎味 書狀乙 臣今
正月二十二日巳時 在鎭祗受爲白乎事是良尒 詮次以善啓向教是事

萬曆二十一年(1593)正月二十二日

---

181 『임진장초』(장 20);『이충무공전서』권수, '命率舟師截賊歸路 諭書' 참조. 이은상 역, 『완역 이충무공전서』(1989, 성문각)에는 권2에 '적의 귀로를 차단하라는 유서를 받았음을 아뢰는 장계(1)'로 실려 있다.
182 구함具銜 : 직함을 갖추었다는 말로, 여기서는 '행전라좌도 수군절도사'와 같은 뜻이다.

(2)[183]

승정원에서 개봉하실 것   정헌대부 구함具銜 신 이

선전관 안세걸安世傑이 받들고 온 좌부승지의 서장 내용에,
"명나라 장수 제독부의 제독 이여송이 50명의 장관將官과 수십만의 정예 부대를 거느리고 곧장 기성箕城[184]을 공격하여 이달 초 8일에 적의 소굴을 무너뜨리고 왜장을 사로잡아 목을 베어 우레처럼 소리치며 바람같이 달려 그 형세가 마치 대나무를 쪼갬과도 같이 장차 차례차례로 진격하고 토벌하여 수레바퀴 하나도 돌아가지 못하도록 기약하는 바이니, 경은 수군을 정비하여 힘을 가다듬어 기회를 기다려서 그들의 귀로를 막아 해전으로 죄다 죽여 버리고 나라의 치욕을 크게 씻도록 하라는 유지가 있다."
라는 내용의 서장을 신이 오늘 1월 25일 진시辰時[오전 7~9시]에 본영에서 공경히 받았습니다. 연유를 잘 아뢰어 주십시오.

만력 21년(1593) 1월 25일

承政院開拆   正憲大夫 具銜 臣 李
宣傳官安世傑賷來左副承旨書狀內 天將提督府提督李如松 領五十將官 數十萬精銳 直擣箕城 今月初八日 蕩覆巢穴 擒斬倭將 雷厲風飛 勢若破竹 將次次進討 期使隻輪不返 卿其整齊舟師 勵氣待候 邀其歸路 水戰鏖殺 大雪國恥事 有旨是白乎味 書狀乙 臣今正月二十五日辰時 在鎭祗受爲白乎事是良尒 詮次以善啓向敎是事

萬曆二十一年正月二十五日

---

183 『임진장초』(장 21); 『이충무공전서』 권수, '命率舟師截賊歸路 諭書 二' 참조. 이은상 역, 『완역 이충무공전서』에는 권2에 '적의 귀로를 차단하라는 유서를 받았음을 아뢰는 장계(2)'로 실려 있다.
184 기성箕城 : 평양의 옛날 명칭.

(3)[185]

승정원에서 개봉하실 것   정헌대부 구함具銜 신 이

선전관 이춘영이 받들고 온 것으로 지난 4월 17일 성첩된 좌승지의 서장 내용에,
"이제 접반사 이덕형 등의 장계를 보니, 경상좌감사 한효순韓孝純의 보고에 이르기를 '부산과 동래 사이에 왜선이 많이 도착하여 현재 군사가 증가하는 형적이 있다.' 하니 극히 염려스럽다. 경은 수군을 정비하여 오는 배를 쳐부수어 함부로 상륙하지 못하도록 하라는 유지가 있다."
라는 내용의 서장을 신이 오늘 5월 초2일 본영에서 공경히 받았습니다. 연유를 잘 아뢰어 주십시오.

만력 21년(1593) 5월 초2일, 전라좌도 수군절도사 신 이

承政院開坼   正憲大夫 具銜 臣 李

宣傳官李春榮賚來 去四月十七日成貼左副承旨書狀內 今觀接伴使李德馨等狀啓 慶尙左監司韓孝純報稱 釜山東萊之間 倭船多數到泊 現有添兵之勢 極爲可慮 卿其整齊舟師 撞破來船 使不得恣意下陸事 有旨是白乎味 書狀乙 臣今五月初二日 在鎭祗受爲白乎事是良尒 詮次以善啓向敎是事

萬曆二十一年 五月 初二日 全羅左道水軍節度使 臣 李

배를 정비하여 적을 무찌르라고 명령하는 유서를 받았음을 아뢰는 장계[186]

승정원에서 개봉하실 것   정헌대부 구함具銜 신 이

선전관 영산령寧山令 복윤福胤[187]이 받들고 온 우승지의 서장 내용에,
"내용을 요약하면 이번에 송 경략宋經略이 보내온 자문咨文[188]을 보니 '왜적이 비록 서울에서 나갔으나, 왕자와 배신陪臣들을 아직 돌려보내 주지 않아서 나

---

185 『임진장초』(장 29); 『이충무공전서』 권수, '命率舟師截賊歸路 諭書 四' 참조. 이은상 역, 『완역 이충무공전서』에는 권3에 '적의 귀로를 차단하라고 명령하는 유서를 받았음을 아뢰는 장계'로 실려 있다.

의 호령을 어기므로 이미 이 제독李提督[189]과 이여백·장세작에게 명령하여 대병을 거느리고 전진하도록 하며, 또 급히 경상도와 전라도에도 호령을 내려 수군과 육군을 정돈하여 모든 전선들은 부산과 동래의 각 진을 포위하여 각각 차례로 정박하되 그 배의 수는 많을수록 더 좋다.' 하였으니, 경卿은 그 자문咨文의 내용에 의하여 전선과 군사를 정비하여 기회를 보아 무찔러 죽이도록 하라는 유지가 있다."

하신 내용의 서장을 신이 오늘 5월 14일 경상도 거제 땅 견내량 바다 가운데에서 공경히 받았습니다. 연유를 잘 아뢰어 주십시오.

만력 21년(1593) 5월 14일, 절도사 신 이

承政院開拆 　　　　　　　　　　　　　　　　正憲大夫具銜 臣 李

宣傳官寧山令福胤賫來 右承旨書狀內 節該今見宋經略移咨 倭賊雖擧衆出城 王子陪臣 尙未見還 違我號令 已令李提督 李如松(栢) 張世爵 率大兵前進 又速發號令 慶尙全羅等道 整賴(頓)水陸軍兵 各船遶出釜山東萊各鎭 各次停泊 其船隻則多多益善 卿其照依咨文內事理 整搠船兵 相機勦殺事有旨是白乎味 書狀乙 臣 今五月十四日 在慶尙道巨濟境見乃梁洋中 祗受爲白乎事是良亦 詮次以善啓向敎是事

萬曆二十一年五月十四日 節度使 臣 李

---

186 『임진장초』(장 31); 본서 권수, '命整船勦賊 諭書' 참조. 이은상 역, 『완역 이충무공전서』에는 권3에 '배를 정비하여 적을 무찌르라고 명령하는 유서를 받았음을 아뢰는 장계'로 실려 있다.

187 영산령寧山令 복윤福胤 : '영산령'은 왕실 후손의 작위 명칭으로, '이복윤'을 가리킨다. 『난중일기』 계사년(1593) 5월 14일 자에는 "寧山令禮胤"(영산령 예윤)으로 나와 있다.

188 자문咨文 : 조선시대 중국과 오가던 외교 문서. 원래 자문은 중국에서 2품 이상의 아문 간에 왕래하던 문서이다.

189 이 제독李提督 : 이여송李如松 제독. 만력 20년(1592) 10월에 '提督薊遼保定山東軍務防海禦倭摠兵官'으로 임명되어 4만여 명의 군사를 거느리고 1593년 1월에 평양을 탈환하였다.(『明史』 권238, 李如松列傳.)

일족을 침해하지 말라는 명령을 받았음을 아뢰는 장달[190]

(동궁 장달東宮狀達[191])
시강원侍講院[192]에서 개봉하실 것
　　　　　　　정헌대부 겸3도수군통제사 행전라좌도 수군절도사 신 이
이번 12월 초4일 성첩한 겸사서兼司書[193]의 서장 내용에,
"내용을 요약하면 무릇 친족과 이웃에게 일절 침해하는 것을 금하여 민생의 고통을 조금이나마 풀어 주도록 하라."
는 동궁의 명령이 있었다는 내용의 서장과, 같은 날 성첩한 문학文學[194]의 서장 내용에,
"형장刑杖을 함부로 쓰는 일을 일절 엄하게 근절(금지)하라."
는 동궁의 명령이 있었다는 내용의 서장 두 통을 오늘 12월 25일 신은 본영에서 공경히 받았습니다.
　　연유를 잘 아뢰어 주십시오.

(東宮狀達)
侍講院開拆
　　　　　　正憲大夫兼三道水軍統制使 行全羅左道水軍節度使 臣 李
今十二月初四日成貼 兼司書書狀內 節該凡于族隣一切勿侵 以紓民生一分之苦事 東宮有令是白乎味 書狀及同日成貼 文學書狀內 節該濫用刑杖 一切痛斷事 東宮有令是白乎味 書狀貳道乙 今十二月二十五日 臣在鎭祗受爲白有臥乎事是良尒 詮次以善達向敎是事
　　　　　　　　　　　　萬曆二十一年十二月二十五日

---

190 『임진장초』(장 55). 이은상 역, 『완역 이충무공전서』에는 권3에 '일족에게 대충 징발하지 말라는 명령을 받았음을 아뢰는 장달'로 실려 있다.
191 동궁 장달東宮狀達 : '왕세자(광해군)에게 올리는 장달'이라는 뜻. 본문과는 상관없는 문구로, 『임진장초』의 장달 문서 위쪽 여백에 횡서로 크게 써어 있다. 『충민공계초』(50)에는 없는 문구다.
192 시강원侍講院 : 조선시대에 왕세자의 교육을 담당한 관청인 세자시강원.
193 겸사서兼司書 : 세자시강원의 정6품 관직. (『經國大典』, 吏典, 京官職; 『續大典』, 같은 조.)
194 문학文學 : 세자시강원의 정5품 관직.

진중에서 과거 보이는 일을 청하는 장달[195]

시강원에서 개봉하실 것

　　　　　　　정헌대부 겸3도 수군통제사 행전라좌도 수군절도사 신 이
이번 12월 22일 도착한 겸순찰사 이정암의 관문關 내용에,
"이번에 도착한 무군사撫軍司의 관문에 의하면, '이번에 동궁(광해군)께서 전
주로 내려와 주둔하시어 하삼도(충청도·전라도·경상도)에 과거 시험장을 열고 시
험을 보여서 인재를 뽑을 계획이다. 규정은 지금 아직 결정하시지 않았으며, 일
반적인 규정에 따라서 초시·회시·전시 등 3차의 시험이 아니라, 평안도의 사례
를 따라 1차 시험을 보아서 인재를 뽑은 뒤에 전시를 그대로 시행하여 인재를
넉넉히 뽑을 계획이다. 시험장을 설치할 길일吉日이 12월 27일로서 그대로 시험
을 보일 계획이지만, 역시 아직 살펴서 결정하지는 않았다. 기일이 매우 박두했
으니 인재를 넉넉히 뽑으려고 한다는 뜻을 급히 통보하여 유능한 인재가 빠지
는 잘못이 없도록 하라.'는 관문關이니, 관문 내의 사연을 상고하여 시행하라."
는 관문이었습니다.
　사변이 일어난 지 2년 동안에 남도의 무사들이 오랫동안 전쟁터의 진중에 있
었지만 그들을 위로하고 기쁘게 할 일이 없었는데, 이제 들으니 동궁께서 완산
(전주)에 머무르시게 되어 온 백성들이 감동하지 않은 이가 없다고 합니다. 또
들으니 12월 27일 전주부에서 과거 시험장을 개설하라고 명령하셨다 하므로
해상의 진중에 있는 사졸들이 모두 즐거이 달려가려고 하였으나, 물길이 요원
하여 기한 내에 도착하지 못할 뿐 아니라, 적과 서로 대진해 있는 때에 뜻밖의
환란이 없지 않을 것이므로, 정군 용사들을 일시에 내보낼 수 없는 일이오니 수
군에 소속된 군사들은 경상도의 예에 의하여 진중에서 시험을 보아 그들의 마
음을 위로해 주도록 하되, 규정 중에 있는 '말을 타고 달리면서 활 쏘는 것騎射'
은 먼바다에 떨어져 있는 외딴 섬이라 말을 달릴 만한 땅이 없사오니, '말을 타
고 달리면서 활 쏘는 것'을 대신하여 '편전片箭을 쏘는 것'으로써 재능을 시험하
면 편리할 듯합니다. 망령된 생각을 감히 아뢰오니 조정에서 선처해 주십시오.
연유를 잘 아뢰어 주십시오.

　　　　　　　　　　　　　　　　　　　　　만력 21년(1593) 12월 29일

---

195 『임진장초』(장 56)·『충민공계초』(51). 본서 권3, '請於陣中試才狀'이 거의 같은 내용이다.

侍講院開拆

　　　　　　　　　　正憲大夫兼三道水軍統制使 行全羅左道水軍節度使 臣 李
今十二月二十二日到付兼巡察使李廷馣關內 節到付撫軍司關內 節東宮進駐全
州 下三道設場試取計料爲有乎矣 規矩段 時未定奪 依常規初試 會試 殿試三
次試取除良 依平安道例 一次試取 殿試以仍施行 優數取人設計爲有於 吉日段
十二月二十七日 以試取計料 亦未酌定爲有在果 日期甚迫 優數試取之意 星火馳
通 俾無遺珠之患向事 關是去有等以 關內辭緣相考施行向事 關是白置有亦 變生
二載 南中武士 長在戰陣 無以慰悅之 至今聞東宮駐駕完山 大小臣民 莫不感動
爲白如乎 又聞十二月二十七日 全州府設場之命 海陣士卒 咸欲樂赴爲白乎矣 水
路遙遠 未及期限爲白沙餘良 與賊相對 不無意外之患 精軍勇士 一時出送不得
事是昆 舟師所屬軍乙良 依慶尙道例 陣中試取 以解軍情爲白乎矣 規矩中 有騎
射爲白在如中 遠海絶島 無可馳騁之地爲白昆 騎射本乙良 片箭以試才 似爲便
益爲白乎去 妄料敢稟爲白去乎 朝廷以善處爲白只爲 詮次以善達向敎是事

　　　　　　　　　　　　　　　　　　　萬曆二十一年十二月二十九日

적을 무찌르도록 하라는 명령을 받았음을 아뢰는 장달[196]

시강원에서 개봉하실 것

　　　　　　　정헌대부 겸3도수군통제사 행전라좌도 수군절도사 신 이
이번 정월 초7일 성첩한 겸사서兼司書의 서장 내용에,
　"내용을 요약하면 경상감사의 서장을 보니 '좌도에 적들이 모두 거제로 모였
다.' 하는데, 그 형세가 반드시 먼저 호남을 침범하여 우리 곡식을 먹고[197] 올라
갈 것이다. 본도의 형세는 영남에 비해 만 배나 위급하게 되었으니 경卿은 수군
을 격려해 거느리고 나아가 길을 막아 무찌르도록 하라고 동궁께서 명령하셨
다."

---

196 『임진장초』(장 61)·『충민공계초』(56). 이은상 역, 『완역 이충무공전서』에는 권4에 '적을 무찌르도록 하라는 명령을 받았음을 아뢰는 장달'로 실려 있다.

197 우리 곡식을 먹고 : 원문은 "관곡館穀"으로, 군대가 주둔하여 그곳의 곡식을 먹음의 뜻이다.(『春秋左傳』, 僖公, 傳二十八年, "晉師三日館穀".)

라는 내용의 서장을 신이 오늘 정월 15일 본영에서 공경히 받았습니다. 연유를 잘 아뢰어 주십시오.

만력 22년(1594) 정월 15일

待講院開拆

      正憲大夫兼三道水軍統制使 行全羅左道【水】軍節度使 臣 李
今正月初七日成貼 兼司書書狀內 節該今見慶尙監司書狀 左道之賊 皆會巨濟云 其勢必欲先噬湖南館穀而上 本道之勢 比嶺南倍萬危急 卿其率勵舟師 遮遏進勦 事 東宮有令是白乎味 書狀乙 臣今正月十五日 在鎭祗受爲白乎味是良尒 詮次以 善達向敎是事

萬曆二十二年 正月十五日

찾아보기

ㄱ

가다리加多里 318
가덕加德 221, 226, 243~245, 254, 257, 258, 318, 319, 328, 385, 393, 396
가덕도加德島 245, 257, 258, 268, 269, 271, 297, 298, 312
가리加里 316
가리포加里浦 374
가리포진加里浦鎭 130
가사연둔加思然屯 337
가안책賈安策 235, 250, 256, 260
가야소도伽倻召島 389, 390
가이加耳 314
간도艮島 338
감동甘同 258
강세온姜世溫 125
강응표姜應彪 383, 388
강응호姜應虎 390
강진康津 31, 32, 321, 343, 346, 351, 356, 368, 399
강화도江華島 106
강희열姜姬悅 292
개성開城 46, 192
거제巨濟 186, 239, 244, 254, 255, 276, 307, 310, 312, 314~316, 318, 319, 331, 336, 362, 366, 379, 380, 383, 394, 397
거제도巨濟島 186, 221, 223, 232, 237, 254, 259, 262, 264, 268, 297, 298, 316, 318, 348, 371, 383
거제읍巨濟邑 378, 385, 396
거제현巨濟縣 298, 315, 363, 394, 395, 397
견내량見乃梁 132, 135, 136, 253, 255, 257, 262, 264, 268, 297, 310, 312, 314~316, 336, 383
계금季金 62

고경명高敬命 47, 98
고금도古今島 39, 77, 138
고둔포古屯浦 238
고리량古里梁 224
고봉상高鳳祥 400
고부古阜 372, 374
고붕세高朋世 249
고사리진高沙里鎭 130
고상안高尙顔 392, 393
고성固城 132, 186, 224, 226, 236, 238, 239, 243, 254, 255, 269, 344, 375, 378, 379, 383~385, 396, 399
고세충高世忠 310, 312
고이도古尒島 346
고종후高從厚 283
고희성高希星 249
곡포曲浦 216
곤양昆陽 40, 233, 254, 255, 305, 344
공태원孔太元 301
곽거병霍去病 103
곽영郭嶸 211
곽자의郭子儀 60, 144
곽재우郭再祐 134, 299
곽호신郭好信 384, 388
관음포觀音浦 268
관중管仲 47
광양光陽 213, 286, 287, 291, 304, 320, 321, 343, 346, 366, 399
광양현光陽縣 281, 307
광주光州 352, 361
광해군光海君 349, 365
구례求禮 291
구사직具思稷 243, 344, 363, 372, 373, 386, 389, 391, 392, 401
구은천仇銀千 273
국사당봉國祀堂峰 393

군산포群山浦 390
권극평權克平 124
권율權慄 98, 136, 322, 338, 380, 392
권준權俊 217, 235, 236, 250, 256, 260, 262, 270, 272, 278, 281, 282, 286, 335
금단곶 258
금대今代 338
금산錦山 47, 254, 259
기련산祈連山 99, 103
기분奇賁 125
기장機張 331
기장현機張縣 226
기직남奇直男 384, 388
기효근奇孝謹 221, 233, 242, 378, 379, 384, 385
길계吉繼 330
김가응손金加應孫 394, 395, 397, 398
김강두金江斗 273
김개金介 300
김개동金介東 272
김개동金開東 273
김개문金開文 273
김국金國 260, 328
김극성金克惺 339
김금근金錦近 261
김남준金南俊 384, 388
김대복金大福 260
김대수金大壽 229
김대이金大頤 125
김덕령金德齡 134
김덕수金德秀 261
김덕종金德宗 262
김두金斗 305
김득광金得光 215, 223, 224, 226, 250, 304
김득룡金得龍 300
김만수金萬壽 383
김말산金末山 248
김모金毛 239
김복수金福壽 249
김봉수金鳳壽 224, 260, 261
김붕만金鵬萬 273
김성옥金成玉 242
김성일金誠一 299

김수金晬 206, 210, 211, 268
김숙련金叔連 273
김승룡金勝龍 221, 384
김양간金良幹 286
김억부金億夫 273
김억수金億壽 239
김영견金永見 264
김완金浣 205, 211, 213, 214, 225, 226, 233, 240, 246, 250, 290, 373, 378
김유金楺 156
김은금金銀金 328
김응지金應之 384, 387, 388
김익수金益水 249
김인영金仁英 215, 221, 223, 235, 243, 250, 256, 260, 377, 383, 388
김종해金從海 249
김준민金俊民 229
김중윤金仲胤 317
김진명金晉明 226
김천손金千孫 255
김천회金千回 273
김축金軸 221, 384
김해金海 186, 214, 258, 271, 297, 312~314, 316~318, 327, 331, 337, 380, 396, 398
김해강金海江 258, 262, 263, 268, 269, 318, 326, 393
김해부金海府 208, 227, 228, 263, 318
김해성金海城 263
김효성金孝誠 223, 224, 250
김희전金希全 273

ㄴ

나근내羅斤乃 247
나대용羅大用 215, 223, 235, 250, 336
나주羅州 371~375, 386
낙상지駱尙志 31
낙안樂安 213, 286, 287, 304, 320, 321, 343, 366, 399
난도蘭島 39
난성難成 248
남강南江 135

남산수南山壽 249
남용익南龍翼 146
남원南原 352, 360
남월南月 384
남제운南霽雲 106
남평南平 352, 360
남포藍浦 224, 244, 390
남한산성南漢山城 106
남해南海 31, 32, 40, 92, 138, 217, 233, 245, 254, 255, 268, 305, 344, 375
남해현南海縣 216
낭고야郎古也 327, 329, 331
내은석內隱石 248
노량露梁 30, 32, 38, 40, 42, 61, 89, 91, 98, 106, 125, 138, 161, 233, 255
노천기盧天紀 383, 388
녹도鹿島 131, 213, 215, 267
녹둔도鹿屯島 60, 130
뇌만춘雷萬春 106
능성綾城 352, 361

ㄷ

다대포多大浦 205, 207, 269
담양潭陽 361
담종인譚宗仁 185
당보아塘報兒 315
당천唐川 208
당포唐浦 38, 131, 132, 221, 232, 236~239, 242, 244, 255, 268, 301, 331
당포선창唐浦船滄 254
당항포唐項浦 38, 48, 53, 68, 132, 239, 241, 242, 245, 254, 278, 279, 362, 382~385, 399
대마도對馬島 329
대발치大發峙 318
대은둔大隱屯 336, 337
덕수德水 37, 124, 163
덕연부원군德淵府院君 129
도심만둔都甚萬屯 337
도양장道陽場 230, 346, 368, 369
도직령刀直嶺 318

도탄陶灘 291, 292
돈단둔頓丹屯 395~397
돌산도突山島 230, 293, 346, 347, 368, 369
동구비보董仇非堡 128
동래東萊 38, 65, 70, 71, 186, 208, 210, 211, 219, 226, 258, 269, 328, 331, 363, 380, 396
동래성東萊城 96
두모포豆毛浦 396
두치豆恥 292, 304, 320, 346
두치강豆恥江 291, 305
등자룡鄧子龍 30, 31, 39, 79

ㅁ

마다시馬多時 39, 137
마비을이현馬飛乙耳峴 226
마산馬山 336
마산포馬山浦 244
마원馬援 62
만포진滿浦鎭 130
말우장亇乙于場 243
망곳지亡古叱之 336
망저군望諸君 80
매염梅艶 300
명제明帝 64
명지도鳴旨島 214
명진포明珍浦 362
모론毛論 226
모리毛里 237
모자랑포 235
묘도猫島 138
무안務安 372~375
무안박씨務安朴氏 124
무장茂長 372, 374
문제文帝 169
미조항彌助項 216, 244
민진원閔鎭遠 157
밀양密陽 65, 211, 327, 336

ㅂ

박고산朴古山 248
박궁산朴宮山 248
박무년朴戊年 260
박백세朴百世 249
박석산朴石山 273
박선朴宣 295
박성세朴成世 273
박세봉朴世奉 274
박언필朴彦必 273
박영남朴永男 224
박유영朴有榮 124
박윤朴潤 390
박장춘朴長春 249
박지효朴之孝 360, 361
박진朴晉 72, 333
박진종朴振宗 312
박훈朴訓 248
반개半介 327, 330~332
반초班超 60
발포鉢浦 129, 131, 213, 215, 267, 304
방답防踏 213, 215, 293, 304
방답진防踏鎭 131, 267
방숙方叔 59
방응원方應元 344
방진方震 126
방처인房處仁 292
배경남裵慶男 356, 357, 383, 388
배귀실裵貴失 248
배대검裵大檢 249
배도裵度 47, 156
배돌이裵突伊 207
배설裵楔 135
배식종裵植宗 273
배윤裵胤 383, 388
배응록裵應祿 215, 223, 250, 260
배흥립裵興立 215, 223, 235, 250, 256, 260, 278, 281, 282, 304
백내은손白內隱孫 249
백야곶白也串 230
벽방碧方 383
벽파정碧波亭 39

벽파진碧波津 42, 78, 137
변수림卞守琳 125
변존서卞存緖 223, 224, 250
변함卞諴 125
병영兵營 390
보령保寧 390
보성寶城 213, 227, 304, 320, 321, 343, 366, 399
보탄輔灘 273
보화도寶花島 137
부산釜山 38, 54, 65, 70, 71, 131, 132, 138, 219, 205, 210, 211, 214, 226, 232, 243~246, 262, 270, 272~274, 277, 281, 297, 298, 310, 312, 314, 316, 331, 337, 343, 351, 381, 393, 396, 397
부산성釜山城 227, 271
부산진釜山鎭 208, 226
부산진성釜山鎭城 270
부산포釜山浦 96, 205~208, 226, 268, 331, 337, 363, 395~397
부안扶安 372, 374
북개北開 273
불모산佛毛山 318
불암창佛巖倉 318

ㅅ

사고여문둔沙古汝文屯 381
사대도蛇代島 328
사도蛇渡 131, 213, 215, 267, 304
사등沙等 362
사량蛇梁 90, 236, 268
사아士雅 48, 80
사천泗川 38, 40, 131, 233, 235, 242, 254, 344, 375
사천선창泗川船滄 254
산서山西 47, 60
산촌山村 363
삼기리三岐里 362
삼성三成 330
삼천진三千鎭 136
삼혜三惠 291, 292, 354

상장산上長山 318
상주방씨尙州方氏 126
상주포尙州浦 216
서강西江 244
서건徐建 204
서달徐達 33, 37
서산瑞山 390
서울 68, 72, 218, 262, 343
서천룡徐千龍 249
서평포西平浦 207, 269
서희진徐希震 31
석주石柱 291, 292
석천개石千介 249
선거이宣居怡 135, 142, 359
선유석宣有石 249
선조宣祖 39, 41, 82, 86, 88, 102, 103
선진근宣進斤 249
성응지成應祉 292, 376
성천유成天裕 384, 389
성휘性輝 292
세금世今 338
세손世孫 249
소라포召羅浦 363
소비포所非浦 135, 220
소서행장小西行長 40, 330
소소강召所江 240
소진所珍 363
소호召虎 59
소희익蘇希益 390
손장수孫長水 248
솟소포 362
송고로宋古老 301
송도松島 132
송미포松未浦 221
송성宋晟 235, 369
송시열宋時烈 28, 168
송쌍걸宋雙傑 261
송여종宋汝悰 274, 304, 383, 384, 388
송진포松津浦 244, 314, 316, 319
송징은宋徵殷 158
송한련宋漢連 216, 224, 229
송희립宋希立 224, 250
수배守培 273

수인守仁 376
수치秀峙 362
숙종肅宗 95, 100
순천順天 136, 138, 177, 213, 227, 230, 267, 286, 304, 320, 321, 325, 343, 346, 347, 366, 368, 369, 376, 399
순천부順天府 39, 267, 292, 346, 354
시거구施巨丘 336
시굿포柴仇叱浦 384
신녕공新寧公 159, 160
신세영辛世英 395
신식申湜 135
신영해申榮海 250
신익상申翼相 149
신종神宗 28, 32, 77, 82, 105
신해信海 292
신호申浩 215, 223, 224, 229, 250, 256, 260, 270, 274, 281, 282
심거원沈巨元 384
심아손둔沈我損屯 336, 395
심안둔甚安屯 337
심유경沈惟敬 382

ㅇ

아로감미阿老監未 337
아리만둔阿里萬屯 381
아산牙山 40, 81, 95, 99, 127, 158
아자음포阿自音浦 385
아주牙州 158
아주鵝州 363
악비岳飛 92, 168
안골포安骨浦 38, 132, 244, 257, 259, 264, 300, 314, 316, 318, 319, 385, 393, 396
안동권씨安東權氏 124
안성安成 322
안세걸安世傑 297, 298
안원세安元世 273
안위安衛 389, 393
안진경顔眞卿 48
안현鞍峴 127
안혹安鵠 360, 361, 400

안홍국安弘國 137, 268
안훈安訓 390
야미산野尾山 318
야삼불로也三火老 337
양사兩司 330
양산梁山 210, 269, 271, 297, 312, 313, 316, 328, 331, 336, 337
양산강梁山江 214, 244, 258, 262, 268, 269
양성이씨陽城李氏 125
양숙養叔 60
양주암楊州巖 393
양호楊鎬 137
어라산於羅山 126
어선포於善浦 384
어영담魚泳潭 133, 215, 223, 224, 235, 243, 250, 256, 260, 263, 269, 278, 281, 282, 305, 307, 339, 340, 384~386, 401
여도呂島 131, 213, 215, 267, 304
여수麗水 211
여필용呂必容 162
연석延石 273
염우廉隅 300
영광靈光 372~374
영등永登 363
영등포永登浦 134, 223, 243, 247, 255, 314, 316, 318, 326, 336, 383~386, 393, 395, 396
영락永樂 262
영암靈巖 343, 351, 399
영조英祖 74, 103, 107
예교曳橋 138
오도동吳道同 272
오리량五里梁 383, 384
오명준吳命峻 162
오수吳水 243
오양역烏楊驛 338
오양포烏壤浦 262
오언룡吳彦龍 249
옥과玉果 352, 360
옥구沃溝 372, 374
옥포玉浦 38, 61, 90, 131, 220, 221, 223, 227, 232, 242, 393
옥포성玉浦城 362, 363

온교溫嶠 60
온놋기溫老叱起 336
온양溫陽 109
온천도溫川島 257
온천량溫川梁 244
완산完山 350
왕경王景 315
왕사례王思禮 153
왕손王遜 58
요동遼東 49
요사여문要沙汝文 301
용인龍仁 262
우근신禹謹身 263
우단둔右丹屯 336, 395, 396
우성복禹成福 249
우치적禹致績 221
운봉雲峰 292
운봉산雲峰山 226
운중雲中 47
울산蔚山 327, 331
울지내鬱只乃 129
웅천熊川 133, 186, 223, 244, 245, 268, 295, 297~299, 301, 307, 310, 312, 313~319, 326, 329, 330, 331, 336, 348, 378, 380, 381, 383, 385, 393, 395, 396
웅천성熊川城 326
웅포熊浦 316, 317, 319, 326, 337, 396, 397
원균元均 38, 39, 65, 91, 94, 97, 131, 136, 137, 203, 205, 207, 208, 210, 211, 214, 215, 219, 221, 226, 229, 233, 235, 242, 244, 248, 254, 259, 268~270, 276, 297, 298, 314, 315, 332, 335, 362, 380, 383, 384, 386, 388
원산도元山島 389
원포院浦 268, 318, 336, 337
위대기魏大器 383, 388
위상魏尙 47
유귀희柳貴希 249
유섭兪 223, 224, 226
유성룡柳成龍 38, 293
유수柳修 249
유숭인柳崇仁 239
유응상劉應上 394, 397, 398

유정劉綎 39, 71, 313
유정惟晶 354, 355
유집일兪集一 157
유해柳瀣 384, 388
유혁연柳赫然 147
유형柳珩 138, 313
유희선柳希先 320
육기도六岐島 328
육항陸抗 58
윤근수尹根壽 70, 310, 355
윤두수尹斗壽 295
윤백련尹百連 226, 227
윤복룡尹福龍 227
윤붕尹鵬 383, 388
윤사공尹思恭 233, 256, 260, 273
윤생允生 300
윤승훈尹承勳 391, 401, 402
윤우신尹又新 134
윤증尹拯 152
율포栗浦 227, 243, 247, 254, 362
읍전포邑前浦 384
응봉鷹峯 204, 258
의능義能 292, 354, 355, 376
의령宜寧 315, 316
의주義州 127, 182
이가복李加福 273
이강李綱 191
이거李琚 125
이경집李慶集 300
이계훈李繼勳 135
이공진李公晉 124
이괄李适 127
이광李洸 47, 130, 211, 214, 218, 219, 230, 253
이광윤李光胤 126
이광정李光庭 392
이광필李光弼 60, 81
이기李沂 52
이기남李奇男 250, 256, 260, 300, 369
이뇌李蕾 126
이단하李端夏 167
이담李曇 261
이덕형李德馨 70

이돈李墪 155
이돈수李敦守 124
이등李登 204
이면李葂 127, 128, 137
이목李牧 325
이몽구李夢龜 215, 233, 235, 237, 243, 248, 250, 269, 271
이백록李百祿 125
이번李蕃 126
이변李邊 124
이병모李秉模 35
이봉李菶 126
이봉상李鳳祥 75, 127, 164
이봉수李鳳壽 224, 250, 279, 290
이분李芬 126
이빈李薲 383, 385
이삼석李三碩 161
이선지李先枝 229
이설李渫 224, 235, 250, 299, 383, 388
이성李晟 77, 81, 96, 163, 164
이성조李聖肇 166
이세환李世環 374, 375
이세희李世熙 394
이소李劭 124
이소李愬 163, 164
이수李水 263
이순신李純信 215, 223, 224, 233, 235, 241, 242, 248, 250, 256, 260, 269, 270, 277, 278, 401, 402
이순진李順珍 124
이식李軾 374, 375
이식李植 168
이신李藎 127
이신동李信同 226
이양준李陽俊 124
이억기李億祺 38, 137, 206, 219, 220, 225, 233, 239, 241, 244, 245, 248, 254, 259, 264, 268~270, 276, 297~299, 303, 312, 314, 315, 334, 363, 367, 372~374, 380, 383~386, 392
이언량李彦良 215, 223, 250, 260, 270, 299, 383, 388
이언상李彦祥 144

이언세李彦世 272
이언호李彦浩 216
이여李畬 154, 156
이여념李汝恬 221, 272, 384, 389
이여송李如松 69, 71, 192, 292
이열李茢 127, 128
이영李英 295
이영남李英男 221, 237, 243, 384, 389
이완李莞 126
이요李堯 315
이요신李堯臣 125
이용李蕆 129
이용순李用淳 372, 400
이우신李禹臣 126
이운룡李雲龍 221, 384, 389, 393
이원李源 32
이원남李元男 376
이원익李元翼 134, 177
이유李秞 147
이유李濡 154
이윤번李允蕃 124
이응개李應溉 300
이응표李應彪 335
이응화李應華 224, 235, 256
이의남李義男 281
이인빈李寅賓 151
이인환李寅煥 149
이일李鎰 65, 130, 135, 210, 211, 214
이전李荃 243
이정李貞 125
이정암李廷馣 98, 340, 343, 346, 348, 349, 357, 360, 367, 369, 371, 372, 375, 391
이정충李廷忠 383, 388, 394
이정표李廷彪 384, 388
이조문伊助門 302
이종李宗 273
이종인李宗仁 132
이준李畯 165
이준련李准連 300
이지강李之綱 167
이지백李之白 126
이진李珍 317
이천李薦 295

이춘李春 223
이필종李必從 322
이하圯下 47
이해李荄 126
이현李玄 124
이현신李賢臣 125
이홍의李弘毅 147, 156, 159, 168, 169
이홍저李弘著 126, 127
이회李薈 40, 126, 128, 185
이효조李孝祖 125
이훈李薰 127
이희룡李喜龍 151
이희신李羲臣 125
임규任奎 150
임발영任發英 309
임치도진臨淄島鎭 299
임피진씨臨陂陳氏 125
임홍남林弘楠 249
임홍량任弘亮 163, 164
임홍망任弘望 156

ㅈ

자을우치資乙于赤 268
장개세張開世 273
장량張良 47, 60
장림포長林浦 269
장문長門 363
장문포長門浦 134, 135, 316, 319, 336, 337, 363, 384~386, 393~397, 362
장생포長生浦 245
장세작張世爵 71
장순張巡 92, 152, 159
장언이張彦已 248
장업동張業同 249
장홍유張鴻儒 134
장흥長興 61, 331, 343, 351, 374, 399
장희달張希達 248
저도猪島 224, 383
적진포赤珍浦 224
적항역赤項驛 329
전광례田光禮 249, 261

찾아보기 **419**

전응린田應麟 204
전주全州 217, 259, 350, 392
전주부全州府 350
전탄錢灘 281
전희광田希光 384, 388
절영도絶影島 270, 393
절이도折尒島 346
절이도折爾島 138
정걸丁傑 233, 261, 268, 270, 315, 344
정경달丁景達 184, 342, 367, 369
정광조鄭光祖 124
정달망鄭達亡 247
정담수鄭聃壽 383, 388
정빈鄭儐 286
정사준鄭思竣 281, 282, 286, 322
정사횡鄭思竑 286
정세인鄭世仁 273
정어금鄭於金 249
정운鄭運 187, 215, 223, 224, 235, 243, 245, 247, 250, 256, 260, 262, 270, 273, 277, 278
정인이鄭仁伊 273
정조正祖 77, 80
정항鄭沆 389
제갈량諸葛亮 77, 81, 95, 105, 143, 152, 153, 162, 181, 182
제득호諸得浩 362, 363
제만춘諸萬春 319, 326, 332
제북濟北 60
제포薺浦 244, 268, 300, 314, 316, 319, 385
제한국諸漢國 383
조경남趙慶男 170
조괄趙括 101
조니손趙尼孫 261
조대지曺大智 374, 375
조령鳥嶺 218
조명趙銘 211, 214
조산보造山堡 129
조상우趙相愚 155, 174
조승감鳥乘監 336, 337, 395~397
조식趙湜 161
조윤신趙允信 394, 395, 397, 398
조응도趙凝道 384, 388, 393

조의趙誼 360, 400
조장수曹長守 388
조적祖逖 60
조정趙玎 272, 369
조지겸趙持謙 150
조천군趙千君 249
조충국趙充國 325
조헌趙憲 98
종의지宗義智 395, 396
주귀생朱貴生 263
주려숙柱厲叔 48
주몽룡朱夢龍 224
죽도竹島 318, 396
죽전포竹田浦 318
중남仲男 262
즉묵감둔卽墨甘屯 337, 381
증도甑島 243, 244, 384
지도紙島 383
지세포知世浦 362, 363, 397
진도珍島 343, 351, 399
진린陳璘 31, 32, 39, 62, 78, 82, 110, 138, 181
진무성陳武晟 236, 249
진세번陳世蕃 125
진신귀陳新貴 318
진언량陳彦良 249
진주晉州 137, 237, 255, 315, 331
진주강씨晉州姜氏 125
진주성晉州城 331, 381
진진휘陳進輝 318
진춘일陳春日 249
진해鎭海 186, 224, 239, 246, 269, 363, 379, 383~385, 396
진해성鎭海城 246

ㅊ

차덕령車德齡 369
착량鑿梁 239
창선도昌善島 237
창신도昌信島 237, 255
창원昌原 224, 244, 269, 299, 312~314, 316,

326, 327, 363
창평昌平 352, 361
채진蔡津 297, 298
처영處英 354
천성天城 221, 226, 243, 244, 247, 269, 328, 385
천성보天城堡 259
청산도靑山島 181
청주淸州 108
청풍김씨淸風金氏 125
청해靑海 102
초계변씨草溪卞氏 125
초계정씨草溪鄭氏 124
최난세崔蘭世 249
최대성崔大成 215, 223
최도전崔道傳 256, 262, 383, 388
최동립崔東立 57
최원崔遠 211, 244
최응손崔應孫 260
최이崔已 261
최천보崔天寶 256
최철견崔鐵堅 226
최필崔弼 262
최한종崔翰宗 273
추도楸島 238
축전수筑前守 237, 238
춘원포春元浦 362
칠천량漆川梁 297, 298

ㅌ

태안泰安 390
태인현泰仁縣 274
태종太宗(당唐) 64
태진太眞 48

ㅍ

파지도波知島 390
팔양치八陽峙 292
평산포平山浦 216~218

평수길平秀吉 → 풍신수길豊臣秀吉
평양平壤 31, 46, 68, 69, 192, 292, 297, 298, 364
평의지平義智 → 종의지宗義智
평행장平行長 → 소서행장小西行長
풍신수길豊臣秀吉 40, 237, 327, 329, 330~332
풍자동風自東 261
필동筆同 260

ㅎ

하동河東 233, 305, 344, 375
하종해河宗海 384, 389
하청河淸 314, 316
한백록韓百祿 221
한산閑山 55, 57, 315, 386, 390
한산도閑山島 38, 42, 48, 53, 78, 83, 97, 101, 132~135, 144, 148, 154, 162, 163, 221, 255, 257, 259, 276, 298, 314, 316, 331, 366, 383
한산진閑山陣 136
한성漢城 46, 192, 218, 297
한신韓信 47
한효순韓孝純 70
함안咸安 314, 316
함평咸平 372, 374
합포合浦 223
해남海南 343, 346, 351, 368, 399
해미海美 390
해서海西 286
해운대海雲臺(부산) 205
해주海州 358
행주기씨幸州奇氏 125
허능련許能連 394, 395, 396, 398
허복남許福男 249
허수광許水光 258
허영명許泳溟 328
허원종許元宗 249
허응규許應奎 395
허일許鎰 263
현종顯宗 89, 93, 103
현황제顯皇帝 39, 110

협판중서脇坂中書 326, 330, 331
홍종록洪宗祿 295
홍주洪州 390
홍처량洪處亮 145
화옥華鈺 121
화이도花尒島 368, 369
화준구미花樽龜尾 269
황려이씨黃驪李氏 124
황석공黃石公 47
황세득黃世得 393
황원곶 368, 369
황을걸黃乙傑 328
황정록黃廷祿 256, 260, 377
황정黃珽 204
회령포會寧浦 61, 137
효종孝宗 92, 169
흑도㗱島 314, 378, 385
흥덕興德 372, 374
흥양興陽 213, 230, 267, 286, 287, 320, 325,
  343, 346, 366, 368, 369, 399
흥양현興陽縣 233, 346, 382
희순希順 380, 382

역주자 소개

이민웅 | 서울대 문학박사. 한국근세사 전공. 대구가톨릭대학교 석좌교수, 해군사관학교 명예교수.
정진술 | 동아대 석사. 고고학·한국해양사 전공. 전 문화재전문위원.
양진석 | 서울대 문학박사. 한국근세사 전공. 전 서울대학교 규장각한국학연구원 학예연구관.
김경숙 | 서울대 문학박사. 한국근세사 전공. 서울대학교 국사학과 교수.
노영구 | 서울대 문학박사. 한국근세사 전공. 국방대학교 군사전략학과 교수.
이현진 | 서울대 문학박사. 한국근세사 전공. 한국과학기술원 인문사회과학연구소 연구 부교수.
김남기 | 서울대 문학박사. 한국고전문학 전공. 안동대학교 한문학과 교수

신정역주 이충무공전서 1 (보급판)
이순신의 시문과 장계 외

초판　1쇄 발행 2023년　6월 16일
보급판 1쇄 발행 2025년 11월　5일

기획 | (재)석오문화재단·(사)서울여해재단
역주 | 이민웅·정진술·양진석 외

펴낸곳 | (주)태학사
등록 | 제406-2020-000008호
주소 | 경기도 파주시 광인사길 217
전화 | 031-955-7580
전송 | 031-955-0910
전자우편 | thspub@daum.net
홈페이지 | www.thaehaksa.com

편집 | 조윤형 여미숙 김태훈
마케팅 | 김민선
경영지원 | 김영지
인쇄·제책 | 영신사

ⓒ (재)석오문화재단, (사)서울여해재단, 2025, Printed in Korea.

값 28,000원
ISBN 979-11-6810-370-2 (93910)

책임편집 | 조윤형
디자인 | 임경선